A Library of Academics by PHD Supervisors
博士生导师学术文库

中国惠农政策与法治一体化建设研究

陈晋胜 著

中国书籍出版社
China Book Press

图书在版编目（CIP）数据

中国惠农政策与法治一体化建设研究/陈晋胜著
.—北京：中国书籍出版社，2019.5
ISBN 978-7-5068-7163-1

Ⅰ.①中… Ⅱ.①陈… Ⅲ.①农业政策—研究—中国 ②农村—社会主义法制—建设—研究—中国 Ⅳ.①F320②D920.0

中国版本图书馆 CIP 数据核字（2018）第 288856 号

中国惠农政策与法治一体化建设研究

陈晋胜　著

责任编辑	李雯璐　甄云霞
责任印制	孙马飞　马　芝
封面设计	中联华文
出版发行	中国书籍出版社
地　　址	北京市丰台区三路居路 97 号（邮编：100073）
电　　话	（010）52257143（总编室）　（010）52257140（发行部）
电子邮箱	eo@chinabp.com.cn
经　　销	全国新华书店
印　　刷	三河市华东印刷有限公司
开　　本	710 毫米×1000 毫米　1/16
字　　数	521 千字
印　　张	29
版　　次	2019 年 5 月第 1 版　2019 年 5 月第 1 次印刷
书　　号	ISBN 978-7-5068-7163-1
定　　价	99.00 元

版权所有　翻印必究

成果简介

一、本项目研究的目的和意义

由于中国惠农政策与制度问题涉及范围广,内容杂,党的"三农政策"和国家的"三农制度"关联点多,牵扯线长,作用面宽,顾及体众,所以加强惠农政策与法治一体化建设,具有重要的现实意义。

中国农民正处于觉醒、农村正处于巨变、农业正处于爬坡时期,矛盾纵横交织,连锁反应,惠农政策与法治一体化程度低下,效果平淡,问题突显:可能会由于财政软约束,引致大量的"乡村债务";由于合作医疗制度的缺失,致使不少农民因为"人亡"而"家破";由于二元的户籍制度,出现"同命不同价";由于建设征地,出现群体上访的"失地农民"事件;由于无法信贷,非法集资、地下钱庄屡禁不绝;由于村规民俗,结婚只重仪式,不顾"登记";等等,本课题研究正是通过全面梳理出"可依"的法律政策,以解决"无法可依"的相关规制(立法)层面问题;通过系统论证出"所依"的法律政策,以解决"有法难依"的相关实施(执行)层面问题;通过深入分析出"制度与现实"之间的适应、磨合状况,以解决"执法不严、违法难究(纠)"的相关监督(司法)层面问题;通过对三农之间政策与制度问题的实证分析,既为实现"宗旨同根、规制同步、效益同享、标向同一"的政策与法治效果提供理论支持,更为实现"农民富裕、农村繁荣、农业发达"的领导决策提供参考。

二、本研究成果的主要内容和重要观点或对策建议

◆ 本研究成果的主要内容

一是围绕中国惠农政策与法治一体化建设之主题,概述了基本理论、现实状况和核心内容,以及规制(立法)层面的惠农政策制定与法制建设、实施(执行)层面的惠农政策执行与法治实施和监督(司法)层面的惠农政策效能与法治效果三方面基本现状;二是阐释了中国惠农政策与法治一体化建设中各自功能要求、相互衔接规

范和共同促进原则等基本要求,农民富裕、农村繁荣、农业发达三方面一体化建设的一般要求,贫农——大力救助、弱农——积极扶持、残农——常规帮助、灾农——及时援救、富农——正确引导的一体化建设的特殊要求,"农民贫困→农民生存→农民发展→农民富裕、农村贫穷→农村稳定→农村和谐→农村繁荣、农业贫弱→农业安全→农业平稳→农业发达"的渐进式一体化建设的目标要求;三是专论了中国农民、农村和农业受惠政策与法治一体化建设的基本理论、基本内容、基本现状和基本构想;四是论证了中国惠农政策与法治一体化建设的战略构想,包括中国惠农政策法治化和惠农法治政策化两种模式选择,战略方向型的政策导引模式和战术操作型的法治规范模式,中央法治型的政策辅助模式和中央政策型的法治辅助模式;五是介绍并简析了法、日、美、加、澳和欧盟等国外惠农政策与法治一体化建设的基本状况以及中国惠农"政策"与"制度"的衔接与冲突。

◆ 本研究成果的重要观点

1. 中国"三农"有着阶段性差异,只有逐步推进各项惠农政策与法治实施的措施,才能实现"农民富裕、农村繁荣、农业发达"的基本目标。中国惠农应注重"三农"这一阶段性的客观差异,紧紧地盯住农民、农村、农业三方面政策与法治一体化建设的递进式目标的阶段性实施进程;即在农民贫困消解基础上,保证农民生存条件下,追求农民发展,倡导农民富裕;在农村贫穷消除基础上,保证农村稳定条件下,实现农村和谐,促进农村繁荣;在农业贫弱消灭基础上,保证农业安全条件下,保障农业平稳,推动农业发达。在实际工作中,中国惠农应坚持"政策要重视及时性、法治要重视常规性、中央要重视方向性、地方要重视务实性"的基本理念。以农民富裕为核心,发挥农民主体性不断提升的作用;以农业发达为根本,发展农业基础性不断增强的功能;以农村繁荣为目标,发扬农村求实性不断提高的作风。

2. 鉴于中国农民、农村、农业的各自政策与其相关的制度问题间纵横捭阖、内通外联,进行系统梳理和资源配置的统筹思虑,十分必要;尤其是对三者之间"宗旨同根、规制同步、效益同享、标向同一"的政策与制度同联等"同标异形"的横向良性互动关系和中央与地方等"同向关联"的纵向持续效力关系,以及立法、执法、司法等"同心殊途"的实施冲突衔接关系进行专项研究,迫在当前;以中央一号文件、涉农法律、"涉农"规定、惠农政策为研究依据,进行宏观定向、中观定位,微观建制,非常重要。

3. 中国的惠农政策与制度间虽鲜有冲突,但主要问题是衔接不够。由于制度供给不及时和不足,政策的虚化和法治的淡化现象在一些地方较为突出。因此,中国应关注惠农政策与制度之间的关联性差异,注重发挥国家、地方、村级三方面积极性。只有这样,才能真正地达到中央提出的"生产发展、生活宽裕、乡风文明、村容整洁、管理民主"的20字要求,实现"农民富裕、农村繁荣、农业发达"的基本目标。

4. 在新农村建设中,党的政策是核心和方向,有关农民、农村、农业的"基本法律制度"是根本保障。只有加快政策与法治建设、加强政策与法治实施、加大政策与法治效果,实现政策与法治统一,才能避免"三农"问题的反弹,形成惠农长效机制。在实际工作中,中国惠农应继续坚持中央方向型的"政策法治化和法治政策化"的基本互为(互补、互动、互进)模式,以及"地方政策化和地方法治化"的基本互帮(互辅、互助、互用)模式。

5. 中国作为拥有9亿农民、60万个农村、7万亿农业产值的农民大国、农村大国和农业大国,更要清醒地认识到,在"三农"中,农民是核心,农村是重点,农业是关键。农民富,则国家强;农村稳,则国家安;农业兴,则国家昌。农民贫,则国家不能谓"富";农村乱,则国家已经"可危";农业衰,则国家一定"弱"。因此,中国惠农应特别关注:贫农——大力救助、弱农——积极扶持、残农——常规帮助、灾农——及时援救、富农——正确引导的一体化建设的特殊要求。

6. 中国惠农政策与惠农制度的基本特色是:宗旨同根,规制同步,效益同享,标向同一。二者的基本关系是:同心同向,同向同行,同行同标,同标同的。这些惠农政策与惠农制度聚焦于中国惠农的主要内容有十二个方面。笔者概之谓"二四六惠农内容",即两方面有关农民、四方面有关农村和六方面有关农业的惠农内容:

"民二"惠农内容是指:一是在村务农的农民,诸如专业合作社、农产品协会等农民经济组织;二是进城务工的农民工,诸如农民工工资、农民工子女入园、上学等。

"村四"惠农内容是指:(1)农村基础设施建设,如农村水、电、路、气、房等公用事业;(2)农村扶贫,如村村通(公路)、家家看(电视)、人人听(广播)等;(3)农村社会保障,如新农合等;(4)农村金融,如农村信用社等。

"业六"惠农内容是指:(1)农业补贴,如粮、棉、畜、禽等;(2)农业投入,如农机具、农药等;(3)农业企业,尤其是农业产业化经营的龙头企业;(4)农业基础设施建设,如耕地质量、农田水利、林草生态、农用种子、肥料、农机等;(5)农业生态补偿和转移支付政策,如退耕还林(田、草、牧)等;(6)农业保险,如病虫害、自然灾害等。

◆本研究成果的对策建议

(一)惠农政策方面

应该说,中国的惠农政策已有不少且已经到位,政策落实的情况虽说参差不齐,但总的来说基本尚可。尤其是党的十六大以来,中国惠农政策发生了重大调整,中央对"三农"问题给予了前所未有的高度重视,提出了一系列重要的新思想新理念,做出了"两个趋向"的重要论断和中国总体上已进入以工促农、以城带乡发展阶段的重大判断,制定了工业反哺农业、城市支持农村和多予少取放活的指导方针,采取了一系列强农惠农富农的政策措施,基本形成了新时期指导中国三农发展的政策体系和各级政府合力推进三农发展的体制机制。可以说,中央"三农"政策的重大调整,为中国"三农"提供了历史性的发展机遇,标志着中国"三农"发展进入了一个新的发展阶段。

加之,2004年以来,国务院每年在有关"三农"政策的落实方面都做出了具体的分工安排,从执行情况来看,这些政策大多得到了较好的贯彻落实,对促进"三农"发展发挥了积极的推动作用,但有些政策措施落实得不够理想。那么,哪些政策措施落实得较好,这些政策措施得以执行的机制是什么?哪些政策措施没有得到很好落实,得不到落实的原因何在?应如何完善"三农"政策措施及其执行机制?这些都是在不断强化和完善中国"三农"政策的实践中无法回避和亟待解决的问题。因此,当务之急是要高度重视并认真开展对惠农政策的实施效果进行评估。

(二)惠农制度方面

中国在有关"三农"的制度建设上,在与上述惠农政策特别是已经确立的各种具体惠农项目上,能够对位配套的制度供给严重不足,制度对政策的"固化"频次少,功能弱,效果浅显,点缺、线短、面乏和体漏的现象十分普遍。如农民工工资拖欠问题虽已通过"刑法"得以解决,但农民工子女入园、上学等、农民专业合作社、农产品协会等农民经济组织等农民权益问题,尚需法律制度的建立和健全才能得到全面和彻底的有效解决。在这方面,农民讨要与市民平等的国民待遇呼声较高,(农民)呼吁国家尽快出台《农民权益保护法》。又如农村扶贫、基础设施建设、社会保障和金融方面政策的制定和措施的采取等较为详尽,落实情况基本满意,但是,比如社会保障等方面的立法迟迟难以出台,(农村)呼吁尽快出台《(农村)社会保障法》。再如农业补贴、投入、保险、生态补偿、基础设施建设,及产业化经营龙头企业的各种扶持性政策,已有不少,但以《农业法》为主的涉农法律、法规和规章的制度供给较为滞后或者不足。主要表现为修改力度小、内容少、程序慢。(农业)呼吁中国涉农法律、法规和规章的尽快建立、健全和完善。

应当说,随着依法治国进程的推进和农村改革的逐步深入,中国以《宪法》为依据,以《农业法》为基本法,以行政法规、部门规章和地方性法规为主体,以农业相关法律为补充的农业法律制度体系已经基本建立,它对中国农村社会经济的发展起到了重要的推动和保障作用。但是,目前的涉(惠)农制度,诸如农村市场、农村社会保障、农村公用事业、农村医疗、农村产权、农村金融和农业投入、农业补贴、农业保险以及农村教育文化、农村宏观调控、农村可持续发展等十二方面的法律制度需要健全和完善。当务之急是要加快涉（惠）农立（修改）法，高度重视并认真开展对中国涉（惠）农制度的实施效果的全面检视工作。

（三）惠农政策与惠农制度一体化建设方面

一是农民、农村、农业三者之间的一体化建设。

其一，继续坚持大力救助贫农、积极扶持弱农、常规帮助残农、及时援救灾农和正确引导富农的基本理念。即各级党委、政府及职能部门要通过一体化的"定标"、量化性的"对标"和阶段性的"达标"，努力做到：一是针对"农民贫困→生存→发展→富裕"的情况，着力消解农民贫困、保障农民生存、促进农民发展、引领农民富裕；二是针对"农村贫穷→稳定→和谐→繁荣"的情况，着力消灭农村贫穷、保障农村稳定、促进农村和谐、引领农村繁荣；三是针对"农业贫弱→安全→平稳→发达"的情况，着力消除农业贫弱、保障农业安全、促进农业平稳、引领农业发达。

其二，在对"三农"据实了解了贫情（主要包括农民贫困、农村贫穷、农业贫弱的基本原因）、准确掌握了贫数（是指"贫民数、贫户数、贫村数、贫乡镇数、贫困县数"等五贫种数）、客观评估了贫状（主要指"三贫"的程度状况）基础上，要针对性、及时性、可行性和可操作性地——落实脱贫解困、消贫减灾、扶贫致富和防止返贫的举措。所提出的建议和措施应当是技术上可能、操作上可行、进度上可控、政治上可靠、经济上实用、法律上允许，各方面易接受，尽量减少实施过程中的各种阻力，以实现惠农效率最高化、惠农效果明显化和惠农效益最大化。

二是惠农政策与惠农制度二者之间的一体化建设。

对惠农政策与惠农制度二者之间的一体化建设情况进行比照性考察很有必要，也十分重要。可以说，中国惠农性的各项改革的启动和深化，主要是依靠不同时期党和国家发布的政策来推动的，正确的惠农政策对中国"三农"的改革、发展与稳定起到了明显的保障和促进作用。应该说，没有这些正确的惠农政策也就没有今天农村经济社会的繁荣。但是，也要清醒地认识到，以政策惠及三农也有其固有的缺陷。单纯的政策在惠农上易于"锦上添花"，却难免"拔苗助长"之嫌，更不足以消除、防治和打击惠农活动中的无视规则和无序乱为。政策的特点，决定了它不足以为社会提供最规范、最权威和最稳定的行为规则。而法律则可以为各种社会主体提供一个明确的行为模式标准和合理的预期，尤其是能够有效遏制和制裁危害"三农"的各种不法行为。因此，在惠农政策与惠农制度二者之间的一体化建设上，应正确处理好惠农政策的原则性与惠农制度的明确性之间的关系，惠农政策的变动性与惠农制度的稳定性之间的关系，惠农政策的随意性与惠农制度的规范性之间的关系，以使惠农政策尽早地上升为惠农制度、及时地辅助于惠农制度、全面地服从于惠农制度;以使惠农制度尽早地稳定惠农政策,及时地固化惠农政策,全面地保护惠农政策。

长期以来,国家在对待三农问题上的政策声势大于法治,政策规定多于制度。在这种积习下,一些地方出现了不少甚至较为严重的以政策来代替制度(甚至法律)的诸多现象。"政力强于法力"已是较为普遍的社会心理。全社会尤其是农民在把政策理解为"大于制度"、"高于法律"时,却又产生了"政策多变"的忧虑。现实中一阵风地"追政策",赶着政策做农事就是这种心理的反映。似这种"政策放在心上"、"法律搁在手边"的想法和做法,是较为普遍的社会行为选择。也与中国坚持依法治国、建设法治国家的发展性进路格格不入。

三、本成果的学术价值和应用价值,以及社会影响和效益。

◆本成果的学术价值和应用价值主要体现在:

一是通过全面考察"党的政策、国家法律和地方法规"三者之间的实然(现实)关系,在系统阐释其应然(科学)关系基础上建立起中国惠农政策与制度之间友好"关系"的基本理论体系;二是通过全面考察"农民、农村和农业"三者之间的实然(现实)关系,在系统阐释其应然(科学)关系基础上建立起中国惠农过程中"三农"之间科学"关系"的基本理论体系;三是通过全面考察中国"农民贫困与富裕、农村贫穷与繁荣、农业贫弱与发达"各自二者之间的实然(现实)关系,在系统阐释其应然(科学)关系基础上建立起中国"三农"各自二者之间必然"关系"的基本理论体系。

◆本成果的社会影响和效益主要体现在:

因为囿于"城乡二元"的现实差异及其理论视域,不同程度地缺乏对农民、农村、农业各自政策与法治问题的系统梳理和资源配置的统筹思虑,是中国惠农研究者的基本不足。有鉴于此,本成果研究:一是推进了中国理论与实务界对惠农政策与制度之间的横向良性互动关系有了深入的思考,较好地回答了"惠农政策"与"惠农制度"之间的若干"同标异形"问题。二是推进了中国理论与实务界对中央惠农与地方惠农之间的纵向持续效力关系有了深入的思考,较好地回应了"中央惠农"与"地方惠农"之间的若干"同向关联"问题。三是推进了中国理论与实务界对惠农规制(立法)、实施(执行)与监督(司法)之间的实施冲突衔接关系有了深入的思考,较好地解决了惠农政策(或制度)的"立、行、效"之间的若干"同心殊途"问题。为清除政策与制度相冲突之障碍,理顺政策与法治相融洽之关系,建立健全政策与法治相统一之机制,实现惠农政策与制度的同步到位,提供了必要的理论支撑,产生了积极的社会影响。

目 录
CONTENTS

第一章 中国惠农政策与法治一体化建设概述 …………………… 1
 一、中国惠农政策与法治一体化建设的基本理论 2
  (一)中国惠农政策与法治的历史沿革 2
  (二)惠农政策的基本理论 13
  (三)惠农法治的基本理论 14
  (四)中国惠农政策与法治一体化建设的基本理论 17
 二、中国惠农政策与法治一体化建设的现实状况 19
  (一)中国惠农政策与法治一体化建设的基本内容 19
  (二)中国惠农政策与法治一体化建设的主要问题 23
  (三)中国惠农政策与法治一体化建设的问题之成因 25
 三、中国惠农政策与法治一体化建设的核心内容 28
  (一)农民政策与法治一体化建设的重点 28
  (二)农村政策与法治一体化建设的重点 34
  (三)农业政策与法治一体化建设的重点 39

第二章 中国惠农政策与法治一体化建设基本状况 …………………… 43
 一、中国惠农政策与法治一体化建设基本状况概述 44
  (一)农民概述 44
  (二)农村概述 46
  (三)农业概述 46
 二、中国惠农政策与法治一体化建设的制定状况 47
  (一)惠农政策制定的现状 47
  (二)惠农制度制定的现状 54

（三）惠农政策与惠农制度"立法"状况一体化分析　58
　二、中国惠农政策与法治一体化建设的实施状况　60
　　（一）惠农政策实施的基本现状　60
　　（二）惠农制度实施现状　63
　　（三）惠农政策与惠农制度"执法"状况一体化分析　65
　三、中国惠农政策与法治一体化建设的监督状况　66
　　（一）立法定策之前的监督　66
　　（二）执法行策之中的监督　67
　　（三）惠农政策与惠农制度"监督"状况一体化分析　68
　四、中国惠农政策与法治一体化建设状况评析　71
　　（一）惠农政策制定、实施、监督的评析　71
　　（二）惠农制度制定、实施、监督的评析　74
　　（三）惠农政策与惠农制度"评价"状况一体化分析　78

第三章　中国惠农政策与法治一体化建设的基本要求　81
　一、中国惠农政策与法治一体化建设基本要求的基本理论　83
　　（一）基本要求的含义　83
　　（二）基本要求的特殊性　84
　　（三）基本要求的必要性　85
　二、中国惠农政策与法治一体化建设基本要求的主要内容　87
　　（一）中国惠农政策与惠农法治一体化建设的原则要求　87
　　（二）中国惠农政策与法治一体化建设的一般要求　94
　　（三）中国惠农政策与法治一体化建设的特殊要求　101
　　（四）中国惠农政策与法治一体化建设的目标要求　108
　三、中国惠农政策与法治一体化建设四项基本要求之间关系　113
　　（一）中国惠农政策与惠农法治的基本关系　113
　　（二）原则要求指导下的一般、特殊与目标要求的基本关系　114
　　（三）目标要求导引下的原则、一般与特殊要求的基本关系　116
　　（四）一般要求与特殊要求的基本关系　117

第四章　中国农民受惠政策与法治一体化建设　120
　一、农民受惠政策与法治一体化建设的基本理论　121
　　（一）农民受惠政策的基本理论　121

（二）农民受惠法治的基本理论　122
　　（三）农民受惠政策与法治一体化建设的内涵　124
　　（四）农民受惠政策与法治一体化建设的特点　126
　二、中国农民受惠政策与法治一体化建设的基本内容　127
　　（一）农民受惠政策的基本内容　127
　　（二）农民受惠法治的基本内容　134
　三、中国农民受惠政策与法治一体化建设的基本现状　140
　　（一）中国农民受惠政策制定与法治建设基本现状　140
　　（二）中国农民受惠政策执行与法治实施基本现状　142
　　（三）中国农民受惠政策效能与法治效果基本现状　144
　四、中国农民受惠政策与法治一体化建设的基本构想　147
　　（一）中国农民受惠政策与法治一体化建设的基本要求　147
　　（二）中国农民受惠政策与法治一体化建设的基本模式　150

第五章　中国农村受惠政策与法治一体化建设 …………… 155
　一、农村受惠政策与法治一体化建设的基本理论　155
　　（一）农村受惠政策的基本理论　155
　　（二）农村受惠法治的基本理论　156
　　（三）农村受惠政策与法治一体化建设的内涵　157
　　（四）农村受惠政策与法治一体化建设的特点　160
　二、中国农村受惠政策与法治一体化建设的基本内容　160
　　（一）农村受惠政策方面的内容　160
　　（二）农村受惠法治方面的内容　169
　　（三）农村受惠政策与受惠制度的基本关系　172
　三、中国农村受惠政策与法治一体化建设的现状及问题　175
　　（一）中国农村受惠政策与法治一体化建设方面的实际状况　175
　　（二）中国农村受惠政策与法治一体化建设中存在的问题　182
　四、中国农村受惠政策与法治一体化建设的基本构想　188
　　（一）农村受惠政策的法治化　188
　　（二）农村受惠法治的政策化　189

第六章　中国农业受惠政策与法治一体化建设 …………… 191
　一、农业受惠政策与法治一体化建设的基本理论　191

（一）农业受惠政策的基本理论　191
　　（二）农业受惠法治的基本理论　194
　　（三）农业受惠政策与法治一体化建设的内涵　195
　　（四）农业受惠政策与法治一体化建设的特点　195
二、中国农业受惠政策与法治一体化建设的基本内容　196
　　（一）农业受惠政策方面的内容　196
　　（二）农业受惠法治方面的内容　202
三、中国农业受惠政策与法治一体化建设的现状及问题　208
　　（一）中国农业受惠政策与法治一体化建设的现状　208
　　（二）中国农业受惠政策与法治一体化建设中存在的问题　209
四、中国农业受惠政策与法治一体化建设的基本构想　211
　　（一）农业受惠的政策法治化模式　211
　　（二）农业受惠的法治政策化模式　212
　　（三）农业受惠政策与法治一体化建设的目标　212

第七章　中国惠农政策与法治的衔接与冲突 ……………… 216
第一节　中国惠农政策与法治的衔接　217
一、问题的提出　217
　　（一）中国惠农政策与法治的脱节现象　217
　　（二）中国惠农政策与法治的衔接理论　218
二、中国惠农政策与法治的衔接状况　219
　　（一）中国惠农政策与法治衔接的基本状况　219
　　（二）中国惠农政策与法治的衔接问题　225
三、中国惠农政策与法治的脱节原因　227
　　（一）立法不完善　227
　　（二）政府职能的欠缺　228
　　（三）制度上缺乏权力制衡机制　228
　　（四）环境及观念因素　228
四、中国惠农政策与法治衔接的对策　229
　　（一）确立农民权益保护制度　229
　　（二）推动农村法治化进程　230
　　（三）完善中国农业政策的措施　231
第二节　中国惠农政策与法治的冲突　232

一、惠农政策与法治冲突的基本理论 232
　　（一）中国惠农政策与法治之契合理论 232
　　（二）中国惠农政策与法治之冲突理论 233
二、中国惠农政策与法治冲突的基本状况 235
　　（一）中国惠农政策具有原则性，与法律的明确性相冲突 235
　　（二）中国惠农政策具有变动性，与法律的稳定性相冲突 235
　　（三）中国惠农政策具有随意性，与法律的规范性相冲突 236
三、中国惠农政策与法治冲突的解决措施 238
　　（一）政策上升为法律 238
　　（二）政策辅助于法律 239
　　（三）政策服从于法律 239

第八章　国外惠农政策与法治一体化建设 …………… 242
一、国外惠农政策与法治建设的基本状况 243
　　（一）国外惠农理论状况 243
　　（二）国外惠农实践状况 245
二、国外惠农政策与法治建设的基本经验 263
　　（一）法国惠农政策与法治建设的经验 263
　　（二）日本惠农政策和法治建设的经验 265
　　（三）美国惠农政策与法治建设的经验 267
　　（四）加拿大惠农政策与法治建设的经验 268
　　（五）澳大利亚惠农政策与法治建设的经验 269
　　（六）欧盟惠农政策与法治建设的经验 269
三、国外惠农政策与法治一体化建设 270
　　（一）国外惠农政策与法治一体化建设的特点 270
　　（二）国外惠农政策与法治一体化建设的评价 271
　　（三）国外惠农政策与法治一体化建设的经验 274
　　（四）国外惠农政策与法治一体化建设的启示 276

第九章　中国惠农政策与法治一体化建设的战略构想 …………… 283
一、中国惠农政策与法治一体化建设战略构想的基本理论 284
　　（一）战略构想的基本概念 284
　　（二）战略构想的现实意义 289

二、中国惠农政策与法治一体化建设战略构想的基本状况 290
  （一）战略构想的惠农政策之现实 290
  （二）战略构想的惠农法治之现实 298
  （三）战略构想的一体化建设之现实 301
三、中国惠农政策与法治一体化建设战略构想的基本方法 305
  （一）战略构想的指导思想 305
  （二）战略构想的基本原则 306
四、中国惠农政策与法治一体化建设的基本构想 308
  （一）惠农政策法治化模式 308
  （二）惠农法治政策化模式 312
  （三）中国惠农政策与惠农法治互补模式 315

第十章 附 件 318
附件1：惠农中央一号文件与主要法律、行政法规 320
附件2：国务院及各部门出台的主要惠农政策 325
附件3：主要惠农制度分类表 327
附件4：惠农监督相关制度及其内容 330
附件5：惠农政策与法治一体化建设分类表 332
附件6：农民受惠政策与制度主要内容 337
附件7：农村受惠政策与制度主要内容 353
附件8：农业受惠政策与制度主要内容 363
附件9：国外惠农政策与惠农制度 376
附件10：中国施惠"三农"的主要政策与制度及其内容 381
附件11：中央一号文件惠农"关键词" 402
附件12：中央一号文件 惠农"指导思想" 403
附件13：近年来(2006.1—2012.12)中国惠农的主要政策(259项)及其
    基本目的(以时间为序) 406
附件14：中国"涉农"法律、行政规定和政策(195项) 429
附件15：中国"涉农"（农业部）规章和政策(60项) 437
附件16：中国地方涉农实务规范 439

后 记 446

第一章 中国惠农政策与法治一体化建设概述

中国是一个传统的农业大国,农业的基础性地位、农村的发展落后以及农民占中国国民大多数的现实,无不说明"三农"问题的重要。当前,三农问题已经成为制约中国实现现代化战略目标的重要障碍,而惠农政策和制度作为一种解决"三农"问题的有力方式也因此引起了人们的重视。改革开放以来,党和政府出台了一系列的惠农政策和制度,包括统筹城乡经济社会发展,建设社会主义新农村,"工业反哺农业、城市支持农村","多予、少取、放活"等等,在一系列惠农政策制度的促进下,国家粮食稳步增产、农民持续增收,迈出了全面建设小康社会的历史性步伐。实践表明,惠农政策和制度是建设社会主义和谐社会的重要内容,也是和谐社会建构的重点和难点。

惠农政策和制度取得成绩不可否定,但当前中国惠农政策和制度的建设仍存在着诸多问题,如政策手段的多样性不足、互补性低、支农强度相对偏低、法律手段运用不力、农业投资主体有缺位等等,尤其表现在惠农政策和制度的执行和落实方面,一方面各级政府尤其是基层政府作为政策和制度的执行主体,消极懈怠甚至侵占农民应得利益,另一方面农民自身素质和组织化程度不高,不能形成对政府执行政策和制度的有效监督。此外,当前中国对政府惠农措施的定位较低,仍然基本上是停留在政策的层面,它一定程度上是在现行体制下增加了对农业、农村和农民的"施惠"力度,而并非对现行体制的改革等等。这些问题的存在促使我们不得不重新思考中国惠农政策和制度的建设问题,要从根本上解决"三农"问题,必须进行制度创新,摆脱原有制度的约束和障碍。例如,农业方面,积极推进农业产业结构调整,促进农业产业化经营,发展农业信息化,加强农业环境保护,加大对农业投入的支持等;农村方面,扎实稳步推进社会主义新农村建设,科学合理地推进城市化进程,取消导致二元结构的相关制度尤其是户籍制度改革,建立适应农村市场经济发展需要的土地流转制度,大力发展农村教育,提高农民现代科学文化素质,建立健全农村社会保障体系,深化农村金融体制改革等;农民方面,逐渐取消二元户籍制度,给农民以真正自由的人身权利,紧紧围绕增加农民收入提高农民生活质量、尊重农民意愿、保障农民的合法权益、形成调动农民群众积极性的激励机制、加强基层民主建设、尊重农民的主体地位、增强农民的主人翁责任感、培养新型农民、提高农民素质和生产能力等等。这些惠农政策与制度的一体化建设都是摆在我们党和国家面前的重要任务。

根据中国现代化建设三步走战略目标，到2050年前后赶上世界中等发达国家水平，基本实现现代化，这已经成为全国人民的热切期盼。但是实现现代化，重点在农村，难点也在农村。农业、农村、农民问题始终是中国建设与改革的核心问题，是关系我们国家全局的根本问题。因为没有农业的牢固基础，就不可能有我们国家的自立；没有农村的稳定和全面进步，就不可能有整个社会的稳定和全面进步；没有农民的小康，就不可能有全国人民的小康。无论是从中国历史的角度来看还是以全球化的视野来看，"三农"问题都是中国所有问题的核心和基础。

农业生产水平偏低，农村面貌仍贫困落后，农民收入亟待提高，这是中国当前"三农"问题的基本现状。长期以来形成的城乡二元结构使得城乡居民收入以及生活水平和质量差距不断拉大。针对中国城乡发展不协调的突出矛盾，党的十六大明确提出统筹城乡经济社会发展的要求，这一要求为从根本上解决"三农"问题指明了方向，是解决"三农"问题、全面建设小康社会的一个重大战略。这其中，惠农制度的建设和实施有着举足轻重的作用。自党的十六大以来，中央连续出台了14个一号文件关注三农问题，一系列支农惠农政策，得民心，顺民意，充分体现了党中央对广大农民的关爱、对农村繁荣的关心、对农业发展的关注，不仅有力地促进了农业发展、农村繁荣和农民富裕，而且关系到国民经济长期健康发展和构建社会主义和谐社会。

在统筹城乡发展号召的指引下，在一系列支农惠农政策的支持下，农业及农村呈现出良好的发展态势，农民的收入也有所提高。但我们必须看到，城乡二元结构仍未打破，惠农政策法规在具体操作过程中还存在诸多不和谐因素，包括家庭联产承包责任制的滞后、惠农资金理财水平较低、城乡居民收入差距仍在加大、惠农政策难以得到贯彻执行等等。这些问题让我们不得不对惠农制度建设进行重新思考，必须进一步完善惠农政策法规的建设。只有从制度建设的角度入手，才能从根本上解决惠农实践中存在的各种问题。

一、中国惠农政策与法治一体化建设的基本理论
(一)中国惠农政策与法治的历史沿革
1. 古代封建社会的惠农政策与法治

古今中国都非常关注"三农"问题，在长达几千年的封建时期，历代统治者都

针对"三农"问题实施过一系列的惠农政策和措施。

什么是"惠农"？《诗经》中《邶风·北风》记载："北风其凉,雨雪其雱。惠而好我,携手同行。其虚其邪？既亟只且！惠:爱也。"《尚书·虞书·皋陶谟》原文:"安民则惠,黎民怀之。能哲而惠,何忧乎驩兜,何迁乎有苗,何畏乎巧言令色孔壬。惠,爱也。皋陶曰:朕言惠,可厎行。禹曰:俞,乃言厎可绩。惠,顺也。"现代汉语词典将"惠"解释为"给…以实惠"。关于"惠农"中的"农",狭义上其专指农民,那么"惠农"就是爱农民,顺农民①,给农民以实惠。而现代意义上的"惠农"是"惠三农",不仅仅局限于惠及农民,还包括对农业和农村发展的促进和支持。

由此可见,早在先秦时期就已出现"惠农"的思想和实践。而且,先秦时期也是中国重农思想与民本思想产生的时期,最早的惠农思想就是在这两种思想的直接影响下产生的。只是"盖遂古职业少,人皆务农"②,先秦时期的"惠农"政策,多是以"惠民"、"富民"等形式出现。虽然支农惠农的思想和政策在整个封建时期都在不断发展,但却由于时代的局限性不能与今天的惠农思想和政策相提并论。

农业作为古代社会最重要的生产部门,使得历代统治者都将"重农"视为制定其他一切政策的基础。重农主要表现为国家政策对农业、农民在国民经济中地位的保护和重视。农业、农民、农村是全国的命脉所在,这是古代社会重农的根本原因。国家的财政收入要靠三农,老百姓的生活要靠三农,社会的基本稳定要靠三农,统治阶级的安危更要靠三农。

中国自古以农立国,所以就非常重视农业。尤其在农民作为一个阶级存在之后,各诸侯国为了在争霸战争中立于不败之地,将富国强兵作为基本国策,这样就不得不更加重视农民和农业问题。农民、农业本是"弱势群体",需要国家政策的扶持。随着民本思想的不断发展和成熟,统治者渐渐开始接受通过减轻赋税来鼓励农业生产和保障社会稳定,这即是所谓惠农政策的产生。

中国最早的惠农政策产生于先秦的春秋战国时期。当时,各种惠农政策渐渐在各诸侯国纷纷展开,主要内容有轻徭薄赋、调控农产品价格、奖励多种农业经营、国家借贷等等。以下以轻徭薄赋和调控农产品价格为例予以说明。

（1）管仲在齐国变法时提出"相地而衰征",即根据土地的优劣等级来征收赋税,亦称"按田而税",这是最早出现的轻徭轻赋思想。管仲建议齐桓公"内修政而劝民",并指出要通过减轻百姓的税务负担来促进生产和经济发展。《管子·治国

---

① 周永刚,向德富:《论先秦时期的"惠农"政策—中央惠农政策探源》载《福建论坛》,2007年第8期。

② 吕思勉:《先秦史》,上海古籍出版社,1982年,第400页。

篇》记载:"府库之征,粟什一",是指对农业税的征收,一般情况下征收 1/10 的田赋。事实表明,他这种征税方式在以后相当长的时间里都是很有意义的,不仅减轻了农民的负担,调动了农民的积极性,而且大大促进了当地经济的发展和国力的提升。管仲的轻赋思想也被后来的晏殊和商鞅等改革家继承和不断发展。

(2)调控农产品价格:管仲的改革涉及到了通过对粮食价格的调控来使农民受益的内容。《管子·轻重乙篇》记载:"谷贵则万物必贱,谷贱则万物必贵。"在《管子·轻重丁篇》中,其又用例证法说明了国家调控物价的做法和作用。其中"轻重九府"之制就是管仲在齐国变法时建立的,国家依照农作物收成情况和实际供需关系来调节物价,从而保障农民利益,促进农业的长足发展。战国后期的商鞅也曾主张通过提高粮食价格,而使"市利尽归于农"[1]。另外,他还主张奖励多种经营等。

作为统治阶级的一种为政策略,汉初统治者宣扬轻徭轻赋、与民休息政策,比较注重减轻人民的租税。高祖刘邦把"轻田租"作为"与民休养"的一项重要措施,曾采取"轻田租,什五而税一"之策。汉景帝时"令田半租",且三十税一,其间不征收田税长达十二年之久。后来,"三十税一"从景帝开始便成为西汉征收田税的固定税率而写入法律。"轻田租"政策在汉代的农业发展中起到了重要的促进作用,由于当时的农民田赋负担不算太重,农民从中获得了很多实惠,有着深刻的社会经济影响。

占田制是西晋初实行的一种土地登记制度,即国家对不同的阶级、阶层的民户所占有的各种类别的土地,在一定时期内进行验校和登记,这是西晋政府控制土地和劳动人手、恢复农业的一项重要措施。这种制度使得部分农民得到了多少不同的土地,把无地或少地的农民吸引到土地上,进而开荒种地,有利于农业经济恢复,也减轻了农民负担。

北魏实行均田制,鼓励农民多开垦荒地,促使自耕农人数迅速增加,扩大耕地的同时使得更多的农民受益,有利于农业生产的迅速发展。

宋朝统治者所实施的各项政策中,首要的也是保证农业的恢复和发展。太祖即位即鼓励农民开垦荒田,增田、增产不增税;县令、佐能招还流民,中央奖励使户口增多及荒田得到开垦者;兴修水利并制定农田水利法,促进了农田水利灌溉事业的发展;颁行青苗法,将各地常平仓所存粮食兑换成现钱并出借给城乡居民,保证农民在每年青黄不接时不愁粮食,并能及时获得生产资料,保证了农业生产。

---

[1] 摘引自《商君书·外内第二十二》载《子夜星读书网》http://www.ziyexing.com/files-5/shangjunshu/sjs-22.htm,访问时间:2010 年 10 月 20 日。

朱元璋也比较注意农民的生产和生活。即位初就告诫各地官员不能苛求农民。明初的农业政策包括移民垦荒、实行屯田、兴修水利等,极大地调动了农民的积极性,使农田迅速得到开垦。尤其是成祖朱棣定都北京以后,维护巩固北部边疆地区的安定一直是基本国策。在中国这个传统的农业大国里,政治上的稳定与军事上的胜利必然离不开农业提供的强大物质支持,以农为本一直是封建王朝的执政理念。如明嘉靖以前政府对九边军事重镇之一的宣府镇的惠农政策:其一减免租税;其二屯田垦荒鼓励开垦,永不起科;其三为缓解土地兼并带来的不良后果,采取救灾复业的政策。从洪武二年到嘉靖二十四年的时间里,明朝政府为宣府镇较大规模减免赋税有23次之多,加强屯田管理的诏书有8次之多。在以农业税收为国家主要财政收入的封建社会,此举显示了中央政府对宣府镇农业经济的重视和扶持。由于明朝政府采取了一系列惠农政策,宣府镇地方经济经过几代皇帝和军民的不懈努力得到很大发展,取得了明显成效,有力地支援了地方经济,减轻了国家的财政负担,巩固了北方边疆地区的安定局面[①]。

再如,明万历九年全国实行的一条鞭法,对减轻无地或少地的农民负担,改善农民处境起到了一定的作用。当时的记载说:"条鞭之善者,以为均丁粮、消冒滥、息赔累、简明目、寝觊觎、屈市猾、平贫富、清册籍,一举而官民积弊皆反,天下孰有愉快于斯者乎!"[②]由于差役部分向田地摊派,使得地多者多负担赋役,无地的农民减去不合理的负担。具体来说,首先赋役合一,将徭役并于田赋计亩课征,农民纳田赋和丁银后,以前的力役由官府雇募,这样农民可以自由安排生活和生产时间,有利于农业生产的稳定发展,且进一步松弛了农民对封建王朝的人身依附关系。其次,田赋、徭役及一切课征并为一条征收,简化了赋税征收手续和征收次数,这样不仅减轻了农民完纳负担,也使得官吏在征收过程中盘剥百姓的现象大为减少。

清顺治、康熙时期也采取了一些恢复农业生产的措施,如废除明末的苛捐杂税在一定程度上减轻了农民的负担,有利于离散农民回归土地。再如移民垦种,开垦了大量的荒地。"田多则丁多,田少则丁少",即以土地占有和占有多少作为赋税征收的依据,摊丁入亩,基本上取消了缙绅地主优免丁银的特权。这对于均平赋税、减轻自耕农和一般无地贫民的负担起到一定的作用,因而得到了广大农

---

① 参见《宣府镇志》。
② 摘自《8810读书吧》http://www.8810.cn,《中国通史》第九卷,中古时代-明时期,访问时间:2012年2月1日。

民的拥护和支持,使改革后的税收政策具有比较广泛的群众基础。①

2. 新中国成立以来的惠农政策与法治

新中国成立以来中国的惠农政策最早可以追溯到20世纪50年代末,突出表现在国营拖拉机站的"机耕定额亏损补贴"。自1979年改革开放以来,中国在"三农"问题方面的政策开始转轨,惠农政策历程大致可以中国加入WTO为界限分为两个阶段。

(1)1979年至2001年。

这一阶段中国的惠农政策主要集中在粮食收购最低保护价方面,同时对农业生产资料的补贴也逐步增加,并向各个领域扩大。许多有关惠农问题的战略性措施,诸如科教兴农、农业农村可持续发展、依法治农及农业农村经济结构调整等都在这一阶段被提出,且逐步形成以中央政策为主、适合各地实际情况的地方政策补充为辅的政策框架,惠农政策开始朝着法律化的方向完善和发展。

从1979年起,中国政府开始提高粮食收购价,结束了自1966年粮食调价后粮食统购价格12年未变的局面。与此同时,国家也陆续提高了棉、油等其他农副产品的收购价格,并对价格管理体制和农产品流通体制进行了一定程度改革。1992年以前,中国在农业生产资料购入方面的补贴很少,其中种子购入价格方面几乎没有补贴,也没有价格限制。只是在例如化肥、农用薄膜等农用生产资料上有少量补贴。"三挂钩"是国家此间对农民交售的定购粮采取的补贴措施,即定购与平价化肥、柴油及预购定金三方面挂钩。从1993年底全国95%以上的县放开了粮价开始②,中国的粮食交易市场初步建立,彻底告别了原先的粮食统购统销制度。而且国家正式以法律形式确立了农产品最低保护价收购的政策,同时还设立了粮食储备体系及风险基金。1994年起国家又一次提高粮食定购价格,将小米、稻谷、大豆和玉米等主要粮油产品定购价格平均提高了40%③。

在中国加入WTO之前,农业保护政策的特点主要是侧重于农业经济利益向非农产业转移,而且,随着时间的推移,这种农业经济利益的转移幅度在逐渐减少。

(2)2002年至今。

伴随着加入WTO,中国的惠农政策也为融入世界经济和适应统一规则做了相

---

① 上述内容参见程利英:《国家支农惠农政策述论——以中国古今国家支农惠农政策为例》,载《开发研究》2010年第3期。
② 1993年2月国务院颁布《关于加快粮食流通体制改革的通知》。
③ 1994年《国家计委关于安排1994年粮食收购价格的通知》。

应的调整和变化。2002年,安徽省作为改革试点率先进行粮食直接补贴,到2004年,以粮食直接补贴为核心的农业补贴政策已惠及全国。同时,自2005年1月1日起废止《农业税条例》,这意味着在中国延续两千多年的农业税正式走入了历史。

中央政府非常重视三农问题,自党的十六大以来,中央连续出台了十六个一号文件关注"三农"问题。2004年1月,中央发布改革开放以来第六个涉农一号文件①《中共中央国务院关于促进农民增加收入若干政策的意见》,其重点针对农民人均纯收入连续几年增长缓慢的现状而提出,这是自1986年以来中国重新将一号文件的主题集中在"三农"问题上。2005年1月,中央下发第七个一号文件《中共中央国务院关于进一步加强农村工作提高农业综合生产能力若干政策的意见》,文件指出要稳定和强化各项惠农政策,加强农业综合生产能力建设,不断对农业和农村经济结构进行调整和进一步深化农村改革。2006年2月,中央发布第八个一号文件《中共中央国务院关于推进社会主义新农村建设的若干意见》,继续完善和强化各项支农政策,重点加强农村基础设施建设,并将农村民主政治建设和精神文明建设作为重要内容,推进农村综合改革的同时促进农民持续增收。2007年1月,中央第九个一号文件《中共中央国务院关于积极发展现代农业扎实推进社会主义新农村建设的若干意见》提出用现代物质条件装备农业,用现代产业体系提升农业,用现代科学技术改造农业,用现代经营形式推进农业。2008年1月,中央第十个一号文件《中共中央国务院关于切实加强农业基础建设进一步促进农业发展农民增收的若干意见》提出要走中国特色农业现代化道路,建立以工促农、以城带乡长效机制,形成城乡经济社会发展一体化新格局。2009年2月1日新华社全文播发连续第六个(中央第十一个涉农一号)中央一号文件《中共中央国务院关于2009年促进农业稳定发展农民持续增收的若干意见》,此次文件一共提出了28点措施促进农业稳定发展与农民持续增收,包括农民种粮支持力度再度加大,加大力度解决农民工就业问题,土地流转政策进一步规范,等等。2010

---

① 改革开放以来前五个涉农一号文件分别为:
1982年1月,《全国农村工作会议纪要》对迅速推开的农村改革进行了总结;
1983年1月,《当前农村经济政策的若干问题》从理论上确立了家庭联产承包责任制;
1984年1月,《中共中央关于一九八四年农村工作的通知》强调要继续稳定和完善联产承包责任制,规定了土地承包期一般应在15年以上;
1985年1月,《中共中央、国务院关于进一步活跃农村经济的十项政策》取消了30年来农副产品统购派购的制度,对粮、棉等少数重要产品采取国家计划合同收购的新政策;
1986年1月,《中共中央、国务院关于一九八六年农村工作的部署》肯定了农村改革的方针政策是正确的,必须继续贯彻执行。

年,中央再出一号(中央第十二个涉农一号)文件《中共中央国务院关于加大统筹城乡发展力度进一步夯实农业农村发展基础的若干意见》,明确指出健全强农惠农政策体系,这是中央农村工作思路的转变,将农村工作问题重点由"农业增产、农民增收"转变为"体系化、制度化地提高农民收入、促进农业生产"。2011年,中央连续发布第八个(中央第十三个涉农一号)涉农一号文件《中共中央国务院关于加快水利改革发展的决定》,进一步明确了新形势下水利的战略地位以及水利改革发展的指导思想、基本原则、目标任务、工作重点和政策举措。2012年,中央连续发布第九个(中央第十四个涉农一号)涉农一号文件:《中共中央国务院关于加快推进农业科技创新持续增强农产品供给保障能力的若干意见》,把农业科技摆上更加突出的位置,持续加大财政用于"三农"的支出以及国家固定资产投资对农业农村的投入,持续加大农业科技投入,确保增量和比例均有提高。发挥政府在农业科技投入中的主导作用,保证财政农业科技投入增幅明显高于财政经常性收入增幅,逐步提高农业研发投入占农业增加值的比重,建立投入稳定增长的长效机制。2013年,中央连续发布第十个(中央第十五个涉农一号)涉农一号文件:《中共中央 国务院关于加快发展现代农业 进一步增强农村发展活力的若干意见》,强调要举全党全国之力持之以恒强化农业、惠及农村、富裕农民。按照保供增收惠民生、改革创新添活力的工作目标,加大农村改革力度、政策扶持力度、科技驱动力度,围绕现代农业建设,充分发挥农村基本经营制度的优越性,着力构建集约化、专业化、组织化、社会化相结合的新型农业经营体系。2014年中央连续发布第十一个涉农一号文件:《关于全面深化农村改革加快推进农业现代化的若干意见》,强调:完善国家粮食安全保障体系;强化农业支持保护制度;建立农业可持续发展长效机制;深化农村土地制度改革;构建新型农业经营体系;加快农村金融制度创新;健全城乡发展一体化体制机制;改善乡村治理机制。2015年中央连续发布第十二个涉农一号文件:《关于加大改革创新力度加快农业现代化建设的若干意见》,强调:围绕建设现代农业,加快转变农业发展方式;围绕促进农民增收,加大惠农政策力度;围绕城乡发展一体化,深入推进新农村建设;围绕增添农村发展活力,全面深化农村改革;围绕做好"三农"工作,加强农村法治建设。2016年中央连续发布第十三个涉农一号文件:《关于落实发展新理念加快农业现代化实现全面小康目标的若干意见》,强调:持续夯实现代农业基础,提高农业质量效益和竞争力;加强资源保护和生态修复,推动农业绿色发展;推进农村产业融合,促进农民收入持续较快增长;推动城乡协调发展,提高新农村建设水平;深入推进农村改革,增强农村发展内生动力;加强和改善党对"三农"工作指导。2017年中央连续发布第十四个涉农一号文件:《中共中央、国务院关于深入推进农业供给侧结构性改革加快培育农业农村发展新动能的若干意见》,强调:优化产品产业结构,着力推进农业提质增效;推行绿色生产方式,增强农业可持续发展能力;壮大新产业新业态,拓展农业产业链价值链;强化科技创新驱动,引领现代农业加快发展;补齐农业农村短板,夯实农村共享发展基础;加大农村改革力度,激活农业农村内生发展动力。2018年中央连续发布第十五个涉农一号文件:《关于实施乡村振兴战略的意见》,强调:提升农业发展质量,培育乡村发展新动能;推进乡村绿色发展,打造人与自然和谐共生发展新格局;繁荣兴盛农村文化,焕发乡风文明新气象;加强农村基层基础工作,构建乡村治理新体系;提高农村民生保障水平,塑造美丽乡村新风貌;打好精准脱贫攻坚战,增强贫困群众获得感;推进体制机制创新,强化乡村振兴制度性供给;汇聚全社会力量,强化乡村振兴人才支撑;开拓投融资渠道,强化乡村振兴投入保障;坚持和完善党对"三农"工作的领导等内容。2019年中央连续发布第十六个涉农一号文件:《关于坚持农业农村优先发展做好"三农"工作的若干意见》,强调:聚力精准施策,决战决胜脱贫攻坚;夯实农业基础,保障重要农产品有效供给;扎实推进乡村建设,加快补齐农村人居环境和公共服务短板;发展壮大乡村产业,拓宽农民增收渠道;全面深化农村改革,激发乡村发展活力;完善乡村治理机制,保持农村社会和谐稳定;发挥农村党支部战斗堡垒作用,全面加强农村基层组织建设;加强党对"三农"工作的领导,落实农业农村优先发展总方针。

在中国经济体制改革进程中,纯粹依靠中央和地方补贴不能从根本上解决城乡二元经济结构问题,还需要通过市场化调控机制、生产要素向农村配置的引导等市场改革手段来实现城乡统筹发展。中国当前的惠农政策不仅符合WTO基本规则,也逐渐走向市场经济的运作模式。

农业的弱质性和准公共物品性使得市场在农业资源配置时无法充分发挥其作用。因此,要提高农业资源配置效率,仅仅依靠市场的自发调节远远不够,必须通过政府的扶持来促进农业的发展,即所谓惠农制度的建设。

党的十六大以来,中央始终把解决"三农"问题作为各项工作的重中之重,连续出台了涉农一号文件,分别就促进农民增收、提高农业综合生产能力、建设社会主义新农村、现代农业现代化、农业基础设施建设等方面做出了具体要求,初步形成了全面建设小康社会新时期的新的农业和农村政策体系。这些涉农一号文件以统筹城乡为主线,坚持了"多予、少取、放活"的基本方针,以全面建设小康社会为目标,开启了以工补农、以城带乡的新时代。2006年中央一号文件全面取消农业税、农业特产税和牧业税,使全国农民从中得到1000多亿元的好处;2008年中央一号文件进一步明确要继续加大对"三农"的投入,不断巩固、完善和强化强农惠农政策,提高农村生产和农村生活的基本公共服务水平;2009年的一号文件提出实施积极的财政政策扩大内需,将"三农"作为投入重点,且较往年进一步增加,保持农产品价格在合理范围内的同时还要大幅度地增加农业补贴,特别强调要增强农村金融服务能力。从量上看,"十一五"以来中央财政用于"三农"的投入一直在不断增加。2010年中央一号文件相比以前最大的不同之处在于将强农惠农政策体系化、制度化。政策扶持力度透明度越来越高,持续性越来越好,规范程度越来越高。

2010年中央一号文件明确指出健全强农惠农政策体系,要继续加大国家对农业农村的投入力度;完善农业补贴制度和市场调控机制;提高农村金融服务质量和水平;积极引导社会资源投向农业农村;大力开拓农村市场。其中,将2009年的"较大幅度增加农业补贴"调整为"完善农业补贴制度和市场调控机制"。这反映了中央农村工作思路的转变,将农村工作问题重点由"农业增产、农民增收"转变为"体系化、制度化地提高农民收入、促进农业生产"。在中国经济体制改革进程中,纯粹依靠中央和地方补贴来这种"输血式"的方式不能从根本上解决城乡二元经济结构问题,还需要通过市场化调控机制、生产要素向农村配置的引导等市场改革手段,辅之以政府农村基础设施建设、教育卫生文化事业及农村社会保障改革,来帮助农村完善自身的"造血"功能,进而实现城乡统筹发展。

兴水利、除水害,历来是治国安邦的大事。2011年中央一号文件又立足中国水情变化,第一次将水利提升到关系经济安全、生态安全及国家安全的战略高度,要注重依法治水和科学治水,重点加强薄弱环节建设,深化水利改革的同时大力发展民生水利,加快建设节水型社会,从而促进水利可持续发展。

3. 中国惠农政策与法治的理论研究

对中国惠农政策、制度的研究,国内学者一般侧重以下几个角度:

(1)中国惠农政策制度历史演进的角度:从新中国成立开始到现在,党和国家为了发展贫穷、落后的农村相继制定了许多惠农政策,因此一些学者就从政策历史演进的角度切入,分别对各个时期的惠农政策进行比较研究。例如,贺彩英等通过对新中国50年以来颁布的惠农政策进行简述,再现了新农业建立的曲折历程,证明了中国农村的基本问题,依靠正确而又可靠的政策①;郑有贵通过考察新中国成立以来10次中共中央全会通过的农业决议,揭示了10次中共中央全会通

---

① 贺彩英、王淑娟、刘肇民:《新中国50年"三农"政策演变综述》载《唐山师范学院学报》,2003年第4期。

过的农业决议对新中国农业和农村经济发展有着极其深远的影响①;马桂萍认为,虽然党的惠农政策在科学务实的轨道上不断完善,但在进入全面建设小康社会的新时期,其依旧要根据形势做出新的调整②;等等。

(2)对国家颁布的具体某项政策或文件进行研究:如李铃等对《土地管理法》修改的指导思想、修改过程、新《土地管理法》的特点的评析以及对政策走向的展望③;朱守银等针对进一步深化农村税费改革提出的政策建议要点④;张瑞琰、唐鹰等通过分析农村经济社会发展中面临的金融困境,提出了顺利解决问题的措施⑤;邓大才教授指出,2004年一号文件首次把增加农民收入作为主题,表明了国家把促进农民增收提高到了前所未有的战略高度,具有重大的现实意义和历史意义;⑥等等。

(3)从对惠农政策制度的落实角度研究:包括财政支持惠农政策的落实的研究,如孙茂万、沈少波提出财政服务"三农"的新思路⑦;马云峰通过对目前中国惠农财政政策的缺陷进行分析,提出了一些弥补方案⑧;何骏、柳石等通过分析资金中间流失的原因,并根据欧美等国家对农业资金的管理经验和国库集中支付制度的趋势,提出财政与金融机构联合,实行财政支持惠农资金直接集中支付是一个有效的治本途径⑨;再是对人才支持惠农政策的落实的研究,如汤明鎏提出,实现新阶段农业和农村经济的发展必须大力实施人才战略⑩;还有对建立长效机制落实惠农政策的研究,如全国人大常委会副委员长乌云其木格认为解决惠农问题必

---

① 郑有贵:《10次中共中央全会通过的农业决议与当代中国"三农"政策演变》载《当代中国史研究》,2001年第5期。
② 马桂萍:《十一届三中全会后中国共产党"三农"政策的演进及走向》载《党史研究与教学》,2004年第6期。
③ 参见《中国公共政策分析》2001年卷第五章,《土地政策:为了可持续发展》,中国社会科学出版社,2001年版。
④ 参见《中国公共政策分析》2002年卷第七章,《农村税费改革:减轻农民负担的重大措施》,中国社会科学出版社,2002年版。
⑤ 张瑞琰、唐鹰:《农村金融政策实施障碍及对策》载《财经论坛》,2005年第2期。
⑥ 邓大才:《"三农"政策:要从战术调整转向战略创新——学习2004年一号文件》载《学习月刊》,2004年第3期。
⑦ 孙茂万、沈少波:《新时期财政支持"三农"的政策建议》载《财政与发展》,2005年第7期。
⑧ 马云峰:《"三农"的财政政策缺陷与弥补》载《辽东学院学报》,2005年第3期。
⑨ 何骏、柳石:《建立财政支持"三农"资金集中直接支付系统的设想》载《经济研究参考》,2004年第86期。
⑩ 汤明鎏:《落实"三农"政策重在人才支持》载《江海纵横》,2006年第1期。

须加强农业法制建设并建立长效机制,把惠农工作纳入法制化轨道①;此外,还有学者从政策执行的角度来研究惠农政策,李成贵阐释了中国农业政策执行中的问题和成因,并提出一些解决建议。②

4. 惠农政策与法治的现实意义

"惠农"可以理解为:给予、扶持、惠及"三农"。政府相关职能上体现为"服务",是主动的"减负"行为,有"主动服务"的含义。由"管理"到"服务","被动服务"到"主动服务",是政府职能的转变。从近几年国家出台的有关"三农"的相关政策和措施来看,其精神、实质就是一个"惠"字。无论社会发展到什么阶段,真正让人民得到实惠才能提高其生产积极性,才能推动社会改革向前发展。

"三农"问题是一个世界性的问题。作为一个地道农业大国的中国,这个问题显得更为重要和根本。党和国家历代领导集体都将惠农制度的建设和实践放在十分重要的位置,也取得了相当大的成果。当今中国政府对农业的重视和农民的关注是空前的,具有划时代意义的举措是彻底取消了农业税,农民种粮不仅不需交税,而且还可领取各种补贴。而今国家给农民发补贴资金,一改过去基层政权以收税收费为基本任务的现象。这不仅极大地促进了"三农"问题的有效解决,而且对整个国民经济长期稳定发展及社会主义和谐社会的构建都有着重要意义。

具体来讲,中国惠农政策与法治一体化建设的意义有如下几个方面:(1)国民经济其他各部门的存在和发展离不开农业,惠农政策与法治一体化建设有利于巩固农业在所有产业中的基础地位和作用。(2)"谷乃国之本,民以食为天",粮食安全关乎生存大计,惠农政策与法治一体化建设有益于维护国家粮食的安全。(3)让农民切身体会到实惠,维护最广大人民的根本利益,这是以人为本的科学发展观的真正体现。(4)工业反哺农业,全社会的劳动者共享发展成果,最终达到共同富裕。(5)农民占全国人口的绝大多数,惠农政策与法治一体化建设更能体现人民民主专政,人民当家做主。(6)惠农政策与法治一体化建设的实施是政府职能转变的表现,这有利于建设惠农型政府、服务型政府,做到利为民所谋。(7)增进农民和政府之间的交流和沟通,有益于政府组织和领导现代化建设、协调人民内部矛盾以及组织社会公共服务等。(8)惠农政策与法治一体化建设深入贯彻落实科学发展观,真正还利于农民,有利于推进新农村建设发展,进而破除二元结构,形成城乡经济社会发展一体化的大好局面。

---

① 2004年6月24日,全国人大常委会副委员长乌云其木格在十届全国人大常委会上作关于落实中央各项农业政策情况的调研报告。
② 李成贵:《中国农业政策—理论框架与应用分析》,社会科学文献出版社,2007年版。

胡锦涛在建设社会主义新农村研讨班开班式上讲话中指出:"三农问题始终是关系党和人民事业发展的全局性和根本性问题。农业丰则基础强,农民富则国家盛,农村稳则社会安。"①近些年,中央支农惠农政策不断,党的好政策传遍了祖国的每一个村落。这些政策似春风化雨,让广大农民脸上绽开灿烂的笑容。这些政策给农民带来了巨大的变化,使农民收入快速增长,生活质量明显提高。

(二)惠农政策的基本理论

政策,即政治策略,通常是指一定政党或其他政治组织为达到一定时期的政治目标,为处理国家事务、社会公共事务而提出并贯彻的路线、方针、规范和措施的总称。

政策具有原则性和方向性。政策与法律的主要区别有:在制定主体上,政策主要由政党制定,法律则由立法机关及依法授权的有关机关制定;在适用范围和调整对象上,法律对国家的所有人都是有效和适用的,政策则只对政策对象有效;在约束力和强制力上,法律具有至高无上的权威和强制力,政策与之相比则较弱;在稳定性上,法律相对比较稳定,生命周期较长,而政策则相对灵活,生命周期较短。②

政策一般由政党提出。不同政党提出的政策具有不同的重要性,其中执政党的政策最具有影响力。执政党要适应客观环境及其变化的需要,就要使其各种活动不断地制度化、规范化。作为党活动的重要方式,政策的法治化是必然的。

党的十二大党章规定"党必须在宪法和法律的范围内活动",1982年宪法也明确规定,"一切国家机关和武装力量,各政党和社会团体、各企事业组织都必须遵守宪法和法律,一切违反宪法和法律的行为都必须予以追究。任何组织和个人都不得有超越宪法和法律的特权。"党的十六大报告第一次明确地提出了"依法执政"。由此可见,不论是宪法规定还是党的章程、报告,都为党的政策法治化指明了方向。

惠农政策是党和政府为了支持农业的发展、提高农民的经济收入和生活水平、推动农村的可持续发展而给予农业、农民和农村的政策优惠和倾斜。

党的政策是指在政党作为主体为了实现一定的目的利用其政党的职权制定的各种政策。惠农政策是我党政策中的一部分,是党为认真贯彻中央农村经济工作会议精神,推进农村经济发展,保护广大农民群众的合法权益,达到这样的目

---

① 《胡锦涛在建设社会主义新农村研讨班开班式上讲话》,人民日报,2006年2月15日第一版。
② 刘春:《王军公共政策概论》,当代世界出版社,2000年版,第13页。

标,而经过一定合法程序制定的行为依据或者是各种行动方案,以此解决三农问题。惠农政策的目的就是为了促进社会主义新农村建设,提高农民生活质量,扩大农村消费,加快农业发展速度。

惠农政策的主要特点:第一,惠农政策主要倾向于解决三农问题即针对农民农村农业;第二,惠农政策缺少有效的保障,出现了制定的适宜性与执行的窘困性两者不同步的难题;第三,惠农政策大多来源于中央,主要的表现形式是"中央一号文件";第四,惠农政策具有高度的概括性,执行中的具体事项都是根据地方实际情况制定的。

(三)惠农法治的基本理论

1. 法治与法制

"法治"一词很早就出现在古书中。《晏子春秋·谏上九》:"昔者先君桓公之地狭于今,修法治,广政教,以霸诸侯。"《淮南子·氾论训》:"知法治所由生,则应时而变;不知法治之源,虽循古终乱。"到了近现代,苏力曾在《送法下乡》一书中指出:"中国应当实行法治,中国正在走向法治,无论当代中国人对中国社会的政治法律现状或走向如何评价、作什么样的推测,'法治'已经变成了一种公众的信仰,就如同先前中国人对'革命'、如今对'改革'的信仰一样。"[1]法是国家层面上治国理政的核心内容,政府层面上行政管理的重要依据,社会层面上判断是非的基本标准。[2]

"法制"一词早在《礼记·月令》中就有记载:"民有四,修法制。"《管子·法禁》上写道:"法制不议,则民不相私。"《商君书·君臣》上写道:"民众而奸邪生,故立法制,为度量以禁止。"韩非也有"明法制,去私恩"的说法。近现代以来,无论中外,对于法制的解释没有统一标准。董必武曾在《论社会主义民主和法制》一书中描述法制的含义:"现在世界上对法制的定义,还没有统一的确切的解释。我们望文思义,国家的法律和制度,就是法制。"[3]这是对法制广义的理解。赵肖筠在《法理学》中将法制解释为:"法律以及法律的制定和实施相联系的并具有法律效力的各种制度,如立法制度、执法制度、司法制度、守法制度、法律监督制度等。"[4]

在此基础上,我们有必要厘清法治与法制的关系,二者既相互区别又紧密联系。法治是一种治国方略,其具体含义在上文中已做了具体的论述。法制是一国

---

[1] 苏力:《送法下乡》,中国政法大学出版社,2000年版,第1页。
[2] 陈晋胜:《推进市县政府依法行政的五个基本认知》载《政府法制》,2008年第12期。
[3] 董必武:《论社会主义民主和法制》,法律出版社,1979年版,第153页。
[4] 赵肖筠:《法理学》,法律出版社,2006年版,第301页。

法律和法律制度的总和,它包括一国的各种法律,目前,中国的法律体系大体由在宪法统领下的宪法及宪法相关法、民法、商法、行政法、经济法、社会法、刑法、诉讼与非诉讼程序法等七个部分构成,包括法律、行政法规、地方性法规三个层次。此外,还包括立法制度、执法制度、司法制度、守法制度、法律监督制度等各种法律制度。可见,法制是法治的前提条件和基础,没有法律和法律制度,法治便无从谈起,而法治的实现是法制的目标和归宿。作为法律和法律制度的总和,是从静态意义上讲的,只有实施法律和法律制度的时候,即从静态变为动态的时候,才能产生"限制政府,保障民权"①的作用,也是逐步实现法治的过程。

2. 法治的发展

法治最早源于古希腊时期。当时,柏拉图最早提出了人治与法治的论题,他认为贤人统治是最好的统治,他们的统治是"唯一正确而又唯一真正有效的统治"②。这就是柏拉图的贤人政治说。在柏拉图晚年时期,他提出法治,并认为"法治国"是统治人类的第二等好的选择。与柏拉图不同,亚里士多德重视法治,他强调法治优于人治。他认为法治的含义是:"已经成立的法律获得普遍的服从,而大家服从的法律又应该本身是制定的良好的法律。"③他认为法治应该具体体现在法治实现的各个环节中。

在近代西方封建专制危机和资本主义时期,出现了一批思想启蒙家,他们在继承古希腊时期的法治思想的基础上提出了自己的观点。他们都认识到法律具有最高权威,任何人都必须依法行使职权。洛克认为,政治权力分为立法权、行政权和对外权,立法权要受到人民的制约。孟德斯鸠在洛克学说的基础上明确提出"三权分立"学说。卢梭提出了社会契约论,他认为人生来是平等的,只有人民自己才有权设立法律。

随着自由资本主义向垄断资本主义过渡,资本主义开始加强对社会经济的干预,对公民个人权利进行限制。在这一时期,有的法学家提出在立法、执法、司法环节中都要体现法治原则,要保护公民的权利。美国法学家富勒提出,法律是使人的行为服从规则治理的事业,④在法治中,立法、司法、执法和守法都需要社会主体的广泛参与,才有可能实现法治。罗尔斯《正义论》中也强调法治的重要,他认为法治的核心价值是自由。

---

① 郭相宏:《宪政的人性设计》载《中国评论网》http://www.china-review.com,最近访问时间:2012年1月19日。
② 【美】萨拜因:《政治学说史上卷》,盛葵阳译,商务印书馆,1986年版,第23页。
③ 亚里士多德:《政治学》,吴彭寿译,商务印书馆,1986年版,第25页。
④ 徐爱国、李桂林、郭义贵:《西方法律思想史》,北京大学出版社,2002年版,第310页。

法治从古希腊开始发展至今,从一开始的单个含义发展到现在的多个含义。如今的法治包含有以下的社会含义和意义。

(1)法治是指一种治国方略。在此意义上,法治是与人治相对立的。这一对立最早是由柏拉图提出来的。在古希腊,人治是指哲学王统治也即贤人统治。近代以来,法治与人治的对立主要表现为主权在民与主权在君、民主与专制之间的对立。

(2)依法办事的原则。在现代法治社会,依法办事已经成为社会成员普遍认可和遵守的原则,不论是国家机关、社会团体还是个人都不能例外。

(3)良好的法律秩序。良好的法律秩序是检验是否达到法治的标准,也是法治的目标和结果。良好的法律秩序表现为社会生活的基本方面已经制度化;社会成员都依法办事,自觉维护法律。

1997年党的十五大正式确立依法治国为治国的基本方略,即"依法治国,就是广大人民群众在党的领导下,依照宪法和法律规定,通过各种途径和形式管理国家事务,管理经济文化事业,管理社会事务,保证国家各项工作都依法进行,逐步实现社会主义民主的制度化、规范化、程序化,使这种制度和法律不因领导人的改变而改变,不因领导人看法和注意力的改变而改变"。1999年全国人大通过宪法修正案将"依法治国,建设社会主义法治国家"写入宪法,从根本法的高度确立了依法治国的基本方略和建设社会主义法治国家的重要目标。党的十六大报告又明确提出:"发展社会主义民主政治,建设社会主义政治文明,是全面建设小康社会的重要目标。必须在坚持四项基本原则的前提下,继续积极稳妥地推进政治体制改革,扩大社会主义民主,健全社会主义法制,建设社会主义法治国家,巩固和发展民主团结、生动活泼、安定和谐的政治局面。"2011年3月10日上午,全国人大常委会委员长吴邦国在十一届全国人大四次会议第二次全体会议上宣布,中国特色社会主义法律体系已经形成。中国特色社会主义法律体系,是全面实施依法治国基本方略、建设社会主义法治国家的基础,是新中国成立60多年特别是改革开放30多年来经济社会发展实践经验制度化、法律化的集中体现,反映了建设富强、民主、文明、和谐的社会主义现代化国家的内在要求,代表了全党、全国各族人民的共同愿望和根本利益。

3. 惠农法治

中国是社会主义法律制度,该制度是建立在社会主义公有制的经济基础上的。制度是引导和保障社会主义市场经济建设顺利发展的权威性准则,且制度都必以国家强制力作保障。惠农法治的含义很广泛,不仅包括法律制度,还包括法治理念。从狭义上讲,就是指惠农制度。惠农制度是指特定的立法机关依据法定的职权和程序运用一定的技术制定的有关农民农村农业方面的规范性文件。

惠农法治是指将惠农政策上升为法律制度加以实施,并取得实效的过程。

惠农法治的特点是:第一,体现法治的原则,惠农制度与现代法治的基本标志相通。它的存在和行使也都有法律依据;第二,惠农制度体现了民主原则,不仅是立法主体具有广泛性而且立法内容具有人民性;第三,惠农制度具有科学性,是从实际出发,对当下的"三农问题"做出最及时最合乎国情民意的制度,是广大农民合法权益最根本的保障。

(四)中国惠农政策与法治一体化建设的基本理论

惠农政策是国家或者政党为实现一定的政治、经济、文化等目标任务而在农民、农业、农村方面确定的行动指导原则与准则。[①]

惠农政策是中国在发展"三农"问题上制定的保障其发展的政策。惠农政策与其他政策一样,具有抽象性、及时性和不稳定性。在已有的政策调整关系不适应时代发展的要求或者新发现的社会关系还没有相关政策进行调整的情况下,惠农政策都会及时地变更。惠农法治,是指国家在治理农业、农民、农村方面的思想、方式和状态。[②]

1. 惠农政策与法治的联系

社会主义惠农政策与法治之间存在着内在的一致性,也有着明显的区别,他们各自都有着不可替代的作用。在惠农政策法治化的过程中,必须很好地协调这二者之间的关系。惠农政策与法治的联系主要表现在:他们产生的经济基础是一致的;都体现广大劳动人民的意志和要求;他们所追求的社会目的从根本上也是一致的。惠农政策与法治之间的相互关系可以从以下四个方面来分析。

第一,惠农政策是社会主义建设的核心内容。惠农政策从根本上说体现了人民群众的共同意志和利益。执政党往往能够及时地体察到社会的发展变化、了解

[①] 本部分内容在理论阐释上借鉴了付子堂先生关于政策与法治的关系方面的论述。参见付子堂:《法理学初阶》,法律出版社,2005年版,第262页。

[②] 比如2010年6月,宁夏石嘴山市开展了"法治惠农区"的创建活动,它是指全区各族人民在区委、区政府的领导下,依照宪法和法律的规定管理国家事务、经济文化事业和社会事务,逐步实现经济、政治、社会生活的法治化。"法治惠农区"的开展,提高了依法行政、依法管理、民主科学决策、依法经营等法律意识,加快推进了民主政治建设,完善民主决策、科学决策和依法决策机制,形成了良好局面。然而,"法治惠农"创建是一项长期的社会系统工程,我们应在探索中总结经验,创建更好的成效。参见宁夏石嘴山市的"关于开展'惠农法治区'创建活动的实施意见"。
惠农区政府公众网 http://www.huinong.gov.cn/Article/ShowInfo.asp?ID=14408 最近访问时间:2011年4月10日。

到人民群众的需求,从而及时地制定惠农政策。社会中的法律需要往往也首先被政党认知,在一定意义上,政策是人民意志通向法律的道路。

第二,社会主义法治是贯彻执行惠农政策不可或缺的基本手段。惠农政策只有被制度化,才能上升为国家意志,获得国家强制力的保障。惠农政策的法治化,使得政策能够得到更好的贯彻。这一过程也体现着党的领导方式和执政方式的转变。

第三,惠农政策充分发挥作用,能够促进社会主义法治的实现。惠农政策的贯彻,能够规范党的领导方式,提高党员的素质和水平,尤其会促进各级领导干部带头遵纪守法。

第四,正确认识社会主义法治与惠农政策的关系。社会主义法治与惠农政策既不是对立关系也不是等同关系。惠农政策对社会主义法治化的进程有指导和促进作用,社会主义法治对惠农政策有确认和保障作用。

2. 惠农政策与法治的区别

社会主义惠农政策与法治的区别主要表现在:首先,二者的意志属性不同。法代表的是国家意志,具有普遍效力。惠农政策是党的意志在"三农"方面的体现,不像农业法律制度那样具有普遍效力。其次,二者表现形式不同。惠农政策表现为党的决议、通知、规定等党内文件,主要是原则性的规定。法治主要表现为法律文件和法律制度,既有原则性规定也有规则性规定。再次,惠农政策除上升为法律而获得国家强制力保障外,主要依靠党员的忠诚和广大人民群众的信赖而自觉实现,也以党组织自身的纪律来实现。法治是依靠国家强制力来保证实施的。最后,二者的稳定性程度和程序化程度不同。惠农政策在制定和实施的过程中都具有更大的灵活性和变化性。法律具有较高的稳定性,其调整的每个环节都具有相应的法定程序。

3. 惠农政策与法治的一体化建设

一体化是指各个相互独立的部分经过有效整合而形成一个整体功能大于部分功能的系统化过程。中国惠农政策与惠农法治一体化建设显然是一体化理论下的实践。具体含义是指将惠农政策与惠农法治的各个部分的功能通过整合、建立有机联系,使其相互促进,实现惠农政策与惠农制度在解决三农问题上的最优化。一体化建设具有以下鲜明的特点:

(1)惠农政策与惠农法治宗旨同根。惠农政策的目的是解决当下三农面临的各种新问题。惠农制度实质上是统治阶级意志的集中体现,惠农制度的制定也是在调整三农方面的各种社会关系。所以从根本上看,惠农政策与惠农制度的宗旨是一致的,即都是为了实现惠农富民脱困的。

(2)惠农政策与惠农法治是资源整合最优的体现。惠农政策本身具有灵活性、不稳定性、原则性，能够应对当前复杂环境下面临的各种棘手的问题。而惠农制度具有稳定性、滞后性、强制性的特点。所以两者的结合显然是一种互补，是实现惠农目标最大化的有效手段。

二、中国惠农政策与法治一体化建设的现实状况

改革开放以来，为了实现好、维护好、发展好广大农民群众的根本利益，党和政府把农业农村工作摆在现代化建设的突出位置，想实招、办实事、求实效。统筹城乡经济社会发展，建设"生产发展、生活宽裕、乡风文明、村容整洁、管理民主"的社会主义新农村，"工业反哺农业、城市支持农村"，"多予、少取、放活"等等一系列的强农惠农政策，使得中国"三农"问题现实发生了历史性的变化。有民谣这样说："种地不纳税，上学不交费，看病报药费，和谐好社会"，它道出了中国农村翻天覆地的变化，这变化是广大农民勤劳智慧的结晶，也是党和政府对农业、农村和农民的关注和尊重。

惠农制度是建设社会主义和谐社会的重要内容，也是和谐社会建构的重点和难点。惠农政策取得成绩不可否定，但当前中国惠农制度的建设中仍存在着诸多问题，尤其表现在惠农政策的执行和落实方面。一方面各级政府尤其是基层政府作为政策执行的主体，消极懈怠甚至侵占农民应得利益。另一方面农民自身素质和组织化程度不高，不能形成对政府执行政策的有效监督。此外，惠农政策的落实还缺乏充足的物质基础作支撑也是很重要的一个方面。

（一）中国惠农政策与法治一体化建设的基本内容

改革开放以来，在坚持以经济建设为中心的大背景下，中国农村成功完成了经济体制改革，较大程度上调整和完善了农村产业结构，农民负担逐渐减轻，收入不断增加，农村社会保障制度也初步建立，这些都极大地调动了农民的积极性，解放和发展了农村生产力。在全面建设小康社会时期，中国的三农发展战略发生了重大转变，提出了统筹城乡发展、建设社会主义新农村等新思路。国家出台一系列的惠农政策，不断加大对三农的支持力度，且集中体现在提高农民生产和增收能力这些中心环节，农业、农村和农民各方面统筹兼顾，促进和谐发展。

比如2010年的惠农政策能代表中国的惠农制度状况，2010年农业农村工作的总体要求是："把统筹城乡发展作为全面建设小康社会的根本要求，把改善农村民生作为调整国民收入分配格局的重要内容，把扩大农村需求作为拉动内需的关键举措，把发展现代农业作为转变经济发展方式的重大任务，把建设社会主义新农村和推进城镇化作为保持经济平稳较快发展的持久动力，按照稳粮保供给、增收惠民生、改革促统筹、强基增后劲的基本思路,毫不松懈地抓好农业农村工作,继续为改革发展稳定大局做出新的贡献。"①

笔者以2010年中央一号文件为例,从农民、农村及农业三个方面说明中国当前惠农制度的基本内容。

1. 农民政策

"三农"问题的实质和核心是农民问题,农民在解决"三农"问题中居于主体地位。减轻农民负担、多渠道转移农村剩余劳动力及提高农民素质是当前农民政策的主要着眼点,具体表现在:

(1)不断改善农村劳动力就业创业状况:2009年中国外出务工的农民有1.49亿人,其人均纯收入的40%是工资性收入,对农民增收贡献很大。然而令人堪忧的是中国当前公共就业服务体系还不健全,农民工合法权益仍不能得到有效保障,而且还存在着农民工技能与岗位要求不适应的现象。为此,进一步加大对农民就业创业的扶持力度也写入了2010年的中央一号文件,具体措施包括加强农民就业创业培训,不断拓展各种渠道促进农民就业,对农民工返乡创业给予帮助支持,更重要的是要切实维护农民工合法权益。

(2)农民培训和农村实用人才培养:为了发展现代农业和建设社会主义新农村,农民的综合素质亟待提高,而开展农民培训和农村实用人才培养是提高农民素质的有效方式。"积极开展农业生产和农民技能培训"等在2010年中央一号文件被多处提到。农业部为贯彻落实中央精神,主要从几个方面展开工作,包括劳动力转移培训,创业意识培养和创业培训,带头人培训,科学素质行动等。

(3)新型农村社会养老保险制度的建设:新型农村养老保险制度是典型的惠农制度建设范例,具有制度创新的意义。党中央国务院自2009年开始开展新型农村养老保险试点工作,2010年中央一号文件又对之提出新的要求,对有条件的地方要加快试点步伐,通过农民参保确保符合条件的老年居民能够按时足额领取养老金。

(4)对中小城市和小城镇落户放宽限制:城镇化是城乡协调发展的重要思路,消费需求的增加,就业岗位的创造都依赖于城镇化。中国目前工作生活在城市的农民大约有1亿多,但由于体制等原因,未能在城镇落户而真正融入城镇生活,这将严重阻碍农村人口向城镇的转移,影响城镇化进程。中央一号文件明确提出要加快城镇化制度创新,努力推进城镇化的同时提高城镇规划质量和发展水平。这其中要把中小城市和小城镇的建设作为城镇化的重点,尤其是放宽县城级别的落

---

① 《2010年强农惠农政策纵览(1)》载《农村经营管理》,2010年第4期。

户条件,并积极应对农村人口转移进城后出现的各种新问题。

2. 农村政策

在党中央建设和谐社会的大背景下,社会主义新农村的建设也在大幅展开和不断深入,国家出台了一系列的惠农政策支持新农村建设,主要表现在:

(1)大幅度增加农村基础设施建设的投入力度:2010年国家重点投入建设的工程有:农村电网、公路、饮水安全、小水电、邮政和农林水血防等民生工程,这些工程的总投入约495亿元,其建设对农村生活条件的改善、农民生活质量的提高有重要的意义。

(2)不断健全和完善农村金融服务:中国农村金融改革在近年来正在积极展开,金融服务有所改善,但整体上城乡金融资源配置仍然不平衡,比如农村金融网点很少,涉农贷款比例极低,抵押担保机制不完善等等,这些都影响着农村经济发展在金融方面的需要。2010年中央一号文件将深化农村金融改革作为部署重点,从金融制度创新、机构创新和产品服务创新三个方面入手,包括扶持发展农村小型金融机构等内容,不断改善农村金融服务,促进农村经济可持续发展。

(3)鼓励农民建房:农民建房有助于扩大内需,国家通过固定资产投资向农村的倾斜,鼓励和支持农民建设自己的住房。这其中还包括增加农村危房改造试点,加大投入游牧民定居及农垦危房改造等工程。

(4)完善新型农村合作医疗制度:针对农村的卫生医疗现状和进一步提高农民的医保水平,由政府组织和引导,农民自愿参与,个人集体和政府多方集资,建立了新型农村合作医疗制度。2010年一号文件提出要继续提高新型农村合作医疗的集资水平及政府补助标准和保障水平。

(5)对农民专业合作社发展的扶持:农民专业合作社是现代农业建设的产物,其有力地提高了农业组织化程度,并促进农民增收。"大力发展农民专业合作社"是2010年中央一号文件的明确要求,并提出一系列政策措施来支持和促进农民专业合作社发展,为其健康发展提供了方向性指引。例如:增加对农民专业合作社的补贴,为推进示范社建设行动,给予管理好的合作社以补助,鼓励贷款担保公司参与农民专业合作社,支持其自办农产品加工企业等等。

(6)大学生村官制度:通过选拔,每村选配若干应届毕业生到村任职,为农村发展提供优秀人才。

(7)完善党领导的村民自治、村务公开和民主管理:村务公开和民主管理,即村级日常事务管理要公开透明,阳光操作,村里的重大事项要听政问需于民,同群众商量着办。

3. 农业政策

国家对农业的惠农政策主要表现在如下几个方面：

(1)逐渐加大农业基础设施和服务体系建设等的投入:2010年约为441.6亿元,较之往年有大幅度的增加,主要用于改善农业生产条件,提高农业综合生产能力。具体表现在大型灌区节水改造工程、农产品质量安全检测体系、农技服务体系、粮油储存设施、种养业良种工程、农产品批发市场建设等。

(2)农业补贴制度的进一步完善:"四补贴"是中国目前的农业补贴政策,即种粮农民直接补贴、良种补贴、农资综合补贴和农机具购置补贴。为弥补种粮农民增加的生产成本,需要及时补给农资综合补贴资金,并遵循"价补统筹、动态调整、只增不减"的原则。

(3)继续提高粮食最低收购价:为鼓励农民种粮,调节粮食市场供求关系,国家实施粮食最低收购价政策。自2004年以来,中国的粮食最低收购价政策日臻完善,提高各种粮食的最低收购价与扩大收购范围同时并进,并合理安排收购时间,不仅保护了农民的利益,更保障了国家的粮食安全。

(4)实行临时收储政策:在单纯的市场调控下,部分农产品由于自身特点经常会出现价格下跌的现象,从而影响农民利益的实现。针对这一现象国家出台了临时收储政策,主要针对玉米、大豆、油菜籽等进行临时收储,并支持和鼓励企业参与收储,以及不断完善收储拍卖机制。

(5)完善农业保险补贴政策:包括不断加大农业保险的投入,扩大品种和范围,鼓励各地对特色农业、农房等保险进行保费补贴,健全农业再保险体系和建立财政支持的巨灾风险分散机制等,为有效化解农业灾害风险发挥了积极作用。

(6)加大对产粮大县的奖励力度:中央从2005年开始实施对产粮大县的奖励政策,并逐年加大奖励制度,不断完善奖励机制。目的是为了调动地方政府粮食生产的积极性,一些产粮大县财力状况也因此有所改善和增强。

(7)建设高标准农田:为进一步夯实粮食生产基础,增强农业抗灾减灾能力,中央大规模改造中低产田,加快建设高产稳产基本农田,对保障主要农产品基本供给和促进农民增收具有重要的意义。

(8)鼓励优势农产品的生产及特色农业的发展:现代农业的发展要求必须推进优势农产品的区域布局和粮棉油糖的高产创建,只有这样才能保障农产品的有效供给,从而增强农产品竞争力并促进农民持续增收。

(9)鼓励乡镇企业、农产品加工业及休闲农业发展:这是农业结构调整的具体表现,是农民就业和增收的重要渠道。2010年中央一号文件明确提出扶持和发展农产品加工业、乡村旅游等农村服务业及休闲农业,不断拓展农村非农就业空间。

这其中,重点强调要加大农产品加工业的创新发展力度。

(10)加强耕地保护和质量建设:为确保国家粮食安全和促进农业可持续发展,必须重视耕地保护和质量建设。"坚决守住耕地保护红线"、"重视耕地质量建设"是2010年中央一号文件的明确要求。

(11)不断健全和完善基层农技推广体系:进步的农业科技是现代农业的重要标志,而推动农业科技进步必须依靠科教兴农,基层农技推广体系作为科教兴农战略的重要措施,得到党中央、国务院的高度重视。3年内在全国普遍建立区域性农业技术推广等公共服务机构是党的十七届三中全会要求;2010年中央一号文件又重提这一要求,并提出要继续扩大基层农技推广体系改革与建设示范县的范围。

(12)农村土地承包法律政策:国家先后出台了《农村土地承包法》[①]、《物权法》[②]、《农村土地承包经营纠纷调解仲裁法》[③]等相关法律,目的是为了稳定和完善农村土地承包关系,保护农民对土地的承包权益,不仅如此,国家还制定了一系列的政策进一步保障农民土地承包经营权,并多次重申现有土地承包关系保持长期稳定不变。

(二)中国惠农政策与法治一体化建设的主要问题

中央惠农政策的提出是危机推动的结果,也是利益驱动的结果。一系列惠农政策的出台给农民带来了实惠,发展农业的同时也改善了农村环境。尽管如此,其政策的制定和执行仍存在不少问题,尤其中国农村资源整合能力差,农民组织化程度低,惠农政策的执行和落实就显得更为困难。

1. 中国农业政策手段缺乏多样性

增加财政拨款、减免农业税、提高农产品最低收购价及加大扶贫力度等是中国当前惠农政策的主要措施,其特点是集中在政府投入。而市场经济体制要求体现社会资本控制的作用,要求体现主体多元化。也就是说,发展农业不能仅仅依靠政府的投入,更加需要融入其他各种社会资本。另一方面,我们应该借鉴发达国家走过的道路,例如加大对公共服务支持的重视和应用,这一点在发达国家被

---

① 《中华人民共和国农村土地承包法》由中华人民共和国第九届全国人民代表大会常务委员会第二十九次会议于2002年8月29日通过,自2003年3月1日起施行。
② 《中华人民共和国物权法》由中华人民共和国第十届全国人民代表大会第五次会议于2007年3月16日通过,自2007年10月1日起施行。
③ 《中华人民共和国农村土地承包经营纠纷调解仲裁法》由中华人民共和国第十一届全国人民代表大会常务委员会第九次会议于2009年6月27日通过,自2010年1月1日起施行。

证明是有效的,而减少对价格政策的一贯依赖。

2. 中国支农强度相对偏低

中国刚刚步入对农业、农民的正向支持阶段,其支农资金规模较发达国家有很大差距。曾经很长一段时间,国家都要从农业积累资金中抽取相当部分来支持工业发展,更何谈为农民增收提供支持。

3. 惠农政策手段互补性差

相比发达国家,中国惠农政策形式的特点有:使用价格政策为主,其他支持政策很少;主要是间接补贴,较少采用直接补贴,即便有也是小规模形式;行政手段调节覆盖了经济手段和法律法规的重要性。而我们所欠缺的正是发达国家在积极应用的政策手段,例如不断加强直接补贴力度,可持续发展能力的提高等。

4. 法律手段运用不力

中国惠农制度以政策形式体现为主,常见的有决议、意见、规定、通知或办法等文件形式,而较少运用法律法规的形式。这样容易造成因政策执行缺乏规范而不能有效执行的结果。通常所说的"红头文件"是惠农政策文件的主要形式,由于其一般不向社会公开,地方政府等执行机构在执行过程中就存在很大的随意性,他们完全可能选择落实对自己有利的政策,而忽视或者不落实对自己不利的政策。

5. 农业投资主体有缺位

农业本身应该是一个社会性的产业,其发展是全社会的共同责任。所以农业投资主体也应该是多元化的,而不应只局限于政策性的投资。中国农业政策实践中,参与农业投资的主体中很少见到有工商企业、金融企业甚至外商等。借鉴发达国家的经验,农业投资的主体完全可以由经营性企业或投资公司等社会组织来承担。

6. 惠农政策的执行障碍

(1) 基层政府执行惠农政策不到位

由于基层政府与中央政府政策制定的出发点和可利用资源不同,效用目标也不尽一致,"上有政策、下有对策"便成为二者之间常见的一种局面。换句话说,惠农政策在实际执行过程中常常走样变形。实践中主要有两种情形:一是所执行的政策于己不利时,基层政府或相关执行部门就制定一种表面上与上级政策一致、实际上却相违背的实施方案,结果是上级政策根本无法得到贯彻和落实,这或者叫作替代式执行;二是对惠农政策敷衍甚至对抗式执行。如减免农业税在一些发展不景气的基层农村中会产生很大的实际利益冲突,他们可能选择不执行或者变相不执行的应对方式,为了维护自己的利益,基层政府甚至借各种名义乱收费或摊派,反而更加剧了农民的负担。

基层政府对惠农政策执行的不到位,有损基层政府权威与在人民心目中的形象。这种执行不力一方面表现了基层政府在依法行政方面有所欠缺,另一方面也表现了基层政府并没有真正把全心全意为群众服务作为自己的执行宗旨。

(2)农民在惠农政策执行中表现被动

首先,在中央政府制定惠农政策方面,由于政府农民之间的信息不对称使得农民在政策制定上表现被动。其次,在基层政府的政策执行上方面,由于基层政府对个体农民的强势地位,执行部门执行不力或者变形走样执行使得农民处于被动状态。久而久之,这种被动甚至转化为冷漠和麻木。实际情况也确实如此,有关"三农"问题的讨论大都发生在城市,而真正的农村基本没有声音;村民自治是中国农民直接行使民主权利、参与公共事务的主要活动,而当前很多农民却对之很少有了解等等。

(3)惠农政策执行所需物质基础不牢固

政策的执行需要一定的执行成本,惠农政策的执行成本一般来说由基层政府来承担。这就形成了高执行成本和基层政府财政短缺之间的矛盾。近几年的农村税费改革使得基层政府失去了制度外资金的补充,更加剧了这一矛盾。资金的短缺也导致了农村公共产品供给量降低,包括农村的义务教育经费投入不足、卫生医疗系统薄弱、农村基础设施投入严重不足、农业保险和农村社会保障也没有充分建立起来等等。

(三)中国惠农政策与法治一体化建设的问题之成因

当前中国惠农制度中存在的问题主要表现在政策的执行和落实上,如农资价格上涨使得补贴失去意义、资金分散使得效益体现不明显、粮补变地补而难以体现政策精神、基层干部截留或抵扣各项费用引发矛盾多等等。笔者将从惠农制度涉及的主体、客体、物质基础和内部机制四个方面对这些问题形成的原因做以简单阐释。

1. 主体原因

在中国,作为农村基层政府的乡镇一级政府,是整个国家行政管理系统的"末梢神经",是中央及各级政府制定的惠农政策的执行者和直接责任者,其直接影响着惠农政策执行的效果。然而,基层政府自身存在的某些局限性却妨碍着政策的实施执行。

首先,农村税改后乡镇财力空虚,于是一些乡镇便以"一事一议"等名义进行筹资,变相加重农民负担,包括截留农民的补贴款。而且,现行乡镇机关人员冗杂、机构臃肿,这又进一步加重了财政支出负担。于是,乡镇政府更有可能从惠农政策的执行中牟取一定的利益,而难以做到绝对中立。再次,基层政府系统人员在政治思想及创新能力等方面的素质欠缺阻碍政策执行。目前很多乡镇存在管理松疏、纪律松散、制度松懈的问题,乡镇干部缺乏必备的组织纪律性,遵纪守纪意识淡薄。还有,中国行政体制中普遍存在部门条块分割、协调不畅的问题,这往往阻碍惠农政策的执行。上级政府通常在乡镇派驻的大量机构切割了乡镇政府的权力,乡镇政府难以对其进行统一协调管理且进一步加重了乡政府的财政负担。

2. 客体原因

农民是惠农政策执行的客体,其同样也会影响到政策执行能否取得预期的效果。如果农民对政策或是执行方式不认同或不支持,必然会妨碍政策的执行和落实。目前,农民中存在的问题主要有:

(1)农民的受教育程度还很低阻碍其对政策的理解。当前,中国农民占有的教育资源无论从数量还是质量上仍明显低于城镇居民,接受教育的机会也少于城镇居民。

(2)农民话语权的丧失阻碍其对政策执行的反馈。目前,中国农民仍然没有与其他阶层一样享有平等的话语权。长期以来他们的话语权受到压制,使他们渐渐成为一个沉默的群体。

(3)个体农民无法完成对政策执行的有效监督。由于农民是惠农政策执行效果的直接承担者,所以他们是再合适不过的监督群体。然而监督的实现需要承担一定的成本,很多情况下这种成本高于其所得,而且分散农户之间的组织又需要加入较高的组织成本,这些往往导致农户缺乏足够的动力去进行这种监督。而且大家都希望其他农户能承担起监督责任,而自己享受监督的成果,这种"搭便车"的思想又进一步阻碍了其对惠农政策执行的监督。

3. 物质基础方面的原因

所谓"巧妇难为无米之炊",即便是政策的执行,也需要有充足的资源做基础,尤其表现在资金方面。现实来看,资金资源的短缺主要有几个方面的原因:

(1)基层政府尤其是乡镇政府的债务问题。农村基层政府的债务问题是中国全面推行农村税费改革后暴露出的一个突出问题。不久前从各地的一些典型调查来看,相当一部分乡镇的负债总额达到其一年财政收入的几倍,甚至几十倍。而且越是欠发达地区,债务情况越严重。这其中有体制的原因,也有行政行为不规范或政策不当、基层政府开支经费标准不断提高且呈刚性化等因素。

(2)农村的金融体制落后,农业投资渠道单一。农村金融机构是农业经济发展的巨大支撑。随着金融体制改革的进一步深入,农村金融机构在行业构成、网点布局等方面发生了巨大的变化。加之农村经济的飞速发展,中国农业、农民对资金需求的日益强烈,农村金融机构支持惠农的力度明显不足。

(3)资金管理不善,流失严重。近年来,随着财政支持惠农资金渠道增多,投入数量越来越大,尽管管理制度不断完善,监督检查力度不断加强,但资金被挤占、挪用、贪污等现象仍然屡禁不止,这将大大降低资金的使用效益,直接影响财政支持惠农的政策执行效力。一方面是因为资金来源分散,支付渠道和支付对象分散,不利于监管或监管成本大;另一方面由于项目确定执行、资金支付、监督管理三者集于一身,责权不清,给各种违规违纪现象留有很大空隙。现行的财政支持惠农资金的支付管理方式已经到了非改革不可的时候了,构建新的支付管理制度已经势在必行。

4. 内部机制方面的原因

在惠农政策执行实践中,有些政策得不到有效的执行,执行的效果难以令人满意。要突破惠农政策执行难的瓶颈,就要挖掘政策执行的内在逻辑,把握住政策执行系统要素间的相互作用、相互联系运行的规律,塑造出科学的惠农政策执行机制,从而推动政策的有效执行,以实现惠农政策的目标。就目前来看,惠农政策执行机制还存在着很多问题:

(1)政策执行信息沟通机制不健全。政策执行过程实质上是一个有效的信息流通过程。基层政府与农民之间信息沟通严重不足,一方面由于农民经济地位的弱势及所受教育的不充分等自身原因不能充分发挥作为信息输入者的作用,另一方面由于基层政府的原因而未能建立良好的农民对惠农政策反馈信息的渠道,沟通渠道不通畅。

(2)政策执行的控制机制缺乏。目前,惠农政策执行中出现的问题首先是缺乏目标责任制,缺乏责任追究制度。基层政府作为政策执行主体依法定权力执行政策,是权责利的统一体,因此他们应承担相应的政治责任、道德责任和人格责任。为此,惠农政策执行必须强化政策执行者的责任追究机制,这样才能减少政策贯彻不力,执行失误等现象的发生。

(3)政策执行缺乏有效的激励机制。由于对政策执行者的利益需求的忽视或激励的欠缺,使其在政策执行中比较容易出现敷衍了事、思想涣散等现象,甚至导致公共权力异化以及客观性腐败的行为和心理倾向的产生。而激励可以提高政策执行人员的主动性和创造性,激发他们的干劲,提高工作绩效,为实现目标而进行不懈的努力。所以,应该建立有效的激励机制,奖励在政策执行过程中表现良好的工作人员。

三、中国惠农政策与法治一体化建设的核心内容

改革开放以来,在一系列惠农政策法规的促进下,国家粮食稳步增产、农民持续增收,迈出了全面建设小康社会的历史性步伐。然而,当前中国对政府惠农措施的定位较低,仍然仅是停留在政策的层面,而并非对现行体制的改革。"过去的经验证明,仅仅从农业和农村领域推行的改革措施入手,往往不能从根本上解决问题,问题的症结在于与农业和农村经济密切相关的宏观经济体制和大的政策导向。"①

由前文所知,中国"三农"问题的解决面临着深层次的体制性矛盾和结构性矛盾。从体制性矛盾看,中国最主要问题是城乡二元结构。长期的城乡分割的二元结构体制导致了"重城轻乡"观念的产生。要想从根本上真正解决农民增收的问题,不能仅仅停留在政策的层面来看待"三农"问题,必须要从制度建设的角度入手,在彻底清除城乡分割制度障碍后,对中国的财政补贴制度进行重新设计,建立长期有效的农民增收机制。

"制度好使坏人无法达到他想要的目的,制度不好同样可以使好人无法进行正常的活动,甚至走向相反的一面或者极端。"②中国自古以农立国,所以就非常重视农业。尤其在农民作为一个阶级存在之后,各诸侯国为了在争霸战争中立于不败之地,将富国强兵作为基本国策,这样就不得不更加重视农民和农业问题。农民、农业本是"弱势群体",需要国家政策的扶持。随着民本思想的不断发展和成熟,统治者渐渐开始接受通过减轻赋税来鼓励农业生产和保障社会稳定,这即是所谓惠农政策的产生。

本章从农民、农村及农业三个方面阐释中国惠农政策与法治一体化建设的核心内容,目的是为完善中国惠农制度建设提供理论基础,为促进惠农制度实效的充分发挥建言献策。

(一)农民政策与法治一体化建设的重点

科学发展观,第一要义是发展,核心是以人为本。以人为本思想的提出和发展在我们党和国家的发展史上具有极其重要的意义。坚持以人为本,全心全意为人民服务是党的根本宗旨,党的一切奋斗和工作都是为了造福人民。要始终把实现好、维护好、发展好最广大人民的根本利益作为党和国家一切工作的出发点和落脚点,尊重人民主体地位,发挥人民首创精神,保障人民各项权益,走共同富裕

---

① 张晓山:《推进建设社会主义新农村建设》载《人民论坛》,2005 年第 10 期。
② 《邓小平文选(第 2 卷)》,人民出版社,1999 年版,第 333 页。

道路,促进人的全面发展,做到发展为了人民,发展依靠人民,发展成果由人民共享。

以人为本,具体到惠农制度建设,就是要坚持以农民为本,从各地农村的实际出发,尊重农民意愿,维护农民利益,增进农民福祉,选择适应农民需要、适合本地实际的发展模式。要重点围绕解决直接关系农民生产生活的突出问题,从解决农民最急迫、最直接、最关心的实际问题入手。以人为本建设新农村,必须把发展农村生产力作为重点和基本目标取向,充分发挥农民的积极性和创造性,发展农村经济,增加农民收入,促进农民能力的提高。

"三农"问题中,农民是主体,是核心。解决中国的"三农"问题必须以人为本,离开了对农民作为"人"的终极关怀,不从根本制度和体制上解决农民的身份歧视或社会地位问题,"三农"问题就不会有一个令人满意的结果。当然,国家惠农制度建设最根本还是体现在增加农民收入,使农民不断富裕上。发展农业,建设农村,说到底是为了提高广大农民群众的生活质量和水平。在惠农制度建设层面,对农民而言,有以下几个方面:

1. 逐渐取消二元户籍制度,彻底消除二元户籍诟病。

废除城乡隔绝的二元户籍制度,给农民以真正的自由迁移的权利,不仅是制度伦理的内在要求,而且是实现劳动力与资本的自由组合,优化资源配置的必然选择。制度对个人权利的保障,是一个社会肯定人的自由的最直接的方式。没有制度对个人权利的保障,自由就是不完善的、不充分的。而且历史证明,只有保证和促进所有公民的自由权利得到公正平等的发展,才能真正持久地保证和促进每一个人的基本权利和自由,从而最终较为稳妥而和谐地保持社会的稳定和发展。具体地说,全社会所有的人在多大程度上获得了自由平等的发展,主体性在多大程度上得到充分发挥,社会生产力也就在多大程度上获得了发展。

由于农村劳动力无法自由迁移,使得农村中过剩的劳动力和城市中充足的资本的结合发生了阻隔,现代商品生产的关键一环在此招致了缺损,不仅严重阻碍了中国工业部门的发展和城市化的进程,而且也有违背"转移农民、减少农民、富裕农民"的改革思路。长期维持这种局面,不仅不利于彻底打破农民与土地的联系,而且会严重滞缓传统农业向现代农业转变的进程,阻碍农村生产力的发展,并进而影响到整个社会的经济发展状况和文明进步的程度。所以,取消城乡隔绝的二元户籍制度,不仅是制度伦理的内在要求,而且是实现劳动力与资本的自由组合,优化资源配置的必然选择。这样,不仅有利于农村生产效率的提高,而且有利于社会整体福利的改进。通过制度建设,消除一切不合理的制度障碍,给农民以国民待遇,让他们享受与市民同样的发展机会、发展环境和文明成果。

2. 提高农民生活质量

当前,农民收入增长缓慢是中国经济社会发展中的突出问题,千方百计促进农民增收,事关全局,意义重大,既是当前的紧迫任务,又是今后的长远目标。在新农村建设中,要坚持"多予、少取、放活"和"工业反哺农业、城市支持农村"的方针,努力改善农村生产生活条件,提高农民生活质量,促使农村整体面貌出现较大改观,让农民真正得到实惠。具体包括如下内容:

(1)以农民增收为目的,大力实施"富民工程"。要围绕增加农民收入,加快推进农业产业化进程,要用工业化理念筹划农村经济发展,按照市场接企业、企业带基地、基地连农户的产业化模式,在基地、规模、特色上下功夫。发展农村第二、三产业和多种经营,推进农村富余劳动力转移就业。大力发展劳务经济,创立劳务品牌,扩大劳务输出,挖掘农业内部增收潜力。

(2)着力改善基础条件,大力实施"民心工程"。强化农村公路、电网、饮水、排灌、通讯等基础设施建设,改善人居环境,大幅增强农村生活垃圾、生活污水处理能力。

(3)扩大公共财政覆盖农村公共服务范围,重点支持发展农村教育、卫生、文化和社会保障等社会事业。切实抓紧抓好"普九"工作,让每个义务教育阶段的农民子女都能上得起学。加快建立健全农村卫生服务网络,鼓励发展民办医疗机构,让每个患病的农民不出村、乡就能享受较好的医疗就诊和卫生服务。认真搞好新型农村合作医疗工作,加快形成以大病统筹为主的新型农村合作医疗保障制度,切实解决农民就医难、看病贵的问题。加快建立农村社会养老保险制度和贫困人口救助制度,积极发展农村社会福利和慈善事业,使农民养老难的问题逐步得到解决。

(4)深入开展农村精神文明创建活动。大力实施以热爱家园、遵纪守法和移风易俗为主要内容的思想道德教育,着力提升广大农民的思想道德水平,形成团结互助、平等友爱、共同致富的社会氛围和人际关系;按照建设新农村的要求,创新科技文化卫生"三下乡"工作机制,引导广大农民树立新风、破除陋习、远离迷信,自觉养成科学、健康、文明的生活方式;加强村镇文化设施和文体队伍建设,不断丰富和活跃农民群众的精神文化生活。深入开展普法教育,增强农民法律意识和法律素质,引导他们依法参与民主管理,履行应尽义务,维护自身权益。

(5)按照统筹城乡发展的要求,调整国民收入分配格局。国家财政支出、预算内固定资产投资和信贷投放,都要不断增加对农业和农村的投入;要把国家对基础设施建设投入的重点转向农村,建立健全财政支农资金稳定增长的机制,扩大公共财政覆盖农村的范围;要以农民增收为核心,稳定党在农村的各项基本政策,包括对农业和农民的直接补贴政策,对农村义务教育阶段的全体学生免收学杂费等。

特别是,建设社会主义新农村的宏伟构想,就是要通过以工业反哺农业,以城市支援农村,加强扶贫开发工作,使广大农村物质文化生活条件得到极大的改善,使广大农民的生活质量和整体素质有一个明显的提高,让他们和城市居民一样,共享经济社会发展的成果。

3. 调动农民积极性的激励机制

"如果对农民问题的观察不是建立在提高农民权益这一层面上理解,许多事情都会成为问题。"[1]尊重农民意愿、保障农民的合法权益,维护农民的根本利益,要稳定农村土地承包关系,保障农民的土地权益,加快征地制度改革,健全对被征地农民的合理补偿机制。在农村各项基础设施建设中,要主动征求农民意见,坚持农民自愿原则,不能采取强行拆迁,强征劳力等违反农民意愿、损害农民利益、加重农民负担的做法。要推进乡镇政务公开、村务公开、财务公开,维护农民对集体资产的收益分配权和管理参与权。要逐步建立城乡统一的劳动力市场和公平竞争的就业制度,依法保障进城务工人员的权益。

在推进新农村建设中,要真正以农民群众为主体,发挥农民的主体作用,充分调动农民群众的积极性和创造性,使新农村建设成为广大农民的自觉行动。正如习近平同志在参加十三届全国人大一次会议山东省代表团审议时强调的:"要充分尊重广大农民意愿,调动广大农民积极性、主动性、创造性,把广大农民对美好生活的向往化为推动乡村振兴的动力,把维护广大农民根本利益、促进广大农民共同富裕作为出发点和落脚点。"[2]建设新农村不是一夜之间能成的事,更不是纸上画出来的,应从广大农民迫切需要解决而又能够解决的问题入手,让农民从看得见、摸得着的事情中得到实惠,从而激发广大农民建设新农村的积极性和创造力。

此外,必须充分尊重农民的首创精神,因地制宜地建设符合农村实际、适应农民需要的新农村。取消一切限制农民创业的政策规定,革除一切束缚农民创业的体制弊端,激发农民自主创业的潜能,营造鼓励农民干事业、帮助农民干成事业的社会氛围。要在市场准入、融资条件、政策支持等方面创造平等竞争的环境,支持

---

[1] 秦晖:《中国农民问题》,载《北大在线》http://newyouth.beida-online.com,最近访问时间:2003年3月23日。

[2] 参见习近平同志2018年3月8日参加十三届全国人大一次会议山东省代表团审议时的讲话内容。

农民按照自愿、民主的原则发展多种形式的专业合作经济组织,增强村级集体经济组织的服务功能,积极引导各类资本投向农业和农村,促进农村多种所有制经济共同发展。

当然,强调农民的主体作用并不排斥政府的管理职能,农民的主体作用发挥如何,在很大程度上取决于政府的引导和激励。这就要求各级党政机构在新农村建设中要准确进行角色定位,不断完善激励政策,充分发挥组织和引导作用,努力形成建设社会主义新农村的合力。

4. 加强基层民主建设

当代中国农民的政治参与程度和水平有显著提高,但仍然处在较低水平,农民的参与基本上是手段性而不是目标性参与。因此,农村基层民主建设仍需不断加强,它是建设社会主义新农村的政治保证。只有健全和完善民主选举、民主决策、民主管理、民主监督等村民自治机制,不断增强农民群众的自我组织、自我教育、自我管理、自我服务能力,使农民群众真正拥有知情权、参与权、选择权、监督权,农民群众才能真正当家做主,才能增强其主人翁责任感,才能发挥其建设社会主义新农村的主力军作用。如邓小平所说,"要把权力下放给基层和人民,在农村就是下放给农民"①,特别是在市场经济条件下,农民是农村经济活动的主体,只有通过深入的民主政治建设,尊重农民的意愿、意见、创造和选择,不搞行政命令和包办代替,形成"人人献计、个个出力"的良好局面,社会主义新农村建设才会顺利发展。

5. 提高农民素质和生产能力

在社会主义新农村建设问题上坚持以人为本,还要解决"依靠谁"这个根本问题。社会主义新农村建设需要国家的扶持和社会各方面力量的广泛参与,应当成为全党全社会的共同行动。但是,农民群众才是社会主义新农村建设的主体。所以,社会主义新农村建设不仅要以农民群众为目的,归根结底也要以农民群众为根本的依靠力量和动力。社会主义新农村建设的目标能否实现,除了取决于能否激发出农民群众的热情,最大限度地调动农民群众自觉参与建设新农村的积极性、主动性和创造性,还取决于农民素质的高低。"中国农民的困难不单是地少人多,而更主要的是知识不足。没有任何资产能比知识资产来的稳定可靠。"②因此,培养和造就有文化、懂技术、会经营的新型农民,提高农民素质和生产能力非常重要。

---

① 《邓小平文选》第3卷,人民出版社,1993年版,第252页。
② 参见2004年3月25日张五常博客:五常谈经济"要冷静地处理中国农民问题"。

教育是人力资源开发的基本途径,是现代经济增长的主要动力和源泉。其也可促进现代观念的形成,增进农民对现代经济社会发展的适应性,有利于农民获得就业机会和更高的薪水。因此,培养新型农民的根本方法在于教育制度与教育机制建设,通过制度建设,从战略高度来考虑人才资源开发问题,实施人才发展战略。

(1)加快发展农村基础教育事业

农村基础教育是农民学科学、学技术,实现职业转化的必要文化基础。中国目前教育状况离现代化建设对人力资源开发的要求距离还很大,教育投入严重不足,尤其是农村地区基础教育的投入更为匮乏。因此在制度建设上要加大农村基础教育投入,提高农村基础教育的普及度。教育投入水平的高低,直接影响到教育事业的发展,影响到劳动者素质和劳动生产率的水平。

中国教育投入低于世界平均水平,更不用说发达国家的水平。农业劳动力中文化水平偏低,不仅影响农业科技成果的转化,也不利于农村经济的发展和农业现代化的实现。因此,国家和地方政府应该加大对教育的投入,改善农村地区的基础教育设施,强化农村地区师资培训,同时,还应当特别注意唤起广大农民对教育投入的重视。此外,应继续鼓励和支持海外侨胞,城乡经济能人和社会力量自办、联办学校或捐资办学,发展教育事业。例如,中国实施支持贫困落后地区基础教育的"希望工程"、"春蕾工程",收到了显著的效果。

(2)深化农村教育改革,变应试教育为素质教育。农村中学既要为高等学校输送品学兼优的人才预备队,同时也要为农村提供受过良好基础教育,有能力接受新知识、新信息,掌握新技能的劳动者。因此,在抓好农村基础教育的同时,应对现行的农村教育体制、农村中小学的教学内容和方法进行改革。各地可根据本地区的自然条件和农业生产特点及优势,开设一些相关的理论和实践课程,使学生初步了解和掌握一些农业生产知识和实用技术,培养他们的实践能力,为参加农村经济建设打下基础。

(3)进一步加强和发展农村成人教育和职业技术教育。要大规模开展农村劳动力技能培训,继续支持新型农民科技培训,提高农民务农技能,促进科学种田。扩大农村劳动力转移培训的阳光工程实施规模,提高补助标准,增强农民转产转岗就业的能力。加快建立政府扶助、面向市场、多元办学的培训机制。各级财政要将农村劳动力培训经费纳入预算,不断增加投入。整合农村各种教育资源,发展农村职业教育和成人教育。

提高农业劳动者的科学文化素质和生产技能可以通过各种形式和方法。如采取委培的方式,选送农村一些优秀青年到省内外有关大、中专院校进行学习深造;聘请知名农业专家进行各种形式的讲学培训;可以组织基层村组干部到发达农村地区去考察学习;进行学历教育和专业技术培训,等等。

(4)改变农村信息传播方式,搞好农村信息化建设,为农民素质提高提供信息平台。目前,在农村地区大多数农民还是依靠农户间的交流和示范来获取信息,再者就是靠农业技术人员的当面传授。随着农村经济的发展和农民生活水平的提高,农民获取技术和信息的手段大大改善。电话机、有线广播、电视机、收音机、电脑、报刊、农业技术书籍都成了农民获取知识和信息的途径。尽管农村信息化水平有了很大提高,但仍处于初级阶段,还需要做大量工作。当前,不但应当充分利用农村现有的信息传播手段和方式,而且还应当继续加大对农村地区信息化建设的力度,为农民素质提高创造有利条件。

(5)建立跨地区的劳动力市场,全面开发农村人力资源。建设乡镇人才交流服务站,是完善人才市场体系,把人事人才工作延伸到基层的一项重要的基础工程。人才交流服务站可以开展人才供求信息调查、农村人才培训、人才交流及对农村人才资源的跟踪服务管理等工作,成为开发农村人才资源的前沿阵地。对农村劳动力市场的建设也应给予高度重视。建立健全职业介绍所等劳动力市场的中介机构,及时发布劳动就业信息,鼓励农村劳务输出,开展就业竞争,取消各地自行规定的歧视外来农民工的政策。

(二)农村政策与法治一体化建设的重点

1. 扎实稳步推进社会主义新农村建设

受长期形成的城乡二元体制影响,中国城乡发展不平衡,农村仍然比较落后。从总体上来说,农村面貌没有根本改变,环境脏、乱、差,使得城乡差距表现得更明显、更突出。早在2006年,中央一号文件就曾指出,建设社会主义新农村必须按照"生产发展、生活宽裕、乡风文明、村容整洁、管理民主"的要求,全面推进农村的经济、政治、文化、社会和党的建设[①]。建设社会主义新农村,是贯彻落实科学发展观的重大举措,是确保中国现代化建设顺利推进的必然要求,是全面建设小康社会的重点任务,是保持国民经济平稳较快发展的持久动力,是构建社会主义和谐社会的重要基础[②]。

中国人民大学农业与农村发展研究院院长温铁军认为,新农村的新,新在农

---

① 《中华人民共和国国民经济和社会发展第十一个五年规划纲要》,人民日报,2006年3月17日第一版。

② 《中共中央关于制定国民经济和社会发展第十一个五年计划的建议》,人民出版社,2005年版第8页。

村的发展能够体现科学发展观的要求,体现和谐社会的要求。随着工业化、城市化的发展,通过城市对农村的反哺,工业对农业的反哺,使农业得到可持续发展的基础,使农村社会能够实现和谐。其主张就是通过政府投资建设农村的基础生活设施,在改善农村生活环境的同时,扩大农村的有效消费需求,并在建设过程中解决部分农村劳动力就业①。

建设社会主义新农村,首先要靠公共财政的支持和保证,各级政府要对公共设施建设投入给予足够的保证。随着经济发展、财力增强,市、区、乡镇各级政府的投入还要进一步加大。其次,要靠合理规划,规划先行。要从实现人与自然和谐发展、建设和谐村镇的高度进行规划设计。规划要符合改善农民生活条件、实现村容整洁、营造文明村风、适合市民休闲的需要,安排好生活与产业的发展。第三,要靠坚持农民自愿,成为旧村改造的主体。按照"充分尊重农民意愿,以农民自身投资为主,村集体出资为辅"的原则,因地制宜,充分发挥政府和农民两个积极性。第四,要靠形成农村产业基础。旧村改造要和产业发展有机结合起来,通过发展生产为旧村改造创造条件,富裕广大农民。第五,要靠好的领导班子。乡镇基层组织要加强党的基层组织建设和领导班子建设,不断增强基层党组织的凝聚力、战斗力,加强先进性建设,充分发挥战斗堡垒作用。

2. 逐渐取消导致二元结构的相关制度

全面取消现有的一切导致二元社会结构产生和存在的各项规章制度,如户籍制度、劳动就业制度、分割的教育体系、医疗制度、社会保障制度等,扫清这些障碍才能为社会经济结构的一体化奠定坚实的基础。这其中,户籍制度的改革显得尤为必要和紧迫,现有的户籍制度严重限制了人力资源与生产要素的合理配置。通过制度建设,积极推进由现在城乡分割的二元户籍制度向城乡统一的一元登记制度过渡,打破农业户口与非农业户口的界限,让农民获得与市民一样的统一的社会身份,还农民迁徙自由权,做到城乡居民在发展机会面前地位平等、机会平等,平等竞争。为此,一是应取消农与非农的城乡二元户籍制度,真正建立全国统一的、不分城乡的居住地登记制度和身份证管理制度替代户籍管理制度。二是放开对农民进入城市(镇)落户的限制。三是禁止对进城落户农民收取或变相收取各项费用,降低农民进城的"门槛"。四是给予进城定居农民与市民相同的就业、就医、子女入托、入学待遇,使他们成为真正的城镇居民。我们比较欣喜地看到,中国各地目前正在陆续推行新一轮户籍管理制度改革,沿用多年的户口迁移审批制度在许多地区已逐步取消,取而代之的是以条件准入方式、按实际居住地进行户

---

① 温铁军:《怎样建设社会主义新农村》,人民日报,2005年10月31日第十三版。

口登记管理的新模式。但是,这只是中国目前部分地区正在实行的户籍制度改革,它在一定程度上反映了经济社会形势发展的需要,离中国真正彻底改变二元社会经济结构的要求的差距甚远。

3. 完善农村土地流转制度

现行的农村土地制度,既是农村劳动力转移的重要约束之一,也是农地抛荒、农业劳动生产率不高的原因之一,其改革势在必行。实践中,中国各地正在试行的诸如农民以自己承包的土地实行股份合作制或"合股制"、协议转让、土地租赁、反租倒包、荒地荒滩等使用权拍卖等形式都是很好的尝试。要在长期稳定并不断完善以家庭承包经营为基础、统分结合的双层经营体制的前提下,依法保障农民对土地承包经营的各项权利。农村土地的经营权由农民家庭承包之后,农户在承包期内,应当享受由此带来的合法权益,包括经营方向、品种、数量、形式的选择权和经营收益获取权等等。其中也包括在承包期内依法自愿有偿流转土地承包经营权的权利。土地承包经营权有偿转让,肯定了土地承包经营权的商品属性,有利于建立农村土地经营权的交易市场,完善农村要素市场,是现代市场经济的客观要求和本质规定。因此,以自愿流转为基础,不断完善流转办法,积极稳妥有序地推行适应农村市场经济发展的土地流转制度,为农村的规模经营和产业化经营奠定基础。

4. 大力发展农村教育

中国农民是世界上最大且又最弱的群体,若要改变中国农村的落后面貌,必须全面提高中国农民劳动者素质,包括文化素质、科技素质、人文素质[①],变沉重人口包袱为人力资源优势,因此大力发展农村教育就显得尤为重要。

从农村教育的定位出发,以农村教育的功能和目的为依据,笔者认为要切实解决好农村教育所面临的问题和现状,发展农村教育,可以从以下几个方面着手:

(1) 突出农村教育在国家宏观教育政策中的地位

政府在制定教育政策时,应当突出农村教育的地位,有针对性向农村倾斜,同时要规范农村教育管理体制,加快农村教育的发展。国家教育政策把农村教育基本上交给了地方,而各地的经济发展水平不一,不少地方农村教育难以为继。因此,国家应适当调整农村教育下放基层的做法,加大中央政府在农村教育中的责任。另外,要充分调动基层政府对农村教育的积极性和加强基层政府的责任感,使基层政府更好地服务于农村教育。

[①] 桂玉清:《韩国新村运动对建设社会主义新农村的启示》载《农经信息网》http://www.caein.com,,最近访问时间:2005年11月17日。

(2)加大国家对农村教育的投入力度

目前,中国教育投入严重不足,离《教育法》①规定的占国民生产总值的要求还有差距,因此国家应该加大对教育的投入比例。同时,国家教育经费的投入应变向城市教育和高等教育倾斜为向农村教育和农村义务教育倾斜,以此加大国家对农村教育和农村义务教育的投入力度。经费紧张严重制约着中国农民素质教育的发展,必须建立健全农村教育经费体制和机制,确保农民素质教育具有稳定的经费来源。由于农村"以县为主"的教育经费难以保障农村教育的正常运行,因此还必须加大对农村教育经费的转移支付力度。农村义务教育所需经费,中央、省、市、县等各级政府应当合理划分承担比例,根据财政的多少,尤其要加大中央和省的承担比例,并以法律的形式保证实施。只有这样才能保证农村义务教育经常性经费的按时足额拨付,农村义务教育才能真正普及。此外,实践中还需拓宽筹集农村教育经费的渠道,如通过希望工程、福利彩票等募集农村教育经费。这是一条可行的办法,可以说是农村教育发展的"源头活水"。

另外,重视农村教育,不能仅局限于保障义务教育,还应包括多种提高农民素质的教育方式,比如农村成人职业教育、实用技术培训等。

5. 科学合理地推进城市化进程

城市化的内涵包括大城市化和城镇化。城市化是解决"三农"问题的重要出路,我们必须坚持走城市化道路。城市化的基本动力和作用机制是市场化机制,即通过市场的引导,通过产业的积聚和扩散功能来实现。各级政府要进行科学规划和加强引导,加大对中小城镇基础设施投入的力度,积极推进城镇和城市在产业结构调整和升级中带动农村和农业的产业结构和产品结构的调整,带动和推进农业的产业化经营,加速农村剩余劳动力的有效转移。城市化的立足点在于国民经济结构和农业产业结构的调整和升级、农村剩余劳动力的有效转移。"农村富余劳动力向非农产业和城镇转移,是工业化和现代化的必然趋势"②。从另一个角度来看,以小城镇建设作为经济结构转型的载体,稳步推进城镇化也是转移农

---

① 《中华人民共和国教育法》第五十五条"国家财政性教育经费支出占国民生产总值的比例应当随着国民经济的发展和财政收入的增长逐步提高。具体比例和实施步骤由国务院规定。全国各级财政支出总额中教育经费所占比例应当随着国民经济的发展逐步提高。"的规定,在教育投入上有"两个比例、三个增长"之说。三个增长,即:1. 各级人民政府教育财政拨款的增长应当高于财政经常性收入的增长。2. 在校学生人数平均的教育费用逐步增长。3. 教师工资和学生人均公用经费逐步增长。两个比例,即:1. 财政性教育经费支出占国民生产总值的比例。2. 各级财政支出总额中教育经费所占比例。

② 江泽民:《全面建设小康社会开创中国特色社会主义事业新局面》,人民出版社2002年版,第23页。

业剩余劳动力,解决"三农"问题的根本出路,是工业反哺农业、城市支持农村的主要举措。

6. 建立健全农村社会保障体系

农村社会保障是以法律为依据,以国家、集体、农民投入为主体,对暂时或永久丧失劳动能力或意外事故而在生活上发生困难的农户给予物质帮助的制度,其目的是稳定和提高农民物质文化生活质量。农村社会保障制度建设的重点是最低生活保障和基本养老保险制度。长期以来,中国的社会保障体系也体现出严重的二元经济结构,城乡分割使保障范围和内容形成两个极端。社会保障覆盖面小、各地区发展不平衡、社保资金来源不合理,筹集渠道单一、社会保障管理分散、立法滞后,不够科学和规范等等一系列的原因制约着中国农村社会保障的发展。因此,我们必须通过制度建设改善这一状况,建立起以社会救济、社会养老保险、扶助安置、社会福利和社会互助为内容,层次不同,标准有别的社会保障制度,以及与之相配套的社会保障服务网络;突破城乡二元结构的限制,建立统一和谐的全社会公平的最低生活保障制度。

7. 深化农村金融体制改革

良好的管理体制和机制是农村金融稳定、健康运行的基础和前提。首先要从体制层面上重新设计政策性金融、商业性金融、合作性金融的职责分工,从制度上赋予各金融单元支农主动性,改变农村发展资金匮乏窘境,逐步建立以中央银行为主导、合作金融为基础、商业金融为主体、民间金融为补充、政策性金融为扶持、商业保险为保障的,符合农村生产力发展水平的农村金融市场体系。其次,赋予农业发展银行更广阔的发展空间,使其承担农业综合开发、农业基础建设、扶贫开发、科教兴农和农村生态环境保护等带有公共产品特征和政策性色彩的业务。在清晰划分政策性业务和经营性业务基础上,强化各商业银行的支农力度。要加快农村信用社体制改革步伐,明确其"为社员服务、为农户服务、为农业服务"的市场定位,体现合作金融"自愿、互助、互利和低营利性"的金融服务宗旨,科学明晰产权,完善法人治理结构,充分发挥其农村金融主力军作用。

国家有关部门应统一金融支农的货币信贷政策,明确界定金融机构支农的职责分工,指导和规范金融机构支农行为,并组织建立金融支农的政策保险和风险补偿机制,营造良好的农村金融环境。地方税务部门要适当给予税收优惠政策,降低农村金融机构支农成本;地方政府应逐步建立支农贷款投入风险补偿机制等,鼓励农村金融机构加大农业信贷投入。

在加强和改善金融监管的同时,适度放松农村金融的市场准入条件,允许农村民间金融组织合法化,允许外资金融介入农村金融业务,重点支持农民自主参与的各种形式的合作金融,以增加农村金融的服务供给。有条件地允许民间金融的合法化,可以为发展农民自主参与的各种农村合作金融提供良好的环境条件。发展民间金融可以有效利用民间的乡土信用资源,解决农村融资难问题。

(三)农业政策与法治一体化建设的重点

英国著名的经济学家、哲学家 E·舒马赫明确指出:"农业是地球上唯一的最伟大的活动,是超经济的事业,农业生产的基本内容是从事生命体的生产,也就是活东西的生产,它的产品是生命过程的结果,是有生命的东西。"[1]这是对农业在人类生存中的重要意义的精辟描述,单从这个角度讲,农业制度建设的意义就不同寻常。笔者从以下几个方面分别说明之:

1. 农业产业化经营

农业产业化经营是"三农"问题解决的必由之路。农业产业化经营的形成过程同时也是农业产业结构和产品结构调整升级、农业的规模化经营和专业化经营形成和发展的过程。对中国而言,农业产业化的发展将会给农业和农村经济实现根本性转变提供有效途径:一是实现经济体制由计划经济体制向市场经济体制转变;二是实现经济增长方式由粗放型向集约型转变。从国际农业发展史来看,实现农业现代化的重要基础是农业产业化经营,而农业产业化经营比较好的选择是实行企业制度。为此,在强化上述制度供给的基础上,必须坚持促进以市场为导向的产业化经营,加大对农业科技投入的力度,延长农业的产业链,增强农民收入。当前,主要是催生和促进发展农业产业化经营的"龙头企业"。对已有的龙头企业要增加扶持的力度,促进其进一步发展。而更主要的任务是催生一些真正的龙头企业。这其中,相关的制度供给和构建完善的农村金融体系是当务之急。另外,采取培训等方式提高农民的素质也是农业产业化经营和农村劳动力有效转移的基础性工作和有力保证。

2. 农业信息化

信息技术作为现代科学技术的核心技术,信息化作为新的生产力,对推进国民经济的高速发展和现代化建设具有举足轻重的地位和巨大推动作用。农业信息化是国民经济信息化的重要组成部分,也是人类目前认识到的农业发展的最高阶段,它是通过知识、信息、技术的大量注入,使农业基础设施装备现代化,农业技术操作自动化,农业经营管理信息网络化。农业现代化是中国社会主义现代化建设的重要战略目标,其本质是农业的科学技术化,即以现代科技及其应用技术装备农业,从而推动中国农业由传统农业向现代农业迅速转变。在当代,一方面,我

---

[1] 转引自刘惠宇:《经济全球化与农业发展》,四川人民出版社,2002年版,第47页。

们要依靠现代科学知识,建设坚实的现代农业基础,争取早日实现农业现代化;另一方面,我们要迎接世界信息经济时代的挑战,开展新的农业科技革命,发展信息农业,推进农业信息化进程。

在现阶段,要想以农业信息化带动农业现代化,以农业信息资源开发利用为重点,以发展农业信息咨询产业为突破口,以信息技术研究创新为动力,以农业信息化基地为载体,以信息人才、政策法规环境为依托,大力发展农业信息服务和软件产业,将农业信息技术研究、公众信息意识和信息市场培育、农业信息人才建设等结合起来,全面推动现代信息技术在整个农业领域的渗透和应用,从而推进农业产业化和现代化进程。

3. 工业反哺农业

"工业反哺农业"是相对于过去的"农业哺育工业"而言的。中国工业化进程曾伴随着农民利益的牺牲,可以说正是这一代价,助推了中国建国后的工业与社会发展。从解决"三农"的制度建设方面考虑,现在应当反向地由工业对农业进行制度性补偿。事实上,中国工业已经进入反哺农业新阶段,这也进一步说明在构建社会主义和谐社会的今天,解决好"三农"问题的重要性。

实行"工业反哺农业",就是要改变以往那种要求农业为工业提供积累、农村和农民不能获得公平待遇的情况,就是要深化体制改革,加大对"三农"的财政投入力度。这既是解决好"三农"问题的必然要求,也是落实科学发展观,促进整个国民经济社会发展的必然要求。"综观一些工业化国家发展的历程,在工业化初始阶段,农业支持工业、为工业提供积累是带有普遍性的趋向;但在工业化达到相当程度以后,工业反哺农业、城市支持农村,实现工业与农业、城市与农村协调发展,也是带有普遍性的趋向。"[①]

工业反哺农业,大体要分两个阶段[②]:第一个阶段的重点应该是产业支持,这个阶段大体要延续到农业就业比重下降到30%以下;第二个阶段是收入支持,等到农村剩余劳动力问题大体上解决了,反哺农业的政策就可以而且应该从产业支持拓展到收入支持。

4. 国家对农业的支持政策体系

农业资金投入是农业持续、稳定发展的根本保障。目前中国对农业资金投入的调控主要依据党和政府的政策。《农业法》也只对农业资金投入做了原则规定,

---

[①] 摘自中共十六届四中全会上胡锦涛总书记的重要讲话,2004年9月16日。
[②] 国家发改委经济司长杜鹰:《工业反哺农业要经两个阶段》,二十一世纪经济报道,2005年5月9日。

即"国家逐步提高农业投入的总体水平。中央和县级以上地方财政每年对农业总投入的增长幅度应当高于其财政经常性收入的增长幅度。"①由于立法滞后,中国的农业资金投入还没有走上法制化和规范化的轨道。结合入世后中国农业投资在于提高农业生产能力这一目的,我们的立法改进思路应是:保证国家对农业投资稳定增长的同时,多渠道筹集资金投入农业。一是大量增加国家财政对农业的支持力度。财政支出重点应放在跨区域性的农业基础设施建设、重大农业科学基础研究和农业科技推广、农用工业以及重要的农业开发项目等。二是发挥政策性金融机构的作用,增加信贷资金对农业的投入。三是参照国外做法,建立国家农业建设保护基金,所需资金来源可以从国有土地使用权出让费、固定资产投资方向调节税、耕地占用税、直接受益于生态效益的集体和个人以及国外优惠贷款和赠款中获取一定的数量。四是引导农民将一定比例的积累资金用于农业建设的资金投入。

加大对农业的支持力度主要应做到以下几点:一是提高中央财政用于农业支出的比例,保证农田水利等基础设施和农业科技发展有充足的资金;二是通过立法完善农业投入体制,确保农业投资的专项资金专款专用,确保地方财政将一定比例的财政收入投入农业基础设施;三是制定税收优惠政策,鼓励农村集体经济,加大对农业生产性固定资产的投资;四是加强农业科技成果的推广和普及,提高农业科技成果的利用率,使科学技术迅速转化为现实生产力;五是提高农业科技工作者的工资水平,改善他们的工作环境,保证其工作积极性、创造性的发挥。在加大对农业的支持力度的基础上,还要加大农业补贴支出,确保农民收入稳步增长。

在国际上,美国、欧盟、日本等都给予了农业部门巨额的补贴,以期改变其相对于其他部门的不利地位,保证务农者与其他就业者大致相当的收入水平。中国现在的农家经营规模十分狭小,劳动生产率很低,加之买方市场条件下农产品的价值实现较之其他产品更为困难,风险更大,所以非常需要政府的支持。一是增加中央财政支持农业的资金,把农业、农村和农民问题放在首要位置,使城市和农村相互促进,协调发展农村经济。二是建立对农民的补贴制度,对种粮、良种和农机具购置给予补贴。三是建立覆盖城乡的公共财政制度,把农村社会事业纳入财政支持范围,逐步缩小城乡社会事业发展的差距,实现城乡协调发展。

5. 农业资源环境的保护

进入20世纪90年代后,可持续农业发展得到了世界各国政府和学者的广泛

---

① 参见《中华人民共和国农业法》第三十八条。

重视,越来越多的国家和学者认识到持续农业是未来21世纪世界农业发展的一种比较合适的模式。可持续农业发展的重点在于农业生态环境资源的保护。

中国农业环境资源保护立法发展比较迅速,但同时我们也必须清醒地认识到,目前中国的农业环境资源法律法规体系仅仅是初步建立起来,还有许多不健全、不完备之处,加之中国正面临着农产品进军国际市场的新任务,进一步完善和健全中国农业资源立法就十分迫切。首先,要进一步确立并贯彻可持续发展原则。对农业资源和生态环境保护是整个农业保护的基础,要从加强土地、水流、森林、草原等自然环境的保护与治理方面进行综合治理,不断增强农业的发展潜力。其次,要制定重点领域的新的农业环境资源保护法律法规,如有关荒漠化防治、生态脆弱区农业环境保护、绿色食品、农业节约用水、农业环保产业促进等方面的法律法规。三是完善现有的农业环境资源保护法律法规。确立有利于农业环境资源保护的法律原则,采取措施,促进农业环境和农业自然资源保护的协调,强化农业环境资源保护法律规范的力度,增强可操作性,加强法律责任规定以及有效调整乡镇企业合理利用资源和防治环境污染问题。

以上从农民、农村及农业三个方面阐释了中国惠农制度建设的重点内容,旨在为中国惠农制度建设提供理论参考。当然,为了让惠农制度的实效真正得以体现,仅仅依靠简单的制度建设远远不够,还需要健全的制度贯彻机制、评价体系,建立与国家惠农资金投入相应的资金运转与操作机制,杜绝对资金的截留和挪用等等。

总之,中国是一个农业大国,农村人口占大多数,农业生产力水平较低,农民收入增长缓慢,农村贫困落后;当前"三农"问题依然严峻。农业是一国经济的基础产业,"三农"问题解决关系到国民经济的可持续发展、社会的稳定及现代化目标的实现。党和政府十分重视"三农"问题的解决,出台了一系列的支农惠农政策,成绩斐然。实践表明,惠农制度的建立和实施是解决"三农"问题的重要手段,值得继续提倡和发展。遗憾的是,中国当前惠农制度的建立和实施中仍存在着诸多问题,如政策手段的多样性不足、互补性低、支农强度相对偏低、法律手段运用不力、农业投资主体有缺位,政策的落实和执行上存在较多障碍等。此外,当前中国对政府惠农措施的定位较低,仍然仅是停留在政策的层面,它一定程度上是在现行体制下增加了对农业、农村和农民的"施惠"力度,而并非对现行体制的改革。这些问题的存在促使我们不得不重新思考中国惠农制度的建设问题,要从根本上解决"三农"问题,必须进行制度创新,摆脱原有制度的约束和障碍。

第二章　中国惠农政策与法治一体化建设基本状况

"三农问题"是一个综合性问题，不仅是触动农民实际利益的根本问题，也是关系到中国整个经济能否顺利运转的关键问题。因此，解决"三农问题"需要一个综合的方式，即通过多种渠道，整合多方资源去解决。其中政策作为国家治理农村问题的主要手段，是有效解决"三农问题"的必要前提。惠农政策实施得如何直接关系到中国对"三农问题"解决效率的高与低和效益的好与坏等重大问题。但从惠农实践来看，仅仅依靠政策是不够的。如果惠农政策实施不到位，乃至制定不合理，出台不及时，则必然会使惠农政策成为一纸空文。政策落实难已经是社会众所周知的问题。究其原因可能是多方面的，但根本原因就在于惠农政策与惠农制度不能形成良性互动。因此，对于惠农政策与惠农制度一体化建设研究具有十分重要的现实意义。

在全国上下，尤其是在中央层面党和国家 30 多年以来持续关注三农的背景下，在全国涉农的实务部门与理论部门积极探究惠农政策与惠农制度的现实背景下，中国在实务方面，鉴于惠农制度难于先行的前提下，惠农政策走在了制度的前面，从中央到地方，都出台了制度类的政策，比如从 1982 年开始就连续不断地出台了中央一号文件及各种与之配套的惠及农业、农村、农民的政策制度。这些政策制度涉及"三农"的方方面面，包括对农业最基本的问题如粮食补贴、农机具补贴、水利设施的建设方面；对农村的水电路基础设施建设、农村教育、农村税费改革等；对农民生活质量提高上的政策如家电下乡、新农村医疗保险等，上述林林总总的各项政策和制度都突显了党和国家对"三农"问题的高度关注。

为了充分有效实现整合惠农政策的效能，增强政府权威，务必要认识到政策的制定、实施、监督过程中的必要性、关联性和复杂性，同时必须正确把握惠农政策与惠农制度的关系，调整好两者关系，以便有效缓解惠农政策各个阶段产生的冲突和矛盾，真正实现惠农政策效能的高质量及利益的最大化。同时从上述的研究动态中可以看到这些论述是从一个角度或一个面研究,缺乏对惠农政策与法制之间关系的研究,在研究政策的同时应关注制度,建立健全惠农政策与制度相统一之机制,实现惠农政策与制度的同步到位。

惠农政策和惠农制度有两个方面。惠农政策包括:中央的惠农政策和地方的惠农政策。惠农制度包括:中央惠农方面的制度,即惠农的法律、惠农的行政法规、惠农的规章制度;地方惠农制度,即惠农的地方性法规、惠农的地方政府规章等基本制度。

对中央及地方出台的各项惠农政策及对应的各项制度进行调查分析,应该具体到位:一是从惠农政策及制度中的惠农问题分三个角度即农业、农村、农民进行研究;二是从惠农的表现形式上即惠农政策和惠农制度的角度进行研究;三是从制定、实施、监督层面分层次对惠农政策和制度进行研究。

惠农研究,应立足于对中央及地方最近几年出台的各种惠农政策及相配套的各项制度进行概括总结,在此基础上,以理论为指导,从概念入手,阐明惠农政策、惠农制度的含义,并理清惠农政策与惠农制度的关系。以惠农政策与惠农制度为主线对其制定、实施、监督等各个阶段出现的各种状况为调查对象进行调查研究,将惠农政策及惠农制度置于纵向历史和横向空间的立体框架内进行多维度审视,按照研究过去和现状,面向未来的思路,综合运用法学、政治学、社会学、政策学和管理学等多门学科的研究成果,来加强调查的广度和力度。总之,应以惠农政策与惠农制度为基点,以惠农政策与惠农制度之间的衔接关系即惠农政策与惠农制度的一体化建设为重点进行深入调研,以实现惠农政策与制度的有机衔接。

一、中国惠农政策与法治一体化建设基本状况概述

农民、农村、农业,总称"三农"。"三农"问题则是农业问题、农村问题和农民问题的统称。虽然三者侧重点不一,但它是一个集从事行业、居住地域和主体身份三位为一体的问题。中国是一个传统的农业大国,农业的基础性地位、农村的发展落后以及农民占中国国民大多数的现实都说明"三农"问题的重要。与其他社会问题相比,"三农"问题更具有基础性和反应性。目前,中国社会出现的经济循环不畅、阶层矛盾加深、政务摩擦频出、区域间关系不平衡、生态环境恶化等等诸多不和谐现象,都与"三农"问题息息相关。因此,能否有效解决"三农"问题,关系到整个国家经济的发展和社会的稳定。就现实来看,"三农"问题主要反映在如下几点上。

(一)农民概述

"三农"问题的核心是农民问题。收入低,增收难以及城乡居民贫富差距较大

是当前农民问题的直接表现。首先,农民的收入增长幅度不大。国家在20世纪90年代中期采取的粮食提价政策使粮食价格翻了一番,这在很大程度上促进了农民收入的提高。但市场经济的深入发展已经使得提价政策不再有很大效果。其次,来自农业的纯收入绝对额在减少。当前农民不到一半的人均纯收入来自农业的收入,其对农业生产的增长有非常大的影响,又进一步拉大城乡差距。再次,城乡居民的收入差距已超出城乡经济本身的差距。有学者计算说,50个中国富豪的资产即相当于5000万中国农民的年收入,而300万个百万富翁的资产堪比9亿中国农民2年的收入①。最后,城乡居民的消费水平悬殊。在城镇居民的可支配收入中,只要个人愿意可以全部用于个人消费,但在农民的人均纯收入中,消费的前提是首先将要下一年必须支出的生产费用扣除(大约是人均纯收入的1/3左右),况且农民人均纯收入中有相当一部分是实物折款,而非现金收入。而城镇居民还有相当一部分财政补贴,这些都进一步拉大了城乡居民的消费水平差距。

中国是一个农业大国,农民占中国人口的绝大多数,目前中国有9亿多农民。中国农业、农村和农民问题仍然很严重,它已成为中国全面实现小康社会的"瓶颈",是当今困扰中国的最大问题。"三农"问题本身并不可惧,值得更加关注的是与之相关的问题,诸如就业、社会保障、城镇化建设等诸多问题。"三农"问题的存在使中国的现代化步履沉重,这是一个历史问题,更是一个现实问题,社会经济的全面发展必须首先解决"三农"问题。然而,只有全面认识"三农"问题,才能更好地解决"三农"问题。邓小平同志曾屡次提到:"耕地少,人口多,特别是农民多,改变这种情况着实不易。这是中国现代化建设必须考虑的特点。"②江泽民同志也特别强调:"农业、农村和农民问题是关系中国改革开放和现代化建设全局的重大问题。"③胡锦涛同志也多次指出"解决好农业、农村和农民问题是全党工作的重中之重"④。习近平同志在吉林调研时也特别强调地指出:"任何时候都不能忽视农业、不能忘记农民、不能淡漠农村,必须始终坚持强农惠农富农政策不减弱、推进农村全面小康不松劲,在认识的高度、重视的程度、投入的力度上保持好势头。"⑤党政领导关注"三农"问题,"工业反哺农业、城市支持农村"的方针已经开始实施,包括惠农政策在内的各种政策力度也在不断增强。"三农"问题也逐渐成为全社会关注的焦点,当前,国家各项政策及社会舆论导向为"三农"问题的解决

---

① 数据来自《人民网》http://www.people.com.cn,最近访问时间:2010年2月5日。
② 《邓小平文选》,第2卷,人民出版社,1989年版,第164页。
③ 江泽民在中共十五届三中全会的讲话,1998年10月12日至14日。
④ 胡锦涛在中央农村工作会议上的讲话,2003年1月7日。
⑤ 参见新华社报道,2015年7月16日至18日,习近平同志在吉林调研时的讲话。

提供了良好的环境和有利的时机。全社会支持农业、关注农村、关心农民的良好氛围也在逐步形成。

(二) 农村概述

改革开放以来,中国社会逐渐转向社会主义市场经济社会,这是一个开放的、多样化的现代社会,而中国的农村也在逐渐告别传统的"乡土社会",且已经发生了历史性的巨变。但是,相对于城市而言,农村问题仍十分突出。具体表现在:第一,城乡二元结构使得城乡发展不同步。第二,农村的经济发展与社会发展不同步。改革开放使得农村的经济有所发展,而其他方面却无法与之相适应。第三,农村面貌整体落后,经济不发达。虽然国家财政用于农村农业的支出逐年增加,但和城市相比,总体比例却在逐年下降。农村公共产品匮乏,农村科教文卫体等社会事业发展还很滞后。紧张的教育经费使得绝大多数农村人口难以获得继续教育的机会,农村地区尤其是贫困地区卫生状况令人担忧。尤其是,城市"三废"大多排向农村,这不仅导致农村环境质量下降,而且急剧增加了农民的医疗和生活支出,等等。从整体上中国农村和城市的不平衡发展形成了强烈的反差。有人将农村贫困落后问题形象描述为"城市搞得像欧洲,农村搞得像非洲"。在实现现代化的道路上,农村远远落后于城市。

(三) 农业概述

与其他产业相比农业是弱质产业,因为农业生产率较低,并且很难获得社会平均利润率。再加上中国自古就有"农不如工,工不如商"的传统思想,使得其更加不受关注。然而,人们对农业的生存依赖又使得弱质的农业成为永恒的必不可少的产业。当前社会科技高度发达,但我们依然只能依靠农业提供稳定的生存必需品。发达国家的政府对农业的援助一般较多,如对农产品较大幅度的价格支持、进口限制及出口补贴等。相比之下,中国长期以来都是将农业作为工业的后盾,支农惠农一度被忽略。目前,中国农业问题主要表现在如下几个方面:(1) 农业生态恶化严重,主要表现在水资源短缺,土地荒漠化,人均耕地面积不断减少,再加上人为圈地现象时有发生,农业生态日益恶化。(2) 农业人口过多,农村滞留着大量的剩余劳动力。例如,在 2002 年,农业产值占全国 GDP 的 14.5%,而农村人口却占到 60% 之多[①],这就加重了农村剩余劳动力转移的负担。(3) 农产品结构性过剩,这主要归因于资源配置长期形成的农业产业结构和产品结构不合理。(4) 农产品市场化水平低,另一方面生产成本又过于偏高,再考虑到质量及污染问题,使其缺乏国际竞争力。(5) 农业农村相关体制滞后,包括粮食流通体制、农村

---

① 数据来自于国家统计局网 http://www.stats.gov.cn,最近访问时间:2009 年 9 月 20 日。

金融体制及科研推广体制等等,均对农业发展形成了障碍。

二、中国惠农政策与法治一体化建设的制定状况

(一)惠农政策制定的现状

1. 中央制定的有关惠农政策

(1)1982年至1986年间的"五连一号"。

"中央一号文件"原指中共中央国务院每年发的第一份文件。该文件在国家全年工作中具有纲领性和指导性的地位。一号文件中提到的问题往往是中央全年需要重点解决,也是当前国家亟须解决的问题,更从一个侧面反映出了解决这些问题的难度。所以针对当前中国现有的国情即中国是个农业大国,也是个农业弱国,在全国人口总数中农民占有绝大的比例,在平均生活水平上农民又在全国处于最低阶层。而农村的发展问题千头万绪、错综复杂,因此"三农"问题就是目前中国亟须解决的问题。1982年至1986年连续五年中共中央国务院发布以农民、农村和农业为主题的中央一号文件,对农民增收、农村改革和农业发展做出具体部署。

1982年1月1日,中共中央批转第一个关于"三农"问题的一号文件《全国农村工作会议纪要》,对迅速推开的农村改革进行了总结。文件明确指出包产到户、包干到户或大包干"都是社会主义生产责任制",同时还说明它"不同于合作化以前的小私有的个体经济,而是社会主义农业经济的组成部分"。具体内容上还强调了要注重科技引入农业,加强组织思想建设工作。

1983年1月2日,中共中央印发第二个有关"三农"方面的中央一号文件《当前农村经济政策的若干问题》。从理论上说明了家庭联产承包责任制"是在党的领导下中国农民的伟大创造,是马克思主义农业合作化理论在中国实践中的新发展"。肯定了联产承包责任制。第二个方面从中国农村具体情况出发,对合作经济的生产资料公有化程度,按劳分配方式以及合作的内容和形式,在不同地区、不同生产类别、不同的经济条件下,可以有所不同,保持各自的特点。第三个方面还强调加强立法工作。文件中建议国家机关对农村各类经济形式及其活动,加强法制管理,制定相应的法规。同时,对以往的有关法令、法规,要一一进行清理,宜留则留,宜废则废。对立法的公布形式也做了规定。

1984年1月1日,中共中央国务院发出《关于一九八四年农村工作的通知》,即第三个一号文件。文件强调要继续稳定和完善联产承包责任制,规定土地承包期一般应在15年以上,生产周期长的和开发性的项目,承包期应当更长一些。

当年农村工作的重点是:在稳定和完善生产责任制的基础上,提高生产力水

平,疏理流通渠道,发展商品生产。必须动员和组织各方面的力量,逐步建立起比较完备的商品生产服务体系,满足农民对技术、资金、供销、储藏、加工、运输和市场信息、经营辅导等方面的要求。

1985年1月1日,中共中央、国务院发出《关于进一步活跃农村经济的十项政策》,即第四个一号文件。取消了30年来农副产品统购派购的制度,对粮、棉等少数重要产品采取国家计划合同收购的新政策。打破集体经济中的"大锅饭",把进一步改革农业管理体制作为今后改革的重点。在国家计划指导下,促进农村产业结构的合理化,扩大市场调节,使农业生产适应市场需要,进一步把农村经济搞活。

1986年1月1日,中共中央、国务院下发了第五个一号文件即《关于一九八六年农村工作的部署》。文件肯定了农村改革的方针政策是正确的,必须继续贯彻执行。

(2)2004年至2013年间的"十连一号"。

2004年到2009年,中央连续发布了六个指导农业和农村工作的中央一号文件,强调了"三农"问题在中国的社会主义现代化时期"重中之重"的地位。主题分别是促进农民增收、提高农业综合生产能力、推进社会主义新农村建设、发展现代农业、加强农业基础建设和促进农业发展农民增收。这九年,是惠农政策出台最密集的时期。在逐步减免直至取消农业税的过程中,出台了粮食直补、农机具购置补贴、农资补贴政策、良种补贴、粮食最低收购价;紧接着又相继出台了农村新型合作医疗、农村义务教育"两免一补"、建立农村最低生活保障制度、加大新农村建设投入等惠农政策。2009年不仅在农业农村上加大投入,农业补贴上也大幅提高,农业机械化方面加快推进的基础上,又增加了许多新的内容,如家电下乡、开辟返乡农民工创业"绿色通道"等一系列惠农政策。这一系列政策,从农民最关心、最直接、最现实、最迫切、最基础的事情做起,着力解决农村上学难、看病难、行路难、饮水难等问题,切实减轻农民负担、增加农民收入,使农业得到了发展,农村社会变得更加和谐,农民真正得到了实惠。

2004年公布的《中共中央、国务院关于促进农民增加收入若干政策的意见》,是新中国成立以来党和政府把增加农民收入第一次以中央文件的形式列为首要任务。该文件分析了当前农民增收的严峻形势以及面对如何促进农民,尤其是促进粮食主产区种粮农民增收问题的紧迫性和重要性,并提出了应对该项问题的基本思路和总体要求。中央在财政上给予大力支持,农业各项的资金就达1500亿元以上,这些增长的资金主要用于支持农村税费改革;进行生态建设;促进农村公共事业发展,特别是农村卫生、教育和对青年农民的培训等;开展农业、加强农村的中小型基础设施建设和农村扶贫。并从农业内部、农村内部和农村外部这三个层次,提出促进农民扩大就业和增加收入的有关政策;在农民增收上从创造必要外部条件的角度提出了开拓农产品市场、增加对农业和农村投入,以及深化农村改革的三项政策性措施。在农村内部将推进税费改革,一方面在农业税税率总体上,要降低一个百分点同时取消农业特产税,并先后出台了粮食直补、综合直补、增加农机具购置补贴和扩大粮种补贴范围的政策,以及对水稻实行最低收购价的价格政策,从不同方面想方设法地增加农民的收入。

2005年,为了进一步促进粮食稳定增产、农民持续增收,中央一号文件《中共中央、国务院关于进一步加强农村工作提高农业综合生产能力若干政策的意见》提出把提高农业综合生产能力作为2005年农村工作的主题,按照"以工促农、以城带乡"的思路,出台了继续加大"两减免、三补贴"等政策实施力度、加强对粮食主产区的支持、加快农产品流通和检验检测设施建设、建立稳定增长的支农资金渠道、农业产业化经营等27条惠农政策,继续实行粮食品种最低收购价的政策,这次把小麦也纳入其中。这些政策不仅包括强调稳定、加强和完善行之有效的政策,还提出加大农业税减征力度,进一步扩大农业税免征范围,加快农村卫生、教育等社会事业的发展,而且要求各级财政用于农村新增的卫生、教育、文化事业经费不得低于70%等一系列新政策。

2006年国家取消了农业税,与此同时中央一号文件《中共中央国务院关于推进社会主义新农村建设的若干意见》也正式公布,这是2004年以来中国连续第三个以农业、农村和农民为主题的中央一号文件。中央财政用于"三农"的支出达3397亿元,比2005年实际执行数增加422亿元、增长14.2%,高于中央财政总收入、总支出的增长水平,占中央财政总支出增量的21.4%。① 除了"三减免三补贴"的政策外,国家又采取全面取消农业税、生产资料增支综合直补、渔业柴油补贴以及针对农村文教卫事业首次出台的"三项政策"、提前预拨各项补贴资金等新的惠农政策,惠农政策涉及到农民生产生活的方方面面。

2007年党中央、国务院下达了新时期第四个中央一号文件,即《中共中央国务院关于积极发展现代农业扎实推进社会主义新农村建设的若干意见》。意见进一步规定要明确对重点地区和重点的粮食品种,继续实行最低收购价的政策。继续增加对农业生产资料综合、粮种、粮食、农机具购置的四项补贴政策的标准,总额达到526亿元。提高到83个亿用于提前预拨各项补贴资金。建立促进现代农业建设的投入保障机制;提高现代农业的设施装备水平,加快农业基础建设;健全农

---

① 孙勇:《为新农村建设提供更多的"真金白银"》载《经济日报》,2006年7月13日第3版。

村市场体系，发展适应现代农业要求的物流产业；推进农业科技创新，强化建设现代农业的科技支撑；开发农业多种功能，健全发展现代农业的产业体系；深化农村综合改革，创新推动现代农业发展的体制机制；培养新型农民，造就建设现代农业的人才队伍；加强党对农村工作的领导，确保现代农业建设取得实效。

2008年1月30日下达了第五个中央一号文件即《中共中央国务院关于切实加强农业基础建设进一步促进农业发展农民增收的若干意见》，该文件明确在今后一个时期，农业和农村工作的总体要求是：深入贯彻落实科学发展观，按照形成城乡经济社会发展一体化新格局的要求，突出加强农业基础建设，积极促进农业稳定发展、农民持续增收，努力保障主要农产品基本供给，切实解决农村民生问题，扎实推进社会主义新农村建设。指出强农惠农政策要向重点产区倾斜，向提高生产能力倾斜。继续对重点地区、重点粮食品种实行最低收购价政策。切实抓好"菜篮子"产品生产。继续强化"菜篮子"市长负责制，确保"菜篮子"产品生产稳定发展。加强农资和农产品市场调控；加强农村金融服务；抓好政策落实，尽快落实中央已出台和这次新出台的各项政策措施，加大宣传力度，充分发挥政策的引导和激励作用。

2009年党的十七届三中全会上，下达了《中共中央关于推进农村改革发展若干重大问题的决定》，指出2009年农业农村工作的总体：把保持农业农村经济平稳较快发展作为首要任务，围绕稳粮、增收、强基础、重民生，进一步强化惠农政策，加大投入力度，增强科技支撑，搞活农村经济，优化产业结构及农村发展外部环境，强化农村发展制度保障，推进改革创新，千方百计促进农民收入持续增长，保证国家粮食安全和主要农产品有效供给，为经济社会又好又快发展继续提供有力保障。2009年，是新世纪以来中国经济发展最为困难的一年。面对历史罕见国际金融危机的严重冲击，面对多年不遇自然灾害的重大考验，面对国内外农产品市场异常波动的不利影响，农村是扩大国内需求的最大潜力源；因此必须切实增强危机意识，充分估计困难，紧紧抓住机遇，果断采取措施，坚决防止粮食生产滑坡，坚决防止农民收入徘徊，确保农村社会安定，确保农业稳定发展。

2010年2月1日颁布了第十二个一号文件，即《中共中央、国务院关于加大统筹城乡发展力度进一步夯实农业农村发展基础的若干意见》。《意见》指出，当前，中国农业的开放度不断提高，城乡经济的关联度显著增强，一方面农业农村发展的有利条件和积极因素在积累增多，另一方面各种传统和非传统的挑战也在叠加凸显。面对复杂多变的发展环境，促进农业生产新发展的制约越来越多，转变农业发展方式的要求越来越高，保持农民收入较快增长的难度也越来越大，破除城乡二元结构的任务越来越重。因此文件提出了一系列新的重大原则和措施用于完善和强化政策。具体有对"三农"投入首次强调"总量持续增加、比例稳步提高",这一要求不仅确保"三农"资金投入的总量,更确定了比例要稳步提高。新增了青稞良种补贴,实施花生良种补贴试点,扩大了马铃薯良种补贴范围,把林业、牧业和抗旱、节水机械设备首次纳入补贴范围。首次提出要在3年内金融服务到达每一个乡镇;拓展了农业发展银行支农领域,政策性资金将有更大的"三农"舞台。允许各地根据实际增选一个品种纳入补贴范围,补贴对象也扩大到国有农林场区职工。大幅度提高家电下乡产品的最高限价,增加产粮大县奖励补助资金,这将有利于提高中国800个产粮大县的种粮积极性,维护中国粮食安全。

2011年1月29日颁布了第十三个一号文件,即《中共中央、国务院关于加快水利改革发展的决定》。这是新中国成立62年来中共中央首次系统部署水利改革发展全面工作的决定。文件出台了一系列针对性强、含金量高、覆盖面广的新政策、新举措。文件强调,把农田水利作为农村基础设施建设的重点任务,把严格水资源管理作为加快转变经济发展方式的战略举措,把水利作为国家基础设施建设的优先领域,大力发展民生水利,努力走出一条中国特色的水利现代化道路。《决定》系统阐述水利改革发展的指导思想、目标任务和基本原则,全面部署水利建设的重点任务,明确提出建立水利投入稳定增长机制,强调发挥政府在水利建设上的主导作用。《决定》还就不断创新水利发展体制机制和切实加强对水利工作的领导等方面工作进行了全面部署。

2012年2月1日颁布了第十四个一号文件,即《中共中央、国务院关于加快推进农业科技创新持续增强农产品供给保障能力的若干意见》。这是新中国成立以来中央文件首次对农业科技进行全面部署。文件突出强调部署农业科技创新,把推进农业科技创新作为今年"三农"工作的重点。今年中央一号文件提出,科技是实现农业持续稳定发展、长期确保农产品有效供给的根本出路。而面对当前中国农业科技投入不足、科技发展水平仍较落后的现状,这一重要文件更是着眼长远发展,具有显著的公共性、基础性、社会性,对加大农业科技投入提出明确要求,即要"保证财政农业科技投入增幅明显高于财政经常性收入增幅,逐步提高农业研发投入占农业增加值的比重,建立投入稳定增长的长效机制"。

2013年1月31日颁布了第十五个一号文件,即《中共中央 国务院关于加快发展现代农业 进一步增强农村发展活力的若干意见》。强调要举全党全国之力持之以恒强化农业、惠及农村、富裕农民。加大农村改革力度、政策扶持力度、科技驱动力度,围绕现代农业建设,充分发挥农村基本经营制度的优越性,着力构建集约化、专业化、组织化、社会化相结合的新型农业经营体系。提出:一、建立重要农产品供给保障机制,努力夯实现代农业物质基础;二、健全农业支持保护制度,不断加大强农惠农富农政策力度;三、创新农业生产经营体制,稳步提高农民组织化程度;四、构建农业社会化服务新机制,大力培育发展多元服务主体;五、改革农村集体产权制度,有效保障农民财产权利;六、改进农村公共服务机制,积极推进城乡公共资源均衡配置;七、完善乡村治理机制,切实加强以党组织为核心的农村基层组织建设。

此外,文件突出强调了农业基层推广体系的能力,并提出了"一个衔接、两个覆盖"政策,即:乡镇农技人员工资待遇要与当地事业单位的平均收入相衔接,基层农技推广体系改革与建设示范县项目要基本覆盖所有农业县,农业技术推广机构条件建设项目要覆盖全部乡镇。此举被视为财政支持基层农技推广工作的重大政策突破,也是激励和发挥基层广大农技推广人员作用的关键所在。

(3)2013年中央一号文件提出,鼓励和支持承包土地向专业大户、家庭农场、农民合作社流转。其中,"家庭农场"的概念是首次在中央一号文件中出现;2014年中央一号文件确定,进一步解放思想,稳中求进,改革创新,坚决破除体制机制弊端,坚持农业基础地位不动摇,加快推进农业现代化;2015年中央一号文件确定加大改革创新力度加快农业现代化建设;2016年中央一号文件强调要用发展新理念破解"三农"新难题,提出要推进农业供给侧结构性改革[3];2017年中央一号文件提出深入推进农业供给侧结构性改革;2018年中央一号文件提出关于实施乡村振兴战略的意见。2019年中央一号文件提出关于坚持农业农村优先发展做好"三农"工作的若干意见。

(4)中央惠农政策的特点

①对农民补贴的类别多。当前,中国实施的惠农补贴涉及农业、林业、畜牧业、渔业、社会保障、计划生育、日用品、农机、就业培训、移民、灾损等,种类达80多种。农民享受到的补贴大体可分以下几类:一是农业生产类补贴。包括水稻良种补贴、油菜良种补贴、种粮直接补贴、农机具购置补贴、农资综合直接补贴、退耕还林补贴、生态公益林补贴等。二是社会保障类补贴。包括农业综合(水稻)保险、能繁母猪养殖补助资金、农户住房保险补贴、农村合作医疗补助资金等。三是救灾救助类补贴。主要包括各种救灾、救济类补贴。四是设施建设类补贴。主要包括农村公路建设补贴、农村能源(沼气池)建设财政扶贫补助、农网改造补贴、农村人饮工程补贴等。五是特定群体类补贴。主要包括农村低保及五保补贴、教育补贴、移民补贴、计生补贴、退伍军人补贴等。六是日用商品类补贴。包括国家实施的"家电下乡"中对农民购买彩电、电冰箱、洗衣机、热水器、手机、摩托车、电脑等指定家电品种的补贴。惠农政策涉及到农民生产生活的方方面面。

②惠农政策的主体多。国家六部委也出台了具体的惠农政策:水利部提出十

一五期间解决一亿农村人口饮水安全问题;①卫生部提出发展农村卫生事业为建设社会主义新农村服务②;建设部提出要切实保护农民工合法权益③;财政部提出加大财政支农力度④;教育部提出全部免除西部地区农村义务教育阶段学生学杂费⑤;国家发改委提出要确保农民收入稳定增长。⑥

2. 地方制定的有关惠农政策

伴随着中央各种惠农政策的不断出台,地方也在中央政策出台的精神的指引下,制定了一系列的惠农支农政策。惠农政策的制定不仅需要中央,地方的配合与执行才是真正的关键,否则,政策就成了空头文件。因此,地方政府积极响应中央出台的一系列强农惠农政策,采取各种配套改革举措,努力把政策真正落实到基层,实现惠农政策在"三农问题"解决上强大的作用,让农民享受到"真金白银"的实惠,赢得了亿万农民的衷心拥护。

(1) 山西省实施惠农奖补政策。⑦ 山西省针对当时农民生产经营中出现的困难和苗头性问题,及时根据实际情况制定惠农奖补政策。

补贴内容如下表所列:

补贴种类	玉米	农机具	出栏生猪	鲜奶收购站
补贴内容	1.5元最低价收购	补贴总额2000万元	200万头以上县给100万奖励	每站10万元补助

(2) 为了进一步落实党的支农惠农政策,河北省沧州市政府紧紧围绕国家惠

---

① 刘丹:《十一五:我将投入400多亿元解决1亿人饮水问题》,人民日报,2006年6月6日第1版。

② 陈飞、肖薇:《陈竺提出将环卫工作纳入新农村建设规划》载《健康报》2008年10月21日。

③ 劳动保障部劳动工资司,北京市关于转发劳动和社会保障部、建设部《关于切实解决建筑业企业拖欠农民工工资问题的通知》载《中国就业网》http://www.lm.gov.cn/gb/faqs/2004-03/16/content_23967.htm,最近访问日期:2012年12月15日。

④ 韩洁、徐蕊:《财政部解读中央一号文件,确保支农资金花在刀刃上》载《新浪财经》http://sina.com.cn/nongye/nyhgjj/20120208/152911336969.shtml,最近访问日期:2012年3月1日。

⑤ 李华:《高度重视,加强统筹认真做好免除城市义务教育学杂费工作——周济部长在免除城市义务教育学杂费工作布置会上的讲话》载《中国教育经济信息网》,http://www.qgbzb.cee.edu.cn/show_news.jsp?id=1655. 最近访问日期:2012年4月1日。

⑥ 王镭:《中国农业基础地位加强 农民收入稳定增长》载《国家发改委网》http://news.xinhuanet.com/politics/2005-10/27/content_3690071.htm,最后访问日期:2012年4月1日。

⑦ 该项政策是指山西省实施的一揽子惠农奖补政策,载《山西科普网》,http://www.sxkp.com.,最后访问日期:2012年2月3日。

农政策,贯彻其精神,认真落实各项畜牧业惠农政策,完善落实惠农政策的体系,严格按照法定程序进行操作,及时将补贴送到农民手中。①

比如,2008年河北省沧州市落实畜牧惠农直补资金情况如下表:

单位:万元

补贴项目	奶牛困难补助	奶牛保险	母猪补贴	母猪保险
补贴数额	244	149	2258	540

2007—2009年畜牧扶持项目情况如下表:

项　　目	数　量(个)	资　金(万元)
生猪标准化规模养殖场	69	1560
奶牛标准化养殖场	4	200
生猪标准化规模养殖场改扩建项目	36	820
奶牛标准化规模养殖场改扩建项目	6	600

从以上地方的惠农政策可以看出,该市在下大力气进行项目建设,而且在中央对基础动物防疫基础设施续建项目投资280万元的基础上,地方又投入106.8万元。

(二)惠农制度制定的现状

1. 中央制定的有关惠农制度

(1)宪法层面。中国现行《宪法》(1982年颁布)第八条第一款"农村人民公社、农业生产合作社和其他生产、供销、信用消费等各种形式的合作经济,是社会主义劳动群众集体所有制经济"中有关劳动群众集体所有制种类的划分,是在1993年《宪法修正案》第六条"农村中的家庭联产承包为主的责任制和生产、供销、信用、消费等各种形式的合作经济,是社会主义劳动群众集体所有制经济"和1999年《宪法修正案》第十五条"农村集体经济组织实行家庭承包经营为基础、统分结合的双层经营体制。农村中的生产、供销、信用、消费等各种形式的合作经济,是社会主义劳动群众集体所有制经济"的渐次修正基础上进一步发展过来的。对这一法条的修改,可反映出农村经营体制、种类及生产力的发展是一个不断适应的"过程"。这一法条的修正与完善是建立在符合农民群众的发展要求与切身

---

① 张申等:《惠农政策让农民得实惠－河北省沧州市畜牧业惠农政策落实情况调研》,载《中国牧业通讯》,2010年13期。

利益的基础上进行的,是间接惠农在"宪法"层面上的体现。① 还有新型农村医疗保险制度,虽然中国宪法和其他基本法律尚未正式提出公民健康权的概念,但对健康权的主要保障措施作了规定,如中国宪法修正案规定,"国家建立健全同经济发展水平相适应的社会保障制度";"国家尊重和保障人权";"中华人民共和国公民在年老、疾病或者丧失劳动能力的情况下,有从国家和社会获得物质帮助的权利。国家发展为公民享受这些权利所需要的社会保险、社会救济和医疗卫生事业"等。

(2)法律层面。2003年出台的《农村土地承包法》规定了承包人的权利及义务,确定了农民长期而有效的土地使用权,维护了农村土地承包当事人的合法权益。根据广大农民群众的要求,近年来,中央对保障农民承包土地的权益提出了一系列明确的政策,比如,顺应农民要求保留土地的承包权、流转土地的经营权这样的意愿,中央提出了要实行农村土地所有权、承包权、经营权的三权分置,要让农民的承包权能够进一步更加落实。有望在下一次修改的《农村土地承包法》中有所体现。2007年出台的《物权法》第十一章第一百二十四至一百三十四条明确规定了土地承包经营权的物权属性,强化了对农民土地承包经营权的保护。至此,这两部法律对土地承包经营权内容的规定体现了切实从根本上对农民合法权益的保护,是尊重农民意愿的结果,是关乎三农生计需求的单行法典。

(3)行政法规层面。2006年8月23日国务院发布第473号令,正式颁布和施行《全国农业普查条例》。该条例有总则,农业普查对象、范围和内容,农业普查的组织实施,数据处理和质量控制,数据公布、资料管理和开发应用,表彰和处罚,附则等七章,共42条。当前,中国正处于从传统农业向现代农业转变的关键时期,为加快推进农业机械化和农机工业发展,2010年7月5日国务院颁布了《国务院关于促进农业机械化和农机工业又好又快发展的意见》。

(4)规章层面。在一段时间里,农民负担过重成了中国社会严重的政治问题,甚至对政权的合法性也造成了威胁。这成了税费改革最初的目标即解决农民负担过重问题。在1998年10月中共十五届三中全会通过了《中共中央关于农业和农村工作若干重大问题的决定》的基础上,2000年3月,中共中央、国务院发出《关于进行农村税费改革试点工作的通知》。2001年3月,国务院发出《关于进一步做好农村税费改革试点工作的通知》。2002年3月,国务院办公厅发出《关于做好2002年扩大农村税费改革试点工作的通知》。在这几个文件的推动下,税费

---

① 彭南、秦莹:《关于改革开放30年来中国惠农政策法规的思考》载《云南社会科学》,2008年理论专辑,第267页。

改革先后在安徽、江苏、河北、内蒙古、吉林、黑龙江等20个省份展开试点工作。2003年3月,国务院发出《关于全面推进农村税费改革试点工作的意见》,要求"各地区应结合实际,逐步缩小农业特产税征收范围,降低税率,为最终取消这一税种创造条件"。2004年3月5日,温家宝总理在第十届全国人大政府工作报告二次会议上指出:"从今年起,中国逐步降低农业税税率,平均每年降低一个百分点以上,5年内取消农业税"。实际进程则更快,2006年全国实现了全面取消农业税。

(5)其它层面。很多与中央出台的惠农政策匹配的法律决定、意见等。如2005年12月29日全国人大常委会作出废止《中华人民共和国农业税条例》的决定。在"决定"之后,随着各项支农惠农政策出台,农民负担重的状况从根本上得到了减轻。减轻农民负担工作也由重点"治重"、"治乱"转入巩固农村税费改革成果、有效防止反弹的新阶段。但当前减轻农民负担工作同时又面临着许多新情况、新问题。有的地方巧立名目乱收费、乱罚款以及各种集资、摊派现象有所抬头;各项支农惠农政策在不同程度上存在着不落实或落实不到位等问题;在征地和安置补偿过程中,损害农民权益的问题也是层出不穷。为了真正落实好农民负担监督管理工作,防止农民负担反弹,不断巩固农村税费改革成果,经国务院同意,2006年6月28日中国政府网上发布《国务院办公厅关于做好当前减轻农民负担工作的意见》。农业部也根据2011年党中央、国务院对农业农村工作的总体要求,认真贯彻党的十七大和十七届三中、四中、五中全会以及中央农村工作会议、中央经济工作会议精神,提出了《2011年国家支持粮食增产、农民增收的政策宣传提纲》,进一步促进国家强农惠农政策。

2. 地方制定的有关惠农制度

地方性法治是指在依法治国,建设社会主义法治国家的总体框架下,各地(省、自治区、直辖市)落实依法治国方略,执行国家法律和各项制度,并在宪法、法律规定的权限内创制和实施地方性法规和规章的法治建设活动,从而达到法治状态。地方法治主要包含两层意思:时间纬度上,在落实依法治国方略、执行国家法律方面走在前列;空间纬度上,在地方立法权限内(法治统一原则是其前提)创制和实施解决地方特殊事项的规则。①

(1)省级制定的惠农制度

为了认真贯彻落实全国农村教育工作会议和《国务院关于进一步加强农村教育工作的决定》(国发〔2003〕19号)精神,努力促进农村教育与社会协调发展,更

---

① 李燕霞:《地方法治概念辨析》载《社会科学战线》,2006年第6期。

好地为全面建设小康社会服务,山西省人民政府为进一步加强本省农村教育工作也制定了具体制度《山西省人民政府关于进一步加强农村教育工作的决定》。该决定体现了地方政府认识到加强农村教育意义重大,只有大力发展农村教育,才能够全面提高农村劳动者素质,这是从根本上解决农业、农村、农民问题的关键所在。该规章不仅体现了对农村教育的重视,同时对如何发展教育,提升义务教育水平指明了方向,对积极发展农村学前教育和高中教育,大力发展农村职业教育和成人教育有积极意义。但不足之处就是虽提出了各级人民政府在发展教育中承担相应责任,但对没有尽到责任时应承担怎样的后果规定的不很明确。

2008年,山西省在22个县(市、区)率先启动新农保试点工作,进行了积极有益的探索。为深入贯彻落实《国务院关于开展新型农村社会养老保险试点的指导意见》(国发〔2009〕32号)精神,结合山西省实际,制定了实施意见即《山西省人民政府关于开展新型农村社会养老保险试点的实施意见》。

2005年根据国家减免农业税政策,山西省下发了《关于免征农业税有关问题的通知》,制定了五项措施确保这项重大惠民政策落到实处,即:从2005年起,在全省范围内全部免征农业税,随农业税一起征收的农业税附加也一并免征。在调查过程中,农民群众对免税政策非常满意。2008年全省减免农业税3.3亿元。

近年来,党中央、国务院和全国各省省委、省政府连续出台了一系列强农惠农政策,投入大量资金扶持农业、农村、农民。中央和省级项目主管部门都制定了相应的资金管理办法。但这些管理办法涉及责任追究方面的规定比较模糊。在实践操作中,对强农惠农资金使用管理中违纪违规行为的追究,一般依据《财政违法行为处罚处分条例》①进行,而《财政违法行为处罚处分条例》对涉及强农惠农资金使用管理中违纪违规行为追究的规定不够具体,缺乏针对性和可操作性。诸如湖北省为了保证强农惠农政策的贯彻落实,严肃处理强农惠农资金使用管理中的违规违纪行为,根据《中国共产党纪律处分条例》、《关于实行党政领导干部问责的暂行规定》等党内法规和《中华人民共和国公务员法》、《行政机关公务员处分条例》、《财政违法行为处罚处分条例》等法律法规,结合工作实际,制定了强农惠农资金使用管理责任追究办法,即《湖北省强农惠农资金使用管理责任追究暂行办法》。

(2)市级制定的惠农制度

甘肃省陇南市人民政府在针对惠农财政补贴资金发放上存在的漏洞,在2008年12月22日制定了《陇南市人民政府关于扎实推进惠农财政补贴一册明一折统

---

① 2004年11月5日国务院第69次常务会议通过,自2005年2月1日起施行。

发放管理工作的贯彻意见》地方性规章。该规章是根据其省政府制定的《甘肃省人民政府关于推行惠农财政补贴一册明一折统发放管理的意见》,贯彻其精神,其目的就是规范资金补贴发放的程序,确保补贴资金能够按照规定顺利地补贴给农民。①

(3)县级制定的惠农制度

比如山西省从2008年春季开学起,对省内接受农村义务教育的学生开始实行"一费制"收费政策,除作业本费外,不再收取任何费用。山西省祁县也根据此精神及时出台了《教育收费管理责任制》《教育收费责任追究制度》,有效规范了教育收费行为。

(三)惠农政策与惠农制度"立法"状况一体化分析

1. 政策零散缺乏有效整合

从上述惠农政策可以看到,各地的政策零散且缺乏统一性,制定上具有很强的任意性。因此首先要对惠农政策进行整合,只有通过整合才能使国家政策法规相互融合,使各个部门实现互通有无,实现整体功能,真正发挥应有的作用。使政策的执行有法律作保障,法律的制定有政策作引导。其次要将中央的和地方政策进行整合,实现相互联系,相互推进。由于历史原因,中国的城乡收入以及基础设施等很多方面都有明显的差异,现状就是城乡二元化明显。在这样的背景下,必须考虑当地的实际情况来制定政策,制定适合当地发展的政策。地方制定的政策一定是反映地方需求的政策,是中央政策的特殊化。另外还应注意的是,乡村的农民有自己的生活习惯和行为逻辑,如果不考虑农村的基本情况直接制定并实施,就容易形成一刀切。

费孝通先生在《乡土中国》中,论及文字下乡的时候就提出了这样一个观点:

在具有浓郁乡土气息的农村,人们的思维方式、生活习惯及行为逻辑都是长期的历史产物,是长久以来积淀下来的,他们根本不在乎上面是怎样的,推行的是什么。除非这些内容能够对他们的实际生活起到有效的帮助作用,人们才会认同。因此惠农政策在深入农村,实施于农村时,一定要根据当地的情况,如果这里是平原则制定种植或农业类政策,如果这里是山区则要以畜牧或其他政策惠及农民。特别是针对中国农村社会这种发展状况的不同步及变化的差异性,不能只强调中央的权威,而忽视地方的具体利益。不能只注重政策的统一性、一致性,忽视地方的多样性。由于单依靠中央这种统一性政策或地方单一政策都不能满足农

---

① 陇南市人民政府,陇政发[2008]116号,颁布时间2008年12月22日,实施时间2008年12月22日。

村实际情况,故必须寻求一种不同于中央和地方的创新性政策,去对政策进行变通和修正。在这个政策与法规的整合中,要注意的是,尊重地方特色是有效惠农政策的前提和保障,而且也是一项政策成功的关键。因此,要使惠农政策能够更惠农,不仅要综合当地情况,制定适应农民的政策。还要注意地方性政策的制定要吸纳更多的农民参与,保障农民的话语权。这样制定的政策也能够有效的实施,保障实施的可信度。

2. 惠农政策与惠农制度的结构失衡

在中国,惠农的相关政策制度中,惠农政策占90%,这些政策基本上以通知、意见、方案或规划等形式发布。而只有10%属于法规性制度,而且这些法规性制度基本上是国务院出台的行政性法规以及部门性规章,如规定、条例、办法或实施细则,效力和等级都较低。① 中国惠农制度的结构性失衡问题是显而易见的,出现了以政策性制度为主、法规性制度为辅的局面。我们知道,一般来讲,法律制度一般调整较为稳定的社会关系,所以它侧重对既有的社会关系的确认、控制或保护。而政策仅是应对手段,它不仅要处理既有的问题,更主要的功能是要对正在出现的或将要出现的问题作出反应,因此它偏重采取灵活多样的措施,用于满足社会形势不断发展变化的需要。但随着当今科学技术的飞速发展以及生产力水平的提高,社会关系和社会结构日益复杂,政策调控功能的局限性也日益突现。有许多只是党委和政府部门的文件,在制度的安排上具有显著的非正式性。因此,用这类政策调控和解决大量的政治、经济、文化等社会关系,明显地暴露出文件内容的原则性、调控范围的狭隘性、手段方式的随机性、操作方法的软弱性、解决结果的不可预测性以及责任承担的缺位性等诸多的缺陷。因此,从法治建设的战略目标看,中国惠农制度体系的构建应该以法规性制度与政策性制度并重,不可偏废其一,以使政策与法律的正能量相互促进,积极影响。

3. 实体性与程序性的制度结构失衡

中国是一个重实体轻程序传统的大陆法系国家,在一切制度设计和实施过程中比较明显地体现出这一历史的弊端。无论是国家法治还是地方法治,法治的外化,即法律制度所完整体现出的形式正义既包含实体性制度设计,也必须包含程序性制度。否则,这个所谓的法治只能是徒有虚名。但是,在中国的地方法治建设进程中,在制度设计中仅注重实体性的思维惯性和理念意识仍然根深蒂固,这在中国地方法治建设的党委文件和其他制度中表现突出。而另一方面,在地方法

---

① 朱未易:《地方法治建设的法理与实证研究》,东南大学出版社,2010年12月第1版,第108页。

治建设中，有关公权力制约、私权利的保障以及公民参与权等重大的法治建设问题上并没有系统性程序制度安排，特别是在各方主体权利和职权得以行使，义务和责任的履行上的相关程序规制方面，凸显出一种制度安排的缺失，往往导致建设目标实现上的不可操作性和发展进程控制下的不可预测性。

二、中国惠农政策与法治一体化建设的实施状况

（一）惠农政策实施的基本现状

1. 中央惠农政策的实施状况

中央制定的有关惠农政策的实施对农村产生了一定的影响，首先通过各种补贴，带动了农村消费，促进了行业发展。把农村潜在的消费需求转化为现实购买力，则能为中国逐渐形成强大的生产力提供有力支撑，为国民经济持续发展提供动力。再如粮食直补让农民更愿意为农业投资。一方面激活了农业生产资料市场，另一方面让农业逐步实现专业化、规范化、规模化新型生产模式。特别是实施的家电下乡活动，抓住当前农村家电普及的有利时机，能够直接提高农民消费能力，让农民购买的积极性在更大范围内调动，真正把内需特别是农村消费启动起来。而且这种消费也为企业的发展带来新的发展潜力，有效促进企业的生产资料及各种产品的生产和流通。尤其是家电下乡的惠农政策的执行不仅可以实现以上两方面的效果，同时民生也得到了进一步改善，家电下乡的推广，让更多的农民用上性价比高、服务有保障的名牌家电产品，尽早享受到经济社会发展成果。特别是在农村普及彩电和手机，不仅可以丰富农民精神文化生活，还能帮助农民了解国家政策、获取更多的学习生产技术，促进农民增收。该项政策也是贯彻国家工业反哺农业、城市支持农村的方针，逐步缩小城乡发展差距，实现农村经济社会全面发展的具体体现。从以上可以看到，在执行上，中央政策就像是执行的先导者，是地方执行各项政策的指挥棒，中央惠农政策的执行重在宣传、监管，最终的执行仍要落实到地方。

当然，在中国农业补贴也存在一定问题，农业补贴缺乏长期支持目标。中国农业补贴往往根据财政收支状况和政策的需要，来"安排"补贴资金，使农业补贴成为各级政府制定和实施农村经济政策的配套措施。如20世纪50年代为配合全国性的农业机械化发展政策，对国营农机单位给予农业机械配套补贴，延续时间约6年。80年代以来，粮食定购"三挂钩"补贴，基本上是为了鼓励农业生产者完成国家合同订购任务。当农业丰收时，这种补贴就相应减少甚至取消，当农业歉收时，就适当的增加补贴。这一政策一直延续到1994年。由于中国农业补贴

缺乏规范性的长期目标,随意性大。因此补贴效益较低,补贴的整体效果不理想。①

2. 地方惠农政策的实施状况

（1）全面执行。山西省各级党委政府和有关部门认真贯彻中央一系列强农惠农和减免政策,做到了认识到位、政策到位、管理到位。各种乱收费现象基本杜绝,各种涉农税收全部减免,涉农补贴不断增加,农民负担明显减轻,受到农民群众的广泛好评；认真落实各项支农惠农措施,从2008年9月1日起,降低农村分类综合电价,取消一县一价、一般工商业、大工业、农业生产三类用电的农电维护费标准平均由每千瓦时0.085元降低为0.047元,平均每千瓦时降低0.038元,按照2007年的农村售电量110亿千瓦时（不含居民生活）测算,每年减轻农村、农民负担约4亿元,为逐步实现城乡各类用电同价创造了条件。同时认真落实教育收费、"两免一补"政策、义务教育免收学杂费政策,全面落实到位。2008年,山西省财政下达了免学杂费资金4.62亿元,全省共有433.88万名农村义务教育阶段中小学生享受到免学杂费政策,仅此一项平均每个学生家庭减轻负担106元。积极推进农村合作医疗制度,临猗县2008年新型农村合作医疗共筹措资金4034万元,支出3602万元,财政补贴每人80元全部到位。参保农民达到45.2万人,补贴标准由2007年50元提高到100元,报销比例由原来的50%提高到75%。祁县通过广泛宣传和深入活动,全县有16.43万农民参加了新型农村合作医疗,参合率达80.21%,筹集合作医疗资金总额1642.74万元,综合使用率57.57%。②

又比如,从2003年到2007年9月底止,湘潭市大力实施取消农业税、"四项补贴"、农村低保制度、"两免一补"、新农合作医疗、大病救助等惠农政策,涉及中央财政转移支付投入就达12.86亿元,地方配套1.07亿元,平均每个农民直接得到实惠近700元。③

（2）片面执行。很多基层政府在执行惠农政策时也有很多问题,主要表现在以下两个方面：

①基层政府执行惠农政策不到位。中央的惠农政策下放到地方,由地方政府加以具体化,产生了地方性惠农政策,从制定的各项规章制度的名称看没有什么

---

① 农业部软科学委员会办公室:《农村基本经济制度与农业法制建设》,中国财政经济出版社,2010年9月第1版,第275页。
② 庞金龙、霍喜福:《落实强农惠农政策、千方百计增加农民收入——关于当前山西农民负担情况的调查与分析》载《价格理论与实践》,2009年第6期。
③ 彭宪法:《十六大以来湘潭实施惠农政策的调查与思考》载《湘潭日报》,2008年10月22日第3版。

不同,可是当真正执行时发现大相径庭。与中央的惠农政策形成了两张皮,名一样内容却变了,姑且可以看作是"地方化"了的中央政策。基层政府在政策执行上与中央政府进行博弈,由于二者之间严重的信息不对称,形成了"上有政策、下有对策"①的局面,从而导致在惠农政策的实际执行中出现走样和变形的情况。由于中央政府与基层政府的政策制定的出发点不同、效用目标不同、可利用资源也不尽一致,因此形成了中央政府与基层政府信息不对称状况下的动态博弈。在双方的动态博弈过程中,由于中央发布大量关于惠农政策的信息,发布后不再过分关注基层政府,恰是利用这种状况,地方政府以自身利益为目标取向,在与中央政府的博弈中,采取不合作的博弈策略:一是基层政府执行的是替代式的政策。执行是指当执行机关和部门认为所执行的政策对自己不利时,执行者就制定与上级政策表面上一致,实际上却违背上级政策的实施宗旨,使上级的政策难以得到贯彻和落实。② 以粮食流通的三项政策为例,其初衷是保护农民的利益,由粮食经营部门负责完成国家对农民的粮食补贴。可是粮食经营部门却利用此机会从中捞取油水,与农民争利,出现一开始拒绝收取粮食,然后又自行按压低的价格私下收购,之后以保护价卖进粮库的违法现象。二是基层政府敷衍甚至对抗执行惠农政策。中央一号文件指出要减免农业税,但是在一些经济发展落后的基层农村中,减免农业税无疑影响到基层政府的实际利益,这显然会形成冲突,此种情况下基层政府为了维护自己的既有利益,有意不执行或变相不执行这个政策,仍然想方设法借用各种名义向农民乱收费、乱集资、乱摊派,从农民那里多征滥征税收,使得农民的生活水平一直得不到提高。而且地方政府对待上级的政策指令时,常转换为一阵一阵的"运动"。尤其是在上级政府检查和考核期间,为了获得上级政府的认可,地方政府往往不惜代价发动轰轰烈烈的"运动"以代替政策的执行。正因为其声势浩大,往往不具有可持续性,而且上级政府也不再加以关注。随着检查考核的结束而终止。

一些村干部"截流"惠农政策,他们在参加了县、乡召开的各种会议后,既不向群众传达,也不研究贯彻,而是把会议精神憋在肚子里,把相关文件锁在柜子里,致使一些党的政策不能及时与群众见面;二是,村干部"过滤、加工"政策,有些地方干部表面上看对落实各项惠农政策很重视,可实际上没把政策原原本本交给群

---

① 笔者认为"上有政策、下有对策"可以视为相关政策主体,即作为政策执行者的地方政府基于利益得失的理性考虑而与作为政策制定者的中央政府之间进行的一种互动博弈过程。

② 彭明春:《论公共政策执行变异的成因和对策》载《南京医科大学学报》,2004年第9期。

众,这些人心里想的与文件上写的不一样,嘴上说的与实际干的不一样,对上说的和对下说的不一样。而且惠农支农项目基础数据申报不真实。以种植直补为例,大多数村都是以原来征收农业税的计税面积汇总资料中摘取数字上报,而这些数字每年都是变动的,基层政府不但不进行公示,也没有逐户实地进行核查、登记和填报,错漏和虚报现象屡见不鲜;个别基础调查数据报表的签字也是在未完全征得农户了解的情况下由相关人员一手包办代签,乡镇和相关主管部门的工作人员又不严格审核,甚至出现一些村干部图工作省事,优亲厚友的现象。①

②惠农政策不完全执行。中央制定的惠农政策初衷是好的,但到了地方却成了"空"政策,最典型的是农村合作医疗制度。农村合作医疗制度的医疗价格虚高,农民报账难,对定点医疗机构缺乏监督。"包个伤口要上百元,感冒也要花一两百块钱,实际上我去小药店买三五块钱的药就吃好了。"很多群众反映,为得到报销,要带上各种各样的证件和证明不说,有时到报销地去了几次也没有领到钱,最后干脆就算了,甚至找了关系才能得到报销。一些地方农村合作医疗管理部门也普遍反映,由于体制设置的问题,他们对定点医疗机构开大处方和开高价现象的监管缺乏法律依据和惩处力度。②

总之,在惠农政策的执行环节上有很多问题。中央与地方政府与农民三者之间的互动,从现有执行模式上来看,都是自上而下的运行模式。虽然时间上和运营成本消耗较小,但是这种模式带来的消极方面就是农民对政策的理解来源于基层,而基层又常常出现"上有政策下有对策"的现象。必然导致惠农政策的具体实施过程中出现政策走样、变异的结果。基于以上运行模式,政府在执行惠农政策时更需要法律制度予以配合解决三农问题。

(二)惠农制度实施现状

1. 中央惠农制度实施状况

(1)执法者有效执行制度。当中央的惠农法律制度制定的内容符合地方政府的利益时,执法者即使按照自己的偏好执法也不会造成不利影响,在地方执行者的偏好与中央政权和当地社会的偏好恰好一致的情况下,对于作为执法者的基层政权而言,维护中央的立法偏好,不仅是维护自己的独立利益,同时也是迎合当地社会的实际需求,因此基层政府一举两得,不仅是"做好事"同时又保持"好名声"。此时,中央惠农制度的法律实效往往会最大程度的体现为法律实现的状态。

(2)执行者片面执行制度。一方面,在中央制定的惠农法律制度与地方政府

---

① 赵树凯:《乡镇治理与政府制度化》,商务印书馆,2010年12月出版,第58页。
② 陈正府:《莫让惠农政策打"折扣"》载《当代贵州》2009年8月下第16期。

的利益有冲突或者说偏好不一致时，立法就得不到全部的执行，而只得到部分执行或选择性执行。执法者根据自身的利益和具体情形选择性执行，即在一些情形下执行法律，而在另一些情形下不执行法律。比如，实践中由于税收直接关系到地方财政的多少，所以，当中央出台了有关取消农业税的法律后，显然不利于地方基层政府，取消农业税改变了基层政权的偏好，使得基层政权丧失了干涉村民自治的制度性动力，结果是地方政府的执行者对该项法律睁一只眼闭一只眼，并不积极宣传。另一方面，法律悬浮。中央出台的有些法律制度如以文件、意见等形式形成，没有具体的内容，只是抽象的概括，原则性内容较多，使得该法的价值不能在社会生活中完全得以实现，处于悬浮状态。对执法者没有规定具体的执行标准，且法律中也未规定责任，这种既没有具体内容又没有责任的法律制度最终使得法律无法得以落实，落入尴尬境地。

总之，中央制定的各项惠农制度是较高位阶的法律制度，在很大程度上都得到了相关部门的遵守和严格执行，虽然有时会和地方制定的各种规章制度发生冲突，但基于上位法优先的原则，中央制定的各项制度还是能保障顺利执行。当然顺利执行并不意味着正确执行，在具体细化中央这些法律制度时出现偏差甚至南辕北辙的现象也是屡见不鲜的。

2. 地方惠农制度实施状况

地方的规章制度显然源于中央，但具体执行必须依托基层政府，这是一个无法逾越的环节。从国家机构组成上看，县（市）和乡（镇）两级政府构成中国基层政府，这两级政府的运行密切结合，在许多情况下，乡镇是县市政府的执行机构。翻检正式的制度和法律，基层政府体系无论是在功能的设置上，还是权力的配置上，都显得平衡而完备。但是，实际运作并非如此，因为中央政府或者说"国家"很难直接控制乡镇政府，乡镇政府不能被完全看作是中央政府的直接代理，其具有很强的自主性，不仅可以有选择地执行政策，通过一系列应对办法来规避上级管理和考核，而且，还能够根据自身利益不断卷入社会中，甚至直接与民争利，显然不再具有"中立性"，而具有明显的"自利性"。所以说，中央政府法律法规导向的变化，并不必然导致基层政府运行的根本改变，也并不一定带来"三农"问题的根本解决。对一些地方对其制定的规章的执行不够规范，表现在行政执法行为随意性太大，行政处罚不受监督，执法行为不受制约，执法人员在执法中主观武断。而且地方制定的有关惠农方面的规章制度上多缺乏具有操作性的制度规范。已有的诸多惠农制度规范被搁置，并未得到贯彻和执行。从表面上看，政府各项冠冕堂皇的制度得到了落实，运转也很顺利，完全能顺利地通过"考核"与"检查"。

由于地方制定的补贴制度欠规范，补贴对象广泛不明确。如种粮补贴。按照中央制定的有关直补政策,要从现有耕地总量、转承包地的数量以及每户农民实际耕地的数量进行调查、核实。以此作为补贴的根据。但是中央的直补规定中却没有明确补贴的对象。因为在调查中有些是最初的土地承包人,有些农民外出打工已经把土地进行了转承包,这就导致在补贴对象上出现分歧。有的地方把补贴对象确定为实际耕地者,有的是把转承包人作为补贴对象。在这种情况下,可能产生实际耕地的没有补贴,而出外打工的原土地使用人却得到了粮食补贴。还有还林补助。补助的对象是退耕者还是补给育林者。地方规章并没有明确规定。如果退耕者是育林者,补助当然没问题。但如果退耕者不是育林者,就会存在问题。由于耕地一般是每家每户分散经营,而退耕还林是规模性的,集中土地还林,林权也就相对集中的成了集体或个人的,这些有一定实力的集体和个人就得到大量的补助,而实际退耕者才是最需要补助的人。这与国家制定这一政策的初衷不符。另外,惠农补贴的项目繁多,补贴标准划分的层级多。特别是在粮食方面的补贴,不仅对不同的对象进行了划分,而且不同的季节补贴不同的产品。而这种分得太细、太多的直接后果就是在中央逐年加大补贴的资金的状况下导致地方政府怠于分类,反而从中套取补贴以致补贴资金越来越多,而实际补贴到户的资金并没有增加。①

(三)惠农政策与惠农制度"执法"状况一体化分析

通过上面对法律和制度状况的分析可以看到基层政府的这种地方惠农政策异化的现象很普遍,具体而言,即已有的政策没有得到执行,而实际行为又没有制度的约束。表现在以下四个方面:第一,"制度缺失"。制度中很多内容没有具体的规定,使得很多制度设定的预期目标难以实现。很多的事项难以落到实处。在基层政府管理各种事项时或进行服务时,没有制度或者有制度但制度里要么程序不完备要么没有程序的规制,使得政府行为时缺乏硬性的制度的约束和规范。而且这种情况下还可能导致社会群体在维护自己的利益时却没有依据,不能获得救济。第二,"制度悬置"。在基层政府执行各项政策制度的过程中,会出台大量的制度,有的依据上级或法律的授权制定的,有的是依据职权根据当地的实际情况制定,这些制定有的对外公示,有些是内部文件,在内部各部门之间传阅。甚至有些制度的制定还需要经过上一级的审核才能通过。可是如此多的制度,真正使用却很少,甚至有些是虚拟化的规范,现实中根本不作为依据。第三,"制度错位"。在基层政府的实际运转中,制度规则大量存在,但是其"含金量"很低。部门间的制度不仅不相互协调,有时甚至是矛盾的,不仅不能解决问题还可能引起冲突。

---

① 李定春:《浅析当前惠农补贴政策存在的问题》载《财政与发展》,2008年第7期。

还有的是由于制度中结构不均衡,过分强调某一方面而导致另一方面被忽略;第四,"制度逆变"。这也是在基层政府活动中经常发生的现象,即制度最初制定的宗旨是维护好实现好农民的利益。但结果却是大相径庭。这种事例在现实生活中屡见不鲜。比如,家电三下乡的某些政策的规定导致农民受骗;①粮食直补规定导致了有地却得不到补偿,一些土地管理制度导致了乱占耕地等。② 因此政策的执行和制度有着极其密切的关系,如果制度不完善,往往导致政策在基层政府中流于形式。甚至损害相对人的合法权益。相反,如果中央及其地方制定的相关惠农政策得到了很好的执行,那必然在其背后有一套适用政策的法律法规在起作用。因为一个政策的运行需要一个载体,而法律制度就是其最好的载体,法律制度有利于政策的规范化、制度化。总之,要想使惠农政策落到实处,在执行过程中必须具备有力的法律制度和规章作保障。

三、中国惠农政策与法治一体化建设的监督状况

(一)立法定策之前的监督

无论是制度还是政策的制定,在此过程中有监督伴随始终是非常必要的,所以立法阶段的监督也是必不可少的,在立法定策时要对主体进行监督,以及是否按照法定程序进行立案、起草等程序上也要监督,只有程序的公正才能保障实体的公正,监督到位了才可能达到立法定策的最初预想目标,对政策过程的各个环节尤其是政策的制定加以监督和控制,以保证制定出尽可能完善的政策,保证正确的政策能得到贯彻实施,并及时发现和纠正政策偏差。公共政策监督是提高政策制定、实施、反馈等各个环节质量的重要保障。但在中国惠农政策中一直存在重制定和实施环节,轻视监督环节的问题,所以在监督环节往往出现监督程序不规范,纠错机制没有建立起来,投诉渠道不畅通,导致一些惠农政策在现实中演变成了坑农政策。如在地方上,地方政府为了地方利益对惠农政策人为地附加不恰当的"土政策",使法律的调整对象、范围、目标、力度超过了法律精神实质的要求,

---

① 赵岩:《家电经销商叫亏将下乡产品高价卖给农民》如一些商家把伪劣产品冒充家电下乡的产品到农村卖,农民基于政策而相信,买下后发现受骗,载《新浪网》http://tech.sina.com.cn/e/2009-02-19/07362837831.shtml 最后访问日期:2012年2月20日。

② 雷朝进:《浅析"农家乐"的用地政策》相关法律制度不够完善,农村土地制度模糊性,宪法没有赋予农民土地所有权,土地生存权、发展权得不到保障,经营权侵犯得不到保护;《土地管理法》仅赋予国土资源监察对土地违法行为的制止权,没有司法权,导致农民非法占地现象严重。借"农家乐"等新农村建设之名乱占耕地。一些乡镇、村组干部为了标榜自己的政绩,打着新农村建设的旗号占用耕地。载《国土资源文秘网》http://www.guotuzy.cn/html/20111003/n-63778.html,最后访问日期:2012年3月1日。

影响了法律的忠实表达,违背了法律宗旨。为法律规范增添不合理的内容会变相扭曲法律的精神,从而谋取自身不正当利益。以《人口与计划生育法》的贯彻为例。这一法律的目的是为了控制人口数量、提高人口素质。但在很多地方,把超生罚款作为县乡政府财政收入的重要来源。甚至附加出台"土政策",将生育名额作为指标公开"拍卖",而不对育龄妇女进行有效教育,只等超生以后征收罚款。这样一来,不但《人口与计划生育法》的精神没能落实,反而助长了人口增长。还有的地方政府以"土政策"替代法律。立法者利用法律本身的抽象性和自由裁量权的特征,以本地区或本部门具有特殊性为借口,作出不同于原法律精神实质的解释,从而歪曲法律精神,为我所用,甚至有的地方政府以自行制定的土政策直接替代法律。执法者常常以表面一致的土政策代替应当执行的法律规范,因此在实践中真正的法律并未得到有效执行,而只是名义上的执行,但实际并未得到有效执行,同样法律所设定的权利、义务未能转化为社会成员现实中实有的权利义务。这种行为的实质就是钻法律和制度的空子,打着"实事求是"的旗号阳奉阴违,因而具有较大的破坏性和迷惑性。例如,为推进城镇化进程,1997年国务院颁布了《小城镇户籍改革试点方案》,但很多地方在执行时将这一方案转化成了"城市增容费"的土政策,以各种名目有偿为农民办理农转非户口,造成当时影响很坏的"政府卖户口"现象。①

(二)执法行策之中的监督

1. 缺乏有效的控制机制。在政策的执行中,首先缺乏有效的控制机制。政策控制机制是政策运行不可缺少的环节和手段,因为一方面在"三农"政策的执行中有诸多不确定的因素存在,监控的主要目的就是减少这些不确定性,另一方面在政策执行中出现新问题新情况时,通过政策监控能够及时采取措施对其进行调整补救或再决策。

2. 缺乏有效的奖惩机制。政策执行中缺乏有效的奖惩机制。在政策执行中执行人员不重视政策的目标,他们在政策执行中常出现思想涣散、敷衍了事等现象,应该建立有效的奖惩机制,对政策执行过程中表现良好的工作人员给予奖励,对那些在政策执行中工作绩效低下、办事不力的人员予以适当的惩罚。

3. 缺少专门办事机构。缺少专门办事机构,监管不够到位。国家财政对农业补贴和投入有的不能及时到位或根本不能到位,有的被短期或长期移作他用,补贴资金流失严重;在微观上为财政缺乏对农业补贴立项预算、审核和效益跟踪管理。同时由于实践中工作量大,多部门管理,缺少相互牵制和有效监管,造成惠农

---

① 陈柏峰:《基层政权与涉农法律的执行实效》载《环球法律评论》,2010年第5期。

政策执行过程中出现重登、错登、漏登现象。监督管理机制不健全,个别地方有优亲厚友、虚报冒领现象存在。如,有很多惠农政策需要农民自愿申报,在现实中农村大多数青壮年劳动力外出从业,在家留守的劳动力年纪大、文化素质低,再加上宣传不到位,很难完成自我申报的程序,实际工作中这类申请往往由村组干部凭印象完成造册申报,错误现象必然存在。最后在执法行策的过程中又缺少跟踪评估和监督,故应当强化监督控制,建立多功能、多层次、内外沟通、上下结合的监督网络。建立以民众监督为基础的立体式监督体系,使民众、非政府公共组织、新闻媒体等的民主监督和职能部门的监督成为主要的方面,成为一种常态;而上级对下级的监督作为一种补充和救济方式之一。职能部门的监督尤其要加强投入产出的绩效审计、财政监督和审计监督等,并将结果公布,以接受公众的监督。而且作为惠农政策受惠主体的农民,一方面对政策的各项内容缺乏了解,另一方面加之缺乏对政府执行惠农政策的相关监督和处罚机制,最终导致惠农政策执行的公平性和合理性难以完全得到保证。

(三)惠农政策与惠农制度"监督"状况一体化分析

1. 惠农政策效能的基本现状

惠农政策是由制定、实施、监督和反馈等各个环节组成的一个有机整体,但中国惠农政策各环节不完善且配合不协调,导致惠农政策往往偏离所要解决的问题,农民不受益。粮食补贴是国家的一项惠农政策,在政策实施后的效能表现上尤为明显。粮补政策的目标是惠及农民但最终没有给农民带来明显效果,粮补金额部分被农产品涨价所抵消,但多数农户仍表示对粮补政策满意。粮食补贴政策之所以对农民增收效应不大,主要是受粮作经营物质投入的影响,因为物质投入是农户粮作经营成本的重要组成部分,投入费用的高低会直接影响农民粮食收益,最终影响农民的收入,当经营成本增加或农业生产资料价格的大幅波动,部分抵消了直接补贴政策的作用效果,利润就会摊薄,由此农户认为即使补贴种粮也不划算。在粮作经营成本增加的主要费用构成中,绝大多数农户认为农药、化肥、种子是粮作经营成本增加的主要因素。由于 2005 年化肥、农药、种子大幅提价,粮食补贴的收益已被农产品涨价全面抵消。据国家权威机构的资料,2006 年化肥各品种价格上涨幅度 250 - 560 元/吨;农药上涨 3000 - 5000 元/吨,涨幅 20% — 30%。51.19% 的农户反映"国家给予的惠农补贴,都让生产资料涨价给吃光了,甚至还不够"。由此可见,这免除农业税与粮食直接补贴政策的"一免一补"虽有利于增加农民的家庭收入和减轻经济负担,但是较小的补贴数额加上农资价格的上涨,导致粮食补贴政策对农户的增收效果十分有限。① 农户对粮补政策的满意度是反映粮补政策效应的重要指标。在很多资料中可以得出与粮食政策相比农户更多关注的是粮补政策,63.36%的农户表示对粮补政策比较满意。相比之下,而对粮食价格政策的满意度较低,其中近75%的农户认为自家的小麦销售价明显低于最低收购价,主要源于信息不对称、销售渠道不畅以及交易费用较高等方面的原因,并未真正享受到政策优惠。并且粮补政策粮食政策绩效最终要看其是否能够对农户的粮作经营行为进行有效调节。②

山西省2011年9月出台了《山西省供应低收入农户冬季取暖用煤管理办法》,决定今后5年对低收入农户每户每年供应1吨冬季取暖用煤。山西省政府下发文件时也明确指出,这项工作涉及到的煤炭、农业、财政、交通运输等部门和单位,都要各司其职,把好事儿办好。寒冬之际,"爱心煤"已经陆续发放到农户家中,这充分体现了党和政府对广大农民的关心和爱护。本是民生之举,可是在实际实施过程中却变了味道。有网友反映,"爱心煤"有四大特点:一是煤质差石头多,二是煤湿水分多,三是缺斤短两份量少,四是变相收运费。11月27日,有网友在人民网"图说中国"发表图片和文章,反映"爱心煤"问题。临汾市尧都区贾得乡一些老百姓说,还来不及喜悦,就发现了问题,这项政策的落实在乡里变了味道。贾得乡庄里村口,刚刚分完煤的场地上,成堆的石头堆在路旁,黑乎乎的一片,村民们怨声载道,说:村里共有150多户人,每家分到的煤只有不足900公斤,里边几乎一半是石头,根本就不能烧,说是免运费,就这每家还要收十块钱的运费。贾得乡小苏村,发放煤的状况和庄里村差不多,只是份量更少一些。全村不足300户人家,每家发放的煤只有六七百公斤。村民说:"每户要交10元钱的运费,还听说这十元钱除了运费以外,还包括要给乡里的干部发工资,因为人家还要看煤场,很辛苦。"贾得乡大苏村村民反映,这里每户收取费用25元,其中二十元是运费,把煤送到每家每户,另外五元钱是装载机的费用。这煤不光分量不足,收运费,质量也有问题。山西省政府要求发到群众手中的煤,发热量不得低于每千克5000大卡。而现实情况并非如此。樊村镇张家巷村的村民把政府发的煤送到河津市一家质检机构检测,煤的发热量低位数值仅为每千克3983大卡。中国之声记者从运城向北,到临汾、大同等地搜集了多个村庄分发给农民的过冬煤,检验

---

① 陈明星:《粮食直接补贴政策的效应分析及政策启示》载《山东农业大学学报》,2007年第1期。
② 刘志国、赵帮宏、王余丁、李存超:《农户视角的惠农政策实施效果评价 基于河北省——450份问卷调查》载《农业经济》2009年02期。

机构的化验结果是,5个样本中只有一个样本达到省里确定的质量标准,河津市上寨村村民分到的煤发热量低位数值只有每千克2671大卡。①

从上述的案例可以看出中国惠农政策的效能表现在以下两个方面:(1)中国惠农政策预想目标与实施的效果还是有一定差距,政策本身虽好,但由于各个地方具体情况不同,政府的财力不同,结果差强人意,针对以上情况地方政府应从自身实际情况出发确定合理的标准,通过较少的执行环节,实现惠农预想效果。(2)地方政府只注重过程不注重结果,使得大多数惠农政策出现了虎头蛇尾的现象,对政府实施惠农之后的效果也不加过问。为保障惠农政策真正惠农,必须根据实际情况不断改进和完善惠农机制。明确基层政府的公务服务的主要责任及为农服务的具体职能。对惠农政策效能要加强监督检查。各级纪检监察机关和农办、财政、农民负担监督部门,要经常性地开展明察暗访,对重点部位、重要环节进行重点监督。对惠农政策的监督方式要努力创新,可考虑由调查公司或专业研究机构等第三方力量介入对政策落实状况的监督、检查环节,以提高监督、检查的真实性和有效性。完善的监督机制有助于发现政策执行中不作为、乱作为和执行偏差等,这将增大执行者不作为或乱作为被追究责任的风险,从而遏止不作为、乱作为或政策执行偏差等现象发生。

2. 惠农制度实施效果的现状

(1)现阶段,惠农制度实施效果较为明显的是粮食直补,该项制度涉及发放资金问题。所以各个地方都对该项资金作了制度上的规定,使资金发放方式日趋合理,补贴对象的针对性和公平性得到有效保障。在被调查的农户中,72.89%的农户在农村信用社开设资金账户,通过卡或存折的形式从个人银行账户上领取粮食补贴。由各地乡(镇)财政所在地的农村信用社为农户开设粮食直接补贴资金专用账户,进行专户管理,保证资金的封闭运行。这样就有效避免了县、乡、村委会等各个部门暗箱操作套取国家粮补资金的问题,在粮补资金的发放过程中挤占截留、克扣、挪用粮补资金以及其他以各种名义代发、代领粮补资金等不良现象的发生。确保粮补资金足额、及时地发放到种粮农民的手中,充分发挥粮补政策的效果。这是好的一面。②

(2)惠农制度实施效果中也有许多不完善的地方。尤为明显的是对惠农政策

---

① 汪丽:《山西惠民爱心煤变味石头多水分多还缺斤短两》载《人民网》http://finance.jrj.com.cn/consumer/2011/11/29083911671063.shtml,最后访问日期:2012年2月12日。

② 吴茂群、晶莹:《对中国粮食直补政策问题的探讨》载《中国论文下载中心》http://www.studa.net/nongcun/090309/16130462.html.,最后访问日期:2011年12月9日。

实施效果事后监督制度存在很多漏洞。第一,惠农的法律制度当中规定的监督方式单一,主要依赖于上下级监督方式,这样不利于全面监督。因为上级下级数量上不对称,这种监督必然会导致监督中漏掉或出现监督空白区。更何况,不作为、乱作为的受害者是服务对象,并非上级,农民缺乏对基层政府的直接监督手段和权利,因此,农民面对基层政府的不作为、乱作为等政策执行走样或偏差往往要不断上访或通过新闻媒体的曝光引起中央政府或上级政府的关注、干预才能加以解决,上对下的直接监督就逐步演变成了间接监督。这种间接监督机制不仅成本高,效率低,而且监督成功的概率小。另外,部分法律制度当中也采取"多对一"监督即下级对上级、服务对象对服务机构的监督、农民对政府,虽然这种监督直接、准确,但是没有相应的手段作保障。如政务公开、行政诉讼、行政复议、国家赔偿、举报、真正的选举和罢免等有效的责任追究机制。最后,对于惠农制度当中效能方面的欠缺责任追究机制,导致执行者不顾后果乱作为、不作为。如果有了严格的责任追究机制,执行者不作为、乱作为被查处后要承担很大的责任,执行者在权衡后就可能不去冒风险了。有些地方制定的惠农制度当中虽然也制定了相关责任追究制度,但该责任制度不健全,忽视责任追究,包容甚至放纵不作为、乱作为的现象时有发生,诸如看到关于对贪污腐败分子的缓刑、从轻量刑的报道,诸如听到有关对触犯众怒的领导干部不但不惩罚而是改为异地使用或暂时免职以敷衍群众的报道,这显然会助长其不作为的。

四、中国惠农政策与法治一体化建设状况评析

(一)惠农政策制定、实施、监督的评析

1. 制定政策的环节

首先,惠农政策目标不明确、涉及面太宽、重点不突出、缺乏重点和针对性。一是惠农政策缺乏与三农长远的发展目标的有效衔接。自农业税取消以来,国家支农的力度和能力空前加大。在惠农政策密集出台时,忽略了对其长远效果的深入研究。过分强调支农力度,追求短期效应。二是政策没能把握重点和关键环节。譬如粮食直补政策,这是一项支持和鼓励农民进行粮食生产的惠农政策。按规定直补款应依据种植的田亩面积发放,但村集体却按人头平分田地,在实际操作中转变为按人口平均分配粮食直补款。这样不种粮的人也得到了粮食直补款,使得粮食直补最终变为一种对所有农民的福利,显然这种"大锅饭"不能起到鼓励种粮的作用。三是没有明确针对的主体,在当代中国,真正的农民其实是农业劳动者,惠农政策真正要惠及的就是农业劳动者。

其次,应注重准确性。惠农政策的准确性表现为:其一,是能够准确针对农民

面临问题。只有针对三农问题制定合适的政策,对症下药,才能从根本上解决三农问题。其二,是重点关注政策在传播过程中的准确性,也就是减少信息的失真问题。最能体现惠农政策的价值所在的就是能够准确针对农民的实际问题。如果惠农政策不能准确把握"三农问题",那么政策就失去了意义。

最后,制定惠农政策时应该从实际出发,先进行充分调研然后再制定,否则,容易导致惠而不实。如在粮食直补的政策中,目前补贴的主要是粮食作物品种,包括玉米、谷物小麦、水稻,其中补贴的绝大部分农作物是小麦和玉米,由于目前都是小麦收割后种植玉米,小麦和玉米属于复种粮食品种,所以只对种植在前的小麦进行补贴,没有再对种植玉米进行补贴。另外,粮食种植效益比较低,农户种植一亩粮食年纯收入仅有580元,而种植一亩棉花的纯收入可达720元。农户认为种粮是否划算及其行为的调整可以反映出粮农的制度。目前经济作物与粮作经营在收益上存在差距,即使农户对粮补政策较为满意,但仍有较大比重的农户会认为种粮不划算。这样农户可能会按照比较利益的原则去配置家庭资源。调查中,打算增加粮作经营面积的粮农仅占8.74%,而绝大多数的粮农认同继续维持现有的粮食种植面积,并且对粮食的种植结构进行合理的调整。① 可见,在制度环境与市场经济条件发生变化的情形下,粮农理性选择的结果必然是对各要素进行合理配置,以实现各要素在经营项目上的最大收益,最终实现因地制宜地贯彻落实惠农政策法规。中国农村地域广阔,自然地理条件、民族风俗传统、经济社会发展等有很大差异,对于这一问题,应因地制宜,分类指导,立足于本地区区位优势,环境优势,经济社会发展和技术优势等,在不违反宪法、法律和法规的情况下来制定相应的地方性法规、规章与各类发展规划文件来引导和发展地方优势产业,并以此作为支柱产业来推动农村的经济建设。

2. 实施政策的环节

在执行阶段,政策宣传不到位。政策的实施,首先是进行宣传,宣传的关键是要保持政策信息的完整性与准确性。农民作为政策的直接接受者,农民的理解程度,关系到惠农政策具体落实结果。如果对惠农政策的理解性越高,则政策信息失真的概率越低。在惠农政策下乡过程中,从导致信息失真的原因来看,主要有以下几点:首先是表达环节出问题。一切政策归根到底要用语言表述,使用语言来指令、传播的。从政策的传播模式上来看,自上而下的传播话语可以保证政策表述的准确性,但不利于政策的理解与接受,从而可能严重影响政策的实施。而

---

① 吴飙:《关于国家惠农政策在基层落实情况的调查与思考》载《人民网》http://www.wenku.baidu.com/view/0c738135f,最后访问日期:2012年3月15日。

且在措辞上来看,地方性语言与官方语言的差异性,也是导致政策信息失真的又一原因。农民拥有着特有的话语类型,这种类型是人民处于特定生活环境中在人际交往及做事情的社会过程中形成的特有习惯。而政策话语模式是政策制定者为了实现政策目的而采用普遍使用的话语用词、句式、语篇结构、逻辑关系等进行表达。从现实中来看,代表政策制定者的话语特征的"官腔"越来越重,而"民腔"越来越弱。农民判断其价值的主要依据就是实惠,农民会根据实惠的程度来辨别政策的优良程度的。对自己有用的东西,农民才会去上心,才会去关注。然而惠农政策本质上不仅包含对农民切实关心的利益的内容概括,而且还包括对中国"三农问题"的具体解决方案和策略。但是由于表达方式的不同,政策理解的差异性,导致政策的制定方与政策的接受方出现了信息上的不对称,进而导致政策不能真正实行。所以应切实增强宣传效果,用真正的实惠吸引农民。应采取农民喜闻乐见、通俗易懂的形式大力宣传党和政府的政策。或者采取广播、宣传栏、宣传单、宣传车等形式广泛深入地宣传党的惠农政策,使其家喻户晓。其次是传播环节,在传播政策的过程中,有些虚假错误的信息会渗透到传播途径中,混淆了农民的视听。因此要保证政策的传播途径,监管好信息的流通渠道。

　　政策执行中的不合理的一面是享受政策的同时手续繁琐。在执行过程中典型的体现在粮食直补阶段,发放粮补的手续繁冗,执行成本较大,极易造成粮补资金发放与农时错位。10%的被调查农户认为目前粮食补贴的发放手续仍然存在问题。由于规定补贴依据不同,导致现行粮食直接补贴在一些地方的计量程序十分繁琐,要经过"丈量土地、农民申报张榜公布、复核、公布、甚至再复核、再公布"这样一个过程,费时费力。而且这样极易造成粮补资金的发放不及时,与农时错位。国家规定在上半年应将全部粮食补贴按时、足额一次性兑付给农户,多数的农户也希望在小麦收割以前粮补资金能发放,这样做可以使农户在小麦生长过程中就能及时利用粮食补贴购买所需要的农业生产资料,有利于充分发挥粮食补贴的政策效果。但是在目前现行财政支农管理体制框架下,没有专门的机构负责财政支农资金的核发,由不同涉农部门执行不同的单项补贴,造成粮补资金的发放程序经过多次的重复,不仅加大了行政执行的成本,而且另一方面农户需要长时间的排队等候才能领取数目不多的补贴,这样既不利于节省工作时间,提高工作效率,同时也容易引起农民的不满情绪,尤其是在农忙季节。[①]

[①] 杨山彬、敬华:《国家种粮直补政策制定及执行中存在的问题和建议》载《河北金融》,2006第8期。

3. 监督政策的环节

监督是一项政策能否执行及执行好与坏的"保护伞",监督是衡量政策是否健全的标志,缺少监督的政策是不健全的政策。任何政策都需要有制约机制,因此在惠农政策中要提高农民参与惠农政策实施的意识,要保护反馈机制的顺利进行。在惠农政策中,农民不应只是顺从的目标群体,也不是被动的"政策对象"或"政策客体",农民是惠农政策的直接受益者,对政策过程出现的问题最具有直接的、全面的感受,能够充分认识到政策目标与自身利益之间的关系,并作出积极反应的主体。要提供条件促进农民与政府双方对政策的交流与沟通,还农民的话语权,重视农民对惠农政策的信息反馈,提升农民参与惠农政策制定、执行和监督的积极性。同时要避免监督投诉成为一种幌子。国家的各项惠农政策如农村义务教育经费保障资金、农村最低生活保障资金、新型农村合作医疗基金的管理使用、发放以及各项扶持政策的制定和执行中,由于公示内容简单,使农民很难了解到确切的优惠标准,导致不少农民虽知道国家发放种粮补贴,但对补贴项目也不清楚,也不知道该补多少,从而易出现截留、抵扣、挪用,甚至克扣补贴款等违法乱纪现象。总之,农民一方面是惠农政策的监督主体,另一方面又是社会的弱势群体,所以要重视保障监督主体的权利,防止农民被报复打击。同时,也要明确监督的程序和方式,以预防受社会风气的影响以及行政的干预,在实际过程中难以发挥正常的作用,不利于准确判断和及时纠正政策运行中出现的各种问题,保证监督的严肃性。

(二) 惠农制度制定、实施、监督的评析

1. 制定环节

第一,明确立法权限,规范立法行为。很多的惠农政策没有法律依据,使政策缺少可信度。如农村医疗保障作为国家生活中的一个基本问题,相关事项本应该由法律来设定。但是到目前为止,全国人大及其常委会没有针对农村医疗保障进行专门立法,《农业法》第84条规定的"鼓励、支持农民巩固和发展农村合作医疗和其他医疗保障形式,提高农民健康水平"只是倡导性、原则性的规定。正在实施的合作医疗规范性文件基本上都是通过国务院及其各职能部门制定的,以"通知"、"暂行"、"试行"、"意见"等形式出现的行政法规、部门规章及大量地方性法规,严格说来都属于政策范畴,往往空白较多,缺乏整体规划,体系不全、立法层次较低、法律刚性较差。此外,目前大部分省级、市级政府及其部门都制定了新型农村合作医疗相关规章,甚至县、区级政府及其部门也出台了一些原则性的政策或具体的规章制度。这些规范性文件有助于新型农村合作医疗制度的建立,但由于各地过分强调地区差距和差异,直接影响了新型农村合作医疗制度的统一性、稳

定性和权威性。在对新型农村合作医疗立法进行总体设计、整体推进过程中,应合理划分立法权限,对有关新型农村合作医疗的基本问题,如新型农村合作医疗的法律性质,医疗服务提供者和接受者之间的基本权利义务,运行方案,资金筹集、使用、支付和监管的基本原则,合作医疗各要素的管理以及违法失职行为的法律制裁等基本问题,应由全国人大或其常委会进行立法和解释,其他具体问题则应在与法律不相抵触的前提下由其他层次的立法权主体作出规定,以维护法的统一和尊严。

第二,明确立法思路,分步骤逐步推进。惠农政策涉及农村各种保障制度领域,权利义务关系复杂,既包含行政管理关系,又有民事法律关系。因此,惠农制度方面的立法,不是一部单一的法律就能解决的,而必须是由独立平行、相对集中、内部协调的多部单行法律法规组成的统一体系。鉴于各地区的差距和差异很大,应当制定合理的立法规划,科学安排立法项目。要进行深入细致的调查研究,广泛听取各方面意见,切实增强立法的针对性、可操作性和前瞻性,努力提高立法质量。要分步实施,逐步推进。第一步,根据《立法法》第9条的规定①,由全国人大或其常务委员会作出"决定",授权国务院就惠农政策的基本制度制定行政法规;第二步,国务院在授权的基础上进行立法,就惠农政策的性质、补偿比例和筹资方式、举办原则和管理办法、参合农民的权利与义务、监管等基本问题制定统一的实施办法,使各项惠农政策相关的制度明确化、具体化、具有可操作性;第三步,各地区根据当地农村实际情况,在与相关法律、行政法规不抵触的条件下,制定相应的地方性法规或者地方政府规章;第四步,当制定法律的条件成熟时,及时总结授权立法和地方立法经验,由全国人大或常委会制定统一的法律。

第三,加快相关配套地方性法规的制定与完善。一是促进科技进步的法规。通过加大对农业科研的投入、改进农业生产环境、保护水和耕地等农业基本资源,提高农业综合生产能力。二是农村教育方面的法规。如实施义务教育法办法、职

---

① 参见《中华人民共和国立法法》第八条"下列事项只能制定法律:(一)国家主权的事项;(二)各级人民代表大会、人民政府、人民法院和人民检察院的产生、组织和职权;(三)民族区域自治制度、特别行政区制度、基层群众自治制度;(四)犯罪和刑罚;(五)对公民政治权利的剥夺、限制人身自由的强制措施和处罚;(六)税种的设立、税率的确定和税收征收管理等税收基本制度;(七)对非国有财产的征收、征用;(八)民事基本制度;(九)基本经济制度以及财政、海关、金融和外贸的基本制度;(十)诉讼和仲裁制度;(十一)必须由全国人民代表大会及其常务委员会制定法律的其他事项。第九条 本法第八条规定的事项尚未制定法律的,全国人民代表大会及其常务委员会有权作出决定,授权国务院可以根据实际需要,对其中的部分事项先制定行政法规,但是有关犯罪和刑罚、对公民政治权利的剥夺和限制人身自由的强制措施和处罚、司法制度等事项除外。"

业教育条例等。在强调实行免费农村义务教育的同时,加强改善农村学校办学条件、提高教育质量,推动城乡义务教育均衡发展,提升广大农村人口素质。三是提高农民医疗保障水平方面的法规。这在当前农村发展中是迫切需要解决的问题。实践中已经有了一些探索,要在此基础上不断总结经验,建立新型农村合作医疗卫生需求。四是研究制定农村社会保障方面的法规,逐步建立与农村实际情况相适应的社会救助和保障体系。完善重病重残人群和农村五保户的供养、救助制度,逐步提高供养、救助标准,完善救助方式。逐步将家庭养老和社会养老保险结合起来,建立农村社会养老保险制度。五是研究制定农产品质量安全方面的法规。2006年4月,全国人大常委会审议通过了农产品质量安全法,各地应抓紧制定配套的地方性法规,结合地方实际,进一步细化法律相关规定,进一步明确保障农产品质量安全的生产技术要求和操作规程、农产品标识和包装的管理办法等等,以提高各地农产品的安全性,提高地方农产品在市场的竞争力。

2. 实施环节

今天的"惠农"之举前所未有,但仍必须清楚看到在政策执行过程中缺乏有力的纪律和相关制度作保证,进而影响惠农政策的落实。执行中相应法制不健全,还可能产生违法行政。在执行阶段受到经济利益驱使,使得个别优惠政策变相成了某些企业、部门的优惠政策。如新型农村合作医疗在执行过程中,各级政府为了提高政绩努力提升农民参合率,不同程度地实行行政干预,增加了乡镇行政工作的成本和难度。这种行政干预,虽然使农民享受到国家的优惠政策,但同时也挫伤了农户的参合积极性。同时,按照新型农村合作医疗制度的规定,农民只能在本乡镇村级医疗点、卫生院、县级定点医疗机构看病、报销。到上一级医院就医,必须要医院出具转院证明,否则也不予报销。这一规定,忽视了处于边远贫穷的行政交界地区农户和在外务工农民享受政策的问题。在很多乡镇,村民所在的村到本镇中心医院20多公里,到周边县的距离才十来公里,农民在本镇医治一般的伤风感冒所花的路费比看病钱还贵,当然不愿意跑到几十公里以外医治。同时因为生存艰难,在部分边远乡镇大约30%—40%的农民在外务工,他们生病住院不可能跑回来就医。而在外县看病的,要求在规定的时间通过电话在农医办备案,且补偿的比例比较低,直接导致这些人参合的积极性不高。又如在执行农机具购置补贴过程中,由于国家对享受补贴的农机型号指定了具体型号,农户只能到指定的地点购买规定范围内的农机,农户对农机的质量、价格根本无从知晓。这种"暗补"导致购机农户根本不清楚自己是否享受到或享受多少补贴;有的即使享受了补贴,但购机价格仍高于市场价格,真正受惠的主体成了广大农机生产厂家和销售商,农户根本得不到实惠。同时在边远山区县,农户急需购买的小型农机具(如打谷机、小型耕田机)又不属于补贴范围内,享受不到国家的补贴。

每个阶段都是相互联系的,由于立法阶段制定的标准不明确,或者说是没有依据地方实际情况制定标准,使得执行的效果产生极大偏差,甚至违背了法本身的宗旨。在粮食直补当中,国家用粮食风险基金直接补贴种粮农民,目的是对低效公益产品进行补偿,增加粮农收入,刺激和鼓励农民发展粮食生产的积极性,因此,直接补贴的政策目的严格来说既不是补农村,也不是补农民,而是针对补种粮农民。但是目前粮补政策实施的过程中出现计算依据不一致的情况。如在制定补贴标准时应考虑当地地理条件,对于两季粮食的应明确补贴时间和金额,以使农民更早的选择种什么粮,怎么种,保证夏粮和秋粮都能得到及时的补贴。在被调查的农户中,31.19%的农户是按照家庭人口数进行补贴,这种补贴方式一方面可以避免在粮补政策的时间上只补夏粮而不补秋粮,另一方面可以使补贴发放给真正的种粮农民而非原有的土地承包户。因为在粮食直接补贴的发放过程中,在部分地区出现将补贴发放给了转包出去的原有土地承包户,而实际种粮农户并未得到任何补贴,这就造成原有的土地承包者坐享其成,却没有真正调动种粮农民的积极性。但是如果把农户人口作为补贴对象,可能导致一些已转入非农产业收入水平比较高的农民仍能得到补贴,这样就难以保证国家将有限的农业补贴资金补给最需要补贴的低收入农民。43.09%的农户是根据实际种植面积获得补贴的,这种补贴方式可以避免只补种植粮食的土地,而漏掉非耕地上的粮食补贴,包括租种的机动耕地。另外可以避免农民虚报谎报粮食种植面积,套取和冒领国家粮补资金,这样可以鼓励农民进行开荒等方式扩大实际的生产规模,从而体现出粮食补贴向种粮大户的政策倾斜。在一些乡和村等基层单位主要依据农税改革的计税耕地面积进行直补,这是针对难以弄清楚每个农户种粮面积的地区采用的方式。这种补贴方法不管农户当年是不是在耕地上种植粮食作物还是非粮食作物都给予补贴,并不是按照实际种植粮食的亩数进行补贴。该政策的操作虽然简单易行,有助于降低相应的制度实施成本。但是,按照农户承包的耕地面积进行补贴使得粮补带上了浓厚的基于农户身份的福利补贴色彩,违背了粮食补贴旨在改善粮农生产条件,增加粮食供给的政策初衷。同时也造成了国家粮食补贴并没有发放到真正种粮的农户手中,有失国家粮补对象的公平性和针对性。①

3. 监督环节

现行对惠农政策落实状况的监督、检查,采取的主要是会议汇报、文件总结、

---

① 王金晖、张宝忠:《对粮食直补政策实施现状的调查与分析》载《安徽农业科学》,2007年第6期。

领导看点的方式,无法涵盖或反映更多的社情民意。同时政府缺少严格的行政控制手段和有效的现代监管体系,竞争秩序混乱,绩效考核不严格,监管总体效率低下。而且政府的管理体制从本质上说依然沿袭的是计划经济下行政权主导的模式,主管部门管办不分、政事不分,而且相关部门间缺乏有效的协调机制。行政主管部门集政策制定者、执行者和监督者于一身,更多的是采用行政命令直接控制。相关规则不完善,行政干预有较大的随意性,行政程序不透明,缺乏有效的问责机制,这些都充分说明中国的监管体系有待完善。实质上对于任何一种制度而言,权力的制约和平衡都是保证其正常运转的基本条件。如果缺乏有效的制约和监管,权力将不可避免地被小团体或者个人所滥用,最终危害到整个制度的正常运转。只有当监管体系健全、有效时,惠农政策才能得到健康的发展。反之,违规和违法的行为就不可避免了。因此要对监督的方式在一定程度上进行创新、完善。

(三)惠农政策与惠农制度"评价"状况一体化分析

惠农政策不仅是一项强农政策,更是一项民心工程。惠农政策自实施以来,政府已经连续出台多项政策,产生了一定的成效,有其成绩,也有不足。

首先,中国的惠农政策往往缺乏法律基础,很多以条例、文件的形式出现;同时,许多农业政策政出多门,缺乏整体性和系统性,甚至相互矛盾,从而减少了政策应有的效能。更为严重的是,不管以何种形式出台的政策大都只具有指导意义,不具体、可操作性差。因而,我们急需改进我们的农业支持政策:重视惠农政策立法工作,把与惠农政策相关的措施上升到法律的层面,使其政策具有一定的威严性和可操作性。一是需要建立健全用法律条文规定、容易操作的、具有量化规定的农业政策,并相应地制定相互配套的系统政策;二是要考虑对农业支持政策进行项目化管理,以便克服目前存在的政出多门、极度分散、决策长官意志化、操作性差等问题。只有在制度源头上保持了政策的持续性和稳定性,中国的"三农"问题才会更容易得到缓解和解决。

其次,完善惠农政策法规的评价体系。结合中国惠农政策法规的现状,应采用多因素全面评价原则和定性评价相结合的原则,建立多维的基于惠农政策法规实施的动态评价体系。第一,应制定适应经济社会发展的、便于农民具体操作实施的具有针对性的惠农政策法规。第二,不断消除农民对国家政策的依赖心理,提升农民自给自足谋求发展的能力。第三,完善相互协调的工作机制,形成工作合力。各部门根据自身的职责,围绕惠农政策法规的总体目标,在资金投入、产业布局、基础设施建设和要素配置等方面协调配合,促使惠农政策法规的有效实施。第四,逐步建立起除惠农指标考评之外的生态农业效益、社会发展效益等。多视角的动态惠农政策法规评价制度体系,以净化惠农政策法规实施的外部环境;第四,完善惠农资金的相关机制。惠农资金总量不足,结构分散以及发放、监管等问题,都制约着惠农政策的效果。针对这些问题,要进一步加大惠农资金投放力度,不断完善惠农资金的结构,着力推动农民补贴信息网络建设,强化涉农信息管理。依托构建一个财政服务。以"三农"的绿色通道为平台,建立相应的审计系统,专门从事于惠农资金的运转与操作,形成相应的财务问责制。另一方面,为了使惠农资金能在阳光下运行,应继续开展反腐倡廉的活动、坚决杜绝对资金的截留和挪用,一旦发现绝不手软,应立即给予严厉的法律制裁。再次,鉴于当前乡镇职责和权限不对称,特别是执法主体地位的不断削弱,明显不适应农村社会经济需要的新情况,国家应在加强相应的法律制度建设的同时,强化乡镇政府的执法地位,增强基层政府的执法能力,全面提升国家法律层面的综合能力,通过法定方式,增强乡镇的权威和管理权限,赋予乡镇相应的执法监管权等。要发挥审计、监察、财政等监管主体的监管作用和部门、乡镇、农民的监督主体作用,对惠农资金发放、使用和受益情况等进行全程监督。做到监督有效、信息公开、措施得当、惩罚到位、制度健全,保证惠农资金真正惠及农民。以保障惠农政策在当前形势下持续、转型、优化。

第三,我们从前面的惠农政策和惠农制度的状况中也可以看到,在农业补贴总量、补贴结构以及补贴具体标准的确定上,作为受补贴对象的农业生产者并无发言的机会;补贴程序的缺失造成有关部门的补贴工作缺乏透明性、公开性和公平性;违反了透明度规则,实践中也降低了农业补贴应发挥的功效。惠农政策缺乏程序性规定,应该将政策执行的程序上升为制度,将其程序法制化。具体应完善以下制度:

听证制度,政府在补贴前,应听取农业生产者的陈述、申辩和质证,然后根据双方的质证、核实的材料作出农业补贴的相关决定,以保证农业生产者在补贴问题上的参与权利,使补贴程序法定化。

信赖保护制度。为了加强对农业的保护和支持,日本颁布了一系列法律,分别从不同角度规定了对农业生产经营及农业基础设施建设的扶持政策,从而保证了这些政策的稳定性和连续性。美国《农业法》十分明确地规定了各种农业支持政策的详细内容,为具体政策的支持提供了依据。同时也通过立法前讨论,对新的扶持和保护政策进行充分论证。每次美国农业投入政策的调整,都是通过对《农业法》的修正来实现的,保证政策的连续性,减少政策的随意性。

中国应尽快建立起完善的农业政策审议和监督机制。高效的政策审议机制是共同农业政策成功的主要原因之一。中国应通过农业政策评价体系,对全国及各地农业政策进行评价,不断修正政策中存在的不足,采取相应的措施监督政策的落实情况。当务之急,应通过农业法律完善上述相关制度。对违反相应制度的行为人应当追究法律责任:(1)行政责任。惠农政策更多要求的是政府积极作为,对在惠农政策中没有履行应有职责或者侵犯被补贴对象权益的,应当追究相应行政责任,对直接负责的主管人员和其他直接责任人员依法给予警告、记过、记大过的行政处分;经责令,仍不改正并造成严重后果的,依法给予降级、撤职、开除的行政处分。(2)刑事责任。对在农业补贴中违反刑法规定的,依照刑法的相关规定追究刑事责任。如对贪污挪用补贴资金的有关单位和个人,构成犯罪的,以刑法中的贪污挪用公款罪论处。(3)民事责任。惠农政策中的民事责任更多是侵权责任。对侵犯他人民事权益的,应该依照中国《民法通则》及相关法律的规定追究民事责任。①

总之,惠农政策和惠农制度是相辅相成的,缺一不可。惠农政策要想真正落实,离不开惠农制度的保障;惠农制度要想得到遵守与执行,离不开惠农政策的指引。所以我们对待惠农政策和制度要两手抓两手都要硬。

综上所述,尽管农民对各项惠农政策和惠农制度落实状况总体上满意程度较高,充分肯定了其带来的实效,但惠农政策和惠农制度在贯彻落实过程中也出现了诸多问题。在新的历史时期下,应着力对惠农政策制定、实施、监督以及反馈的各个环节进行严格的把握,把一些深入民心已起到显著效果的惠农政策上升为惠农制度,让农民放心;把惠农制度中不能及时解决的问题转成政策解决,让农民欢心;把一些中央的惠农政策具体化为符合地方具体情况的地方政策,让农民满意;把影响"三农"发展的新问题及时制定成政策,让农民安心。让政策制度化,让制度现实化,不仅要实现惠农政策与惠农制度的宗旨同根、重要的是要实现惠农政策与惠农制度的规制同步、关键是要实现惠农政策与惠农制度的效益同享;真正实现农民富裕、农村繁荣、农业发达。

---

① 农业部软科学委员会办公室:《农村基本经营制度与农业法制建设》,中国财政经济出版社,2010年9月第1版,第283页。

第三章　中国惠农政策与法治一体化建设的基本要求

中国是一个农业大国,农业和农村人口占全国人口的70%,农业在所有产业中居于基础地位。然而由于历史等各种因素的影响,改革开放之前,中国农村的发展始终比较缓慢,农民生活较为贫困。自改革开放,实行家庭联产承包责任制以来,中国农村的面貌有了翻天覆地的变化,农民的经济水平和生活水平也逐渐提高。随着中国社会主义特色市场经济的建设和发展,中国经济水平不断上升,国家综合实力显著增强。然而,从另一个方面讲,由于经济发展的城乡不平衡,目前中国经济发展存在城乡差距不断加大,贫富差距扩大的现象。故如何解决农村发展相对缓慢的问题,如何促进农业发展,农民富裕,促进共同富裕的实现,成为一个重要课题。2005年,党在十六届五中全会上提出了建设社会主义新农村的重大历史任务[1],指出要按照"生产发展,生活宽裕,乡风文明,村容整洁,管理民主"的要求扎实稳步推进社会主义新农村建设。全会指出要统筹城乡经济发展,推进农业现代化建设,全面深化农村改革,大力发展农村公共事业,千方百计增加农民收入等等。自1982年中共中央发布第一个关于惠农政策的文件即《中共中央一九八二年一月一日全国农村工作会议纪要》以来,到目前为止,中央关于"三农"问题一共发布了二十一个一号文件,尤其自2004年至今年,中央一号文件都以农业,农村,农民为主题,连续九年聚焦"三农"问题,强调了"三农"问题在中国社会主义现代化建设时期的重要地位。胡锦涛总书记在党的十七大报告中进一步指出:"解决好农业、农村、农民问题,事关全面建设小康社会大局,必需始终作为全党工作的重中之重。"习近平担任总书记以来,高度重视农业农村农民工作,对做好"三农"工作提出了许多新思想、新理念、新论断。这些重要论述着眼我国经济

---

[1] 中国共产党第十六届中央委员会第五次全体会议:《中共中央关于制定国民经济和社会发展第十一个五年规划的建议》,2005年10月11日。

社会发展大局,深刻阐明"三农"工作的战略地位、发展规律、形势任务、方法举措,为新时期农业农村改革发展提供了重要遵循。

在习近平总书记"三农"重要论述中,"三个必须""三个不能""三个坚定不移"最为系统和鲜明,居于总括性总要求的地位。习近平总书记提出"三个必须"是:中国要强,农业必须强;中国要美,农村必须美;中国要富,农民必须富。"三个不能"是:任何时候都不能忽视农业、不能忘记农民、不能淡漠农村。"三个坚定不移"是:要坚定不移深化农村改革,坚定不移加快农村发展,坚定不移维护农村和谐稳定。①

每年,党的惠农文件都有不同的主题,2004年以促进农民增收为主题,抓住"三农"问题的基础和核心;2005年中央一号文件以加强农业基础设施建设,提高农业综合生产年能力为主题;2006年以推进新农村建设,全面建设小康社会为主题,推出了支持农业农村农民全面发展的综合政策;2007年的中央一号文件以发展现代农业,培养新型农民为主题;2008年,中央发布新的一号文件进一步提出加强农业基础设施建设;2009年,经济危机之后的惠农政策以保护农业发展为主题,围绕稳粮、增收等具体提出多项惠农政策,2010年的一号文件要求保持惠农政策的连续性、稳定性;2011年中央一号文件提出要大力发展农业水利工程;2012年,也就是最新的惠农政策突出强调部署农业科技创新,把推进农业科技创新作为三农工作的重点。总体说来,党的惠农政策连续多年密集出台,以促进农业,农村,农民发展为主题,以城市反哺农村,工业反哺农业为主要措施,这些惠农政策得到了广大农民的热烈拥护和社会各界的高度赞扬。

三农问题的核心是农民问题,依法维护农民的权益,保护农民的利益,是解决"三农"问题的重中之重。保护农民权益之所以受到党和政府以及社会各界的关注,主要是由于农民正在经济上、政治上、法律上越来越成为中国社会中的弱势群体,"给予农民国民待遇"成了解决"三农"问题的口号之一。重视农民是解决"三农"问题的关键,保护农民利益是政府的责任。而对农民权益的保护最终要上升为法律问题②,中国农民的经济权利有着明确的宪法地位,但是在宪法实践及行政法制实践中,仍然存在不少问题,特别是行政法保护的问题。如何加快法制建设,使农民的各项权益得到切实保护,是法律工作者要考虑的问题。

---

① 参见韩长赋《习近平"三农"思想:"三个必须""三个不能""三个坚定不移"》载《求是》2017年01月25日。
② 陈晋胜:《农民经济权利的行政法保护》载《山西财经大学学报》,2008年第4期。

一、中国惠农政策与法治一体化建设基本要求的基本理论

(一)基本要求的含义

首先,中国惠农政策是指政府为了支持农业的发展、提高农民的经济收入和生活水平、推动农村的可持续发展而对农业、农民和农村给予的政策倾斜和优惠。惠农法治即全国人大先后制定了19件主要规范农业与农村方面的法律和有关法律问题的决定[1],各省、自治区、直辖市也制定了一系列地方性法规[2]。而中国惠农政策与惠农法治一体化是指多个原来相互独立的法律和政策通过政府实施和法律监督的方式逐步结合成为一种对于保障中国农业和农村经济的持续稳定健康发展和改变农业与农村工作无法可依的状况的过程。一体化建设是指创立这一过程,增加其可行性,充实过程中的新精神。一体化建设过程基本要求既涉及农村经济,也涉及农民权利、法律和文化,或整个社会的融合,是经济、法律、社会、文化的一种全面互动过程。中国惠农政策与惠农法治一体化建设基本要求是惠农政策法治化、法治政策化、一体化的多方面的基本要求,即体现在四个方面,包括(1)原则要求:包括中国惠农政策与法治的各自功能要求、基本界分标准、相互衔接规范、共同促进原则等。(2)一般要求:包括农民富裕、农村繁荣、农业发达三方面的政策与法治一体化建设要求,即"农民贫穷→农民生存→农民发展→农民富裕"、"农村贫困→农村稳定→农村和谐→农村繁荣"、"农业贫弱→农业安全→农业平稳→农业发达"的渐进式要求三个阶段。(3)特殊要求:包括积极扶持弱农、常规帮助残农、及时救援灾农、正确引导富农的政策与法治一体化建设。(4)目标要求:包括农民、农村、农业三方面政策与法治一体化建设的递进式目标,即在农民贫穷消解基础上,保证农民生存条件下,追求农民发展,倡导农民富裕;在农村贫困消除基础上,保证农村稳定条件下,实现农村和谐,促进农村繁荣;在农业贫弱消灭基础上,保证农业安全条件下,保障农业平稳,推动农业发达。

其次,惠农政策与法治一体化建设是当代经济发展特别是中国农业发展的要求。中国惠农政策和惠农法治一体化建设的基本要求是:中国的惠农政策要根据中国的"三农"实际问题制定和执行,加大惠农政策的执行实现力度,即通过将惠农政策中科学合理的部分以法制化的形式加以规范,将惠农政策纳入国家法治管

---

[1] 第十届全国人民代表大会常务委员会第十八次会议:《全国人大农业与农村委员会关于第十届全国人民代表大会第三次会议主席团交付审议的代表提出的议案审议结果的报告》,2005年10月25日。

[2] 比如,山西省人民政府办公厅(省政府令第49号):《山西省全民所有制企业招用农民合同制工人实施细则》,2008年3月24日。

控体系,从而使得三农问题的解决得到高度的重视,以国家法制强制力来保障中国惠农政策的实施。其包括将粮食直补、农资综合直补、农机补贴、小麦良种补贴、新型农村合作医疗、教育工作中涉及"三农"问题的相关政策、民政局对弱势群体救济工作等通过法律的形式予以规范和界定,以期实现中国惠农政策的法制化转变。要求要做到政策制定的主体法定、内容法定、实施措施有章可循、实施监督监管到位、查处惩戒力度合法合理。

最后,惠农政策和惠农法治一体化是一个抽象行政行为具体化的过程。行政主体制定发布普遍性行为规则的行为即为抽象行政行为。行政主体制定实施抽象行政行为产生行政法规。从抽象行政行为的分类来看,惠农政策大部分可归类于羁束行为和自由裁量行为,也有部分要式或不要式行政行为。惠农政策是国家中央依据当前国家经济特别是农业经济发展而做出的政策指引。惠农政策和惠农政策法治一体化就是将中央政策这一抽象的行政行为通过法律的形式具体化为行政法规的过程。这个过程基本要求的实质是抽象行政行为转化为具体行政行为过程。因为抽象行政性具有针对对象不确定性、反复适用性的特点,所以需要将这样的抽象行政行为具体化为能适用的具体行政法规,并通过具体行政行为的形式予以实施。

(二)基本要求的特殊性

针对中国惠农中农民、农村、农业各自政策与法治问题进行系统梳理和资源配置的"统筹"思想,尤其是通过对三者之间在政策与法治上"宗旨同根、规制同步、效益同享"的政策与法治同联互动关系的考量,可以看出中国惠农政策与惠农法治一体化建设的基本要求的特性主要表现为:

第一,自上而下的体制建设。因为中国的惠农政策是中央根据中国整体"三农"问题的解决现状和发展而制定,中国的"三农"问题如何解决都是中央以政策这种抽象的行政行为方式及采取相应的措施来调整。因此,这种产生模式就决定了中国惠农政策的自上而下式,是这种方式使得自上而下的党的政策得到体现,是国家意志的传导器,也是这种产生方式决定了中国惠农政策是一种自上而下的政策法治化建设,虽然其根生的缘由是来自"三农"问题,但其最终的形成指导性的政策法规,则需要中国自上而下的惠农法治化建设。

第二,执行政策的程序化、规范化。中央通过惠农政策加大对"三农"发展的推动,但中国政府各涉农部门为加大对农村的投入,设立的项目繁多,程序复杂,而涉农文件仅仅只是一个原则性和精神性指导,缺乏可操作性。因此,中国惠农政策和惠农法治一体化建设的基本要求体现出在程序化和规范化方面的特征。例如:我们要将政策项目文件缺乏的补贴对象、补贴标准、补贴方式、申报程序、申者,农民的主人翁感增强,政府的诚信化程度提高。

第六,惠农政策和惠农法治一体化的基本要求的必要性还体现在惠农专项资金的使用上。比如,财政补贴资金的虚报冒领,第一,个人虚报冒领财政补贴资金。个别基层部门的干部,虚报、瞒报、多报耕地面积等相关农业数据,利用职务便利谋取不正当的个人利益,冒领国家补贴资金、损公肥私。第二,单位弄虚作假骗取补贴资金。惠农政策承担实施具体项目的单位,利用欺骗手段非法套取国家农业财政补贴和专项资金。如果惠农政策法治化建设得到发展,则这些不法行为都逃不过法制的制裁。再如,克扣财政补贴资金。个别政策执行部门单位借用手续费、管理费等名义非法克扣盘留部分专业资金,农民不能领到足额的补贴费用。最后,资金结余大,拨付和发放滞后。第一,因为部分农用项目的启动的滞缓性导致资金停放而闲置;第二,由于基层监管缺失,导致基础工作未落实,资金发放延缓。第三,中国实行的是中央财政和地方财政相结合和部分财政转移支付的方式。因为某些地方的经济发展落后,国家规定由地方出资扶助农业发展的那部分专项资金,地方财政无力解决,只有空头文件。部分惠农资金使用率低,资金沉淀。在新型农村合作医疗资金和农村医疗救助资金方面,农村付线标准高,封顶线和补偿比例低,农民可报销使用比例偏低的较多。

最后,惠农政策与法治一体化的必要性还在于从政策本身来说,其设计不严谨不科学,制度环节多,落实成本高,申请上需要层层上报、立项、论证,项目资金分配要层层审批、下达。资金发放方式不科学,造成受益对象不公平。政策落实监管不到位,信访举报渠道不畅,处罚监督力度太小。

二、中国惠农政策与法治一体化建设基本要求的主要内容

(一)中国惠农政策与惠农法治一体化建设的原则要求

1. 原则要求的主要内容

(1)中国惠农政策与惠农法治的各自功能要求

中国惠农政策对三农问题的解决有着积极的促进作用。首先,惠农政策具有导向功能。我们知道,政策总是为解决某个问题、达到一定的目的而制定的,这是政策的目的性。这种特性使政策在实践中具有一定的导向作用,为社会的发展提供了行动指导原则。惠农政策产生的基础是科学的理论,理论不仅着眼于现实生活的研究,更着眼于对未来的研究。通过总结经验,预测未来的形势和条件,也为长远目标的实现做好准备。其次,惠农政策具备调节功能。就是在社会发展中起到协调和平衡各种社会关系的作用。一个社会就如一个庞大的系统,组成这个系统的各要素之间,存在着各种各样的关系,政策就是协调这些关系,使它们能够有

计划地、协调地发展。惠农政策在协调各种关系时,其中最重要的关系是农民的物质利益关系。最后,惠农政策的控制功能。惠农政策具有约束和规范人们行为的作用。政策的导向功能、调节功能、控制功能是互相联系共同发挥作用的。所以,农业需要惠农政策的导向功能把握正确发展方向,惠农政策的调节功能协调各种农村社会关系,惠农政策的控制功能规范农民的行为,从而保证社会顺利地向前发展。而惠农法治具备整合功能。就是把一些零散的关于"三农"的问题通过法律的强制方式而彼此衔接,从而实现农村和农业系统的资源共享和协同工作。其主要的精髓在于将零散的要素组合在一起,并最终形成对惠农有价值有效率的一个整体。惠农法治还有惩罚功能。即对违反惠农法律者,用法律的武器来惩罚,使其不敢违反惠农法治。此外,惠农法治有促进和谐社会建设的重大作用,将和谐社会构建中法治的功能与作用加以考察,就不难发现,法治从制度基础、行为指引、矛盾消除三方面促进和谐社会建设制度是人们对社会发展与建设的规范性预期。法治意义的法律正是和谐社会的制度蓝图与预设基础。和谐社会是社会的理想状态。只有将这种理想状态转化成若干具体而完备的法律规范,建立一系列法律制度,进而形成完备的法律体系,和谐社会才能获得自己最良好的制度根据。良好的立法为人们严格依法办事创造了条件,为整个社会的法治建设提供制度性的基础。法律对于人们行为的引导与规范是法律的重要功能,也是法治作用的有效发挥;法律对社会利益的划分和调适起着重要的作用,是利益分配与调整的制度基础;法律对于各种矛盾纠纷解决程序的制度设计,实际上也蕴涵着对于和谐图景的制度构想。

(2)中国惠农政策与惠农法治的基本界分标准

正确认识惠农政策与惠农法治,要求既不把二者割裂、对立,也不把二者简单等同。把二者割裂、对立或者等同,都会导致以政策代替法律,或者忽视惠农政策在三农问题各项工作中的重要指导作用。中国惠农政策与法治都属于国家的上层建筑,都具有强制性、权威性,但是惠农政策与法律又有所不同。相比较而言,政策具有阶段性、灵活性和及时性,法律具有长期性、稳定性和成熟性。他们的主要区别如下:

第一,制定主体不同。惠农政策的制定主体主要是党和非国家机关,法律的制定主体是国家的立法机关;狭义的法律仅能由有权制定的国家机关(即全国人大及其常委会)制定,行政法规和地方性法规也只能由国务院和地方权力机关制定。惠农政策只能由党中央决定。法具有国家意志,惠农政策代表党的意志。

第二,规范形式不同。法律必须具有高度的明确性,每一部法典或单行法律和法规,都必须以规则为主,而不能仅限于原则性的规定,否则就难以对权利义务关系加以有效的调整。而惠农政策则不同,有些政策文件主要或完全由原则性规则组成,只规定行为方向而不规定具体的行为规则。

第三,实施方式不同。法律具有鲜明的强制性和惩罚性,它依靠其强制力使人们普遍遵从。政策不一定都以强制力为后盾,惠农政策主要靠宣传教育、劝导和引导,政策是靠感召力、号召力,靠人民对政策的信任、支持而贯彻执行,虽然惠农政策具有一定的强制力,但这种强制力较弱,政府对违反惠农政策的人只能通过行政手段予以处分。

第四,稳定程度不同。法律则具有较高的稳定性,一般是在较长时期内保持不变,如果变动周期过短,则受法律调整的社会关系便处于捉摸不定的状态,这样就不能建立起良好的法律秩序。惠农政策则要适应社会发展的需要,及时解决新出现的农业现象和农村问题,相对于法律而言,惠农政策灵活多变,稳定性不强。但惠农政策适应性强,面对社会变化可以随时调整,法律相对稳定,也可以说在有些时候发展滞后。

(3) 中国惠农政策与惠农法治的相互衔接规范

惠农政策与惠农法治的相互衔接规范是指有关惠农的政策和法律相互配合,有机结合,在政策中有法律的身影,在法律中渗透着政策。例如,惠农补贴是党和国家在农业政策上对最基层农民关心和体贴的一个核心切入点,理应得到不折不扣的坚决执行,但实际遇到的一些问题又让政策在执行中感到两难。2008年6月,夷陵区龙泉镇法官泉村的一个村民上访,原因是他的粮食各项补贴已到账,但信用社不让取钱,因此该村民上访要求取他一折通中的粮食钱。① 国家政策明文规定:对农民实行粮食直接补贴,任何人任何单位不得以任何名义抵扣、截留、挪用。经调查,系该户伤人后法院判令其支付伤者医疗费,因拒不执行,法院冻结了该农户的所有存款折,包括粮食补贴一折通。从法律上来讲,法院有冻结当事人财产的权力,既然发的不是现金是一折通存款,一折通中的钱是该户财产之一,那么法院也就能冻结一折通户。遇到这样的情况,政策和法律的矛盾难于调和:一折通穿着政策的软胄甲,是不是一折通中的资金优于其它存款,超越于法律尊严呢? 毕竟,法律也是国家意志的体现,也是国家制定的。惠农资金的冻结从法律上来说不违法,但冻结了不能按时发到农户手中,从政策上来说又不允许,如何将政策和法律统一到执行力上来,是政策执行部门面临的一道难题。所以我们要加快惠农立法,要注意惠农政策和惠农法治的相互衔接,把适合于法治的长期稳定

---

① 邓可菊:《惠农政策执行中的问题和建议》载《中国农经信息网》http://www.caein.com/index.asp? xAction = xReadNews&NewsID = 36086,最近访问时间:2011年12月5日。

的惠农方式用法律规定起来,而适合于政策实施的灵活多变的惠农方法以政策规定。政策和法律相脱节后,政策大于法律,或法律压住政策,都会削弱党和政府在人民群众中的形象和威信。让国家的惠农政策真正惠农,决策部门要做大量理论上的研究,探索出惠农资金在政策的庇护下不和法律相抵触的途径,特别是加强惠农政策的法制研究,力争加快惠农资金的立法工作,把农民这个弱势群体的既得利益和妇女儿童的权益一样,用法律保护起来。将系列惠农政策上升为法律,对国家整个大局来说是十分必要的。而且政策文件具有时效性和变通性,各地经济发展水平、速度、环境、程度不同,理解、落实政策和文件精神的力度也有差异。如果变成法律,就能促使各级政府依法办事,减少人为因素造成的政策不稳定。

(4)中国惠农政策与惠农法治的共同促进原则

惠农政策与惠农法治是在"宗旨同根、规制同步、效益同享"的关系相互作用下共同促进的,其表现在三个层面上:

①同心同向。一方面,惠农法律以惠农政策为指导,首先表现在立法方面,惠农政策是惠农法律制定的依据;其次在惠农法律的实施方面,惠农政策对惠农法律具有指导作用。另一方面,反过来,惠农政策依惠农法律实施。将惠农政策上升为惠农法治,对惠农政策有帮助作用。而且惠农政策需要法律强制力来保证。惠农政策和法治正确地反映客观规律,以客观存在的事实为依据,这样的惠农政策和法治对社会的发展才能起促进作用。反之,就会阻碍社会的发展。

②同向同行。惠农政策和法治必须体现绝大多数人的利益需要;对近期利益和长远利益、国家利益和群体利益、个人利益作出恰当的协调和规范,以充分调动各方面的积极性。同时,在满足全局利益的前提下,优先满足一部分人或某一方面的利益,调动一部分人的积极性或促进某领域的优先发展,以达到满足整个社会的全部利益的目的。例如,为了促进粮食增产,我们提高了粮食的收购价格等。

③同行同标。惠农政策和法治必须注意发挥政策与法治一体化的整体效应。政策不是孤立地发生作用,而是处在纵横交错的政策体系中与其它政策互相联系,互相影响,共同发生作用。一项政策孤立看可能是一项好的政策,但在执行中未必取得好的效果。这就要看这项政策是否与其它政策相配套。如果政策之间不配套、互相矛盾,就会削弱政策的整体效应,政策不仅贯彻不下去,还会造成混乱局面。目前中国农业领域中出现的某些混乱局面,有的就是由于政策不配套,互相矛盾引起的。

2. 原则要求的基本实现

(1)中国惠农政策与法治的各自功能的实现

中国惠农政策的实现解决了中国"三农"问题中的好多事项。首先,惠农政策的导向功能的实现。如2011年中央财政安排奖励资金32.5亿元,专项用于发展生猪生产和产业化经营。奖励资金按照"引导生产、多调多奖、直拨到县、专项使用"的原则,依据生猪调出量、出栏量和存栏量权重分别为50%、25%、25%进行测算,2011年奖励县数500个,平均每个大县奖励500万元。2012年中央财政继续实施生猪调出大县奖励。主要用于生猪养殖场(户)的猪舍改造、良种引进、防疫管理、粪污处理和贷款贴息等;扶持生猪产业化骨干企业整合产业链,引导产销衔接,提高生猪的产量和质量。① 其次,惠农政策的调节功能的实现。如农村劳动力分配政策,就是从宏观上有计划地调节农村劳动力的流向和流量,保证整个农村经济平衡发展。2012将围绕农业发展方式转变和新农村建设的需要,面向农业产前、产中和产后服务以及农村社会管理领域的从业人员开展培训,政府全额补贴,农民免费参训。开展职业技能培训。培训时间一周以内,培训对象主要是种养大户,科技示范户,从事农业产前、产中和产后服务,以及从事农业经营和农村社会管理的农民;培训内容主要是农业生产及管理技术、农产品产地贮藏保鲜及加工技术、农机操作及维修技术、沼气建设及维护技术、农业经营管理及农村社会管理知识等内容。开展农业创业培训。再次,惠农政策控制功能。例如《国务院关于严格控制农村劳动力进城做工和农业人口转为非农业人口的通知》。最后,惠农法治促进和谐社会功能的实现。例如,《中华人民共和国社会保险法》,这部保险法解决了中国土地保障功能下降的社会背景下,越来越突出农民的养老问题。这对于中国构建和谐社会具有重要意义。

(2)中国惠农政策与法治的基本界分标准的实现

中国惠农政策的实现,并非直接由普遍约束力的立法进行规制。之所以如此,是由于中国地广人多,幅员辽阔,不同的地区或乡村,存在着不同的特色,为了实施惠农的目的,"因地施政"是一个可行的方法,即通过对不同乡村的环境条件、经济实力、政府能力、教育能力、人员素养等多方面进行考察核实,通过有针对性的方针政策,为不同地域的惠农提供可行的方案。惠农政策是政府实现其行政职能的一项具体表现,是作为国家公权力机关行使公权力的一种职责所在。所以,惠农政策实现的重点是宣传教育。而法治是一国的治国根本,是充分行使法律进行民主治国的方式。中国惠农的实现,离不开法治。惠农的法治要求为达到惠农的目的,一定要依法实施各种行为,以法律为指导,将治理"三农"问题纳入法律规

---

① 《中华人民共和国农业部.2012年国家支持粮食增产农民增收的措施》载《中央政府门户网站》http://www.gov.cn/gzdt/2012 - 03/28/content_2101778.htm,最近访问时间:2012年3月30日。

定的内容之下,有法可依,有理可循,为实现惠农提供一个有限的范围,不至使惠农脱离实际,越权行使。所以,惠农法治实现的重点是追究责任。

实施惠农政策不是一味由政府说了算,需要在法治的前提下实施。依法治国是中国治国的方略,法律的威慑力与效力都高于政府规章或地方性法规。所以,惠农政策的实施应以现行的法律为指导,在现行法律下设置适合各地情况的惠农政策,所实施的方针、方法及各种内容或行为均须是法律规制下的内容,不得违背法律。只有在法治下实施的惠农政策才是有效的、可行的惠农手段,否则不仅政策制定者不能尽职尽责,还将不利于惠农的实现。

惠农的法治是基于国家制定的法律为前提,这里并不仅仅指法律规范的条文,还包括法治思想。惠农的法治思想是以人民民主为基础,切实保证人权为目的的思想。惠农政策主要由政府制定,从一定程度上来说更多体现了"人治"的色彩,有可能体现的仅仅是政策制定者的思想与意愿,并非是体现迫切需要解决问题的意愿。而惠农的法治将人权摆在第一位,以民主的理念向农民了解情况,以农村为背景,发展农业为宗旨,真正立足于三农问题之上,代表最基层的声音,以事实情况为依据,听取农民的意见建议,在此情况下就相关问题分析讨论,以求达到对问题的最终解决。这样实施的惠农政策,不仅有利于防止政策制定者的一意孤行,还尊重了客观事实,体现了更为合理的方法与步骤,更加全面、更加完善实施的内容,是为人民服务宗旨的现实体现。

所以说,惠农政策与法治既不能单独行使,也不能割裂开来。二者是上位与下位的关系,惠农政策必须服从法治,法治有监管政策的必要,经法治指导下的惠农政策才是国家需要的惠农政策,也是老百姓所信任的政府制定的政策,才能真正保障惠农行为的有序实施。

(3)中国惠农政策与法治的相互衔接规范的实现

为了使农民更好地得到实惠、农业得到好处、农村得到建设,使惠农政策和法治相互衔接规范得以实现。尤其当前重政策轻法律的现象,计划经济的传统仍然发挥不良的影响。同时,也是权力腐败的源泉之一,政府权力回避司法审查,攫取利益,无视法律要求。改变这一局面,主要从四个方面着手。

①及时衔接。加强法律建设,通过高质量的法律来压倒政策优势。注重完善立法。要从提高立法质量上下功夫,不能仅仅只是依靠增加立法数量。要抛开"先以政策积累经验,后以法律推行"的旧的立法思想,尽快使社会各个领域都有法可依。在立法技术上要注意明确、简洁、逻辑严密、便于操作和执行。

②有机衔接。要注意加强诉讼程序法的制定。人们总是把法制的实质性进步通过程序体系的发达和合理化来落实的。从诉讼程序方面保证实体法的正确

实施,保证实体权利、义务的实现。严格惩处违法行为,强化公民法律意识。特别是通过程序控制来保障行政权合法、正确行使,使行政权力运作程序化、规范化,防止滥用行政权力制定政策的现象出现。

③取长补短。主要保证司法独立。落实法院的宪法地位,严格执法,把司法审查作为监控行政权力运作的重要手段。把完全独立于行政之外的法官裁决作为政府行为是否合法的依据。保证法院依法独立行使审判权,使司法独立于行政系统,才能充分发挥法律对行政机关政策制定的监督作用,真正实现依法治国。

④互相制约。对政策运作进行规范,使政策的制定和执行更加科学化、民主化、合法化。在法治体系中,政策与法律间的矛盾是客观存在的,我们不应回避这一事实。我们应着力于在政策制定与执行时,有意识减除其对抗色彩,使政策主动支持与配合法律,在法治原则的指导下健康运作。法律也可以从不良政策的危害中吸取教训,加强法律建设的步骤,促进法律体系更新与完善。从而使政策与法律得以良性互动,加快"法治"进程。要注重规范政策制定与执行,使之既合法又合理。政府制定政策必须有规则依据并限于法律授权范围内。对于同一问题,如果已有法律的规定,就不必制定政策来重复调节,除非它是为落实法律的。法治与权力的监督和制约密切联系,政策的制定和执行行为都要受到立法、行政、司法的监督以及社会监督,从而确保政策不违反规则,不侵犯人民的合法权益。总之,要辩证地认识和处理法律与政策的关系,既不能把二者简单等同,又不能将二者完全割裂、对立起来。在处理两者实践上的矛盾,我们既要坚持依法办事,维护法律的稳定性和权威性,又要依据新的政策精神适时地修订法律,最终使二者在内容和原则上达成协调一致,相辅相成。

(4)中国惠农政策与惠农法治共同促进原则的实现

中国惠农政策与惠农法治都是为了维护好农民的权益,使农民的利益得到保护,把"三农"问题处理妥当。主要表现在四个方面上:

①各展其长。惠农政策的导向功能突出,在实践中为农民富裕、农村稳定、农业繁荣提供了指导性原则;惠农法治的强制手段较强,利用法律的强制力来保障其实现。

②各避其短。惠农政策主要是靠感召力、号召力来实现,没有强制力保障是不行的;惠农法治缺乏灵活性、及时性,惠农立法的速度赶不上日益突出的"三农"问题。

③及时互补。由于农民正在经济上、政治上、法律上越来越成为中国社会中的弱势群体,所以保护农民权益受到党和政府以及社会各界的关注,政府有保护农民利益的责任。使农民的待遇得到显著提高,这就需要国家在政策上倾斜,法

律上给予配合,使对农民权益的保护最终上升为法律问题。因为中国农民的经济权利有着明确的宪法地位,但是在宪法实践及行政法制实践中,仍然存在不少问题,特别是行政法保护的问题。比如在农民补贴预算中,将一些行之有效的农业补贴政策法制化,通过法律法规对农业补贴预算予以硬性约束,从而加强和稳定农业补贴政策。

④发挥优势。惠农政策是发展的"杠杆",国家不仅要通过进一步增加对农业的投入,对农民的支持,来提高强农惠农富农政策的力度;还要搞好宣传,让农民都知道政策;惠农法治也是一根"指挥棒",对惠农政策的实施加强监督,包括对违反政策、截留政策方面的问题查处。通过法律手段对违背政策、截留政策甚至贪污政策的违规行为给予强力打击。这样就能使惠农政策和惠农法治相互作用,共同促进,使农民得到实惠。

(二)中国惠农政策与法治一体化建设的一般要求

1. 一般要求的主要内容

(1)农民富裕的政策与法治一体化建设基本要求

改革开放30多年来,截至目前中国政府已经出台了21个一号文件,特别是自十六大以来出台的一号文件,推出了一系列比较有力度的惠农政策,对解放农村的生产力起到了很大的作用,从而较好的促进了中国农村的整体发展,使中国农村面貌焕然一新。惠农政策的最终目标是农民富裕。想要农民富裕一方面要增加农民收入,一方面要减少农民负担。惠农政策中的减免税收就是对农民负担的减轻,使农民更加富裕。2006年,农业税走进历史博物馆,农业特产税彻底取消①。这些都帮助农民减轻了很大的负担,对全面建设中国小康社会也起到了很大的促进作用。但农民的税收负担仍然不轻,一个重要原因是一些基层干部置国家的法律和党的政策于不顾,向农民伸手要钱、要农副产品,完成了所谓的目标任务,追求了所谓的"政绩"。这种任意增加农民负担暴露的问题是:在我们的农村工作中,不依照法律规定办事,不按照国家政策办事。

想要农民富裕,除了减少农民负担之外,主要是要增加农民收入。单个农民,从人力和财力上说都势单力薄,所以中央提出了创建和扶持农民专业合作社。2011年的惠农政策提出:"支持鲜活农产品'农超对接'政策;开展'农超对接'(引导大型连锁超市直接与鲜活农产品产地的农民专业合作社对接)试点,是促进农民专业合作社又好又快发展的有效途径。国家通过实施支持农超对接政策,进一

---

① 肖金平:《全面取消农业税》载《中国百度网》http://news.cntv.cn/china/20110519/107193.shtml,最近访问时间:2011年12月5日。

步降低农超对接门槛,推进农产品标准化生产和流通,鼓励农民专业合作社做大做强。"①农民专业合作社难道就没有问题吗?不是的,这里存在两方面问题。一方面,农民专业合作社目前还是数量比较少,宣传不到位。即使农民们知道有农民专业合作社,但对其不是很了解,不知道能不能帮助他们赚钱。而且农民只有很少的积蓄,怕投进去了就回不来了,所以存在大量观望者。其最根本的原因就是缺乏教育,缺少基础教育以及农业专门教育,经营观念陈旧。惠农政策只是提出要重视农村教育还不够,需要法律强制规定才能根本解决问题。

另一方面,大家都知道大型连锁超市严重存在的进场费问题。所以一部分本来可以装进农民口袋的利润却流进了大型连锁超市里。目前对此问题已经有一些法律规制,2006年10月,国家五部委联合发布了《零售商供应商公平交易管理办法》,第一条规定:为规范零售商与供应商的交易行为,维护公平交易秩序,保障消费者的合法权益②。该办法规定禁止零售商收取合同外的促销服务费;不得以签订或续签合同为由收费或变相收费;不得收取超过实际成本的条码费;在未提供促销服务时,不得以节庆、店庆、新店开业、重新开业、企业上市、合并等为由收取供应商促销服务费用等等。可是多年过去了,大型连锁超市的各种收费不降反而有上升的趋势。违反这些规则的政府调查成本很高,而相应的处罚却很轻。所以,可以想象几乎所有的超市改变收费的名目,暗地里继续收取进场费。

(2)农村繁荣的政策与法治一体化建设基本要求

改革农村社会保障制度是社会主义新农村建设的一个重要组成部分。农村社会保障体系是我们整个社会保障体系的重要组成部分,它的建立关系到广大农民的切身利益,关系到农村经济发展和社会稳定,关系到全面建设小康社会目标的实现。作为社会主义新农村建设的一个重要组成部分,农村社会保障制度包括覆盖整个农村地区的农民的养老保险、失业保险和医疗保险等社会保障制度,它可以在建设社会主义新农村时编织一个社会安全网。农村社会保障立法的问题在于立法层次比较低,立法主体混乱不清,立法已经远远滞后等许多不足之处。中国至今没有一个专门的有关农村社会保障工作的基本法律。国务院已经制定的规章制度中,只有极少数属于规范农村社会保障的法规。就是说我们国家在过去的农村社会保障工作形成了一些法规,条例和法规,但是大多是单项的,功能单

---

① 朱宏利:《国家主要强农惠农政策摘要》载《中国农经信息网》http://article.cyol.com/news/content/2011-05/10/content_4406655.htm. 最近访问时间:2011年10月10日。
② 中华人民共和国商务部在2006年7月13日第七次部务会议审议通过《零售商供应商公平交易管理办法》,自2006年11月15日起施行。

一,力度较小,没有形成一个有机的法规制度体系。各个地区的具体规定也是不一样的,不能达到立法的统一,从而在实践中带来不便。立法滞后的现象较为突出,许多工作开展了很长一段时间,可没有相应的法规出台,这使得一些农村社会保障工作仍然是没有法律依据地在进行。同时,农村社会保障基金方面的管理缺乏法律保护,资金使用风险过大,要提高资金的使用价值。

已颁布的金融法律,包括中国人民银行法①,银行业监督管理法②,商业银行法③,证券法④等。但这么庞大的农村金融机构却没有法律的规范和保护。农村信用合作社,作为农村金融的主力军,在很长的一段时间里体制不断的变化。实践中应用了《中华人民共和国商业银行法》的若干规定,可这却与合作金融的本质相反。其他管理措施都是行政性的。得不到法律保护的管理,合作金融处于变动的状态。因此,相当一部分农村信用合作社管理失控,经营业绩每年下降,不良资产数额上升,成为金融业的一个非常薄弱的环节。要加快农村信用社立法,以改变这种没有法律依据的状况已成为农村金融发展的强劲需求。新修订和颁布实施的《中华人民共和国商业银行法》在第九章附则部分第93条明确规定"城市信用合作社、农村信用合作社办理存款、贷款和结算等业务,适用本法有关规定"⑤。可这只考虑到在合作金融和商业性金融的相同部分:都是经营货币,信贷业务的金融公司企业。《中华人民共和国商业银行法》只规定了相同的公共部分,但没有考虑到合作金融和商业性金融各自的特殊性:股份制商业金融和合作制金融是两种根本不同性质的金融体系,它们用来适用不同经济水平,服务不同性质的人群,具有不同的功能和生存空间。

(3)农业发达的政策与法治一体化建设基本要求

农业是一个国家的根本,中国的耕地面积每年都在减少,应加大保护力度,建

---

① 《中华人民共和国中国人民银行法》已由中华人民共和国第十届全国人民代表大会常务委员会第六次会议于2003年12月27日通过,2003年12月27日中华人民共和国主席令第十二号公布,自2004年2月1日起施行。
② 《中华人民共和国银行业监督管理法》已由中华人民共和国第十届全国人民代表大会常务委员会第二十四次会议于2006年10月31日通过,中华人民共和国主席令第五十八号公布,自2007年1月1日起施行。
③ 《中华人民共和国商业银行法》由中华人民共和国第十届全国人民代表大会常务委员会第六次会议于2003年12月27日通过,自2004年2月1日起施行。
④ 《中华人民共和国证券法》已由中华人民共和国第十届全国人民代表大会常务委员会第十八次会议于2005年10月27日修订通过,现将修订后的《中华人民共和国证券法》公布,自2006年1月1日起施行。
⑤ 《中华人民共和国商业银行法》由中华人民共和国第十届全国人民代表大会常务委员会第六次会议于2003年12月27日通过,自2004年2月1日起施行。

立保护耕地的制度。国家出台的惠农政策如2011年的"保持现有土地承包关系稳定并长久不变政策:中国农村土地依法属于农民集体所有,实行土地家庭承包经营制度。国家依法保护农村土地承包关系的长期稳定,保护承包方的土地承包经营权,任何组织和个人不得侵犯。承包期内,除法定事由外,发包方不得收回承包地,不得调整承包地。土地承包期届满,由土地承包经营权人按照国家有关规定继续承包。①"目前,每年中国的农业用地有很大一部分被非法的、低价的甚至是像圈地一样无偿的强制征用。还有的做得比较隐蔽,先依法征地,然后再悄悄的改变土地的用途或出售给开发商等,这些情况都急需法律法规予以制止。农民的土地承包经营权是其财产权利中最重要的,农民不能没有土地。目前,农民的土地承包经营权也越来越多地受到党和国家的重视。但什么是农村土地承包经营权,其内涵是什么,外延是什么,在理论和法律方面都仍然不足,特别是在宪法中的立法缺失,造成对农民的土地承包经营权实施和保护的缺失。《中华人民共和国宪法》第十条规定农村土地所有权是归集体所有,集体一般是指农村集体经济组织。②《中华人民共和国土地管理法实施条例》第十条规定属于集体的有村农民集体、乡(镇)农村集体、村里的两个或两个以上农业集体经济组织。③ 在一定程度上,这种集体的身份是不明确的和多样的,导致农村土地所有权模糊不清,因此,这就客观上造成损害农民的土地承包经营权的现象。

　　近几年国家针对三农问题出台了许多补贴措施,如种粮直补、农机购置补贴、农资综合补贴等。这些补贴措施对粮食安全、增加农民收入、提高农民种粮积极性和粮食生产的发展起到了重大的作用,但仍有些问题存在。如,补贴力度和标准比较低,各地的差异问题,操作不达标准的问题。补贴额度比较少,占粮食总收入比例很小,农民对粮食的种植热情不高,粮食播种面积增长缓慢。粮食补贴资金没有及时的发给农民,农民种植就受到影响,没有达到补贴政策的预期效果,如果资金可以及时到位就可能实现最好的结果。全国各地的直接补贴,粮食和种子补贴资金每年在不同的时间发放,在有些地方甚至明年之前发放去年的补贴。这使得它难以满足在不同的农业地区农民的需求。农民播种时间各地是不同的,补贴不能按播种时间及时发给农民,不能让农民领取补贴或补助资金在本播种季节

---

① 朱宏利:《国家主要强农惠农政策摘要》载《中国农经信息网》http://article.cyol.com/news/content/2011-05/10/content_4406655.htm. 最近访问时间:2011年10月10日。
② 《中华人民共和国宪法》1982年12月4日第五届全国人民代表大会第五次会议通过1982年12月4日全国人民代表大会公告公布施行。
③ 《中华人民共和国土地管理法实施条例》已经1998年12月24日国务院第12次常务会议通过,自1999年1月1日起施行。

中发挥作用,影响了农民的积极性。在偏远的山区,农民迫切需要小型农场机械如小型耕地机、脱粒机,但这些不属于补贴范围,不能享受国家的农机具补贴。

有许多农民没有在家种地,而外出打工上学或者做生意,把耕地转租给他人或者置之不理任其荒废。由财政部门发放的一折通是发放给土地使用权所有者而不是在种田的农民,那些没有种粮的耕地所有者仍然获得国家补贴金,而真正的种粮农民没有得到补贴。所以这就存在虚报和冒领补贴的状况,少部分粮食补贴没有实现它的价值。针对粮食补贴,重视的是补贴到位没有,怎么到位,而在监管方面却有漏洞。粮食补贴是政府直接发放,在政府和农民之间没有一个监管的组织机构,许多针对三农的补贴落实情况不明,如良种的种植情况就缺乏监管。缺乏监管就会出现干部贪污的行为,一些干部利用职务的方便把补贴落实到自己腰包里。农机具购置补贴的实施过程中,国家补贴的农机型号、购买地点有具体的规定。购买商品是从商品的价格和质量方面做出选择,而农民只能去特定的地点买特定的价格已经确定的商品,然后取得一定的补贴。这种情况会导致购买的农机价格在享受了补贴后,可能还是比市场价格高,其中真正受益的是中标的农机生产者和销售商,农民的利益被悄无声息地剥夺了。

2. 一般要求的基本实现

(1) 农民富裕的政策与法治一体化建设基本要求的实现

要减轻、解除农民的负担,农民富裕的政策与法治一体化建设必不可少。国家应该以立法的形式如《税法》、《农民权益保护法》来规定农民的权利和义务,真正解除农民的负担,才能让农民休养生息。及时推进农村行政机构改革,精简机构和人员,改变农村地方政府职能,提高农村公务员管理的素质和能力,使农村工作有效的进入法治轨道。各级人大应加强对农村依法管理的监督工作,以确保法律的有效实施,使农民有权通过法律途径获得救济。

增加农民收入的惠农政策与法治一体化建设也是必要的。通过建立和支持农民组织以提高他们的市场竞争力。为了支持、引导农民专业合作社的发展,规范农民专业合作社的组织和行为,保护农民专业合作社及其成员的合法权益,促进农业和农村经济的发展,制定了《中华人民共和国农民专业合作组织法》①。具体来说,一方面应根据《中华人民共和国农民专业合作组织法》来广泛建立农村合作经济组织,提高农民参与市场的组织程度,以提高其抗御自然灾害和市场风险的能力。农村合作经济组织是一种有效的方式来解决农民收入,提高农业产业化

---

① 《中华人民共和国农民专业合作组织法》2006年10月31日第十届全国人民代表大会常务委员会第二十四次会议通过,自2007年7月1日起施行。

的机制。应该通过教育方面的法律提高农民的基础教育和农业知识,引导农民改变传统的管理观念和培养先进的思想以及树立发展的意识。在这里,一方面应重视在农村地区的基础教育,积极发展农村中学教育和职业教育,打破城乡教育的不公平现象。不仅应对包括外来务工人员子女的适龄儿童进行就近的学前教育和义务教育,而且应对包括农民工在内的农村青中年人普及基础教育,扫除农村文盲,提高农民的整体素质。同时,应大力发展农村职业教育,用现代农业科学技术武装农民尤其是青年农民的头脑。除此之外,应建立农业性质的学校,培训和咨询机构,发展现代农业,发展所需的人才。当然,这不仅需要改变现行的教育体制,及改变教育资源分配制度,使资金和人才向农村教育倾斜,而且需要增加农村法制宣传和教育,努力提高农民的维权意识和参与意识。

今后需要做的是建立农民的市场服务网络体系。通过合作社把农户和龙头企业联系在一起,这样有利于农民增加生产数量、质量及收入,有利于农民提高抵御市场风险的能力,以提高农民在市场中的地位和能力,使农民获得社会平均利润。把《零售商供应商公平交易管理办法》提升为法规,尤其对鲜活农产品收取进场费加大处罚金额,加大查处力度,统一收取的费用金额,统一卖价。

(2) 农村繁荣的政策与法治一体化建设基本要求的实现

中国的农村社会保障系统目前处于需求严重大于供给的不平衡状态,这距离社会主义新农村建设的要求"生产发展、生活宽裕、乡风文明、村容整洁、管理民主"还很远。因此,要采取一些必要的措施改变这种不平衡状态,以实现建设社会主义新农村的宏伟目标。所以要制定并实施《农村社会保障法》。在初期阶段,农村社会保障体系的发展要有计划地进行,建立多层次、多标准的保障体系,全面提高保障水平,以奠定最终实现一致的城市和农村社会保障的基础。在现阶段,由于中国的城乡二元经济结构在一定时间内将继续存在,城市和农村短期内的社会经济水平有一定的差距,所以不可能建立城乡一致的社会保障体系。中国的农村实际经济发展还不是很发达,所以强制实施的社会保险和可能会在保险费收取的过程中增加农民的负担,农民对投保的积极性势必会减少。因此,在发展农村社会保障体系的初期,应该考虑到各地区经济发展的实际情况,因地制宜,分别为不同地区,不同经济层次建立不同的农村社会保障体系。而且每个农村社会保障体系也应逐步分成不同的层次建立。各地的农村地区,根据不同的困难程度先实施社会救助,社会福利和社会优抚,然后再在此基础上逐步实施社会保险。要逐步建立一个以法定的基本社会保障为主体,农村集体保障和家庭储蓄保障并存的农村社会保障体系。随着进一步完善社会保障制度以及进一步地发展经济,在未来实现建设社会主义新农村所要求的城市和农村的社会保障体系的一致性以及共同发展的目标。

通过制定和实施《合作金融法》,对作为公益法人的农村信用社给出明确的法律地位、组织形式和权利义务等性质,明确农村信用社机构设立、变更、终止的原则和条件,明确农村信用社的社员构成,明确农村信用社股金的组成,以及农村信用社的财务经营,建立农村信用社法人治理结构,坚持民主管理,规范社员代表大会、监事会、理事会及其业务管理各层次的权利义务和职权范围,用法律手段来规范和指导信用社制定章程。《合作金融法》的制定可以使组建地区级即县市级农村商业银行有法可依,满足需要建设合作金融机构的地区弱势群体的需要。作为一家政策性银行,农业发展银行和商业银行是不能等同对待的,因此应该对农业发展银行的经营原则、经营范围、法律责任建立独立的发展标准,建立一个明确的政策性损失和经营性亏损的标准。以农村政策性金融为基础的农业发展银行的规定,应根据国家有关农业的宏观政策的变化,改革中的金融体系和农业产业化的发展进行制定。除此之外,中国加入WTO后不得不考虑国际规则的变化。

(3)农业发达的政策与法治一体化建设基本要求的实现

国家应通过修改《中华人民共和国土地管理法》和《中华人民共和国农村土地承包法》继续完善土地政策,对农业用地非法征用、低价征用甚至是像圈地一样无偿的强制征用以及那些做得比较隐蔽,先依法征地,然后再悄悄的改变土地的用途或出售给开发商等行为以法律法规予以严厉打击和制止。应严厉打击房地产开发商到农村进行圈地,低价购地等。为了打击基层机构的受贿行贿等腐败现象,更重要的是要确保国家的土地改革措施在当地政府的领导下严格地有效地执行,明确地界定什么是公众利益,需要建立针对地方各级政府的监管体系。除了立法,还要发挥农民的自治权利,在征地的各个方面都要有农民的参与,以防止土地被随意地征用和占用。对当前农村土地征用后对农民的补偿不合理,失去土地的农民应有的权利没有得到保障的现象必须要在完善《中华人民共和国土地管理法》和《中华人民共和国农村土地承包法》时有针对性地做出规定。必须由国务院批准和统一规划农业用地转为非农业用地,以确保农村土地的合理和合法使用。对农村耕地进行保护,限制农业用地的利用方式,以确保农业可持续发展。

政府在三农的补贴方面应增加资金的投入力度,扩大农民享受补贴的范围,扩大良种补贴和农机具购置补贴的范围。如农机具购置补贴,国家应因地制宜,不同地区提供不同的享受补贴的农机型号,如在山区应较多地补贴小型的农机具。粮食补贴政策的实施方式应该完善,要通过报纸、电视和互联网等媒体向社会及时公布补贴的标准,实施办法,让群众监督,以求公平,公正,公开。农民根据自己的需求去各大商场购买享受补贴的农机具,到地方基层政府机构凭借购货发票、户口本和身份证申请农机具购置补贴,当地县级农机部门和地方基层政府核查后,根据农机具补贴政策农机部门确定补贴额度,由地方基层政府把补贴打入购机农民的账户。针对在前几年惠农政策的实施过程中出现的虚报冒领以及其他问题,制定相应的监督和管理措施。建立可以涉及国家惠农政策整个实施过程的可反馈的创新的科学监督制度以及管理体系。

(三) 中国惠农政策与法治一体化建设的特殊要求

1. 特殊要求的主要内容

(1) 积极扶持弱势农民的政策与法治一体化建设

中国农村人口众多,要富裕农民,农民数量必须减少。许多农民为了赚钱都走出农村,走进城市打工,被称为"农民工"。农民工的劳动权利受侵犯的现象是相当严重的。农民工的工作时间比其他人都长,也就是说部分休息的权利被剥夺了。有人在北京、上海等发达的地区做了调查,发现有三分之一的农民工每天有一多半的时间在工作,有三分之二的农民工一个星期没有一天不在工作,有的农民工就连最基本的生理问题上厕所吃饭都要经过批准才能去,而且还有时间限制[1]。劳动了就应该得到报酬,这是公民的劳动报酬权。从事外来务工的人员与城市人口做同样的工作却拿不到相同的薪酬,加班费也是少给或者一分都不给。更严重的是,大量公司企业拖欠农民工的工资,甚至拒付农民工工资,有的农民工几年都拿不到工资,为了讨薪被打的事件屡见不鲜。

《中华人民共和国劳动法》第 50 条和第 52 条规定,"用人单位必须建立、健全劳动安全卫生制度,严格执行国家劳动卫生规程和标准,对劳动者进行劳动卫生安全教育,防止劳动过程中的事故,减少职业危害","用人单位必须为劳动者提供符合国家规定的劳动卫生条件和必要的劳动防护用品,对从事有职业危害作业的劳动者应当定期进行健康检查。"[2]但是,现实中农民工的工作环境却很差,农民工的身体没有得到相应的保护。部分工作单位为了自己的利益,为了降低生产成本,让他们在环境非常差的地方工作。不仅如此,他们还从来不给农民工发放劳动防护用品,也没有对农民工进行劳动安全教育,可想而知,在工作一段时间后,部分农民工会有职业病,如工作中接触有毒物品的农民工会因为没有劳动防护而

---

[1] 李小云:《关于农民权益法律保护的若干问题》载《中国信息网》http://www.swupl.edu.cn/ncjj/content.asp?did=&cid=794766219&id=795345393,最近访问时间:2011 年 12 月 5 日。

[2] 《中华人民共和国劳动法》自 1994 年 7 月 5 日第八届全国人民代表大会常务委员会第八次会议通过。1994 年 7 月 5 日中华人民共和国主席令第二十八号公布。自 1995 年 1 月 1 日起施行。

中毒。在一个劳动者年纪大时,生病时,工作中受伤时,或者失去工作时应该得到国家和工作单位提供的一些物质帮助,这些属于社会保险和社会福利的范畴。在中国的宪法和劳动法中都有提到,社会保险和社会福利本是公民的一项基本权利。可是,到了农民工这里,这项权利就形同虚设,如养老保险、失业和医疗保险,农民工的享有程度就和城市的职工有很大差别。部分私营个体工作单位为了减少生产成本,不给农民工投保,即使投保也只给一少部分农民工投保。投保的这部分农民工也不是各种险都投,只是投其中的一两种来应付检查。

《中华人民共和国农业法》中对弱势农民都提供了相应的法律援助制度,可是都只是指导原则,没有具体的方法措施。如 2002 年修订后的《中华人民共和国农业法》第七十七条规定"农民或者农业生产经营组织为维护自身的合法权益,有向各级人民政府及其有关部门反映情况和提出合法要求的权利,人民政府及其有关部门对农民或者农业生产经营组织提出的合理要求,应当按照国家规定及时给予答复。①"《中华人民共和国农业法》第七十八条规定"违反法律规定,侵犯农民权益的,农民或者农业生产经营组织依法申请行政复议或者向人民法院提起诉讼,有关人民政府及其有关部门或者人民法院应当依法受理。"现实生活中,某些基层干部为了自己的政绩,随便到农民家里要东西。不给就限制农民的自由,甚至拳打脚踢,和封建社会的地痞无赖没什么差别,确切地说他们竟然还有"正当"的理由。农民想要告状申述可是基层人民政府和地方公检法是一家亲,他们一起向农民要粮要钱,农民无处告状,只能任其欺凌。迫于无奈,他们集体上访,可又被视作非法活动。庞道沐提到"保护农民利益是政府的责任"②。在现实生活中,政府扮演着两面派,一面是应该履行其职责保护农民权益的善人,一面是确确实实在侵害农民权益的恶人,尤其是国家的基层政府组织。所以农民要靠自己的努力,要靠社会的努力,利用法律使政府做好本职工作,维护农民自身的合法利益。

(2) 常规帮助残疾农民的政策与法治一体化建设

建国开始,国家就开始引领人民走出贫困,走向富裕,国家开展了一系列有计划有组织的工作解决贫困问题。《中国农村扶贫开发纲要(2001–2010 年)》和《农村残疾人扶贫开发计划(2001–2010 年)》是中国为了帮助农村走出贫困,特别是帮助残疾农民走向富裕而实施的措施,残疾农民家庭收入在这期间有所提

---

① 《中华人民共和国农业法》已由中华人民共和国第九届全国人民代表大会常务委员会第三十一次会议于 2002 年 12 月 28 日修订通过,现将修订后的《中华人民共和国农业法》公布,自 2003 年 3 月 1 日起施行。

② 庞道沐:《"三农"问题核心是农民问题》,人民日报,2003 年 5 月 16 日。

高,生活质量稳步改善。《农村残疾人扶贫开发纲要(2011-2020年)》中提到"十年间,通过各种方式累计扶持农村残疾人2015.7万人次,1318万名残疾人摆脱贫困,54.6万个农村贫困残疾人家庭通过实施中央彩票公益金农村危房改造项目改善了居住条件,868万名贫困残疾人接受农村实用技术培训"。[①] 从这些数字可以看出农村残疾人扶贫工作减少了一部分贫困残疾农民的数量,为下一步工作奠定了基础,为中国经济社会发展减轻负担。目前,中国的农村地区仍有至少两千万贫困残疾人口。这数量巨大的残疾农民的基本生活仍然没有保障,对他们的社会救助还很少,甚至没有。残疾农民不仅需要生活保障还需要医疗救助,如康复等需求就全社会来说都比较有限,帮助残疾农民的康复救助更是难以满足。农民的参保率低,残疾农民的参保率更低,帮助他们参保后他们续保的能力还是很有限。中国有限的慈善机构在帮助残疾农民时显得力不从心。

过去政府扶贫没有对困难的残疾人实施针对性和实效性扶贫,整个扶贫的覆盖面中各种扶贫项目和资金无法使残疾人直接受益,针对贫困残疾人的专项资金和项目有限,为他们提供的培训措施基本没有。对残疾人的特殊的国家扶贫措施只有微不足道的一点培训资金、康复扶贫贷款和危房改造而已,基本没有针对残疾农民的特殊的政策。对于贫困残疾农民来说,他们想要摆脱贫困,自己劳动,增加收入,实现自我价值,但国家对他们的这些愿望提供的帮助太少。中国人口众多,国家的资金有限,精力有限,所以对残疾农民的帮助困难重重。残疾农民因为他们身体的缺陷,缺乏教育,缺乏培训,所以一般文化水平低,缺乏一技之长,这是他们难以在现代农业和现代农村中生存的挑战。在农村,生活的基本设施缺乏,医疗和康复训练需要的基本的器具都没有,致使他们的残疾程度越来越重,更加限制了他们的劳动能力。农村贫困人口尤其是残疾人的住房问题仍然相当严重。没有劳动能力或者劳动能力受限的残疾农民不能依靠自己解决住房问题,大量农村残疾人没有地方住或者居住条件简陋不堪。

(3)及时援救受灾农民的政策与法治一体化建设

对于受灾农民,政府的援助手段有灾害预报和农业保险。灾害预报可以使农民提前做好防灾抗灾准备,少受灾害带来的损失。而农业保险是国内外现在用的最多的援救受灾农民的措施。自2007年国家开展农业保险保费补贴试点以来,农业保险的投入不断加大、品种不断增加、范围不断扩大,为有效化解农业灾害风险发挥了积极作用。中央提出要加快发展农业保险,完善现行农业保险政策。一是积极扩大农业保险保费补贴的品种和范围。开展试点以来,实行农业保险保费

[①] 《农村残疾人扶贫开发纲要(2011-2020年)》由国务院办公厅2012年1月3日发布。

补贴的省份已经全覆盖,补贴品种包括玉米、水稻、小麦、棉花等大宗农作物,大豆、花生、油菜等油料作物,能繁母猪、奶牛、育肥猪等重要畜产品,以及马铃薯、青稞、藏羚羊、牦牛、天然橡胶、森林等。今后,将继续完善农业保费补贴政策,加大保费补贴支持力度,增加农业保险试点品种,扩大农业保险覆盖面,使更多的农民能享受到农业保险的保障。二是探索开展农机具、渔业等保险。近年来一些地方以发展当地特色经济为重点,积极开展蔬菜、糖料、渔业等特色作物类保险;以发展现代农业为重点,积极开展农机保险;以服务"三农"为重点,积极开展农房、小额保险等涉农保险业务,受到农民普遍欢迎。中央将支持和鼓励地方继续开展这些保险业务,为农业生产和农民生活提供更有效保障①。

农业保险在中国自2007年试点以来,不断改进和完善,但是农业保险自身的特点和中国的情况相结合后许多深层次的问题慢慢凸显出来,保险公司和农户间的纠纷不断出现。中国在开展农业保险的过程中,对农民收取很少的保险费甚至不收保险费,农民很自然的不注重投保项目的日常管理,因为造成了损失后保险公司会有赔付。农业保险在中国是政策性的。农业保险的投保人是大量的分散的农民,不论他们是养殖还是种植,经营规模都比较小。对于保险公司来说,保险公司开展业务成本高,发展投保人难。受灾以后,保险公司对受灾程度的确定难。

这些问题光靠国家的政策提出是不够的,需要出台相关的法律制度才能更好地发展农业保险。正因如是,我国应势而生,在《中华人民共和国保险法》《中华人民共和国农业法》等法律基础上,于2012年发布了农业保险条例(2016修订),为规范农业保险活动,保护农业保险活动当事人的合法权益,提高农业生产抗风险能力,促进农业保险事业健康发展,提供了制度保障。

(4)正确引导富裕农民的政策与法治一体化建设

广西壮族自治区一个偏远的农村,一位60多岁的老人领导村民开始建造一座寺庙。村里其他人有的提供资金,有的提供材料,大家风风火火地建造寺庙。与此同时,在该区其他村镇还有一些老人开始筹建寺庙。寺庙建成后,许多老年人经常去寺庙烧香,乞求祖先保佑自己家庭富裕,身体健康。许多人也借此机会设立一个摊位,在寺庙里替人算命,一些农民生病后,不去看医生,而去庙里烧香祈求,找算命先生治病②。在本地区,约60至80岁的富裕农民,自己什么事都不

---

① 朱宏利:《国家主要强农惠农政策摘要》载《中国农经信息网》http://article.cyol.com/news/content/2011-05/10/content_4406655.htm,最近访问时间:2011年10月10日。
② 唐志强:《农民富起来后如何引导,恭城农民私建庙宇引人深思》载《广西新闻网》http://www.gxnews.com.cn/staticpages/20040902/newgx413616f8-245719.shtml,最近访问时间:2011年12月11日。

需要做，大体上是由儿女们赡养。清闲下来的老人认为，以前他们很贫困，没有能力祭祀祖宗，现在有更好的生活条件，他们希望能体面地祭祀祖先。事实上，这个地区，许多年轻人非常反对寺庙的建造，但由于老一辈的指责，说他们不孝顺，他们只好妥协。虽然年轻人已经接受了时代的变化，但仍然停留在封建年代的一些老人，给年轻人造成压力。因此，在农村地区出现了经济富裕反而大兴庙宇的现象。

近些年来，农村经济快速发展，出现了一些富裕的农民。他们长期经营土地，并且从土地上得到了前所未有的收入。这些有钱农民盖了新房、买了家具、买了家电、娶了媳妇之后，他们手头仍有多余的钱没地方花，真是穷有穷的苦恼，富有富的困惑。目前国家的政策倾向于怎样使农民富裕，而在怎样引导富裕农民的政策上还比较缺乏。经济富裕的农民除了如例子中把钱用于封建迷信建庙宇外，还有些沉迷于赌博、吸毒等，有的还建房购物盲目攀比。但是大多数农民只赚钱不消费，没有将储蓄适度用于文化娱乐、健康、旅游，同时没有加大对子女教育的投入。

保留着传统观念的农民，在农村金融设施落后的条件下，农民的家庭收入中除了一部分用做必需的消费外，剩下的基本都去储蓄所存起来。这就是农民的理财观念，除了储存基本没有其他金融产品，比较单一。大多数的农民认为投资理财等同于银行，也就等同于储蓄所，除了做生意，个人的投资回报就是银行和储蓄所得利息，投资理财就是去银行储蓄所存钱，汇钱，取钱。近几年，国家三农政策推进了新农村建设，农村的经济不断发展，农民手里闲钱多了起来，理财观念也有了改进。虽然农民的理财观念有所改进，可是理财知识比较缺乏，理财经验不足，没有风险意识，所以有许多农民被骗，家庭财产遭受损失。在中国的边远山区的农村地区，金融体系不健全，别说是其他金融机构和其他针对农民的理财产品，就是基本的储蓄所都没有，农民存钱取钱都得去几十里以外的县城办理，所以健全金融体系是解决农民投资理财的首要措施。

2. 特殊要求的基本实现

（1）积极扶持弱势农民的政策与法治一体化建设的实现

鉴于农民工在工作种类、工作时间以及工作场所所受到的各种不公平待遇，应该建立为农民服务的特殊的农民组织，可以称为农民权益保护组织。这个组织应受到国家政府各级机关的支持，通过法律来建立。它先接收弱势农民受到的各种不公平、不公正待遇的投诉，然后作为弱势农民的代表去和各种公司企业交涉谈判以及运用法律来为弱势农民说话，维护弱势农民的利益。农民权益保护组织代表农民的利益，维护农民的权利，又有法律的保护，所以它更能有效地实施工作。在农民权益保护组织里农民能畅所欲言,不用畏惧强势,充分信任该组织。

对扶持弱势农民的政策和措施都要在法律的规定下进行,《农民权益保障法》应在对农民的保护措施、保护的具体对象、保护的具体事项、保护机构的成立和人员配备组成方面都有所规定。同时要求各级司法机关对侵害农民权益的事件严肃公正地判决,及时有效地受理。最高人民法院应对各级司法机关在侵害农民权益的事件中有所指导、审查和监督。通过定期的下乡教育、广泛的中小学生法律教育,加强对弱势农民的法律教育,提高弱势农民用法律保护自己的意识。国家要把立法、司法和行政区别开来,让他们互相监督。从而让农民的合法权利能得到很好的保护,有效地建设社会主义法治国家,使中国更好地发展。

(2)常规帮助残疾农民的政策与法治一体化建设的实现

由于残疾农民有残疾,受教育水平低,什么都不会,资助残疾农民的资金相对较少,导致机会不平等。目前,残疾人仍然是中国特困人口中困难程度较重、数量较多、帮助措施有限和容易重新成为贫困人口的群体,是三农政策不可忽略的农民群体。应加大三农政策对残疾农民的扶持力度,加大对残疾农民的专项救助资金,加大对残疾农民的社会救助、医疗救助,包括物理康复治疗等,提高农民的参保率,开展针对农村残疾人的扶贫项目。

2012年1月19日,中国政府网发布了国务院办公厅印发的《农村残疾人扶贫开发纲要(2011-2020年)》,提出了许多可行的措施。如:"中央和地方多渠道安排筹措资金,继续实施中西部地区农村贫困残疾人家庭危房改造、农村贫困残疾人生产和实用技术培训等项目,研究推动残疾人扶贫基地建设等扶持政策,加大残疾人就业保障金对农村残疾人就业创业的支持力度。""依据国家相关法律法规,加强农村残疾人教育、康复、托养、文化体育、法律援助和法律服务工作。""充分发挥残疾人法律服务、法律援助和法律救助网络的工作职能,为农村残疾人提供法律救助服务。""巩固'公司+农户'、'小额信贷到户到人'等行之有效的扶贫模式,推广'整村赶平均'、'一户一策滚动发展'、'农机合作社'等残疾人扶贫典型做法。在农村经济发展较好和农业产业化程度较高的地区,通过产业带动,组织残疾人发展庭院经济、设施农业和家庭手工艺生产。"①

政府一直在加强对农村残疾人的扶贫开发力度,各级政府不停的努力,但是政策实施得如何需要一定的法律来制约,如《农村残疾人扶贫开发纲要(2011-2020年)》中提到"完善残疾人扶贫专项资金和项目管理办法,提高扶贫资金使用效率。加大资金使用情况监督检查力度,强化审计监管,防止和杜绝挤占、挪用、

---

① 《农村残疾人扶贫开发纲要(2011-2020年)》由国务院办公厅2012年1月3日公布。

贪污扶贫资金等现象,确保资金安全①"。如有法律明文规定处罚手段及力度,政策的实施效果会更好,所以需要常规帮助残疾农民的政策与法治一体化建设。

(3)及时援救受灾农民的政策与法治一体化建设的实现

《中华人民共和国保险法》以及国务院发布的《农业保险条例》确立了我国农业保险的基本制度。《国务院关于保险业改革发展的若干意见》文件也明确提出"发挥农业部门在推动农业保险立法、引导农民投保、协调各方关系、促进农业保险发展等方面的作用②"。农业保险的监督管理实施工作,不管是吸取国外的经验,还是结合中国的实际,农业部门都是最好的选择。农业保险的对象是农民的种植和养殖物,即动植物;防治农作物的虫害;防治家禽等动物的疫病;受灾程度的确定等,这些都离不开专业的农业知识。而农业部门正好对专业的农业知识非常熟悉,可以帮助保险公司工作。农业保险的投保人是大量的分散的农民,不论他们是养殖还是种植,经营规模都比较小,保险公司开展业务比较难。而农业部门的特点是工作重点是农村的农业,所以可以利用农业部门在农村的基层组织开展保险公司的业务。由农业部门负责农业保险工作势在必行。

农业保险是国内外现在用的最多的援救受灾农民的措施。为了防止投保后农民不注重自己种植和养殖业的问题,提高农民的农业保险认识,意识到自己是投保人,对自己的农业项目更加上心,所以在政府农业保险补贴的同时,应增加农民交付的保险金额。这样也可以让政府的有限的惠农资金覆盖面更广,更有效的使用。同时,应因地制宜,在不同地方开展不同的农业保险产品,应是对当地的经济有重要影响的农作物和家禽等。增加农业保险的地域覆盖面和保障水平。

(4)正确引导富裕农民的政策与法治一体化建设的实现

在引导富裕农民方面,说到底是教育问题,教育农民科学文化知识,教育农民投资理财方法。在农村普及了科学文化知识,相信封建迷信的思想就会慢慢消失。在农村的初高中开设科学文化的课程,投资理财的课程,让更多的青少年具备科学知识,投资理财意识和一定的投资理财技能。这样既教育了孩子,又可以经由孩子而影响父母的理财观念,在整个家庭中形成注重理财的氛围。让农民意识到适宜的家庭理财可以使家庭的资产增加,生活水平提高,摒弃只有工作才能赚钱,赚钱后就攒钱的观念。

政府应利用投资理财方面的专家学者和技术人员以及大学生对农民进行理财知识和技能的宣传,特别是农民的经济水平比较高的地区。在富裕农民的生活

---

① 《农村残疾人扶贫开发纲要(2011-2020年)》由国务院办公厅2012年1月3日公布。
② 《国务院关于保险业改革发展的若干意见》由国务院于2006年6月15日公布。

中有许多媒体可以让他们接触到投资理财方面的知识和技能,但这毕竟是媒体,农民的保守思想使他们对这些知识和技能半信半疑。政府可以利用下乡活动,把专门的理财人员和知识送到农民的家门口。在农民看来,政府具有权威性,心理上就会对这些知识接受,理财观念更易形成。此外,政府可以让理财专家等编著理财类杂志,通过基层组织免费发放它们,让农民在家就能学到理财知识。除此之外,政府可以通过中央和各级政府电视台、各级政府网以及广播等,向农民传授理财知识。在用各种途径传授知识的过程中,应以简单易懂的图表、案例讲授股票、基金和期货等知识。

在中国农村,不论是硬件金融设施,还是软件金融设施都比较落后,农民脑子里有了理财知识后却没有设施让他们真正的理财。政府的惠农政策要在各级商业银行对农村的投资上有优惠,如税收优惠,土地利用优惠。有能力的大型商业银行可以把自己的支行及自动存取款设备在农村地区中普及。在农村比较普及的农村信用社要利用自己的硬件和地理优势,向农民开展适合农民的理财业务,介绍电子银行、网上银行等。在有金融市场的农村地区,可以在镇、县设立理财和金融中心。各级政府要使宽带网络在农村普及,使农民可以利用电脑理财。

(四)中国惠农政策与法治一体化建设的目标要求

1. 目标要求的主要内容

(1)农民受惠政策与法治一体化建设的目标要求

农民的负担过重问题一直都是中国"三农"问题的主要组成部分。党中央国务院一再强调要减轻农民负担,但是减负问题不可能短时间内得到改善,而且有些地方的农村,拒不执行党中央国务院的政策,这也在很大程度上使农民的利益受到了损害。农民不能和城市的居民一样拥有平等的社会地位。因为农民是农业户口,他们不能自由地在城市里居住和就业,孩子也不能自由地上学;他们不能自由地选择工作,如不能在党政机关、事业单位工作。大量公司企业拖欠农民工的工资,甚至拒付农民工工资,有的农民工几年都拿不到工资,为了讨薪被打的事件屡见不鲜。现实中农民工的工作环境很差劲,农民工的身体没有得到相应的保护。数量巨大的残疾农民的基本生活仍然没有保障,帮助残疾农民的康复救助更是难以满足。残疾农民的参保率很低,帮助他们参保后他们续保的能力还是很有限。中国有限的慈善机构在帮助残疾农民时显得力不从心。农民没有像城市居民一样的全面的社会保障,只能靠土地的收入,所以他们只赚钱不花钱。

农民的负担问题、收入问题,弱势农民等问题都可以归结为农民的权益问题,这些问题严重地侵害了农民的财产权利和人身权利。农民的权益屡屡遭到侵犯,究其原因就是在农村地区,人们把宪法和法律置于可有可无的状态。2002 年 12

月新《中华人民共和国农业法》出台以前,没有对农民权益保护的法规法条。新《中华人民共和国农业法》中有专门关于农民权益保护的内容,在《中华人民共和国农业法》中放置农民权益保护的内容感觉不是特别合理,而且具体内容不全面而且实践可能性差①。农民权益保护从立法、行政以及司法上来说都有欠缺,这也是农民权益受到侵犯的最根本原因。所以有必要建立全面的从户口、就业、教育、社会救助和社会保障等方面保护农民权利的法律。

(2)农村受惠政策与法治一体化建设的目标要求

农村政策与法治一体化建设的目标要求是建立在农村繁荣的政策与法治一体化建设要求基础上的。以农村的社会保障制度的完善和《合作金融法》的实施为保障,农村政策与法治一体化建设的目标要求是实现全面的农村法治和村民自治。中国农村地区经济落后,农民生活水平低下。解决农民的基本生活问题成为党和国家一直以来最注重的,而农村的法治问题一直处于落后阶段。

"美国的诺贝尔经济学奖获得者莫顿·米勒曾说过中国不缺少经济学,缺的是法律,"②中国比较落后农村的治理很大程度上不是靠法律,而是几百年来形成的宗法、土政策,是人治而不是法治。中国农村一直都是以家族势力、村干部的权利以及老辈的做法来解决村子里发生的问题。这与中国建设法治国家背道而驰,甚至深深地影响了中国全面法治的进程。许多农村把拐卖妇女儿童视为合理的事情,而把警察打击拐卖妇女儿童却视为不合理的事情。被拐卖的妇女儿童有逃跑意向时,全村的人都会帮忙看着。一旦有被拐卖的妇女儿童逃跑大家就会一起把他们抓回来。有警察去当地解救被拐卖的妇女儿童时,全村的人都会反抗,警察不得不悄悄解救或者大量警察一起去给村民的震慑力比较大才能解救。这些都是中国封建残余思想的遗留问题,与建设法治社会要求的依法治国的思想大相径庭,急需在农村全面贯彻法治思想。

在中国不是特别落后的农村,目前关于乡镇政府的规定比较简单,不够细致和规范,乡镇政府的机构编制也没有法定化。中国乡镇政府属于上级政府和农民之间的中间组织,常常发生对上隐瞒不报对下隐瞒信息的现象,而且基层政权组织经常代替村民自治组织对各种农村事务做决定,影响了村民自治组织建设的完善。中国农村基层民主主要是以村民自治的形式体现的,而关于村民自治的法律

---

① 《中华人民共和国农业法》已由中华人民共和国第九届全国人民代表大会常务委员会第三十一次会议于2002年12月28日修订通过,自2003年3月1日起施行。
② 周林彬:《法律经济学论纲》,北京大学出版社,1998年版,第78页。

是《中华人民共和国村民委员会组织法》①，此法在具体的实施过程中，也存在诸多问题。在新农村建设的过程中，农民应该是建设者，也是受益最多的群体。可本来是建设者的农民却对新农村建设反应比较平淡漠视，消极地接受政府的各项支助。受益最多的农民没有显示出建设者该有的行为，相反，受益最小的政府和一些学者却对新农村建设非常的积极。在新农村的建设上应发挥农民的积极性和创造性，充分实现村民自治。因此，中国关于农村基层组织建设需要对已有法律进行完善，对新出现的问题应该加以规定，使农村基层组织建设能够更好地发展。

（3）农业受惠政策与法治一体化建设的目标要求

一个国家不能没有居民，而居民首要解决的问题就是吃饭问题，而我们的食物又来自农业，所以说农业是一个国家发展的基础，是一个国家的战略物资，决不能对其有一丝怠慢。可是农业却受自然灾害的影响比较严重，这就要求我们对农业的基础设施建设，尤其是水利设施建设有足够的重视。在城市规划中没有包括农村基础设施的建设，农村基础设施规划时又只考虑一个村的问题，日后和乡镇别的村的设施合并时又要重新修建，浪费人力物力，耽误农业生产。农村的基础设施建好后，没有人监管和维护，日后只好再花费更多的财力物力建造，而且建造好的基础设施许多都有质量问题。农村基础设施建设的资金不足，所以建设过程比较长。

农业政策与法治一体化建设目标要求不仅是要求有一定的农业基础设施，而且要求农业要向产业化发展，要可持续发展。农业产业化的发展随之而来的经营主体的多元化，如农业专业经营组织，农业产业化经营合作经济组织，农工商一体化组织等等，它们都属于农业产业化经营中的主体，属于独立的市场经济主体，由于经营主体的多元化使得它们之间的利益往来和利益纠纷数量也随之变多，而中国关于解决各经营主体间的利益纠纷和经济关系方面的法规还存在很多的不足之处。同时，农业产业化经营需要一个具体的运行规则，没有规则的市场是不稳定的，经营主体的利益也得不到保障，如何应对农业产业化经营带来的法律要求仍然是中国农村法律体系需要面对的重大问题。另外，政府需要对农业产业化经营进行一定的宏观调控和管理，使用行政手段和经济手段对农村市场进行干预，以防止各种不合理的竞争和垄断的产生，但是政府的干预手段只限于规则规定等方面，尚没有被纳入到法制轨道，所以最终导致中国农业产业经营无法得到强有

---

① 《中华人民共和国村民委员会组织法》已由中华人民共和国第十一届全国人民代表大会常务委员会第十七次会议于2010年10月28日修订通过，自公布之日起施行。

力的法律支持,农业产业化进程也受到较大影响。所以,政府及有关法律部门应该加强对农业产业化经营的法律立法,做到各种项目有法可依,在法律的具体执行中也要尽量做到有法必依。

在农业产业化发展的过程中要发展生态农业,要注意循环经济的作用,使农业可持续发展。生活宽裕是新农村建设的一项基本要求,但不能忽视关系子孙后代的农村建设的可持续发展。随着城市日益增强的污染控制,污染企业,特别是高污染企业渐渐向农村转移。另外,在中国许多农村地区,政府为了税收和政绩,高污染企业的乱排放污水及乱堆放垃圾造成的癌症村不少,急需法律予以制止。

2. 目标要求的实现

(1)农民受惠政策与法治一体化建设目标要求的实现

国家应该以立法的形式如"农民权益保护法"来建立全面的包括户口、就业、教育、社会救助和社会保障等方面保护农民权利的法律,赋予农民和城市居民同等的社会地位和社会权利。取消在计划经济时代农业户口和城市户口的分别,建立统一的户口制度,使农民可以自由地在城市居住、受教育和就业。鉴于农民工在工作种类、工作时间以及工作场所所受到的各种不公平待遇,应该为其建立为农民服务的特殊的农民组织。对扶持弱势农民的政策和措施都要在法律的规定下进行,《农民权益保障法》应在对农民的保护措施,保护的具体对象,保护的具体事项,保护机构的成立和人员配备组成方面都有所规定。应加大惠农政策对残疾农民的扶持力度,加大对残疾农民的专项救助资金,加大对残疾农民的社会救助、医疗救助,包括物理康复治疗等,提高农民的参保率,开展针对农村残疾人的扶贫项目。把农民纳入社会保障系统,使他们拥有全面的社会保障,这样农民就不会只赚钱不花钱了。在引导富裕农民方面,说到底是教育问题,教育农民科学文化知识,教育农民投资理财方法,改变现有的教育制度。

(2)农村受惠政策与法治一体化建设目标要求的实现

要实现农村政策与法治一体化建设的目标要求即实现全面的农村法治和村民自治,需要从行政、司法和监督等制度方面实现农村全面的法治,同时需要通过对农民的法治教育来实现村民的自治。要实现农村法治离不开法治的主体即农民,而农民自治就要对农民提高法治教育,使其有法律意识,用一定的法律知识提高农民的法治能力。

建设全面的农村法治是中国建设法治社会的基本要求。基于农村目前的问题要完善基层政府的行政执法制度。各级基层政府应要求村民懂法、守法,依法维护自己的权利。这就要求村干部必须有法律意识,因为他们在农民面前就是一种法律和政府的代表。另外,法治不止是对农民的法治,也是对各个基层政府的法治。基层政府不能滥用权力,超出权利范围,要约束基层政府的权利,要求基层政府依法行使权利。除了完善行政执法制度,还要完善司法制度,司法制度必须有其独立性。一旦有违法事件发生,司法机关就要行使自己的权利,要依照法律对事件公平和公正地解决,不能只维护某些基层政府的利益而弃农民的利益于不顾。目前中国基层法院和当地政府部门就像是一家人,根本没有独立性。最基层的法院就是县级法院,下面管着几个乡,几个镇,资金来源就是当地的财政,所以当地政府部门和县级法院不可避免地成为一体。这就造成司法制度失去了独立性,一个县政府就和县衙一样什么事都说了算,给农民带来的只有有苦难言。所以基层法院的资金可以由中央统一发放,财政应与当地政府无关。另外,高级法院要不定时地对基层法院进行监督和指导,发现问题及时查处,而且力度要大,这样才能使基层司法机关发挥其监督其他政府部门的作用。当然,这也需要社会对包括司法机关在内的所有政府部门的监督,毫不留情地揭露政府官员的不法行为。

(3)农业受惠政策与法治一体化建设目标要求的实现

在未来基础设施规划时要把城市和农村看成一个整体,把生产和生活供水、道路修建、用电和网络布置等统一布局。对农村的基础设施建好后,没有人监管和维护的问题,要在法律中明文规定损坏设施后应有的惩罚并向农民交代清楚。村干部要对农村基础设施找专人监管和维护,对其支付劳动报酬。为了保证农业基础设施的质量,法律应规定对农业基础设施的建造如有问题惩罚力度会很大,而且审批和监管一定要到位,过程中要充分发挥农民的监督作用。建造过程中可以招聘当地的农民当工人,这样农民可以更有利的监督。农村基础设施建设的资金不足问题,中央财政应加大对农业基础设施的投入,提高省、市等各级财政的投入力度,积极汲取社会企业的资金。在以上基础上,要合理有效地使用这些资金,统筹规划,不要在一个重点项目上几级财政重复投资,而别的项目无资金可用。当地政府应把土地出让收入中的一部分用来建设农业基础设施。要充分引导当地企业和富裕个人的财力投资在建设农业基础设施上,动员受益最多的农民自己建设农业基础设施,弥补资金不足问题。

解决中国农业落后的根本方法是实现农业的现代化,而实现农业的现代化的途径之一就是农业的产业化。只有实现了农业产业化,农业才能得救,才能更好地向现代化方向发展。农业产业化就是利用先进的科学技术手段,在农村实行专业化的生产,不要什么都生产,没有规模经济和生态经济优势,要摒弃没有竞争力的农产品。农业产业化是像一个大企业一样有自己的初级也可以有高级的加工设备,销售团队,像企业一样有条理的管理,目的是提高农民的经济效益。农业产业化要以市场销售为导向,不仅以一个地区的市场为导向,要以全国的市场甚至全球的市场为导向,让农民意识到市场的重要性。农业产业化要优化农产品,生产适合本地区的农产品并在本地区形成规模和品牌,形成本地特色,提高效益。同时,农产品要走出地区,走向世界,质量安全问题不可忽视,要在质量安全法中对农产品的质量问题予以规定。此外,要在经济法中详细规定农业经营主体间的权利和义务,解决经营主体的多元化带来的它们之间的利益纠纷问题。除了要政府对农业产业化发展予以宏观调控外,要独立设置关于农业产业化运营的法律,避免不合理竞争和垄断的问题。

农业是一个国家的基础,可持续发展又是发展的重要手段,所以要引导农民强化农业标准,增加政府对生态农业的支持,引导农民发展生态农业,同时,需要加强干部和群众用科学技术发展农业的观念,对官员建立绿色GDP考核机制,使他们树立正确的发展观和政绩观。在可持续发展的基础上,引导生态农业和循环经济的发展,并协调相关产业的发展。

三、中国惠农政策与法治一体化建设四项基本要求之间关系

(一)中国惠农政策与惠农法治的基本关系

中国惠农政策在支农、强农方面,主要依靠感召力、号召力,而惠农法治主要依靠强制力、追究责任为支农、强农保驾护航。惠农政策与惠农法治之间的关系主要体现在四个方面:

1. 并列关系。惠农政策与惠农法治就好像一鸟之两翼。一个翅膀难以飞上天。惠农政策在左,惠农法治在右。地位旗鼓相当。虽然改革开放后,中央开始对农业有所照顾,也取得了不错的效果,但是却没有从根本上取得进展。特别是在近些年,不但农业问题越来越突出,而且伴随而生的农村问题和农民问题也开始愈演愈烈。这就需要有惠农法治的出现了。有了正确的方向才能够根据每个历史发展阶段进行具体的策略实施。中国提倡依法治国,依法治国就是需要把依法治理的精神落到实处,依法治国不仅仅是个响亮的口号而已,而是需要被化为实际的行动,而且要取得实际好的效果。面对这种情况,党和国家颁布了一系列中央一号文件惠及"三农",惠农政策的颁布本身是件好事,但是惠农政策的很多内容到了地方上却没有完全得到贯彻和实施,这极大地削弱了中央的政策执行效果,也极大地危害了中国广大农民的切身利益。基于这种情况,中国实施惠农政策与法治一体化建设就成为了必要。

2. 侧重关系。中国惠农政策具有对农业、农村和农民的导向、调节和控制功能,积极地促进三农的发展。中国惠农法治是对涉及惠农的行为进行引导和规

范。在感召、号召人和宣传教育方面,惠农政策有所侧重;在追究责任和惩罚方面,惠农法治更加重要。由于惠农政策的具体内容和基本方向,只有了解惠农政策对于中国经济发展和社会稳定的重要性,才能够知道中国三农发展的未来方向。而且还应该了解中国依法治国的根本方略,因为要实现的惠农政策和惠农法治一体化是在中国依法治国的总的框架下实现的,不是与之相违背,而正是中国提倡依法治国方略的重要体现。惠农政策和惠农法治一体化如果能够得以实现,对中国实现依法治国的战略也有很大的促进作用。

3. 互助关系。惠农政策与惠农法治又如一车之两轮,只有互帮互助才能使车子往前走。惠农政策走规范化道路,立法要跟上;法治走政策辅助化道路,政策要跟上。在共同支农、强农方面两者缺一不可。尤其是在中国这种国情下,单一的政策或制度很难实现真正意义上的惠农强农。只有二者密切配合,才能实现惠农效益最大化。中国需要惠农政策与惠农法治一体化建设,是依法治国,把依法治理的精神落到实处,惠农政策与惠农法治不仅仅是个响亮的口号而已,而是需要被化为实际的行动,才能要取得实际好的效果。

4. 共赢关系。惠农政策与惠农法治犹如一个铁道之两轨。并列前行。共同努力下才能让车子越走越远。惠农政策与惠农法治既要有区别又要有联系,而且还要彼此促进共同发展。中国惠农政策与惠农法治的相互衔接规范是肯定了惠农政策和惠农法治的联系,两者要统一规定,不能有互相矛盾的规定出现,在实施时保证两者没有抵触。中国惠农政策与惠农法治的共同促进原则是为了实现惠农政策和惠农法治的共同目标,即保障农民、农村和农业,两者应彼此促进,共同发展。要建设惠农政策与法治一体化不是一朝一夕之事,需要党和政府的大力支持和广大农民的积极拥护。惠农政策与法治一体化建设从颁布再到实施,最后再反馈到有关部门,从中发现问题,保留有利方面,剔除不利方面,从而提出更好的方法以完善之,这需要一个很长的时期,国家有关部门应该看到惠农政策与惠农法治一体化的光明之处,争取在不久的将来可以使中国的惠农政策与惠农法治实现真正意义上的一体化。

(二)原则要求指导下的一般、特殊与目标要求的基本关系

惠农政策与法治一体化建设的原则要求是根据党和国家的政策和法律,尤其是宪法以及广大人民的根本利益来确定的。惠农政策与法治一体化建设的原则要求是惠农政策与法治一体化建设的本质要求,是看待惠农政策与法治一体化建设以及处理惠农政策与法治一体化建设的准则。此外,惠农政策与法治一体化建设的原则要求还是惠农政策与法治一体化建设的保障。

1. 原则要求指导下的一般要求

惠农政策与法治一体化建设的一般要求是在原则要求的指导下确立和实施的。建设惠农政策与法治一体化这座高楼,原则要求就是我们打的地基和建楼的基本原理,而一般要求就是组成大楼的每一层,这每一层可以建成现代主义风格、异域风格或许是主题风格。但是建造的各层都需要有地基的保障和建楼基本原理的指导。同理,惠农政策与法治一体化建设一般要求需要有原则要求的保障和指导。惠农政策与法治一体化建设的原则要求就是要求惠农政策与惠农法治既要有区别又要有联系,而且还要彼此促进共同发展。在原则要求的指导下,不论一般要求的各层建成什么样式的,都需要从政策和法治两方面来确立和实施。惠农政策与法治一体化建设的一般要求表现在方方面面,诸如要求实现农民富裕即减少农民负担、增加农民收入的目标,要求完善农村社会保障制度,规范保障农村金融机构主要是农村信用合作社,要求保障农业用地以及惠农补贴政策。这些多样的一般要求都要在原则要求的指导下,运用法律和政策来保障,离不开法律和政策的指导。

2. 原则要求指导下的特殊要求

惠农政策与法治一体化建设的特殊要求也是在原则要求的指导下确立和实施的。建设惠农政策与法治一体化这座高楼,原则要求就是我们打的地基和建楼的基本原理,而特殊要求就是大楼的一些特色,比如在顶层设计一个游泳池,在最中间的几层设计几个宴会大厅。宴会大厅需要有一览无余的视野,游泳池需要有加水排水的设计,而这些设计就需要有特殊的地基或者是特殊的原理来指导。惠农政策与法治一体化建设特殊要求包括积极扶持弱势农民的政策与法治一体化建设,常规帮助残疾农民的政策与法治一体化建设,及时援救受灾农民的政策与法治一体化建设以及正确引导富裕农民的政策与法治一体化建设。这些特殊要求也需要有特殊的原则要求的指导,把适合于法治的长期稳定的惠农方式用法律规定起来,而适合于政策实施的灵活多变的惠农方法以政策规定。比如积极扶持弱势农民需要《农民权益保障法》的实施,常规帮助残疾农民需要《农村残疾人扶贫开发纲要(2011－2020年)》的保障,通过农业保险给予受灾农民第一时间的援救,引导富裕的农民掌握基本的科学文化知识和投资理财方法,力戒和避免为富不仁的丑恶社会现象的出现。

3. 原则要求指导下的目标要求

惠农政策与法治一体化建设的原则要求,能够有效保障目标要求的实施和确立不偏离正确的轨道。建设惠农政策与法治一体化这座高楼,原则要求就是我们打的地基和建楼的基本原理,而目标要求就是建成这座高楼,是一开始就在出现设计者头脑中的成果。没有惠农政策与法治一体化建设原则要求这个地基和建楼的基本原理,目标要求这座高楼怎么可能建成。就算是惠农政策与法治一体化建设目标要求这座高楼建成了,它还有光鲜华丽的外表,有引人注目的外观设计,可没有原则要求这个地基的保障,这座空中楼阁总有灰飞烟灭的一天。此外,惠农政策与法治一体化建设目标要求的确立也是在原则要求的指导下才能完成。惠农政策与法治一体化建设目标要求是为了全面保护农民的各种权益。惠农政策与法治一体化建设的原则要求就是要求惠农政策与惠农法治既要有区别又要有联系。全面保护农民的各种权益。把适合于法治的长期稳定的惠农方式用法律规定起来,而适合于政策实施的灵活多变的惠农方法以政策规定,这样才能有效地实现惠农政策与法治一体化建设的目标要求。

(三)目标要求导引下的原则、一般与特殊要求的基本关系

惠农政策与法治一体化建设的目标要求是根据惠农政策与法治一体化建设的实际条件和环境、惠农政策与法治一体化建设的发展趋势来确定的。惠农政策与法治一体化建设的目标要求是中国惠农政策与法治一体化建设所期望的结果和所要达到的目的,是中国惠农政策与法治一体化建设的基本方向。

1. 目标要求导引下的原则要求

中国惠农政策与法治一体化建设的目标要求对原则要求的正确确立、坚定实施和具体落实有导引作用。只有中国惠农政策与法治一体化建设原则要求这个地基和建楼的基本原理的指导,而没有目标要求的确立和实施,想要建设成中国惠农政策与法治一体化这座高楼就只是纸上谈兵,遥遥无期。农村政策与法治一体化建设目标要求是从行政、司法和监督等制度方面实现农村全面的法治,这就需要运用惠农政策与惠农法治既要有区别又要有联系即原则要求的内容。同理,农业政策与法治一体化建设目标要求是为了在未来基础设施规划时要把城市和农村看成一个整体,实现农业的现代化、产业化和可持续发展,这也需要以惠农政策与惠农法治既要有区别又要有联系即原则要求为准则。在实现中国惠农政策与法治一体化建设目标要求的过程中,把适合于法治的长期稳定的惠农方式用法律规定起来,而适合于政策实施的灵活多变的惠农方法以政策规定,这样才能有效地实现中国惠农政策与法治一体化建设的原则要求。如《中华人民共和国社会保险法》的颁布,就是目标要求导引下的原则要求的具体体现。

2. 目标要求导引下的一般要求

中国惠农政策与法治一体化建设的一般要求是在目标要求的引导下确立和实施的。中国惠农政策与法治一体化建设的一般要求以目标要求的实现为方向,一步一步地实现一般要求。没有方向的做事只能事倍功半,所以中国惠农政策与

法治一体化建设的一般要求不能没有目标要求的引导。在实现中国惠农政策与法治一体化建设一般要求的过程中,可以以适合各地的多样的方式方法达到因地制宜的不同的程度,但是最终是要实现目标要求。当然,在实现中国惠农政策与法治一体化建设目标要求的过程中,需要中国惠农政策与法治一体化建设一般要求的支持。因为中国惠农政策与法治一体化建设的目标要求是中国惠农政策与法治一体化建设的最终目标,而目前对于中国来说首要目标或者说这个时期的目标就是中国惠农政策与法治一体化建设的一般要求。如中国目前的目标是一般要求中的使农民减轻负担增加收入,而最终目标是目标要求中的全面保护农民的各种权益,包括户口、就业、教育、社会救助和社会保障等方面。中国惠农政策与法治一体化建设的目标要求是一步一步实现的,就像盖楼一样,一般要求是低层,而目标要求是高层。没有低层的保障高层是不可能建成的,没有一般要求的建成目标要求是不可能达到的。在梦想中的空中楼阁是没有实际意义的,与此相似,没有一般要求的目标要求也是没有实用价值的。最后我们要达到递进式的总目标:即在农民贫困消解基础上,保证农民生存条件下,追求农民发展,倡导农民富裕;在农村贫穷消除基础上,保障农村稳定条件下,实现农村和谐,促进农村繁荣;在农业落后消灭基础上,保证农业安全条件下,保障农业平稳,推动农业发达。

3. 目标要求导引下的特殊要求

中国惠农政策与法治一体化建设的特殊要求也是在目标要求的引导下确立和实施的。在中国惠农政策与法治一体化建设目标要求的实现过程中,不可避免地会出现特殊的问题,比如弱势农民问题、需要特殊照顾的残疾农民问题、受灾农民的问题以及富裕农民的问题等。中国惠农政策与法治一体化建设一般要求的一步一步实现只能解决中国惠农政策与法治一体化建设的共性要求,而对于属于个性要求的特殊要求要特殊对待。在解决中国惠农政策与法治一体化建设特殊要求时,怎么选择特殊的方法,怎么实施特殊的方法,都缺少不了目标要求的引导。不论选择了什么样的方法,什么样的实施过程,都是为了实现中国惠农政策与法治一体化建设的目标要求。例如,如果没有特殊要求中对农民工待遇的解决,对残疾农民康复治疗的帮助,对受灾农民保险的实施,就不可能达到目标要求要求的全面保护农民的各种权益,包括户口、就业、教育、社会救助和社会保障等方面。

(四)一般要求与特殊要求的基本关系

中国惠农政策与法治一体化建设的一般要求是中国惠农政策与法治一体化建设的共性要求,而中国惠农政策与法治一体化建设的特殊要求是中国惠农政策与法治一体化建设的个性要求。两者的关系可以表现在三个方面:

1. 对立统一关系。一般要求中农民要生存下来、发展起来、富裕下去。农村要稳定下来、繁荣起来、和谐下去。农业要安全下来、平稳起来、发达下去。与特殊要求中的积极扶持弱农、常规帮助残农、及时援救灾农、正确引导富农是对应的。"三农"问题中关键在解决农民问题。农民生存下来了,农村也就稳定了,农业亦安全了。农民发展起来了,农村自然就繁荣起来,农业随之平稳起来。农民越来越富裕了,农村越来越和谐了,农业越来越发达了。所以特殊要求是具体解决一般要求中的农民问题。特殊要求把农民问题细化为对弱农、残农、灾农、富农的问题,有利于更好地解决三农问题。例如:为了全面保护农民的各种权益,包括户口、就业、教育、社会救助和社会保障等方面,赋予农民和城市居民同等的社会地位和社会权利。

2. 相互依存关系。积极扶持弱势农民的政策与法治一体化建设是为了保护弱势群体农民工的权益和避免基层政府对农民权益的侵害。常规帮助残疾农民的政策与法治一体化建设是对残疾农民给予一般的惠农政策无法给予的如康复治疗等的特殊照顾。及时援救受灾农民的政策与法治一体化建设是在农民受灾时通过农业保险给予第一时间的援救。正确引导富裕农民的政策与法治一体化建设是引导富裕的农民掌握基本的科学文化知识和投资理财方法。这些都依靠一般要求来做指引。对特殊要求的实现亦需要一般要求的具体落实。特殊要求解决好了,一般要求也就能够较好地实现。

3. 相互转化关系。中国惠农政策与法治一体化建设的三项一般要求都是解决所有农村地区普遍存在的共性问题,是中国惠农政策想要达到的最基本的目标。在实现中国惠农政策与法治一体化建设的三项一般要求的过程中,不可避免地会出现特殊的问题,比如弱势农民问题、需要特殊照顾的残疾农民问题、受灾农民的问题以及富裕农民的问题等。一般的问题用一般的方法可以解决,可是特殊的问题用一般的方法就解决不了,这时候就需要特殊的方法。在实现中国惠农政策与法治一体化建设的一般要求时,这些特殊的问题就像隔靴搔痒般没有实质性的解决,所以要独立出来特别对待。

总之,由于中国惠农政策与法治问题关系上涉及范围广,内容杂,其中加强惠农政策与法治一体化建设的基本要求零散、模糊,所以明确地实现惠农政策与法治一体化建设的基本要求具有重要的现实意义。惠农政策和惠农政策法治一体化就是将中央政策这一抽象的行政行为通过法律的形式具体化为行政法律规范的过程,好的惠农政策具体化为制度的过程。其中制度包括"法律、法规、规章"三种基本形式。将中央政策制度化、规章化的过程是一个渐进化、曲折化、漫长的过程,需要政策和制度不断完善,而且需要相当多的政策上升为制度。需要继续颁行大量的政策来弥补制度本身的不足。

  笔者提出中国惠农政策与法治一体化建设的基本要求,旨在明晰和实现其内容。中国惠农政策与法治一体化建设的基本要求包含惠农政策与法治一体化建设的原则要求、一般要求、特殊要求和目标要求四个方面。在中国惠农政策与法治一体化建设基本要求的内容和实现的基础上,有必要分析中国惠农政策与法治的基本关系以及中国惠农政策与法治一体化建设基本要求之间关系。中国惠农政策与法治一体化建设的原则要求是中国惠农政策与法治一体化建设的本质要求,是看待中国惠农政策与法治一体化建设以及处理中国惠农政策与法治一体化建设的准则。中国惠农政策与法治一体化建设的原则要求同时也是中国惠农政策与法治一体化建设的保障。中国惠农政策与法治一体化建设的一般要求是中国惠农政策与法治一体化建设的共性要求,而中国惠农政策与法治一体化建设的特殊要求是中国惠农政策与法治一体化建设的个性要求。中国惠农政策与法治一体化建设的目标要求是中国惠农政策与法治一体化建设所期望的结果和所要达到的目的,是中国惠农政策与法治一体化建设的基本方向。

第四章 中国农民受惠政策与法治一体化建设

中国连续多年的中央一号文件一直锁定三农问题,明确提出"解决好农业、农村、农民问题,事关全面建设小康社会大局,必须始终作为全党工作的重中之重"。统筹城乡发展,从根本上讲,就是要破除城乡二元结构,公平对待农民,使农民获得平等的教育、就业、公共服务和社会保障等权益,提高农民的社会地位,让农民平等参与现代化进程,共享改革发展成果。在新农村建设中,农民问题是三农问题的核心,解决好农民问题一是要靠农民受惠政策,二是要靠农民受惠制度。然而,中国农民受惠政策与法治一体化程度低下,效果平淡,问题突显。我们应认识到农民受惠政策与农民受惠制度之间"宗旨同根、规制同步、效益同享"的横向互动关系,将农民受惠政策的扶持与法制的规范作为一个系统工程来统筹考虑,其中农民受惠政策是核心和方向,农民受惠法治是根本保障。加快农民受惠政策与法治建设、加强农民受惠政策与法治实施、加大农民受惠政策与法治效果是中国农民受惠政策与法治一体化建设的必由之路。

"统筹城乡经济社会发展,建设现代农业,发展农村经济,增加农民收入,是全面建设小康社会的重大任务"。也是新世纪新阶段农业、农村、农民问题的新内涵。在今后一个时期,中国全面建设小康社会,重点在农村,难点也在农村,没有广大农民的全面小康,就不可能有全国人民的全面小康。"三农"问题的核心是农民问题,依法维护农民的权益,保护农民的利益,是解决"三农"问题的重中之重。

中国农民受惠政策与法治问题涉及范围广,内容杂,党的"三农政策"和国家"法制"关联点多,牵扯线长,顾及面宽。加强农民受惠政策与法治一体化建设,具有重要的现实意义。然而,中国农民受惠政策与法治一体化程度低下,农民受惠政策与制度得不到有机配合。农民受惠政策执行偏差走样、农民受惠政策虚化等问题不断涌现。因此,必须理顺农民受惠政策与法治的融洽关系,以建立健全农民受惠政策与法治相统一之机制,实现农民受惠政策与法治的同步到位。

一、农民受惠政策与法治一体化建设的基本理论

(一)农民受惠政策的基本理论

中国是一个农业大国,在农村地区仍然居住着中国最广大的人口,农村社会的现代化是中国社会现代化最重要的任务之一,因此处理好农村问题是解决中国问题的关键。"好风凭借力,惠农正当时。"当前,中国总体上已进入以工促农、以城带乡的发展阶段,初步具备了加大力度扶持"三农"、逐步消除城乡二元结构,全面提升城乡一体化发展的能力和条件。因此,在调整国民收入分配格局和制定重大决策时,必须优先向"三农"倾斜,健全强农惠农政策体系。近年来,为解决城乡发展不平衡问题,党和政府采取一系列重大举措促进农业农村农民发展。建设社会主义新农村,免除农村义务教育阶段学杂费,建立新型农村合作医疗,农村最低生活保障制度和新型农村社会养老保险制度等,加快推进饮水、公路、沼气等农村基础设施建设,启动新一轮农村电网改造,改善农村生产生活条件。按照基本公共服务均等化要求,统筹推进城乡教育、卫生、文化和社会保障等社会事业。加快建立有利于资源要素向农村配置的激励机制,引导资金、技术、人才和管理等要素向农村聚集。积极发挥农村金融的作用,综合运用财政杠杆和货币政策工具,引导更多信贷资金和社会资金投向农业农村。鼓励高校毕业生到农村工作、动员科技、教育、卫生、文化等方面人才下乡进村,直接为三农服务。

在贯彻"工业反哺农业、城市支持农村和多予少取放活方针"思想指导下,党中央将三农问题摆在十分重要和突出的位置上来,实行一系列直接有效的措施来惠及农民,发展农村。自2004年以来,连续9年下发一号文件锁定"三农"问题并出台了若干惠农政策。各地区政府部门也认真贯彻落实中央政策,结合各地区的实际情况制定地方的惠农政策,有效地调动农民生产的积极性,保护农民的合法权益。"惠农政策,作为公共政策,是指党和政府为了鼓励和发展农业生产、农村建设和农民增收及生活质量提高而制定的若干扶持和倾斜政策,包括各种制度、项目和措施。"[1]惠农政策的基本特征主要有:第一,惠农政策的针对性和明确性。惠农政策的出台是为了解决城乡发展不平衡问题,统筹城乡发展。改善农业基础薄弱、农村发展滞后、农民增收困难的局面,逐步缩小城乡发展差距。近年来,各地政府坚持把更多的财力向农村倾斜,用于农村基础设施建设、公益事业和农民生活条件的改善。与此同时,大力推进农村产业结构调整,重点发展各地的特色优势产业,发挥农业产业化龙头的带动作用,加快农村富余劳动力向二、三产业转移,拓宽农民增收渠道。第二,惠农政策的灵活性。根据所处的历史阶段和时代背景,党中央的工作内容和工作重心有所不同,惠农政策的侧重点也不相同。

2004年中央一号文件着眼于农民的税赋问题,2006-2007连续两年中央一号文件都强调要扎实推进社会主义新农村建设,而2010年中央一号文件则将重心放在加强农业基础地位上来。2011年以后的诸多中央一号文件,特别强调了农村发展活力、加强农业现代化、实施乡村振业战略、实现全面小康目标。第三,惠农政策的阶级性。阶级性作为政策的最根本特点也同样体现了惠农政策的本质和实质,是阶级利益在农民问题上的观念化、主体化和实践化的反映。

农民问题是三农问题的核心,依法维护农民的合法权益,保护农民生产的积极性是解决好三农问题的重中之重。邓小平同志曾指出:"中国有80%的人口在农村。中国社会是不是安定,中国经济能不能发展,首先要看农村能不能发展,农民生活是不是好起来"。①因此,农民生活水平是否提高,农民是否全部实现小康是完成全面建设小康社会奋斗目标的重要一环。农民问题的重要性凸显了惠农政策出台的必要。惠农政策包括农民受惠政策、农村受惠政策和农业受惠政策三个方面的基本内容,而农民受惠政策作为惠农政策的有机组成部分在其中占据十分重要地位,其内涵是指党和政府为了改善农民生活质量,促进农民增收,实现农民全面发展而制定若干扶持和倾斜政策,通过这些政策措施的实施,逐步破除城乡二元结构,公平对待农民,使农民获得平等的教育、就业、公共服务和社会保障等权益,提高农民的社会地位,让农民平等参与现代化进程,共享改革发展的成果。农民受惠政策的基本类型主要有:第一,中央农民受惠政策和地方农民受惠政策。这是根据制定主体不同而作的分类。第二,扶持性农民受惠政策、基础性农民受惠政策、保障性农民受惠政策和发展性农民受惠政策。这是根据农民受惠政策的特点和目的而作的分类,扶持性农民受惠政策和基础性农民受惠政策属于前期的农民受惠政策,而保障性农民受惠政策和发展性农民受惠政策属于后期的农民受惠政策。第三,农民受惠的政治政策、农民受惠的经济政策和农民受惠的社会民生政策。这是根据政策制定内容不同而作的分类。

(二)农民受惠法治的基本理论

卡多佐曾经说过:"法律的最终目的是社会福利,任何法律都要在社会生活面前表明其存在的理由。"②这不仅仅是对法律提出的要求,也是农民受惠法治的题中应有之义。从依法治国的主体角度来看,农民受惠法制建设在社会主义法制建设中占据着极其重要的地位。改革开放以来,中国的农民受惠法制建设取得了很大的成绩。全国人大,国务院,各省、自治区、直辖市制定了一系列的法律、行政法

---

① 《邓小平文选第三卷》人民出版社,1995年版,第77-78页。
② 卡多佐:《司法过程的性质》,苏力译,商务印书馆,1998年版,第39页。

规和地方性法规。这些法律法规对于调动农民生产的积极性和保护农民的合法权益发挥了重要作用。农民受惠法制是一个多层次的概念,体现在农民受惠的立法制度、农民受惠的执法制度、农民受惠的司法制度等三个方面。

1. 农民受惠的立法制度

农民受惠立法是包括农民受惠法律规范的确立、修改和废止的全方位综合的活动。首先,农民受惠立法的直接意义就是制定具有普遍约束力的农民受惠法律规范;其次,农民受惠立法作为一种综合性的活动,它不仅包括农民受惠法律规范的制定,还包括对现有农民受惠法律规范的修改和废止。一方面,以《宪法》为核心和着眼点,落实农民的国民待遇,打破不合理的户籍制度,给予农民平等的权利和自由;以《村民委员会组织法》为基础,完善民主选举、民主决策、民主管理和民主监督等各项工作,充分发挥农民的自治权利,保障农民的民主权利得到真正的贯彻落实;以《农村土地承包法》、《物权法》等与农民日常生产生活密切相关的法律法规为依托,保障农民的财产权和劳动权等各项经济权利顺利实现;通过社会保障立法活动的开展,逐步建立和完善农村社会保障体系。此外,根据社会形势的发展变化,对已经制定的法律和一些过时的法律也需要加以修订,以更好地保护农民的合法权益。另一方面,各地区也要结合本地区的实际情况,因地制宜,在不违反宪法、法律和法规的情况下制定相应的地方性法规和规范性文件来进一步保护农民的各项权利。只有中央和地方统筹协调配合,才能真正实现农民利益的最大化。

2. 农民受惠的执法制度

执法作为法律实施的重要组成部分,是法律实现的重要途径,以便各项农民受惠的法律法规依法运作,有效进行。因此,行政机关要加大执法力度,提高执法实效。行政机关要正确履行其职权,既不能不履行,也不能滥履行。因此,要建立长效机制来保障农民受惠的各项法律得到贯彻落实。

3. 农民受惠的司法制度

司法权具有终局性。首先,相对于立法权和行政权而言,只有司法机关做出的判断裁决才是终局意义上的。其次,司法具有时效性,一旦法律上生效的判决作出后,非经法律的特别规定,不得再启动案件再审程序。因此,从某种意义上说,司法是保护权利的最后一道屏障。为此,应"完善农民法律援助制度,构建农民权利实现的法制条件;加强乡镇司法所建设,铺设农民权利实现的制度平台;加强法院调节与仲裁,做到农民权利的公平实现;努力做好信访接待工作,指导农民权利的顺利实现。"①

(三)农民受惠政策与法治一体化建设的内涵

自改革开放以来,党中央和相关部门专门针对农民受惠问题制定许多具体的方针政策及其相关的法律制度,此后几十年又不断加大和加强对农民受惠政策和制度的制定与修改。现代国家,没有法律不行,没有政策也不行。政策与制度的出发点和归宿都是为了更好地满足农民的现实要求,以实现其利益的最大化。因而,处理好农民受惠政策和农民受惠制度之间的关系,实现二者的有机配合是农民受惠政策与法治一体化建设的核心和实质内容。

1. 农民受惠政策与法治一体化建设的概念

农民受惠政策与法治一体化,是指将惠及农民的政策和制度作为整体看待,将其融合到一个体系里协调发展,二者相互作用,取长补短,发挥最大效果的过程。从理论上讲,就是通过考查农民受惠政策和制度之间的实然关系,进而在系统阐释其应然关系的基础上建立起二者间友好关系的理论过程;通过考察农民贫困与富裕之间的实然关系,进而在系统阐释其应然关系的基础上建立起二者间必然关系的理论过程。从实践上讲,通过全面梳理出"可依"的农民受惠法律政策,以解决"无法可依"的相关立法层面问题;通过系统论证出"所依"的农民受惠法律政策,以解决"有法难依"的相关执行层面问题;通过深入分析出农民受惠"制度与现实"之间的适应、磨合状况,以解决"执法不严、违法难究"的相关司法层面问题。

农民受惠政策与法治一体化建设从模式上讲,可以分为:中央一体化建设模式即农民受惠政策与法治宗旨同根;地方一体化建设模式即农民受惠政策与法治规制同步;政策一体化建设模式即中央与地方农民受惠政策的制定、执行、效能具有统一性;法治一体化建设模式即中央与地方农民受惠制度的建设、实施、效果具有一致性。

农民受惠政策与法治一体化建设的基本要求包括特殊要求和目标要求两个方面。其中目标要求是指农民受惠政策与法治一体化建设的递进式目标,即在农民贫困消解基础上,保证农民生存条件下,追求农民发展,倡导农民富裕。特殊要求是指要坚持对贫困的农民积极扶持,对残疾农民常规帮助,对受灾农民及时救援,对富裕起来的农民正确引导的方针。

2. 农民受惠政策与法治的基本关系

改革开放以来,在邓小平民主与法制思想的指导下,我们大力加强民主与法

---

① 陈晋胜:《农民经济权利的行政法保护》载《山西财经大学学报》,2008年第4期。

制建设,按照邓小平同志关于"还是要靠法制,搞法制靠得住些"①的指示,确定了"党必须在宪法和法律的范围内活动"的原则;提出了"党领导国家事务的基本方式是:"把党的主张经过法定程序上升为国家意志";党的十五大报告进一步指出:"要把重大决策与立法结合起来";党中央和全国人大都以正式文件的形式,确认了依法治国的基本治国方略。所以,党在制定政策时,要充分考虑到宪法和法律的有关规定;党领导国家事务的活动,要在宪法和法律的范围之内。党领导人民制定了宪法和法律,党也要带头遵守宪法和法律,否则,就难以树立法律的权威,也难以切实推行依法治国的基本方略。

政策与法律的关系问题既是一个理论问题又是一个实践问题。"政策高于法律"或是"法律高于政策"都是对这一问题简单和机械的思考。对于政策和法律,既不能将二者截然对立,也不能将二者简单等同。从理论上看,政策与法律二者在本质上都集中体现人民的意志。同理,农民受惠政策与农民受惠法制的关系亦是如此。农民受惠政策与农民受惠法制的宗旨和根本目的都是高度一致的,两者都集中体现和反映了农民的利益和意愿,即在农民贫困消解的基础上,保证农民生存条件下,追求农民发展,倡导农民富裕。正是在这一基础上,农民受惠政策要指导农民受惠法律的正确制定,农民受惠法律也能够约束农民受惠政策必须合法。

农民受惠政策所反映的政治主张与农民受惠法律所设定的行为规则,在社会主义新农村建设中的功能和作用上各有侧重。一般来说,从整体上讲,农民受惠政策与农民受惠法律相对而言前者更宏观、及时,后者更具体、稳定。农民受惠政策是在中国经济快速增长、发展方式加快转变、社会结构加快转型、利益格局深刻变化,农民增收困难的局面尚未根本转变的情况下出台的,以具有宏观性和原则性的行动纲领引导农民生产生活,保障和协调好农民利益,推动农民发展和富裕。农民受惠法律将农民的权利义务法律化,是对农民利益最为有效的保护。但是,法律本身不是万能的,法律本身就有局限性。其局限性表现在两个方面:首先,法律调整对象有限。"在中国的法律制度内,存在并活跃着一大堆具有各种名号的不称为法律的法律"。② 比如政策、习惯、道德作为非正式法律渊源,发挥着法律的社会规范作用。其次,法律具有滞后性,法律制定的同时就已经落后于社会的发展。正因如此,农民受惠法律的内容不能穷尽农民生活的方方面面,而农民受惠政策就可以弥补法律调整的不足,当然,政策必须受法律的约束。农民受惠政

---

① 《邓小平文选第三卷》,人民出版社,1995年版,第379页。
② 孟勤国:《论当代中国的双轨法制》载《当代法学研究》,1998年第2期。

策的出台必须在法治的框架下,经过法定程序,使政策更加科学、民主,反映农民的切实利益。农民受惠政策的制定和执行都要受到立法、行政、司法的全方位监督以及社会的有效监督,从而确保政策不会危及和侵犯农民的合法权益。

农民受惠政策与农民受惠法律各有所长,不能相互替代,二者相互促进、相互制约的良性互动可以加快推动法治进程。农民受惠政策的及时性和农民受惠法律的稳定性相互弥补,农民受惠政策的宏观性和农民受惠法律的具体性相得益彰。我们既要坚持依照农民受惠法律办事,维护法律的稳定性和权威性,又要贯彻落实农民受惠政策,将农民的利益真正落到实处,二者协调一致,有机配合,最终达到效益共享。

(四)农民受惠政策与法治一体化建设的特点

1. 宗旨同根性

这是农民受惠政策与法治一体化建设最根本的特点,无论是农民受惠政策的出台,还是农民受惠制度的制定,其出发点和归宿只有一个,那就是在农民贫困消解基础上,保证农民生存条件下,追求农民发展,倡导农民富裕,实现农民利益的最大化。

2. 规制同步性

上文已经对农民受惠政策与农民受惠制度的基本关系作出详尽论述。农民受惠政策与农民受惠制度紧密结合,必须"两手抓,两手都要硬"。二者各有所长,互为基础,互为保障,不能相互替代。要使它们协调配合、共同发展、有机统一于调整社会主义新农村建设的实践中。当然,这种同步并不是简单的一一对应,即有什么样的农民受惠政策就有什么样的农民受惠制度,而是强调农民受惠政策与制度在整个建设进程中保持着相对统一。

3. 有机衔接性

农民受惠政策与农民受惠制度是在"宗旨同根、规制同步、效益同享"的关系相互作用下有机衔接的,其主要表现在三个方面:一是农民受惠政策与农民受惠制度在横向互动关系上,做出农民受惠政策法制化和农民受惠法制政策化的模式选择。二是农民受惠政策的一体化建设和农民受惠制度的一体化建设。农民受惠政策能否得到切实的落实就要看政策是否与其它政策相配套。如果政策之间相互打架、互相矛盾,就会削弱政策的整体效应,政策不仅贯彻不下去,甚至还会造成混乱的局面。同理,农民受惠制度一体化建设亦是如此。三是农民受惠政策与农民受惠制度在纵向关系上,即中央农民受惠政策与制度和地方农民受惠政策与制度是自上而下的体系化建设。因此,必须清除中央和地方农民受惠政策与制度相冲突之障碍,理顺中央和地方农民受惠政策与制度相融洽之关系,建立健全中央和地方农民受惠政策与制度相统一之机制,实现农民受惠政策与制度的同步到位。

二、中国农民受惠政策与法治一体化建设的基本内容

(一)农民受惠政策的基本内容

1. 农民受惠的政治政策

(1)基层组织政策

2002年7月14日,中共中央办公厅、国务院办公厅发布《进一步做好村民委员会换届选举工作的通知》明确基层人民政府对于村民选举工作的职责。2003年12月31日,中央下发《中共中央国务院关于促进农民增加收入若干政策的意见》,文件明确提出"加强农村基层组织建设和民主法制建设,做好农村其他各项工作"。2005年1月30日,《中共中央国务院关于进一步加强农村工作提高农业综合生产能力若干政策的意见》,文件要求"扩大农村基层民主,完善村务公开、政务公开和民主管理。建立健全村党组织领导的充满活力的村民自治机制,切实维护农民的民主权利。推进农村法制建设,加强农村普法教育,搞好农业综合执法"。

(2)法制建设政策

2006年2月21日,中央下发《中共中央国务院关于推进社会主义新农村建设的若干意见》提出"加强农村法制建设,深入开展农村普法教育,增强农民的法制观念,提高农民依法行使权利和履行义务的自觉性""让农民群众真正享有知情权、参与权、管理权、监督权。完善村民'一事一议'制度"。2008年1月30日,《中共中央国务院关于切实加强农业基础建设进一步促进农业发展农民增收的若干意见》提出"依法保障农民群众的推选权、直接提名权、投票权、罢免权。切实推行村务公开,建立答疑纠错的监督制度"。2009年2月1日,《中共中央国务院关于2009年促进农业稳定发展农民持续增收的若干意见》提出"完善村委会直选的制度和办法"。2012年1月5日,民政部出台并发布《关于促进农民工融入城市社区的意见》,这是中央有关部门就农民工融入社区问题下发的第一个专门性政策文件。该文件规定,农民工将能在固定居住一年以上的社区,参加本社区的居委会选举,并有机会当选居委会成员或居民小组长,保障了农民工参与社区管理的民主权利。2015年2月1日,中央一号文件《关于加大改革创新力度加快农业现代化建设的若干意见》公布。围绕建设现代农业,围绕做好"三农"工作,加强农村法治建设。2018年1月2日,中央一号文件发布《关于实施乡村振兴战略的意见》,包括:加强农村基层基础工作,构建乡村治理新体系;推进体制机制创新,强化乡村振兴制度性供给等内容。

2. 农民受惠的经济政策

(1)家庭联产承包政策

1983年1月2日,第二个中央一号文件《当前农村经济政策的若干问题》正式颁布。从理论上说明了家庭联产承包责任制"是在党的领导下中国农民的伟大创造,是马克思主义农业合作化理论在中国实践中的新发展"。"建立和健全承包合同制,是完善农业生产责任制的重要环节"。1984年1月1日,中共中央发出《关于一九八四年农村工作的通知》,即第三个一号文件。文件强调"要继续稳定和完善联产承包责任制,帮助农民在家庭经营的基础上扩大生产规模,提高经济效益。"1986年1月1日,中共中央、国务院下发了《关于一九八六年农村工作的部署》,即第五个一号文件。文件提出"家庭承包是党的长期政策,决不可背离群众要求,随意改变"。2008年中央一号文件指出"坚持和完善以家庭承包经营为基础、统分结合的双层经营体制"。

(2)土地承包政策

《关于一九八四年农村工作的通知》规定土地承包期一般应在15年以上,生产周期长的和开发性的项目,承包期应当更长一些。2005年中央一号文件要求"认真落实农村土地承包政策。尊重和保障农户拥有承包地和从事农业生产的权利,尊重和保障外出务工农民的土地承包权和经营自主权。承包经营权流转和发展适度规模经营,必须在农户自愿、有偿的前提下依法进行,防止片面追求土地集中"。2008年中央一号文件指出"继续推进农村土地承包纠纷仲裁试点。健全土地承包经营权流转市场。完善土地流转合同、登记、备案等制度"。2009年中央一号文件提出"强化对土地承包经营权的物权保护"。2012年2月,国务院办公厅发出通知,《通知》明确指出:"农民的宅基地使用权和土地承包经营权受法律保护。农民落户城镇,是否放弃宅基地和承包的耕地、林地、草地,必须完全尊重农民本人的意愿,不得强制或变相强制收回。"[①]

(3)确权登记政策

2005年中央一号文件指出:"加快农村小型基础设施产权制度改革。农户自建或自用为主的小微型工程,产权归个人所有,由乡镇人民政府核发产权证。"2008年中央一号文件指出:"加快建立土地承包经营权登记制度。"2010年1月31日,《中共中央国务院关于加大统筹城乡发展力度进一步夯实农业农村发展基础的若干意见》下发,文件提出"加快农村集体土地所有权、宅基地使用权、集体建

---

① 郭超:《国务院:农转非不得强制收回农民土地》载《新浪网》http://news.sina.com.cn/c/2012-02-24/022923982414.shtml,最近访问时间:2012年2月24日。

设用地使用权等确权登记颁证工作"。① 2011年5月6日,国土资源部、财政部、农业部联合下发了《关于加快推进农村集体土地确权登记发证工作的通知》。2011年12月30日,国土资源部、中央农村工作领导小组办公室、财政部、农业部联合下发《关于农村集体土地确权登记发证的若干意见》,意见指出违法违规登记将被严惩,小产权房不得发证。2012年2月1日,《关于加快推进农业科技创新持续增强农产品供给保障能力的若干意见》下发,文件指出"2012年基本完成覆盖农村集体各类土地的所有权确权登记颁证"。

(4)征地补偿政策

2008年中央一号文件指出"继续推进征地制度改革试点,规范征地程序,提高补偿标准,健全对被征地农民的社会保障制度,建立征地纠纷调处裁决机制"。2010年12月27日,《国务院关于严格规范城乡建设用地增减挂钩试点切实做好农村土地整治工作的通知》下发,要求坚决纠正违背农民意愿强拆强建等侵害农民权益的行为。2011年1月30日,中央农村工作领导小组副组长、办公室主任陈锡文在国务院新闻办举行的发布会上表示,集体土地的征收补偿,完全可以通过农民和政府的协商、谈判形成补偿价格。

3. 农民受惠的社会民生政策

(1)就业政策

中国是一个农业大国,农村人口占据了很大一部分比例,因而解决了农民的就业问题就解决了中国就业问题的大部分。经济在发展,社会在进步,农民已经不再是仅仅依靠土地,靠土地生活,其中部分农民离开故土,离开家乡,到外面的世界去闯荡。大量的剩余劳动力涌入城市,投入到城市建设中来,对城市建设做出了自己的贡献。而近些年来,新生代的农民工不断出现,相比他们的父辈,他们拥有的文化程度普遍较高,对于工作的选择也较父辈有较高的要求,他们往往会选择一些工资待遇高,社会福利好、工作环境舒适以及比较有发展潜力和机会的工作。

2003年1月5日,国务院办公厅下发《关于做好农民进城务工就业管理和服务工作的通知》;2006年3月27日,国务院下发《关于解决农民工问题的若干意见》,要求解决农民工工资偏低和拖欠问题、依法规范农民工劳动管理、搞好农民

---

① 据中国之声《新闻晚高峰》报道,2012年4月28日上午,安徽铜陵市首批56户农民领到了《房地产权证》,集体土地房屋在铜陵从此有了"合法身份"。此前,河南多地也已经在新型农村社区建设中,赋予了农村居民拥有房产证的权利。一个月前,舞钢市尹集镇张庄社区首批21户居民在全省的新型农村社区建设中领到了房屋所有权证和集体土地使用证。

工就业服务和培训、促进农村劳动力就地就近转移就业。2008年12月20日,国务院办公厅《关于切实做好当前农民工工作的通知》下发,大力支持农民工返乡创业。2010年中央一号文件指出要着力解决新生代农民工问题。2012年1月24日,《国务院关于批转促进就业规划(2011-2015年)的通知》下发,通知要求十二五时期农业富余劳动力转移就业4000万人。

中国农民受惠的就业政策主要包括以下几个方面:

第一、加强权益保护。公平对待农民工,不能对他们有所歧视。用人单位或企业要响应国家的号召,公平对待每一位员工,不能因为身份的差别而给予不同的待遇,杜绝同工不同酬、基本的劳动保护不给予、恶意拖欠或克扣农民工的工资,不与农民工签订劳动合同等侵害到农民工合法权益的行为。2006年中央一号文件指出"严格执行最低工资制度,建立工资保障金等制度,完善劳动合同制度,加强务工农民的职业安全卫生保护"。[1]

第二、住房政策。在有条件的地方可以为农民工提供廉租房,而对于新生代农民工来说,用工单位或企业要尽量为他们提供一些宿舍或是单身公寓,让他们居者有其屋,也是农民工真正融入城市生活所要迈出的重要一步。

第三、加强技能培训。要想让农民工充分就业就必须要让他们学习技术,有一技之长。为此,要根据企业用工急需和人力资源市场的需求信息,组织开展上门、对口培训和岗前培训,实现培训和上岗就业无缝对接。政府及其相关职能部门要提供专门的培训资金,对专项资金严格实行专项专用,通过培训,切实提高农民工创业就业能力。要进一步加强培训学校的软硬件实施条件,引进优秀的教师和人力、财力、物力,提高教学质量。2003年9月9日,《2003-2010年全国农民工培训规划》出台若干农民工培训的政策措施。

第四、强化就业服务。进一步健全公共就业服务体系,加强就业服务信息网络建设,及时为农民工提供有效的岗位信息;根据用人单位需求及时举办招聘会,为农民工提供更多的择业、就业机会。

第五、优化创业环境。要将农民工纳入创业政策扶持范围,在收费、工商登记、纳税等方面给予农民工创业更大的支持。此外,做好农民工创业的金融服务工作,帮助解决创业资金困难的问题。2009年10月16日,农业部办公厅下发《农村劳动力转移培训阳光工程农民创业培训规范(试行)》的通知。

第六、稳定企业就业。2008年12月20日,人力资源和社会保障部、财政部、

---

[1] 2006年2月21日,中共中央、国务院《中共中央国务院关于推进社会主义新农村建设的若干意见》。

国家税务总局联合下发《关于采取积极措施减轻企业负担稳定就业局势有关问题的通知》,要求实施"五缓四减三补两协商"①等措施,减轻企业负担,引导企业尽量不裁员或是少裁员,企业尽可能提供更多的就业岗位。2009年中央一号文件指出"引导企业履行社会责任,支持企业多留用农民工;城乡基础设施建设和新增公益性就业岗位,要尽量多使用农民工"。②

（2）社会保障政策

一是低保政策。1996年,民政部印发《关于加快农村社会保障体系建设的意见》和《农村社会保障体系建设指导方案》,首次提出"农村最低生活保障制度"的概念。2004年中央一号文件指出"有条件的地方要探索建立农民最低生活保障制度"。2008年中央一号文件提出"完善农村最低生活保障制度,在健全政策法规和运行机制基础上,将符合条件的农村贫困家庭全部纳入低保范围。中央和地方各级财政要逐步增加农村低保补助资金,提高保障标准和补助水平。"③

二是农村社会养老保险政策。中国是一个农业大国,农村人口达到9亿,农民养老是现代化进程中一个不可回避的问题,新型农村社会养老保险制度的建设是农民目前和将来生活安全及质量提高的有效保证。2006年中央一号文件指出"探索建立与农村经济发展水平相适应、与其他保障措施相配套的农村社会养老保险制度"。④ 2009年中央一号文件提出"建立个人缴费、集体补助、政府补贴的新型农村社会养老保险制度"。

三是新型农村合作医疗和农村医疗救助政策。2002年4月29日《中国农村初级卫生保健发展纲要(2001-2010)》出台;2005年中央一号文件指出"积极稳妥推进新型农村合作医疗试点和农村医疗救助工作"。2007年中央一号文件提出

---

① "五缓"是指对暂时无力缴纳社会保险费的困难企业,在一定条件下允许缓缴养老、医疗、工伤、失业、生育五项社会保险费;"四减"是指阶段性降低除养老保险外的四项保险费费率;"三补"是指使用失业保险基金为困难企业稳定岗位支付社会保险补贴和岗位补贴,以及使用就业资金对困难企业开展职工在岗培训给予补贴;"两协商"是指困难企业不得不进行经济性裁员时,对确实无力一次性支付经济补偿金的,在企业与工会或职工双方依法平等协商一致的基础上,可签订分期支付或以其他方式支付经济补偿协议。支持困难企业职工通过集体协商,采取缩短工时、调整工资等措施,共同应对困难,稳定劳动关系。

② 2009年2月1日,中共中央、国务院《中共中央国务院关于2009年促进农业稳定发展农民持续增收的若干意见》。

③ 2008年1月30日,中共中央国务院《中共中央国务院关于切实加强农业基础建设进一步促进农业发展农民增收的若干意见》。

④ 2006年2月21日,中共中央国务院《中共中央国务院关于推进社会主义新农村建设的若干意见》。

"继续扩大新型农村合作医疗制度试点范围,加强规范管理,扩大农民受益面,并不断完善农村医疗救助制度"。2008年中央一号文件提出"2008年在全国普遍建立新型农村合作医疗制度,提高国家补助标准,适当增加农民个人缴费,规范基金管理,完善补偿机制,扩大农民受益面"。2009年中央一号文件提出"巩固发展新型农村合作医疗,坚持大病住院保障为主、兼顾门诊医疗保障,开展门诊统筹试点"。

四是农民工社会保障政策。2004年中央一号文件指出"落实好农垦企业参加企业职工基本养老保险的政策"。2006年中央一号文件指出"逐步建立务工农民社会保障制度和养老保险办法"。2010年中央一号文件提出"健全农民工社会保障制度,深入开展工伤保险全覆盖行动,加强职业病防治和农民工健康服务"。①落实农民工基本养老保险关系转移持续办法。

(3)户籍政策

户籍问题由来已久,户籍问题往往跟一定的福利、待遇挂钩,也是农民是否能真正融入城市生活的门槛。由于户籍制度的改革需要各部门的配合,涉及到的利益和关系是十分复杂的,可以用牵一发而动全身来形容。因此改革需要稳步推进,不能着急。目前,中央制定的政策首先就是对农民工入城市户口降低门槛标准,对那些对社会作出突出贡献的农民工、在城市已经购买住房的农民工、或是规定农民工在某一城市呆够一定的时间即可以取得某一城市的户口,等到条件一旦成熟的时候,城市和乡村需要用户籍来区分就应该取消②。2004年中央一号文件提出"推进大中城市户籍制度改革,放宽农民进城就业和定居的条件"。2008年中央一号文件提出"探索在城镇有稳定职业和固定居所的农民登记为城市居民的办法"。2010年中央一号文件提出"加快落实放宽中小城市、小城镇特别是县城和中心镇落户条件的政策,促进符合条件的农业转移人口在城镇落户并享有与当地城镇居民同等的权益"。2011年2月26日,《国务院办公厅关于积极稳妥推进户籍管理制度改革的通知》发布。③

2014年7月24日,国务院以国发〔2014〕25号发文《国务院关于进一步推进

---

① 2010年1月31日,中共中央国务院《中共中央国务院关于加大统筹城乡发展力度进一步夯实农业农村发展基础的若干意见》。
② 2010年8月4日,重庆市永川区户籍制度改革转城镇居民首发仪式在区公安局办证大厅举行。当地取消农业户口。
③ 通知强调,要着力解决农民工实际问题。对农村人口已经落户城镇的,要保证其享有与当地城镇居民同等的权益;对暂不具备落户条件的农民工,要有针对性地完善相关制度,下大力气解决他们当前在劳动报酬、子女上学、技能培训、公共卫生、住房租购、社会保障、职业安全等方面的突出问题;今后出台的就业政策不与户口挂钩。

户籍制度改革的意见》,提出,为了适应推进新型城镇化需要,进一步推进户籍制度改革,落实放宽户口迁移政策。统筹推进工业化、信息化、城镇化和农业现代化同步发展,推动大中小城市和小城镇协调发展、产业和城镇融合发展。统筹户籍制度改革和相关经济社会领域改革,合理引导农业人口有序向城镇转移,有序推进农业转移人口市民化。要坚持以人为本、尊重群众意愿。尊重城乡居民自主定居意愿,依法保障农业转移人口及其他常住人口合法权益,不得采取强迫做法办理落户。坚持因地制宜、区别对待。充分考虑当地经济社会发展水平、城市综合承载能力和提供基本公共服务的能力,实施差别化落户政策。要进一步调整户口迁移政策,统一城乡户口登记制度,全面实施居住证制度。全面放开建制镇和小城市落户限制,有序放开中等城市落户限制,合理确定大城市落户条件,严格控制特大城市人口规模,有效解决户口迁移中的重点问题,建立城乡统一的户口登记制度。

(4) 教育政策

一是农村义务教育政策。九年义务教育是每个青少年都必须接受的教育,无论是城里的孩子还是村里的孩子,他们都能平等地享有接受教育的权利。早在2005年,教育部专门下发文件,文件中明确提到教育要均衡化发展。这是在全面普及义务教育后提到的重要问题。要真正做到教育公平,就必须缩小城市和乡村之间教育水平的差距。就是要对农村地区尤其是那些国家级贫困县给予支持。中央和地方政府要划拨专门的资金帮助农村发展义务教育。尽快让农村的义务教育标准赶上城市。

2006年中央一号文件提出"着力普及和巩固农村九年制义务教育。2006年对西部地区农村义务教育阶段学生全部免除学杂费,对其中的贫困家庭学生免费提供课本和补助寄宿生生活费,2007年在全国农村普遍实行这一政策。建立健全农村义务教育经费保障机制加大力度监管和规范农村学校收费,进一步减轻农民的教育负担"。2007年中央一号文件提出"2007年全国农村义务教育阶段学生全部免除学杂费,对家庭经济困难学生免费提供教科书并补助寄宿生生活费,有条件的地方可扩大免、补实施范围"。2008年中央一号文件提出"对全部农村义务教育阶段学生免费提供教科书,提高农村义务教育阶段家庭经济困难寄宿生生活费补助标准,扩大覆盖面,提高农村中小学公用经费和校舍维修经费补助标准,加大农村薄弱学校改造力度。努力提高农村中小学教师素质,实施中西部农村和边疆地区骨干教师远程培训计划,选派和组织城市教师到农村交流任教,鼓励和组织大学毕业生到农村学校任教"。2010年中央一号文件提出"农村学校布局要符合实际,方便学生上学,保证学生安全。逐步改善贫困地区农村学生营养状况"。

2005年12月24日,《国务院关于深化农村义务教育经费保障机制改革的通知》发布;2006年1月19日,财政部和教育部联合发布《关于确保农村义务教育经费投入加强财政预算管理的通知》;2006年2月26日,教育部《关于大力推进城镇教师支援农村教育工作的意见》。

二是农村职业教育和成人教育政策。2008年中央一号文件提出"加快构建县域农村职业教育和培训网络,发展城乡一体化的中等职业教育。支持高等学校设置和强化农林水类专业"。2009年中央一号文件提出"加快发展农村中等职业教育,2009年起对中等职业学校农村家庭经济困难学生和涉农专业学生实行免费"。2012年中央一号文件提出"推进部部共建、省部共建高等农业院校,实施卓越农林教育培养计划;加快中等职业教育免费进程,落实职业技能培训补贴政策,鼓励涉农行业兴办职业教育"。1994年农业部实施"绿色证书",在农村初中引进"绿色证书"教育。2001年,教育部、农业部印发了《关于在农村普通初中试行"绿色证书"教育的指导意见的通知》,这是培养造就新型农民的一次历史性改革。2003年9月,国务院在北京召开了全国农村教育工作会议,作出了《关于进一步加强农村教育工作的决定》。是新时期发展和改革农村教育的纲领性文件。

三是农民工子女教育政策。农民工在城市的数量在不断增加,他们所携带的子女如果适龄的话也要接受义务教育,这就给本不富裕的教育资源增加了不小的压力。但是他们和城里的孩子一样,需要读书,需要学习,需要吸取文化知识。

2006年中央一号文件提出"认真解决务工农民的子女上学问题"。2008年中央一号文件提出"农民工输入地要坚持以公办学校为主接收农民工子女就学,收费与当地学生平等对待。农民工输出地要为留守儿童创造良好的学习、寄宿和监护条件。深入开展'共享蓝天'关爱农村留守、流动儿童行动"。

(二)农民受惠法治的基本内容

1. 农民受惠的政治制度

《中华人民共和国宪法》第一百一十一条第一款规定"城市和农村按居民居住地区设立的居民委员会或者村民委员会是基层群众性自治组织"。《中华人民共和国村民委员会组织法》第二条规定"村民委员会是村民自我管理、自我教育、自我服务的基层群众性自治组织,实行民主选举、民主决策、民主管理、民主监督"。第五条规定"乡、民族乡、镇的人民政府对村民委员会的工作给予指导、支持和帮助,但是不得干预依法属于村民自治范围内的事项"。第十七条规定"对以暴力、威胁、欺骗、贿赂、伪造选票、虚报选举票数等不正当手段,妨害村民行使选举权、被选举权,破坏村民委员会选举的行为,村民有权向乡、民族乡、镇的人民代表大会和人民政府或者县级人民代表大会常务委员会和人民政府及其有关主管部门举报,由乡级或者县级人民政府负责调查并依法处理"。2010年3月14日,《全国人民代表大会关于修改〈中华人民共和国全国人民代表大会和地方各级人民代表大会选举法〉的决定》通过,城乡实行相同比例选举人大代表,第十四条规定"地方各级人民代表大会代表名额,由本级人民代表大会常务委员会或者本级选举委员会根据本行政区域所辖的下一级各行政区域或者各选区的人口数,按照每一代表所代表的城乡人口数相同的原则,以及保证各地区、各民族、各方面都有适当数量代表的要求进行分配。在县、自治县的人民代表大会中,人口特少的乡、民族乡、镇,至少应有代表一人"。

2. 农民受惠的经济制度

(1) 家庭联产承包制度

1993年《宪法》修正案第八条第一款规定"农村中的家庭联产承包为主的责任制和生产、供销、信用、消费等各种形式的合作经济,是社会主义劳动群众集体所有制经济"。1999年《宪法》修正案第八条第一款规定"农村集体经济组织实行家庭承包经营为基础、统分结合的双层经营体制"。

(2) 土地承包制度

中国现行《宪法》第十条规定"任何组织或者个人不得侵占、买卖或者以其他形式非法转让土地。土地的使用权可以依照法律的规定转让"。《中华人民共和国农村土地承包法》第二十条规定"耕地的承包期为三十年。草地的承包期为三十年至五十年。林地的承包期为三十年至七十年;特殊林木的林地承包期,经国务院林业行政主管部门批准可以延长"。第三十二条规定"通过家庭承包取得的土地承包经营权可以依法采取转包、出租、互换、转让或者其他方式流转"。第三十七条规定"土地承包经营权采取转包、出租、互换、转让或者其他方式流转,当事人双方应当签订书面合同。采取转让方式流转的,应当经发包方同意;采取转包、出租、互换或者其他方式流转的,应当报发包方备案"。2007年3月16日,《中华人民共和国物权法》颁布出台,该法第十一章第一百二十四条至一百三十四条明确规定了土地承包权的物权属性,强化了对农民土地承包经营权的物权保护。

2003年11月14日,农业部颁布《中华人民共和国农村土地承包经营权证管理办法》①。2005年1月19日,农业部颁布《中华人民共和国农村土地承包经营权流转管理办法》②。2005年7月29日,最高人民法院审判委员会第1346次会议通过并公布《最高人民法院关于审理涉及农村土地承包纠纷案件适用法律问题

---

① 2003年11月14日农业部令第33号颁布,2004年1月1日起施行。
② 2005年1月19日农业部令第47号颁布,2005年3月1日起施行。

的解释》。

(3)确权登记制度

为了确定土地所有权和使用权,依法进行土地登记,1995年3月11日国家土地管理局印发《确定土地所有权和使用权的若干规定》①。1998年12月24日,国务院颁布《中华人民共和国土地管理法实施条例》②;2004年8月28日,《中华人民共和国土地管理法》③颁布。为规范土地登记行为,保护土地权利人的合法权益,2007年11月28日,国土资源部出台《土地登记办法》④;为依法、公正、及时地做好土地权属争议的调查处理工作,保护当事人的合法权益,2002年12月20日,国土资源部出台《土地权属争议调查处理办法》⑤;2011年5月9日,最高院出台《最高人民法院关于审理涉及农村集体土地行政案件若干问题的规定》。

(4)征地补偿制度

2001年10月22日,国土资源部颁布《征用土地公告办法》⑥,规范征用农村土地公告事宜。2005年10月12日,最高人民法院行政审判庭发布《最高人民法院行政审判庭关于农村集体土地征用后地上房屋拆迁补偿有关问题的答复》;2001年12月31日最高人民法院公布《最高人民法院关于村民因土地补偿费、安置补助费问题与村民委员会发生纠纷人民法院应否受理问题的答复》。

3. 农民受惠的社会民生制度

(1)就业制度

中国现行《宪法》第四十二条规定"中华人民共和国公民有劳动的权利和义务。国家通过各种途径,创造劳动就业条件,加强劳动保护,改善劳动条件,并在发展生产的基础上,提高劳动报酬和福利待遇"。第四十三条规定"中华人民共和国劳动者有休息的权利";2007年6月29日,《中华人民共和国劳动法》⑦颁布,该

---

① 1995年3月11日国家土地管理局[1995]国土籍字第26号发布,1995年5月1日起施行。
② 《中华人民共和国土地管理法实施条例》已经1998年12月24日国务院第12次常务会议通过,自1999年1月1日起施行。
③ 《全国人民代表大会常务委员会关于修改〈中华人民共和国土地管理法〉的决定》已由中华人民共和国第十届全国人民代表大会常务委员会第十一次会议于2004年8月28日通过,自公布之日起施行。
④ 《土地登记办法》已经2007年11月28日国土资源部第5次部务会议审议通过,自2008年2月1日起施行。
⑤ 《土地权属争议调查处理办法》已经于2002年12月20日国土资源部第7次部务会议通过,并自2003年3月1日起施行。
⑥ 2001年10月22日国土资源部令第10号公布,2002年2月1日起施行。
⑦ 《中华人民共和国劳动合同法》已由中华人民共和国第十届全国人民代表大会常务委员会第二十八次会议于2007年6月29日通过,自2008年1月1日起施行。

法也将农民视为普通劳动者,享有法律规定的各项劳动权利。2008年1月1日起施行的《中华人民共和国就业促进法》第四十七条、四十八条、四十九条、五十条规定:"县级以上地方人民政府和有关部门根据市场需求和产业发展方向,鼓励、指导企业加强职业教育和培训;国家采取措施建立健全劳动预备制度,县级以上地方人民政府对有就业要求的初高中毕业生实行一定期限的职业教育和培训,使其取得相应的职业资格或者掌握一定的职业技能;地方各级人民政府鼓励和支持开展就业培训,帮助失业人员提高职业技能,增强其就业能力和创业能力。失业人员参加就业培训的,按照有关规定享受政府培训补贴;地方各级人民政府采取有效措施,组织和引导进城就业的农村劳动者参加技能培训,鼓励各类培训机构为进城就业的农村劳动者提供技能培训,增强其就业能力和创业能力"。①

1994年12月1日,劳动部下发《工资支付暂行规定》②以维护劳动者通过劳动获得劳动报酬的权利,规范用人单位的工资支付行为;2008年9月18日,国务院颁布《中华人民共和国劳动合同法实施条例》③;2004年9月10日,为规范建设领域农民工工资支付行为,预防和解决建筑业企业拖欠或克扣农民工工资问题,建设部和社会保障部下发《建设领域农民工工资支付管理暂行办法》;2006年7月10日,最高人民法院公布《关于审理劳动争议案件适用法律若干问题的解释(二)》④,该解释规定农民工讨薪可直接上法院。

(2)社会保障制度

目前,农村社会保障制度缺乏法制规范,主要是依据相关部门出台的一些规范性文件为农村社会保障制度提供初步的保障。2006年国务院颁发了《农村五保供养工作条例》⑤,规定了农村五保供养对象、供养内容、供养形式和农村五保工作的监督管理。此条例是中国第一部规范农村社会保障工作的行政法规。2006年民政部出台《关于农村五保供养服务机构建设的指导意见》。

一是低保制度。2007年国务院办公厅发布《国务院关于在全国建立农村最低生活保障制度的通知》,决定在全国建立农村最低生活保障制度。

二是农村社会养老保险制度。1991年6月,民政部农村养老办公室制定了

---

① 《中华人民共和国就业促进法》已由中华人民共和国第十届全国人民代表大会常务委员会第二十九次会议于2007年8月30日通过,自2008年1月1日起施行。
② 《工资支付暂行规定》自1995年1月1日起施行。
③ 2008年9月18日,国务院令第535号公布施行。
④ 《最高人民法院关于审理劳动争议案件适用法律若干问题的解释(二)》已于2006年7月10日由最高人民法院审判委员会第1393次会议通过,自2006年10月1日起施行。
⑤ 《农村五保供养工作条例》已经2006年1月11日国务院第121次常务会议通过,自2006年3月1日起施行。

《县级农村社会养老基本方案(试行)》,明确了农村社会养老保险制度改革由民政部负责,确定了以县为单位开展农村社会养老保险工作。2003年至2009年是新农保的探索和建立阶段。在这一时期,2003年,劳动部和社会保障部连续下发了《关于做好当前农村养老保险工作的通知》和《关于认真做好当前农村社会养老保险工作的通知》,积极稳妥地推进农村社会养老保险工作。2009年9月1日,国务院发布《关于开展新型农村社会养老保险试点的指导意见》,即"新农保",对新型农村社会养老保险制度的发展作出了具体的规定,尤其是明确了政府的财政责任。

三是新型农村合作医疗制度和农村医疗救助制度。中国现行《宪法》第二十一条规定"鼓励和支持农村集体经济组织、国家企业事业组织和街道组织举办各种医疗卫生设施"。2002年中共中央、国务院下发了《关于进一步加强农村卫生工作的决定》,该决定首次提出要在农村建立新型农村合作医疗制度。2003年,国务院办公厅转发了卫生部等部门《关于建立新型农村合作医疗制度的意见》,2003年卫生部办公厅发布《关于做好新型农村合作医疗试点工作的通知》,新型农村合作医疗制度开始试点。2004年国务院办公厅转发了卫生部等部门《关于进一步做好新型农村合作医疗试点工作的指导意见》,对新型农村合作医疗制度的试点内容进行了细化。2006年卫生部等7部委局联合下发《关于加快推进新型农村合作医疗试点的通知》,要求加大工作力度,扩大新型农村合作医疗制度的试点工作,并提出了全覆盖的时间表。2007年,财政部、卫生部发布了《关于调整中央财政新型农村合作医疗制度补助资金拨付办法有关问题的通知》,对中央财政拨付的程序作了进一步规范。2007年,卫生部、财政部、国家中医药管理局发布了《关于完善新型农村合作医疗统筹补偿方案的指导意见》,进一步明确了新型农村合作医疗制度统筹补偿方案。卫生部、财政部又于2007年和2008年分别下发了有关做好新型农村合作医疗工作的通知。

2003年民政部、卫生部、财政部颁发了《关于实施农村医疗救助的意见》,规定了农村医疗救助的目标和原则、救助对象、救助办法、申请、审批程序、医疗救助服务、基金的筹集和管理、组织实施。2004年财政部和民政部颁发了《关于印发〈农村医疗救助基金管理试行办法〉的通知》,进一步明确了农村医疗救助基金的来源、使用和管理。

四是农民工社会保障制度。1991年6月,国务院颁布了《关于企业职工养老保险制度改革的决定》[①],1999年1月22日,国务院颁布《失业保险条例》,其中第

---

① 《关于企业职工养老保险制度改革的决定》自1991年6月26日起施行。

二十一条规定"单位招用的农民合同制工人连续工作满1年,本单位并已缴纳失业保险费,劳动合同期满未续订或者提前解除劳动合同的,由社会保险经办机构根据其工作时间长短,对其支付一次性生活补助。补助的办法和标准由省、自治区、直辖市人民政府规定"①。同日,国务院出台《社会保险征缴暂行条例》②,规定基本养老保险费、基本医疗保险费、失业保险费的征收、缴纳,适用本条例。2010年1月1日起施行的《城镇企业职工基本养老保险关系转移接续暂行办法》规定农民工在内的参加城镇企业职工基本养老保险的所有人员,其基本养老保险关系可以在跨省就业时随同转移,强调对农民工一视同仁。

此外,自进入21世纪以来,随着党中央对三农问题尤其是农民问题的日益关注,关于支持社会主义新农村建设和加强农民社会保障工作的政策方针出台得更加密集。部分省市、县根据中央文件的精神在社会救助、新型农村合作医疗、农村社会养老保险等方面出台了若干规范性文件,有力地推动了社会救助、合作医疗和养老保险在各地的发展。

(3)教育制度

中国现行《宪法》第十九条规定"国家举办各种学校,普及初等义务教育,发展中等教育、职业教育和高等教育,并且发展学前教育。国家发展各种教育设施,扫除文盲,对工人、农民、国家工作人员和其他劳动者进行政治、文化、科学、技术、业务的教育,鼓励自学成才"。第四十六条规定"中华人民共和国公民有受教育的权利和义务"。2006年新修订的《中华人民共和国义务教育法》③规定,把接纳非户籍居住地上学的儿童纳入政府管理的范畴。此外,《中华人民共和国农业法》④、《中华人民共和国教育法》⑤、《中华人民共和国农业技术推广法》《中华人民共和国劳动法》《中华人民共和国职业教育法》中某些条款涉及农民职业教育和培训。2006年1月19日,财政部、教育部联合发布《全国农村义务教育阶段学生免收学

---

① 《失业保险条例》自1998年12月26日国务院第11次常务会议通过,1999年1月22日国务院令第258号发布,自发布之日起施行。
② 《社会保险征缴暂行条例》自1999年1月14日国务院第13次常务会议通过,1999年1月22日国务院令第259号发布,自发布之日起施行。
③ 《中华人民共和国义务教育法》已由中华人民共和国第十届全国人民代表大会常务委员会第二十二次会议于2006年6月29日修订通过,自2006年9月1日起施行。
④ 《中华人民共和国农业法》1993年7月2日第八届全国人民代表大会常务委员会第二次会议通过,2002年12月28日第九届全国人民代表大会常务委员会第三十一次会议修订,自2003年3月1日起施行。
⑤ 《中华人民共和国教育法》1995年3月18日第八届全国人民代表大会第三次会议通过,自1995年9月1日起施行。

杂费的实施管理办法》。

三、中国农民受惠政策与法治一体化建设的基本现状

(一) 中国农民受惠政策制定与法治建设基本现状

目前,中国农民受惠法治建设的进程与农民受惠政策制定的进程还存在距离,二者不能有效衔接。一方面,党中央和国务院连续下发一号文件,在政治、经济、社会民生领域出台农民受惠政策,逐步缩小城乡居民在收入、消费水平、基础设施和社会事业等方面的差距。另一方面,有关农民受惠制度的规定却范围狭窄、内容不全,有些甚至是空白。

1. 中国农民受惠政策制定的基本现状

中国出台的农民受惠政策主要包含以下几个方面:在政治方面,建立健全村党组织领导的充满活力的村民自治机制,切实维护农民的民主权利。扩大农村基层民主,完善村务公开、政务公开和民主管理。保障农民的知情权、管理权、参与权和监督权,让农民更好地参与管理农村事务。在经济方面,坚持和完善以家庭承包经营为基础、统分结合的双层经营体制;加快建立土地承包经营权登记制度;强化对土地承包经营权的物权保护;2012年基本完成覆盖农村集体各类土地的所有权确权登记颁证工作。在就业方面,保障进城就业农民的合法权益。加大"阳光工程"等农村劳动力转移就业培训支持力度,引导企业履行社会责任,支持企业多留用农民工;城乡基础设施建设和新增公益性就业岗位,要尽量多使用农民工;落实农民工返乡创业扶持政策;积极发展休闲农业、乡村旅游、森林旅游和农村服务业,拓展农村非农就业空间;2010年中央一号文件指出,要"采取有针对性的措施,着力解决新生代农民工问题"。在社会保障方面,建立健全与经济发展水平相适应的多种形式的农村社会保障制度,完善农村最低生活保障制度,建立个人缴费、集体补助、政府补贴的新型农村社会养老保险制度。搞好农村养老院建设。健全农民工社会保障制度,深入开展工伤保险全覆盖行动,加强职业病防治和农民工健康服务,落实和完善被征地农民社会保障政策。健全临时救助制度。在户籍方面,加快落实放宽中小城市、小城镇特别是县城和中心镇落户条件的政策,促进符合条件的农业转移人口在城镇落户并享有与当地城镇居民同等的权益,探索在城镇有稳定职业和固定居所的农民登记为城市居民的办法。在卫生方面,2008年在全国普遍建立新型农村合作医疗制度,提高国家补助标准,适当增加农民个人缴费,规范基金管理,完善补偿机制,扩大农民受益面。优先在农村落实扩大免费预防接种范围的政策。加强以乡镇卫生院为重点的农村卫生基础设施建设,健全农村三级医疗卫生服务和医疗救助体系;继续稳定农村低生育水平,加强农村

流动人口的计划生育工作。在教育方面,2007年全国农村义务教育阶段学生全部免除学杂费,对全部农村义务教育阶段学生免费提供教科书,提高农村义务教育阶段家庭经济困难寄宿生生活费补助标准,扩大覆盖面,提高农村中小学公用经费和校舍维修经费补助标准,加大农村薄弱学校改造力度。逐步改善贫困地区农村学生营养状况。针对农民工子女的入学问题,农民工输入地要坚持以公办学校为主接收农民工子女就学,收费与当地学生平等对待。农民工输出地要为留守儿童创造良好的学习、寄宿和监护条件。深入开展"共享蓝天"关爱农村留守、流动儿童行动;加快中等职业教育免费进程,落实职业技能培训补贴政策,鼓励涉农行业兴办职业教育。

2. 中国农民受惠法治建设的基本现状

现阶段,中国有关农民受惠法律的规定大多停留在宪法层面,宣誓意义浓厚,即使零星散落在一般法律中,范围也比较狭窄,主要涉及农民的政治、经济权利问题。在政治方面,《中华人民共和国宪法》第一百一十一条第一款规定"城市和农村按居民居住地区设立的居民委员会或者村民委员会是基层群众性自治组织"。《中华人民共和国村民委员会组织法》第二条规定"村民委员会是村民自我管理、自我教育、自我服务的基层群众性自治组织,实行民主选举、民主决策、民主管理、民主监督"。2010年3月14日,《全国人民代表大会关于修改〈中华人民共和国全国人民代表大会和地方各级人民代表大会选举法〉的决定》通过,城乡实行相同比例选举人大代表。在经济方面,中国宪法自1982年颁布以来,已采用修正案的形式,相继确认了个体经济和私营经济等非公有制经济主体的合法地位,土地使用权转让,农村中的家庭联产承包、农村等集体企业自主经营权等多项涉及财产权的重要制度。① 2007年3月16日,《中华人民共和国物权法》颁布出台,该法第十一章第一百二十四条至一百三十四条明确规定了土地承包权的物权属性,强化了对农民土地承包经营权的物权保护。而对于农民的其它权利及其保护问题,中国的立法工作严重滞后,其缺陷主要表现在以下几个方面:一是概念定义模糊,内容不全。例如,1982年宪法规定"村民委员会是基层群众性自治组织"。此项规定为村民自治制度的确立提供了宪法依据,1998年《中华人民共和国村民委员会组织法》颁布实施,使村民自治制度具体化为法律。但是,这两条规定是有关村民委员会的定义,对村民自治问题没有明确的定义。而《村民委员会组织法》主要规定了村民委员会的组成、职责、选举等内容,从某种意义上讲是一部组织法,不能囊括村民自治制度的全部内容。二是立法的缺失和空白。目前,中国缺乏一部系

---

① 李傲、夏军:《试论中国行政补偿制度》载《法学评论》,1997年第7期。

统规定农民各项权利及其保护制度的专门法律作为保护农民权利的基础。其次，专项立法缺失。就教育问题而言，中国现行的法律法规如《中华人民共和国教育法》《中华人民共和国农业技术推广法》《中华人民共和国农业法》《中华人民共和国劳动法》《中华人民共和国职业教育法》等，都对发展农民职业教育做了规定，但只是某些条款零散地出现在不同的法律、法规中，对"农民这一庞大的职业群体，及其教育的特殊性和全面性还是显得过于笼统，特别是对农民教育缺乏必要的、具体的、有针对性的规定"。① 在社会保障方面，中国现今农民社会保障法律制度体系中缺乏对农民社会保障权利的规定，结果导致农村社会保障中存在基金来源不规范、投保账户混乱以及挤占、挪用基金等违规现象，影响了农村社会保障工作的有效可持续发展。中国农村社会养老保险制度方面的探索已有20多年的历史，2003年以后，全国各地开始了新型农村养老保险试点，但还未以法律形式明确诸如农村养老保险制度应遵守的原则、主要内容、管理体制、资金来源、支付标准、基金的运营情况、监管及相关部门的责任等具体的农村社会养老保险办法。

（二）中国农民受惠政策执行与法治实施基本现状

中国农民受惠政策由于各种因素的影响致使其在执行过程中存在一定问题，政策执行中出现偏差。而因为内容抽象，在实践中很难操作，农民受惠政策与制度间得不到有机协调和配合。

1. 中国农民受惠政策执行的基本现状

改革开放以来，党中央国务院一直重视农民问题，出台了一系列更直接、有效的措施来惠及农民，地方各部门也认真落实党中央的政策，这些政策对改善农民生活质量和提高农民生产积极性产生了显著效果，但同时也发现在政策执行过程中存在着一定的问题。以财政支农资金为例，近年来，财政支农资金不断增加，支农标准逐年提高，但是资金供求矛盾依旧尖锐，投入仍然严重不足，资金缺口依旧较大。在村民自治方面，由于农民对村民自治没有正确的认识，在村民自治的实践过程中往往参与的积极性不高，大多抱着"事不关己高高挂起"的心态，在自身利益没有受到严重侵害的情况下，村民一般很少参与政治活动。此外，"乡镇政府对村民自治实施干涉，经常会出现选举村委会成员时制定候选人、把村级财务账纳入乡镇财务管理、不给予村民选举出来的村干部指导和帮助、直接领导和命令村干部工作等现象发生，给村民自治造成了不利的影响"。② 在教育方面，虽然全面取消农村义务教育学杂费，对农村学校实施布局调整、危房改造等工程，大大改

---

① 张忠伟：《论中国农民教育法律保障体系的建立》载《中国成人教育》，2009年第3期。
② 杨中领：《村民自治的法律思考》载《法制与社会》，2011年第5期。

善了农村中小学的办学条件,但是教育债务沉重,教师人才流失,城乡教育质量差距很大,教育不公平问题依然突出。而在城市,各地也纷纷出台政策,保障农民工子女接受义务教育的权利。经过这些努力,很大程度上缓解了农民工子女就读难的问题,但是目前一些地方仍然存在公办学校入学"门槛高"、农民工子女学校教育质量低、一部分农民工随迁子女还在办学条件不达标的打工子弟学校就学等问题。而且随着农村劳动力转移加快,这一问题将更加突出。在卫生方面,虽然新农村合作医疗的标准逐年提高,但新型农村合作医疗保障水平仍然偏低,个人自付比例仍然占总费用的一半左右,加上中国城乡医疗救助制度和商业医疗保险起步较晚,覆盖人口和保障力度也不大,因此,很多农民仍然需要自费就医,承受着生理、心理和经济三重压力。在农民职业技能培训方面,对专项资金严格实行专项专用,通过培训,切实提高农民工创业就业能力。但由于该项教育起步较晚,部分培训基地硬件设施不足,师资力量短缺,教学质量不高,导致技能训练的水平与实际需求之间还存在着一定的差距。此外,由于补助标准偏低,农民参加培训要承担一定的误工损失等费用,使得部分农民参训积极性不高。在社会保障方面,农村最低生活保障制度是农村社会保障制度的最后一道防线,但是低保覆盖范围仍然有限,低保对象收入调查和核实依旧很难,造成部分对象进低保容易出低保难,甚至发生较高收入人员吃低保的现象,在社会上产生负面影响。此外,用于农村五保户的投入大大改善了老人的居住环境,但是相关部门对基层五保资金的使用监督没有落实到位,一些地方存在没有足额发放的现象。而2009年开展的新型农村养老保险制度在实施过程中存在一定问题,由于宣传不到位,大多数农民还不太了解这项制度。此外,由于曾经推行的旧农保制度没有兑现,给农民造成了心理影响,对新农保制度的推行造成了阻碍。

2. 中国农民受惠法治实施的基本现状

在中国,作为农民,受传统封建思想的束缚,权利意识模糊,权利知识少,致使其不敢也不善于用法律武器来维护自己的合法权益。在农村,农民解决纠纷和问题的方式主要借助于人情、亲友关系、乡村习惯以及维系着私人的道德。就如费孝通先生所描述的"我们可以说这是个'无法'的社会,假如我们把法律限于以国家权力所维持的规则,但是'无法'并不影响这社会的秩序,因为乡土社会是'礼治'的社会"。虽然某些促进农民经济发展的法律法规已经颁布出台,但在个别地区的实施上却显得力不从心,究其原因一方面是因为前文所提到的农民权利意识问题,另一方面是因为对法律法规的宣传力度不够,农民对法律法规的理解不透彻,还未提高农民学法用法的积极性,尤其是缺乏对与农民群众日常生产生活密切相关的《中华人民共和国村民委员会组织法》、《中华人民共和国土地承包法》、

《中华人民共和国物权法》等的法律法规宣传。① 其次,法律规范不健全,内容抽象,不便操作。例如,《中华人民共和国村民委员会组织法》中没有明确规定破坏村委会选举的具体惩罚办法,虽然《中华人民共和国刑法》第 256 条规定了破坏选举罪,即"以暴力、威胁、欺骗、贿赂、伪造选举文件、虚报选举票数等手段破坏选举或者妨害选民和代表自由行使选举权和被选举权的行为",但是本罪有着明确的适用范围即"选举人民代表大会代表和国家机关领导人员的情形"。若村民委员会选举时发生上述行为,使得有关部门面临着无法可依的尴尬境地。此外,根据《中华人民共和国劳动法》的规定,农民工作为普通劳动者的一员享有"就业权、劳动报酬权、劳动保护权、职业培训权、社会保障权、劳动争议处理权、组织工会权等具体劳动权"。② 但是地方政府出台的法规往往将其边缘化,将城镇就业人员和农民工区别对待,扭曲和违背了立法宗旨和本意,加之《劳动法》立法过于原则,在实践中很难操作,各地的规章较多,农民对法规理解不透,缺乏贯彻的主动性和积极性。当农民的合法权益受到侵害时,《中华人民共和国农业法》第 77 条规定"农民或者农业生产经营组织为维护自身的合法权益,有向各级人民政府及其有关部门反映情况和提出合法要求的权利,人民政府及其有关部门对农民或者农业生产经营组织提出的合理要求,应当按照国家规定及时给予答复"。但是这一规定不具备可操作性。再次,行政执法部门的执法力度不够,执法手段单一,执法效率低。执法是法律实施的重要组成部分,国家权力机关制定的法律法规主要是通过政府及其相关部门的日常活动来贯彻执行的。从数量上看,占总数 80% 以上的法律法规是由国家行政机关来贯彻执行的。③ 但是县乡两级的农村工作体制存在弊端,总体上处于"吃饭财政",政府职能没有根本转变,部分执法人员素质偏低,法制观念和政策观念淡薄,工作方法和工作作风简单粗暴。另外,多层次的、完善的法律监督机制和援助机制还未建立,责任落实不到位,部分执法人员未深刻理解"依法行政"的真实含义,不积极行政,怠于行政现象时有发生,直接影响了农民权益的有效实现。

(三)中国农民受惠政策效能与法治效果基本现状

中国农民受惠政策虽然在改善农民生活条件、提高农民生活质量上起到了一定的促进作用,但收效甚微。此外,对于侵犯农民权益的行为缺乏法律上的保障,

---

① 费孝通:《乡土中国》,:北京出版社,2005 年版第 70 页。
② 乡中院课题组,余向阳、温建华:《农民工的劳动关系及法律保护问题研究》载《东方法眼》http://www.dffy.com,最近访问时间:2012 年 2 月 15 日。
③ 高帆:《行政执法手册》,中国法制出版社,1990 年版第 6 页。

影响了农民权利的顺利实现。

1. 中国农民受惠政策效能的基本现状

中国农村地区幅员辽阔,地区间自然条件迥异,决定了不同地区发展存在"先天"的差异。此外,区域间经济发展差距明显,风土人情、风俗习惯存在巨大差异。因此,在执行农民受惠政策时要因地制宜,要结合本地区的经济发展水平等相关情况,在充分调研的基础上,制定相应的执行标准,将农民受惠政策扎扎实实落到实处。近年来,中国不断出台农民受惠政策,虽然取得了一定的成效,但效果不明显。在政策的执行过程中新情况、新问题不断涌现,"上有政策,下有对策"的现象时有发生,农民抱怨道:"上面政策好,就是下面不执行。"当前,农民受惠政策的问题和矛盾主要表现在以下几个方面:一是财政落实支农项目配套经费的压力加大。近年来,中央确定了若干个惠农的项目,这些项目都需要地方财政给予配套,随着惠农项目的增加,地方财政的压力也就越大,在不得已的时候,地方财政需要举债来完成上级规定的目标和任务,庞大的债务成为财政运行的安全隐患,导致了部分农民受惠政策在实际执行中打了折扣。二是资金使用效益不高。目前,省级财政支农资金分散在各个部门,各个单位和部门各自为政,在资金使用安排上,统筹协调不好,难以形成合力。三是政策执行部门办事效率低下。伍德罗·威尔逊曾经指出:"只有一个执行机构,它的运作并不受制于任何其他机构;如果必须引入其他机构,这一执行机构对其他机构的依赖程度,无论从数量和重要性来说,都必须达到最小化。"①但是,目前农民受惠政策的执行部门和机构繁多,执行效率低下。四是操作程序不规范,执行随意性大。部分政策没有明确规定补贴的对象、补贴的标准、补贴的范围,不能保持政策的统一性和严肃性,在执行过程中出现农民受惠政策偏差走样,变调的情况。此外,程序繁琐复杂,严重影响了农民受惠政策的执行效率。五是部分执行人员素质偏低,业务水平有待提高。六是农民受惠政策宣传不到位。地方政府及其相关职能部门作为农民受惠政策的传播媒介,主要通过网站、报纸等媒体和媒介向基层传达相应的政策,而未组织专门的政策宣讲团,深入到各个村、镇利用各种途径和方式对农民受惠政策进行讲解,致使农民受惠政策虚化。尤其对于那些劳苦边穷和西部经济欠发达地区,现代传媒的有效性影响了农民对惠农政策的知晓程度,加之农民的文化水平参差不齐,导致对农民受惠政策理解不透彻,对某些方面一知半解,缺乏贯彻政策的主动性和积极性。七是监督机制不健全,导致对政策执行行为监督的缺位。特别是未采用联合督查、专项督查、个案督查等监督方法加强监管。

---

① 伍德罗·威尔逊:《行政学研究》,彭和平,竹立家等译,中共中央党校出版社,1997年版。

2. 中国农民受惠法治效果的基本现状

中国的农村社会是一个熟人社会,农民普遍接受的传统法律文化和价值取向是"无讼"、"厌讼",打官司被认为是一件不太光彩的事情。虽然国家加大力度对农村地区进行普法教育,提高农民的法律意识和法律观念,但是一旦遇到纠纷和问题时,私力救济往往成为农民的第一选择,其主要原因在于"国家的司法途径或公力救济供给不足,或者可以说国家司法权在农村弱化、农村处于国家权力的边缘地带,尤其是国家的司法权还不能深入有效地渗透进农村"。① 此外,由于现行司法体制的弊端,农民一旦进入诉讼程序,将会面临高额的诉讼成本,耗时、耗力、耗钱,使得农民对公力救济这一权利救济方式望而却步,将其视为万不得已才使用的途径和手段。"现代法制离村庄还有一些距离,包括人们情感上的接受和法律机器的运作,以及现代法律与人民生活的关系等等均没有在农村(很大程度上也包括城市)成长起来。"②当然,对于侵害农民权益的行为,司法机关可通过民事诉讼、行政复议和行政诉讼等途径保护农民的合法权益。《中华人民共和国农业法》第七十八条规定:"违反法律规定,侵犯农民权益的,农民或者农业生产经营组织可以依法申请行政复议或者向人民法院提起诉讼,有关人民政府及其有关部门或者人民法院应当依法受理。"同时,对于经济条件确有困难的农民给予法律援助。《农业法》第七十八条第二款规定:"人民法院和司法行政主管机关应当依照有关规定为农民提供法律援助。"但事实上,由于各种各样的原因,"农民不敢告状、告状无门、告状难的现象仍非常突出"。③ 另一方面,法律体系不健全,法律保障不足,严重影响农民权利的实现。以村民自治为例,村民自治权的主要内容包括民主选举权、民主决策权、民主管理权和民主监督权四个方面。但在实践中,村民只重视民主选举权,而忽视对民主决策权、民主管理权和民主监督权的运用。此外,村民自治权得不到国家司法体制的有效保障。"现行村民自治权利除涉及村民的财产权、人身权的事项可以通过司法途径如通过行政复议、行政诉讼、民事诉讼等予以救济外,其他的并没有纳入司法救济途径"。④《中华人民共和国村民委员会组织法》第五条规定:"乡、民族乡、镇的人民政府对村民委员会的工作给予

---

① 陈晋胜:《农民经济权利的宪法地位与行政法保护》,载《生产力研究》,2008年第10期。
② 李松锋:《转型期村庄选举的困境及其出路农村法制现状》,社会科学文献出版社,2006,年版第39页。
③ 郑新建、寇占奎:《农民权益保护中存在的问题及其法律规制》,载中国(海南)改革发展研究院主编:《中国农民权益保护》,中国经济出版社,2004年版,第467－468页。
④ 黄荣英:《社会主义新农村建设中村民自治法律问题研究》,载《经济与社会发展》,2008年第7期。

指导、支持和帮助,但是不得干预依法属于村民自治范围内的事项。"虽然该法明确指出乡、民族乡、镇的人民政府不能随意干涉村民自治范围的事务,却没有规定如果擅自干涉自治事务将会承担的责任和相应的处罚措施,导致乡镇政府对村民自治实施横加干涉,经常会出现选举村委会成员时制定候选人、把村级财务账纳入乡镇财务管理、不给予村民选举出来的村干部指导和帮助、直接领导和命令村干部工作等现象发生。总之,不仅仅是《中华人民共和国村民委员会组织法》缺乏对侵犯村民自治权利法律责任的规定,并且相关的法律如民事诉讼法、行政诉讼法、刑事诉讼法也未对村民自治权利提供有效充足的司法救济途径。所谓"有权利必有救济",而信访制度的救济功能暂时弥补了法律保障的缺失。"目前,信访在大多数情况下是人民群众遇到不公正的待遇时寻求救济的一种手段,因此,具有极强的维权性和补救性,是公民权利救济体系的一个重要组成部分。"①

四、中国农民受惠政策与法治一体化建设的基本构想

(一)中国农民受惠政策与法治一体化建设的基本要求

1. 中国农民受惠政策与法治一体化建设的价值要求

中国农民受惠政策与法治一体化建设的价值要求就是要树立公平正义的理念。公平正义,自古以来就是人类社会共同的理想和不懈追求,是人类社会普遍的价值取向,也是社会主义法治的价值追求和重要目标。公平,一般地讲,反映的是人们追求利益分配合理性的价值理念。2005年2月胡锦涛同志在中央省部级主要领导干部提高构建社会主义和谐社会能力专题研讨班上阐发了社会主义和谐社会具有的"民主法治、公平正义、诚信友爱、充满活力、安定有序、人与自然和谐相处"六个特征。社会公平正义是社会和谐的基本条件,制度是社会公平正义的根本保证。作为参与社会主义现代化建设的一分子,每一位劳动者,尤其是长期被忽视的农民都有权利平等分享改革开放的成果。因此,必须加紧建设对保障社会公平正义具有重大作用的政策和制度,保障农民在政治、经济、文化、社会等方面的权利和利益,引导农民依法行使权利、履行义务。

要按照城乡统筹战略部署,彻底转变计划经济遗留下来的歧视甚至剥夺农民的政策,阻止农业农村应得资源要素外流。今后要以城乡居民权利平等为基本尺度,以公共财政的阳光普照农村,由政府向农业农村提供公共产品和公共服务。实质就是通过财政渠道推动资源要素向农业农村配置,切实解决好农民生存、农

---

① 陈晋胜:《中国特色的信访制度与和谐社会之构建》载《中国特色社会主义研究》,2008年第2期。

民发展问题。要以民主与法制加强农村基层政权与民主建设。基层民主是农村上层建筑的核心问题,基层组织必须依法建立并彻底转变其职能,以适应市场经济要求。此外,要放权于民,推进基层民主。以乡村两级为重点,实行乡(镇)村两级领导干部直选。要以政府基本公共服务均等化发展农村社会事业。建立城乡基本公共服务均等化,加大对县及县以下财政转移支付力度,加强农村教育、卫生、文化、科技等公共事业建设,加大义务教育、新农合、新农保等社会保障机制建设,提高农村公共服务水平。通过公共服务均等化加快农村社会事业发展,促进社会主义新农村建设。

强化公平理念,将农民纳入现代化进程,让农民共享改革发展成果,这不只是政府的责任,也需要全社会的理解和支持。统筹城乡发展的实质是调整城乡关系,将利益的天平向农民倾斜。无论是农民进城,还是推动资源要素下乡,都要涉及城乡利益关系的相对调整。静态来看,只是对资源的重新分配,因而是一种公平的政策;动态来看,通过建立协调关系和良性循环,促进城乡社会经济的可持续发展,因而也是一种促进长期效率的政策。

2. 中国农民受惠政策与法治一体化建设的目标要求

中国农民受惠政策与法治一体化建设的目标要求是指农民受惠政策与法治一体化建设的递进式目标,即在农民贫困消解基础上,保证农民生存条件下,追求农民发展,倡导农民富裕。农民生存是基础和前提,农民发展是过程,农民富裕是根本目标。无论是农民受惠政策的制定还是农民受惠制度的建设,都要紧紧围绕这一条主线,都要遵循这一客观规律。

现阶段,在中国广大的农村地区,有些地方的农民已步入小康生活,有些地方的农民却在贫困线上挣扎,为温饱问题而发愁。区域之间发展的不平衡,区域之间发展的阶段性差异,要求中央必须从全局着眼,从眼前的实际出发,以"保民生,促稳定"作为农民受惠政策和制度制定的指导原则。当农民生存的问题得到有效解决后,再逐步推进农民发展和农民富裕的各项受惠政策与制度实施的措施,才能真正实现农民富裕这一终极目标。当然,在这一过程中,要充分发挥地方(村级)的积极性,各地区要结合本地区的经济发展情况,对中央的农民受惠政策与制度做出适实的调整。西部农村等一些欠发达的地区要不打折扣地完成中央提出的目标和任务,努力追赶与其它发达地区的差距。经济富裕的地区要制定引导农民富裕的政策与制度,在满足农民的物质需求的同时,还要满足其更高层次的精神需求。

3. 中国农民受惠政策与法治一体化建设的特殊要求

中国农民受惠政策与法治一体化建设的特殊要求是指坚持对贫困的农民积

极扶持,对残疾农民常规帮助,对受灾农民及时救援,对富裕起来的农民正确引导的方针。第一,对贫困的农民积极扶持。从1994年开始实施《国家八七扶贫攻坚计划》,2001年起实施《中国农村扶贫开发纲要(2001-2010年)》以来,党中央把改善贫困地区群众生产生活条件和提高贫困人口生活水平作为扶贫开发的中心任务,并取得了显著成效。2004年中央一号文件指出:"完善扶贫开发机制。切实做到扶贫到村到户。对丧失劳动能力的特困人口,要实行社会救济,适当提高救济标准。对缺乏基本生存条件地区的贫困人口,要积极稳妥地进行生态移民和易地扶贫。对低收入贫困人口,要着力帮助改善生产生活条件,发展特色产业,开辟增收渠道,减少和防止返贫。"①"到2010年年底,《中国农村扶贫开发纲要(2001-2010年)》确定的目标任务基本实现。农村贫困人口从2000年底的9422万,减少到2010年底的2688万,贫困发生率从10.2%下降到2.8%。2001-2010年,国家扶贫开发工作重点县农民人均纯收入从1277元增加到3273元,年均实际增长8.1%,略高于全国农村的平均水平。"②2011年12月1日,中共中央、国务院印发了《中国农村扶贫开发纲要(2011-2020年)》,坚持开发式扶贫,不断迎接扶贫工作中的新任务、新挑战。2014年3月,习近平总书记在参加十二届全国人大二次会议贵州代表团审议时指出:"精准扶贫,就是要对扶贫对象实行精细化管理,对扶贫资源实现精确化配置,对扶贫对象实行精准化扶持,确保扶贫资源真正用在扶贫对象身上、真正用在贫困地区。"习近平总书记强调,扶贫要注重精准发力,在"精准"二字上下功夫,必须在精准施策上出实招、在精准推进上下实功、在精准落地上见实效。第二,对残疾农民常规帮助。残疾人是农村扶贫工作的重点人群,要不断改善其生活状况,缓解并逐步消除其绝对贫困的状态,在坚决贯彻和实施《农村残疾人扶贫开发计划(2001-2010年)》的基础上,2012年1月3日,国务院办公厅下发《农村残疾人扶贫开发纲要(2011-2020年)》,对今后十年农村残疾人扶贫开发工作作出新部署。2011年5月16日,《中国残疾人事业"十二五"发展纲要》发布,根据纲要,"十二五"时期中国将建立贫困残疾人生活补助和重要残疾人护理和补贴制度。第三,对受灾农民及时救援。一方面要不断完善灾害预警机制,灾害预警可以使农民提前做好防灾抗灾准备,尽量把灾害带来的损失降低到最低限度,尽可能做到防患于未然。另一方面,通过农业保险分担农民

---

① 2003年12月31日,中共中央国务院《中共中央国务院关于促进农民增加收入若干政策的意见》
② 范小建:新闻办介绍《中国农村扶贫开发纲要(2001-2010年)》载《中国政府网》http://www.gov.cn/wszb/zhibo490/,访问时间:2012年5月1日。

的经济风险。要加快发展农业保险,完善现行农业保险政策和制度。一是积极扩大农业保险保费补贴的品种和范围。二是探索开展农机具、渔业等保险。第四,对富裕起来的农民正确引导。农民在温饱问题解决后,就会有精神层次的需求。因此要大力开展文化娱乐活动,开办健康讲座、健身活动等丰富农民的业余生活。破除封建思想,对赌博、吸毒活动要坚决予以制止。

(二)中国农民受惠政策与法治一体化建设的基本模式

正如前文提到的一样,农民受惠政策与农民受惠制度各有特点,各有所长,二者不能相互代替,并且也必须能够在社会主义新农村建设中并存。但是处理和协调好二者的关系问题是能否实践好农民受惠政策与法治一体化建设的关键所在。

1. 农民受惠法治政策化模式

中国农民受惠法治政策化模式是指以农民受惠制度为基点,发挥农民受惠政策的导引和辅助作用,促进农民受惠制度的贯彻实施。古希腊哲学家亚里士多德早在《政治学》一书中曾经指出:"法治应包含两重含义,已成立的法律获得普遍的服从,而大家所服从的法律又应该是良好的法律。"①英国自由主义思想家洛克也提出:"法律除了为人民谋福利这一最终目的之外,不应再有其他目的。"②法治作为一种治国方略,1999年在宪法中得到正式确认。但由于法治文化的确立需要长期的积淀和孕育,尤其是在中国农村这片广袤无垠的土地上,农民权利意识模糊,权利观念淡薄,传统文化深深扎根于每个农民心中,这也就决定了像农村这样缺少法治文化的社会主义新农村的法治建设,必然要经历一个长期的、艰难的过程。

洛克曾经说过:"法律一经制定,任何人也不能凭他自己的权威逃避法律的制裁;也不能以地位优越为借口,放任自己或任何下属胡作非为,而要求受法律制裁。"③卢梭也同样认为:"尊重法律是第一条重要的法律,任何一个遵守法律、管理完善的政府,根据任何理由,也不准许有人不遵守法律。"④大力推进社会主义新农村建设,必须借助法治这一手段来推动和保障。因此,通过农民受惠法律的制定和完善,推进社会主义新农村建设的制度化、法律化、程序化;通过严格、公正、公开、文明执法,建设法治政府,保障农民的各项权利得到实现;通过对农民的法制宣传教育,全面提高他们的法律意识,一是要努力提高广大基层干部的法律素质和公仆意识,用法律、法规规范自己的行为,真正起到模范表率作用。二是公

---

① 《亚里士多德.政治学》,吴鹏寿译,商务印书馆,1997年版第167页。
② 洛克:《政府论(下篇)》,叶启芳、瞿菊农译,北京:商务印书馆,1962年版第89页。
③ 洛克:《政府论(下篇)》,叶启芳、瞿菊农译,商务印书馆,1962年版第59页。
④ 卢梭:《论政治经济学》,王运成译,商务印书馆,1962年版第9页。

安机关、治保组织、民间调解组织在法制宣传中要起先锋作用。通过办案、媒介、调解纠纷、开设法制讲座、接受法律咨询、解决群众的疑难问题等多种途径，及时宣传法律法规，以增强农民的法制意识，形成农民自觉守法用法的良好氛围。通过强化农民权益的司法保障，真正实现公平正义。要加大力度维护农民的合法权益，尤其是激发广大农民的维权意识。所谓"有权利必有救济"，对于侵害农民权益的行为，司法机关应能保障农民及时通过民事诉讼、刑事诉讼和行政诉讼等途径加以解决。对于经济条件确有困难的农民，人民法院应依照有关规定对其提供法律援助。

但是，农民受惠制度一经制定，就远远落后于社会发展的需要。为了将农民受惠制度落到实处，就需要以机动、灵活为特点的农民受惠政策予以辅助；为了弥补农民受惠制度的空白，就需要以农民受惠政策为指导。

(1) 农民受惠政策的辅助作用

要充分发挥农民受惠政策的辅助作用，就必须解决好农民受惠政策的制定、执行和效能等一系列问题。

首先，农民受惠政策的制定要科学、民主、合法。为此，制定农民受惠政策时应遵循以下原则：一是坚持实事求是。实事求是是指农民受惠政策一定要根据农民受惠制度的具体情况来制定，它是农民受惠制度的具体化，是为了更好地实现农民受惠制度的具体规定，唯有如此，才能制定出方向明确、思路清晰和切实可行的目标。二是坚持从农民的根本利益出发。江泽民同志2000年2月25日在广东省考察工作时，从全面总结党的历史经验和如何适应新形势新任务的要求出发，首次对"三个代表"重要思想进行了比较全面的阐述。"三个代表"其中之一就是"中国共产党要始终代表中国最广大人民的根本利益"。同样的，作为人民的一员，中国共产党也应始终代表农民的根本利益。始终站在农民根本利益的立场上，是一个政治立场问题，更是一个政治实践问题。中国共产党作为执政党，它的政治实践首先表现为制定和实施方针政策。而方针政策的制定和实施又有一个出发点问题，即相信谁、依靠谁、为了谁。这个出发点就是其政治立场的表现。而"农民生存——农民发展——农民富裕"即在农民贫困消解基础上，保证农民生存条件下，追求农民发展，倡导农民富裕，就是农民受惠政策制定的出发点和落脚点。建设中国特色社会主义新农村的根本目的，就是不断实现好、维护好、发展好农民的根本利益，党的方针政策和工作必须以符合农民的根本利益为最高衡量标准。

其次，要加大对农民受惠政策的执行力度。农民受惠政策最终要通过执行才能将目标转化为现实从而有效地解决政策问题，但是农民受惠政策的执行在中国还没有引起人们足够的重视,一些地方政府及其相关部门怠于执行、懒惰执行。这种"自上而下"的执行模式缺乏地方政府(基层政府)尤其是农民群众的广泛参与,使其在执行过程中面临许多困扰和问题,影响农民受惠政策目标的有效实现。因此,必须采取有效措施提升农民受惠政策的执行效力。"将执行过程看作一个政策/行动的连续统一体,在这一连续统一体中,那些寻求将政策付诸实施的人和那些采取行动需要依靠的人之间的互动和谈判过程,随着时间的推移,一直在进行着。"①为此要做好以下两点:一是健全农民需求的表达机制。农民缺乏通畅的需求表达渠道,更缺乏在农民受惠政策形成、制定和执行中的主体地位,必然导致部分政策方案设计不符合农村实际情况和农民的现实需求。二是充分发挥地方政府的积极性。以执行需求为导向按权责一致的原则充分赋予区县政府审批执行项目的权责、强化乡镇政府和村民自治组织在农民受惠政策执行中的组织协调和服务职能以保障农民权益。

(2)农民受惠政策的导引作用

改革开放以来,随着市场经济的深化发展,政治经济体制的改革也逐渐加深,文化领域和文化市场也逐渐繁荣。社会结构的诸多变化,带来人们观念的转变,价值取向的多元化和新的利益的冲突形成,教育、就业、医疗、社会差别加大等社会问题的出现,影响着社会安定团结和公平正义目标的实现。这些问题的逐渐增多以及表现形式的多样化,凸显了农民受惠法律的缺失和许多强制手段的无奈,不利于和谐社会的发展,也同样不利于社会主义新农村的建设。就政策与法律对农村改革的影响而言,笔者认为,相比之下,法律对农村改革的介入要浅得多,即使是跟进,速度也较慢。

农民受惠政策具有战略性和前瞻性,在集中和体现农民意志的结果上具有宏观性和方向性,而农民受惠政策的这一特点使其通常的内容比法律更为超前、宏观和原则。政策先行是为适应变化先于法律作出反应,这往往就会突破现行法律原有的内容和框架,这种"突破"可以称为"形式违法",但属于良性的,具有实质正义。同样也存在着法律滞后于政策等不一致的现象发生。在国家社会政治经济生活出现或者即将发生重大变化的特殊情况下,农民受惠政策的酝酿、形成可能要突破现行法律的规定。因为此时现行的农民受惠法律在时代发展和社会变化的情况下已不能全面、正确体现人民的意志,它的有关内容和形式已不具备"良法"的品质,农民受惠政策基于其特点需要对其作出突破,并对现有农民受惠法律的废、改、立起指导作用。此时,需要建立相应的机制来进行农民受惠政策出台的

---

① 米切尔·黑尧:《现代国家的政策过程》,赵成根译,中国青年出版社,2004年版。

质量考评。这应当包括但不限于影响和决定政策出台的社情民意反馈机制,经常性的民意调查机制,专家参与论证机制,农民受惠政策试行机制,农民受惠政策结果的评估机制等等。若由此所形成的评判结果表明是良好的,那么即使农民受惠政策的内容突破了现行的农民受惠法律,也应当具有合理性和正当性。

2. 农民受惠政策法治化模式

从政策层面上看,党中央连续9年以一号文件的形式对三农问题作出了重要指示,可以说,在农民受惠政策的制定上我们做了很多有益的工作。但是,政策的重视并不能取代法律的保护,农民受惠政策只有上升为国家法律才能真正得到切实的保障。只有将农民受惠政策上升为法律,农民权益的保护才具有坚实的法律基础,农民才能通过法律手段维护自己的合法权益。

农民受惠政策的法制化首先是指农民受惠政策的制定过程及其内容都应符合宪法和法律,不能与其相抵触。农民受惠政策的正确与否,同是否建立了法制化的政策程序有着密切的关系。农民受惠政策的法制化其次是指农民受惠政策向法律的转化,有权的国家机关将经过实践检验、确已成熟、稳定、在较长时期内规范社会关系的农民受惠政策上升为国家法律。使这些农民受惠政策获得人人必须遵守的法律效力,使农民受惠政策所要达到的目标有法律的促进和保障。因此要将成功和成熟的农民受惠政策转化为法律;要将具有长期稳定性的农民受惠政策转化为法律;要将对全局有重大影响的农民受惠政策转化为法律。

农民受惠政策转化为法律的必然性在于:一是农民受惠法律具有稳定性,能将体现其利益和意愿的意志确定形成为稳定的制度规范,并长期反复稳定地适用。农民受惠法律的制定主要针对经反复实践并已经比较成熟的事项,制定程序也相对复杂、漫长,因而其修改和变化不可能太繁琐,一旦制定,所调整的社会关系就要在较长时间内固定化。因此,农民受惠法律的规定往往可以跟进农民受惠政策的规定,使政策的规定通过转化为法律获得稳定性和长久性。在这方面,农民受惠法律对稳定社会关系,保障社会秩序起到了农民受惠政策所不能取代的作用。二是农民受惠法律具有具体性,能将权利义务、法律后果及其实现程序作出具体的安排。法律规定力求具体、细致、精确、完整,尽可能不留空缺,因而能从微观环节上全面落实并保障农民的利益和愿望得以实现。当然,这也就决定了农民受惠法律的实施会是一个渐进过程。但是,农民受惠法律的实施过程一旦完成,就会有相当的稳定性和落到实处的效果。三是农民受惠法律具有规范性,能统一尺度,有很强的操作性和对全社会成员具有普遍的约束力。此外农民受惠法律的规范性还表现为它是由国家的强制力来保证实施的,因而对全社会的遵守和执行来讲,是有制度和国家强制性保障的。相比较而言,农民受惠政策在这方面就比较弱化。

　　制度的健全程度和法治的完善程度是农民受惠法治建设的关键问题。针对目前农民受惠法制建设存在的欠缺等诸多问题,应加快农村法治建设的步伐,将成熟和稳定的农民受惠政策转化为制度。以农村社会保障制度为例,在最低生活保障方面,应抓紧出台"社会救助法",建立起包括农村在内的最低生活保障、专项救助、自然灾害救助、临时救助以及其他救助的制度框架。在"社会救助法"的框架下,国务院可制定"最低生活保障条例",对最低生活保障制度作进一步明确具体的规定。在新型农村合作医疗方面,当前应当通过立法巩固和推进新型农村合作医疗制度,建议国务院制定"新型农村合作医疗条例"。在农村社会养老保险方面,可制定"农村社会养老保险条例",对农村社会养老保险的制度模式、参保对象、缴费方式、资金来源、统筹方式、资金的运营和监管进行规定,在制定该条例的同时,需要加强与其他养老保险制度的协调。

　　总之,经过几年来的艰苦不懈的努力,中国已经确立起统筹城乡发展的基本方略,基本构建起统筹城乡发展的政策体系,初步搭建起统筹城乡发展的制度框架;然而以工促农、以城带乡的长效机制尚未建立,统筹城乡发展的能力还有待于进一步提高,特别需要下更大决心来调整国民收入分配结构,切实向农村特别是中西部贫困地区倾斜。一些涉及统筹城乡发展的深层次改革,如推进大中城市户籍制度改革、建立覆盖城乡的统一的社会保障体系,以及形成促进农村土地依法流转的机制等方面也要稳步推进。

　　在这一过程中,农民受惠政策与农民受惠法治如车之两轮,必须相互配合,才能共同前进。其中,农民受惠政策是核心和方向,农民受惠法治是根本保障。加快农民受惠政策与法治建设、加强农民受惠政策与法治实施、加大农民受惠政策与法治效果是中国农民受惠政策与法治一体化建设的必由之路。本章通过对农民受惠政策与农民受惠制度的系统梳理,分析中国目前农民受惠政策与制度的基本现状。在"农民贫穷消解基础上,保证农民生存条件下,追求农民发展,倡导农民富裕"这一理念的指导下提出特殊要求即积极扶持弱势农民、常规帮助残疾农民、及时援救受灾农民、正确引导富裕农民。以"农民受惠政策法治化和农民受惠法治政策化"这一基本模式为建立起农民受惠政策与法治之间友好关系的基本理论体系提供建议。

第五章　中国农村受惠政策与法治一体化建设

"三农"问题直接关系到中国的社会稳定、国家富强、经济发展,农村问题作为其中的重要一环,一直受到广泛的关注。一直以来,国家都出台大量的关于惠及农村的政策和法规,但是内容杂,范围广,牵扯多,规律性和普及度不高,同时农村受惠的政策和法治间也存在衔接差,矛盾突出等问题,惠农政策虚化、制度执行走样等问题屡见不鲜,因此,研究有关农村的受惠政策和法制一体化利于我们理清政策和法治间的关系,进而更科学地把二者有机融合,使政策与法治在惠农方面能够做到取长补短、相辅相成,发挥更大的作用。

一、农村受惠政策与法治一体化建设的基本理论

（一）农村受惠政策的基本理论

1. 农村受惠政策的概念

从广义上讲,各种社会团体和组织为实现自身所确立的各类目标而采取的各种措施和方法,都是政策。而在日常生活中与我们联系最紧密的一般是党的政策和国家政策,由此而言,政策即是党和国家为实现一定历史阶段的任务和目标而制定的行为规范和行动方案的总称。所谓的农村受惠政策指的就是党和国家为了提高农村各项实力而制定的一系列利于农村发展的优惠措施和政治扶持。新中国成立以来,中国各级政府便陆续持久地发布了大量关于农村工作的重要政策措施,积极指导和推动着农村的改革和发展。

2. 农村受惠政策的特点

农村受惠政策有着政策所具有的基本特点:(1)阶级性。政策代表的是固定阶层、集团的意志,是该阶级为了夺取或巩固政权而采取的各种措施,具备阶级意志性,并且这种阶级意志是由经济基础的性质所决定的。(2)稳定性。邓小平就曾指出"政策不但要对头,而且要稳定,要有连续性"①,政策要实现的是一定阶段内的社会目标,只有具备稳定性,才能发挥政策的作用,利于目标的实现。朝令夕改会令政策接收方无所适从,影响制定者的公信力及执行力。(3)实践性。政策的制定是基于实践的需要并必须接受实践的考验,需要制定者一切从实际出发,脱离现实的政策即无存在的必要,也必将是错误的政策。

农村受惠政策有其区别于其它政策的特点:(1)目标的特定性。农村受惠政策指向的特定目标是农村,针对的是农村的各种现状及未来发展。自1979年以安徽农村为试点提出生产责任制的政策后,有关惠及三农问题的政策一直是中国各项政策中极其特殊、不可或缺的一块。(2)政治的倾向性。党和政府针对农村提出的各项政策都表现出了极其明显的政治上的倾斜性,目的都在惠及农村,从经济人力物力等各方面扶持保证农村发展。光是2011年中央财政惠及"三农"的资金投入就达9884.5亿元,其中促进农村教育、卫生等社会事业发展的支出就有3963.6亿元,村级公益事业建设一事一议财政奖补资金有160亿元②。(3)范围的广泛性。这里包含着两方面的含义:一是指在中国,农村覆盖范围大,涉及人口资源多。据统计,21世纪初在中国已有农村五百多万,农民九亿多。农村受惠政策直接影响的是中国大部分的地区及总人口的三分之二。其二,农村受惠政策不单是指向社会或经济方面,而是包含了农村生产生活的各个领域,针对的是所有农村地区的所有活动,有着普遍的指导意义。

(二)农村受惠法治的基本理论

1. 农村受惠法治的概念

法学界对于法治有着诸多研究,普遍认为法治就是指以民主为前提和基础,以严格依法办事为核心,以制约权力为关键的社会管理机制、社会活动方式和社会秩序状态,一般包含形式意义上的法治和实质意义上的法治。形式意义的法治,强调治国的方式、制度及运行机制,如"依法治国"、"依法办事"等。实质意义的法治,强调法的价值、原则和精神,如"法律至上""制约权力"等。两者一体两面,不可或缺。农村受惠法治即国家法治体系中,充分运用法律手段来管理农村各项事务,以保障农村持续发展和广大农民合法利益的社会秩序与运行状态。

---

① 1987年4月18日,邓小平会见刚果总统德尼·萨苏·恩格索时指出。参见《邓小平年谱(1975–1997)》载《中国网》http://www.china.com.cn/chinese/zhuanti/xp100n/627196.htm,最近访问时间:2012年3月1日。

② 农业部产业政策与法规司:《2011年国家支持粮食增产农民增收的政策措施》载《中华人民共和国农业部网站》http://www.moa.gov.cn/ztzl/lszczc/201103/t20110325_1955079.htm,最近访问时间:2012年3月21日。

2. 农村受惠法治的特点

社会主义法治具有以下特点:(1)以法律至上为基本原则。法治就是要依法治国,坚持法律的权威性、至上性,通过法律的手段来制约权力,管理和统治国家,实现人民当家做主。同时需要注意的是,法律至上并不意味着就要忽视党的领导、否定道德等其它统治手段。(2)以保障权利为基本价值。在法治国家中,权利一直都受到强调和保障,是最基本的价值目标。法治保障权利一般通过两种形式,即义务的履行和权力的制约。这里义务的履行包含两种情况:权利实现所需的义务的履行;权利人正当行使权利的义务的履行。权力的制约就是为了防止权力对权利的侵害,保证民主的实现。(3)以司法公正为基本要求。司法的独立和公正是社会主义法治国家的必然要求,只有这样才能更好地解决社会事务中的各种纠纷并保证群众的支持与信任。值得注意的是,公正的标准认定存在难度,有时法律公正和道德公正并不一致。

农村受惠法治除了具备上述特点外,还具备:(1)更注重针对性和专项性。新中国成立后至今在惠及农村方面已形成了针对各领域各方面多层次的法制系统,包括宪法中的相关内容,基本法规——《中华人民共和国农业法》①,农业资源和环境保护法,涉及农村安全生产、规范农村生产经营方面的法律等等。(2)一般都有对应的政策前置。农村受惠法治是法治中极为特殊的一块。因为中国的农村情况极其复杂,地位非常重要,稍有不慎就可能影响全国稳定,可谓是牵一发而动全身。对于农村法治的制定、执行等都需要慎之又慎,即便是惠及农村的法律制度也要谨防好心办坏事。因此,现实中,针对三农问题制定的法律一般都是成熟政策的条文化具体化。党和政府通常会先制定并执行政策,待其经过实践检验确认成熟后再予以法律化,加强保障。

(三)农村受惠政策与法治一体化建设的内涵

执政初始,中国党和政府便专门针对农村受惠问题制定诸多具体的方针政策,此后几十年至今国家从未放松过对农村受惠政策的修正与制定。而自党的十五大上依法治国的基本方略被提出后,用法律的手段治理农村也得到了广泛的认可与重视。政策与法治都是管理和发展农村的有效手段,经年实践也日益完善。同时,处理好受惠政策和法治间的关系,实现二者的统一协调也成为了一个必然需要研究的课题。

---

① 1993年7月2日第八届全国人民代表大会常务委员会第二次会议通过,2002年12月28日第九届全国人民代表大会常务委员会第三十一次会议修订。以下简称《农业法》。

1. 农村受惠政策与法治一体化建设的概念

笔者认为,所谓的农村受惠政策与法治一体化,就是通过适当的方式方法把惠及农村的政策和法治融合到一个体系里协调发展,使其相互作用,取长补短,发挥更大功能的过程。理论上讲,就是通过考查政策和法治的实然(现实)关系,进而在系统阐释其应然(科学)关系的基础上建立起二者间友好关系的理论过程。

农村受惠政策与法治一体化建设从模式上讲,可以分为:中央一体化建设模式(受惠政策与法治宗旨同根);地方一体化建设模式(受惠政策与法治规制同步);政策一体化建设模式(中央与地方政策的制定、执行、效能具有统一性);法治一体化建设模式(中央与地方制度的建设、实施、效果具有一致性)。

政策与法治作为治理国家发展民生的两种手段,通过不同的方式实现其功能。二者各有长短利弊,在实践中发挥作用的同时也暴露出各自的不足之处,而这些问题很多都可以通过政策和法治的协作互补加以解决。因此,研究二者间的关系,探索更好的融合方式,即实现政策与法治的一体化建设就显得尤为必要。

2. 农村受惠政策和农村受惠法治间的关系

(1)二者间的联系性

本质上具有一致性。这种一致性主要表现在以下三个方面:一是一致的经济基础。农村受惠和法治都是由中国处在社会主义初级阶段的经济基础所决定的,都必须受社会主义物质生活条件制约。二是一致的意志性。二者都是把惠及农村的意愿上升为国家意志和国家的要求,由相同的思想理论进行指导。三是一致的目标内容。二者都是为了惠及农村,发展农村经济,促进农村建设,为了实现这个目标制定相似的基本内容。

农村受惠政策通常是受惠法治的核心内容,受惠法治是受惠政策的一种体现。在中国,农村受惠政策经过实践证明,逐步发展成熟后往往被纳入受惠法治的范畴,通过法律条文的方式加以具体化、制度化,使其具有国家强制性。农村受惠法治关系到农村经济政治的方方面面,影响着几亿的广大农民,不应也不能轻易决定内容,往往需要实践的检验,因而常常表现为对成熟受惠政策的一种体现。如中国的《农业法》就是在吸收了执政15年来在农村改革方面的成功经验,参考了诸多农村政策,以《中共中央关于进一步加快农业和农村工作的决定》与十四大有关文件等为指导形成的。这里需要注意的是,这种内容上的补充,不代表法律照搬照抄政策的内容,而是在精神方式上保持一致,体现一种政策的指导作用。

农村受惠政策需要受惠法治予以保障和促进。农村受惠法治是通过各种法律规范指导和管理农村各项事务,具有国家强制性、稳定性、明确性,是国家管理农村的有效手段。农村受惠政策针对的目标庞大、情形复杂,但同时又强制力较弱,执行性不强,难以做到人人自觉遵守。法律的特性决定了农村受惠法治具有独特的导向、调节、制约、保障等功能。充分利用这些功能能够有效地保证和促进农村受惠政策的实施,确保党和国家政策的长期性、稳定性、实效性,提高党和国家在农村农民间的威信,增强广大农民的信赖感和凝聚力。用法治的手段加以保障,再配合以党纪等其它手段,农村受惠政策才能得以贯彻实行,发挥其应有的功能作用。

(2)二者间的差异性

实施的方式不同。农村受惠政策的实施依靠的是党和政府的宣传引导、说服教育、思想工作,模范人物的带头作用,党风党纪的约束等,是以人民群众的信赖为实施基础。政策不以国家强制力保证实施,约束力较弱,有违反情形也不能以法律作为制裁。农村受惠法治则依靠的是法律,通过法律的手段保证惠农相关规定的实施,体现的是国家的强制力。在相关法律颁布后,存在违法情形的,依法要受到法律的制裁。

表现的方式不同。农村受惠政策通常是以决定、决议、纲领、通知、规定等文件形式表现出来,一般规定得较为原则和概括,带有号召性和指导性,少有具体、明确的权利和义务的规定,这些文件有时可以选择不对社会公开。农村受惠法治通常表现为法律、法规、规章等规范性的法律文件,条文中高度、明确、具体地指出了行为模式和法律后果,受惠法治中的相关规定必须要向社会公开[①]。

稳定的程度不同。农村受惠政策的稳定性要分情况而定。一般而言,总政策和一些基本政策较为稳定,为了完成一定任务或目标而提出的具体政策则往往需要更大的灵活性,需要随具体形势的发展而作出调整。农村受惠法治中的很多内容是对正确而成熟的农村受惠政策以法律条文的形式加以固化,上升为国家意志,具有较强的稳定性,相关的立、改、废都必须遵循严格的程序,并且不能过于频繁。

正如上述分析,农村受惠政策和受惠法治间有着密切的联系,各有长短,相辅相成,不能互相替代,但也不能彼此分割。只有发挥二者间的促进作用,保证二者协调发展,才能更好地实现促进农村发展、保障农村利益的任务与目标。自新中国成立以来,在农村管理方面已经从开始的单纯依靠政策办事过渡到既依靠政策也依靠法律,因此,农村受惠政策与法治一体化建设的理念便被提出,并进而加以研究完善,以便发挥更大的作用。

---

① 赵慧峰、王春平:《农村政策与法规》,金盾出版社,2011年版,第8页。

(四)农村受惠政策与法治一体化建设的特点

1. 衔接协调性。

农村受惠政策与法治一体化要求实现协调衔接,和谐互进。这种衔接协调性包含对两方面的要求,一是受惠的政策与法治间需要融合友好,互为补充,互相保障,既不能彼此冲突,相互矛盾,也不能各行其是,毫不关联;二是要求政策与法治各自内部要协调配合。纵向方面,中央、地方的政策或法治都应上下一致、协调运行,中央要考虑地方的实际情况,作出既符合大局又发展地方的决策,地方要配合中央并发挥能动性,保证执行及效果并反馈情况。横向方面,政策与政策间,制度与制度间不能互相矛盾,互相掣肘。

2. 共同促进性。

农村受惠政策与法治一体化建设就是为了解决现实中政策与法治各行其是、各自为政的问题,就是为了促进二者发挥更大的作用。因此,必须达到共同促进的状态,如果互扯后腿就不能称之为一体化建设,这种融合就是失败的。

3. 宗旨同根性。

这是农村受惠政策与法治一体化建设进程中必须坚持的一点,惠农政策与法治不论采取何种方式呈现何种形式,根源上都有着相同的宗旨,即在农村贫穷消除的基础上,保证农村稳定的条件下,实现农村和谐,促进农村繁荣。二者都不能脱离且皆服务于这一宗旨。

4. 规制同步性。

农村受惠政策与法治一体化建设必然具备规制同步性,从制定阶段起便要保持同步性,这种同步不是简单的一致或相同,而是惠农政策与法治在整个建设进程中保持着和谐的相对关系,有时是齐头并进,有时却又殊途同归。

5. 功能互补性。

执政实践中,农村受惠政策规范宏观的目标方向,提供管理农村事务的准则,能够随着实践情况有所变化,但同时也缺乏保障性与执行力,容易沦为空泛的口号。农村受惠法治则更关注具体的行为规范,有国家强制力保障执行,但由于法律本身具有的不易变动滞后等特点使得惠农法治缺乏灵活性。农村受惠政策与法治的一体化建设正是要实现二者的互补,使其能扬长避短,实现更多的功能。

二、中国农村受惠政策与法治一体化建设的基本内容

(一)农村受惠政策方面的内容

1. 农村受惠的基层组织政策

中国农村的基层组织,代表的是设在镇(办事处)和村一级的各种组织,主要

是指村级组织,包括了基层政权、基层党组织和其它组织三个方面。农村基层组织在规范农村社会经济生活,促进社会主义发展方面起着非常重要的作用。其中,村党支部和村民委员会作为最主要的农村基层组织形式,承担着整个农村党务管理及村级民主管理的职责。同时,农村还会设有妇代会、共青团、治保会、人民调解委员会等其它配套组织。这些基层组织几乎涵盖了党在农村的全部工作,它们相互配合协调,指导管理着农村各项事务的发展。农村受惠的基层组织政策就是党和政府以基层组织为目标作出的惠及农村的各项政策。

村党支部是村级各种组织和各项工作的领导核心,这是在长期革命斗争历史和社会主义建设实践中形成的事实,是团结带领广大党员和群众建设有中国特色社会主义新农村的保障。据统计,至2008年底,中国共产党党员总数为7593.1万名,全国34324个乡镇中,34321个乡镇建立了党组织。60.6万个建制村中,60.5万个建制村建立了党组织,占具备建立党组织条件建制村总数的99.98%①。村党支部已成为了党组织发展壮大从而服务于广大农民的坚实的基础。村民委员会则最早出现在1980年,当时广西宜山、罗城两县的农民自发地组成了一种准政权性质的群众自治组织即村民委员会,人民公社化以来的生产大队的行政管理体制开始解体。当时的村委会的功能只是协助政府维护社会的治安,之后,河北、四川等省农村也出现了类似的群众性组织,并且越来越向经济、政治、文化等方面扩展。直至今日,村民委员会已成为中国管理农村事务的重要组织。人民调解委员会针对的主要是民间纠纷和轻微的刑事案件,在农村这个小社会中承担着处理各种没必要上升到司法程序的矛盾和纠纷。治安保卫委员会是协助基层政府和公安机关维护本村的社会治安,保证本地正常的生产生活秩序。共青团、妇代会等群团组织在各自范围内发挥着重大作用,尤其是在社会主义新农村的建设中更有着无可取代的地位。中国农村的基层组织就是要以村党支部为核心,村委会为依托,各群团组织为辅助,人民调解、治安公共等组织相互配合,协调运作,通过这个有机的管理系统提高农村的整体水平。

早在1982年,中国第一份关于三农问题的中央一号文件中就明确提到了"落实党在农村的一切方针、政策和完成各项工作任务,都必须依靠农村基层组织,包括党的组织、政权组织、经济组织和群众团体""党的农村基层组织是团结广大群众前进的核心和战斗堡垒",此后关于农村基层组织的重要性便不断出现在其它中央一号文件及相关惠农政策中。如党的十七届四中全会上通过的《中共中央关

---

① 《中组部发布全国7593万党员职业构成等情况》载《网易新闻网》http://news.163.com/09/0702/01/5D6ABC150001124J_2.html,最近访问时间:2012年4月21日。

于加强和改进新形势下党的建设若干重大问题的决定》提到"做好抓基层打基础工作,夯实党执政的组织基础""进一步巩固和加强党的基层组织,着力扩大覆盖面、增强生机活力,使党的基层组织充分发挥推动发展、服务群众、凝聚人心、促进和谐的作用,使广大党员牢记宗旨、心系群众";胡锦涛主席在十七大做的报告《高举中国特色社会主义伟大旗帜 为夺取全面建设小康社会新胜利而奋斗》中也提到"要健全基层党组织领导的充满活力的基层群众自治机制,扩大基层群众自治范围,完善民主管理制度""充分发挥基层党组织推动发展、服务群众、凝聚人心、促进和谐的作用"等等。

农村基层党组织是党在农村工作的基础,是党联系农民群众的桥梁和纽带,是贯彻落实党的方针政策,是领导农民群众建设社会主义新农村的核心力量。针对基层组织的政策需要党和政府的特别重视,并根据实践情况及时作出调整。在《中共中央关于加强和改进新形势下党的建设若干重大问题的决定》中便强调指出"一些基层党组织战斗堡垒作用不强,有的软弱涣散,有的领域党组织覆盖面不广,部分党员意识淡化、先锋模范作用不明显",提出了需要"总结运用和丰富发展执政党建设基本经验""巩固和加强党的基层组织,着力扩大覆盖面、增强生机活力"。而2012年2月7日,中共中央组织部在全国开展了"基层组织建设年"的有关工作,召开了全国视频会议,中央部署确定2012年为基层组织建设年。

2. 农村受惠的经济政策

这里的经济指的是社会生产关系的总和,即人们在物质资料生产过程中结成的、与一定的社会生产力相适应的生产关系的总和或社会经济制度,是政治、法律、哲学、宗教、文学、艺术等上层建筑赖以建立起来的基础,是一种宏观上的经济概念。农村受惠的经济政策针对的是整个惠及农村的经济方面的政策,在此将从宏观经济、经济组织、金融三方面进行阐述。

(1)农村受惠的宏观经济政策

改革开放至今,中共中央从1982年至1986年连续五年发布以农业、农村和农民为主题的中央一号文件,对农村改革和农业发展作出部署。2004年至2009年又连续六年发布以"三农"(农民、农村、农业)为主题的中央一号文件,强调了"三农"问题是"重中之重"。2012年2月1日,2012年的中央一号文件正式公布,这已是中央一号文件连续第九年聚焦"三农"问题。

宏观上看来,中国农村受惠经济政策大概经历了三阶段:

第一阶段,针对农村内部作出的经济政策。1982年第一个中央一号文件《全国农村工作会议纪要》彻底改革了人民公社的经营体制,提出了家庭承包经营,开始倡导自主经济。1983年第二个一号文件《当前农村经济政策的若干问题》把包干到户命名为"家庭联产承包责任制",并给予了前所未有的高度评价,赞扬它是"在党的领导下中国农民的伟大创造,是马克思主义关于合作化理论在中国实践中的新发展"。1984年第三个一号文件《关于1983年农村工作的通知》解决了流通领域与农村商品生产间的矛盾,极大的促进了农村经济的发展。

第二阶段,市场开始发挥配置资源的基础作用。1985年第四个一号文件《关于进一步活跃农村经济的十项政策》和1986的第五个一号文件《关于1986年农村工作的部署》都进一步改革了流通体制,调动农民的积极性,发展农村商品经济,促进农村现代化。农村经济持续发展到1996年,开始出现了农产品难卖、农民收入下降、城乡差距加大等现象,由此进入了下一个阶段。

第三阶段,统筹城乡经济发展。2004年中央一号文件《中共中央、国务院关于促进农民增加收入若干政策的意见》,提出对农村"多予、少取、放活"的方针。党的十六大上还提出"统筹城乡经济社会发展"的方略。同年10月,胡锦涛总书记明确提出"工业应该反哺农业,城市应该支持农村",标志着党和政府已经从根本上改变了解决三农问题的方式。此后多年至今,国家逐步加大对农村经济各方面的扶持,减免税费,增加投资,提倡科学农业等等,为农村带来了翻天覆地的变化,促进了其长足的发展。

(2)农村受惠的经济组织政策

经济组织是指如家庭、企业、公司等按一定的方式组织生产要素进行生产、经营活动,是一定的社会集团为了保证经济循环系统的正常运行,通过权责分配和相应层次结构所构成的一个完整的有机整体。农村受惠的经济组织又不同于一般的经济组织,首先,其组成成员主要是农业生产者或经营者,在所有的经济主体中属于弱势群体,因而需要国家给予更大力度的支持方能实现其政策目标;其次,获取经济价值的方式最为特殊,农村经济组织发展依靠的是农业,在价值创造中需要接受自然和市场的双重考验,因而其发展离不开政府优惠性政策的扶持。

20世纪80年代初,由于小农户和小规模土地经营面临许多困难,中国开始出现联合热潮,农民自发组成各种经济联合体,以某种产品为核心提供全程或部分环节的服务,这就是农村经济组织的初级形式[1]。之后,随着经济社会发展,农村小规模经营与现代农业工具、科技成果推广之间的矛盾,传统经济体制与市场经济发展要求矛盾等新型矛盾的出现,使得政府和人民开始进行经济体制改革,发展更多元化的经济组织形式。1982年,第一份关于三农问题的中央一号文件中就

---

[1] 农业部农村经济研究中心:《中国农村研究报告》,中国财政经济出版社,1999年版,第284页。

指出"要恢复和加强供销社组织上的群众性、管理上的民主性和经营上的灵活性,使它在组织农村经济生活中发挥更大的作用。供销合作社要逐步进行体制改革"。1983年《当前农村经济政策的若干问题》中提到"人民公社的体制,要从两方面进行改革。这就是,实行生产责任制,特别是联产承包制;实行政社分设"。1984年的《关于一九八四年农村工作的通知》要求"政社分设以后,农村经济组织应根据生产发展的需要,在群众自愿的基础上设置,形式与规模可以多种多样,不要自上而下强制推行某一种模式"。1985《关于进一步活跃农村经济的十项政策》提倡"按照自愿互利原则和商品经济要求,积极发展和完善农村合作制"。2004《中共中央国务院关于促进农民增加收入若干政策的意见》提出"推进乡镇企业改革和调整""大力发展农村个体私营等非公有制经济"。2008年《中共中央国务院关于切实加强农业基础建设进一步促进农业发展农民增收的若干意见》则提到"积极发展农民专业合作社和农村服务组织"。

(3)农村受惠金融政策

深化农村金融改革,改善农村金融服务,切实增加农村金融投入,建立农村金融体系,是中国惠及农村政策的重要内容。政府要引导金融机构建立健全惠农机制,完善金融产品与服务,推动农村金融服务环境完善,发挥并增强金融对农村经济、社会和城乡一体化发展的支持作用。

金融惠农政策大致可以从八方面入手:一是鼓励各金融机构在结构优化、总量适度、稳定有序的前提下,加大信贷方面对农村的支持,优化农村的信贷结构;二是引导银行等金融机构投入资金,推进农村产业结构升级,根据农村当地的实际情况,科学地客观地发展当地特色农业和第三产业等创收项目;三是要求各金融机构惠农过程中在完善自身机制的基础上根据农村本地的情况进行创新,以期能够在惠农工作中真正满足农村的金融需求;四是监督各银行积极落实对大学生村官勇于创业的扶持政策,增强对创业大学生村官的信贷支持;五是大力推进农村信用体系的建设,完善农村的信用环境,结合当地的民俗民情,为农村金融的发展营造良好的信用环境;六是引导各金融机构积极投入到农村的金融环境建设,在政府的领导下推进农村金融化进程,使得广大农村农民都有机会享受到优质的金融服务;七是要求各金融机构应当坚持社会主义市场经济为标准,立足市场、贴近农户,提供针对农村现实情况的金融产品,实现金融活动在农村的普及,满足农村日益多元化的金融需求;八是组织协调各金融机构做好并坚持在城乡结合部和农村地区的现金运营管理工作,定期在农村地区开展反假币反金融诈骗等宣传活动。

多年来,政府一直引导银行等金融机构坚持从金融服务、业务创新、货币政策等多方面大力支持农村金融体制的建立健全,不仅激发了农村经济的活力,还在客观上拓宽了金融机构的业务,提高了其业务水平,实现了社会效益和经济效益的双赢。

3、农村受惠的财政政策

财政政策是指国家根据一定时期政治、经济、社会发展的任务而规定的财政工作的指导原则,通过财政支出与税收政策来调节总需求。增加政府支出,可以刺激总需求,从而增加国民收入,反之则压抑总需求,减少国民收入。财政政策是国家整个经济政策的组成部分。农村受惠的财政政策是中国惠农政策的重要方面,直接关系到农村的稳定及发展。

中国农村受惠的财政政策新中国成立以来大概分为四个阶段:第一阶段是从1949年到1978年计划经济时期的农村财政政策,这其中又有经济恢复时期(1949－1952年)、社会主义改造时期(1953－1958年)、大跃进到文革时期(1958－1978年)。第二阶段是1978年到1994年改革开放时期的农村财政政策,又可分为农村家庭承包制改革时期(1978－1985年)和乡镇建立后的农村财政政策(1985－1994年)。第三阶段是1994年到2004年分税制改革后的农村财政政策,其中可分为分税后初期(1994－1998年)和积极财政政策实施以来的农村财政政策(1998－2004年)。第四阶段从2004年至今新农村建设时期的农村财政政策。具体涉及到以下几个方面:

持续稳定地推进农村的税费改革。从2000年起,政府就一直致力于探索农村税费改革的道路,以社会主义市场经济为衡量标准,逐步将政府职能由全能型向服务型转变,在保证秩序、稳定的前提下,进一步加强农村分配制度的规范性和科学性。目标是既要从根本上减轻农民的负担,提高农民的生活水平,妥善处理好国家、集体、农民三者之间的关系,还要积极推进传统的农业税制向科学的现代化税制过渡,进而为全面深化农村改革提供动力与帮助。

扩大对农村资金的投入及补贴力度。政府财政加大对农村资金的投入和补贴,旨在减轻农民负担,加快农村产业结构优化,促进农村生产力的发展。惠农政策的资金投入包括对农村基础设施的建设,对农村科技发展的支持。从1998年到2006年,政府用于农村基础建设的资金投入总量已经超过了新中国成立之初到1997年间投入的总和。这些投资一直重点用于农村基础设施、农村科技推广和林业生态建设等多方面。补贴则是要落到实处,切实减轻农民负担,体现惠农政策。如"三减免三补贴"和"三奖一补"的政策①,缓解了县乡一级政府的财政困难,调动农村农民及县乡干部的积极性,客观上激励了县乡经济尽快发展。在扶持过程中要积极发挥党和政府的主导作用,重视当地基层干部的作用,调动各方力量,探索公益性惠农的道路,建立起一个长期、稳定、规范的投入和补贴机制。多年来,通过政府对农村各项事业的支持,加强了农村劳动力的转移及就业培训,提高了农村的生产效率,增加了农民各项收入,改善了农村生活水平,客观上拉近了城乡间的生活差距。

规范支农基金及涉农收费的管理。近年来,政府财政注重对支农基金的管理监督,强调专款专用,严格程序,努力把支农资金用到实处;规范涉农行政许可,清理到期的政府基金项目,治理教育乱收费的现象,致力于减轻农民的各种负担;取消农民在就业和进城务工中涌现的歧视性对待和不合理收费;规范农村的各项收费项目,切实减轻农村贫困家庭的经济负担。

4. 农村受惠的民政政策

民政政策是指政府在处理有关人民的行政事务方面制定的政策,涉及如户政、婚姻登记、优抚、救济等方面。民政政策涉及到农村生产生活的各个方面,与农民息息相关,备受关注。

在中国改革开放前农村的社会保障主要是靠公社、大队等集体的帮助,改革开放以后开始向社会化保障模式演变,农村的社会保障政策越来越受重视。中国的农村社会保障政策包含了农村的社会救助政策、农村的社会福利政策、农村的社会养老保险政策、农村的合作医疗政策、农村军烈属和伤残病退伍军人的优抚政策、农民被征地后的社会保障等。我们的党早在十六届六中全会上就第一次提出了建立"覆盖城乡居民的社会保障体系的发展目标",党的十七大报告上也对"加快建立覆盖城乡居民的社会保障体系"提出了新的任务,确立了总体的目标②。在党的十七大报告上首次明确了中国要建立的覆盖城乡居民的社会保障体系可以分为以社会保险、社会救助、社会福利为内容的三项基础制度,以基本养老、基本医疗、最低生活保障为目标的三项重点制度和以慈善事业、商业保险为对

---

① "三减免"是指减免农业税,取消除烟叶以外的农业特产税,全部免征牧业税。"三补贴"是对种粮农民实行直接补贴,对水稻、小麦等实行良种补贴和农机具购置补贴。"三奖一补"政策是对财政困难县增加财政收入给予奖励,对县乡政府精简机构和人员给予奖励,对产粮大县给予奖励,对以前缓解县乡财政困难工作做得好的地区给予补助。

② 即坚持广覆盖、保基本、多层次、可持续的指导方针,以社会保险、社会救助、社会福利为基础,以基本养老、基本医疗、最低生活保障制度为重点,以慈善事业、商业保险为补充,加快建立覆盖城乡居民的社会保障体系。

象的两项补充制度。

党的十八大以来,党和政府加强领导,加大投入,精心组织,全力推进,城乡居民基本养老保险在制度统一、参保扩面、提高待遇、优化管理等方面取得重大进展,正在由从无到有向从有到好转变。2012年,全国所有县级行政区推进实施新型农村和城镇居民社会养老保险政策,有条件的地区可以将两项制度合并实施。2014年将新农保、城居保统一为城乡居民基本养老保险制度。2016年1月,国家标准化管理委员会发布实施《城乡居民基本养老保险服务规范》,参保登记、缴纳保费、领取待遇、查询信息"四个不出村"服务经验全面推广,实现城乡居民养老保险信息数据省级集中、全国联网。就农村而言,相较以前,2017年养老金政策主要有以下变化:第一,可以一次性补缴养老保险金了。投保农民只要一次性补缴保费,满60周岁之后即可领取养老金,这个主要是针对满60周岁的男性农民,以及满55周岁的女性农民。第二,有农村高龄津贴了。现在全国有26个省市出台了这一政策。年龄越大领到的补贴也就越多,一般是70－80岁一个档次,80－90岁一个档次,90－100岁一个档次,100岁以上一个档次。这个各个省份经济水平有所差别,补贴金额也就稍有不同。第三,养老金可以跨地区转移了。目前农民工在外地缴纳的养老金,依照政策可以转移到农村老家了,外地所缴保险金无法退回的问题得以解决了,也省去了农民为领养老金来回奔跑的麻烦。这为农民工的利益上了一层保障。第四,失地农民与城镇职工的养老金一样了。失地农民早已可以领取失地养老保险,2017年失地农民的养老金的标准提高,已经等同于城镇职工的养老金。第五,部分不缴费的农民也可领取基础养老金了。在新农保开始实施的时候,年满60周岁的农民可以领取基础养老金金,不需要再缴费了,2017年这一规定予以明确。

按照党的十八大精神和十八届三中全会关于整合城乡居民基本养老保险制度的要求,依据《中华人民共和国社会保险法》有关规定,在总结新型农村社会养老保险(以下简称"新农保")和城镇居民社会养老保险(以下简称"城居保")试点经验的基础上,国务院决定,将新农保和城居保两项制度合并实施,在全国范围内建立了统一的城乡居民基本养老保险(以下简称"城乡居民养老保险")制度。

5. 农村受惠的公用事业政策

公用事业指的是具有各企业、事业单位和居民共享的基本特征的,服务于生产、流通和居民生活的各项事业的总称,大致可以分为两类:一是硬件概念,如电力、通讯、自来水、活动设施等,一是软件概念,如医疗、教育、文化、卫生等。农村公用事业是新农村建设的重要内容,加速推进社会主义新农村建设,增加农村有效供给,让更多公共服务惠及农民,是缩小城乡差距的有效措施。2005年《中共中央关于制定国民经济和社会发展第十一个五年规划的建议》①中提出要"大力发展农村公共事业。加快发展农村文化教育事业,重点普及和巩固农村九年义务教育,对农村学生免收杂费,对贫困家庭学生提供免费课本和寄宿生活费补助。加强农村公共卫生和基本医疗服务体系建设,基本建立新型农村合作医疗制度,加强人畜共患疾病的防治。实施农村计划生育家庭奖励扶助制度和"少生快富"扶贫工程。发展远程教育和广播电视'村村通'。加大农村基础设施建设投入,加快乡村道路建设,发展农村通信,继续完善农村电网,逐步解决农村饮水的困难和安全问题。大力普及农村沼气,积极发展适合农村特点的清洁能源"。十七届三中全会上也对发展农村公共事业进行了重点部署,勾勒了到2020年的战略目标和前进方向:"城乡基本公共服务均等化明显推进,农村文化进一步繁荣,农民基本文化权益得到更好落实,农村人人享有接受良好教育的机会,农村基本生活保障、基本医疗卫生制度更加健全,农村社会管理体系进一步完善"。

2018年9月26日,新华社播发"中共中央 国务院印发《乡村振兴战略规划(2018-2022年)》",提出了乡村振兴的总体要求、指导思想、基本原则、发展目标、远景谋划;构建出乡村振兴新格局,优化出乡村发展布局,分类推进集聚类、城郊融合类、特色保护类和搬迁撤并类等村庄的发展。坚决打好精准脱贫攻坚战,加快农业现代化步伐,加快农业转型升级,建立现代农业经营体系,强化农业科技支撑,完善农业支持保护制度,发展壮大乡村产业,推动农村产业深度融合,提高农民参与程度,创新收益分享模式,激发农村创新创业活力。建设生态宜居的美丽乡村,推进农业绿色发展,集中治理农业环境突出问题,持续改善农村人居环境,加强乡村生态保护与修复,发挥自然资源多重效益。繁荣发展乡村文化,加强农村思想道德建设,弘扬中华优秀传统文化,保护利用乡村传统文化,重塑乡村文化生态,发展乡村特色文化产业。丰富乡村文化生活,健全公共文化服务体系,增加公共文化产品和服务供给,广泛开展群众文化活动。健全现代乡村治理体系,强化农村基层党组织建设责任与保障,促进自治法治德治有机结合,深化村民自治实践,推进乡村法治建设,提升乡村德治水平,建设平安乡村。夯实基层政权,保障和改善农村民生,加强农村基础设施建设,改善农村交通物流设施条件,加强农村水利基础设施网络建设,构建农村现代能源体系,夯实乡村信息化基础,提升农村劳动力就业质量,增加农村公共服务供给,优先发展农村教育事业,推进健康乡村建设,加强农村社会保障体系建设,提升农村养老服务能力,加强农村防灾减灾救灾能力建设。加快农业转移人口市民化,健全落户制度,保障享有权益,完善

---

① 2005年10月11日中国共产党第十六届中央委员会第五次全体会议通过。

激励机制。强化乡村振兴人才支撑,培育新型职业农民,加强农村专业人才队伍建设,鼓励社会人才投身乡村建设。加强乡村振兴用地保障,健全多元投入保障机制,加大金融支农力度,健全金融支农组织体系,创新金融支农产品和服务,完善金融支农激励政策。

有序实现乡村振兴,梯次推进乡村振兴。

(二)农村受惠法治方面的内容

1. 农村受惠的基层组织制度

农村基层组织直接关系着农村社会经济的正常运行,关系着社会主义新农村的建设,为了促进农村基层组织的发展和农村生产生活水平的提高,国家制定了严格的法律对其予以规范。

法律方面:全国人大制定的《中华人民共和国宪法》①明确规定了农村按居民居住地区设立的村民委员会是基层群众性自治组织。村民委员会的主任、副主任和委员由村民选举。村民委员会同基层政权的相互关系由法律规定;村民委员会设人民调解、治安保卫、公共卫生等委员会,办理本村的公共事务和公益事业,调解民间纠纷,协助维护社会治安,并且向人民政府反映群众的意见、要求和提出建议。

全国人大常委会通过了《中华人民共和国村委会组织法(试行)》②,进一步明确了村民委员会是农民自我管理、自我教育、自我服务的基层群众性自治组织,并对村民委员会的性质、地位、职责、生产方式、组织结构和工作方式,以及村民会议的权力和组织形式做了规定。

全国人大常委会制定了《中华人民共和国村民委员会组织法》③,规定了:村委会的性质和职责,村委会的工作方式,成员和设置,产生和任期,选举和罢免,权利和义务,村务公开制等。

---

① 1982年12月4日第五届全国人民代表大会第五次会议通过并公布施行。1988年4月12日第七届全国人民代表大会第一次会议通过《中华人民共和国宪法修正案》、1993年3月29日第八届全国人民代表大会第一次会议通过《中华人民共和国宪法修正案》、1999年3月15日第九届全国人民代表大会第二次会议通过《中华人民共和国宪法修正案》、2004年3月14日第十届全国人民代表大会第二次会议通过的《中华人民共和国宪法修正案》。以下简称《宪法》。

② 1987年11月24日,第六届全国人大常委会通过。

③ 1998年11月4日第九届全国人民代表大会常务委员会第五次会议通过,2010年10月28日第十一届全国人民代表大会常务委员会第十七次会议修订公布,中华人民共和国主席令第9号公布。

规章方面:中共中央组织部制定了《中国共产党农村基层组织工作条例》①,根据《中国共产党章程》制定该条例,规定了:组织设置,职责任命,经济建设,精神文明建设,干部队伍和领导班子建设,党员队伍建设等。

2. 农村受惠的经济制度

经济制度是指统治阶级为了反映在社会中占统治地位的生产关系的发展要求,建立、维护和发展有利于其政治统治的经济秩序,而确认或创设的各种有关经济问题的规则和措施的总称。在此,特指经过法律确认并加以规范而形成的制度。

法律方面:全国人大制定的《宪法》中规定:中国现阶段实行的是坚持公有制为主体、多种所有制经济共同发展的基本经济制度;农村集体经济组织实行家庭承包经营为基础、统分结合的双层经营体制。农村中的生产、供销、信用、消费等各种形式的合作经济,是社会主义劳动群众集体所有制经济。

全国人大常委会制定的《中华人民共和国农民专业合作社法》②,规定了:合作社的设立和登记、成员、组织机构、财务管理、合并、分立、解散和清算、扶持政策等。《中华人民共和国乡镇企业法》③,规定了:立法目的,乡镇企业定义作用,管理监督,税收优惠等。

全国人大常委会制定的《中华人民共和国中国人民银行法》④明确了中国人民银行是农村金融业的管理机关,中国人民银行颁布了监管农村金融业务的部分法规和规章。

全国人大常委会制定的《中华人民共和国商业银行法》⑤、《中华人民共和国票据法》⑥都对商业银行、商业保险公司在农村设立分支机构,及其办理农村金融

---

① 1999年2月13日中共中央发布。
② 中华人民共和国第十届全国人民代表大会常务委员会第二十四次会议于2006年10月31日通过,中华人民共和国主席令第57号发布,自2007年7月1日起施行。
③ 中华人民共和国第八届全国人民代表大会常务委员会第二十二次会议于1996年10月29日通过,中华人民共和国主席令第七十六号,自1997年1月1日起施行。
④ 《全国人民代表大会常务委员会关于修改〈中华人民共和国中国人民银行法〉的决定》已由中华人民共和国第十届全国人民代表大会常务委员会第六次会议于2003年12月27日通过,2003年12月27日中华人民共和国主席令第十二号 公布,自2004年2月1日起施行。
⑤ 1995年5月10日第八届全国人民代表大会常务委员会第十三次会议通过根据2003年12月27日第十届全国人民代表大会常务委员会第六次会议《关于修改〈中华人民共和国商业银行法〉的决定》修正。
⑥ 1995年5月10日第八届全国人民代表大会常务委员会第十三次会议通过 根据2004年8月28日第十届全国人民代表大会常务委员会第十一次会议《关于修改〈中华人民共和国票据法〉的决定》修正。

业务的范围和经营原则等作出了明确规定。

法规方面:国务院制定了《中华人民共和国乡镇集体所有制企业条例》①,规定了:企业的设立、变更、终止,企业的所有者和经营者,企业的权利和义务,企业的管理,企业和政府部门的关系,奖励处罚等。

规章方面:2007年中国银行业监督管理委员会印发的《农村资金互助社管理暂行规定》对新型农村金融机构的注册资金、干部任职、发起人或出资人等内容进行了规范。

3. 农村受惠的财政制度

农村财政制度指的是中央或地方在农村经费或资金方面进行收支分配以实现职能维持部门运转所形成的制度,是中国惠农法治的重要组成部分。

法律方面:全国人大常委会制定的《农业法》,该法涉及到了:对农村进行资金上的支持(政府要建立健全对农村的支持和保护体系,通过金融支持、财政投入、税收优惠等措施,从投入资金、推广农业科技、发展教育、加强劳动力培训、提供生产资料、发布市场信息、制定质量标准、构建防疫体系、进行社会化服务和灾害性救助等方面发展农村,提高农村的整体生活水平);对农村加大投入(近年来,国家不断提高对农村的总体投入,中央和县级以上地方政府财政每年对农村的投入增长幅度都高于其财政经常性收入的增长幅度);对投入资金进行保障(这种保障一方面指的是对拨款足额的确认,凡县级以上的人民政府每年在财政预算内安排的用于惠及农村的资金都要及时足额拨付。另一方面是对拨款使用情况的监督,各级人民政府都要加强对惠农资金分配、使用过程的监督管理,保证资金的安全,提高资金的使用效率;任何单位和个人都不能擅自截留、挪用用于惠农的财政资金和信贷资金。审计机关要依法加强对惠农投入资金的审计监督);对农村的收费情况(任何机关或者单位向农民或有关农业生产经营组织收取各项费用必须依照法律的规定与程序进行,收费的项目、范围和标准应当公示公开。没有法律作依据的收费,农民或有关农业生产经营组织有权拒绝)。

4. 农村受惠的民政制度

法律方面:《中华人民共和国劳动合同法》②,规范了劳动合同的订立、合同的履行和变更,合同的解除和终止、劳务派遣、非全日制用工等内容。

法规方面:《国务院关于殡葬管理的暂行规定》是中国关于殡葬规定的第一个

---

① 1990年6月3日国务院令第59号公布,1990年7月1日起施行。
② 2007年6月29日第十届全国人民代表大会常务委员会第二十八次会议通过,中华人民共和国主席令第65号公布。

行政法规,要求有步骤、积极地推行火葬、改革土葬,破除封建迷信的丧葬传统,在全国范围内划分了火葬区和土葬改革区。

《殡葬管理条例》①使得中国的殡葬制度步入法制化、规范化,一直沿用至今,规范了实行火葬和允许土葬的地区、对殡葬设施的管理、遗体处理和丧事活动管理、殡葬设备和殡葬用品管理、处罚,同时废止《国务院关于殡葬管理的暂行规定》等。

《中华人民共和国劳动合同法实施条例》②,是为了贯彻实施《中华人民共和国劳动合同法》而制定了该条例。

《农村五保供养工作条例》③,规定农村五保供养的对象、内容、形式、监督管理。

规章方面:《农村敬老院管理暂行办法》④,该办法对供养对象、院务管理、财产管理、生产经营、工作人员等方面做出了规定。

5. 农村受惠的公用事业制度

(1)农村动物卫生检疫制度

农村动物卫生检疫制度是为了防止因为动物引起的疫病而由专门的检验机关,依照法定程序与方式,对动物及动物产品进行检查和处理的行政制度。该制度具有强制性和法定性,强制性是指这种制度不是可以选择性的,而是必须去做的,相关违反情况也将受到法律的制裁,法定性是指该制度有着法定的机构和检验人员,法定的检验项目和标准,法定的处理方式,法定的检验证明等。

(2)农村动物疫病扑灭制度

该制度是发现疫病后的一种后续处理制度,要求立即采取扑灭措施,包括:作出疫情报告,隔离,封锁。

(3)农村社会生活法律制度

这方面的法律制度可见于婚姻法、继承法、收养法等,在此不再多作赘述。

(三)农村受惠政策与受惠制度的基本关系

1. 农村基层组织受惠政策与受惠制度的关系

针对农村的基层组织进行的政策调整和制度规范在整个管理进程中呈现一种交叉、渐进的态势,由政策先行,法律予以确认,间或以政策进行灵活及时的调

---

① 1997年7月11日国务院第60次常务会议通过,1997年7月21日中华人民共和国国务院令第225号发布。
② 2008年9月18日,国务院令第535号公布施行。
③ 2006年1月21日国务院令第456号公布,2006年3月1日起施行。
④ 1997年第1号民政令发布。

整。总的看来,在农村受惠的基层组织方面仍是政策发挥了更广泛灵活的作用。

建国到1978年间,中国便通过土地改革及之后的民主建政,按照中国共产党提出的马克思主义新理念、党政合一的自上而下的新体制、忠于新政权的农村精英和土改积极分子为主体,建立起农村的基层政权。此时的农村基层政权与中央和上级政府保持高度一致,作为政府在农村的代理机构,而不是作为自治机构而存在。1950年12月政务院颁布的《乡(行政村)人民代表会议通则》和《乡(行政村)人民政府组织通则》就规定"乡人民政府委员会的职权为:执行上级人民政府的决议和命令;实施乡人民代表会议通过并经上级政府批准的决议案;领导和检查乡人民政府各部门工作;向上级反映本乡人民的意见和要求"。之后由于政府直接统治分散个体的农村,管理成本太高,就开始了由互助组到合作社,再到"政社合一"的人民公社的转变,实现了将乡村资源集中到人民公社手中来治理乡村的办法。1978年后日渐严重的农村集体经营效益的低下和农民长期处于贫困状态,使得人民公社解体。1980年广西宜州市合寨村村民率先成立基层群众性自治组织,称为"村委会",理论上实现了村民自己的事情自己决定,改变了过去政府包办一切的管理模式,一定程度上推动了农村政治体制改革的深入。1982年12月4日,《宪法》出台,正式从法律上确定了村民委员会作为农村基层自治组织,并以此为依据先后出台了《村民委员会组织法(试行)》、《村民委员会组织法》、《农村基层组织工作条例》等。此后,在法律的框架下,随着经济政治形势的发展,国家不断通过政策对农村基层组织的有关情况进行调整,其中,极为重要的中央一号文件几乎每次都提到了对农村基层组织的改革和要求。

2. 农村经济受惠政策与受惠制度的关系

农村受惠的经济方面纵向而言可以分为宏观经济和微观经济,横向考虑又有狭义经济、经济组织、金融等多方面内容。针对不同的部分,政策与制度发挥的作用也不同。关系到国家的基本经济制度之类的根本性问题或涉及到经济组织这种必须具象化规定的方面,就应该也必须利用制度的规范性强制性加以保障。涉及到具体的经济发展方式或金融市场管理,政策的手段就更容易具有灵活性和细致性,更易于调节掌控。二者有时在各自的部分发挥作用,有时又从不同的角度作用于同一部分,互相协作实现党和政府对农村经济领域的管理和促进。

例如农村集体资产和财务管理,粮食购销,集体林权制度改革等都由相应的政策进行管理;《中华人民共和国乡镇企业法》、《中华人民共和国乡村集体所有制企业条例》、《村集体经济组织财务公开暂行规定》等法律则对乡镇企业、合作社等组织的成立管理予以了规范。金融领域中,《银行法》《保险法》《票据法》等对金融机构的设立、管理、范围、原则等进行了规定,但关于金融体制改革、推广等都更多地体现在政策文件中。

3. 农村财政受惠政策与受惠制度的关系

农村财政管理除了一些固定的项目方式外,还需要根据实际情况作出调整。需要考虑的一是当年的全国财政收支情况,二是农村当地的财政需要,还要基于政府执政的全局考虑,更需要灵活性。政策的阶段性灵活性更利于中央统筹全局,地方发挥能动,更符合农村执政的需要。因此,在农村受惠财政方面,政策发挥了极大的作用。同时,财政问题直接关系到社会民生,需要法律制度予以规范,尤其制度的多方位监督更能保证财政政策的落实。另一方面,农村受惠财政措施中有些项目适合政策的手段的发挥,有的则更需要制度的规范。二者相辅相成,才能真正处理好农村受惠财政方面的种种情况。如中国从 2004 年起到 2008 年,连续 5 个中央一号文件都提到了农业补贴政策,补贴的力度、项目、侧重点都是必须根据当年的实际情况和执政需要决定的,用政策的形式提出就极为恰当,如果固化为制度反而不利于实现惠农。而对于资金投入的幅度监督等则可以在法律中明确规定,如《农业法》中便明确规定了:国家要坚持有步骤有计划地提高对三农的投入,中央和县级以上的地方政府每年对农业财政投入总的增长幅度应当超过其财政经常性收入的增长幅度;县级以上的人民政府每年做出的财政预算内安排用于惠及三农的资金应当及时、足额地拨付;中央及地方各级人民政府要加强对国家各项惠农资金管理、分配、使用过程的监督管理,保证资金的安全及时到位,提高资金的使用效率①。

4. 农村民政受惠政策与受惠制度的关系

中国农村民政领域由于更多的关系到村民的人身利益、生活状态,对其进行管理的政策和法治显得尤为纠缠。在受惠民政的方面,既有《宪法》这一根本大法对村民的婚姻、家庭、生育、福利等进行规范,又有《婚姻法》《殡葬管理条例》《农村五保供养工作条例》等多层级的法律进行更具针对性的规定。同时,党和中央、地方各级政府还会有大大小小的政策文件进行指导。这些政策相对宪法而言,更为细致灵活,但有的政策相对具体的法律法规又显得宽泛,更多的是一种方向、指引。政策与制度在农村受惠民政方面便是如此紧密纠缠,时而相对、时而融合。

---

① 《中华人民共和国农业法》第三十八条第一款规定:国家逐步提高农业投入的总体水平。中央和县级以上地方财政每年对农业总投入的增长幅度应当高于其财政经常性收入的增长幅度。

第三十九条第一款规定:县级以上人民政府每年财政预算内安排的各项用于农业的资金应当及时足额拨付。各级人民政府应当加强对国家各项农业资金分配、使用过程的监督管理,保证资金安全,提高资金的使用效率。

受惠政策与受惠制度都是为了在现有经济水平的基础上保障民生,促进农村各方面发展。针对惠农民政中出现的状况,政府一般会以政策的方式进行管理,而对需要硬性规定或已形成定制的问题则可以通过制度的方式加以规范。二者有时承继有时交叉,但不能也不应存在矛盾冲突。如农村社会保障方面的问题涉及到阶段性情况,尚不成熟还在探索,就以政策居多,有《国务院关于在全国建立农村最低生活保障制度的通知》(2007年7月11日)、《卫生部、财政部、农业部关于建立新型农村合作医疗制度的意见》(2003年1月10日)、《县级农村社会养老保险基本方案(试行)》(1992年1月3日)等。与其配合存在的是《农村五保供养工作条例》等中的相关规定,但尚未有专门的法律予以确认。

5. 农村公用事业受惠政策与受惠制度的关系

农村受惠的公用事业方面,一般包括的都是一些已经为人民所广泛关注的,涉及到民众生产生活水平的,如教育、文化、卫生、水利气象等。这些项目关注的对象不仅包括农村农民,也关系到城市居民,实施中更是需要更多民众更多部门的参与,因此多由成熟的法律制度进行管理,如《婚姻法》《人口与计划生育法》《植物检疫条例》《中华人民共和国气象法》等等。同时,公用事业中的部分内容,像是涉及到改革试点等,仍需要政策发挥作用。如《卫生事业发展"十一五"规划纲要》、《关于进一步加强农村文化建设的意见》等。

三、中国农村受惠政策与法治一体化建设的现状及问题

(一)中国农村受惠政策与法治一体化建设方面的实际状况

1. 规制层面上,受惠政策制定与法治建设一体化的基本现状

(1)中国农村受惠政策的制定

中国受惠政策的制定都是以调查研究为前提,建立在中国国情和各地实际情况的基础上,都坚持群众路线和民主集中制。制定的体系,纵向方面是分为总政策、基本政策、具体政策,横向上分为经济政策、政治政策、文化政策等。

中国的总政策也是国家的基本路线,即领导和团结全国各族人民,以经济建设为中心,坚持四项基本原则,坚持改革开放;自力更生,艰苦创业,为把中国建设成为富强、民主、文明、和谐的社会主义现代化国家而奋斗。基本政策是以公有制为主体、多种所有制经济共同发展的基本经济制度,以家庭承包经营为主体、统分结合的经营制度,以劳动所得为主和按生产要素分配相结合的分配制度。具体政策数量多、范围广,现阶段主要有:依靠科技进步、优化农业和农村经济结构;大力发展乡镇企业,多渠道转移农业富余劳动力;实行计划生育;加强农村基层民主法制建设;加强农村精神文明建设;加强农村基层党组织建设和干部队伍建设等。

经济政策就是惠农政策中涉及经济领域的方面,如社会主义市场条件下发展市场经济,不断解放和发展生产力,建设有中国特色的社会主义经济;深化当前农村信用社的改革,稳定农村信用社的法人地位,发展多元化农村金融机构,鼓励民间资本进入农村金融服务领域,支持商业银行到中西部地区县域设立村镇银行等。政治政策是在政治领域的政策,如村务公开和民主管理政策,县级以下人民代表大会代表直接选举等。文化政策是涉及文化领域的政策,如培养推进社会主义新农村精神文明建设,繁荣农村文化事业等。

(2)中国农村受惠法治的建设

中国现行的立法体制是结合中国具体情况独创的一种"一元、两级、多层次"的体制。一元就是根据中国宪法的规定,中国是一个单一制的多民族国家,因此,中国的立法体制是一体化的,全国范围内只存在一个统一的立法体系,不存在两个或两个以上的立法体系。所谓"两级"是指根据宪法规定,中国立法体制分为中央立法和地方立法两个立法等级。所谓"多层次"是根据宪法规定,不论是中央级立法,还是地方级立法,都可以各自分成若干个层次和类别。

宪法方面,规定了"城市和农村按居民居住地区设立的居民委员会或者村民委员会是基层群众性自治组织"①。中央立法方面,制定了:农村基本法规《中华人民共和国农业法》;有关农业资源和环境保护的法律,包括《土地管理法》《水土保持法》《防沙治沙法》《基本农田保护条例》《水产资源繁殖保护条例》《森林防火条例》等;促使农业科技化的法律,《农业技术推广法》《植物新品种保护条例》等;规范农村生产经营方面的法律,如《中华人民共和国农村土地承包法》《乡镇企业法》等;保护农民权益的法律,如《村民委员会组织法》《耕地占用暂行条例》等。

(3)中国农村受惠政策制定与受惠法治建设的一体化

中国农村受惠政策与受惠法治在制定层面上表现出一致性与连贯性。对于新兴事物或政治理念上的东西,国家一般先通过政策予以态度上的表明或方向性的指引,待通过实践的验证或宣传的深入后就以法律的形式予以确认。这部分的政策是法律制定的关键性依据,对法治建设有着原则性意义和指导性作用。对于某些确定性的认知或硬性的规范,国家会通过法律的制定将其明确化、具体化,当这些法律条文在实践中出现滞后性或片面化等情况时,就会有不同政策文件等对其进行补充或调整。总的看来,现阶段中国在制定层面上有的受惠法治来源于受惠政策,而有的受惠政策服务于受惠法治。

例如,中国的基层组织、经济组织、环境保护等内容都是先出现在政策性文件

---

① 《中华人民共和国宪法》第一百一十一条第一款。

中,经过一段时间的验证确认后才被法律条文化;殡葬制度则先是被法律以试行的形式予以规范,但在实际运行中阻碍重重,难以实现,便通过各种政策予以多方位不同幅度的调整,等被广大村民所接受后再出台正式的《殡葬管理条例》。

2. 实施层面上,受惠政策执行与法治实施一体化的基本现状。

(1)受惠政策的执行

所谓农村受惠政策的执行是指受惠政策的执行者通过建立组织机构,运用各种能量资源,采取解释、宣传、实验、协调、控制等各种行动,将政策观念的内容转化为实际效果,从而实现既定的政策目标的活动过程,是一种动态的过程。在中国现实的政策执行中,大概有:

加大政策宣传力度,落实任务。中央一号文件出台后,全国各地便根据当地实际,将具体工作和任务分解到相关责任人和部门,并利用会议、广播、电视等形式将一号文件精神进行了广泛深入的宣传。如甘肃省便将落实政策的具体任务分解到各县级领导,有的县负责落实粮食直补、良种补贴、粮食最低收购价等的政策,有的负责落实省委关于全免农业税、抓好土地二轮延包政策,有人负责落实保护耕地的工作,有人负责进一步抓好税费、农场和农村金融体制改革等。

制订各种措施,确保政策具体化。如山西省襄汾县便通过开展五项活动,确保农村受惠政策具体落实。即开展农村财务整顿规范活动,对农村财务进行集中清理整顿,立查有关案件,全县13个乡镇、348个村已经全部实行农村会计委托代理制;开展"三务"审查活动,以"简化程序、规范管理、公开透明、提高效率"为目标,逐步深化乡镇政务公开。对矛盾突出村和难点村,摸清底数,建立档案,实行了整顿包联责任制;开展农村低保落实督查活动。对全县农村低保情况进行核查,审定登记符合低保标准4269户、9183人;开展评星晋级活动,其中151个达标村,已有127个村达到了24星标准,其余24个村达到了12星标准;开展热点难点问题整改活动,共解决问题22件次,立查涉农案件14起,涉案人员17人,给予党纪政纪处分11人,3人被移交司法机关追究刑事责任①。

增加扶持力度,引导农村的发展。如湖北省便抽取农村信用联社1400多名信贷员组成314个支农小分队,深入田间地头和农户家中,现场为农户发放小额贷款,惠及35万农户,帮助农民及时购回化肥、农药、地膜、种子和农机,同时还从提高农民收入出发,为农民传授农业科技信息,发放农业学习书籍,引导农民调整产业结构,发展高效农业,既有力地支持了春耕生产,又支持了农村小康建设。

---

① 记者 李兴洲 通讯员 李钢:《发挥监察职能 开展五项活动 襄汾纪委确保强农惠农政策落实处》载《临汾日报》,2010年02月04日 A2版。

（2）受惠法治的实施

农村受惠法治的实施必须坚持依法治国，依靠各种方式，发挥法治的作用，各地大致通过以下方式实现法治的实施：

深化法律宣传，努力营造法治氛围。这其中包括充分利用重大宣传日广泛开展法治宣传活动，如"3.8"妇女维权活动、"3.15"消费者权益保护、"6.26"国际禁毒日、"12.4"法制宣传日等，同时也可联合各部门，全民参与，丰富内容，争取社会各界和人民群众的广大支持，奠定社会基础。另外，经常深入开展普法教育，努力提高农民的法治意识。通过举办各级各类法制教育培训班和责任追究制度的落实，使各级领导干部能够依法决策、依法管理，广大群众能依法参与社会管理，依法维护自身合法权益。此外，还可以开展各种活动，为法治实施扩大影响面及覆盖面，使其能延伸至各基层，贴近群众、贴近实际。

增强宪法意识，推进执政能力建设。近年来，中国中央与地方各级政府都着力于加强农村法治，增加农民的宪法意识和法治观念，改善人民群众生活和经济社会发展领域的突出问题，扎实推进民主政治建设，完善民主决策、科学决策和依法决策机制，积极推行重大事项决策法律顾问制度。

坚持依法行政，推进法治政府的建设。这在实践中表现为：一是要大力转变政府职能，变传统的全能型政府为廉洁型、法治型、服务型、效能型兼备的政府，对政府各部门的职责进行清理确认，加强政府管理社会公共服务的能力，提升其对社会事务的统筹协调能力。二是进一步规范执法行为，深化行政执法体制改革。实行对行政执法人员的认证、培训、考核，对行政工作实行量化考核，全面规范行政执法行为；规范行政前置审批及行政处罚自由裁量权，积极构建行为规范、流程便捷、监督有力的审批新机制；加强电子政务建设，推进政府信息公开和政务公开，提高行政执法的民主化、科学化和规范化水平。三是进一步强化政府法制工作。建立健全与国家法律、法规相配套，与社会主义市场经济相适应的有关规章和制度，为促进农村经济社会科学发展、跨越发展提供法制保障。

强化经济法治建设，规范农村市场经济秩序。加强市场诚信体系的建设，大力开展规范市场经济秩序法制宣传教育，牢固树立市场经济就是法治经济、信用经济的观念。切实加强诚实信用、自愿平等、公平竞争等市场经济基本法律原则和制度的落实，促进了企业依法管理、依法经营、依法维护企业、职工的合法权益，依法参与市场竞争。

加强社会管理体系建设，维护法治社会的稳定。这其中包括了重视和加强农村基层管理与改革创新；完善公益与经济利益的平衡协调机制，妥善处理不同利益群体间关系，畅通群众参与监督维护权益的渠道，健全完善政府的统一领导。

建立完善群防群治机制,保证农村生产生活的正常进行。认真做好刑释解教人员安置帮教工作,落实衔接管控和帮教措施;加强流动人口管理,明确出租房主责任;切实落实领导信访接待日制度,切实维护群众的合法利益,维护社会和谐稳定。

(3)受惠政策执行与法治实施的一体化

实施层面上,受惠政策执行与法治实施的一体化主要表现在两个方面:一是当受惠法治未涉及到某些内容或在具体实施中出现问题时,可以通过执行政策予以解决规范。法律条文的具体化强制性使得它不可能对任何情况都规定得面面俱到,也容易发生规定的内容不合时宜的情况,这时具备灵活性、指引性的政策就能作为补充。如中国法律中提到了要在农村建立社会保障体系,但具体怎么操作、遵循哪些原则等等都需要通过政策的执行予以丰富实现。二是当政策过于模糊或执行力不强时就需要法律的权威规范予以确定保障。政策往往琐碎或偏于范围性的引导,缺乏惩治措施与威慑力,新的政策在执行中往往不被人重视或难以读懂,这时辅以法律的手段则更利于该政策的实现。如在土地征收补偿问题上,虽有明确的政策指引,但显然不足以抵挡高昂利润带来的诱惑及解决日益复杂的形势,进而使得冲突越发尖锐,因此,最高法院接连出台法律解释对土地征收的补偿问题等进行了规定。

3. 监督层面上,受惠政策效能与法治效果一体化的基本现状

(1)农村受惠政策效能的现状

受惠政策效能简单而言就是指受惠政策达成制定目标或造成影响的程度。就此而言,全国各地农村效能现状如下:

各项补贴政策的深入落实,进而保障了粮食生产的稳步发展。首先,粮食直补、农资综合补贴的落实,如山西省2010年各地执行的国家惠农补助标准及粮食直补为小麦每亩10元,玉米及其他杂粮(除薯类)每亩5元;良种补贴,小麦、玉米每亩10元;水稻、棉花每亩15元;农资综合直补标准小麦每亩51元,玉米及其他杂粮(除薯类)每亩35元。按照以上标准,阳高县认真落实相关补贴措施,并细致核查,准确无误地将各种补贴分发到位;原平市2010年对每亩玉米的各种补贴为50元,其中直补5元,农资综合补贴35元、良种补贴10元;安泽县今年小麦每亩补贴61元,其中农资综合直补51元,粮食直补10元;玉米和其它杂粮每亩补贴59元,其中农资综合直补35元,"保护性差价"临时性补贴政策标准为每亩9元,良种补贴每亩10元,粮食直补5元;这样农民种一亩玉米可享受到各类补贴59元;稷山县秋粮补助基本到位,在调查的10户农户中,有8户已足额领到玉米每亩补贴50元的款额,其中直补41元,良种补贴9元;另外两户的补贴款也已拨付

到村里;洪洞县调查的 10 户农户对党和政府现行的惠农补贴政策均表示满意,特别是国家逐年增加补贴金额的政策很满意。其次,农机补贴落实情况。根据国家惠农补助标准,农机具购置按不超过机具价格的 30% 补贴,单台机具补贴额度不超 3 万,一个农户或农机服务组织年度内享有补贴不超过一套。应县农机部门组织支农小分队,为农民购置和修理各种农机具提供服务,并帮助农民选购适用的农机具;小店区今年是全面实施农机购置补贴政策的第三年,截至 2010 年 6 月底,该区"农机下乡"共售出农机 168 台,落实农机购置补贴 110 万元,让农民实实在在得到了实惠;安泽县今年农机具购置补贴范围扩展到 12 大类、41 个小类的 125 个品种,补贴比例为 30%,农民申请购买补贴农机具,到县农机部门审批,获得批准后,在定点经销商之间可以自由选择,付款提货时,扣除补贴,补齐差价即可,达到了方便、快捷①。

补贴发放到位,资金基本入户。新疆阿图什自治区 2011 年良种补贴资金到位 266.58 万元,按小麦、棉花、水稻每亩 15 元补贴,玉米每亩 10 元进行补贴,农牧民真正得到了实惠。为加强农村户用沼气建设,中央投入资金 644 万元,正在新建 2010 年农村户用沼气池 2000 户、乡村服务网点 32 个。已建设完成 159 台太阳能、230 省柴节煤灶和 910 座沼气池。落实农作物弱苗补贴。受雪灾影响,自治区下拨小麦弱苗补贴项目资金 23.5 万元,由政府统一采购 100 多吨化肥,按各乡受灾情况,全部将弱苗扶壮肥发放到各乡。实施测土配方施肥。举办现场培训班 3 期,科技赶集 3 次,发放棉花配方施肥建议卡 3000 份,棉花测土配方施肥技术推广面积 3 万亩;采集棉花地土样 150 个,完成室内土壤化验 1500 项次。农资打假有成效。开展执法检查 15 次,出动执法人员 32 人次,检查农资经营网点 25 个,查处非法经营者 5 人,检查农药、化肥 2000 吨,没有发现假劣农药,抽检农药批次 5 次,合格率达到 99%;检查各类种子 50 吨,抽检种子批次 12 次,合格率达到 99%,严厉打击销售假劣农药、种子和非法农资经营点,让农牧民真正得了实惠,维护了农牧民的合法权益。②

审查发挥作用,监督政策落实。2011 年江苏省审计厅首次对所有涉农资金进行专项审计调查,共涉及 12 个省级主管部门,6 大类 32 项财政惠农专项资金,资金总

---

① 国家统计局山西调查总队:《"山西惠农政策落实情况良好,促进农业发展效果显著"》载《山西省政府信息公开目录》http://www.shanxigov.cn/n16/n43193/n70464/n70768/n7602406/14278069.html,最近访问时间:2012 年 04 月 11 日。
② 阿图什市政府办公室:《阿图什市测土配方施肥项目推进农业大发展》载《阿图什市人民政府网》http://www.xjats.gov.cn/CRWAPP.dll/Article?Article_ID=4644,最近访问时间:2012 年 4 月 19 日。

额就超过117亿。在支持农村生产生活基础设施建设方面,审计重点选取了"水利基建"、"农村饮水安全工程"等项目,促进不断夯实农业发展物质基础;在科教兴农与农民培训方面,审计重点选取了"省级科教兴农与农民培训专项资金(农业三项工程)"等项目,促进全面造就新型农业农村人才队伍;在支持农业现代化建设方面,审计重点选取了"农产品质量安全建设"、"高效设施农(渔)业建设"等项目,促进依靠科技创新驱动,引领支撑现代农业建设;在落实支农惠农补贴政策方面,审计重点选取了"农机购置补贴"等项目,促进提升农业技术推广,推动家庭经营向采用先进科技和生产手段的方向转变;在改善农村生态环境建设方面,审计重点选取了"绿色江苏"、"农村河道疏浚整治"、"秸秆还田及综合利用"等项目,促进推动城乡同治,改善农村人居环境;支持深化农村综合改革方面,审计重点选取了"村级公益事业建设一事一议财政奖补资金"等项目,促进维护农村社会和谐稳定①。

(2)农村受惠法治效果的现状

所谓农村受惠法治效果就是指受惠法治运行产生的效应结果。大致有:

健全了监督机制,推进监督体系不断完善。各地逐渐完善了权力制约和监督机制,综合运用各种监督形式,增强监督合力和实效,包括了强化党内监督,以党的各级领导机关和领导干部为监督重点对象,坚决查处各种违法违纪案件;强化人大监督,人大开始履行监督职能,定期或不定期开展执法监督检查活动;强化民主监督,政协组织政协委员认真做好提案、视察、调研等工作,充分调动了各民主党派、工商联、无党派民主人士反映农村民生民意,为农村发展献计献策;强化行政执法监督,各行政机关、各部门进一步强化了行政监察、行政执法、行政复议和审计等工作,实行严格的决策责任追究和绩效评估制度,确保了公共利益和广大农民的合法权益得到有效维护和保障;强化社会监督,畅通各种监督渠道,健全完善受理、处理机制,重视和支持舆论监督,注重社会监督效果,监督机制、监督体系建设不断得到完善。

落实了保障机制,加强了法律文化建设。各地法制宣传教育经费都逐年提高,专款专用。法律文化普遍得到重视和加强。网络上出现了法制宣传教育,法律文化与其它文化形态开始结合,进一步提高了群众对法律价值的认知能力。

司法公正有所增强,公平正义的理念开始进入农村。权责明确、彼此制约、协调配合、运行高效的司法体制得到进一步健全;追求公平、敢于诉讼的理念开始进

---

① 江苏省审计厅行事处:《为惠农政策的落实保驾护航,江苏全面开展涉农资金专项审计调查》载《江苏省审计厅网》http://www.jssj.gov.cn/newsfiles/120/2012-02/26178.shtml,最近访问时间:2012年4月13日。

入农民心中;诉讼程序制度得到加强,审判效率不断提高;监督加强,监督的渠道和方式多有完善,使监督能更大地发挥作用,切实保护当事人的合法权益,维护司法权威,维护社会公平正义。

基层民主法治建设卓有成效。创新工作机制,创建"民主法治示范村",落实民主制度,村委会民主自治工作取得明显成效。广大干部群众的法律意识、民主意识和参政意识逐步增强,知情权、参与权、表达权、监督权不断扩大,自我管理、自我教育、自我服务的良好机制和氛围逐步建立和形成。

(3) 受惠政策效能与法治效果的一体化

受惠政策效能与法治效果的一体化体现在两个方面,一方面是指受惠政策的效能直接决定了法治的效果。对于那些以成熟、重要的政策为指导进行成文化而形成的法律而言,作为基础的政策的效能就直接影响到了自身的效果发挥:如果政策的效能发挥充分,真正实现了其制定目的,那么其对应的法律也能起到良好的效果,规范相应的调整对象;如果政策的效能实现不良,在实践中仍存在问题,那么与之对应的法律必然也要在实践规范中出现问题,无法实现其法治效果。另一方面,法治的效果影响了政策效能。当法律由于滞后性或存在漏洞无法发挥应有的效果时,作为补充调整的政策如果找到了正确的症结,采用了恰当的方式,将起到更大的作用,实现更多的效能;如果政策也是偏差的或方式不当,则可能起到反作用,效能难以发挥。

(二) 中国农村受惠政策与法治一体化建设中存在的问题

中国尚处于社会主义初级阶段,法治也才起步不久,农村受惠政策与法治一体化建设中存在的问题自然很多,归纳一下,这些问题大致是由三方面的原因造成的:一是农村受惠的政策本身就存在缺陷,二是农村受惠的法治存在漏洞,三是农村受惠的政策与法治在一体化进程中出现的问题。因此,下文也将从这三个角度入手进行阐述。

1. 从创制方面而言

(1) 某些制定的政策不符合农村实际情况或长远利益。

中国农村受惠政策虽然都是基于对农村情况的调查并多方研讨作出的,但中央或政府多是站在全国大局出发,对各地的复杂情况也难以一一掌握,因此从制定阶段就会出现一些问题。

过度重视对惠农力度的加大,忽视了各项政策的衔接。中共中央从1982年至1986年连续五年发布中央一号文件,对农村改革和农业发展作出部署。2004年至2011年又连续发布以"三农"(农业、农村、农民)为主题的中央一号文件,强调了"三农"问题是国家的"重中之重"。再加上其它方式提出的惠农政策,关于农村受惠的政策数目繁多,覆盖面广,但横向纵向众政策间往往缺乏协调衔接,有的不但不能相互配合,还产生了反效果。如惠农政策中取消了农业税等并给予粮种补贴等,虽然缓解了农民压力,但也在现实中造成了农村土地零散经营,种地成本低了,个人散户就能侍弄几亩田地,他们中的很多都没有科技种田、大规模经营的认知,即便有这种意识,土地的小块分散也为发展增加了难度和成本支出。同时,这也不利于农民向第二、三产业转化。值得注意的是这种各自为政、缺乏配合的问题,也表现在惠农政策和法治这两种管理手段之间。

(2)某些法律的制定存在漏洞。

在立法上,农村受惠法治存在空白。有些关系到农村根本应当以法律的形式加以保障的事项无法可依。如农村集体土地上的拆迁是当前社会矛盾的重点,但却处于无法可依的状态,即便是出台不久的《国有土地上房屋征收与补偿条例(草案)》(2011年1月19)也只是规定了国有土地上的管理法,仍然解决不了农村中拆迁的种种问题;农村社会养老保险仍缺少法律的保障,多是以政策、通知等形式进行落实,唯一的依据就是1992年民政部颁发的《县级农村社会养老保险基本方案》缺乏普遍性;农村合作医疗也处于无法可依,仅有2003年1月10日提出的《卫生部、财政部、农业部关于建立新型农村合作医疗制度的意见》,制度的缺失、保障的薄弱,使得农村屡现因人亡而家破的惨剧。

(3)某些政策与法治之间缺乏衔接性。

本文的第一部分已经提到了,真正的农村受惠政策与法治一体化要求实现协调衔接,彼此和谐互进,二者之间要互为补充,互相保障,既不能彼此冲突,相互矛盾,也不能各行其是,毫不关联。但中国目前的政策与法治间存在衔接不畅的现象。

有些政策的制定经过了实践的考验,能够解决农村发展中的重大问题,应当通过法律进行权威化却没有进行;有的政策在实践中趋于疲软,难以实现其制定目标,也没有相应的法律出台加以支持。如针对农村土地流转中出现的种种问题,国家出台了很多的政策,但却缺乏强有力的法律进行支持,现有的法律条文未就很多问题作出规定或含义模糊。直到问题增多,形势严峻时才有了最高法院具有专门针对性的《最高人民法院关于村民因土地补偿费、安置补助费问题与村民委员会发生纠纷人民法院应否受理问题的答复》和《最高人民法院行政审判庭关于农村集体土地征用后地上房屋拆迁补偿有关问题的答复》,然而这仅仅只是解决了农村在土地问题上产生的纠纷中的极小一部分。

有些法律的制定立意模糊,但却没有相应的政策予以补充说明。中国的受惠制度在制定时或是出于认识的局限性或是对现实情况考虑不清,出现了定义模糊、内容不全的问题,这时就应当利用政策手段的灵活性和宏观性进行补救调整,然而在实践却往往缺乏受惠政策在这些方面的补充。如近年来层出不穷的"村官"贪污问题,2000年4月全国人大常委会在《关于刑法第九十三条第二款的解释》中把"村官"正式定义为从事公务的人员,对其7种行为定性为"贪污、受贿和挪用公款等犯罪"①。这意味着,村官只有协助政府从事行政管理工作才能构成职务犯罪。那么犯罪主体如果是基层党组织负责人,却又没有在村委兼任职务,就不能直接定罪。此外,村民自治事务中,除了规定的7种行为外架桥筑路、兴修水电、集资办厂等诸多事务都可能滋生村官腐败,而这些都无法可依。在这种情况下,我们就应当通过政策的手段加以约束,待政策调节完善后再通过法律予以保障。

2. 从执行层面而言

(1)农村受惠政策落实困难。

政策的宣传不到位。广大农民对政策尤其是新政策的了解往往很少,这就需要政府进行宣传引导,但有的地方不是宣传力度不大,就是没有结合本地实际情况瞎宣传效果不佳。有的农民不识字,不爱或没条件看电视报纸,一般的宣传手段起不了作用,这就需要村干部一个一个传达,但现在农村又缺乏对宣传不到位责任的追究,村干部往往消极怠工,有的甚至连村干部本人都是对政策一知半解,因此就造成了知道有很多惠农的政策却不了解是什么,大概知道有优惠却不知道怎么实现等等情况,而这种情形在贫困山村或留守老人儿童的家里更为严重,这些留守家庭常常只有老人幼童,既缺乏从外界了解政策的兴趣,也没有阅读理解的能力和条件。

资金的使用不规范。现行的惠农政策实施后,基层政府的财政困难,又没有及时地落实相关的专项资金补给,造成了很多挪用惠农资金的现象发生。同时,惠农资金的拨付也因为涉及农户多、工作量大、时间紧、账号不对等种种原因时常发生延误,农田的播种施肥都是有季节性的,有时耽搁了一两个月收到补贴晚了农时也就误了。此外,还有资金账目不清,经费胡乱使用等情况。有的单位不进行专项专账,利用混乱套取截留专项资金,甚至白条入账。

村务的公开不全面。受惠政策执行得怎么样,关键还是要看基层村委会。资金如何使用的,有了什么新的优惠政策,土地承包怎么运行的,这种种都需要村委会将村务进行公开透明,便于村民了解监督。但事实上在很多的农村,村务都是

---

① 七种行为分别是:(一)救灾、抢险、防汛、优抚、扶贫、移民、救济款物的管理;(二)社会捐助公益事业款物的管理;(三)国有土地的经营和管理;(四)土地征用补偿费用的管理;(五)代征、代缴税款;(六)有关计划生育、户籍、征兵工作;(七)协助人民政府从事的其他行政管理工作。

犹抱琵琶半遮面甚而有的就是假公开,农民心里没有一本明白账。还有的村子,村干部就是土霸王,这钱怎么用优惠名额给谁都是村干部说了算。2011年网上便曝光了广东省湛江吴川市王村港镇覃上村内,被当地政府宣称为建设社会主义"新农村",改善当地群众物质文化生活而建的近6亩的村民广场实际上变为了占地面积达数千平方米的私人豪华庄园。

(2)农村受惠法治实施不力。

农村是现代社会发展中极其特殊的一块,独特的历史原因和生存模式造成了广大农民对法治的费解甚而是天然的漠视。几千年来,农民被捆绑在土地上,农村就如一个小的国家,依靠宗族制度、乡情名望解决生活中的种种问题。即便是到了提倡法治的现代社会,即便已普法经年,农村的法治进程仍步履维艰。主持事务的村干部必然是有家族支持,有名望的本村人,解决争议靠的还大多是调解人的声望和摆理说情,村民们不但对法治一知半解,而且发自内心的抗拒诉讼。这主要是由于:

法治宣传力度不到位。这种不到位一方面是宣传的力度不够,农村尤其是偏远山区的农村缺乏长期持续接触法治教育的机会,有些村子每年也就是"12.4"全国法制宣传日受到喷发式的法制教育,有的村子连亲身参与法制宣传的机会都没有。另一方面也是宣传的方式不对。农村普遍教育文化不高,对法治也不关注。报纸传单等文字性的东西他们有的看不懂,识字的也大多不感兴趣,枯燥刻板的说教式宣传就更是效果不佳。针对农村的法治宣传应该采用农民们喜闻乐见的形式,如歌舞、小品、相声、戏曲等,也可以抓住村民们关心的热点,比如发生在他们身边的真实案例进行讲解。

制度本身存在问题,难以操作。虽然惠农制度的确立必然是经过深思熟虑或实践考验的,但在实施中因为具体情况的复杂多样总会出现漏洞或难以操作的局面。比如农村的土地流转问题,这是当今社会备受关注纠纷不断的内容。虽然《宪法》《土地承包法》《农业法》等诸多法律都对这一内容进行了规范,但都过于笼统,缺乏可操作性。首先,主体定义模糊,《宪法》中规定了农村土地所有权归集体所有,这里的"集体"一般指的是农村集体经济组织,但从《土地管理法》第十条[1]的规定看来,"集体"包含着村农民集体、村内两个以上农村集体经济组织的

---

[1] 农民集体所有的土地依法属于村农民集体所有的,由村集体经济组织或者村民委员会经营、管理;已经分别属于村内两个以上农村集体经济组织的农民集体所有的,由村内各该农村集体经济组织或者村民小组经营、管理;已经属于乡(镇)农民集体所有的,由乡(镇)农村集体经济组织经营、管理。

农民集体、乡(镇)农村集体等三种集体组织,这就造成了所有权主体的模糊,导致纠纷中在这一问题上的争议。其次,配套制度不完善。实践中,二元的户籍制度造成农民缺乏养老、医疗等有效保障,一旦失去土地便有可能面临窘境,客观上阻碍了土地的流转,同时土地流转中的确权、登记、交易等制度也不完善。

农村传统观念的阻碍。上面提到了,农村在长久的历史发展中已经形成了其特有的农村文化,有些方面即便有法律规定也依然还是按固有的传统进行,既容易引发纠纷,也为依法治农提供了阻碍。如结婚方面,农村依然还是重仪式轻登记,双方结婚可以忽略登记环节,但媒人彩礼酒席等名目都不能少。

(3)农村政策与法治一体化实现难度大。

农村受惠政策与法治一体化在实践中的实现不仅需要党和中央政府的重视,还需要地方各级政府的配合。中国的惠农政策和制度的实现需要大量的资金、人力、物力投入,这其中不但有直接用于补贴、设施建设等的款项,还有项目运作等方面的支出。这些光靠中央、省级政府提供是远远不够的,还需要县乡等基层组织的付出,而事实上各地乡镇情况不同,有些政策和法治配合的实现对某些基层组织而言是沉重的负担。比如要对政策与法治协调运行等方针进行宣传,就需要投入更多的人力财力。往往付出了大量的资源,村民却认为不关乎自己切身利益充耳不闻,效果甚微,长此以往,各地乡镇政府自然也就不愿再做白工。

受惠政策与法治虽然作为管理手段各有优劣,一体化能使二者作用最大化,但对于普通民众尤其是农村居民而言都属于乏味无趣的存在,政策琐碎、法律枯燥,二者的融合就更是不知所云。村民的传统观念就是避讳走司法程序,即便是有心了解,篇幅巨大,专业性强的法律条文也会给他们带来难度。政策又过于琐碎繁多,除了每年的中央一号文件稍有关注外,其它政策或许只有在涉及补贴优惠时才会渐渐口耳相传。想要让农村居民大概了解政策或法治都极具难度,偏偏二者的一体化要求的是融会贯通而不仅仅是粗略知道,这无异于是难上加难了。

3. 从监督层面而言

(1)农村受惠政策缺乏监督和反馈机制。

惠农政策应当是一个有序的整体,包括制定、执行、监督、反馈等各个环节,只有各环节协调配合、流畅运作,才能真正发挥惠农政策的作用,实现其预期的目标。中国的惠农政策往往重视制定和执行,却忽略了监督和反馈环节。这主要表现在:

监督的制度不健全。这种不健全不仅表现在监督渠道方面——对农村受惠政策的监督应该采取多种方式,但目前中国的监督基本上是政府内部的监督,社会监督机制还没有建立起来,社会、群众等诸多的监督渠道尚未发挥作用,而政府内部的监督,又往往是"自己人"监督"自己人",随意性强、漏洞极多,也表现在监督方向上,资金的使用极不规范,拨付不及时,程序不规范,审计监管不负责等等。

监督检查的力度不够。近年来,虽然党和政府在对政策的监管上有所重视,取得了一定的成效,但由于惠农政策涉及到的范围实在太大,资金项目多、数额庞大,监督检查的难度很高,依照中国目前的现实情况,监察的规模、力度、深度、广度都有限,还不能达到全方位立体化覆盖,某些地方个别方面仍是留下了死角,因而涉农违纪违法的问题总会不时发生。

信息的反馈也是农村受惠政策效能实现的重要一环,只有及时准确地获得政策反馈信息,才能全面地了解实际情况,有效地作出调整。而在现实情况中,这一环节在政策运行中却饱受忽视。反馈机制的缺位使得农民的利益、要求、申诉都不能及时地反馈到惠农政策上,使得政策制定、实施和监督的好坏都缺乏鉴别依据。只有政府主导,缺乏农民参与的受惠政策无法长久,也不能真正发挥作用,必将导致其脱离实际和背离农民利益,进而走向歧途。

(2)农村受惠法治监督不足。

监督方式少。对法治的监督应当形成一个包括法律、政府、社会、民众各方联合上下齐力的多重监督体制,但事实上各方对农村受惠法治的监督要么乏力要么干脆空白。司法监督方面要把检察院的工作下放到农村既缺乏载体又缺少动力,仍需时日。群众监督方面上面已经提过农民权利意识的薄弱,不与自身眼前利益有关的一般都不会予以关注。政府监督又是自己人管自家事,监管往往睁只眼闭只眼。

缺乏救济与保障。当农村出现权利侵害,农民的利益又缺乏有效的救济和保障。如在土地流转过程中缺乏可信的中介评估,农民又没有定价权,往往非常容易发生权益受损、利益不公的情况,但又没有相应的风险救济和后续社会保障。有时虽然可以通过司法途径寻求救济,但一方面农民从心理上抗拒打官司,一方面诉讼成本高昂,费事费力费钱还丢人,这都使得司法救济在农村难以发挥作用。在农村被广泛应用的私力救济又是游走在法律的边缘,缺乏制度的规范,常常引起争议。

(3)受惠政策与法治一体化的监督匮乏。

农村受惠政策与法治一体化建设的推行就是为了实现二者的优势互补,把二者的作用发挥最大化,进而推进农村经济社会平稳快速发展。这些效果的实现离不了对其运行的多方位监督,而事实上,这种监督在中国农村受惠政策与法治一体化建设中是极为匮乏的。这种匮乏一方面是出于政策与法治自身的监督就存在问题,另一方面也是对二者一体化进程的监督没有重视。中国目前的一体化建设尚未明确完善,各种监督手段自然也缺乏有效运作。同时,信息反馈机制也尚未纳入一体化建设中,弱化了监督机制的作用。

四、中国农村受惠政策与法治一体化建设的基本构想

中国农村受惠政策和法治的一体化建设是解决农村问题、提高农村实力的必然途径。只有真正把政策和法治融为一体,协调发展,政策提供原则补充灵活性,法治进行保障增添权威性,互相促进作用,才能真正避免上述出现的问题,激发三农的活力和动力,保证国家经济腾飞、社会稳定。而要如何实现受惠政策与法治的一体化建设也非一日之功,不可能一蹴而就,需要各方不断探索,研究努力,本书就从下面几方面提出一些拙见构想。

(一)农村受惠政策的法治化

进行中国农村受惠政策与法治一体化建设就需要完善政策与法治这两种管理手段的协调配合,达到相辅相成、和谐统筹的效果。这就要求二者取长补短,实现受惠政策的法治化与受惠法治的政策化。

1. 农村受惠政策中纳入严格的程序规范。

法律从制定、实施、修改、废止、监督各个环节都有严格的程序规定,既增强了规范性权威性,也使人们对其有可预期性。中国著名的学者吴德星先生就说过:"程序是宪政的关键,在实施宪政的过程中,它能够保证政府行为的形式合理和形式正义性,能够使当事人的选择更具有合理性,程序的完成过程本身也就是宪政实现过程。"[①]受惠政策的各个流程偏向松散混乱,因而容易产生种种问题,把程序性纳入受惠政策,加强了政策的规范性和合理性,有效约束了其执行监督各环节的混乱状况,保障了政策效能的更大实现。

2. 农村受惠政策中加入公开公平公正的法治理念。

法治的权威约束性一方面也来自于其奉行的公开公平公正理念。依法治国经年,公平公正公开的理念的原则渐渐深入人心,这不仅是人们对法治的要求,也成了一种价值观上的追求,一种信仰。有了对公平公正公开理念的认同和追求,才能在社会生活中遵循这些原则,才能从心理上真正接受法治的约束。同样,也只有把这些理念原则引入政策的制定执行等各个环节中,受惠政策才能真正得到人们的认同敬畏,才能具有生命力,否则就是一纸空文。所谓公开,就是要求政策的制定执行效能都应公开透明,保障社会公众的知情权,接受人们的检验质疑,防止腐败,禁止阳奉阴违、暗箱操作。公平原则强调的是实质正义和实体正义,保障

[①] 吴德星:《宪政的实质内容与形式意义》载《宪法学行政法学》,1997年第2期。

法律面前人人平等和机会均等。农村受到的政策优惠不因地域、村民多寡而不同,农民得到的实惠不因与基层干部的关系远近而不同。公正原则强调的是形式正义和程序正义,要求维护正义,立场中立,防止徇私舞弊。

3. 受惠政策的法治化是依法治国的必然要求。

依法治国要求政党应当在宪法和法律的范围内进行执政,这就意味着政府制定的政策必须遵循宪法与法律,不得超出其制定的框架,更不可与其产生冲突。因此,在实践中,有法律作出规定的,应依法办事;法律未作出规定,但有政策规范的,应当依政策行事;政策与法律不一致的时候,应当依法办事;如果法律已经不适应现实形势的发展,应当及时作出修改、补充,不要使得新出的政策与法律相冲突。

(二)农村受惠法治的政策化

1. 农村受惠法治中应注重前瞻性与引导性。

关于农村受惠法律制度不能也不应凭空编造,需要建立在对实际情况的调查研究基础上,需要经过实践的考验。现实中,党和政府一般会先制定相关的政策,进行大方向的把握,等到一定时期的运行后,如果政策运行稳定,能够实现预期目标,并具有发展性科学性,就会通过法律的手段予以确认保障。因此,相比滞后固化的法律,政策具有其特有的前瞻性和引导性。受惠法律制定中应当加入对这种前瞻性和引导性的重视,使得法律不要只是应用于眼前一时之需,只能解决一些现行问题,而是具有更长远的生命力。

2. 农村受惠法治中应注意中央与地方的配合。

中国农村受惠政策一般是中央依据地方不同的情况作出大局上的指导决策,尚需要地方根据本地情况实际操作,进而把执行情况反馈中央,体现的是中央的决策性与地方的操作性,要求的是中央与地方的密切配合,相辅相成。受惠法治的建设中也应注重中央与地方的配合,发挥地方的能动性,既要求中央具有方向性、大局观,又要求地方发挥务实性操作性。这样才能真正实现法治体系在全国的良好运转。

3. 农村受惠法治的政策化应实现系统优化。

中国农村受惠法治的政策化应坚持"政策要重视及时性、法制要重视常规性、中央要重视方向性、地方要重视务实性"的指导思想,体现的是国家对农村问题的系统梳理和资源配置的统筹考虑,研究的是政策与法治横向互动和中央与地方纵向效力之间的复杂关系,目的就是为了实现整个系统的优化组合,完善农村受惠法治的功能,实现农村繁荣和谐。

总之,农村受惠政策与法治一体化建设的研究既是基于现实的需要,也是因为理论的空白。实践中,政策与法治在社会管理和经济发展领域的优劣已有所体现,通过一体化建设消减这些弊端,进而发挥更大的作用已成为必然要求。而法学理论界也多是对政策与法治的分别研究,缺乏对政策与法治一体化建设体系系统的探索总结,使得实践缺乏了理论的指导。本章正是通过对理论、内容、现状、问题、体系构建等方面的阐述,解决了为什么要进行一体化建设,一体化建设是什么,现实中一体化建设是如何表现的,存在哪些问题,未来应当向哪个方向发展等等问题。笔者总结梳理了中国目前关于农村受惠的各项政策与法规,理清了其中的一体化表现及存在的问题。农村受惠政策与法治一体化建设的探索之路才刚刚开始。

第六章　中国农业受惠政策与法治一体化建设

中国是一个农业大国,农业作为中国的第一产业,是整个国民经济的支柱,是中国现代化事业成功的基石,关乎国家的发展及民族的未来。目前农业发展已进入了一个新的阶段,但矛盾纵横交织,农业受惠政策与法治一体化程度低下。由于中国农业受惠政策与法治一体化建设问题,涉及范围广,内容纷繁复杂,党的"三农政策"和国家"法治"关联点多,衔接差,矛盾突出,加强农业受惠政策与法治一体化建设,具有重要的现实意义。

中国多数学者的论述,有的从政治学或者社会学、行政管理学、经济学等非法律学科进行论述,有的是从一个侧面或一个角度来论述政策或法治问题,其重点均来源于"城乡二元"的理论视角,不同程度地缺乏对农村、农业、农民各自政策与法治问题的系统梳理和统筹思考,尤其是缺乏对农业受惠政策与法治一体化建设研究之间的关系进行研究,不仅造成农业政策虚化,执行偏差或走样,而且难根治屡有发生的伤农事件。因此,必须清楚政策与制度相冲突的障碍,理顺政策与法治的相融洽的关系,建立健全政策与法治相统一的机制,实现农业受惠政策与法治一体化建设的同步到位。

一、农业受惠政策与法治一体化建设的基本理论

过去的农业着眼于农业的安全,如今的农业更致力于农业的发达。当前,国际局势纷繁复杂,农业发展面临的风险不断攀升,保持农业良好态势的任务相当艰巨。

(一)农业受惠政策的基本理论

走农业现代化道路,政策是向导,保持政策的稳定性十分重要。所谓的农业受惠政策指的就是党和国家为了提高农业各项实力而制定的一系列利于农业发展的优惠措施和政治倾斜。

农业受惠政策的特点主要包括:(1)目标的特定性。农业受惠政策指向的特定目标是农业,针对的是农业的现状及未来发展。(2)政治的倾向性。党和政府针对农业提出的各项政策都表现出了极其明显的政治上的倾斜性,目的都在惠及农业,从经济人力物力等各方面扶持保证农业发展。(3)范围的广泛性。其一,在中国,农村覆盖范围大,农业受惠政策直接影响的是中国总人口的70%。其二,农业受惠政策包含了农业生产的各个领域,有着普遍的指导意义。

改革开放以来,中国共产党先后颁布了十四个中央一号文件。其中有十三个中央一号文件(参见附件1)涉及到农业问题,并为解决不同时期的农业问题提供了政策支持。

1982年1月1日,第一个中央一号文件《全国农村工作会议纪要》颁布。该文件明确提出"包产到户、包干到户或大包干都是社会主义生产责任制"。这预示着农业发展已进入一个新的阶段。

1983年1月,第二个中央一号文件《当前农村经济政策的若干问题》颁布。该文件指出了家庭联产承包责任制的内涵及其重大意义,提出家庭联产承包责任制是广大农民群众在农业生产实践中的伟大创造。邓小平说:"一号文件很好,政策问题解决了。"①

1984年1月1日,第三个中央一号文件《关于一九八四年农村工作的通知》颁布。该文件提出要明确家庭联产承包责任制,规定了一般情况下15年以上的土地承包期以及开发性、生产周期长项目超过15年的更长土地承包期,这样广大农民群众的心就定了。

1985年1月,第四个中央一号文件《关于进一步活跃农村经济的十项政策》颁布。该文件侧重点放在了调整农业结构上面,采取了对少数重要农产品(如粮食、棉花等)合同收购的新政策,废除了农产品的统一收购和派发收购制度。这标志着中国以家庭承包经营责任制为主的农业改革已从第一步发展到了第二步,进入了商品经济发展阶段。

2005年1月30日,第七个中央一号文件《关于进一步加强农村工作提高农业综合生产能力若干政策的意见》颁布。该文件以提高农业综合生产能力为主题,统筹城乡发展的要求,采取多予、少取、放活的方针,不断调整农业产业结构,实现农民增收、粮食增产。

2006年2月,第八个中央一号文件《关于推进社会主义新农村建设的若干意

---

① 源自邓小平同国家计委、国家经委和农业部门负责同志谈话:《1983年1月12日"允许一部分人先富裕起来"》载《晋城新闻网》http://www.jcnews.com.cn/content/2008-12/19/content_8370.htm,最近访问时间:2011年9月1日。

见》颁布。该文件以推进新农村建设为主题,主要提及推进现代农业建设、加强农村基础设施建设、深化农业改革等方面,其主要内容不仅涵盖经济建设方面,还涵盖了政治建设和文化建设等方面,更全面地诠释了农业、农村、农民问题。

2007年1月29日,第九个中央一号文件《关于积极发展现代农业,扎实推进社会主义新农村建设的若干意见》颁布。该文件以发展现代农业为主题,社会主义新农村建设的重点在于不断加大发展集约型规模农业、提高农民生产的积极性。

2008年1月30日,第十个中央一号文件《关于切实加强农业基础建设进一步促进农业发展农民增收的若干意见》颁布。文件以切实加强农业基础建设为主题,一是通过国家对农业基础建设的投入,促进农业生产发展;二是通过农业受惠政策增加农民收入,提高农民生活水平。

2009年2月1日,第十一个中央一号文件,即《关于2009年促进农业稳定发展农民持续增收的若干意见》颁布。文件指出,必须具有忧患意识,时刻抓住机遇,保证粮食稳产增产,确保农业稳定发展,确保农民持续增收,确保农村社会安定。

2011年1月29日,第十三个中央一号文件《关于加快水利改革发展的决定》颁布。这是中央首次专门针对水利改革发展做出的决定。该文件指出,农村基础设施建设应以发展农田水利为重点,促进农业发展方式的转变,节约集约水资源,努力走出一条具有中国特色的水利现代化之路。

2012年2月1日,第十四个中央一号文件《关于加快推进农业科技创新持续增强农产品供给保障能力的若干意见》颁布。该文件首次以发展农业科技为主题,注重农业科技创新,重点抓好种业科技创新,要持续加大国家对农业科技的投入,持续增强农产品供给保障能力,为农业增产、农民增收、农村繁荣注入新的动力。

2013年1月31日第十五个中央一号文件《中共中央 国务院关于加快发展现代农业 进一步增强农村发展活力的若干意见》颁布,强调要举全党全国之力持之以恒强化农业、惠及农村、富裕农民。按照保供增收惠民生、改革创新添活力的工作目标,加大农村改革力度、政策扶持力度、科技驱动力度,围绕现代农业建设,充分发挥农村基本经营制度的优越性,着力构建集约化、专业化、组织化、社会化相结合的新型农业经营体系。

1982年至1985年间颁布的四个中央一号文件突出强调家庭承包经营责任制的作用。2005年2012年间颁布的其中七个中央一号文件,侧重点分别为农业综合能力、社会主义新农村建设、现代农业、农村基础建设、农业稳定发展农民持续增收、水利改革发展和加快推进农业科技创新持续增强农产品供给保障能力。虽然每年的主题不同,但其统筹城乡发展、多予少取放活的思路一脉相承,为解决"三农"问题的努力与方向则前后一致,初步形成了建设社会主义新农村中农业方面的政策体系。

解决"三农"问题,一是必须重落实。这需要脚踏实地,切忌有烦躁心态。二是必须重统筹。以城乡一体发展为视角,全面推进与"三农"密切相关的国民经济各个领域,着重考虑教育、文化、就业、农业基础设施、农村社会保障等各个方面。三是必须注重实效。在不断变化的内部及外部环境下,需要及时对政策进行调整,真正将政策落实到位,切实保障农业农村的重要地位。

(二)农业受惠法治的基本理论

"世界各国可以在各自不同的国情条件、社会制度下演进到现代社会,但资本积累的内涵——对传统农业的强制无偿剥夺,谁也避免不了。"①农业作为国家的基础产业,在新中国成立时,以农促工对国家经济的发展发挥了非常重要的作用,如今在构建中国特色社会主义国家的同时,工业反哺农业成了趋势。

农业受惠法治指国家制度体系中,充分运用法律手段来管理农业事务,以保障农业安全平稳发达和维护广大农民合法利益的良好社会秩序。

农业受惠法治具备以下特点:(1)农业受惠法治具有针对性。有关农业的法律法规,专门规范着发展农业的方方面面,如《中华人民共和国农业法》②、《中华人民共和国农产品质量安全法》③、《中华人民共和国种子法》④、《基本农田保护条例》⑤、《农民专业合作社登记管理条例》⑥等。(2)农业受惠法治一般都有与之相对应的前置的政策。农业受惠法治是法治中极为特殊的一部分,因为中国农业的基础性地位相当重要,稍有不慎就可能影响全国稳定。对于农业法治的制定、

---

① 程漱兰:《中国农村发展:理论和实践》,中国人民大学出版社,1998年版,第95页。
② 第八届全国人民代表大会常务委员会第二次会议于1993年7月2日通过《中华人民共和国农业法》,第九届全国人民代表大会常务委员会第三十一次会议于2002年12月28日修订该法,自2003年3月1日起施行。
③ 第十届全国人民代表大会常务委员会第二十一次会议于2006年4月29日通过《中华人民共和国农产品质量安全法》,自2006年11月1日起施行。
④ 第九届全国人民代表大会常务委员会第十六次会议于2000年7月8日通过《中华人民共和国种子法》,第十届全国人民代表大会常务委员会第十一次会议于2004年8月28日通过并施行《关于修改〈中华人民共和国种子法〉的决定》。
⑤ 国务院第十二次常务会议于1998年12月24日通过《基本农田保护条例》,自1999年1月1日起施行。
⑥ 国务院于2007年5月28日通过《农民专业合作社登记管理条例》,2007年7月1日起施行,国务院令(第498号)。

执行等需慎之又慎。因此,现实中,针对"三农"问题制定的法律一般都是成熟政策的条文化具象化。党和政府通常会先制定并执行政策,待其经过实践检验确认成熟后再予以法律化,加强保障。

法律法规从模糊到透明,公示法律法规,能增加透明度,更便于执行。重大政府信息的隐瞒,可能从短期来看,会获得短期利益;但从长远来看,会丧失政府信用,有损政府形象。短期利益和长期利益的平衡,需要相关部门尽快采取相应措施。通过全面梳理出"可依"的法律政策,以解决"无法可依"的相关立法层面的问题,解决"有法难依"的相关执行层面的问题,解决"执法不严,违法难究"的相关司法层面的问题。

(三)农业受惠政策与法治一体化建设的内涵

农业受惠政策指党和国家为了提高农业各项实力而制定的一系列利于农业发展的优惠措施和政治倾斜。农业受惠法治指国家制度体系中,充分运用法律手段来管理农业事务,以保障农业安全平稳发展和维护广大农民合法利益的良好社会秩序。

法治一体化建设模式指中央与地方的法规制定、实施、监督等效果分析与评价。所谓农业受惠政策与法治一体化建设是指农业受惠政策和农业受惠制度之间的关系是一体化,所谓的"一体化"指的就是从中央到地方的政策、制度在制定、实施、监督过程中的法律社会效果的统一。

(四)农业受惠政策与法治一体化建设的特点

地方大量有关农业的政策,由于各自地域差异,政策的侧重点各有优异,相比而言,中央的相关政策从宏观、综合的角度对农业相关的政策作了一些原则性的规定。对于一些还未上升到法律层面的政策有把它上升为法律层面的需要,只有提升了高度,才可以更好地重视政策;同样,一些过于原则的法律也需要落实成为政策,更便于执行,产生并实现相应的法律效果。

农业受惠政策与法治一体化建设的特点主要有以下几点:

一是注重衔接协调性。农业受惠政策与法治一体化要求实现协调衔接、和谐互进。纵向上,中央、地方的政策或法治都应上下一致、协调运行,中央要考虑地方的实际情况,作出既符合大局又发展地方的决策,地方要配合中央并发挥能动性,保证执行及效果并反馈情况。横向上,政策与政策间,制度与制度间不能互相矛盾,互不衔接。

二是坚持共同促进原则。农业受惠政策与法治一体化建设就是为了解决现实中政策与法治各行其是无法解决的问题,就是为了促进二者发挥更大的作用,因此,必须达到共同促进的状态。

农业政策与农业制度并非一一对应。政策具有地域差异性,鉴于各个地方的自然环境、社会背景、经济发展水平的不同;制度相对政策有些滞后,一项完好的制度必定要经过实践的考验,成熟之后才能推向社会。另外,随着社会的不断发展,旧时的农业制度很难适应当今农业发展的要求,这就需要将过去不适应现代发展情形的农业制度,该废止的废止,该调整的做出相应调整。

二、中国农业受惠政策与法治一体化建设的基本内容

（一）农业受惠政策方面的内容

1. 农业受惠的土地政策

土地是农村的基本生产资料,是农民的基本生活保障,是国家最为宝贵的资源。农业土地政策既关系到农民的经济利益,也影响着社会的和谐稳定。

1950年制定的《中华人民共和国土地改革法》[①]实行的是农民的土地所有制;1956年三大改造基本完成,农村开始实行农业合作化的政策,尤其是随后而来的"三级所有,队为基础",把土地随之变成了公有;1978年安徽凤阳县小岗村的村民率先响应国家政策实行了家庭联产承包责任制的改革;2005年1月7日,农业部第二次常务会议审议通过了《农村土地承包经营权流转管理办法》[②],鼓励农民享有土地流转权以实现农业产业化经营,建立新型的农村股份合作制(以土地为内容)。

土地所有政策指在一定条件下,国家或政府就土地归谁所有、由谁支配等制定的原则及规范,其实质是土地所有权在不同主体(国家、集体、个人)之间的分配原则及其形式。

保护耕地政策。严格实行耕地保护政策,严禁耕地抛荒现象。实行奖励粮食生产大县的政策,从2005年开始,国家对年产4亿斤以上粮食的县进行奖励,以增加地方的财政收入,促进县政府将地方财力投入农业。

长期稳定的农村土地承包关系,双层经营的农村基本经营制度,确立了农民的市场主体地位,符合发展农业生产力的要求,有助于实现农村社会的稳定,对实现农业现代化具有深远意义。

建设现代农业,必须组建农业科技创新机制,加强技术研发,开发多功能、经

[①] 中央人民政府委员会第八次会议于1950年6月30日公布并施行《中华人民共和国土地改革法》。

[②] 农业部于2005年1月7日公布并施行《农村土地承包经营权流转管理办法》,农业部令[2005]47号。

济型农业基础设施,促进农业机械化生产,才能真正走上农业现代化道路。只有提高了农业科技水平,才能打破制约农业现代化发展道路的瓶颈。

国家粮食安全需要农业科技的支撑,突破资源环境等要素的约束。农业科学技术决定着现代农业建设的水平,基础性、公共性、社会性是农业科学技术的显著特点。坚持把科学技术作为第一生产力,融入农业生产全过程。

从中国的基本国情出发,保障国家的粮食安全,提高土地单产以及劳动生产率,保持生产生态协调发展,构建适应生态、安全农业发展要求的农业科学技术体系。

2. 农业受惠的税费政策

从2000年开始,中国实施了农村税费改革试点。主要政策包括:(1)取消农业特产税。即除保留烟草税外,其他一律不征农业税。(2)粮食主产区减免农业税的力度加大。(3)沿海及有条件地区可纳入免征农业税试点。把握政策时需注意:要确保各级政府转移支付资金能专款专用,要实际核查因征收占用耕地而减少的土地面积。

为提高农民的种粮积极性,帮农民减负,农业部、财政部、国家税务总局联合下发了《关于2004年降低农业税税率和在部分粮食主产区进行免征农业税改革试点有关问题的通知》①。农业税收优惠政策主要包括以下几个方面:(1)不再征收个人所得税,专门经营种植业、养殖业、饲养业和捕捞业的个体工商户和个人,其经营项目属于农业税、牧业税征税范围内且已征税的;(2)暂不征收个人所得税,取消农业特产税后,对减免农业税或牧业税地区的个体工商户或个人从事上述4业且经营项目属于农业税、牧业税征税范围的;(3)暂不征收个人所得税,农民销售自己生产的农产品的所得;(4)无须办理税务登记,流动性的农村商贩。

今后中国的涉农收费管理将更加规范,国家减免了多项涉农收费。财政部、国家发展和改革委员会公布了已取消、免收和降低标准的全国性及中央部门涉农收费项目。对农民免收的收费有8项,主要有对从事营业性运输的农用三轮车、农用拖拉机收取的公路运输管理费、涉及农村中农民生活用水和农业生产用水的水资源费、对自产自销农副产品的农民收取的城乡集贸市场管理费等。降低标准的涉农收费有4项,主要有农机监理费、渔业船舶检验费、海事调解费、畜禽及畜禽产品检疫费。

从2004年到2006年,在全国范围内已经逐步取消了农业税、农业特产税、屠

---

① 农业部、财政部、国家税务总局联合于2004年4月6日下发了《关于2004年降低农业税税率和在部分粮食主产区进行免征农业税改革试点有关问题的通知》,财税[2004]77号。

宰税等,这切实给农民减了负、增了收、促进了农村社会的持续稳定。

3. 农业受惠的农产品价格政策

扶持和保护农业的稳定发展是各个国家通行的办法。国家对农业的投入是走中国特色农业现代化道路的物质保障。近年来,中央财政把增加对"三农"的投入作为解决"三农"问题、促进城乡协调发展的重大举措。国家通过价格的宏观调控,切实保障了农民的经济利益。农产品国内价格政策中的价格管制主要包括三种类型:限制价格政策、支持价格政策和双重价格政策。

根据人们消费结构的变化及市场供求的变化,继续推进农产品结构调整,不断加速农业的市场化进程。切实推进农业产业化,建立一个公正的农产品贸易体系,从源头上减少农业保护。

"农资价格高、定购粮价低、农民负担重"(即"一高、一低、一重"),导致农民种地积极性不高。政府果断采取措施:一是降低化肥、种子等农资价格;二是适当提高粮食定购价;三是切实帮农民减负。解决"一高、一低、一重"问题,有助于调动农民的种地积极性。要鼓励粮食生产,保证农民持续增收,提高粮价是根本之路。面对粮食生产这一问题,我们必须认真贯彻落实科学发展观,统筹兼顾城乡发展战略,一方面加大对农民的粮食补贴力度,提高农民的积极性;另一方面,必须完善农产品市场调控体系,适当发挥市场价格对农产品增产增收的促进作用。

农产品价格支持政策,是农业传统保护政策的主要方式。这项政策具体体现在:(1)农产品价格补贴政策。它是国家为了保护农产品生产者的利益而制定的一种保护价收购制度。当市场价低于保护价时,政府按保护价收购农产品,或对农产品的市场价低于保护价的差额直接给生产者以补贴,使实际出售的农产品价格不低于保护价。(2)进口配额、出口补贴政策等。由于中国的农业开放度较低,政府通过对进口粮食等农产品采取关税贸易壁垒的保护措施来保护中国农民利益,尽量压制国外农产品大量进入本国市场。主要有:对国外农产品进口收取关税;实行农产品进口配额管理;对中国农产品出口实行优惠的退税措施;对部分农产品采取适当的进口及许可证措施;进行动物及植物检验等。

中国农业补贴的目标经历了三个阶段:1978 - 1997 年,目标是维护粮食安全;1998 - 2003 年,目标是粮食安全、农民增收、环境保护;2004 年至今,目标是粮食安全、农民增收、环境保护、农业发展。增加对良种补贴、农机具补贴和重大农业技术推广专项补贴,以切实保障粮食安全。对农用工业品的补贴主要是政府通过对农业生产资料提供补贴降低生产成本,从而扩大农业生产,增加农产品的供给数量。

4. 农业受惠的基础设施政策

农业基础设施建设与农业生产的发展、农村经济社会的进步密切相关。在新的形势下,加大农业基础设施投入,促进农村经济社会的稳定发展,缩小城乡差距已经成为党和国家经济发展战略的重要组成部分。

农业基础设施建设要协调处理好恢复、发展、提高三者之间的关系。农业基础设施是农业可持续发展的支撑。微观上,增加农业基础设施投资具有降低农业生产成本和风险、提高农民收入的作用;宏观上,农业基础设施建设有助于扩大市场的规模,为农村经济的发展提供新空间。

良好的农户用水设施和医疗卫生设施能为农民提供清洁的水源和健康的生存环境;发展农田水利建设设施及交通设施建设不仅能保证农民增收,而且能够降低生活必需品的价格;改善城郊"居民"的通讯设施建设,有助于保证"居民"获得更多的就业机会和培训机会,以解决吃饭问题。

农业基础设施建设一般包括:(1)农田水利建设,如防洪、防涝、引水、灌溉等设施建设;(2)农产品流通重点设施建设,商品粮棉、用材林和防护林建设;(3)农村科研、技术推广、教育、体育、道路设施和电力和能源设施等。

中国是一个农业大国和农民大国,农业基础设施相对于工业基础设施是比较落后的。近年来,中国政府已经开始重视农村公用基础设施的建设,农业基础设施已成为中央财政向农村的主要投资方向。

加大农田水利基础设施建设的投入,为提升农业综合生产能力奠定基础。没有灌溉就没有稳定的农业,灌溉在很多情况下,需要有大规模的工程设施作保证。农田水利基础设施建设,要做到既防涝又抗旱,既致力于大江大河大湖的治理,又注重小微型农田水利工程的建设。农业生产条件的改善,既保障了农业持续稳定增收,又保证了整个国民经济的可持续发展。

目前,中国政府把加大农业基础设施投资作为国家解决"三农"问题、建设社会主义新农村的一项重大战略措施,其发展状况直接决定了中国产业政策目标,地区发展目标、社会福利目标的实现,因此,农业基础设施的建设理应得到国家财政融资的支持。政府能为市场化融资提供政策支持和一些优惠,而市场化融资能弥补财政性投资资金严重不足的问题,并能提高基础设施投资的经济效益。所以,二者的相结合的融资是可行的。

中央政府在国家财政中可适当增加一部分专项资金或采用一般转移支付与特定项目相结合的办法,用于支持一些农业基础设施项目。当然地方财政投资也要区分不同的情况,分别对待,对于一些地方大型建设项目,应该考虑到地方的财政能力,主要以省级政府财政投资为主,县乡级政府为辅;地方中小型建设项目,省级政府财政可以投入较少资金,带动县乡级政府财政尽力投资,并鼓励其他市场化投资。

在中国,长期以来农业基础设施是国家直接投资和直接生产经营的。改革开放以来,政府开始逐步地运用间接生产方式促进农业基础设施的发展。政府有必要将政策偏向农村,加大对农业基础设施的政策支持。建议在补助标准上按照现行物价水平和定额给予投入,对农村公路等其它基础设施建设方面实行全额补助。

5. 农业受惠的服务政策

(1)农业受惠的保险政策

农业保险是财产保险业务中十分特殊的一个险种。在强农政策的背景下,中国保险监督委员会自2004年开始以国家引导、政策扶持、市场运作为原则,率先在一些省市进行了农业保险试点,并逐步扩大覆盖面。目前,农业保险享受的优惠政策相当之多,农业生产对农业保险的需求相当之大。

尽管农业保险试点工作取得不俗的业绩,但与国家对农业保险的总体要求相比,与"三农"对于农业保险的实际需求相比,农业保险的推进与拓展显然还面临诸多挑战。

农业保险服务于广大农民,面对千家万户,如果渠道不畅,将凸显服务能力问题,经过几年努力,初步形成了四条比较成型的渠道:农村经济管理部门和畜牧防疫部门已经成为农业保险业务的主渠道;农村金融服务机构业已成为农业保险业务的辅助服务渠道;聘村干部为协保员成为农业保险业务的个人代理渠道;把龙头企业和合作组织作为业务开办渠道。

一支高素质、高水平的专业化人才队伍,一整套专业化、规范化的操作技术,一个正在迅速扩大的市场空间,一个管理有效的运行模式,这是农业保险业务做大的实力,做强的基础。

(2)农业受惠的金融政策

所谓农业政策性金融是指与政府某些经济职能相关,为贯彻政府对社会经济政策或意图,以国家信用为基础,在农业及相关领域从事资金融通,并为政府所有、参股、担保和控制,支持、保护农业生产,促进国民经济协调发展和农业收入稳定增加的一种特殊金融活动和金融形式。农业政策性金融的基本目标是通过资金的回笼和投放,调节农产品的供给。农业金融政策的目标主要有支持农业发展、农副产品收购、扶贫开发、发展农用工业、支持乡镇企业、化解农村金融风险。

农业金融政策的政策手段包括农业信贷规模政策、农业信贷结构政策、农业信贷优惠政策。农业金融政策的作用表现在三个方面:一是融通农村货币资金对优化配置农村社会资金起调控作用;二是对稳定资金融通、保证农产品流通起调控作用;三是对健全农村金融市场、推动农村市场的完善起调控作用。

加大政府对农村的金融政策支持。实行提高国家政策性银行对农村融资力度政策;加大银行对农村开发、发展项目和企业资金支持力度政策;实行创建和发展农村投资基金,支持农村高科技产业发展政策;实行发展农村债券市场,支持农业基础设施建设政策。

要大力发展农村信用社,保持"民有、民用、民受益",克服资金困难。2000年4月,朱镕基总理在江苏考察时指出:"当前特别要重视和发挥农村信用合作社的重要作用。农村信用社是最好的联系农民的金融纽带,要采取有效措施支持和引导农村信用社发展,使它成为新形势下农村金融的主力军。"①

中国农业发展银行负债结构单一,资金来源很大一部分依赖于中央银行再贷款,对基础货币的投放造成压力,这不利于中央银行的宏观调控,也制约了农业发展银行资金来源的规模,很难满足农业发展银行业务发展的要求,达到其支持农业发展的目的。这需要农业政策性金融机构拓宽资金来源渠道,采取多样化的融资渠道和市场化的融资方式。

一是农业产业化龙头企业。注重农业产业化龙头企业在农产品生产和流通领域中的积极作用。规模农业的方式之一——龙头企业带动型的现代农业开发模式由龙头企业作为经营主体,以"自愿有偿、生产专业化、管理规范化"为原则,满足市场需求,扩大生产效益,采用"公司+基地+农户"的产业化组织形式,租赁农民的土地使用权,将租赁土地由企业经营开发。

二是农民合作经济组织。农民合作经济组织通过为农民提供产前、产中、产后的全套服务,提高了农民进入市场的组织化程度,对农业增效、农民增收起到了重要作用。对农民合作经济组织提供信贷支持,应主要支持其开展农产品加工基础设施、大型农业机械等方面的建设。

三是个体农户。为个体农户提供的信贷资金主要用于解决微小型农田水利基础设施建设的资金需求以及相配套的流动资金需要。建立保证贷款的偿还机制可从两方面入手:(1)设立还贷款准备金。建议中央及地方财政安排农业专项资金时,部分资金用于县乡建立还贷款准备金,以保证贷款的及时偿还。(2)建立"借、用、还"一体化的运作机制。严格贷款条件,建立"权、责、利"相统一的运作机制,明确借款单位还款资金的来源,政府对借款单位的优惠政策要落实到位,促

---

① 包永辉、刘思扬:《朱镕基总理在江苏考察时强调:坚定不移推进金融改革和整顿 千方百计确保农村稳定和发展》载《人民日报》,2000年4月21日第1版。

进借款单位的良性运营。

(二)农业受惠法治方面的内容

1. 农业受惠的土地制度

2011年6月25日,全国"土地日"的主题是"土地与转变发展方式——促节约守红线惠民生"。坚持以科学发展观为理论指导,土地的发展方式从粗放型过渡到集约型,建立资源节约型社会,时刻把握18亿亩的红线标准,不断加强土地管理,促进社会全面协调可持续发展,具有十分深远的意义。

坚持"守住18亿亩土地红线"不动摇。(1)完善政府宏观调控机制,增强土地调控的针对性。(2)落实好保护耕地的责任,做到土地资源群管群用。(3)提倡节约,建设节约型社会,推进土地复垦工作。(4)利用先进科技手段,强化对土地执法行为的监管。(5)从问题着手,深入开展土地管理制度的设计,明晰产权,维护农民合法权益,完善农村土地制度。

土地所有者既可以直接行使占有、使用、收益、处分这四项权利,也可以依法或依照约定将其中的一项或若干项权利授予他人行使。对农业土地的限制,主要包括以下几个方面:一是对拥有土地的数量的限制;二是对土地拥有人的资格的限制;三是对土地进一步分割的限制;四是对土地用途的限制。

根据《中华人民共和国宪法》①第十条第二款的规定,中国集体所有的土地主要包括以下几种类型:一是宅基地,二是自留地,三是自留山,四是不归国家所有的农村和城郊的土地。根据《中华人民共和国宪法》第十条第四款、1988年宪法修正案第二条的规定,依法可以转让的只有土地使用权,其他土地权利不得转让,土地不得买卖,但可以进行土地租赁。根据《中华人民共和国宪法》第十条第三款、2004年宪法修正案第二十条的规定,国家可依法征收或征用土地,前提是为了公共利益,条件是给予相应的补偿。

《中华人民共和国土地管理法》②第四十七条规定了征收土地该如何补偿。土地补偿费、安置补助费、地上附着物和青苗的补偿费这三种费用的补偿标准及比例各不相同,补偿费及安置补助费都规定了补偿费的最高上限要求。

《关于深化改革严格土地管理的决定》③规定,(1)遵守土地管理法律法规,加

---

① 第五届全国人民代表大会第五次会议于1982年12月4日公布并施行《中华人民共和国宪法》。

② 第十届全国人民代表大会常务委员会第十一次会议于2004年8月28日公布并施行《中华人民共和国土地管理法》。

③ 国务院于2004年10月21日公布并施行《关于深化改革严格土地管理的决定》,国发[2004]28号。

大土地管理执法力度,严肃查处土地违法案件;(2)国务院和省、自治区、直辖市政府享有农用地转用以及征收土地的审批权,完善征地程序;(3)从严把握农用地转为建设用地的总量和速度,加强规划,注重审查;(4)推进土地的市场化管理,在土地市场进行公开交易,逐步推行招标、拍卖、挂牌出让,缴纳土地出让金。

《中华人民共和国农村土地承包法》①的颁布,确立、巩固并完善了土地承包经营制度,保障农民的土地承包经营权。允许农民土地承包经营权可以采取多种形式进行流转,发展产业化农业,提高的土地利用率。在坚持基本经营制度的基础上,政府在土地制度中引入股份制的概念,建立农村股份合作制,从而盘活土地资产、增强土地价值。实行"两权(土地所有权和经营权)分离",以自愿互利为原则,推进规模经营,土地归集体所有,农民享有除所有以外的其他权利,如占有、使用、支配并依法处置(如继承、租赁、抵押、转包等)。优点在于:一是有助于消除土地投资的风险,使农民立足于长远利益;二是有助于实现土地经营权的自由流转,合理利用具有相当规模的土地。

加快修改完善相关法律,将现有土地承包关系长久不变的政策纳入法律规范当中。将农村集体土地的所有权办理确权登记并颁发相应的证书,将宅基地在内的农村集体建设用地办理使用权确权登记并颁发相应的证书。《中华人民共和国农村土地承包经营纠纷调解仲裁法》②的颁布,为农民解决土地承包经营纠纷提供了两条途径:一是村民委员会、乡镇政府的调解协议书;二是仲裁庭的仲裁裁决。加快修改土地管理法,加快推进牧区草原承包工作,深化林权制度改革,明确产权归属,完善相关配套制度。

对耕地抛荒实行责任追究制度,根据抛荒的面积,相应追究各主管人员的责任,小到村委主任,大到县市区长。对于抛荒所带来的经济损失,要向抛荒的单位和个人收取相应的荒芜费;严重抛荒的,终止合同,收回耕地后再重新发包。

从体制上建立保护农民土地权益的机制,着眼于控制征收占用耕地的规模,改革现行的土地征收制度。土地的征用应当有利于缩小城乡差距,使农民脱贫致富。在有条件的地区,尤其是经济比较发达地区,不断探索农地使用权流转的形式,通过土地入股等多种形式加大农地使用权的流转力度,不断扩大农业生产规模。

---

① 第九届全国人民代表大会常务委员会第二十九次会议于2002年8月29日通过《中华人民共和国农村土地承包法》,自2003年3月1日起施行。
② 第十一届全国人民代表大会常务委员会第九次会议于2009年6月27日通过《中华人民共和国农村土地承包经营纠纷调解仲裁法》,自2010年1月1日起施行,主席令(第14号)。

2. 农业受惠的税费制度

《全国人民代表大会常务委员会关于废止〈中华人民共和国农业税条例〉的决定》①已由第十届全国人大常委会第十九次会议于2005年12月29日通过。废止的是第一届全国人大常委会第九十六次会议于1958年6月3日通过的《中华人民共和国农业税条例》②。

农业部《关于做好农业税费改革有关工作的通知》③的颁布，从根本上规范了农村的乱收费行为，安徽等部分省市开展了农业税费的改革试点，取得了一些成效，中央采取财政转移支付的方式对一些试点县市给予适当的补助，基层干部要做好对农民的宣传解释工作，以消除不必要的误解。

中共安徽省委办公厅、安徽省人民政府办公厅于2001年5月16日下发了《关于印发〈关于进一步加强和规范农业税收征收管理工作的意见〉等农村税费改革有关配套文件的通知》④。加强农业税收征收的管理，切实帮农民减负，核实耕地面积的增减，依法落实农业税的减免政策。农业税征收的主管机构是县乡级政府财政机构。纳税人不缴或少缴农业税款，应追缴农业税款并按日加收滞纳税款2‰的滞纳金。在征收农业税的过程中，农业税征收机构与纳税人产生争议，纳税人先缴纳应纳税款，然后才可以依法申请行政复议或提起行政诉讼。为适应农业税收征收管理专业化的需要，切实提高农业税收征收管理人员的专业素质和执法水平。加大农业税收征收管理制度的宣传力度，积极征得纳税人及相关部门的理解与配合，顺利开展农业税收征管工作。

农村税费改革后，国家对公益事业经费的筹集采取"一事一议"的制度，然而农民自筹资金的"一事一议"制度存在很大缺陷，不是议不起来，就是议而不决。决不能把"一事一议"筹资投劳变成增加农民负担的固定项目。村内公益事业发展要充分考虑地方财力及其农民的经济承受能力，量力而行，有多少钱办多少事；坚持少数服从多数的原则，多数农民同意的事就办，不同意的就不办。最终建立规范的政府支农资金机制，实行政府补助，最先用于解决农民最迫切的问题。

---

① 第十届全国人大常委会第十九次会议于2005年12月29日通过《全国人民代表大会常务委员会关于废止〈中华人民共和国农业税条例〉的决定》，自2006年1月1日起施行。
② 第一届全国人大常委会第九十六次会议于1958年6月3日通过《中华人民共和国农业税条例》，自2006年1月1日起废止。
③ 农业部于2001年4月13日公布并施行《关于做好农业税费改革有关工作的通知》。
④ 中共安徽省委办公厅、安徽省人民政府办公厅于2001年5月16日公布并施行《关于印发〈关于进一步加强和规范农业税收征收管理工作的意见〉等农村税费改革有关配套文件的通知》。

3. 农业受惠的农产品价格制度

《中华人民共和国农产品质量安全法》①规定了农产品质量的安全标准、农产品的生产与产地、农产品的包装与标识、监督检查与法律责任。

《无公害农产品管理办法》②主要规定了产地条件和生产管理、产地认定、无公害农产品认证、标志管理、监督管理及罚则。

为维护正常市场秩序,及时规范不正当农产品市场价格行为,国家相关部门应全面加强农产品价格监管:一是完善农产品价格行为的法律法规及规范性法律文件,加大对不正当农产品市场价格行为的处罚力度;二是建立价格异常预警制度;三是完善价格监测制度;四是加强监管,坚决保护农产品生产者、消费者和经营者三方的合法权益。

中国粮食直接补贴的未来发展态势,主要体现在以下方面:(1)中国的粮食直补只是对种粮农民的一种补贴,环境保护标准和农产品质量标准必须纳入粮食的直补范围。(2)为确保粮食安全,应充分发挥粮食直补和最低价收购、粮食流通领域补贴的合力作用。在保证粮食增产前提下,应更加重视粮价波动的作用。(3)加大中央和地方对农业的资金投入,扩大粮食直补资金来源。为保证粮食直补资金的持续增长,进一步发挥粮食风险基金的主导作用。(4)新的补贴方式是将粮食直补与农产品的总产量脱钩,进而降低补贴成本。

4. 农业受惠的基础设施制度

中国的农业基础设施投资数量及质量还很不足、投资效益也很低下。农业基础设施投资决策基本上都由政府来负责,农业基础设施工程项目通常建立在可批性研究基础上;投资者不能从投资中收益、获益投资主体与收益主体不对称,而项目的投资者往往没有投资决策权力。这就违背了谁投资谁收益、谁收益谁投资的基本原则,从而降低了投资者的积极性。

如果政府直接投资农业基础设施,难免会影响其履行基本职能。政府可以适当干预农业基础设施的建设,适度参与农业基础设施的投资,让市场机制充分发挥作用,由市场来处理农业基础设施方面的事务。

努力增加国家及地方财政对农村基础设施建设的资金投入,扩大公共财政在农村的覆盖范围,在农村重点发展农村基础设施建设。当前农村基础设施建设投

---

① 第十届全国人大常委会第二十一次会议于2006年4月29日通过《中华人民共和国农产品质量安全法》,自2006年11月1日起施行,主席令49号。

② 农业部于2002年4月29日公布并施行《无公害农产品管理办法》,自2007年11月8日修改并实施,农业部令6号。

资需求与资金供给的矛盾十分突出。不断加大农村水、路、气、电的投入力度,发展生态农业;继续支持农业科技、农田水利等基础设施的建设,促进农村的和谐发展。

2006年10月30日通过了《国家发展改革委关于加强农村基础设施建设,扎实推进社会主义新农村建设的意见》①。农村基础设施是农村生产发展农民生活改善的重要物质基础。既要在农村尽力发展公共服务,又要在充分考虑地方财力和农民经济承受能力的基础上给农民减负,不搞负债型乡村建设。

积极推行报账制和项目公示制,建立信息交流机制,建立长效管护机制,建立多元化(银行、企业和其他社会组织)的新农村建设投入机制。注重制度创新,不断探索农村基础设施建设的体制和机制。以政府为主导、以农民为主体,将农业基础设施建设整合的重点放在农田建设、生态建设和小型农业基础设施上。充分尊重农民的知情权、参与权和监管权,将国家支持和农民投工投劳结合起来,完善"一事一议"制度,通过项目补助、以奖代补等方式进而发挥政府的引导作用。

"想大事、议大事、抓大事",创新政府支农投资方式并完善管理体制。要联系农业实际情况、深入农业基础设施建设前线,及时发现农业基础设施建设中存在的问题,总结并推广本地农业基础设施建设中的好做法和好经验。

5. 农业受惠的服务制度

鼓励、引导和支持发展各种新型的农村社会化服务组织。推动农产品行业协会发展,加强行业自律,搞好信息服务,维护成员权益。鼓励发展农村法律、财务等中介组织。培育农产品运销专业户、农村各类流通中介组织、大型涉农商贸企业集团。供销合作社要扩大开放度,发展联合与合作,提高市场竞争力。国有粮食企业要加快改革,做好衔接产销、稳定市场的工作。

(1)农业受惠的保险制度

为国家粮食安全需要,农业保险是中国农业的重要保障。立足本国国情是推进农业保险的前提;国家政策扶持与制度保障是发展农业保险的根本;技术创新与人才聚集是推进农业保险的基本保证。

《关于做好2011年农业保险工作的通知》②中突出强调保监局必须完善中国的保险法律法规,扩大农业保险的覆盖范围(农户住房、农机具、农业设施、渔业、

---

① 国家发展和改革委员会于2006年10月30日颁布并施行《国家发展和改革委员会关于加强农村基础设施建设,扎实推进社会主义新农村建设的意见》,发改农经[2006]2325号。

② 中国保险监督管理委员会于2011年4月1日公布并施行《关于做好2011年农业保险工作的通知》,保监发[2011]17号。

种业等),积极与政府及相关部门相配合,对重要的"菜篮子"(果、菜、渔、肉、蛋、奶等)农产品开展农业试点,发展新型险种(农产品质量保证保险、小额信贷保证保险等)。另外,建立农业保险服务网络,及时给农户提供业务咨询,足额预付、赔付相应资金。为保障广大农户的切身利益,各保监局注重现场调查和非现场监督,重点查处虚假承包和虚假理赔行为。

建立农业风险防范机制,完善农业巨灾风险转移分摊机制。要加强预测预报和预警应急体系建设(自然灾害和重大动植物病虫害)。建立完善农业保险体系,以政府引导、政策支持、市场运作、农民自愿为原则,鼓励龙头企业、中介组织帮助农户参加农业保险。扩大农业政策性保险试点范围,各级(中央——省、市、县、乡)财政对农户给予农业保险保费补贴,加快发展多种形式、多种渠道的农业保险,最终建立由中央和地方财政部门给予财政支持的农业再保险体系。

(2)农业受惠的金融制度

在金融领域,市场机制和政府机制相结合的机制表现为农业政策性金融机制。该机制可以促进国家信用资金和国家财政资金相互融通,进而满足政府的农业政策和银行资金运动的要求。

农业政策性金融体制积极响应国家针对农业的宏观政策,在发展农业生产和提高农民收入方面发挥了相当大的作用。一是直接推进与强力拉动功能。农业政策性金融机构的业务是为农业经济活动提供资金支持。资本、劳动力和土地是农业经济活动正常进行的三个基本条件。二是积极诱导和示范功能。农业政策性金融机构由于资金规模的限制,先进行资金发放,带动企业等其他主体进行投资,吸引了外部资金的流入,提高了农业的比较利益。三是逆向选择与补充辅助功能。农业银行、农村信用社和农业发展银行在农村金融体系中形成了三足鼎立的格局。农业银行以追求自身利润最大化为改革方向,其经营重心逐步向城市转移,由此导致为农村提供的信贷在逐年减少,这就需要推进农业银行改革。农村信用社自身的改革方向并不明确,因经营困难而对农业的支持严重不足,这就需要完善农村信用社体制。农业发展银行局限于农副产品(如粮、棉、油、糖等)的专门储存、收取购买、调动销售等,这就需要推进农业发展银行改革。

深化农村金融改革,加快农村金融创新,健全农村金融体系。推进政策性银行、邮政储蓄机构等其他金融机构改革。进一步发挥中国农业银行、中国农业发展银行在农村金融中的骨干和支柱作用。农业发展银行职能重新调整定位,拓宽业务范围。国家开发银行要支持农村基础设施建设和农业资源开发。扩大邮政储蓄资金运用范围,引导邮政储蓄资金返还农村。发挥邮递物流网络的优势,拓展农业服务领域。巩固和发展农村信用合作社改革成果,进一步完善运行机制。

大力发展农村小额贷款,在部分地区先行开展农村多种所有制金融组织的试点。大力培育由自然人、企业法人或社团法人发起的小额贷款组织。引导农户发展资金互助组织。规范民间借贷。加强和改进农村金融监管,依法严厉打击金融领域的违法犯罪行为,维护金融安全稳定。

三、中国农业受惠政策与法治一体化建设的现状及问题

(一)中国农业受惠政策与法治一体化建设的现状

计划经济体制下,中国农业建设实际取得过一些成就,但农业始终处于落后状态。市场经济体制下,中国农业开始进入商品经济阶段,农业现代化取得了很大发展。同时,由于农业存在局限性和市场存在盲目性、自发性、滞后性缺陷,对于农业的现代化发展,市场并不能完全发挥好的作用。因此,发展现代化农业还需要国家的适当干预,加上政府的宏观调控,农业发展会更加稳定。

1. 农业和工业的关系

农业现代化的发展速度取决于工业现代化的水平,实现农业现代化的前提在于实现工业现代化。这是因为:(1)依赖于整个国民经济发展和二、三产业发展的现代农业是资金技术集约型的产业,需要二、三产业及国民经济给现代农业提供资金支持。(2)有赖于工业和科技的进步的农业技术创新,工业可以为其提供必要的物质基础,科技进步可以为其提供必备的科技支撑。(3)实现农业现代化,大量农业剩余劳动力必须转向第二、三产业。如果没有第二、三产业的现代化,农业现代化也无从实现。

2. 政府干预与市场调节的关系

现代农业是市场中的农业。市场机制下的农业有利于实现农业资源的优化配置,进而保证农产品增产;需要提高优质农产品的国内外市场竞争力,不断优化农业的产业结构。

3. 规模经营与家庭联产承包责任制的关系

发展现代农业需要具备市场化更高、科技水平更强的生产要求。实行规模农业有利于提高土地产出率、劳动生产率,采用农机生产、运用先进农业科技、采取高级管理,增强市场反应能力,提升市场抗击自然风险和社会风险能力,加强优秀农产品的市场竞争力。

4. 农业基础设施

农业基础设施总体状况,无法满足农业生产的需要;农业基础设施布局不尽合理,与市场经济的发展要求不相适应;各农业基础设施之间的关联性不强;农业基础设施与农村的经营体制不相适应。这表明中国当前农业基础设施建设还很

滞后,不能适应现代农业发展的需要。为了解决上述问题,就必须加大农业基础设施的投资数量,理顺投资主体,贯彻"谁投资、谁受益"的原则要求;不断激励民间资本、民间力量投资建设农业基础设施。提升农业基础设施保障能力,开拓农业建设领域,提高农业基础设施建设水平。

(二)中国农业受惠政策与法治一体化建设中存在的问题

尽管中国改革开放已经三十几年,但计划经济时代遗留下的国家管制、计划管理和前置审批仍很严重。加入WTO后,中国政府职能由管制型转变成服务型。政府相关部门为农业提供了充分的市场供需信息和技术推广、培训与咨询、农业基础设施建设、检验检测等服务。在农业受惠政策的推动下,粮食增产、税负减轻,但国家对农业投入不是很到位、农业基础设施还很薄弱的状况并未改变。因此,农业发展仍很困难,任务还很艰巨。

1. 土地方面的问题

土地是农民生存的物质保障。现阶段,土地方面的政策和制度之间还处在磨合期。中国土地主要存在以下问题:(1)耕地细碎化导致农业人口老龄化并导致了土地的浪费;(2)土地在被征用、流转过程中,农民利益受损、土地抛荒现象严重;(3)土地质量差,利用效率低,可耕面积大量减少;(4)沿海地区土地供需矛盾非常突出,土地透支严重,由此导致经济日显疲态;(5)通过不正当手段,违法违规用地的现象屡见不鲜。

农业基础还处在最薄弱的环节。耕地资源日趋短缺。工业化、城镇化建设速度的加快,以高速公路为主的公用设施建设占地,使基本农田的面积变得越来越少。因此,为保护广大农民群众的土地合法权益,必须促进土地使用权的流转。土地资源的特殊情形,决定了我们必须坚守耕地十八亿亩红线,节约用地,切实保护中国有限的耕地资源。

2. 农业环境方面的问题

农业环境方面的问题,诸如水污染、粉尘污染、钢铁厂及白灰厂等相邻工厂所带来的农业环境污染。落后的农业方式(农业生产方式和农民生活方式),导致了农业资源的浪费,并使农业生态的污染更加严重。农业面源污染加剧。农药、化肥、农膜等农资使用量降不下来,生产生活废弃物无法再次循环。因此,农业环境问题必须把污染问题解决在生产生活单元内部,把农业生态环境保护与农业增效、农民增收相结合,吸引广大农民群众自觉参与。

目前,中国对农作物秸秆、农民生活垃圾、畜禽粪便的资源化利用缺少鼓励性政策,农业有机肥价格偏高,农民使用的积极性不高。农业机械化和化学化消耗了大量不可再生能源,并产生农业资源枯竭。

首先,从农业生产、农民生活抓起,建立清洁方式。其次,要三位一体地推进"生产、生活、生态"。因为农地与农民住宅紧密相连,因此,在治理污染过程中,必须把农业生产、农民生活、农村生态有机整合。再次,通过循环方式,资源化充分利用秸秆、畜禽粪便、生活垃圾和污水,可以提高资源利用率,有力促进农业生产方式的转变。转变农业发展方式必须积极推动农业的产业化发展和社会化服务。从促进农业增效而言,政府应发展无公害农产品,争创农产品优秀品牌。

3. 农业保险方面的问题

眼下有的保险公司对农业保险的政策风险、法律风险、经营风险和道德风险认识不足,部分地区农业保险经营规范性有待提高,市场主体建设有待加强,农业保险产品仍有待进一步丰富和完善。再者,由于中国农村地广人多,农业基础薄弱,"三农"情况复杂,使农业保险的服务能力和水平面临更为严峻的考验。

由于中外农业发展环境、基础差异太大,很多国外的经验并不适合中国农业发展的国情,我们对农业保险发展规律要探索的东西还很多。中国农业保险几十年的停办,缺失的不单单是灾害补偿方式或制度,更是农业保险理论、先进经验和农业保险人才的空缺和荒芜。

当前农村信用合作社无论是在自身建设方面,还是在适应为农业服务要求等方面,都还存在着不少问题,主要是:管理体制中的管理职权和责任需进一步明确;产权不明,法人治理结构不完善,经营机制不健全;经营困难,资产质量差,潜在风险仍然很大。

4. 农业生产者素质方面的问题

中国农业人口中文化素质较高的农民很少。青壮年农民的科学文化素质代表着整个农业生产力的发展水平。这就需要提升农民自我发展的能力,提高农民整体素质,大力发展农民专业合作经济组织,加强农民职业教育培训,培育有文化、懂技术、会经营的新型农民。尤其是培养具有全球战略眼光、富有挑战精神、具有创造力的地区带头人。

加快建立政府扶助、面向市场、多元办学的培训机制。发展农村职业教育和成人教育。大规模开展农村劳动力技能培训。继续支持新型农民科技培训,提高农民的实际务农技能,促进科学种田。扩大农村劳动力转移培训阳光工程实施规模,提高补助标准,增强农民转产转岗就业的能力。各级财政要将农村劳动力培训经费纳入预算,不断增加投入。

5. 农业基础设施建设方面的问题

农业基础设施的落后严重制约着中国农业的发展,由于农村电力设施和水利设施的建设不够,影响了对家用电器和厨卫设备的消费,更由于消费需求不足,从而影响了中国农业的现代化发展。所以,中国农业基础设施的建设仍然有很长的路要走。农业基础设施投资渠道单一与供给主体财力不足共同造成了投资欠缺,从而使中国农业基础设施水平低下,严重影响到农村人民的生产、生活水平。真正用于乡村道路、电网建设、农田水利建设等方面的资金投入十分有限。靠国家投入的这部分资金虽占了很大比例,但数量并不多,而且投资周期长,中间环节多,并且真正用于项目建设上的资金量并不大,还需要大力发展农业机械化,提高重要农时、重点作物、关键生产环节和粮食主产区的机械化作业水平;推进农村基础设施建设,改善农民饮水、能源、道路、居住、通讯等条件。

四、中国农业受惠政策与法治一体化建设的基本构想

所谓的农业受惠政策指的就是党和国家为了提高农业各项实力而制定的一系列利于农业发展的优惠措施和政治倾斜。所谓的农业受惠法治指国家制度体系中,充分运用法律手段来管理农业事务,以保障农业安全平稳发展和维护广大农民合法利益的良好社会秩序。中国农业受惠政策与法治一体化建设的基本构想是通过两种模式——农业受惠的政策法治化模式以及农业受惠的法治政策化模式来实现中国农业的一体化建设。

(一)农业受惠的政策法治化模式

农业受惠的政策法治化模式,通俗的讲,即农业受惠的政策经过长时间、社会实践的考验有必要将其上升到制度层面,实现应有的社会效果和法律效果的一种农业受惠模式。当然,这种模式需要党中央及地方政府将实践中条件成熟的政策总结并将其上升为法律、法规、规章、规范性法律文件,从制度层面对政策的推广给予战略方向的引导和指引。

政策法治化,也就是政策制度化,总体来讲,需要政府从纵向——中央到地方,横向——制度的确立、执行和实施,这两种角度深入把握时势,有必要将一些发展成熟的政策由中央和地方将之推广上升为各个层面的制度规范形式——小到规范性法律文件,大到法律。政策之所以要上升为制度,有其历史必然性。制度相对政策具有其独特的优势,毕竟制度具有国家强制力、执行力。另外,制度赋予农民拥有财产权益,当农民的合法财产权益受损时,农民同样有权利来通过法律维权,直接追究相应责任人的责任。

1993年7月2日通过的《中华人民共和国农业技术推广法》[①]及1994年4月

---

① 第八届全国人大常委会第二次会议通过《中华人民共和国技术推广法》于1993年7月2日(主席令第五号)公布并实施。

8日通过的《农业技术推广研究员任职资格评审实施办法》①,迄今为止已经颁布20多年,却始终不见修正,这两部法律虽然在当时颁布时适合当时的农业发展状况,然而,当今农业发展早已发生了天翻地覆的变化,中央政府之后一直通过发布通知、意见的形式——如2006年8月28日发布的《国务院关于深化改革加强基层农业技术推广体系建设的意见》(国发[2006]30号)、2012年2月1日《中共中央国务院关于加快推进农业科技创新持续增强农产品供给保障能力的若干意见》来弥补这一缺点。由此可见,非常有必要将一些散见的国务院、地方政府颁布的通知、意见糅合起来,提高至立法层面,不断地完善法律法规,将经过社会实践长时间考验的政策上升到制度层面,以适应不断变化的外在环境。

(二)农业受惠的法治政策化模式

农业受惠的法治政策化模式,通俗的讲,是将全国人大及常委会颁布的法律、国务院颁布的行政法规、各部委颁布的部门规章及其他规范性法律文件,以及地方人大及常委会颁布的地方性法规、各自治区人大颁布的自治条例、地方政府颁布的地方规章及其他规范性法律文件中的部分有益于农民的制度通过政策形式加以推广,将制度重新定位——化身为政策,使制度更便于操作的一种农业受惠模式。

法治政策化,即制度政策化,主要在于将中央与地方所颁布的各种形式的法律制度通过政策这种形式,达到辅助制度的这么一种模式。将制度通过政策进而规范并辅助制度的方式,不仅有助于更多的农民了解并认识法律法规等规范性法律文件,更有助于摆脱制度的僵化形式,使中国的政策形式发挥更大的社会效果。

部分制度正走向政策化,如农业的"三下乡"、"家电下乡"、农业技术人员的培训等服务性政策,它并没有相关的成文的法律形式,仅仅是在某部法中穿插了几句概括性的法律条款,而确实益于农民的这些内容只有通过政策才能最终让农民群众真正受益。农民关注的不是法律文件上的大原则,仅仅关注实际让他们得到好处的具体化的各个项目。

(三)农业受惠政策与法治一体化建设的目标

1. 一般要求

农业受惠政策与法治一体化建设的一般要求是消灭农业贫弱,保证农业安全,保障农业平稳。

由于中国国土面积辽阔、自然资源丰富、全国各地的气候条件、种植农作物的

---

① 农业部、人事部于1994年4月8日通过《农业技术推广研究员任职资格评审实施办法》,农人技字[1994]4号。

种类各不相同,全国各地的一般要求各不相同。可能在这个地方农业的发展已经消除了贫弱现象,另一个地方却始终未能消除农业的贫弱;也许有些地方已经实现了农业安全,却始终未能走向农业平稳;也有可能该地已经维持了农业的安全和平稳却始终未能走向农业发达。

消除农业贫弱是基本。如果一个地方的农业长期处于贫弱状态,那么该地农业的发展水平很低,发展速度也很慢,农民群众的温饱问题都难以解决。

保证农业的安全是前提。民以食为天,地以粮为本。土地产权不稳,农业就不安全。中国人多地少的国情决定了必须把粮食安全放在第一位。面对当今世界能源危机,我们必须本着节约能源的前提下,重点扶持农业新能源。生物能源必须以非粮食作物为主,尽量不要把粮食(如玉米、油料等)作为原料,在确保国家粮食安全的前提下,通过税收优惠、粮食原料补助政策和制度,稳步发展农业新能源,逐步改善农业生态环境。

保障农业的平稳是关键。在保障农业安全(最原始的满足生存的需要)的前提下,农业的平稳压倒一切。农业的平稳关乎整个国家政治经济社会的稳定,有利于社会主义和谐社会的构建,有利于社会主义新农村的建设,是不容小觑的力量。

2. 目标要求

中国农业受惠政策与法治一体化建设的目标要求是:现实目标是消灭农业落后,近期目标是保证农业安全,中期目标是保证农业平稳,远期目标是实现农业发达。

由于全国各地气候、季节、温差、地势等方面的不同,各地农业的发展状况确有不同。由于各地的经济发展水平不同,有些地方农业落后已解决,却始终未能解决其他方面的过渡问题,如保证了农业安全,却始终未能保障农业平稳。

消灭农业落后是现实目标。消灭落后的农业发展状况,不仅需要政府的政策支持,还需要农业制度的法律保障。国家政策在农业上的倾斜不仅可以让农民群众更清楚地了解国家对农业问题的重视,还可以提高农民群众对农业生产的积极性。

保证农业安全是近期目标。农业安全是农业现代化发展最基本的需要,也是农业现代化发展最重要的一环。建设社会主义新农村好比修建一栋大厦,农业安全好比这栋大厦的基础。如果基础不牢固,大厦就无从建起。只有地基牢固稳定,才可以在这上面添砖加瓦。由此可见,夯实农业的基础至关重要。总体上需提升农业安全保障能力,具体上需提高农产品质量安全、动物卫生安全、食物安全、农机化生产安全、农业生态安全水平。

保障农业平稳是中期目标。作为国民经济发展的基础行业,农业平稳的功能很关键。作为第一产业的农业,在其发展过程中,工业反哺农业不仅可以确保农业结构的战略性调整,而且可以重新调整三大产业之间的关系。

实现农业发达是远期目标。在实现了农业安全、农业平稳的前提下,推进农业发达是农业现代化发展的未来趋势。农业发达的未来趋势主要体现在:保障家家有房住(解决住房问题),户户有就业(解决就业问题),人人有保障(解决社会保障问题),设施有提高(解决农业基础设施及各种公益设施问题),经济有发展(解决经济问题),生态有改善(解决生态问题)。农业发达作为农业发展的最高阶段,对新时期农业现代化的发展具有十分深远的意义。把发展"高效、低耗、可持续发展"的农业作为基本国策,中国农业现代化的出路在于农业的规模化和产业化。

在全球一体化背景下,农业是一种生态农业,遵循自然及社会规律,基础在于不断改善和优化人与自然之间的关系。当前,中国已形成了国家(中央最高级别)、省(地方)、县(地方的最低级别)三级生态农业推广体系,建立起了生态农业理论,形成了生态农业技术规范,生态农业建设走上了制度化道路。

无论是农业生产中化肥、农药、灌溉、农机的应用,还是农产品加工运输、农业废弃物的污染,都会产生大量的温室气体和环境污染。发展低碳农业势在必行。发展低碳农业,总体上讲,一是适当发展生态农业。推广农作物秸秆的综合利用,实现秸秆直接还田,增加土壤的肥力;推广农膜回收、合理利用农业机械化技术;大力发展草牧型、林果型生态户;要减少使用农药和化肥,尽量减少依赖石油等化石资源。二是推进农村清洁能源发展。未来,中国农村沼气将成为一种产业,生产沼气提供生活、生产用能,生产沼渣沼液用于施肥,实现养殖、种植、加工和利用良性循环,有利于保护环境和提高资源利用率。推广太阳能,普及运用太阳能集热器,充分利用农业剩余的能量。三是从品种培育、栽培等方面技术入手,充分利用现代农业科学技术,在保证产量增加、满足社会需求的同时,尽可能减少污染环境。

总之,发展现代农业是农业和农村工作的中心任务,是提高农民收入的基本途径。从中央到地方,从政策到制度,国内始终没有关于对农业受惠政策和法治一体化建设之间关系的研究,而农业受惠政策与农业受惠法治之间的有机性一体关系非常薄弱。

总而言之,进行农业受惠政策与法治一体化建设,就要提升农业政策法规支持保护能力,强化农业支持保护政策,健全农业法规体系,提高科学决策和依法行政能力,确立农业和农村经济发展的制度规范。建立和完善农业法律制度,形成以农业法为基础的农业法律法规体系。积极推动农业支持保护、农资管理、农业资源保护等方面的立法工作,提高农业立法质量,使依法治农取得新的进展。建立健全农业行政执法体系。建设一支政治合格、业务精通、作风优良、反应快速的专职农业执法队伍,建立权责明确、行为规范、监督有效、保障有力的农业行政执法体制。建立农业执法信息网络,实现执法信息共享,加强执法人员培训,提高执法人员的整体素质。将普法教育与农业系统的各种培训结合起来,保障普法工作的顺利实施。实现农业系统干部依法行政,管理行政相对人守法经营,农民用法律维权的目标。

只有紧紧围绕科学发展观,系统地认识中国农业受惠政策与法治一体化建设的现状,分析国内外相关政策和制度的优劣,才能走出一条适合中国发展的具有中国特色的农业现代化之路。

第七章　中国惠农政策与法治的衔接与冲突

中国是一个历史悠久的农业大国,农业在中国经济发展中占有举足轻重的地位。党和政府一直很重视农村经济的可持续发展,关注农民的生存状态。中国入世后,中国农业融入了国际市场的激烈竞争中。这种竞争体现在农产品价格上,但其核心却是农业生产条件和综合生产能力的竞争。同欧美发达国家相比,中国农业不论在生产能力还是在发展水平上与这些国家还是存在着很大的差距。这主要表现在农业生产基础条件薄弱、农产品结构单一、品质低、农业生产方式落后、农业生产力水平落后、劳动生产效率低、生态环境恶劣,自然灾害发生频繁等方面。

因此,党和政府及时有效地制定了多项关于农业发展的扶持政策,尤其是2004年以来,惠农政策的实施,充分体现了党和政府以人为本的理念。中央出台主要的惠农政策有:1.国家大幅度增加对农业农村投入;2.完善农业补贴制度;3.继续提高粮食最低收购价;4.适时采取玉米、大豆、油菜籽等临时收储政策;5.改善农村金融服务;6.完善农业保险补贴政策;7.加大家电下乡实施力度;8.支持农民建房;9.增加产粮大县奖励;10.建设高标准农田;11.扶持菜篮子产品标准化生产;12.完善动物防疫补贴政策;13.完善鲜活农产品"绿色通道"政策;14.支持优势农产品生产和特色农业发展;15.支持乡镇企业、农产品加工业和休闲农业发展;16.支持农业产业化发展;17.促进农村劳动力就业创业;18.开展农民培训和农村实用人才培养;19.完善新型农村合作医疗制度;20.加快新型农村社会养老保险试点;21.强化耕地保护和质量建设;22.推进基层农技推广体系改革与建设等等。①

中国的惠农政策作为一项切实保障农民、农业、农村的政策,在具体实施的过

---

① 《中共中央 国务院关于加大统筹城乡发展力度 进一步夯实农业农村发展基础的若干意见》(2009年12月31日)。

程中,与中国的法治理念和制度有契合,但是也产生了很多冲突,由此引发了很多法律问题。

第一节 中国惠农政策与法治的衔接

一、问题的提出

(一)中国惠农政策与法治的脱节现象

现象一:2010年4月的一场突如其来的暴风雪,给哈尔滨市郊区的农业生产,尤其是蔬菜生产带来了极大的损失,暴风雪压塌了蔬菜大棚,蔬菜大棚倒塌8000余栋,这些被压塌的大棚,没有一个参加过保险,农户损失相当惨重。

目前,哈尔滨市已经推出了政策性农业保险,涉及的险种主要是种植险和养殖险。其中,大豆种植险有政府补贴,农户只需要花3元钱,就能获得120元的农业保险保障。而其他的涉及农业的保险都是无政府补贴的商业保险,虽然保障较高,但保费也大大高于政策性农业保险,农民不愿参保,商业保险公司也不愿作保。所以,即使多数财产保险公司开展了农业保险业务,也都由于农户缺少投保积极性、保险没有经济效益,未开展或已停止了相关业务。[①]

现象二:辽宁省丹东市宽甸满族自治县的八河川镇,辍学事件频繁发生。从1997年至2004年7年之间,由于家长不让孩子去学校读书,导致大量学生辍学,镇政府共12次起诉让孩子辍学的家长,宽甸县人民法院一共作出11次判决、采取11次强制执行。执行时,县法院执行庭的工作人员到村里,首先是挨家挨户地做家长的思想工作,跟他们讲清楚教育对孩子的重要性。并且声明,如果家长坚持不让孩子去学校上学,法院将会对这些家长采取强制执行措施。即使是这样,百分之八十的辍学学生的家长对此仍不予理会。于是,宽甸县人民法院只好强制执行。后来,家长妥协了,让孩子回去上学,也向法院交了罚款。

农村教育关系到农民的素质,关系着农村的发展。目前,农村生产水平低、农业科技水平跟不上现代化的脚步,农民收入水平低等,这些问题的存在归根结底是农村教育落后。因此,孩子不念书,做家长的不管,国家就要管,法律就要管。要想转变家长的观念,鼓励而不是不让孩子去上学,让他们认识到教育对孩子的

---

① 刘慧轩:《八千倒塌大棚无一投保,雪灾暴露农业保险缺失》载《哈尔滨篮网》http://www.hrbtv.net/news/news_hrb/1042092198I0ID.html,最近访问时间:2010年10月22日。

重要性,首先就要改变农村的教育制度。①

现象三:近几年,党中央、国务院出台了一系列支农惠农政策,大部分农民都感受到了支农惠农政策带来的好处。然而,在农村粮食产区的洋洋喜气中,悄然出现了农民工潮回流的现象。例如,湖北省荆门市的外出人员中近百分之四十的劳动力放弃了在城市打工的机会,而选择回到农村去务农,这样,给本来已在农村务农的农民带来了"务农危机",有的从城市回来的农民,家里的土地已经租给了别人,但土地的期限未到就要收回,由此引发的土地纠纷不断,群众上访规模创下新高。就 2010 年上半年来说,湖北省农经部门接待群众上访高达 2000 人次,集体上访占到百分之四,此次出现的争地潮是惠农政策酿出的苦果吗? 从表面上看,惠农政策是争地潮的直接诱因,但从实质上看,争地潮缘起于农村土地承包过程中的"法治缺位"。②

(二) 中国惠农政策与法治的衔接理论

社会主义的法律和政策应该说是联系紧密、相辅相成的。但是作为两种不同的社会规范,它们各自有着自己的特点和作用,不能相互代替。一般而言,政策是指"国家或者政党为了实现一定历史时期的路线和任务而制定的国家机关或者政党组织的行动准则"③。国家政权机关、政党组织和其他社会政治集团为了实现自己所代表的阶级、阶层的利益与意志,以权威形式标准化地规定在一定的历史时期内,应该达到的奋斗目标、遵循的行动原则、完成的明确任务、实行的工作方式、采取的一般步骤和具体措施。政策的实质是阶级利益的主体化、观念化、实践化反映。而法律则是"由国家权力机关制定或者认可,并由国家的强制力保证实施的具有普遍约束力的行为规范"。其目的在于维护、巩固和发展良好的社会关系和社会秩序。

党中央、国务院历来高度重视农业、农村和农民工作。2004 年以来,党中央和国务院在宏观调控中注重加强农业,实行了一系列更直接、更有力的政策措施。各地区各部门认真贯彻落实中央决策,保护和调动了农民的积极性,使农村呈现出了良好的发展局面。农民收入实现了较快增长,农村改革迈出重大步伐,农村社会事业取得新的进展。这对促进中国国民经济的发展和保持的社会稳定发挥

---

① 蔡晓华,李大宏:《"不让孩子念书:犯法"续 农村教育立法很重要》载《东北新闻网》http://news.nen.com.cn/,最近访问时间:2010 年 10 月 18 日。
② 张先国,袁志国:《争地潮:惠农政策的苦果? 法治缺位的代价》载《新华网湖北频道》http://news.xinhuanet.com/focus/2004-12/14/content_2326932.htm,最近访问时间:2010 年 10 月 13 日。
③ 陈晋胜:《行政法专题研究》,国际炎黄文化出版社,2010 年版,第 32 页。

了至关重要的作用。但同时,我们必须清醒地看到,农业依然是中国国民经济发展的薄弱环节,基础脆弱、投入不足的状况并没有改变,粮食增产、农民增收的长效机制并没有建立,制约农业和农村发展的深层次矛盾并没有消除,农村经济社会发展明显滞后的局面并没有得到根本的改观,农村改革和发展仍然处在艰难的爬坡和攻坚阶段,保持农村发展好势头的任务非常艰巨。

在理论上,政策与法律在本质上是一致性的,它们都是以阶级统治的政治权力为基础,服务于政治权力的要求,实现维护、巩固统治阶级的目的。但在实践中,党中央、国务院一直高度重视农业、农村、农民工作。但长期以来,在对待"三农"问题上往往是政策多于法律,甚至以政策来代替法律,使得农民把法律与政策混为一谈,造成了一段时期内农民对政策的误解,极大地伤害了农民建设农村、发展农业的积极性。另外,政策本身存在的局限性也导致了惠农政策在执行过程中的诸多问题。比如,对相关政策的定位不准,落实存在偏差;一些政策运行成本过高,给相关部门带来了压力等等。

因此,政策与法律虽然在本质上有一致性,但在实践上往往出现脱节的现象,政策中所倡导、保障的,可能在法律中是一片空白,即法律跟不上政策的"步伐"。而且,政策与法律只在自己所调整的领域发生作用,这也会造成二者的脱节。

二、中国惠农政策与法治的衔接状况

(一)中国惠农政策与法治衔接的基本状况

1. 中国惠农政策与法治衔接的一致

(1)农民的基本状况

项　　目	政策(中央一号文件)中的规定	相关法律法规
扶贫	2004年规定:"要进一步加大扶贫开发力度,强化扶贫工作责任制。" 2006年规定:"要因地制宜地实行整村推进的扶贫开发方式。" 2009年规定:"规定完善国家扶贫战略和政策体系。" 2010年规定:"继续抓好扶贫开发工作。"	《关于做好农村最低生活保障制度和扶贫开发政策有效衔接扩大试点工作的意见》、《2008年东西扶贫协作工作指导意见》
农村义务教育	2006年规定:"对西部地区农村义务教育阶段学生全部免除学杂费,对其中的贫困家庭学生免费提供课本和补助寄宿生生活费。" 2007年规定:"全国农村义务教育阶段学生全部免除学杂费,对家庭经济困难的学生免费提供教科书及补助寄宿生生活费。" 2008年规定:"提供农村义务教育水平。"	《农业法》第七十条

(2)农村的基本状况

项 目	政策(中央一号文件)中的规定	相关法律法规
粮食方面	2004年规定:"发展粮食产业,促进农民增收。" 2005年规定:"切实加强对粮食主产区的支持。" 2006年规定:"稳定发展粮食生产。" 2007年规定:"促进粮食稳定发展。" 2008年规定:"高度重视发展粮食生产。" 2009年规定:"加大力度扶持粮食生产。" 2010年规定:"稳定发展粮食等大宗农产品生产。"	《粮食流通管理条例》、《粮食流通监督检查暂行办法》、《中央储备粮代储资格认定办法》、《粮食收购资格审核管理暂行办法》等一批部门规章的相继出台,完善了中国粮食法规体系,加快了粮食行政执法的工作进程。①
林地和林木方面	2008年规定:"全面推进集体林权制度改革。" 2009年规定:"明晰产权、承包到户的集体林权制度改革任务。" 2010年规定:"积极推进林业改革。"	《林木和林地权属登记管理办法》 《林木和林地权属争议处理办法》

(3)农业的基本状况

项 目	政策(中央一号文件)中的规定	相关法律法规
农业技术	2004年规定:"提高农业机械化水平。" 2005年规定:"加快改革农业技术推广体系。" 2006年规定:"加快农业技术推广体系改革和建设,完善农技推广的社会化服务机制。" 2007年规定:"要改善农技装备结构,提升农技装备水平。" 2009年规定:"加快推进农业机械化。" 2010年规定:"提高科技创新和推广能力。"	《农业技术推广法》 《农业法》 《农业机械化促进法》
农产品质量安全	2004年规定:"要进一步完善农产品的检验检测、安全监测及质量认证体系。" 2005年规定:"加快农产品流通和检验检测设施建设。" 2007年规定:"加强农产品质量安全监管和市场服务。" 2008年规定:"加强农业标准化和农产品质量安全工作。" 2009年规定:"严格农产品质量安全全程监控。"	《农业法》第二十二条 《农产品质量安全法》

---

① 邹凤羽:《国家粮食产业政策和粮食法律法规体系建设初探》,载《第一食品网》,http://www.foods1.com/content/387296/,最近访问时间:2011年4月11日。

从上述表格分析得知:

第一,农民方面,中央政策和法律法规在扶贫与农村义务教育上有着一致的规定,均大力支持开展扶贫工作和改革农村义务教育制度。与城市相比,农村相对贫困,做好扶贫工作有利于促进农村发展。建立健全农村教育,有助于提高农民的素质。

第二,农村方面,粮食关系着国计民生,是国家经济安全的战略资源,党和国家历来不放松粮食生产,中央文件中每年都会有涉及粮食方面的内容,国家也相继出台了几部部门规章,来完善粮食体系建设。

第三,农业方面,在农业技术和农产品质量安全的问题上,中央一号文件连续几年都对农业技术和农产品质量安全做出了明确而详细的规定,如自2004年中央文件颁布以来,每年都有对农业技术的规定,如2004年的提高农业机械化水平,2005年的加快农业技术推广体系,2006年在2005年的基础上新增要完善农业技术推广的社会服务机制,2007年的改善农技装备结构,2009年的加快推进农业机械化到2010年提高科技创新和推广能力;对于农产品质量安全,从2004年至2009年都均有规定。相应的,全国人大也颁布了一系列的专门法律法规来支持、保障政策的实施。

在上述方面,中央政策与法律法规的紧密结合,为中国农业经济的快速发展、农村现代化进程的速度和农民素质的提高提供了切实的保障。

2. 中国惠农政策与法治的衔接不足

(1)农民的基本状况

项 目	政策(中央一号文件)中的规定	相关法律法规
土地征收、征用	2004年规定:"加快土地征用制度。" 2005年规定:"严格保护耕地。推进农村土地征用、征收制度改革。" 2006年规定:"继续推进征地制度改革试点,规范征地程序,提高补偿标准,健全对被征地农民的社会保障制度,建立征地纠纷调处裁决机制。"	2004年修订《土地管理法》 1998年颁布《土地管理法实施条例》 《土地征用公告办法》

（2）农村的基本状况

	政策（中央一号文件）中的规定	相关法律法规
农村教育	2005年规定："进一步发展农村教育、卫生、文化等社会事业。" 2006年规定："加快发展农村义务教育。" 2007年规定："全国农村义务教育阶段学生全部免除学杂费，对家庭经济困难学生免费提供教科书并补助寄宿生生活费。" 2008年规定："提高农村义务教育水平。" 2009年规定："加快发展农村中等职业教育。" 2010年规定："提高农村教育卫生文化事业发展水平。"	1996年颁布的《职业教育法》 2006年颁布的《义务教育法》
农村社会保障	2006年规定："逐步建立农村社会保障制度。" 2008年规定："完善农村最低生活保障制度，落实农村五保供养政策，保障五保供养对象权益。" 2010年规定："提高农村社会保障水平。"《国务院关于开展新型农村社会养老保险试点的指导意见》	

（3）农业的基本状况

	政策（中央一号文件）中的规定	相关法律法规
农业保险	2004年首次规定："加快建设政策性农业保险制度。" 2005年规定："扩大农业政策性保险的试点范围，鼓励商业保险机构开展农业保险业务。" 2006年规定："稳步推进政策性保险试点工作，加快发展多种形式、渠道的农业保险。" 2007年规定："积极发展农业保险，建立完善农业保险体系。" 2009年规定："鼓励在农村发展互助合作保险和商业保险业务。" 2010年规定："发展农村小额保险，健全农业再保险体系，建立财政支持的巨灾风险分散机制。"	《保险法》 《农业法》
农业补贴	2006年规定："稳定、完善、强化对农业和农民的直接补贴政策。" 2007年规定："健全农业支持补贴制度。" 2009年规定："较大幅度增加农业补贴。" 2010年规定："完善农业补贴制度和市场调控机制。"	《农业技术推广法》 《草原法》

从上述表格分析得知：

第一，农民方面，土地可以说是农民的生命，而法律法规关于土地征收、征用的规定主要存在于部门规章中,法律效力层级不高,如果产生纠纷,不能充分地作为"法律武器"被运用,而且其本身存在很多缺陷。

第二,农村方面,虽然已经出台多部针对教育制度的法律,适用于城市教育和农村教育,但毕竟城市与农村的教育存在差异性,地域不同、背景不同、文化不同、存在的主要问题也大不相同,因而制定一部专门针对农村教育的法律是很有必要的。已出台的教育方面的法律法规,城乡均适用,而没有专门的针对农村教育的农村社会保障方面,没有配套的法律体系,法律法规之间缺少衔接、协调。

第三,农业方面,中央政策对农业保险制度和农业补贴制度有详细、明确规定,而相应的法律法规却没有紧跟政策的"步伐",在对待两项制度上,虽然有些法律法规涉及到了农业保险和农业补贴的相关内容,但至今国家尚未出台针对这两项制度的专门的法律法规,且涉及农业补贴制度的法律法规,多数是在中国加入世界贸易组织之前颁布的,没有充分体现世界贸易组织规则。

3. 中国惠农政策与法治的脱节

（1）农民的基本状况

	政策（中央一号文件）中的规定	相关法律法规
农民工的合法权益	2006年规定:"保障务工农民的合法权益,进一步清理和取消各种针对务工农民流动和进城就业的歧视性规定和不合理限制。" 2008年规定:"全面加强农民工权益保障。"	《劳动法》第四条 《劳动合同法》
农民工就业	2004年规定:"改善农民进城就业环境,增加外出务工收入。"	无相关专门法律

（2）农村方面的基本状况

	政策（中央一号文件）中的规定	相关法律法规
农村环境污染（水污染）	2006年规定:"搞好农村污水、垃圾治理,改善农村环境卫生。"	《宪法》第二十六条 《环境保护法》第五条
农村医疗制度	2006年规定:"积极推进新型农村合作医疗制度试点工作,到2008年在全国农村基本普及新型农村合作医疗制度。" 2008年规定:"增强农村基本医疗服务能力。"	主要有《国务院办公厅转发卫生部等部门关于建立新型农村合作医疗制度意见的通知(2003)》、《农村医疗救助基金管理试行办法》、《民政部、卫生部、财政部关于实施农村医疗救助的意见》等,但现阶段中国的合作医疗并没有把全部农民纳入此项制度中,仅在部分地区开展试点工作。

续表

	政策(中央一号文件)中的规定	相关法律法规
农村金融体制	2004年规定："改革和创新农村金融体制。"	《农业政策性银行法》、《农村信用合作社法》等专门法律未正式出台,而且也缺乏一部科学系统的《农村金融服务法》。

(3)农业的基本状况

	政策(中央一号文件)中的规定	相关法律法规
化肥立法	2005年规定："搞好农业生产资料供应和市场管理,继续实行化肥出厂限价政策。"	《肥料登记管理办法》
外来生物入侵	2006年规定："做好重大病虫害防治工作,采取有效措施防止外来有害生物入侵。"	无专门法律
转基因品种	2009年规定："加快推进生物新品种培育科技重大专项,整合科研资源,加大研发力度。" 2010年规定："继续实施转基因生物新品种培育科技重大专项。"	《农业转基因生物安全管理条例》

从上述表格可以看出:

第一,农民方面,国家在农民工合法权益和就业方面未出台专门法律。现有法律未对农民工的权益保护做出任何规定,虽然有些法律法规的某些条款可能涉及到农民工权益的问题,但都只是原则性的、宏观的,没有实质意义,更不用说会起到保护农民工权益的作用。

第二,在农村,关于环境污染的法律大部分是针对大中城市的,对农村环境污染防治和保护的相关法律几乎没有,关于农村金融体制缺乏一部科学系统的《农村金融服务法》。法律法规在这些领域的缺失,会导致在出现纠纷时,没有一个"强有力的手"为合理权益人伸张正义,也直接阻碍了中国这些领域的发展速度,尤其是对外来生物入侵和转基因品种的问题上,如果不加强立法,中国在国际上很容易处于劣势或被动地位,成为中国经济发展道路上的绊脚石。

第三,农业方面,虽然政策中多次强调化肥立法、外来生物入侵和转基因品种的重要性,但法律法规上是一片空白。对于化肥,中国只有农业部于2000年发布的《肥料登记管理办法》,法律效力低;对于外来生物入侵,无相关专项法律法规;对于转基因品种,目前中国有《农业转基因生物安全管理条例》,但在转基因检测标准方面仍是空白。

(二) 中国惠农政策与法治的衔接问题

1. 中国农民制度的法律缺失

"土地是农民的命根子",农民问题归根结底是土地问题。通常认为,"物权者,直接支配特定物,而享受其利益之权利也。故物权为直接管领之权利,不须他人之行为为其媒介,而其客体,即物权之标的物,须为特定物,此乃基于物权乃直接支配物之权利而来,该若非特定物,即无从为直接支配。"①然而,中国法律对农村集体土地所有权的规定与所有权的本质不符,主要体现在"主体虚位"上。

最早规定中国现行农村集体土地所有权主体制度是在1982年《宪法》中,该法第十条第二款规定:"农村和城市郊区的土地,除由法律规定属于国家所有的以外,属于集体所有。"《民法通则》第七十四条第二款将《宪法》中的"集体所有"具体规定为:"集体所有的土地依照法律属于村农民集体经济组织或者村民委员会经营、管理。已经属于乡(镇)农村集体经济组织所有的,可以属于乡(镇)农村集体所有。"1998年修改的《土地管理法》第十条进一步规定:"农村集体所有的土地依法属于村农民集体土地所有的,由村集体经济组织或村民委员会经营、管理;已经分别属于村内两个以上农业集体经济组织所有的,由村内各该农业集体经济组织或村民小组经营、管理;已经属于乡(镇)农民集体所有的,由乡(镇)农民集体经济组织经营、管理。"此外,《物权法》、《农业法》中也有类似规定。由此看出,农村集体土地所有权的主体有三类,即村农民集体、乡(镇)农民集体和村内两个以上的集体经济组织中的农民集体。虽然,《农村土地承包法》取消了原来的乡(镇)集体的所有权主体地位,但是,目前此主体仍然存在。三种主体可概括为"农民集体",而此概念是抽象的、难以界定的,发挥的作用也是有限的。法律中规定"集体"是主体,但"集体"到底应该归为自然人还是法人,我们不得而知,也就是说,"集体"作为民事主体欠缺法律上的依据。由此引发的是,农民因土地权利纠纷诉至法院,常常因主体不合格被驳回,失去了法律救济的机会。这些问题亟待解决。

2. 中国农村制度的法律缺失

随着现代化进程的推进,中国各方面都快速发展,唯有农村这个古典社区呈现出了衰落的趋势。② 农村生产水平低、农业科技水平低,农民收入水平低等,这些问题的存在归根结底是由于农民整体素质不高、农村教育落后。目前,农村的多数劳动力都外出打工,孩子留在家中生活没人照顾,学习没人监督,辍学现象很普遍。现在,农民平均受教育的年限不到7年,半文盲和文盲超过40%,成为新一

---

① 陈耀东、张志波:《农村集体土地所有权之法律反思》,载《贵州师范大学学报》,2005年第2期。
② 李玲:《当代中国农村的衰落与农村教育的出路》,载《行政与法》,2005年第12期。

代文化程度较低的农民。①

改革开放以来,党中央、国务院制定和出台了许多政策措施,内容很多都涉及到保障农民教育,为农民教育的发展提供了一定的保障和促进作用。如1994年农业部实施"绿色证书",2001年教育部、农业部出台的《关于在农村普通初中试行"绿色证书"教育的指导意见的通知》,2003年国务院作出的《关于进一步加强农村教育工作的决定》以及从1982年至今出台的十五个"中央一号文件"都反映出中央把农村教育作为中国教育工作的重中之重,深化农村教育改革。但是,虽然中国已经出台多部针对教育制度的法律,均适用于城市教育和农村教育,但毕竟城市和农村的所处的地域不一样,环境不同,观念不同,城市与农村的教育制度存在差异性,存在的主要问题也大不相同,因而制定一部专门针对农村教育的法律是很有必要的。一项制度的保证实施仅有政策作支撑是远远不够的,要有法律法规作坚强的后盾。目前,中国有6部教育法律,17项教育行政法规,200多件行政规章,近10项地方性法规。从数量上看这些法律法规已初具规模,但农村教育专项立法存在空白,一些重要的法律法规尚未出台。而且,在农村教育方面也没有形成与教育法相配套的法规规章体系,这给其实施带来诸多困难,也给农村教育带来许多负面影响。人力资源是第一资源,解决好农村教育问题对于推进农业、农村的现代化具有重要意义。

3. 中国农业制度的法治缺失

自然灾害的频发制约着中国的农业发展。每当遭遇旱灾、雪灾等自然灾害,农户会遭受巨大损失。而可以保障农民的农业保险在中国的发展长期处于低迷状态。

农业保险是救济和保护农业的一种市场化的手段,本质上仍是财产保险,但保险标的、保险利益等存在很大的特殊性。现在的许多涉农保险都是商业保险,保费较高,农户投保的积极性很低,商业保险公司见无利可图,也未开展或停止相关业务。这样,遇到自然灾害时,就会造成像哈尔滨市郊区的农户损失惨重的情形。虽然,在中国农业保险的改革已经酝酿了很多年,且连续多年"中央一号文件"均鼓励、倡导建立健全农业保险制度。然而,只有个别地方进行了农业保险改革试点。中国的农业保险发展的滞后性,归根结底是中国在农业保险的法律制度供给上几乎一片空白,没有一项独立的农业保险法。1995年之前,中国是依据《保险企业管理暂行条例》来开展农业保险业务的,后该条例因《保险法》出台而废止。2004年新修订的《保险法》是主要是针对商业保险的,对农业保险规定几乎没有。

作为一种农业发展和保护制度,农业保险对法律法规有很强的依赖性,然而,

---

① 王学忠:《完善农村教育法律制度 促进新农村建设》载《教育体制与政策》,2006年第5期。

不论是中央的一号文件,还是现有的法律法规,对农业保险制度都只是原则性的规定,没有涉及到具体的分工。对于政策"情有可原",因为其本身具有抽象性、宏观性,而法律是具体的,有强制性的,没有法律作后盾,农业保险难以落到实处。因此,制定一部专门的农业保险法刻不容缓。

三、中国惠农政策与法治的脱节原因

(一)立法不完善

近几年,中国中央和地方陆续出台了一系列惠农政策,在促进农业发展、保障农民工权益和完善农村基础设施等方面起到了积极作用,同时,法律、法规对其做了充分的补充。但"三农"问题却有每况愈下的趋势。究其原因是,中国"三农问题"在立法、执法、制度和外部环境方面存在诸多弊端。

1. 法律法规出台的滞后性

在对待"三农"的态度上,中国法律法规存在滞后性,往往是待某些政策问题很严重时才颁布,这严重阻碍了惠农政策的具体落实。中国连续颁布的十二个中央一号文件中,对农业保险、农业补贴、农村教育、农村社会保障、土地征收征用等方面做出详细规定,但相应的法律法规要么法律效力比较低,不能保障政策的落实;要么是已生效的法律不能应对现存在的问题,法律法规脱离了政策。比如,对于农业保险,中国是用《保险法》对其进行规制的,而已生效的《保险法》更多的是规范商业保险行为,农业保险因其本身具有政策性不应列为商业保险行列,所以《保险法》从根本上并不适用农业保险。① 更为严重是,在化肥立法、外来生物入侵、农村环境污染、农民工就业等方面,法律法规出现空白。这样会导致一些问题,如在农民工权益保护方面,对劳动者保护力度不够,《劳动法》、《劳动合同法》中规定的对劳动者的救济成本都比较高,而救济效率却相对比较低,也没有专门针对农民工的条款。

2. 农民对法律理解的滞后性

在中国,城乡统筹的发展格局尚未形成,农村教育制度落后,农民素质低下,对法律法规的认识不充分,不能真正理解,也就不会想到运用法律手段来维护自己的合法权益。正是由于这种对法律的无知和自我保护意识的低下,导致农民在权益受到侵害而又无路可走时,往往会做出一些极端的举动。同时,又没有一个有效的组织去为其抗争,只能各行其是,一盘散沙,无法形成一种强大的合力,因而始终处于劣势。

---

① 高伟:《关于农业保险立法的建议》载《河南金融管理干部学院学报》,2006年第4期。

(二)政府职能的欠缺

1. 政府在"三农"问题中的首要功能应是提供一种法律制度保障,而中国无论是在农业、农民、还是农村方面的许多制度上均无专门的法律规范,即使在现有的法律法规中,也未明确规定政府的具体职能是什么,使得政府在对待"三农"问题上存在较大的随意性,严重阻碍了农业、农民、农村的发展。① 再者,中国市场经济不发达,社会发育程度低,相对公共服务职能来说,政府更关注的是公共管理职责。

2. 中国关于"三农"问题的法律法规不完备,但有一部分仍是可用的。然而,由于农村执法人员素质较差,执法行为不规范,违法的现象时有发生。正是政府工作中的"不作为"、"怠作为",导致了农民对法律精神、内容产生了错误理解,对法律的价值产生错误评价。另外,由于一些地方政府受到传统文化的影响,或是过于追求名誉、利益,使得法律没有被很好地执行,使其失去了应有的社会效果。对于农村教育,虽然中央出台了一系列政策、法规指出了农村教育的重要性,但部分领导对其认识不足,忽略其发展,使长期存在的一些问题得不到解决,而相关责任人也并未被"问责",法律、政策成为一纸空文。②

(三)制度上缺乏权力制衡机制

政策与法律之间的矛盾归根结底是权与法的冲突。③ 当权力趋于腐败时,法律就会"站出来"防止和制约权力的膨胀、滥用。中国当前的权力制衡机制还不完善,法律的控权色彩淡薄。同时,权力远离法律的约束,极易导致法律与政策的脱节。因此,应在制度上建立权力制衡机制,寻求法律与权力的最佳配置。

(四)环境及观念因素

1. 农村人口占中国人口的一半以上,农民的意识水平在一定程度上可以反映出中国公民普遍的意识水平。但是,受到传统封建意识的影响,加上农村教育制度的落后,中国农民缺乏法律意识,认为法律高高在上,法官高人一等,律师也非等闲之辈,自己身为一介平民,靠近法律似乎有些不太合适,认识不到法律面前人人平等的真实含义。而且从实施状况看,法律在农村并不"受欢迎"。农民遇到纠纷时,大多数不愿意用法律手段去解决。一般是由村里有威望的人做调解,他不用法律,而是按照习惯、风俗或者当事人的经济状况来调解,表面上维护了农村的稳定,实质上却阻碍了法律在农村的推广。④

---

① 赵伯艳:《集体土地流转中的政府职能重塑》载《教育体制与政策》,2006年第5期。
② 潘湘波:《对农村教育的法制思考》载《商业经济》,2006年第5期。
③ 陈晋胜:《行政法专题研究》,国际炎黄文化出版社,2010年版,第6页。
④ 高霞:《关于农民法律意识与推动农村法制化进程研究》载《经济与管理》,2008年第7期。

2. 相对于法律,在农村,村干部大力宣传政策文件,处理村里事务时更倾向于用政策来说话或是依据政策来解决问题,用政策代替法律,忽视了法律的存在。农民缺乏对法律认识,阻碍了法律在农村的发展。长期以来,在对待"三农"问题上往往是政策多于法律,甚至以政策来代替法律,使得农民把法律与政策混为一谈,造成了一段时期内农民对政策的误解,极大地伤害了农民建设农村、发展农业的积极性。

3. 在农村,法律公信力不高,法律宣传形式没有深入人心,法律不被重视,加之工作人员执法力度不够,存在着偏差,所以难以树立法律的权威与公正的形象,也就难以起到维护民心,切实有效全面深入地保护农民利益的作用。虽然近几年来,中国一直推行"送法下乡"活动,但是经常流于形式,没有在农民之间很好地宣传教育,农民对法律仍是半知半解,不能领会其中的本质与精神。

四、中国惠农政策与法治衔接的对策

(一)确立农民权益保护制度

1. 加强农民权益保护的立法,使其与政策"接轨"。

在就业方面,现有法律未对农民工的权益保护做出任何规定,虽然有些法律的某些条款可能涉及到农民工权益问题,但都只是原则性的,没有实质意义,更不用说会起到保护农民工权益的作用。由于行政法规和政策的效力层级低,强制性差,其作用也是微乎其微。所以,尽快制定一部专门的《农民工权益保护法》是很有必要的。① 以此来规范务工人员的劳资关系、健全农民工社会保障制度、建立工资支付监督机制、明确政府的职责、权限和用人单位的法律责任。只有这样才能对农民工这一特殊群体的权益有更好的保护。

在务农方面,立法上应完善土地法律制度,严格保护耕地。应明确农村集体土地的所有权归农民集体所有。对于乡(镇)农民集体和村内农民集体这两种农村土地所有权人,无论在实践中还是理论上,要么不存在,要么不能独立存在,使得农村土地所有权的具体行使在事实上变为不可能。而村集体已经是农村土地所有权的实际拥有者。因此,作出这种明确的规定是符合中国城乡分治的模式的,也是最合理的。对促进农村集体土地的管理走上法治轨道和中国农村经济的协调稳定发展起着重要作用。

2. 加大保护农民权益的执法力度。

在就业方面,农民工权益保护缺失主要是由于法律法规落实不到位、行政执

---

① 张培春、吴永科:《解决农民工权益保障问题的对策》载《辽宁医学院学报》,2008年第2期。

法部门"不作为"。因此,要制定监督管理机制,加大监察惩治力度。建立务工人员投诉举报机制,若发现用人单位有违反劳动法律法规或侵害劳动者权益的行为,应及时予以查处纠正,给予经济制裁和行政处罚。① 同时对劳动争议案件仲裁案件,应简化程序,及时审理并促进其公正、合理的解决。同时,还应完善法律援助制度,鼓励法律服务机构和人员向农民工提供无偿法律服务,倡导对多层次、多群体的法律服务。最后,各地应结合当地的实际情况,开展农民工职业培训,提高农民工技能,储备技术人才。

在农民务农方面,农村集体土地所有权的行使应创新机制。权力的行使不能超出一定的界限,由于农村集体土地所有权的行使不能超越中国现行的土地所有制度和经济制度框架,因而可以在现行制度下创新管理和行使机制,这可借鉴现代企业管理的模式和结构,按照决策机构、执行机构和监督机构的思路来建构。②

3. 提高农民的社会地位,使农民获得平等权。

人生来本应是平等的,但在当前社会的一些体制下,农民的地位相对于其他社会阶层的人来说是比较低的。主要限制农民身份和地位的是户籍管理制度,农民到城市务工,无法享有与市民一样的权利。因此,改革户籍制度刻不容缓,政府应降低原有的户籍标准,使农民获得"市民身份",从而提高农民的社会地位,让农民真正感受到并享有宪法所赋予的平等权。③ 与此同时,还要保障进城务工的农民应享有的基本劳动权利,取消城市和农村的差别歧视。此外,农民要有独立的法人地位,可以独立行使自己的经营权、财产权等等。通过改革,提高农民的主人翁地位,更好地行使自己的权利。

(二)推动农村法治化进程

1. 加强教育立法,健全教育法律体系。

虽然中国已经出台多部针对教育制度的法律,适用于城市教育和农村教育,但毕竟城市与农村的教育存在差距,存在的主要问题也大不相同,因而制定一部专门针对农村教育的法律是很有必要的。中国的农村教育立法要立足于农村的实际情况,充分考虑各地区发展的差异性,制定专门针对农村教育的法律。对于现如今社会各界普遍关注的、国家未出台立法的农村教育中存在的问题,地方可制定地方性法规和规章,促进农村教育问题的解决,也可为中央立法提供丰富经验。对于已经存在的农村教育的配套法律、法规进行完善,使其内容更具体、规

---

① 谭英、李宁:《农民工权益保障中存在的问题及对策》载《渤海大学学报》,2009年第1期。
② 隋灵灵:《集体土地所有权主体问题研究》载《中共济南市委党校学报》,2007年第2期。
③ 潘湘波:《对农村教育的法制思考》载《商业经济》,2006年第5期。

范,更具有可操作性。此外,还应对农村义务教育进行内部改革,加强对教师的管理职能,改善教师队伍素质、结构,合理配置教育资源。

2. 规范政府行为,建立服务型政府。

农村基层的执法行为影响着农民对法律的认知,由于过多担心"官官相护"导致法律对待的不公正,农民不愿意用法律来解决纠纷。因此,要规范基层组织的权力行使,提高村干部的执法素质与执法水平,建立行政执法责任制和过错追究制度,杜绝徇私枉法、滥用职权等现象的出现。① 建立务工人员投诉举报机制,若发现用人单位有违反劳动法律法规或侵害劳动者权益的行为,应及时予以查处纠正,给予经济制裁和行政处罚。同时对劳动争议案件仲裁案件,应简化程序,及时审理并促进其公正、合理的解决。只有这样,我们才能树立责任政府形象,提高政府的公信力。

3. 开展送法下乡活动,提高农民的法律意识。

为了提高农民的素质,增强农民的法治观念,改变农村的愚昧与落后,要在农村开展普法活动,大力宣传法律法规,做到"法律进万家"。可以采取一些措施,比如,给每家每户发放一本法律常识小册子,建立咨询站,为农民答疑解难,每天在喇叭里广播普法栏目,鼓励农民收看法制节目等等,让农民切实感到法律就在身边。普法的内容要适应农民群众的法律需求,不但要大力宣传与农民群众切身利益息息相关的法律法规,而且要大力宣传党的支农惠农政策。让每个农民都懂得法律的规定,权利的救济、保障,以此来激发农民学习法律的热情,增强农民的"平等意识"、"权利意识",使农民知道怎样运用"法律武器"维护自己的合法权益,以此推动农村的法治化进程,促进农村的和谐与稳定。

(三) 完善中国农业政策的措施

1. 建立农业立法,完善中国农业政策法规。

在农业立法方面,中国已有《农业法》、《水法》、《草原法》等法律,但作为基本法的《农业法》在具体操作过程中有重大缺陷,尤其是缺乏对政府支持、引导的监督机制,这使得农业生产经营者的权益得不到保障,也直接影响了粮食安全与保护,需要完善。另外,《农业法》对农业资金投入方面也只是原则性规定,仅起到指导作用;在农产品流通立法上,由于体制不健全,中国没有相关法律制度;中国农业环境资源保护的法律、法规也需要进一步健全和完善。在立法时,要认真总结农村改革的丰富经验,听取群众意见,在符合要求的情况下,将党中央关于"三农"问题的方针、政策上升为法律法规,推进农业立法。②

---

① 高霞:《关于农民法律意识与推动农村法制化进程研究》,载《经济与管理》,2008年第7期。
② 安召轩:《美国农业立法对中国农业立法的启示》,载《中国西部科技》,2008年第10期。

完善农业政策、法规,应当按照"发展生产保供给、提高效益增收入、防范风险保安全、提升能力促转变、改革创新增活力"的要求,推动完善农业支持保护的政策体系。① 在完善政策的同时,也要大力加强农业法制建设,适应形势要求,推动农业立法取得新突破。

2. 推进农业依法行政,提高政府执政能力。

首先,要做好普法工作,大力宣传农业法律法规。努力提高执法人员对依法行政的认识,增强其执法的自觉性。加强行政人员自身的改革与建设,深化行政体制改革,建立服务新政府。规范执法人员的执法行为,树立执政为民的理念,争取做到严格执法、公正执法、文明执法。其次,要健全执法工作机制。规范行政主体,明确职责权限;加大执法体系的投入,给予足够经费;提高执法人员的执法水平。最后,要强化对行政权力的监督。完善民主监督机制,包括新闻监督、群众监督和机关内部监督,应努力自觉落实。

第二节　中国惠农政策与法治的冲突

一、惠农政策与法治冲突的基本理论

(一)中国惠农政策与法治之契合理论

政策与法律在本质上的一致性,集中表现在了它们都是以统治阶级的政治权利为基础,服务于政治权利的要求,实现维护、巩固阶级统治的目的。这种一致性决定了它们的关系极为密切,二者相互影响,相互作用。具体而言:

1. 政策和法律在功能上具有共同性。政策和法律都是国家进行社会管理的工具和手段,共同调整、控制和规范着社会关系。国家通过颁布法律来对社会生活的各方面进行规范,同时国家还通过实施政策对社会生活进行调节和管理[4]。政策和法律共同构成了社会管理的手段。中国不管是惠农方面的政策还是法律,在功能上都具有一致性,即切实地落实惠农政策的执行,用法律的手段保障惠农政策的实施。

2. 政策和法律在内容上具有一致性。政策与法律之间在内容上也具有一致性,在中国,党的政策一般都通过一定的法律程序上升为国家和政府的政策,这些政策在实践中成熟之后大都上升为法律。

---

① 2010年1月14日至15日在广东召开的全国农业政策法规会议。

在惠农强农方面,国家为了保障农业在国民经济中的基础地位,发展农村社会主义市场经济,维护农业生产经营组织和农业劳动者的合法权益,促进农业的持续、稳定、协调发展,制定了《农业法》。

国家在加强农业资源和环境保护方面,制定了《土地管理法》《渔业法》《水法》、《水土保持法》、《野生动物保护法》、《防沙治沙法》、《森林法》、《草原法》、《水污染防治法》等法律,《基本农田保护条例》、《草原防火条例》、《水产资源繁殖保护条例》、《森林病虫害防治条例》、《野生植物保护条例》、《野生药材资源保护管理条例》、《森林防火条例》、《陆生野生动物保护实施条例》等行政法规。

国家在保障农业生产安全方面,制定了《防洪法》、《气象法》、《进出境动植物检疫法》等法律,《水库大坝安全管理条例》、《农业转基因生物安全管理条例》、《防汛条例》、《蓄滞洪区运用补偿暂行办法》等行政法规。

国家在农业科技方面,制定了《农业技术推广法》、《植物新品种保护条例》等法律、行政法规。

国家在保护种质资源、防治病虫害方面,制定了《种子法》《兽药管理条例》《种畜禽管理条例》《饲料和饲料添加剂管理条例》等法律、行政法规;在规范农业生产的经营主体方面,制定了《乡镇企业法》、《乡村集体所有制企业条例》等法律、行政法规;在规范农产品流通和市场交易方面,制定了《棉花质量监督管理条例》、《粮食收购条例》、《粮食购销违法行为处罚办法》等行政法规。

国家在保护农民的合法权益方面,制定了《村民委员会组织法》、《农村五保供养工作条例》、《农民承担费用和劳务管理条例》、《耕地占用税暂行条例》等法律、行政法规。

从总体上来看,这些法律、行政法规与中央连续几年的出台的一号文件在内容上具有一致性,对规范、引导、保障和促进农业和农村经济的发展,发挥了积极的作用。

3. 政策和法律在适用上具有互补性。政策和法律虽然在功能和性质上相同,但是它们二者的适用范围并不是完全相同的,只在它们自己所调整的社会关系的领域内发生作用[5]。农业是国民经济的基础,农业、农村和农民问题始终是关系我们党和国家全局的根本性问题。因此,在惠农问题上,国家不断加强农业立法,成效显著,目的是使惠农政策与惠农法律相辅相成,使农业领域基本上实现有法可依,有章可循。

(二)中国惠农政策与法治之冲突理论

改革开放以来,中共中央在1982年至1986年连续五年发布以农业、农村和农民为主题的中央一号文件,对农村改革和农业发展做出具体部署;2004年至2013

年又连续十年发布以"三农"为主题的中央一号文件,强调了"三农"问题在中国的社会主义现代化时期重中之重的地位。这些一号文件涉及农民、农业、农村的方方面面,不论从数量上还是从广度、密度上来说都是少有的。从改革开放 30 多年间先后出台了 15 个涉及"三农"问题的中央一号文件来看,党和国家对三农问题给予了极大的重视。但是,政策本身存在的局限性导致惠农政策在具体的执行过程中产生了很多的问题:

(1)政策定位不准,导致落实偏差。由于农村政策执行人员,如村组干部素质、精力等因素,导致农村低保、民政救助、扶贫对象、种粮直补和良种补贴等项目录入基础信息资料部分失真,扶持救助对象定位不准。如种粮的直补并没有实现应补的尽补,甚至部分资金使用不规范,长期外出务工土地撂荒的、土地承包权转让的、承包者没有耕种的仍然在享受种粮直补政策[3]。另外在实施新农合医疗政策上,部分乡镇卫生院管理较差,医生素质较低,服务意思淡薄,重收费现象较突出,导致农民主动参保的积极性不高。

(2)资金监管不力,违纪违规操作突出。受人力和经费限制,部分惠农政策资金监管力度不够,出现有的政策资金监管失控,违规违纪较突出。如在种粮直补上,部分乡镇的村社干部工作方法简单,将农户种粮直补款扣去抵交医保费、村公路建设集资款等。有的村干部不给农户办直补卡,用他人的名字冒领种粮直补款。有的在农村低保中,不坚持原则,亲朋、好友和关系接近的人享受农村低保政策的多。

(3)政策的运行成本太高。需要落实的惠农政策多、需要召开的会议多,需要印制的相关材料多,以及支出的业务费用多,需要的人力多,这些方面都增加了相关部门的运行成本。各项惠农补贴的性质不同,管理的单位也不同,各项补贴发放的依据和要求都不相同,就形成了"一补一发",多头多次发放,造成了发放成本和农民领取成本高。而随着农村金融网点的压缩,部分偏远乡镇的农民补贴要到所在片区的中心乡镇农村信用社领取,补贴还不够往返一趟的路费。

综上可以看出,由于缺乏相应的法律支撑,导致许多宏观的农村政策难以执行。众所周知,法律规范以权利义务为主要内容,执法得当就会有相应的法律肯定,相反执行不力就会有相应明确的法律责任。而涉农问题的中央一号文件,尽管名列党和国家政策之首,但作为宏观的政策指导,执行的标准模糊,相应的责任就不如法律规范那样具体。政策需要通过制定法律法规来执行,由于各地的具体情况各异,加之在执行政策的过程中没有相应的法律法规相配套,甚至相抵触,导致政策执行过程中变味。

二、中国惠农政策与法治冲突的基本状况

政策与法律作为两种不同的社会政治现象,虽然存在着密切的联系,但在制定主体和程序、表现形式、调整和适用范围以及稳定性等方面,都有各自的特点。但是具体而言,它们的意志属性、规范形式、实施方式、稳定程度又不同[6]。因此惠农政策在实施的过程中,不可避免会与法律法规产生冲突,从而引发了一些法律问题。

(一) 中国惠农政策具有原则性,与法律的明确性相冲突

【案例一】2008年6月,某地的一个村民上访,原因是他的粮食各项补贴已到账,该村民要求取他"一折通"中的粮食钱,但信用社不让其取钱。经调查了解,该村民因伤人,法院判令其支付伤者医疗费,但其拒不执行,因此法院冻结了该农户的所有存款,包括粮食补贴一折通。

该案例中,国家政策明文规定:对农民实行粮食直接补贴,任何人任何单位不得以任何名义抵扣、截留、挪用。另外规定惠农资金的发放除了特别偏远的山区,农民要求以现金发放补贴资金的,一律实行"一折通"形式发放。但从法律上来讲,法院有冻结当事人财产的权力,既然发的不是现金,而是一折通存款,一折通中的钱是该户财产之一,那么法院也就能冻结一折通户。在这种情况下,政策和法律的矛盾难于调和:根据法律的明确性的规定,惠农资金的冻结从法律上来说不违法,但根据政策中原则性的规定,法院冻结了该款项,补贴不能按时发放到农民手中,从政策上来说又不允许。是不是惠农政策中一折通中的惠农补贴资金优于其它存款,可以超越于法律呢? 这是一个值得探究的现实问题。

(二) 中国惠农政策具有变动性,与法律的稳定性相冲突

【案例二】2007年1月,为了扩大农村消费,提高农民生活质量,国家在山东、河南、四川试点开展了家电下乡工作,至2009年2月在全国范围内开始推广。据媒体报道,在国美南京新街口店出现多起倒卖旧家电和补贴凭证行为,部分销售人员为追求销售业绩,在顾客不符合以旧换新规定的情况下,依然无视法律法规骗取补贴款。销售人员向消费者推销以旧换新凭证,花80元即可实现320元的优惠。除此之外,销售人员违反以旧换新政策中的明确规定,在没有当地户口并凭相关有效身份证件的情况下,依然骗取国家相关补贴,造成了不良的社会影响。①

"家电下乡"政策的实质是,政府使用纳税人的钱,补贴农民购买一些特定企业的特定家电产品,例如,当前的补贴额是产品销售价格的13%,则享受补贴的农

---

① 韩晓:《国美电器被曝以旧换新骗补与克扣赠品》载《中国搜狐网》http:/it.sohu.com,最近访问时间:2011年3月30日。

民便相当于购买了降价了 13% 的家电产品。而对于中标的厂家而言,他们不必减少单位产品售价,却以低价促销了产品,这是因为纳税人替购买者支付了 13% 的费用。在表面上看来,农民是直接受惠于政府的补贴,实际上农民可能得不偿失。本来产量过剩、产品积压的家电企业应该在不同层次的市场展开不同形式的竞争,这样农民则可能得到更低的产品价格、更多可选择的产品。但由于"家电下乡"则限制了这些可能性。另外,政府通过招标来限定哪些产品享受补贴,这实际上使得中标产品获得了将未中标产品逐出区域市场的价格上的优势,从而缩小了农民的选择范围,迫使有需求的农民只能购买享受补贴的产品。

由以上的分析可以看出,"家电下乡"活动实际上涉嫌行政机关以行政权力从事反竞争行为,即"限定他人购买其指定的经营者的商品,限制其他经营者正当的经营活动"(《反不正当竞争法》第七条)。同时,"家电下乡"补贴也涉嫌违反了《反垄断法》(2008 年 8 月 1 日生效)。该法第三十二条规定:行政机关"不得滥用行政权力,限定或者变相限定单位或者个人经营、购买、使用其指定的经营者提供的商品"。"家电下乡"工程通过招标限定享受补贴的企业产品,排挤非中标产品,这显然是一种"限定或者变相限定单位或者个人购买、使用其指定的经营者提供的商品"的行为。

此外,在家电下乡的过程中,还引发其他不少问题。农民购买数量在短时间内大幅增加,出现了补贴兑付不及时,假冒家电下乡产品等问题。为此,财政部等家电下乡联席会议成员单位制定了《家电下乡操作细则》,简化家电下乡补贴审核兑付程序,并提出兑付建议。《家电下乡操作细则》提高了家电下乡工作的效率,但是也随之出现了骗补行为①。为打击骗补行为,2010 年 6 月财政部、商务部、工业和信息化部出台关于做好家电下乡补贴兑付工作防止骗补有关问题的通知,②要求防止骗补等有关问题,但骗补的现象并没有消失。该案例中国美电器的骗补行为也很好的说明了这一问题。

(三)中国惠农政策具有随意性,与法律的规范性相冲突

【案例三】陕西省某果农积极响应国家政策性保险,为自己的 10 亩苹果交了保费。没想到当地遭遇了一场罕见的冰雹,使得该果农的苹果几乎绝收,当时,经县苹果局、保险公司和村里的工作人员一起到勘察定损,鉴定结论为绝收,应该按照 100% 的比例赔付,也就是按照每亩 2000 元进行赔付,但当时保险公司并没有出具定

---

① 例如,有些地区出现了非家电下乡指定门店销售家电下乡产品,盗用农民身份证信息骗补等情况,这些行为严重损害了政策效果。

② 参见家电下乡信息系统财建[2010]271 号家电下乡文件。

损单,到年底发放赔款的时候一亩地只赔付了135元。另外一方面由于政策性农业保险在中国尚是起步阶段,许多农民对这项保险普遍存在认识上的不足,使得承保保险的保险公司保费难收,也导致保险公司因赔付率较高"入不敷出"。一些人士认为,目前政策性农业保险存在"农民不满意、企业在亏损、目的难达到"的问题。

中国是世界上自然灾害频发的国家之一,灾害的种类多,造成的损失大,严重制约着中国农业的可持续发展。而中国的农业生产又以分散的个体农户小规模经营为基础,所以受自然灾害影响大。为了积极地支持解决"三农"问题,完善中国的农村金融服务体系,国家和政府支持在全国范围内建立政策性保险制度。①

政策性农业保险作为惠农政策中的一项,是指国家在财政、税收等政策上给予扶持,对种植业、养殖业等在生产中遭受特定事故或动物疾病造成的经济损失提供补偿的一种保险活动。农业保险是为国家某特定社会、经济方针政策的经济保障制度提供服务的保险,是一种市场化的农业救济或农业保护手段[8]。自国家开展农业保险保费补贴试点以来,对政策性农业保险的投入不断加大,范围也不断扩大,为有效化解农业灾害风险发挥了一定积极作用。

但是由于这种政策本身的随意性与不明确性,加之中央没有相关配套政策,导致政策性农业保险在执行中出现了一些问题:

1. 政策性农业保险的政策目标和导向不够明确。农业政策性保险的政策目标和导向,在实施政策性农业保险的各地方至今仍不统一。因此有的试点地方政府把承办农业保险当作是一种额外负担,或者把征缴农业保险费看成是一种滥收费,试点地方政府害怕遇到大灾"吃不完兜着走",从而使得地方上的积极性大打折扣。

2. 政策性农业保险的政策性经营方式不够明确。政府在提供补贴时没有办法准确判断出经营政策性保险业务的商业保险公司的亏损究竟是来自商业性业务,还是政策性业务,这就使得政府很难确定合适的补贴额度,很难科学评价商业保险公司经营政策性保险的绩效,最终使得政策性农业保险业务很难顺利地开展[9]。

很多人都并不认为农业保险和普通商业保险有什么区别,只需要有规范商业性保险的《保险法》即可,这种认识的错误导致人们从根本上否认了制定单行的农业保险法律的意义和价值。农业保险的政策性质是农业保险从一般商业保险中

---

① 2004年中央一号文件首次规定加快建设政策性农业保险制度;2005年中央一号文件规定扩大农业政策性保险的试点范围,鼓励商业保险机构开展农业保险业务。2006年中央一号文件规定稳步推进政策性保险试点工作,加快发展多种形式、渠道的农业保险。2007年中央一号文件规定积极发展农业保险,建立完善农业保险体系。2009年中央一号文件规定鼓励在农村发展互助合作保险和商业保险业务。2010年中央一号文件规定发展农村小额保险,健全农业再保险体系,建立财政支持的巨灾风险分散机制。

分离出来单独立法的重要根据。所以,有必要通过法律的规范性将政策性农业保险纳入到规范的轨道上来。政策性农业保险对相关法律法规的依赖性很强,法律的完善很大程度上决定了政策性农业保险的运行,所以其立法的意义远超出一般的商业性保险立法。中国目前主要是依据财政部制定的《中央财政种植业保险保费补贴管理办法》和《中央财政养殖业保险保费补贴管理办法》以及各项地方性法规和条例开展农业保险工作,所以在涉及到建立长效的补贴机制方面显得力不从心。中国现行的《保险法》是一部商业保险法,其在规定上并没有过多考虑农业保险不同于商业保险的特殊性而主要是用来规范和保障商业性保险公司的经营行为。《农业法修正案》(2002年)46条规定:国家建立和完善农业保险制度。鼓励和扶持农民和农业生产经营组织建立为农业生产经营活动服务的互助合作保险组织。新《保险法》(2009年10月施行)186条规定:国家支持发展为农业生产服务的保险事业。《农业法》对农业保险的规定是,"农业保险必须自愿加入,任何人不得强制"。而现行的《保险法》主要是规范商业性保险公司的经营行为。对农业保险的规定十分笼统,其中只有第155条规定:"国家支持为农业生产服务的保险事业,农业保险由法律、行政法规另行规定。"在《保险法》(2009年10月1日实施)中,提到"农业保险"的仅有一个地方,即第186条规定"国家支持发展为农业生产服务的保险事业[10]。农业保险由法律、行政法规另行规定"。国家在积极推进政策试点基础上,国务院已经制定出专门的行政法规《农业保险条例》,我国农业保险覆盖面正日益扩大。

三、中国惠农政策与法治冲突的解决措施

(一)政策上升为法律

制度本身就具有根本性、长期性和稳定性,而部分成熟了的制度则上升为法律,因此法律也具有根本性、长期性和稳定性。并且只有将政策上升为法律,才能保证政策更好更快地实施。党中央认真总结了20多年来农村改革的丰富经验,把关于农业、农村和农民问题的一系列行之有效的方针和政策法律化,这对于进一步推动农村直至全国的改革和发展,都是具有十分重要意义的[11]。

由此可见,必须要通过立法,把符合中国的国情,符合中国广大农民意愿,符合生产关系适应生产力发展规律的一系列方针和政策,特别是党关于农村问题的基本政策上升成为法律法规,使农村问题的立法进程同农村改革和发展的进程相适应,以确保党的农村政策长期性、稳定性,保持农村的稳定,保护农民的合法权益,最终促进农村经济的发展,提高党和政府在农村中的威信,从根本上保障党对农村工作的领导。

(二)政策辅助于法律

法律本身的缺陷需要用政策的优势来弥补。法律本身的缺陷表现在两个方面:一是,法律调整的对象是有限的。中国的法律制度存在着很多没有法律之名却有着法律之实的法律,比如道德、政策、习惯等,它们虽然不具备法律规则的形式,但却在法律无法调整的社会领域实际发挥着指引、评价、约束等作用[12];二是,法律具有滞后性的特点,社会是发展变化的,法律在制定出来的同时,已经落后于社会的发展,即使经过修补也不能改变其滞后的趋势。所以,法律需要其他一些灵活有效的社会规范,比如政策,来加以补充和协调[13]。

政策具有较强的针对性和灵活性,在这一点上,政策可以弥补法律调整的不足。应在不与法治原则相抵触时,即在法治原则的指导下,按照法定的程序,依照法律的依据及时制定相关的政策,来弥补法律调整的不足,从而辅助法律更好地发挥作用。

(三)政策服从于法律

应加强法律建设,通过高质量的法律使得政策服从于法律。政策和法律相冲突后,无论是政策大于法律,或是法律压住政策,都会使得党和政府在人民群众中的形象和威信得到削弱。为了让国家的惠农政策真正惠农,决策部门要做大量理论上的研究,以探索出惠农政策和法律相协调配合的途径,特别是加强惠农政策的法制研究,力争加快惠农政策的立法工作,用法律保护农民群体的既得利益。

1. 深化理论探索,促进惠农政策立法。

要从提高立法质量上下功夫,不能只是依靠增加立法数量。要抛开先以政策积累经验,后以法律推行的旧的立法思想,深化立法的理论探索,尽快使社会各个领域都有法可依。在立法上要明确、简洁、逻辑严密、便于操作和执行。

目前,在惠农的领域,全国人大及其常委会审议通过多件法律和有关法律问题的决定,国务院制定诸多行政法规。具体情况是:(1)关于农业环保、农业科技、乡镇企业和农村合作经济、种植业、养殖业、动植物检验方面的法律和行政法规。①

---

① 主要有:法律:《农业法》、《农业技术推广法》、《种子法》、《土地管理法》、《草原法》、《渔业法》、《乡镇企业法》、《动物防疫法》、《进出境动植物检疫法》、《野生动物保护法》;行政法规:《水产资源繁殖保护条例》、《兽药管理条例》、《渔业法实施细则》、《土地复垦规定》、《渔业资源增殖保护费征收使用办法》、《渔港水域交通安全管理条例》、《乡村集体所有制企业条例》、《农民承担费用和劳务管理条例》、《植物检疫条例》、《草原防火条例》、《水生野生动物保护实施条例》、《种畜禽管理条例》、《基本农田保护条例》、《乡镇煤矿管理条例》、《野生植物保护条例》、《进出境动植物检疫法实施条例》、《植物新品种保护条例》、《农药管理条例》、《粮食收购条例》、《粮食购销违法行为处罚办法》、《土地管理法实施条例》、《农业转基因生物安全管理条例》、《农业保险条例》等。

（2）关于林业方面的法律和件行政法规。① （3）关于水利方面的法律和行政法规。② （4）关于气象方面的法律和行政法规。③ （5）关于其他涉农方面的法律和行政法规。④

可以说,惠农领域方面的法律、法规已经基本形成体系。然而在新的形势下,惠农政策不断实施的推动下,应进一步加强对惠农政策理论上的探索,推进惠农政策立法的进程。

具体包括:(1)应建立和健全农业关于投资援助和补贴方面的立法,对农业结构性缺陷进行支付性补偿,为农业生产者提供必要的资金保障和技术支持,特别是要重点改革农业补贴的方式、环节、对象,将流通环节的补贴,转移用于生产环节,来保证补贴给农业生产者[14];(2)应完善农业投入方面的法律制度。加强农业设施以及农业建设方面的立法研究,加大对农业基础设施方面的投资力度,以改善农业生产条件,降低农业生产成本,提高农业生产效益;(3)应加强农业保险方面的立法研究,通过政府的支持来降低农业生产风险,保障农民收入。与此同时,要抓紧完善农产品的进出口管理、动植物检疫、农产品质量标准、野生动植物进出口管理和农业转基因生物安全等方面的法律、行政法规。

2. 促进法制宣传,树立法律的绝对权威。

国家退耕还林、粮油作物、良种等方面的财政直补以及农村低保对象、计生奖励扶助、救济款物的享受,成为农民关注的焦点、热点,而要确保这各项惠农政策

---

① 主要有:法律:《森林法》、《野生动物保护法》、《种子法》、《进出境动植物检疫法防沙治沙法》;行政法规:《国务院关于开展全民义务植树运动的实施办法》、《军队营区植树造林与林木管理办法》、《森林和野生动物类型自然保护区管理办法》、《森林采伐更新管理办法》、《野生药材资源保护管理条例森林防火条例》、《森林病虫害防治条例》、《陆生野生动物保护实施条例》、《城市绿化条例》、《植物检疫条例》、《自然保护区条例》、《野生植物保护条例》、《植物新品种保护条例》、《森林法实施条例》等。

② 主要有:行政法规:《水利工程水费核定、计收和管理办法》、《航道管理条例》、《河道管理条例》、《开发建设晋陕蒙接壤地区水土保持规定》、《关于蓄滞洪区安全与建设指导纲要》、《城市节约用水管理规定》、《水库大坝安全管理条例》、《防汛条例》、《大中型水利水电工程建设征地补偿和移民安置条例》、《水土保持法实施条例》、《取水许可制度实施办法》、《城市供水条例》、《淮河流域水污染防治暂行条例》、《水利建设基金筹集和使用管理暂行办法》、《水污染防治实施细则》、《蓄滞洪区运用补偿暂行办法》、《长江河道采砂管理条例》、《长江三峡工程建设移民条例》、《军用饮食供应站供水站管理办法》等。

③ 主要有:法律《气象法》;行政法规《人工影响天气管理条例》。

④ 主要有:法律《村民委员会组织法》;行政法规《城乡集市贸易管理办法》、《耕地占用税暂行条例》、《国务院关于对农业特产收入征收农业税的规定》、《全民所有制企业招用农民合同制工人的规定》、《村庄和集镇规划建设管理条例》、《农村五保供养工作条例》、《棉花质量监督管理条例》等。

落到实处,就必须广泛进行法制宣传,树立法律的绝对权威。要树立法律的权威,不仅有赖于国家的努力,还有赖于公民个人的努力。

国家应当采取一些有效的措施来消除损害社会主义法律权威的因素。比如说,要进一步提高立法的质量,来保证法律的科学性和合理性;要改善法律实施的状况,保证做到有法必依、执法必严、违法必究;要深入开展法制宣传教育,以增强全社会的法律意识。各级政府都能做到依法行政,把法律作为施政的依据,健全监督机制,使政府的违法行为能够得到及时的制止和纠正、违法责任人及时得到惩处,以儆效尤。所以从中央到地方,从国家领导到每一个公务员都应树立法治观念,学习法律,崇尚法律,带头遵守法律,依法办事,树立法律的绝对权威。

3. 规范政策制定,应引入法律顾问审查体系。

国家应对政策的运作进行规范,使得政策的制定和执行更加科学、民主、合法。我们应着力于在政策制定与执行时,有意识地避免其与法律的冲突,使政策主动支持与配合和法律,在法治原则的指导下健康运作。而法律也可以从一些不良的政策的危害中吸取教训,从而加强法律建设的步骤,促进法律体系的更新与完善,使政策与法律得以良性互动,加快法治进程[15]。

另外,要注重政策制定与执行的规范,使之既合法又合理。每一项政策出台前都应进行充分的调研和论证,即引入法律顾问的审查体系,这样可以使得政府制定政策不但有规则的依据而且能够不超出法律的授权范围。法治与权力的监督和制约是密切联系的,政策的制定和执行都应受到立法、行政、司法的监督以及社会监督,这样才能确保政策不违反法律。总而言之,既不能把法律和政策简单等同,也不能将二者完全割裂、对立,要辩证地认识和处理二者的关系。

在如何在处理政策与法律二者在实践上的矛盾中,我们应在坚持依法办事的基础上,发挥政策的灵活性,依据新的政策精神适时地修订法律,最终使得二者可以在内容和原则上能达成协调一致。

综上所述,党的惠农政策和国家惠农法律,都是中国党和政府关注民生,体现民意的体现,是发展农村经济的重要保证。但是在惠农政策的实施过程中所产生的一系列问题,应做到把执行党的政策和遵守中国法律二者有机地结合起来,不但要坚持依法办事,以维护法律的权威性和稳定性,还要依据新的国家惠农政策适时的修订法律,并完善惠农方面的立法,使得政策尽快上升为法律,以期解决惠农政策与惠农法治上的冲突,来确保惠农政策的更好落实。

第八章　国外惠农政策与法治一体化建设

国外惠农政策法治化，起步比较早，发展水平也比较高，例如法国、日本、美国、加拿大、澳大利亚等国家。这些国家一直以来就有法治传统，他们总是习惯于制定法律，实施法治。他们的这种传统渗透到社会的方方面面。农业作为社会的基础性产业，一直以来都受到西方各国的巨大关注，因而它们的农业政策法治化也是顺其自然的。

惠农政策法治化是惠农政策发展的必然结果。无论是从国外惠农政策发展的情况来看，还是从中国惠农政策发展的实际经验来看，惠农政策要从政策向法律转化是必然的趋势。这一趋势是值得肯定的。

中国是一个农业大国，但还不是一个农业强国。农业这一基础产业发展还比较滞后，农业目前仍然是所有产业中最薄弱的。长期以来，惠农政策在中国农业方面发挥着重要的作用。无论是农业投入、农业补贴还是农业救济，很大程度上都是依据惠农政策，而不是依据农业法律。这样一来，一方面惠农政策的制定可能不符合农业的实际需求，另一方面每一届政府都可能随时对惠农政策进行调整。这种现象对中国农业的发展是不利的。为了改变目前农业主要依靠政策的局面，中国应该尽快加强农业立法，逐步实现惠农政策的法治化。

中国法治原则早在20世纪末就已经确立了，党的第十二大修改党章，明确规定"党必须在宪法和法律的范围内活动"。1982年宪法规定，"一切国家机关和武装力量，各政党和各社会团体、各企事业组织都必须遵守宪法和法律，一切违反宪法和法律的行为都必须予以追究。任何组织和个人都不得有超越宪法和法律的特权。"以江泽民同志为领导的第三代领导集体提出"依法治国"理念。继任总书记胡锦涛在党的十六大报告第一次明确提出"依法执政"，现任党的总书记习近平同志更是强调全面推进依法治国，坚持法治国家、法治政府、法治社会一体建设。这些都为中国法治道路标明了前进的方向。

中国惠农政策作为三农发展的重要指引和依据，其法治化问题也逐步引起了学界和实务界的重视。国外关于惠农政策法治化起步远远早于中国,其实践经验也十分丰富。因此本章从国外惠农政策和惠农制度入手,通过研究国外的惠农政策和法律制度及其产生的历史背景,再根据中国惠农政策和惠农法制的实际情况,期望找到适合中国惠农政策法治化的道路。本章比较深入地研究了英美法系和大陆法系两者中具有代表性的五个国家(法国、日本、美国、加拿大、澳大利亚)及欧盟。这五个国家和欧盟分别代表了欧洲、亚洲、美洲和大洋洲。他们的惠农政策和惠农制度基本上代表了其所在法系和所在洲的国家惠农政策与法治的特点和经验。

一、国外惠农政策与法治建设的基本状况

国外惠农政策与法律制度的制定起步比较早,发展时间比较长,因而他们惠农政策和法律制度的制定也就比较完善。比较有代表性的国家有法国、日本、美国、加拿大和澳大利亚等国家。欧盟也制定了相应的农业政策来促进其成员国农业的发展。

(一)国外惠农理论状况

"三农"问题是农业、农村、农民三个问题的高度整合,是世界各国的经济和社会发展都不可回避的问题,而作为解决"三农"问题的重要措施之惠农政策也成为世界各国研究的热点所在。

自从1962年欧洲共同体出台"共同农业政策"后,国外很多学者便开始对惠农政策进行全面系统的研究,包括直接补贴农民对基尼系数的影响、农村基础设施投入与农民收入的关系、农地产权与农业产出之间的关系、农业保险对农民增收的效果研究、农村合作医疗制度框架的研究等等诸多方面。其研究思路也从符合"三农"问题的划分标准,即将各项惠农政策划分为农业政策、农村政策和农民政策来分别研究。

世界各国依据各自的实际国情制定了许多农业政策,不少学者也对这些政策从不同角度进行了研究和评析。如日本学者岸根卓郎先生通过分析日本诸多农业政策的缺陷,总结了缺陷产生的原因,并提出了新粮食政策方案[1];美国学者鲍尔·费思用案例分析的方法分别对印度、智利、菲律宾及美国地区的农业政策进行对比研究,指出鼓励持续性农业对经济发展的重要性,其中还提到如何改进政

---

[1] 岸根卓郎著:《粮食经济——未来21世纪的政策》,何鉴译,南京大学出版社,2000年版。

策执行监督和评价工具的内容①;美国学者斯蒂芬奥索夫斯基运用历史分析的方法,评析了过去各个时期的农业政策,并就作者当时的农业政策提出许多改革的建议②。

案例分析法、历史分析法、个别法及实证法等是国外学者研究惠农政策较常用的方法。研究的内容通常包括农业政策的历史、发展以及具体某项农业政策的执行情况等,这些对研究中国的惠农政策具有一定的借鉴意义,也为中国惠农制度的建设和执行提供了丰富的思想资料。

国外学者对农村受惠政策与法治的问题也有所研究,大致可以分为三类:一是从历史角度出发纵向对惠及农村的政策和法治变革进行研究,二是立足现实针对本国政府出台的具体政策和法治进行研究,三是通过对他国农村政策和法治的研究比较得出有关的经验教训。1891年英国学者波特就描述了英国农村金融组织的情况;美国学者道格拉斯·C·诺斯在《制度变迁与美国经济增长》(Institutional Change and American Economic Growth)《制度、制度的变革与经济表现》(Institution, Institutional Change and Economic Performance)等书中通过对美国和西方世界经济发展史的研究论述了关于农村的土地产权制度,而同是美国的学者罗伊·普罗斯特曼则通过实地调查的方法对中国农村的土地使用状况做研究;赫尔穆特·吉赛在《德国农场主及其共同劳作的家属的老年保障》中研究了德国关于农村养老保险的政策及法规;印度学者拉玛钱德朗则在《印度农业信贷政策的经验与教训》一文中阐述了印度农村的信贷政策;菅沼正文在《日本农村的社会保障制度》中研究了日本农村的社会保障等等。

综合看来,国外如美、澳、欧洲等诸国都是将政策上的扶持与制度上的规范作为完整的一个系统工程统筹考虑。他们出于本国的实际,按照城乡统筹发展的需要,以工业反哺农业,加大各方面对农村的政策扶持和法治力度,较快地发展农村,缩小城乡间的差距。如日本有"一村一品",荷兰德国发展合作社组织,以色列、澳大利亚开展农民教育,美国、加拿大农业机械化、信息化、科技兴农。这些模式各有千秋,但都实现了惠农这一目标,稳定了国家发展,也为中国惠农政策与法治一体化建设提供了借鉴和参考,对于我们探索出一条适合中国国情发展的道路有着重要意义。

---

① 鲍尔·费思著:《农业政策与可持续性——印度、智利、菲律宾及美国的实例研究》,程伟雪、梁思萃等译,中国环境科学出版社,1995年版。
② 斯蒂芬·奥索夫斯基著:《苏联农业政策——趋向废除集体农庄》,三联书店,1979年。

(二)国外惠农实践状况

1. 法国农业政策与法治建设

法国位于欧洲西部,是欧洲最大的农业国,其粮食产量占欧洲粮食总产量的30%。法国的国土面积5500万公顷,其中农业用地3300万公顷,占其国土面的60%。雨水充沛,分布均匀,海洋性气候为法国农业发展,提供了得天独厚的有利条件。①

法国农产品以小麦、玉米、大麦、牛、羊、猪、禽、葡萄为主。其经营形式主要是私人农场。1833万公顷的植物经营用地中,粮食用地面积达50%、油料占24.1%、饲料作物占10.7%、蔬菜占5.9%。欧洲前100家农业食品工业集团有24家在法国,法国的农副产品出口居世界第一。早在20年前,1996年农业增加值为1821亿法郎,占国民总产值2.5%;农产品加工和食品工业的增加值为2172亿法郎,占国民总产值3.2%;其对国民生产总值的贡献,分别是汽车工业的1.5倍和2.0倍。经过近半个世纪的努力,法国农业已实现了现代化,步入了可持续发展的良性循环。②

(1)法国的惠农政策

法国的农业政策涉及到法国农业的许多方面,像农业生产模式、农产品价格保护、农业投入和补贴、农业教育和科技等,这些政策对法国农业的发展起着至关重要的作用。

农业合作政策:传统的法国农业经营模式是以家庭结构为主。这种生产经营模式,交易成本高,从而使得农民在市场竞争中处于下风,收入减少。为了改变这一状况,法国政府制定政策引导农民建立合作组织将单个的个体农场联合起来组成合作社。19世纪后期,法国农民为了抵制高利贷的剥削而成立农业信贷合作社。③

农产品价格保护政策:法国政府为了使农业生产者的农产品价格维持在一个合理的价位,实行指导价格、目标价格和年度价格相结合的政策,将农产品的产前、产后这两个过程和农产品的长期价格进行了规范,从而保障了农业生产者和经营者的利益,稳定了他们的农业收入。法国国家谷物管理局(OVIC)、油料同业公司(SIDO)食糖市场干预和调节基金(FIRS)等机构,通过储备、购销将市场价格控制在规定好的幅度之内,国营公用事业机构及农业市场指导和调节基金(FOR-

---

① 【法】马克·布洛赫:《法国农村史》,余中先等译,商务印书馆,1991年版,第7页。
② 洛纯:《法国农业概况》载《全球科技经济》,1998年第6期。
③ 乐波:《法国农业合作组织及其对中国的启示》载《社会主义研究》,2005年第5期。

MA)负担行业公司在市场干预中所受到的损失。

农业教育和科技政策:法国的农业教育可分为中等职业技术教育、高等职业教育、职业培训和成人教育。法国中等职业技术教育由定向阶段、决定阶段和终结阶段构成。定向阶段包括职业预备班和技术班。决定阶段包括高中普通教育、技术教育的第一年和农业职业教育。终结阶段包括职业高中会考文凭、技术员证书和技术高中会考文凭。

法国农业科技研究由法国农业部和科技部二者共同组织实施。法国有多家农业科研机构,其中法国农科院,法国农业机械、乡村土建、水利及林业中心,食品卫生安全署和海洋开发研究中心是四大主体研究中心。从1986年起,法国农科院每年把经费一次性拨给各基层单位。法国每年投入大量资金进行农业研究,1999年法国农科院研究经费5.28亿欧元,1999—2002年政府预算以每年平均2.6%的速度增长。除了政府预算,每年还有少量的其他研究资金来源,从而保证法国每年农业科研投资都保持在很高的水平。①

(2)法国农业法律制度

在法国农业法中,《农业指导法》有着举足轻重的作用。二战以后,各国农业迅速发展,进口农产品对法国农产品的价格产生了很大的冲击,农场主的收入明显下降。这一现象在法国1957年与德国、意大利、比利时、荷兰和卢森堡签署建立了欧共体后表现得更为明显。为了振兴本国农业、加强本国农业的国际竞争力、增加农业收入,法国政府于1960年8月5日颁布了《农业指导法》,1962年又颁布了《农业指导补充法》,并于1999年进行了修改。

《农业指导法》(1999)总共有八章。第一章是土地经营合同;第二章是经营与人员;第三章是农业社会互助机构的运行;第四章是经济组织;第五章是农产品的质量、鉴定和安全;第六章是农业与森林空地管理;第七章是人员培训、农业发展、农艺与兽医研究;第八章是其他规定。此次修订《农业指导法》是为了实现:(1)增加农民收入和提高农民生活水平,加强农民的社会保障,逐步使其向普遍体制靠拢。(2)大力发展农业出口,加强对欧洲和有支付能力的市场的农产品出口;依照各地的特点安置青年从事农业生产、保护农业的家庭特征,开发新能源以满足国家能源多样化的需求,通过与其潜力相适应的生产体系使土地增值。(3)保护自然资源和生物的多样性,尤其是在野生动物的保护方面;推广农产品的质量鉴别;加强农医学和兽医学研究;促进农村就业人员与其他部门就业人员的均衡共处。

---

① 许世卫:《荷兰、法国农业科研体制及对中国的启示》载《科学管理研究》,2005年第6期。

法国的农业合作组织作为法国农业的一个突出特征,在其发展的过程中,农业合作方面的法律起着重要作用。1864年,路易·米桑在汝拉地区建立了最早的地区性农业信贷银行。1890年在莱费森的徒弟路易·杜朗等人的倡导下,法国出现了第一批农业互助银行。仅仅四年后,也就是在1894年,法国通过立法确立了农业互助信贷合作社的合法地位,建立了对农业合作社的优惠税制。

1840年,米恩斯创立了法国第一个农业保险合作社——火灾保险合作社。到1900年,法国有互助保险合作社约1548个,它们是依据1884年的法律以农业职业组合的形式组织起来的。1923年,法国政府颁布了有关农业互助保险合作社的特别法,将原来适用于工商业的工作意外保险扩展到了农业方面。①

1884年,法国政府为了应对经济不景气而针对工商业者和农民的互助组织颁布了《职业组合法》。根据这部法律,法国农民成立了许多的"农业职业联合",这其实就是早期的农业合作社。农民可以联合在一起,通过互助的方式从事共同购买生产资料、办理保险和共同销售农产品等活动。

在二战期间,法国的农业合作社法律逐渐完善,于是法国于1943年通过了专门的农业合作社法律。20世纪60年代开始,欧洲经济飞速发展,法国出台了一系列法规促进合作社的发展。1960年的《农业指导法》,促进了一些组织性较弱的部门如肉类加工,蔬菜水果等合作社的建立。1962年,法国颁布了《农业共同经营组合法》,规定政府给予农业经营者优惠的贷款和一定数量的无偿补贴。

1967年法国政府为了将农村的工商经济活动和农村的专业合作社联合起来,制定了《合作社调整法》置于农业综合体当中。1972年,法国制定法律允许合作社与非合作社进行业务。这些法律成了规范法国农业合作社的主要依据。

1970年以后,由于受资本主义国家经济危机的影响,法国农业合作社受到了一定的打击。因此法国政府制定并颁布了1991年1月3日法案和1992年7月13日法案,允许非合作社的成员购买合作社的股份,这两个法案对法国农业合作社的复苏起到了很大的作用。目前,法国的农业合作社存在于农业生产从产到销的整个环节。

2. 日本惠农政策与法治建设

日本是位于亚州东部的一个海岛国家,国土面积为37.8万平方千米,森林面积占国土面积的七成左右,其政府主管农业的部门是农业水产省,这与其地理位置四面环海有着很大的关系。

---

① 蒋忱忱:《法国的农业合作社》载《中国农民合作社研究网》http://www.ccfc.zju.edu.cn,最近访问时间:2012年1月15日。

日本农业有三个鲜明的特点：一是单位农户耕地面积小。20年前，与同期的欧盟、美、澳等国比较，日本每户平均农用地面积2006年为1.8公顷，相较欧盟、美、澳要少得多。欧盟国家2006年平均是16.9公顷，美国2006年是180.2公顷，澳大利亚2005年每户有3423.7公顷。二是农业人口不断减少，总农户数从1965年的566万户减少至2005年的285万户，减少了50%以上。三是对农产品进口的依赖较大。从总量上来看，进口额达到了5.41亿日元，约合人民币3710.3万元。[①]

（1）日本惠农政策

日本农业支持和保护政策可以追溯到19世纪的80年代，即日本工业化的初步发展阶段。在明治维新以后，日本的工业化道路采取的是一条跨越式的追赶道路。此时日本全力发展工业，整个重心都在工业发展上，国家无法将工业积累用于农业发展，主要目标是解决粮食供应问题，农业政策表现为提取农业剩余，提高农产品的产量，从而为城市工业的发展提供低成本的劳动力支持。然而，日本农户提供的剩余农产品是非常有限的，这就使得日本在其工业现代化的过程中，需要兼顾农业自身的需求。这一阶段，日本采取了一系列政策，诸如允许从殖民地免税进口粮食，促进本国粮食生产的法规政策的形成等等；政府加大支出用于农村研究、推广、灌溉及其相应的基础设施，以农业补贴非农业；征收关税，以满足国内粮食市场的自给和安全。

20世纪20年代，日本发生了严重的农业危机，为了缓解这一危机日本政府制定了一系列方案，包括：(1)政府出资进行农业基础设施建设，为农民创造就业岗位，创造增收途径；(2)政府向那些因私人贷款而背上沉重债务负担的农民发放低息贷款；(3)尽量实现农村的自给自足，降低农户资金支出。政府还通过农协会和合作社提供补贴以加速这些方案的实施。

20世纪60年代起，日本意识到农业政策需要做进一步调整，加大对农业的保护率。1955年日本的平均保护率仅为18%，是欧洲平均水平的一半，但到了1980年达到了85%，相当于欧洲平均水平(38%)的两倍多。[②] 由于日本农业的高度保护政策，造成粮食价格在市场上的过度扭曲，出现大量剩余农产品，政府为了保证农民收入，对剩余农产品要进行再次收购，这样再一次增加了政府的投入。于是从60年代开始，日本开始对国内食品价格实行开放政策，并且逐渐取消限制进口

---

① 张谯苏：《日本农业的新特点及其借鉴意义》载《中华新闻传媒网》http://news.xinhuanet.com/，最近访问时间：2012年1月11日。
② 速水：《日本农业保护政策》，中国物价出版社，1993年版，第36页。

政策。尽管日本增加了农产品的进口品种,但是在数量上仍然进行严格的控制,这使得日美两国的贸易摩擦在很长时间内存在。"乌拉圭回合"农业谈判允许日本在6年后再实现关税化,至此日本农业才基本纳入了WTO机制中。日本在战后对农业实施了一系列的支持和保护政策:(1)把粮食的国内流通和价格管理逐步放开并引入竞争;(2)将高额的财政补贴投入到以大米为重点的国内主要的农产品上;(3)逐步实现农业贸易的自由化;(4)加大公共投入,支持本国农业的发展。

(2)日本农业法律制度

1961年6月12日,日本制定《农业基本法》,该法共30条,规定了日本农业的基本方针和政策,阐明了日本农业发展的目标。该法的具体内容包括:国家的农业政策、方针和目标、农业生产、农产品的价格和流通、农业团体和农业政府机构、农政审议会等。①《农业基本法》是日本的农业宪法,是日本农业的基础性法律,此后制定的其他农业法律基本上都是以农业基本法为基础的。

在农业投入方面,日本主要制订了《农林渔业金融公库法》(1953年)、《农业现代化资金资助法》(1961年)、《农林中央金库法》(2001年)、《农村信用法》(1959年)、《渔业现代化资金助成法》(1977年)、《农业改良补助法》(1948年)。《农业改良补助法》规定中央政府及各级政府从各自的财政预算内安排一定比例的资金,建立包括对从事农业者等的多种资金借贷制度,并且具体规定了政府补助、担保、贷款申请、借贷期限、偿还及违约金等。《农业现代化资金资助法》主要是为了改善农业设备和现代化农业经营,规定农林中央金融公库及政府制定的其它金融机构倾向农业经营者。

在农业基础方面,日本主要制定了《肉用牛生产稳定特别措施法》(1971年)、《关于奶牛及肉用牛生产振兴法》(1982)、《农业经营基础强化法》(1995年)《蔬菜生产销售稳定法》(1993)、《在特定农村山区搞活农林业等基础设施建设法》(1998年)等。这些法律规定了各个方面农业生产经营和基础设施建设的扶持政策。例如《农业经营基础法》是为了"促进农业发展,实现土地的集中利用,促使农业经营合理化、现代化所需的农业生产设施的建设和利用"。

在农业救济方面,1947年日本制定并通过了《农业灾害补偿法》,其主要是定义了农业灾害,制定了农业灾害补偿的相关措施。此后,日本又相继通过了《有关农业渔业者受到天灾后的融资暂行措施法》(1958年),《果树保险临时措施法》(1963年)等。就水稻而言:标准保险费率在4%以上,国家负担60%;在2% -

---

① 徐世平:《日本农业法律体系与变迁规律探析》载《社科纵横》,1996年第2期。

4%之间,国家负担55%;在2%以下,国家负担50%。①

日本为了保护农业健康发展在一些农业法中还体现了刑法的内容,《日本农业机械化促进法》(2002年)第56条规定:"泄露或者盗用职务上所知的秘密的,处一年以下有期徒刑,或者三万元以下罚金。"第57条规定:"违反第12条第二款的规定,在农机用具上贴附检查合格证或者类似标志的,处5万元以下罚金。"该法第36条规定:"凡违反下列条件之一者,处一年以下监禁或3万元以下罚金:①不如实汇报国土调查情况;②曾从事或正在从事国土调查的,将国土调查过程中获知的他人的秘密事项泄露或窃取该秘密的。"第37条规定:"对妨碍国土调查的,处一万日元罚金。"②

总之,与美国和欧盟一些国家相比,日本的资源相对短缺,故其对"三农"政策也有自身的特点。在农业政策方面,一方面设置农产品最低收购价格,另一方面通过国库粮来稳定市场供求关系来调节农产品市场价格;政府直接投资建设大型农业基础设施工程,通过提供高额补贴和低息贷款鼓励农民建设小型工程;通过对耕种设备等提供高额补贴来推动农业现代化发展;通过补贴农业贷款利息鼓励农民改进生产技术和扩大再生产。农村政策方面,日本十分重视山区半山区的发展,极力改善农村教育、卫生、交通、通讯等设施;在农村地区建造舒适优美的生活环境,吸引年轻劳动力留住农村和引进其他劳动力进入农村;对山区农民进行收入补贴,提高农村居民的福利水平;设立农民互助保险组合,为农民提供医疗、养老、工伤保险,并由政府和协会成员监督。农民政策方面,为提高农民素质,通过设立公民馆等社区文化教育机构完成对农民的教育和培训,并从制度的角度建设和发展农村职业技术教育;鼓励农村剩余劳动力转移,促进农民非农就业,增加农民非农收入,不断发展第三产业,加快农村城镇化发展速度;成立农民协会,管理政府的各项农民政策,维护农民利益。③

日本对本国农业和农产品市场的主要保护措施包括以下方面:①逐步放宽对粮食的国内流通和价格管理并引入竞争;②对国内主要农产品生产给予巨额财政补贴;③实施渐进的农产品贸易自由化政策。此外日本高度重视农业的基础地位,先后制定了一系列旨在支持和保护农业和农民利益,具有日本特色的涉农法

---

① 姜爱林、于可:《日本农业立法概述》载《安徽大学学报》,1996年第6期。
② 姜爱林、于可:《日本农业立法概述》载《安徽大学学报》,1996年第6期。
③ 冯青松、孙杭生:《美国、欧盟及日本农业政策的比较研究及启示》载《世界农业》,2004年第6期。

律、法规体系。包括关于扶持生产与完善农业基础方面的法律①；农业合作经济组织方面的法律；②农业金融与灾害保险等方面的法律；③农业用地与农民土地权益方面的法律；④农产品市场流通、价格方面的法律⑤；农产品质量检查与农资的生产使用方面的法律⑥等等。

3. 美国惠农政策与法治建设

美国位于北美洲大陆，北邻加拿大，南接墨西哥，东面是大西洋，西面是太平洋。美国由于东西都邻接大洋，因而全国大部分地区雨量充沛，十分适合农业发展。美国主要农作物为玉米、小麦、高粱、烟草等。种植专业化在美国很早就实现了，因而形成了著名的生产带，如棉花带、小麦带等。美国的粮食生产和出口一直居于世界前列。

(1) 美国惠农政策

美国作为世界上的农业大国，农业一直是其关注的焦点。在美国农业发展的过程中，农业政策起到了很大作用。美国农业政策涉及到土地保护、水资源保护、农业科技发展、农业收入支持和价格支持、农业信贷、农业税收、农产品对外贸易政策等。

1930年物价飞涨，美国推行了"罗斯福新政"，其中包括了支持农业发展和农民收入的农业政策。美国政府加大了对农业的投入，实施税收优惠政策、补贴投入等措施。1950年到1960年，美国政府制定政策支持农业的退耕计划，通过政府实施补贴来引导和鼓励农场主短期或者长期退耕部分土地。1961年美国政府为

---

① 主要有《关于奶牛及肉用牛生产振兴法》、《肉用牛生产稳定特别措施法》、《加工原料奶生产者补助金等暂行措施法》、《蔬菜生产销售稳定法》、《农业经营基础强化促进法》、《重点农业区域建设法》、《关于在特定农村山区搞活农林业等促进基础建设的法律》等。参见中华人民共和国农业部网站，域名 www.agri.gov.cn，最近访问时间：2010年3月22日。
② 主要有《农协法》和《农林渔业团体职员互助会法》。参见中华人民共和国农业部网站，域名 www.agri.gov.cn，最近访问时间：2010年3月23日。
③ 主要有《农业改良资金补助法》、《农业现代化资金补助法》、《农林渔业金融公库法》、《农水产业协会存款保险法》、《农林渔业者受灾等有关资金融通暂行措施法》、《农林水产业设施灾害重建事业费国库补助暂行措施法》、《农业灾害补偿法》等相关法律。参见中华人民共和国农业部网站，域名 www.agri.gov.cn，最近访问时间：2010年3月23日。
④ 主要有《土地改良法》、《农地法》、《关于农业振兴区域建设法》等。参见中华人民共和国农业部网站，域名 www.agri.gov.cn，最近访问时间：2010年3月23日。
⑤ 主要有《农产品价格稳定法》、《关于畜产品的价格稳定等的法律》、《批发市场法》、《食品流通结构改善促进法》、《主要粮食的供需及有关价格稳定的法律》等。参见中华人民共和国农业部网站，域名 www.agri.gov.cn，最近访问时间：2010年3月23日。
⑥ 主要有《农产品检查法》和《农药监督法》。参见中华人民共和国农业部网站，域名 www.agri.gov.cn，最近访问时间：2010年3月24日。

了减少饲料谷物库存和产量,制定政策规定,农场主停耕20%耕地则可从政府获得补贴。为了提高农民收入,美国政府从1930年起对农产品实施价格支持,即对主要农产品都规定了以生产成本为基础的目标价格。这样通过目标价格的制定和实施,农民的收入获得了保障。1977年起,由于农产品过剩,美国实行储存计划,鼓励农民自己储存农产品,政府给付农民一定的储存费用,由农民储存,并规定了农产品的"释放价格"和"号令价格"。根据这一规定,农产品市场价格低于释放价格时,农民不能自由出售;市场价格高于释放价格而低于号令价格时,农民必须在一定时间内出售农产品,并归还无追索权贷款。① 20世纪90年代,美国制定政策,把农场主推向市场,从而使农业走向市场,走向自由。

美国的农业财政补贴也是重要的农业保护政策。1933年,美国通过财政补贴政策维持农产品价格和农民收入。2002年,美国制定《农场安全与农村投资法》。这部法律的核心内容就是对农业进行产品和价格补贴。美国的农业财政补贴主要包括农产品国内价格补贴、农业资源补贴、农产品出口补贴。②

农产品国内价格补贴:这在美国农业补贴中很是重要。农业商品补贴通过反周期波动补贴、销售贷款差额补贴、直接补贴这三种方式进行。直接补贴是由政府通过估计某年农产品的市场需求和年中存货,计算出下年国内外市场需求,确定下一年美国该品种农产品的播种数量和总体产量、休耕面积所占的比例和对场主因停耕土地而造成的损失给以补贴的比例。销售贷款差额补贴即政府预先制定一个农产品的出售价格,然后以此价格为基础贷款给农民,农产品收货后如果达不到这一价格,此价格与市场价格的差额就是政府所提供的农产品补贴。

农业资源补贴:美国农业基础资源补贴主要包括土地休耕、农田水土保持、湿地保护、农田与草场环境保护等。除此之外,美国政府还提供自然灾害发生后的青饲料援助计划、农作物灾害支付计划、非保护农作物灾害援助计划等;提供农业结构调整贷款,帮助还贷有困难的农民。

农产品出口补贴:为了减轻国内农产品市场的压力,历届美国政府都很重视本国农产品的出口。为了扩大出口,美国政府采取了一揽子措施;向农产品出口商提供出口补贴来降低农产品的出口价格;向农产品进口国提供贷款保证国外市场,加紧贸易合作和谈判,疏通农产品的出口途径。

(2)美国农业法律制度

美国农业的发展除了有政策性的规定促进外,还有法律的保障和规范。从

---

① 李昀:《美国农业保护政策的演变》载《生产力研究》,2007年第13期。
② 文小才:《美国农业财政补贴政策的经验与启示》载《云南财经大学学报》,2007年第3期。

1933年至今经过80多年的发展,美国农业法已经形成了比较完善的法律体系,美国农业真正实现了法治。

1933年,美国制定并颁布了《农业调整法》(Agricultural Adjustment Law)。该法规定,政府同生产者签订协议对参与播种面积控制计划的农场主给予直接补贴,以促使农产品种植面积的减少;根据规定农业部成立农产品信贷公司,向农业调整部门签订合同的农场主发放无追索权贷款,调节农产品的市场供应量,调节国内剩余农产品,促进出口。

1935年《农业调整法修正案》(Agricultural Adjustment Amendment Act)规定用海关收入的30%来促进农产品的出口和国内消费,鼓励用剩余农产品发展工业和其它用途,自主农产品的调整活动,这就是著名的"第三十二条款"。该修正案授权总统,在其认为农产品进口妨碍农业调整计划时,有权对农产品进行限制。①

1938年《农业调整法》在1933年《农业调整法》的基础上做出新规定,在一定的供应和价格条件下,向同政府合作的玉米、小麦和花生的生产者提供指令性的无追索贷款,当玉米、棉花、小麦的供应达到一定的量,农业部长在征得生产者的同意后可以宣布对上述产品实行限额销售;对小麦实行作物保险。这样可以保护生产者和消费者。

1949年《农业法案》(Farm Act of 1949)否定了1948年计划法施行灵活的价格支持政策,而继续把价格支持维持在平价90%和80%—90%(1951年作物)的水平上。② 法律还规定对乳制品、桐油子、蜂蜜等也实行强制价格支持,支持水平最高不超过90%。

1954年的《农产品贸易发展和援助法》(Agricultural Product Trade Development and Assistance Act),通称第480号公法。该法的制定是为了在国际市场更多销售美国农产品,调和美国和世界上其他国家的关系。同年美国制定了1954年《农业法案》,在《农业法案》(1949年)基础上规定,为农业的发展提供稳定的环境,扩大农产品的销售。

1956年,美国制定了1956《农业法》,对1954年《农业法》进行部分修改,增加了价格支持、生产控制、剩余产品处理等多项内容。

1962年,美国制定了《食物和农业法》(Food and Farm Act of 1962)。该法包括调整农业土地资源的使用、对饲料谷物和小麦实行生产管理计划和第480号公法修正案等三方面的内容。

---

① 徐世平:《浅议美国的农业立法》载《人大研究》,2006年第6期。
② 徐世平:《浅议美国的农业立法》载《人大研究》,2006年第6期。

1970年《农业法案》(Farm Act of 1970)以健全完善农产品计划满足生产者和消费者的利益为目的。该法授予农业部长随机应变的权力,放宽了对农作物播种的种类和面积的限制。

1977年的《食物和农业法案》(Food and Farm Act of 1977),包括资源保护法、推广和教育政策、农场主拥有的储备计划、食品券计划以及农业研究、推广和教育政策、农产品计划在内的综合性立法,有效期为4年。

1985年的《农业安全法案》(Farm Security Act)实施目标为:冻结差价、冻结补贴面积、降低商品贷款利率、鼓励和补贴休耕、提高出口补贴。本法起到了提升农产品的价格水平和攻击竞争力的作用。

1990年《食品与农业贸易保护法案》(Food and Agricultural Protection Act)深受关税和贸易总协定谈判的影响。

1996年,美国制定《联邦农业完善和改革法》(Fedral Agriculture Perfection and Reform Act)。此法包括农业发展、农村发展、农业市场过渡、农业发展、农业推广和教育、农产品贸易、农业信贷等。该法起到了推进贸易自由化的作用,表现在:在2002年之前用固定补贴取代目标价格补贴,在2002年后实现无补贴;取消农业种植面积限制等方面。

2002年,美国制定《农业安全与农村投资法案》(The Farm Security and Rural Investment Act of 2002)。由于欧盟、日本农业补贴水平提高,因而美国就决定全面增加对农业的投资和补贴。当时计划在未来6年内补贴金额达到1185亿美元,是历史最高水平。2008年《农业法案》(Farm Act of 2008)进一步扩大了补贴的范围,涉及到专业农作物,如水果、蔬菜等。

2014年,美国"食物、农场及就业法案"(简称2014农业法案)正式生效,这是美国第17部农业法。新农业法案对美国农业政策作出了诸多改革和调整,主要目的在于持续提升农产品竞争力、保障农民收入和实现农业可持续性。美国2014农业法案执行期为五年(2014—2018年),支出预算总额约为4890亿美元。其中,农产品补贴(商品项目)、环境保护、食物券等(营养计划)和作物保险四章预算支出占比分别为5%、6%、80%和8%。这四部分预算支出占新农业法总预算的99%,是整个农业法的核心。

总之,美国的农业政策主要体现在农业基础设施建设、农业科学技术发展和应用、粮食直接补贴、农产品价格支持、农业灾害扶持以及农产品市场体系的完善等几个方面。农业基础设施由于其投资大、见效慢的特点,个人或企业很难单独承担。美国从19世纪初就开始陆续建设交通运输网、仓库、水利设施等各项基础设施,其发展和完善极大便利了农产品的生产、储藏及销售,农业生产的效益得以提高。对美国农业影响深远的三次技术革命不仅提高了农业生产率，更重要的是解决了全国劳动力缺乏的难题。制定粮食直接补贴额度的依据不是补贴年度实际种植的作物种类和产量，而是补贴基期农作物种类和产量。实施最低收购价格计划，设立农产品信贷公司，农民可以用农产品作担保从这样的公司贷款。政府为农民提供各种灾害保险，农民在面临灾害时可以获得灾害救济，且能够向农业信贷管理局申请低利率紧急贷款。另外，通过推出"食品券计划"扩大内需，提供高额出口补贴以增加出口，很好地解决了农产品长期过剩的问题。

美国的农村和农民政策有：为保护易发生水土流失的草地或林地，农民可自愿与政府签订休耕合同而获得补贴；禁止生产和使用剧毒农药，治理各种污染源以保护土壤、空气、水资源清洁，使农村的生态环境得以维护；大力建设农村的通讯、电力及交通网络，将宽带网络、定位系统等信息化技术带到农村，逐步实现农村现代化；为保障农村流动儿童得到公正平等的教育，美国政府实施了"流动学生教育计划"项目，这是对农民素质的支持；通过延期纳税、减税、免税等优惠政策减轻农民税收负担；等等。①

美国为了满足不断增长的国内外需求制定了一系列农业发展政策，并始终重视农业立法，确保农业发展有法可依。政策主要包括：①发展农业生产、降低生产成本的政策。② ②价格和收入支持政策。通过价格的支持限制生产，保证供应。③ ③扩大需求的政策。扩大出口，限制进口。此外，美国政府更加注重制定和实施生态农业、科学技术、信贷支持、信息管理与服务等方面的农业支持政策。④

同时，其又实施了一系列法律法规。从美国农业发展历史来看，主要有1985

---

① 张光、程同顺：《美国农业政策及其对中国的影响和启示》载《农网快讯》http://www.ahnw.gov.cn，最近访问时间：2005年6月21日。
② 例如，税收优惠政策：农户可以在收益多的年份提前支付开支，收益少的年份提前出售农产品，以少缴所得税。此外，农户还享有资产的"加速折旧"优惠。参见中华人民共和国农业部网，域名www.agri.gov.cn，最近访问时间：2010年3月21日。
③ 例如，为防止农产品价格大幅度下跌，美国政府成立了农产品信贷公司，着手实施农业价格支持计划。参见中华人民共和国农业部网站，域名www.agri.gov.cn，最近访问时间：2010年3月21日。
④ 例如，美国政府为保护农户利益，推出最庞大计划——"食品券计划"，即向低收入者发放只能购买食品的"食品券"、"学校免费午餐"等政策，以扩大农产品的国内需求。出自中华人民共和国农业部网站，域名www.agri.gov.cn，最近访问时间：2010年3月21日。

年农业法案《农业安全法案》①、1990年农业法案《食品与农业贸易保护法案》②、1995年农业法案《联邦农业促进与改革法案》③、2002年农业法案《农业安全与农村投资法案》。④

不可否认,美国的农业补贴政策总体上是成功的,但在具体的政策运行过程中依然存在着一些亟待解决的问题:包括加重政府财政负担、导致农业补贴的不良循环、引发国际贸易摩擦等。美国的出口补贴和信贷支持使得农场主在国际市场上出售农产品变得容易和有利可图,从实际情况来看,农业补贴收益主要集中在规模大的农场主手中。但是,这种高度集中的分配制度同时又是农业部门自身结构问题的产物。可见,在发达国家制定农业政策与法律实施过程中也存在冲突和弊端。

4. 加拿大惠农政策与法治建设

加拿大国土面积约为997万平方公里,是仅次于俄罗斯的世界第二大国家,其中耕地面积为46万平方公里,占国土面积的5%。加拿大主要农产品有:大豆、小麦、大麦、燕麦、油菜籽、肉类、水果、蔬菜等。

(1) 加拿大惠农政策

加拿大的农业政策主要包括农业补贴和支持、农业教育、农业合作等方面。

农业补贴和支持:1986年9月在乌拉圭开始,1994年4月在摩洛哥结束的长达7年多的"乌拉圭回合"谈判将农业补贴政策分为"绿箱"政策和"黄箱"政策。从2000年开始,加拿大政府加大了"绿箱"政策的投入。

从2003年起,加拿大政府开始实施农业收入支持政策。这一政策包括两个方面,一方面是农业收入稳定政策,另一方面是农业保险政策。在收入稳定政策

---

① 该法案的主要实施目标为:降低商品贷款利率、冻结价差补贴、冻结补贴基础面积、鼓励和补贴土地休耕、扩大出口补贴。其实施目的在于运用生产环节的限制和流通环节的补贴来提升农产品价格水平和出口竞争力。参见中国经济信息网,域名 www.cei.gov.cn,最近访问时间:2010年3月24日。

② 该法案主要是为了降低总体补贴水平,并将农业补贴与农民的生产决策分离,同时,发挥市场机制的调节作用。参见中国经济信息网,域名 www.cei.gov.cn,最近访问时间:2010年3月24日。

③ 该法案的主要内容包括:目标价格-价差补贴系统暂停实施(但并未完全取消),在2002年之前用固定补贴取代;.实施"生产弹性合同";推行运销援助贷款;实施补贴上限,每个农场主的补贴上限为40000美元;推行长期资源保育计划。参见中国经济信息网,域名 www.cei.gov.cn,最近访问时间:2010年3月24日。

④ 该法案的主要内容包括:实施直接补贴,扩大补贴种类,加入反周期补贴,提高贷款利率,扩大种植弹性空间,提高补贴上限,推行出口和粮食援助计划,扩大资源保育面积。参见中国经济信息网,域名 www.cei.gov.cn,最近访问时间:2010年3月24日。

方面,加拿大政府会预先规定一个参考利润,当农业生产者的收入低于参考收入时,政府就会提供补贴。最小保护方案帮助农业生产者获得参考收入的70%的收入,该方案需要支付参考收入的0.315%。中等保护法案可使农业生产者获得参考收入85%的收入,该方案需要支付参考收入的0.3825%。最大保护方案可以使生产者获得参考收入,当然需要支付的费用也最高为参考收入的0.45%。农业收入支持政策是通过三级制度来实现的,如果农业生产者收入为负值,该农业政策就会给农业生产者参考收入的60%;如果农业收入不到参考收入的70%,政府就支付能帮主农业生产者恢复到参考收入的70%中的80%;如果生产者的收入介于70%到85%之间,则政府向农业生产者支付能恢复到参考收入85%中的70%;如果生产收入大于85%,政府就向农业生产者支付能帮助其恢复到参考收入中的50%。[①]

除了实施支持农业生产者的收入政策外,加拿大政府还为农业生产者提供农业保险。加拿大政府给农民提供了三道风险防护。第一道是农业保险和期货或订单农业,第二道是改善金融风险管理和农业信贷机构力度,第三道是政府的"农业收入稳定政策"。[②] 政府会帮助农业生产者支付一定的农业保险费用,同时每个省的农业保险公司都会同加拿大政府签订协议。

农业教育政策:加拿大农业职业教育是加拿大农业政策的特点之一。加拿大农业职业教育根据形式分为高等农业职业教育和绿证培训工程。根据政策,加拿大农业教育始终将农业的行业需求作为课程设立的依据,始终将农业人才需求和农业教学紧密地结合在一起。加拿大农业职业教育把培养学生的能力作为根本,重点培养和发展学生的实践能力,强化对学生能力的评价和考核。除了实践技能外,加拿大农业教育还十分注重学生自身的素质,例如,语言交流、人际交往、如何理解和尊重他人、善于合作的团队精神等。

从加拿大政府提出的绿证工程至今已有40年,在政府的大力支持和投入下,绿证工程成绩显著。经过绿证工程,农业劳动者素质大幅度提高、他们的收入也大大增加。同时对加拿大农业的可持续发展建设也做出了极大的贡献。[③]

农业合作政策:1923年,加拿大第一个农业合作社成立,位于加拿大西部萨斯喀彻温省。由于合作社对加拿大的农业作用很大,所以政府会大力扶持。加拿大政府对合作社的政策扶持主要表现在派出工作人员,在不干涉农业合作社的正常

---

① 董恒麟:《加拿大农业扶持政策浅谈》载《知识经济》,2009年第17期。
② 易细纯、张峭:《加拿大农业保险的经历和经验》载《中国农村经济》,2007年第2期。
③ 殷际文、徐虹:《加拿大职业教育对中国的借鉴意义》载《东北农业大学学报》,2006年第4期。

运转的情况下,帮助农业合作社,具体包括帮助合作社对业务活动的类型作出决定,协调合作社各种不同意见。在合作社成立后,帮助确认成员、制定计划、进行产业分析等。政府还会组成专业队伍对合作社进行培训和指导,帮助合作社解决其靠自己能力无法解决的问题。

(2)加拿大农业法律制度

1912年加拿大制定的《谷物收购和品质检验法》(Grain Acquisitions and Quality Inspection),规定用于出口的小麦蛋白质含量必须达到13.6%。

1935年的《草原农场恢复法案》(Prairie Farm Rehabalitation Act),规定对农地进行改良,修建小型的水塘、河坝、水井等基础的水利设施由草原农场恢复管理局向农业生产者提供技术支持,逐步扩大灌溉面积。

1944年,通过了《农产品价格支持法》(Agricultral Products Supportting Price Act)。政府直接投资支持农产品的价格,促进农业收入。

1945年颁布《农场改良法》(Farm Improvement Act),规定政府给农场建筑、电气化、排灌、农机、畜牧等方面提供中期贷款。本法的目的在于在政府的帮助下改善农业基础设施,为农业的发展提供良好的基础性条件。

1955年制定了《农业稳定法》(Agriculture Stablization Act)。这部法律至今仍在实施。加拿大联邦政府设立农业稳定局。该局的主要职责是对牛、羊、猪、奶酪、蛋类、蜂蜜、马铃薯等20多种农产品实施价格保障。农业稳定局采取购入农产品或直接补贴的方式保证农业生产者在每个农业年度得到不低于前十年平均家禽等商品实行价格保护收入的80%。

1959年颁布的《农作物保险法》(Crop Insurance Act)规定,由加拿大联邦政府和各个省政府一起扶持农作物的保险工作,在全国及各省建立农作物保险机构。

1967年《牲畜饲料援助法案》(Stock Feed Assistance Act)规定,设立加拿大牲畜饲料局,专门管理东部地区和不列颠哥伦比亚省的饲料谷物的生产、贮存、价格等方面的事务。

1971年《加拿大谷物法案》(Canada Grain Act)规定,成立加拿大谷物委员会,负责对在政府登记注册的谷物集散地和经营谷物的私人企业进行管理;从事和促进与谷物生产有关的研究。

1985年《农产品市场法案》(Agriculture Product Marketing Act)将市场管理委员会的权力从省一级上升到中央政府,这样一来市场管理委员会就可以利用省际间的资源、出口贸易和税收来改善市场环境。

1985年《动物血统法案》(Animal Pedigree Act)规定,成立动物血统协会来管理动物的注册和认证。

1991年《农业收入保护法案》(Farm Income Protection Act)规定,在加拿大联邦政府和省政府间签订合同,来保护农产品生产者的收入。

1997年,制定《农业市场项目法案》(Agriculture Marketing Program Act)。该法案提出农产品预售项目和农产品价格联合项目,来帮助农产品生产者和销售者出售农产品。

5. 澳大利亚农业政策与法治建设

澳大利亚位于南太平洋和印度洋之间,国土面积770万平方公里,在世界上排名第六,其中农业用地约占国土面积的60%。澳大利亚农业在国民经济中占重要地位,盛产羊、牛、小麦和蔗糖。澳大利亚全国有3个明显的农业区:①集约农业带,又称高雨量带。适宜发展种植业和奶牛业。②小麦、养牛带。大多数农场经营小麦、养羊和肉牛业。③畜牧带。该地带面积最大,牧场面积大约3.8亿公顷,但气候干燥,植被稀少,以养牛业为主,经营粗放。①

(1)澳大利亚惠农政策

澳大利亚作为世界上的农业大国,也是农业强国,其农产品在国际市场有着很强的竞争力。这其中农业政策起到了至关重要的作用。澳大利亚特别的农业政策主要表现为:

政府很少对农产品实施价格补贴。当今世界,给农产品提供补贴甚至是高额补贴是许多农业大国和农业强国的普遍做法。澳大利亚则实行着不同的农业政策。20世纪80年代以来澳大利亚逐步认识到,澳洲地广人稀,农产品70%以上直接销往国外,农业生产受世界国际市场影响较大。因此,只有提高其在国际上的竞争力,农业才会持续发展。实施补贴政策,往往掩盖了国际市场价格信号,阻碍了农业产业的调整,而且易导致资源向那些依靠保护能够赚取利润的部门转移,还常常使农民曲解补贴的用途,不利于提高农业效率。② 1995年7月,澳大利亚政府制定计划,决定到2000年逐步取消对所有农产品的补贴。目前,澳大利亚政府对所有农产品的直接补贴已经全部取消,这体现出澳大利亚政府对其农产品国际竞争力的信心。

农业科技推广。澳大利亚农业科技推广的人员涉及到政府部门、农业协会、研究机构、大学、行业协会以及农业物资公司等。③ 科研和技术推广机构经费中,来源于农业生产者的占大多数,剩余部分由联邦政府提供30%,州政府提供

---

① 窦乐:《澳大利亚农业》载《农家参谋》,2009年第12期。
② 刘苏社:《澳大利亚农业政策》载《调研世界》,1996年第3期。
③ 李雪奇:《澳大利亚农业推广政策的变化及启示》载《世界农业》,2008年第12期。

50%,工业和其他部门提供20%。例如,羊毛生产者按其产值在缴纳5%的储备基金税款的同时,还要缴纳3%的科研推广税,其中的2.5%用于科研,0.5%用于科技推广。①

(2)澳大利亚农业法

澳大利亚农业法中,农村金融立法很好地解决了农业的资金问题,为澳大利亚农业的持续稳定的发展提供了强大的物质和资金保障。澳大利亚金融法主要为了两方面的目的:一是促进农业发展;二是救济和帮助农业。

澳大利亚联邦政府的农村金融立法。主要有:《1992年农村调整法》(Riral Adjustment Act 1992)、《1992农户援助法》(Farm Household Support Act 1992)和《1998年所得税(农场管理存款)条例》(Income Tax(Farm Management Deposits) Regulations 1998)。根据《1992农村调整法》规定,全国农村事务咨询委员会负责向农林产业部长提供农村调整、异常情况的宣布、培训等方面的信息和建议;联邦政府通过发放补贴和贷款的方式来促进其目标的实现。《1992农户援助法案》主要有三方面的内容:第一,为那些无法长期实现丰产、盈利和可持续发展的农户提供财政上的支持以及生产经营方面的建议;第二通过财政激励政策,鼓励那些缺乏经营前景的农户主动退出农业领域;第三,对"异常情况下"受灾农户及小型企业实施救助的条件、措施及程序进行了详细的规定。《1998年所得税(农场管理存款)条例》目的在于通过特殊的银行存款业务,调整盈利年份与亏损年份之间的税前利润,从而给予农业生产经营者税收上的优惠,以帮助他们应对因经济事件和季节性波动而造成的不利影响。②

澳大利亚州政府的农村金融立法。新南威尔士州的《1989农村援助法》(Rural Assistance Act 1989)及其修正案、昆兰士州的《1994年农村区域调整法》(Queensland Rural Adjustment Act)、《1996年信贷(农村金融)法》(Credit (Rural Fiance) Act 1996)、南澳大利亚州的《1963年农村贷款单款担保法》(Rural Advances Guarance Act 1963)等。这些法律即是联邦金融立法的补充,也是对地方特殊情况的体现。他们与联邦金融法一起共同构成了澳大利亚的农村金融法体系,共同为农村资金和贷款问题,提供了法律保障,促进农业的稳定发展。

6. 欧盟的惠农政策与法治建设

(1)欧盟的惠农政策

1962年,欧盟洲共同体通过了"建立农产品统一市场折中协议",这是最早的

---

① 刘苏社:《澳大利亚农业政策》载《调研世界》,1996年第3期。
② 高祥:《澳大利亚农村金融法律与服务研究》载《比较法研究》,2011年第1期。

欧盟共同政策(Common Agricultural Policy,简称 CAP)。

该政策的目标包括:①促进农业技术发展,保证农业生产合理和对生产要素特别是劳动力的充分利用;②在不断提高农业劳动生产率的基础上,增加农民收入,保证农民合理的生活水平;③稳定农产品市场,保障供应,使得农产品价格合适;④进行农业结构调整,促进农村经济和全面发展。

该政策的三条原则是:共同体市场统一(Market Unity),共同体优先(Community Preference)及价格和预算一致(Financial Solidarity)。其具体内容是:建立统一农产品市场;建立对外统一的农产品关税壁垒和对内统一的农产品价格体系,包括门槛价格(Threshold Price)、标位价格(Minimum Price)、干预价格(Intervention Price);出口补贴制度;生产配额制度;直接补助;落后地区发展补贴。

1992 年,欧盟农业委员会为了协调乌拉圭回合谈判中的立场,采纳了共同农业政策(Common Agricultural Policy,简称 CAP)改革方案。这次改革降低农产品的价格支持水平,提高欧洲农业在世界上的竞争力,加强保护环境和促进农村发展。其具体措施是:降低支持价格水平和控制生产、收入,支持鼓励环境保护,支持 55 岁以上的农业生产者提前退休等。

1999 年,欧盟委员会通过了《欧盟 2000 年议程》(The 2000 EU Agenda)。该文件提出,逐步地减少对主要农产品的价格补贴:将农业指导与保证基金、渔业生产指导财政基金、社会基金、地区发展基金,用于基础设施差、劳动技能水平低的相对贫困地区;对生态脆弱地区提供补贴,减少有害肥料和农药的使用,同时为植树造林提供补贴。

欧盟成员于 2003 年签订卢森堡协定进一步完善农业补贴方式。一是采取开放的单一支付方式。二是在农业经营符合欧盟农业环境保护、公共卫生、动植物卫生、动物福利等方面的相关法规法律时才能获得补贴。

(2)欧盟农业法

2003 年 CAP 的改革是欧盟农业环境补贴法律制度创新的集大成者。具体而言,改革的结果是采纳了七个理事会条例。第一个条例为特定农作物生产者的支持确立了一套共同的规则。第二个条例涉及农村发展的支持。其他条例关注的是特定市场部门,即谷物、水稻、干饲料、牛奶和奶制品部门以及管理乳制品配额制的条例。①

欧盟农业环境补贴法律制度创新的主要内容有:引入脱钩的农业补贴;转向

---

① 【美】Deniel Bilanchi:《The New Field of Subsidy of EU Agriculture Ministry》载《Georgetown International Law Coment》,2007 年第 19 期。

农村发展;实行交叉遵守的补贴。

引入脱钩的农业补贴:当前的农业执法以此为基础:①对每个农产的支付大于或等于历史水平;②费率按每公顷确定;③前两种方法的混合。改革后,对于农业的支付,成员国有三种选择:第一、计算出每个农场并据农场的公顷数量在历史上所接受的平均数(历史上的支付水平);第二、根据地区的总面积计算出历史上所接受支付的总量;第三、选择前两种方法的混合。成员国获准推迟至2007年执行。①

转向农村发展:2003年,改革将直接支持中的一部分资金转移给间接支持的农村发展项目。这些农村发展项目确保了农业在保护农产品的生产安全和质量的农村环境中的作用,把农业融入到农村背景当中去。

交叉遵守补贴:根据要求,农民接受支付的先决条件是环境管理,从理论上讲,CAP已经建立了以生态为基础的路径。然而,为了实现生态农业,评估这些标准实际要求符合农民的利益。

①良好的农业环境和条件(GAEC)。欧盟2003年第1782号理事会条例附件四规定了最低限度的GAEC标注,并将其作为农用地管理的基本要求。GAEC标准由各成员国自行决定并可根据所涉及的各地区特殊的地理特征做出修正。

②法定管理要求(SMRS)。农民必须得到农业支付的必要条件是遵守SMRS才能得到农业支付。新条例规定,凡是接受直接支付的农民都应尊重某些法定管理的要求,即依照他们所倡导的某个时间表,与同一条例所确定的农业和环境条件。②

总之,从欧盟的惠农政策及相关法律评价来看,欧盟的农业、农村及农民政策有很多,农业政策诸如:对内取消欧盟成员国内部农产品关税,且采取目标价格和干预价格降低农产品的交易费用,对外采取门槛价格设置高的贸易壁垒以阻止欧盟以外国家农产品的进入,且实行统一的关税税率;通过对冻结耕种面积大的农业生产者进行补贴来控制农产品生产;重视对青年农民的培训,并鼓励年老农民提前退休从而保持劳动力的活力;一方面对成员国贫困家庭进行食品分配以扩大内需,另一方面对成员国农产品出口进行补贴。农村发展政策是欧盟仅次于农业政策的第二大惠农政策,是2003年欧盟农业政策改革的新方案,包括为减少有害

---

① 姜双林:《欧盟农业环境补贴法律制度的嬗变及其对中国的启示》载《法治研究》,2008年第6期。

② 姜双林:《欧盟农业环境补贴法律制度的嬗变及其对中国的启示》载《法治研究》,2008年第6期。

肥料及农药的施用以支持环境保护建立各种基金,通过补贴等方式鼓励生态脆弱的地区植树造林,农民政策有实行多种农业经营方式,维持农村活力,增加农民就业;对在恶劣条件下从事生产的农民提供补贴,增加农民待遇;通过直接资助或贷款利息补贴的方式鼓励年轻农民申报更优质的项目①。

欧盟在具体农业政策措施上,对内实行价格支持,对外实行贸易保护。其主要内容包括:①加强农村发展,大幅度增加用于促进农村发展的资金,用于促进农村发展的措施范围也不断扩大;②②调减对大农场的补贴,将节省下来的支出全部用于促进农村发展项目;③建立了新的"农场咨询系统",这个系统是分阶段建设的,其主要任务是向农民提供如何在生产过程中按照有关标准和良好操作规范的咨询服务。

二、国外惠农政策与法治建设的基本经验

(一)法国惠农政策与法治建设的经验

1. 法国惠农政策的经验

法国的农业政策主要包括农业合作政策、农业投入和补贴政策、农业教育和科技政策。

(1)农业合作政策涉及到农业互助、农业合作和农业互助信贷政策

农业互助分为农业互助保险和农业社会互助。农业互助保险承保农业中个人和经营活动中的各种风险,例如火灾、冰雹、出生死亡等。农业社会互助是农民的社会保障体制,它在农村社会生活的很多方面都有体现。例如支付农村社会补助,代表农民与政府谈判协商等。农业合作包括购销合作和服务合作。

(2)农业投入和补贴政策

随着欧盟共同农业政策支持领域的不断拓宽,法国对农业的资金投入总量也在不断加大。在 2005 到 2007 年间,平均年资金总额增加到 166.71 亿欧元,为 1990 年金额的 1.56 倍。③ 1992 年,欧盟将与农产品产量挂钩的农产品的价格政策进行改革,降低农产品的担保价格,并采用直接补贴方式弥补担保价格下跌给

---

① 高用深、权丽平:《欧盟的农业政策及对中国的启示》载《山西财经大学学报》,2002年第12期。

② 主要有四个方面的内容:鼓励农民生产高质量的更好的满足消费者需求的产品;支持农民按照欧盟标准进行生产;对实行高标准动物福利的农民实行补贴;增加对年轻农民进入农业所进行的投资补贴。参见中华人民共和国农业部网站,域名 www.agri.gov.cn,最近访问时间:2010年3月22日。

③ 周淑景:《法国农业公共支持的变化趋势及其启示》载《农业经济问题》,2009年第12期。

农业经营者带来的损失。2000年,欧盟再次提高直接补贴幅度。欧盟成员于2003年签订卢森堡协定进一步完善农业补贴方式。一是采取开放的单一支付方式。二是在农业经营符合欧盟农业环境保护、公共卫生、动植物卫生、动物福利等方面的相关法规法律时才能获得补贴。

(3)农业教育和科技政策

法国农业教育中,法国农业教育十分重视实践。在学习期间,充分安排学生到农场、车间实地操作。法国农业教育还重视与科研的结合,为此1995年,法国农业部还成立了农业科学委员会。

在农业科技方面,法国建立起了完善的科研体系。在这一体系中,法国的四大科研机构是主体,他们分别是法国农科院(INRA),法国农业机械、乡村土建、水利及林业中心(GEMAGREF),食品卫生安全署(AFSSA),海洋开发研究中心(IF-REMER)。在农科研究费用方面,对于基础性研究,国家财政全额拨款;对应用技术方面,国家部分资助。

2. 法国惠农法治建设经验

(1)法国《农业指导法》

该法颁布于1960年,是为了适应欧共同体的"罗马协定",保护和促进本国农业健康快速的发展而制定的,此后又经过修订。法国《农业指导法》将土地的使用、土地经营人员、农业社会互助机构、农业经济组织,农产品的质量、鉴定和安全、农业与森林管理、农业人员的培训、农业发展、农艺与兽医研究等都规定其中。这部法包括了农业生产模式、农民生活保障、农产品的质量和安全;农产品的出口、各级农业组织;农业自然资源的保护;农业教育和科技等。1960年《农业指导法》规定,依靠发展和普及技术进步成果提高劳动生产率,据此法国建立了数量众多的科研机构。1999年《农业指导法》,鼓励青年人从事农业,规定了改善农业生产者的生产条件、生活水平以及提高农业生产者养老金等农业目标。

(2)法国农业合作法

农业合作法由包括单一的保险合作发展到涵盖生产、加工、销售等各个方面;由仅由合作社成员参加投资发展到吸收社外人员资金。①最早的农业合作法当属1894年法国通过的《农业互助信贷合作社法》。到1974年法国成立国家农业信贷银行,标志着法国农业信贷合作体系建成。法国第一个农业保险合作社创立于1840年。随着农业保险合作社的增多,法国政府于1923年颁布了《农业互助保险合作社法》,将原来适用于工商业的工作意外保险拓展到了农业。1884年,法国颁布了《职业组合法》,来促进农民组成农业联合即农业合作社,来抵制当时经济不景气的状况。1920年,法国政府颁发了《相互信用和农业信用合作社法》,允许信用社和农业合作社参与到农业生产资料的购买。一批新的农业合作社根据此法建立了起来。1943年,法国政府制定并颁布了《农业合作社法》。②二战后,为了避免农民弃农荒地,法国全国谅解与合作委员会制定了《合作总章程》,从而使得"共同使用农业机械合作社"(CUMA)等农业合作社迅速发展。到了1962年,法国又颁布了《农业共同经营合作法》,促使集合生产、加工和贸易为一体的农工合作社的诞生。③1967年制定《合作社调整法》提出将农业合作社置于农业综合体中。1972年,制定法律允许合作社与非合作社业务往来。1991年和1992年的法案,允许外来投资者购买合作社股份。由此可见,法国的农业合作法是从农业互助信贷合作社法的制定开始的,然后不断发展。目前法国的合作法已经成为一个独立的法律体系。

(二)日本惠农政策和法治建设的经验

1. 日本惠农政策经验

日本的农业政策支持体系主要由三部分组成:农产品的价格支持;农业收入补贴;政府提供的农业服务。

(1)日本农产品的价格支持政策。以水稻为例,在二战以前,政府对大米收购价格采用"生产成本+收入补偿"制度,即大米价格以前三年的生产成本与劳动力成本为基础,农业劳动力成本则按照工业的平均工资水平计算。二战后,日本的粮食价格上升到世界最高水平。日本政府改变了全量收购的做法,实行限量收购。为了避免外国大米冲击本国大米,日本政府采取了"黄箱"保护政策,例如增加进口大米的关税。1995年日本制定新的粮食法,允许农民自由销售大米,也允许流通商自由进入粮食流通市场;政府只管理储备和进口。①

(2)农业收入补贴政策。①直接收入支付补贴。日本政府于2000年制订了《针对半山区、山区地区等的直接支付制度》,对这些地方的农户进行直接收入支付补贴。具体来说,要求接受补贴的村子签订"村子协议",要求按照协议,进行生产活动;不能签订"村子协议"的地方,由单个农户签订"农户协议",进行生产活动。日本农林水产省从2000年到2010年,对山区农民的直接补贴总额已达到740亿日元。② ②灾害补贴。日本灾害频繁发生,地震、海啸、台风等频繁伤害日本农业。根据相关法律,国库出资对被损害的公共设施及农地、农业设施等进行补贴。③农业生产资料补贴。按照一定标准联合起来集体进行平整的耕地,对其购置农业机械、构建农用设施,中央财政补贴50%,都府县补贴25%,剩余的25%

---

① 刘雨欣、费佐兰:《日本农业扶持政策体系及启示》载《中国集体经济》,2011年第1期。
② 周芳、霍学喜:《简论发达国家的农业扶持政策及启示》载《经济问题》,1992年第11期。

可以从接受国家补贴的金融机构得到贷款,有些地方市町村还要补贴12.5%。④制度贷款。日本政府的农业信贷政策主要表现为农贷利息补贴制度。制度贷款的目的是鼓励农村渔业、农业改良和农业现代化。制度贷款可分为：政府给予债务担保,吸收各银行的资金投入农业;政府给予利息补贴,损失补贴,利用农协的资金和债务担保;政府通过国家金融机构直接发放财政资金贷款。⑤农业保险补贴。日本的地理位置和气候条件比较特殊,因此农业生产就要求要由保险作保障。农林渔业部对每年单位保险额都有规定,标准产量由农业互助社按农田的具体情况而定。例如,种植水稻的农民要缴纳相当于正常农业收入10%的保费,政府补贴50%-80%。

(3)一般政府服务

加强农业基础设施建设,扶持农业。日本政府尤其重视农业基础设施的建设,设立了多种项目补贴和各种资助促进农业设施建设。例如,对农田水利设施建设的补贴,80%的补贴直接投入到农田的基本改造,20%用于大型农田水利设施建设。

重视农业人才的培养和农业科技的推广。日本农科机构和推广体系完善,科研机构包括：国立和地方公立科研机构、大学、民间科研机构。日本政府加强农技推广,并将培养未来的农业科技人员纳入农业政策制定范畴。

大力支持农业协会的发展。日本农协不用交纳营业税、所得税和营业收入税,因此农民加入农协可以享受到税收优惠。农协在建设和投入基础实施方面得到的政府补贴高达80%。

2. 日本惠农法治建设经验

二战后,日本经济萧条,百废待兴,生存问题成了首要问题。在1961年,日本政府颁布了《农业基本法》。这部法律在日本转型时期起到了巨大作用。这主要表现在日本农业的高速增长。据统计日本在二战后的30年内农业生产总值增长了6倍。农民的收入超过了城市居民的水平,城乡差距基本消失。这一农业基本法大大促进了日本农业的高速增长,促进了日本农业现代化,使得日本农业现代化在某些方面已经超过了欧美。

日本以《农业基本法》为基础,相继制定了各个具体的农业法律从而健全了农产品市场体系。农地规范和保护方面的1952年《农地法》,在1962年、1970年、1980年又做了三次修订。还采取了刑法手段保护农业发展,例如《日本农业机械化促进法》第36条、第37条、第56条中均有刑法性规定。①

---

① 姜爱林、于可：《日本农业立法概述》载《安徽大学学报》,1996年第6期。

20世纪90年代,日本农业发生极大变化,主要表现为:农业劳动力缺乏;食品需求变化;农用地持续减少等。为此,日本在1999年制定了《食品、农业、农村基本法》,其基本目的是稳定食品供给,保护农村环境、保护和涵养水源,振兴农业,发展农村。这部法律的制定拓宽了《农业基本法》的范围,将许多与农业长远发展有关的内容都包括近来。

由此可见,日本以《农业基本法》为农业法的"宪法",然后再以其为依据制定了涉及到农业方方面面的法律,从而形成了比较完善的农业法律体系,这表明日本农业已经步入了法治轨道。

(三)美国惠农政策与法治建设的经验

美国的农业政策经过一段时间施行后,就会有法律予以确认和保障,有的法律中直接体现一些农业政策。从1932年美国《农业调整法》(Agricultural Adjustment Law)颁布至今,美国已经形成了完整的农业法体系。

1. 农业基本法

1933年颁布的《农业调整法》(Agricultural Adjustment Law)。这部法律规定了土地休耕、限额销售、贷款和价格支持、农产品储备等。美国政府一般都会通过法律直接干预农业生产,因此美国在此后又修改和制定了农业基本法。它们分别是:1935年《农业调整法修正案》(Agricultural Adjustment Amendment Act)、1949年《农业法》(Farm Act of 1949)、1954年《农业法》(Farm Act of 1954)、1956年《农业法案》(Farm Act of 1956)、1970年《农业法》(Farm Act of 1970)、1977年《食品和农业法》(Food and Agricultural Trade Protection Act)、2002年《农业安全与农业投资法案》(The Farm Security and Rural Investment Act of 2002)、2008年《农业法案》(Farm Act of 2008)等。2002年《农业安全与农业投资法案》(The Farm Security and Rural Investment Act of 2002)实行直接补贴,增加补贴种类。2008年《农业法》(Farm Act of 2008)将补贴范围进一步扩大。

2. 农业投资法

美国农业信贷机构包括,联邦土地银行、联邦终结信贷银行和合作社银行。美国专门制定了法律对农业信贷进行规范和调整,为农业信贷提供了良好的法律保障,像1916年的《联邦农业信贷法案》(Federal Agriculture Credit and Loan Act)、1933年《农业信贷法案》(Agriculture Credit and Loan Act)、1971年、1980年《农业信贷法案》(Agriculture Credit and Loan Act)等。这些法律,规定了农业信贷的条件、投资比例、投资数量、投资要求以及投资的具体程序等,从而使得农业投资信贷政策得以顺利实施。

3. 农产品价格保护法

美国农业基本法都规定了农产品价格保护和支持。除此之外,美国还制定了农产品价格和流通方面的法律,如1959年《食糖法》(Sugar Act)、1937年《农产品销售协议法》(Agricultural Marketing Agreements)等。这些专门性法律的制定更加详尽和全面地规定了农产品价格的保护,保证农业生产者、销售者的收入稳定,促进美国农业发展,增强了美国农产品的国际竞争力,加大了农产品的出口,缓解了国内农产品市场的压力。

4. 其它农业法

除了上述法律外,美国还制定了其他农业法律,例如农业合作法。19世纪中期,美国一些州就通过了有关合作社的早期法律。1922年美国通过了"卡珀—沃尔斯台德法案"从而使合作社不受反托拉斯法的规制。美国还制定了农业机械法(Agricultural Machinery Act of 1974)、农业保险法(Farm Insurance Act of 2000)、农业资源保护法(Agricultural Resources Protection Act of 1985)、水污染防治法(Water Pollution Control Act of 1987)等法律。这些法律与农业基本法、农业投资法、农产品价格保护法共同构成美国农业法律体系。

(四)加拿大惠农政策与法治建设的经验

1. 保险经验

1933年加拿大政府制定了《草原农场援助法》(Prairie Farm Assistance Act),该法强制所有农场主加入该计划,并且要缴纳农作物收入的1%作为保费。结果实施过程中发现不能实事求是地解决问题。政府只注意到降低或消除农业风险,但没有注意到不同农场的风险差异。1959年曼尼托巴省的农业法案做出了修改,取得了成功。该法案规定,保险不再是强制性加入的,而是自愿加入;保险是具体以各个农产的产量为标准;保险涉及主要的几种农作物;在保险公司的准备金不足时,可向联邦政府贷款;保险保障水平相当于生产成本。由此可见,农业保险需要考虑:保险公司的经营;保险的覆盖范围;保障水平的确定;保险赔付的标准;赔付的时间、程序;保险费用的缴纳等。①

2. 农业合作社经验

加拿大政府制定政策为合作社提供信息服务、农业技术培训服务和农产品出口服务。组成专业队伍对合作社指导和培训。除了政策上的经验外,还有法律制定的经验。加拿大通过立法确立了合作社的独立地位,从法律上保障农业合作社自主管理合作社事务。法律规定,政府要更好地为合作社服务,维护和帮助合作

---

① 易细纯、张峭:《加拿大农业保险的经历和经验》载《中国农村经济》,2007年第2期。

社。加拿大的合作社法还对合作社的性质、成员、资金管理、收入分配、政府与合作社、农场主三者间的关系、国家支持合作社的政策都做了详细明确地规定。

(五)澳大利亚惠农政策与法治建设的经验

澳大利亚对农产品基本上不实行价格补贴。澳大利亚政府认为,一方面不实行价格补贴这样农产品的价格才会与国际市场接轨,本国农业才会持续发展。另一方面,国内资源的转移才会市场化,符合市场规律。澳大利亚政府注重对农业科技的推广和农业基础设施的建设。通过这样长期的发展,澳大利亚农产品的国际竞争力逐渐增强,政府的财政负担也越来越小。

在农业金融方面,澳大利亚联邦政府和州政府相互协作,分别制定了联邦农村金融法和州农村金融法,从而建立了农村金融法体系。农村金融法体系的建立,完善了农业法,为农业资金方面提供了有效的法律保障。

澳大利亚政府在科技推广中大量借助了社会资金和力量,基础设施建设大力投资,农业金融方面形成了良性发展的体系。

通过以上三方面的有力结合,澳大利亚农业得到了持续性的发展,农产品的国际竞争力不断增强,农业从业人员的收入稳步上升,澳大利亚农业强国的地位进一步得到了巩固。

(六)欧盟惠农政策与法治建设的经验

欧盟共同农业政策制定以来,进行了几次调整。在调整和改革中,具有以下几方面经验:

其一,欧盟在制定农业政策和法律制度时,充分考虑到贸易全球化的大背景,减少对农业的直接补贴。

其二,削减巨额的财政负担、提高欧盟农业的国际竞争能力。为了减轻财政压力,提高欧盟各个成员国的农业国际竞争能力,保障欧盟农业整体可持续发展,欧盟只有通过改革过去的欧盟所制定的共同农业政策,采取新的共同农业政策来适应贸易全球化。

其三,90年代以来的两次改革改变了欧盟农业支持的方式和机制,由过去的直接价格支持转变为价格和直接收入支持的方式,通过降低支持价格水平、限制得到价格支持的农产品数量以及将收入支持与价格支持脱钩等手段,将共同农业政策的预算费用负担由食品消费者转向纳税者,增强了财政支持支出的透明度。

其四,欧盟共同农业政策调整和改革为了平衡成员国不同利益集团的利益,重点关注非贸易和多功能农业对整个欧洲地区的社会经济发展的作用。这也表明欧盟各个成员国利益的相互平衡在欧盟农业全球化和欧盟农业市场的开放程度中起着重要作用。

三、国外惠农政策与法治一体化建设

农业现代化是当今世界农业发展的共同趋势,也是当前中国农业的未来发展态势。尽管各国农业的基本现状不同,但都是建立在本国的基本国情之上。各国所处的自然环境、社会环境不同使得建立在本国经济基础之上的农业,具有其自身的发展特点。国外农业的发展经验为中国农业的安全平稳发展提供了很好的参考和借鉴。

(一)国外惠农政策与法治一体化建设的特点

国外惠农政策与法治经过上百年的发展,逐渐完善和成熟,也形成了一些特点。这些特点是:

1. 农业补贴政策与法治

不论是法国、日本这些大陆法系国家还是美国、加拿大、澳大利亚这些英美法系国家都十分重视对农业的补贴。他们一般都是先制定有关农业补贴的政策,然后在实行一段时间后,在适当的时机将其法制化,从而最终实现依法补贴。

农业补贴从政策形式发展到法律形式的过程中,这些国家都会建立相应的机构,保障农业补贴落到实处。为了保障农民的利益,他们建立起了各种专业的组织,例如:大豆协会、玉米协会、水稻协会等。这些专业组织的建立很好地帮助惠农补贴政策和制度的建立和实施。

农业补贴立法已经成为一个体系,包括财政、金融、保险部门和交通运输等部门的农业补贴立法。这样一来,农业收到的补贴涉及到农业的生产、销售、流通等各个过程。

2. 农业技术推广政策与法治

法国建立起了农业科研体系,农业部和科技部起着领导作用,四大科研机构覆盖了法国农业各大主要领域,从事与农业相关的各领域研究课题。

美国和日本的农业技术推广立法包括科技推广组织体系立法、科技推广人员立法、科技推广保障立法。日本和美国首先通过推广组织体系立法建立起农业技术推广的组织体系,然后通过科技推广人员立法和科技推广保障立法确保科技推广的顺利进行。

加拿大的农业推广不同于美国和日本的"三位一体模式",加拿大的农业科研、教育和推广在中央政府和省级政府间分工明确,中央政府承担农业科研;农业教育和推广由省一级政府承担。

澳大利亚农业推广由各州政府根据自己的需要设置和管理。澳大利亚联邦政府实施独特的"研究开发组织模式"(RDCs: Research and Development Corporations)和"合作研究中心模式"(CRCs:Cooperative Research Centers)。①

3. 农业保险政策与法治

法国政府为了扶持农业保险的发展,出台政策对地方农业互助机构进行了联合、合并,并成立了中央互助保险机构。法国在农业保险方面实行低费率、高补贴政策。法国通过《农业保险法》(1976年)对农业保险进行规范和保护。

日本重视农业保险立法,注重为农业保险提供强有力的法律制度保障。日本在1929年就制定了《牲畜保险法》,1938年又制定了《农业保险法》,1947年颁布了《农业灾害补助法》,1957年、1962年、1966年、1985年、2003年日本政府根据农业发展的需要对农业保险法又进行了数次修改。日本政府对农业保险提供再保险的支持。

美国农业保险以国家专门保险机构——联邦农作物保险公司(FCIC)主导和政策性农业保险为主。1980年《联邦农作物保险法》(Federal Crop Insurance Act),规定政府授权的农作物保险公司提供农作物一切险的直接保险和再保险,政府通过FCIC向私营保险公司提供比例再保险和超额损失再保险保障。

(二)国外惠农政策与法治一体化建设的评价

1. 中国惠农政策、法治与国外的比较

中国惠农政策与法治起步比较晚,尽管已经有了一定的成绩,但是跟国外相比还是有差距的。这些差距主要表现在以下三个方面:

(1)农业补贴政策与法治方面

中国对农业的补贴主要依靠惠农政策。一是没有建立起适合中国国情的农业补贴法律体系。二是没有将合法的特殊差别待遇和例外条款用法律的形式固定下来,对农业生产环节和生产者的直接补贴缺少法律规定。美国从联邦到地方成立了一系列农民组织,保障农民利益。这些组织有、阿拉斯加海产品协会、美国水蜜桃协会等。中国没有建立起相应的农民组织保障农民利益。美国建立和完善农业补贴法制化的配套体系。一是财政、金融、保险部门对农业的支持。二是扶持农产品市场。中国在农业补贴法治化的配套体系上存在缺失。

(2)农业技术推广政策与法治方面

1993年,中国制定并颁布了《农业技术推广法》。该法包括,农业技术推广体系、农业技术的推广与应用、农业技术推广的保障措施和农业技术推广的具体办法等。该法第十条规定,农业技术推广,实行农业技术推广机构与农业科研单位、有关学校及群众性科技组织、农民技术人员相结合的推广体系。从本条中找不到

---

① 李雪奇:《澳大利亚农业推广的变化及启示》载《世界农业》,2008年第12期。

农业推广的主导组织。美国、日本的推广体系都采用"三位一体模式",加拿大和澳大利亚都由州级政府推广农业科技,它们的推广主导组织都十分明确。

(3)农业保险政策与法治方面

美国、日本农业保险组织机构都分为三个层次。美国农业保险的第一层是联邦农作物保险公司;第二层是有经营农险资格的私营保险公司;第三层是保险代理人和农险勘验人员。日本农业保险机构包括,农业互助组合、农业互助组合联合以及全国农业保险协会。法国农业保险机构由政策性农业保险机构和各级互助保险公司组成。美国、日本、法国有着完善的农业保险立法体系,从而促进它们农业保险的飞速发展。它们的政府还建立起与之相配合的财政、金融等方面的支持。中国在农业保险的政府组织机构和农业保险立法上基本上是一片空白。

2. 国外惠农政策与法治一体化建设的评价

资源、环境、人口、经济、社会等多种因素出现危机给世界农业发展制造了许多障碍。这就要求我们需根据国内国际双重环境的要求,调整农业的生产结构,以适应不断变化的内外环境,切实保证中国农业的安全平稳和发达。目前,农业受惠政策与法治一体化建设的问题在于重政策轻法治,政策多制度少,一体化衔接不太好,鼓励性的措施多,惩罚性的措施少。

(1)前提——不断完善土地制度

农业现代化的前提是不断进行土地改革。完整的土地制度有利于提高农业劳动生产率及土地产出率,为土地政策提供法律保障。因此,发展现代农业需要解除土地法律法规、规章及规范性法律文件对农业的制度障碍,不断完善土地制度。

(2)普遍方法——市场调节为主,政府干预为辅

推进现代农业建设的普遍方法是坚持向市场看齐,充分发挥农业方面资源的优势以及市场的优化配置作用,注重农业规划和建设。农业作为中国的第一产业,它总归是一个产业,具备产业的共性特点,政府的干预不应太过深入,市场的调节才是从头贯穿到尾的。

(3)政府从政策及制度上对农业加以支持

实现农业现代化很大程度上需要政府对农业加以支持。日本在实现工业化、城镇化后,与之相伴的却是因工业过分掠夺农业所致的农业萎缩情况。不过,20世纪60年代中期和20世纪70年代初期,在工业化发展到一定阶段后,工业开始反哺农业,此时农业发展速度相当之快。工业反哺农业包括初级和高级两个阶段。初级阶段重点提高公用基础设施建设和农业所需固定资产装备等,政策趋向于为扩大再生产奠定基础。高级阶段政策趋向于扩大农业生产规模、加快农业结

构调整等方面。如果政府没能做到全面、立体地支持发展农业,日本农业现代化不可能发展得如此之快。

政府的支持是现代农业发展的重要条件。发达国家通过制定有利于保护农业的政策和实行有利于保护农业的法律法规、规章与规范性法律文件,采取多种措施支持现代农业发展。这些措施主要包括以下几个方面:①从大局出发,不断制定新的农业政策,调整相应不合时宜的农业政策。②具体制定有关农业科研、普及农业科技的政策,由政府加以指导。③国家应在农业金融上给予优惠政策及制度保障,加强农业基础设施建设,确保现代农业发展过程中所需要的资金。④稳定农产品价格,增加农民收入,促进农业现代化平稳发展。

(4)根基——农业合作经济组织

农业现代化的根基是农业合作经济组织。农业从传统转向现代,很大程度上取决于拥有一个有效的农业合作经济组织体系。日本的农业合作体系最完善。日本用了很短时间(从二战结束到20世纪70年代中期)实现了农业现代化,在吸收西方农业经验的基础上创造出了一套适合日本农情的农业协会制度。该农业协会自上而下涉及农业金融、农技推广、农产品购买和销售等各个方面。它包括两种作用:一是代表分散农户与政府进行谈判,保障了农户的政治利益;二是解决了小农户与大市场之间的矛盾,满足了农户在农产品销售等方面的需求。农业的各个领域都存在农业合作经济组织,业务涉及农业生产的各个环节,从种子、化肥、饲料、添加剂的供应,到农产品的出售,以及农机具的使用,甚至农户生产和生活所需的小额贷款,也都来自农业合作经济组织。

认真贯彻农民专业合作社法,支持农民专业合作组织快速发展。全国各地要制定相应的实施细则,相关部门要抓紧建立登记、财会等相关制度。要采取有利于农民专业合作组织发展的税收和金融政策,扩大资金规模,支持农民专业合作组织开展技术培训、信息服务、市场营销、农产品加工储藏和农资采购经营。

(5)基本保障——完整的农业技术推广体系

现代农业的基本保障是拥有完整的农业技术推广体系。从中央到地方,日本已经形成了一套非常完整的农业技术推广体系。为加强农业技术推广,日本把建设农业推广组织和提高农业推广人员素质始终放在工作的首位。政府拥有大量不同程度专业化的农业技术人员,如专门技术员、改良普及员和营农指导员(统称为"地域农业改良普及中心"),这成为日本迅速实现现代农业的保障。

农业生产的产业化需要高素质的农业生产者和经营者。这不仅要求农业生产者具有科学文化素质,还需要掌握农业机械及计算机等先进技术装备,懂得经营管理。国家应从宏观上加大对农业科技投入,建立相应体制机制,加强合作培养和国际交流。农民的文化素质直接决定着农业先进科技的推广度。因此,在保证普及义务教育的基础上,大力发展中等职业教育,逐步建立起农业科学技术培训体系。

(6)基本方向——专业化、一体化和社会化

现代农业发展的方向是专业化、一体化和社会化。农业技术需要实现现代化,农业组织管理同样需要实现现代化。各部门、各地区、各农场均需实现农业专业化。农业专业化是前提、基础,农业一体化、农业社会化建立在专业化的前提之上,主要包括农业合作组织和农业工业商业综合体两种形式。

农业发展的根本方向是实现可持续发展,充分协调好人口、资源、环境三者之间的关系,保护自然资源。中国农业现代化也应走可持续发展的道路:一方面,发挥好生物技术的作用,实现农业生态系统的良性循环;另一方面,发挥生物技术的优点,以满足日益增长的农产品需求。

(7)不同的经营方式同样实现了农业的现代化

美、澳等国,地广人稀、工业发达、劳动力不足,农业机械化程度高,劳动生产率高。英国等国,人少地也少,工业基础雄厚,机械技术和生物技术发达。日本等国,人多地少、资源匮乏,依靠生物技术,发展资本技术密集型的农业。一个国家究竟采取哪种方式走向农业现代化,要由其客观的资源条件和经济基础决定。美国、欧盟、澳大利亚等国普遍采取大农场经营方式,以实现农业现代化。相反,人多地少的日本、韩国等国则通过建立健全社会化服务体系,提高组织化与社会化程度,纳入一体化、产业化体系,在小农体制基础上实现了农业现代化。关于规模经营,我们必须坚持家庭承包责任制,一是解决就业问题,二是提供基本保障。不同国家走了不同的道路,却最终都实现了农业的现代化。

(三)国外惠农政策与法治一体化建设的经验

从中国基本国情、农情出发,借鉴国外经验,在不断总结经验的基础上,探索并形成适合本国国情的农业现代化之路。

农村分散的家庭经营方式致使劳动力十分过剩。中国的现代化农业应当走节约、集约、优质、高技术、持续农业的道路。结合传统技术和现代技术、生物技术和机械技术,不断提高粮食单产和农民劳动生产率。现阶段,借鉴国外经验应立足自身实际,中国应加强农业的基础地位、深化体制改革,以实现农业现代化的稳步发展。

迄今为止,中国已经颁布了《中华人民共和国农业法》并在本法基础上制定了《中华人民共和国草原法》、《中华人民共和国土地承包法》、《中华人民共和国种子法》、《中华人民共和国农业技术推广法》等法律。中国的农业法建设已经初见

成效。但我们同时也要看到,中国在农业法治化道路还有很长的路要走。

欧美一些主要发达国家在20世纪初就开始了农业法律的制定、农业政策的法治化,至今他们的农业法治化已经有百年的历史了。他们的农业法治化有不少经验是值得我们借鉴的。中国农业法治化要能够吸取国外的法治经验,以促进中国农业法治化健康发展。

(1) 农业补贴法治化

美国一直以来都十分注重通过立法来对农业实施补贴,通过各个法案的不断出台,美国目前已经形成了当今的综合型农法。20世纪以来,美国先后通过了1949年、1956年、1981年、1985年、1990年、1996年、2002年及2008年农业法,对农业进行补贴。中国也应该构建农业补贴法体系。一是在建立中国农业补贴法律体系时要充分掌握中国的基本国情,考虑中国农村的发展和农民的实际需求。二是考虑世贸组织的规定,制定合法的特殊差别待遇条款和例外规定。三是要增加规则性规定,减少原则性规定。四是必须有严格明确的程序性规定保证补贴的实施。

建立相应的专业化的组织机构保障法治的实施。为了保障农民利益,促进农业发展,应该成立各个专业组织协会,如中国小麦协会、中国大豆协会;针对具有地方特色的农产品还可以成立新疆哈密瓜协会、海南香蕉协会等。

建立和完善农业补贴法体系。国外有关农业补贴的法律有很多,它们相互交织和配合形成了一个农业法体系。中国也应该建立一个农业补贴法体系。一是加强财政、金融和保险部门有关农业的立法,从经济上支持中国农业的发展。二是农产品市场法律的建立。现代农业正在纳入市场化的轨道,所以我们必须建立起覆盖农产品的生产、流通和销售这一整套环节的法律体系。规范和保护农产品的市场化过程。三是制定法律扶持乡镇农产品企业,从而带动整个地区农业的发展。四是加大农业科技立法,保障中国农业可持续地向前发展。

(2) 农业技术推广立法体系法治化

美国和日本农业技术推广体系立法包括科技推广组织体系立法、科技推广人员立法、科技推广保障立法。这三部分法律相互配合组成了完善的农业技术推广立法体系。我们应该从这三个方面总结经验。

科技推广组织体系立法:中国农业现代化还处在初级阶段,要设立农业推广机构专门从事农业技术推广工作,建立分工明确、相互协调的农业推广组织体系。首先要明确组织机构。然后要充分利用现有机构,对农业推广的管理实行垂直管理,在村一级要设立基层农业科技推广机构,从而形成自上而下的科技推广组织体系。同时要重视农业院校和农业机构在农业科技推广中的作用。

科技推广人员立法:制定相关法律提高科技推广人员的素质。例如,成为一名专业的技术人员要达到大学本科学历标准,同时还需要有从事农业若干年的相关经验,除此之外还应该通过国家的职业资格考试并取得从业资格证。这样才能逐步形成一支专业精、素质高的农业科技推广队伍。

科技推广保障立法:美国联邦政府规定,农业科技推广费用在国民经济中占一个固定比例。日本法律规定,国家承担农业技术普及培训经费的一半,农业技术推广人员享受公务员待遇。2012年,中国中央一号文件明确提出改善农业科技创新条件。农业科技创新最终还是为了在农业中应用,而作为中间环节的推广是必不可少的。政府应该加大科技推广的投入,提高科技推广人员的待遇,这样创新的农业科技才能实现价值。

(3)农业市场法治化

随着中国市场经济的发展,农业也逐渐进入了市场经济的体系,然而关于农业市场方面的立法还不完善,因此我们需要加强农业市场经济方面的立法。

农民的市场主体地位是农业立法首要解决的问题。农民参与到市场经济中来,其市场主体的地位应该从法律上予以确认。

农产品流通法。农产品进入市场应该受到法律的正确引导和规范。中国目前关于农产品流通方面的立法如《粮食收购条例》(1998年)、《棉花质量监督管理条例》(2006年)、《农副产品购销合同条例》(1984年)等行政法规应当上升为法律。

(4)农业保险法治化

不论是法国、日本还是美国、加拿大都十分重视农业保险。美国的《联邦农作物保险法》、日本的《农业灾害补助法》、法国的《农业保险法》和加拿大的《农作物保险法》都对农业保险作了专门的规定,除此之外政府还配套实行保费补贴、农业信贷、农业灾害救济等配套措施。这些法律和措施保证了农业生产者的利益,降低了农业风险。中国一直是靠政策补贴来弥补农业灾害造成的损失。中国应该制定出一部专门的农业保险法,制度化这些保险性政策,为农业保险提供法律依据和保障。同时政府还应该实行一些配套的措施来共同完成对农业的保险。

(四)国外惠农政策与法治一体化建设的启示

1. 印度对中国的启示

从20世纪60年代中期开始,印度政府实行了三次革命包括转折点的农业绿色革命,结构提升的畜牧业白色革命和渔业蓝色革命。之后,印度政府推行发展乡村计划,印度农业现代化发展的基础在于实行了绿色(农业)革命。

印度农业科学研究系统主要包括三个层面——中央农业科研机构、地方农业科研机构和高等院校。其中,中央农业科研机构是中央农业研究理事会,地方农业科研机构是由各邦农业部门领导的地方研究机构。统领全国的农业科研协调机构——中央农业研究理事会,直属农业部和教育局,不仅要协调中央及院校(如中央及地方农业大学)的农业研究活动,而且还负责从事全国农业科研工作。国家财政拨款数量中的很大一部分用在农业科研经费上。农业基层科技推广网络正处于不断发展时期,种子公司及科技推广站是最基层的农业科研组织。

20世纪60年代之后,印度政府实施了农业新技术战略,主要针对农业精耕地区,通过发展集约生产,改良农业技术,不断从国外及国内发达地区引进农作物新品种、培育优质农产品,运用采取高科技水平最先进农业机械。20世纪70年代末,印度政府提出发展可持续农业,生物技术的应用成了农业发展的未来方向,国家鼓励并赞助生物技术课题的立项和实施。①从组织上给予支持。②从财政上给予援助。援助的方式包括国家作为投资主体、国家提供各种补贴、国家允许农民可以向商业银行、农业合作化组织等机构给予小额信用贷款等。③从政策上予以倾斜。放松管理控制;帮助开拓市场;提供技术服务和技术培训。

不断扩大农业市场开放度,调整相应的农业政策,有助于加强农业发展的经济基础。优先发展"快速扩展社会基础设施"(如住房、饮用水)、"快速扩展物质基础设施"(如电力、公路等)领域。

印度对中国的启示主要是:

一是实施科教兴农、科技促农战略,以技术革命为突破口,不断提高农业综合生产能力。具体措施主要有6个方面:①鼓励并引导全国性科研机构进行农业科技理论研究和运用研究,科技普及推广由政府、民间组织共同进行;②不断培育优质农作物,推广种植高产农作物、扩大农作物的灌溉面积等;③政府要加大开发农业,补贴农业投入;④通过粮食收购建立粮食储备制度,缓解因粮食不足引发的饥荒;⑤扩大农业的可贷款范围,规定商业银行、农业合作化组织等均可发放农业贷款;⑥积极吸收外资和外援。为了实现规模农业、效益农业,在保证本国粮食安全的前提下,国外资金及国际援助同样会对农业的现代化发展发挥重大作用。

二是发展并完善农业合作化组织,推进农业各个环节与市场紧密结合。专业性农业合作社是农业合作社按农业生产专业需求,范围包括供销、信贷、耕种、肉牛、肉鸭、蔬菜、粮食、牛奶、渔业等。印度政府非常重视合作社的发展,在组织上和经济上给予支持,包括培训、补贴和资金资助等,特别是对以加工企业为核心发展农业合作社给予重点扶持。

三是政府主导,民间力量和民间资本参与并运作,推进科技促农,实现农业的社会化。社会化的主导力量是民间机构和民间力量,而民间机构中的管理人员及工作人员大多热衷于农业科技普及工作。民间力量创办或与各级政府合办农业科教培训基地,这种形式比单独由政府经营更有鲜活的生命力。在农业科研方面,集中四方(政府、机构、院校、企业)的力量,建立起由政府主导的领导体制。政府鼓励和支持从事农业的公私营企业发展农业科技开发工作。

2. 美国对中国的启示

美国扶持农业发展的主要政策:美国政府支持农业的发展,对农业发展加以引导,以政府支持为辅;美国政府主要倡导充分发挥市场对农业资源方面的优化配置,坚持以市场为主。因农业的经济效益远不如第二、三产业,美国政府主要通过给予高额的农业补贴对农业给予很大支持。

美国农业补贴的历史已经很久远了,其中农产品补贴已有80年的历史。1933年,罗斯福新政时期,美国政府颁布了《农业调整法》,法律面向农业、保护农业的法律由此开始。联邦农业政策体系(以农业保护与农业支持为主旨)的逐渐形成。但是,巨额农业补贴导致财政严重赤字,给美国联邦政府带来很大的财政压力。1985年和1996年两次农业法案的颁布,农业改革开始以市场化为方向。2002年5月13日,美国总统布什签署了《2002年农业安全及农村投资法》(以下简称美国新农业法),该法案决定在1996年农业法基础上,继续增加对农业的高额补贴和高投入。

美国新农业法的主要内容:美国新农业法大幅提高了政府补贴(主要针对农业基础设施建设、农产品和农业科技)。其中,农业补贴根据补贴方向的不同包括两种,一是农业基础设施建设补贴,二是农产品补贴。商品计划居首要地位;其次是生态保护。大幅增加了为农民建立收入安全网的"商品补贴",对种植小麦、饲料谷物、棉花、大米、油籽的农民构建"三节收入安全网"。

该法的实施期为六年,主要内容有十个部分(商品补贴、土壤保持、农产品贸易、营养、农业信贷、农村发展、科研和推广、造林和森林管理、能源、杂项和其他条款等)。新法案主要有以下特点:(1)农业补贴范围是美国农业政策史上最广的。(2)农业补贴总额达到历史最高水平。(3)农业补贴的分配相对集中——主要集中于少数农产品以及少数规模大的农场。(4)在补贴方式上主要采取黄箱措施,构建了以收入支持为目标、以价格支持为核心的农业补贴三大支柱。

美国对中国的启示主要是:

保证粮食安全与坚守农业的基础地位:人均土地资源少是中国最大的基本国情和基本农情。人多必然会带来粮食需求大,粮食消费量也是居高不下。国内国际双重环境要求我们必须长期坚持粮食安全和农业平稳的政策。因此,中国还应加强对农业生态环境的保护与农业基础设施的建设;世界贸易组织对农产品的补贴政策主要表现为"绿箱政策"与"黄箱政策",促进中国农业结构的调整,提高农产品的品质,争创农产品优秀品牌,增强农产品的在国际上的竞争力和影响力。

从大局上不应仅拘泥于农业领域,解决农业问题:中国的发展中的农业现实状况不同于美国的高度发达的现代农业,中国农民人均拥有的农业生产资料(如种子、农药、化肥)显著少于美国。政府对农产品价格的实施补贴虽然能帮助农民摆脱贫困,却无法带动农民走向富裕。因此,从长远看,中国农业要实现现代化必须解决两个矛盾:

一是落后农业生产力与现代化农业生产之间的矛盾。农业要实现现代化,不仅要求生产等各个环节的现代化,还要求市场供需、购销的信息化。所以,政府应加强对农业技术培训,采取资金补助形式;同时,要建立农产品市场供求和农产品市场价格等信息体系,全国联网从中央到地方、从省到县,及时公布农产品市场价格。通过挂牌、拍卖、租赁等诸多方式实现土地流转,充分增强土地的利用效率,将土地交由掌握先进技术、拥有先进农业机械、专业化程度高的农业生产者经营者的手中,政府提供贴息、给予小额信贷支持等优惠的农业政策和鼓励性的农业制度,逐步实现产业化的规模经营。

二是农业劳动力过剩与集约农业生产之间的矛盾。中国人口基数大、农业基础差、人均耕地少,解决农业问题必须将大量过剩的劳动力转向第二、三产业,以实现农业规模化与集约化、提高劳动生产率及土地产出率。中国人均耕地不足1.5亩,现有的农民从农耕中只能解决温饱,随着社会经济的发展,村民、居民之间的收入差距会越来越大,农业发展的整体趋势将是农业效益递减。

3. 日本对中国的启示

推动农业生产方面:1948年,《农业改良助长法》主要目的是改善农户生活水平,标志着中央同地方在农业领域的正式合作;1949年,《土地改良法》将在国家资助之下的农田改造作为粮食增产的有力手段;1952年,制定了"粮食增产五年计划",加大了国家财政对农业的投入,意在稳定粮食增产、保证农民增收;1953年,制定了《农林渔业金融公库法》,产生了完整的专门为农业服务的金融体制;这一系列的农业制度机制和农业政策体制对于恢复和发展农业生产至关重要。

在巩固和扩大农业方面民主化改革方面:1947年,《农业灾害补偿法》,防止并减少了由于自然灾害及人为因素造成的农民破产情形的发生;1947年,《农业协同组合法》,鼓励农户之间互相帮助,发挥农业生产经营中合作的力量;1952年,《农业法》保护了农业土改的成果,不容许农户之间互相转移土地的使用权,防止了土地垄断行为的出现;1954年,全国"农协中央委员会"的建立,直接解散了有强烈国家支配色彩的原"农业会"。

"一村一品"是日本大分县前知事、大分一村一品国际交流推进协会理事长平松守彦于1979年当选为大分县知事时,为了发展农村经济,增加农民收入而倡导的。大分县将以建设向世界开放的丰之国为目标,以立足本地,放眼全球为口号,通过一村一品运动与世界各地开展交流,努力把大分建设成为一个充满活力的县。

一村一品运动充分发挥地区的资源优势,经过技术上的不断创新的农产品最终成为全球性的知名品牌产品,也正是通过这样一些附加值高的农产品,进而达到振兴地区经济目的的。在扩大销售渠道方面,采取了在全国举办产品展示会、在县内开办早市、在首都东京设有大分产品专卖店,在海外设有试销点等支持手段。

日本至今也未形成大农场经营农业,小农体制适合日本农业的发展。首先,日本人少地也少,但农业劳动力资源丰富,日本实现农业的现代化主要通过利用生物技术,不断开展和扩大专职化的劳动密集型产业,以提高农业的综合生产效益,提高土地的产出率及劳动生产率。其次,日本拥有完整并组织严密的农业协会体系,根据农业协定的职能、主攻范围不同,农协具体可分为专业性的农业协会和综合性的农业协会。之后,农协的组织形式包括两级,即全国联合会、地区联合会。农业协会服务范围非常广泛,从农业生产、加工、购销到保险、金融等方面,农协已经成为国家、市场、农民三者之间有效的中介组织,促进了小农体制下农业生产经营中的国家——农协——市场——农协——农民的合作,实现了劳动从单一化转向社会化,克服了小农体制与农业现代化发展要求之间的矛盾,推动了农业生产的商品化。日本发展农业的现代化,不仅借鉴英美法系,而且借鉴大陆法系,并将适合自己国情、农情的国外发展经验纳入到日本的农业制度体系之中,加速了日本走向农业现代化的步伐。

日本对中国的启示主要是:

中国许多省市实施了一村一品运动。例如,上海市实施一厂一品、一街一品、一区一景运动;湖北省武汉市实施了一村一宝运动;江苏省实施了一乡一品、一镇一品运动;陕西省和江西省也实施了一村一品活动;甘肃省、国家外国专家局也与大分县进行着友好交流。

旁观日本的农业,尽管两国各自的社会制度不同,农业在国民经济中的地位不同,但就目前中国的农业发展状况来看,土地的经营方式、从重视生产调整变为重视农产品流通和价格的调整(即市场和农业产业化问题)、重视农民收入等这些问题显然至关重要,而政府在这些方面是怎样考虑的,将要采取什么对策,对中国农业发展的影响将是关键而深远的。

4. 欧盟对中国的启示

鉴于农业本身具有政治敏感性,农产品贸易作为涉及民生的特殊领域,世界绝大多数国家争议最大的领域依旧是农业。《农业协定》实施后,WTO各成员国分别从不同角度相应调整本国的农业政策,以适应当前国际社会对农业的发展要求,WTO主要成员国的农业政策已经开始步入公示化、透明化。

欧盟共同农业政策(Common Agricultural Policy,英文缩写CAP)的主要政策目标是提高欧盟农业社会在内部市场和外部市场的竞争力,在新的世纪建立具有欧洲特色的农业模式。CAP的核心在于国家对农产品价格支持政策。欧盟所涉及的区域内,欧盟各成员国对农产品的价格支持程度位居世界前列。《欧盟2000年议程》的顺利通过,起初对各欧盟成员国产生积极影响,然而,随着欧盟东扩以及适应国际贸易自由化的需要,该议程所确立的CAP支持机制不再适应现在欧盟农业的发展要求。因此,CAP必须做出相应的农业结构的战略性调整,将保护农村生产、农民生活、农村生态环境、农业多功能性以及农业可持续发展战略等目标纳入欧盟农业政策框架当中。

总之,欧盟共同农业政策改革主要围绕提高欧盟农业在世界农业中的综合国际竞争力及其影响力、促进农业可持续发展,体现出两个特点:一是农业补贴水平仍居高不下。二是农业补贴方式由过去以价格支持、农业补贴为主的补贴政策转变成如今以增加粮食直补、补贴农业生产者、经营者为主的补贴政策。

欧盟对中国的启示主要是:

中国作为WTO的发展中国家成员,在《农业协定》框架下,农业政策的调整既要发挥中国农业的资源优势,又要逐步提高中国农业在国际市场的影响力。借鉴WTO实现农业现代化的成员国发展农业的国内经验,中国农业政策调整应注重以下几个方面:

根据农业发展不同阶段的要求和既定目标的实现,制定相对应的国家扶持政策;适当保护农业特别有必要,但一定要把握好那个"度"。通过排除农产品供需矛盾、扩大生产特色农产品,稳定农产品供给、扩大农产品的市场需求,最终目的是为了实现农民增收。鉴于中国农业从整体上和局部领域与欧盟的农业发展特点有部分相似,今后中国农业政策的目标主要是逐步适应国际上对农产品的高质量、高安全总体要求,提高中国农产品的在国际市场的竞争力。欧盟农业发展的经验告诉我们,价格支持政策已经过时,而符合WTO的要求的农业政策体系中只有增加农民收入政策和调整农业结构政策。因此,中国农业政策体系的内容应包括增加农民收入政策和调整农业结构政策等方面。

中国作为发展中国家中最大的农业国,一方面,中国应致力于建立一个更加强调实现国家、社会、农业等方面的公平、体现中国农民合法权益以及农业发展利益的国际农业新规则；另一方面，中国应紧紧围绕建设社会主义新农村、逐步实现全国小康社会的目标，以国家利益最大化为原则，积极推进农业政策体制机制的不断调整。

农业的多功能性目标应纳入农业政策体系当中：中国在建设社会主义、发展社会主义和改革社会主义这三个时期中，始终强调农业在国民经济发展中的基础性地位，农业的多功能性目标也应该蕴含在农业政策及农业制度当中，只不过没有进行具体详细全面的阐述罢了。随着现代化、国际化农业的不断发展，确保食品安全使用系数、加强对农业生产、生活、生态环境的保护等目标必须纳入到中国现有的农业政策体系当中，不断丰富其内涵。

效益目标应纳入农业经营体制机制当中：确保粮食自给自足，进而适度调整中国的农业结构，尤其中国农产品的生产经营结构。一方面，应根据中国农业生产发展中的资源优势，未来主攻生产特色农产品，调整特色农业以外的其他农作物（如小麦、水稻、玉米、棉花等粮食作物）的种植面积；另一方面，应加大生产"优质"农产品，剔除劣质、不合格农产品，保质保量，以满足日益增长的并且在不断变化的农业国内外市场的需求。

总之，随着依法治国和依法执政理念的提出和推广，以及中国法治化程度的不断提高，政策法治化的发展不断加强，惠农政策法治化逐渐进入了研究的视野。农业发展仅仅依靠政策和少有的几部农业法律已经不能满足当代农业发展的新要求，这就要求我们建立起农业法体系。

农业的平稳健康发展离不开农业政策的指导，离不开农业法规范和保障，现代农业的发展将惠农政策法治化这一问题摆在了我们面前。但中国目前农业的发展还主要是靠政策和比较少的几部农业法，这显然是无法满足现代农业发展要求的。就目前来看，中国惠农政策法治化存在两个问题，一是农业的发展在很大程度上依赖于惠农政策，这就使得农业发展的稳定得不到有力的保障；二是农业法律体系尚未形成，中国农业法律制定的比较少，各个法律间的分工和配合还不够协调。中国已经颁布了《中华人民共和国农业法》，为农业的法治化道路打下了一个基础，对农业政策法治化而言是一个良好的开端，但与国外农业大国和强国相比，中国惠农政策法治化才刚刚起步。我们要认真研究国外惠农政策和惠农制度，通过比较找出适合中国惠农政策法治化的道路，为中国三农的发展保驾护航。

第九章　中国惠农政策与法治一体化建设的战略构想

惠农政策是中国改革开放以来党和国家一直非常重视的重要内容,中央颁布的一系列一号文件正是体现了我党对"三农"问题的重视程度。但随着中国国民经济的发展,中国"三农"问题逐渐凸显,农民问题、农村问题、农业问题构成了中国"三农"问题的主要内容,农民的负担过重、农村民主建设的落后、农业结构的不合理等问题一直都是中国"三农"问题的主要组成部分。农业是中国国民经济的基础,对中国社会的稳定起着举足轻重的作用,特别是在中国目前正处在全面建设小康社会的发展阶段,政府提出要加快农村社会的精神文明建设和民主组织建设以建设社会主义新农村的构想。为此,党和国家应该实施加大对农村基础设施建设的资金投入、努力减轻农民的负担、增加农民收入水平等策略,加快农村社会经济的发展,从而为中国全面建设小康社会打下良好的基础,为构建中国的和谐社会提供有力的保障。

笔者认为,如果要从根本上解决"三农"问题,就必须从惠农政策方面着手,用法治的方式提高惠农政策的执行力度。众所周知,人类社会能够发展到今天,首先依赖的是农业的发展,中国社会的发展首先依靠的也是农业的发展。农业在中国国民经济的发展中占有重要的基础地位,是其他产业能够得以顺利发展的重要保障[1]。其他产业的发展离不开基本的物质保障,而农业恰恰是提供这些物质保障的产业,只有农业得到了一定的发展,其他产业才能够较好较快的发展。所以,中国农业的发展程度直接决定中国整体社会经济发展的程度。

中国在历史上就一直是个以农业为主的大国,所以农业问题也成了中国目前急需解决的重要问题。中国是一个传统的国家,几千年来已经形成了固定的传统农业模式,但是随着中国实行改革开放和市场经济以来,中国传统的农业方式越

---

[1] 葛士冈:《经济发展中的新农业经济》载《中国经贸》,2010年第24期。

来越不适应当前社会的发展,特别是近年来中国"三农"问题即农民问题、农村问题和农业问题①越来越突出。虽然中国自改革开放以来一直非常重视农业的发展,也连续颁布了很多关于惠农政策的一号文件,对中国农业状况的改善也起到了很大的作用,改变了中国农业的基本面貌,但是这些文件大多局限在农业范围内,随着中国农村问题和农民问题的出现,中央颁布的一系列惠农政策并没有从根本上改善中国"三农"的基本处境。特别是"三农"问题越来越多地影响中国政治、经济和文化等各项事业的发展,这引起很多专家学者开始对中国惠农政策和"三农"问题进行精细研究和高度关注。中国"三农"问题有它的产生根源,其原因是复杂多样的,其中一部分源自中国传统农业发展的历史问题,再加上中国农业本身高成本、低收益的特点,使得中国"三农"事业面临巨大的考验,对中国政府和社会的稳定也提出了巨大挑战。

一、中国惠农政策与法治一体化建设战略构想的基本理论

(一)战略构想的基本概念

1. 惠农政策

惠农政策是对1978年中国改革开放以来国家出台的所有一号文件政策内容及精神的统称。惠农政策主要包括农民政策、农村政策、农业政策,统称为"三农"政策。中国改革开放30多年来,截至目前,中国政府已经出台了二十一个一号文件(见附件1),特别是自十六大以来出台的一号文件,推出了一系列比较有力度的惠农政策,对解放农村的生产力起到了很大的作用,从而较好地促进了中国农村的整体发展,使中国农村面貌焕然一新。中国惠农政策具有如下特点:

第一,惠农政策的地位很高。"农民、农村、农业"问题历来是中国发展的关键问题,从中国目前来看,虽然农民收入稳步提高,农村建设卓有成效,农业环境有所改善,但我们应该清醒地认识到中国"三农"发展还处于爬坡阶段,农民增收还有困难,农村生活还需提高,农业基础还很薄弱,党中央国务院审时度势根据中国实际情况,连续二十几年来用一号文件发布惠农政策(见附件1),说明党中央国务院把"三农"工作作为"全党工作的重中之重""把农业放在经济工作的首位"。

第二,惠农政策的高度概括性。惠农政策,主要概括为更好地解决"三农问题"即努力解决好农民、农村、农业问题。党中央国务院每年用一号文件说明当年三农问题解决的重点内容和任务(见附件1)。2004年惠农政策的主要任务就是促进农民增加收入;2005年惠农政策的主要任务就是加强农村工作提高农业综

---

① 宋松岩:《解决"三农"问题应该标本兼治》载《集团经济研究》,2005年第5期。

合生产能力,2006年推进社会主义新农村建设。

第三,惠农政策涉及范围的广泛性。虽然惠农政策被高度概括为采取适当措施更好地解决"三农"问题,但涉及到很多方面。如:农业方面有为提高中国粮食生产能力而提出的种粮农民直接补贴、良种补贴、农机具购置补贴和农资综合直补等政策;为促进中国养殖业发展,对奶牛良种繁育给予适当的补贴、重大动物疫病强制免疫补助、畜禽疫病扑杀补贴、基层防疫工作补助等政策;新农村建设方面有加大农村公路建设力度的政策、扩大鲜活农产品运输"绿色通道"网络的政策、"万村千乡"工程、新一轮农村电网改造政策、农村沼气建设、支持农村贷款等政策;农民方面有"阳光工程"、"春风行动"①、"一村一大学生"②、"三下乡"活动③、"家电下乡"、"新型农村社会养老保险制度"、"新型农村合作医疗制度"(见附件2)。

第四,涉及部门广泛。从附件2中可以看出惠农政策涉及社会生活的方方面面,从农业生产到农民的生活补助,从农村基本建设到农民的教育培训等惠农政策都一一涉及,从而牵涉的部门也非常多,国务院的所有部委、直属机构基本都有涉及。

第五,惠农政策执行的具体标准和范围由各省市自治区根据自己的实际情况进行执行。如:粮食直接补贴政策实行省长负责制,各省级人民政府根据国务院的补贴政策,制定具体的实施意见,负责将补贴资金兑付到户,要求按种粮面积向种粮农户兑付补贴,具体补贴方式由各省级人民政府根据本省的实际情况自行确定。山西省2008年粮食直补小麦每亩10元、农资综合直补每亩46元,山东省2008年粮食直补每亩补贴16元,农资综合直补每亩补贴64.2元。

---

① 2006年劳动和社会保障部在全国范围内开展"春风行动",目的是使广大进城务工劳动者享受免费求职等方面的就业信息服务,解决其求职无路、权益无法维护的问题。
② "一村一大学生"是利用现代远程教育技术,通过中央广播电视大学及全国广播电视大学系统,并集成全国农业高校和相关高校优质教育资源及实用技术课件,通过采用广播、电视、卫星、互联网等现代远程教育技术手段,利用全国已建成或正在建设的中小学信息技术教育站(点)、农村党员干部教育站(点),将高等教育输送到县和中心乡镇的学习点,在农村以中央广播电视大学的高职教育为主,每年每村招收一名大学生,培养高等职业技术教育层次的农村实用科技人才和管理人才。
③ "三下乡"活动指文化下乡、科技下乡和卫生下乡。文化下乡包括:图书、报刊下乡,送戏下乡,电影、电视下乡,开展群众性文化活动;科技下乡包括:科技人员下乡,积极信息下乡,开展科普活动;卫生下乡包括:义务人员下乡,扶持乡村卫生组织,培训农村卫生人员,参与和推动当地合作医疗事业发展。

2. 惠农法治

由于中国的惠农政策主要指"三农"即农民、农村、农业三方面的政策,所以惠农法治也可以说是"三农"法治。惠农法治就是在我党的正确领导下,利用法律的手段对农民、农村、农业三农的各项相关事务进行治理,努力优化农业经济结构,促进农村改革,减轻农民负担等事项,为农村发展提供有力的法律保障,以此推进全面小康社会的建设,加快农村城市化进程,发展现代化农业,建设社会主义新农村,为构建中国的和谐社会奠定坚实的基础。① 中国属于城乡二元结构,农村和城市之间存在较大差别,农村无论是在基础设施上还是在文化背景上都较远地落后于城市的发展水平。在目前中国要建设社会主义法治国家的情况下,农村作为中国的主要构成部分,如果不能较好地跟上法治的步伐,那么会对中国的法治道路引起极大的消极影响。据此,中国应该实行惠农法治政策,用法律来治理中国的"三农"问题。自改革开放以来,中央政府一直致力于解决中国的"三农"问题,连续颁布的十四个中央一号文件就是最好的证明,但是时至今日,中国的"三农"问题依然普遍存在,虽然中央颁布的惠农政策对改善中国"三农"问题已经取得了骄人的成绩,但是从根本上来说中国的农业状况、农村问题、农民负担重等各种问题并没有得到最根本的改善。目前中国正处于全面建设小康社会阶段,全面建设自然不但包括城市建设更要包括农村建设,农村建设如果跟不上步伐,势必会严重影响中国的整体建设状况,所以中央提出建设社会主义新农村的号召。新农村的建设要靠什么? 就是要依靠法治。新农村建设的核心问题是要解决农村的经济发展问题,农村经济的发展不但包括农业结构调整问题、农村基础设施建设问题、土地问题、农村社会保障问题、农村权利问题,还包括农村的整体素质问题。目前中国农村的法律意识低下,无法形成统一的生产综合力,对于农业发展大大不利。所以,农村经济的发展首要解决的是农村的法律问题,要以法律治理农业问题,使法律普及到农村的各个领域,为农村的产权制度、土地制度改革和农业的市场化提供法律保障和政策引导。中国惠农法治具有如下特点:

第一,涉农法律很多,但惠农法律不全面。从附件3、附件4、附件5中可以看出中国有很多的涉农法律、法规、规章制度,但都是一般规定,没有体现出"惠农"这一特色,有些如惠农金融、新农村建设、粮食直补等内容缺乏。

第二,惠农法律概括性高,"惠农"显得很不具体。《中华人民共和国农业法》的第十五条规定县级以上人民政府根据国民经济和社会发展的中长期规划、农业和农村经济发展的基本目标和农业资源区划,制定农业发展规划。说明党中央国

---

① 任宽翔:《和谐新农村建设思路探讨》载《柳州师专学报》,2008年第13期。

务院鼓励农业的发展,但没有明确地说明鼓励农业大县发展这一惠农政策。第二十条国家鼓励和支持农民和农业生产经营组织使用先进、适用的农业机械,加强农业机械安全管理,提高农业机械化水平。国家对农民和农业生产经营组织购买先进农业机械给予扶持。国家对农民和农业生产经营组织购买先进农业机械给予扶持,只说明国家对农民使用农机具给予扶持,但没有说明"补贴"这一政策。

第三,惠农法治不系统,零星地分布于各种法律、法规、规章制度中。目前,中国没有一部专门的"惠农"法制性内容是根据中国的惠农政策制定的。很多惠农法治涉及多个法律、法规、部门规章等。如:农民专业合作社有《中华人民共和国农民专业合作社法》,农机购置补贴在《中华人民共和国农业法》中有所体现。

第四,执法部门多。由于中国惠农法治不系统,制定惠农制度的主体很多,从横向看中国的惠农制度涉及农业部、工商总局、财政部等部委,从纵向看中国的惠农制度从中央到地方均有涉及,而且每个地方根据自己的实际情况制定了不同规章,这样无论是从横向上还是纵向上惠农制度涉及的部门极广,所以执法部门也很多(见附件3、4、5)。

3. 一体化建设

一体化是指相互独立的个体经过综合形成一个包含自我的完整的系统的过程。一体化是个广义概念,不特指某种事物的一体化,而是存在于各种领域,涉及面非常广泛,可能包括经济、政治、文化、法律、体育、教育等等方面,我们经常见到的如全球一体化、经济一体化、城乡一体化等,这些概念贯穿在我们的日常生活之中,随处可见。① 根据以上对惠农政策的简要概括和对法治概念的深度剖析,惠农政策与法治一体化的含义是指我们采用一体化的方法论使法治与惠农政策结合起来以达到中国惠农政策与法治一体化的目的,最终利用这种方法解决中国"三农"问题即农民问题、农村问题、农业问题。一体化建设具有如下特点:

第一,惠农政策与惠农法治具有高度一致性。政策和法律是两种最重要的社会调整机制。中国是人民民主专政的社会主义国家,中国共产党代表了最广大人民的利益,其制定出的政策应该最多限度地维护广大人民的利益,"法是统治阶级意志的体现",从这个层面看来政策和法律在阶级本质、经济基础、指导思想、基本原则、社会目标等根本方面是高度一致的。同样惠农政策与惠农法治在阶级本质、经济基础、指导思想、基本原则、社会目标等方面应该具有高度一致性。

第二,惠农法治帮助惠农政策更好地贯彻实施。中国是个农业大国,农业在中国具有重要的基础地位,中国政府向来是以行政手段来管理中国农业发展的,

---

① 王慧轩:《区域经济一体化的内涵与对策研究》载《生产力研究》,2008年第5期。

但是行政的管理手段没有良好的反馈机制,现实存在的问题也很难通过行政的方式被掌握到,信息无法及时反馈到上层管理部门,自然问题也就无法得到解决。而且行政手段具有很大滞后性,首先问题要反映到上层管理部门,管理部门需要时间进行研究并制定方案,然后才能开始执行措施,等到达基层后已经过了很长的时间,大大地降低了解决实际问题的效率。相比较行政手段的管理方式,用法律手段来管理农业是一个更好的选择。把惠农政策与法治相结合,当中央或农业部门下达惠农政策时,就如同传达了法律指令,让广大人民能够及时地把握惠农政策并同时掌握法律武器,可以达到对惠农政策执行单位有效的监督作用。

第三,惠农政策与惠农法治应该相辅相成。"一体化"是指相互独立的个体经过综合形成一个包含自我的完整的系统的过程。所以惠农政策与惠农法治应该相互融合,即有什么样的惠农政策就有相应的惠农法律作为支持,有什么样的惠农制度就有什么样的惠农政策进行补充,不能只有惠农政策而没有惠农制度,也不能只有惠农制度而没有惠农政策。

4. 战略构想

战略,"战"指战争,略指"谋略"。春秋时期孙武的《孙子兵法》被认为是中国最早对战略进行全局筹划的著作。在现代"战略"一词被引申至政治和经济领域,其含义演变为泛指统领性的、全局性的、左右胜败的谋略、方案和对策。惠农政策与法治一体化建设战略构想是指站在全国的高度从宏观角度出发着眼于中国"三农"事业未来发展方向和长远利益,以构建惠农长效机制为目的,采用一体化的方法论使惠农政策与惠农法治结合起来以达到中国惠农政策与法治一体化的效果,最终通过这种方法解决中国"三农"问题,达到农民富裕、农村繁荣、农业发展的目的。战略构想的特点是:

第一,宏观性。为了解决中国的"三农"问题,我们需要从宏观的角度出发,站在全国的高度,综合国内国外情况,结合中国实际情况,以"农民富裕、农村繁荣、农业发达"为目标,重新对中国的惠农体制进行洗牌。政策上要逐步不断完善,争取覆盖"三农"的方方面面,小到吃、穿、住、行,大到产业发展、环境保护等都有政策支持。法治上应该有与政策相配套的制度,实现政策与法治的一体化。

第二,方向性。对中国惠农之路进行构想,应该具有方向性即站在全国的高度,高举一杆惠农的大旗,把过去复杂的、多面的、相互冲突的问题纳入明晰的、单面的、统一的、目标明确的轨道,统一我们的认识、协调我们的行动,因势利导,使"惠农"之路朝着国家所期望的方向发展。

第三,长远性。战略构想不能只局限在目前中国惠农的情况,要着眼于未来中国整个"三农"的发展,要用发展的眼光看问题,不能头痛医头,脚痛医脚,我们不光要切掉腐肉,更要注重保健,让中国惠农成为一种"习惯"而不是一时冲动。使惠农之路走得更远,走得更踏实。

(二)战略构想的现实意义

1. 巩固农业的基础地位。中国是个农业大国,农业在中国具有重要的基础地位,是国民经济的基础。农业在中国的基础地位一直是我们强调的重要内容,但是尽管政府非常重视农业的发展及其地位,但是其地位的重要性并没有受到足够的重视,也没有得到应有的实效强调。农业的基础地位是显而易见的,正所谓民以食为天,中国是农业大国同时又是人口大国,重轻工业建设、商业发展都需要人口,而这些庞大的人口数量的口粮从哪里来?只能是从农业中来。是农业提供给国民经济发展的物质基础,没有农业的良好发展,整个国民经济都会陷入停滞甚至是崩溃。实行惠农政策与法治一体化可以使惠农政策与法治相互渗透、互相作用,政策引导法治、法治保障政策,从而从各个方面巩固农业的基础地位。

2. 提高农村精神文明水平。精神文明建设和物质文明建设一样重要,中国精神文明建设需要一个很长的时期,其主要内容有两个方面,第一是思想道德建设,第二是教育、科学文化建设。① 两个方面都非常重要,共同体现了精神文明的建设水平。农村精神文明是中国整个社会精神文明的瓶颈,只有中国农村精神文明得到了根本的提高,才能真正实现中国整体的精神文明。农村精神文明的建设,首先是农村的教育科学文化建设。中国农村教育虽然得到了很大的发展,但是目前中国农村仍然存在着很多封建迷信,甚至一些干部也不能科学地看待一切事物,遇到问题也不能用科学的方法去看待问题和解决问题。这都是教育不够的原因,现在中国农村已经实现了"九年义务教育",但很多学生辍学打工的现象仍然存在,这一定程度上影响中国农村教育水平的整体提高。所以无论是在教育投入上还是在农村的科学文化普及上都应该加大力度,争取不但使农民的孩子能够得到好的教育,使农民自身也能够得到文化知识水平的提高。其次,是农村的思想道德建设。中国精神文明的建设根本上是思想道德建设,思想道德建设不同于教育、科学文化,而是比教育和科学文化更高的一个层次,受过教育的人思想道德素质不一定就高,懂得科学文化的人思想道德素质也可能比较低下,这种状况在农村尤为明显,所以要加大力度对农民进行思想道德教育工作。农村最重视的是自己的切身利益,而实行惠农政策与法治一体化可以提高农民对惠农政策的认识和对法律的认识,从而找到自己作为主人翁的地位,学会利用法律来保护自己的利益,从而提高自己的教育水平和思想道德素质。所以,惠农政策与法治一体化可

---

① 陈明惠:《试论社会主义精神文明建设中的辩证法》载《重庆社科文汇》,2001年第7期。

以较好地促进农村精神文明建设,从而促进整个社会的精神文明建设。

3. 促进民主政治建设。农村民主政治建设是中国民主政治建设的重要内容,在改革开放以来,中国农村民主政治建设取得了很大的成就,中国农村民主政治建设以"民主选举,民主决策,民主管理和民主监督"为内容,但是中国地域宽广,人口众多,民主政策并没有在全国农村得到充分的实现,很多民主政策内容都成了摆设甚至是一些人利用的资源。在今天中国正处在全面建设小康社会的阶段,农村能不能实现真正的民主政治建设对全面建设中国的小康社会影响重大,农村民主政治如果得不到充分的发展,就不可能建设好社会主义新农村,也就谈不上小康社会的实现,小康社会伴随的不仅仅是物质上一定程度的发展,而且应该具备良好的精神文明,而农村民主政治建设状况正是体现农村精神文明的重要内容。实现农村民主政治要靠法律来保障,惠农政策一个重要部分就是农村问题,而农村问题就包括了农村的民主政治建设,实现惠农政策与法治一体化可以很好地促进中国民主政治建设的发展进程。

4. 维护社会和谐稳定。目前,中国农村的社会治安形势比较严峻,需要继续解决。如果实现了惠农政策与法治一体化,可以让农民从根本上获得自己应得的利益保障,农民利益得到了保障就能够刺激农民的生产积极性,使之心无旁骛,而且地方政府也能够得到农民积极拥护,从而维护了农村的社会稳定,也维护了整个社会的稳定。

二、中国惠农政策与法治一体化建设战略构想的基本状况

(一)战略构想的惠农政策之现实

1. 中国惠农政策制定的现实状况

中国惠农政策发展分为三个阶段:

第一个阶段:自改革开放至2001年。1978年12月我党召开了十一届三中全会,十一届三中全会通过了一项重要决议,此决议指出"要把全党的工作重心转移到社会主义现代化建设上来"。自此中国开始了改革开放,改革中的一个重要部分是对农业的改革,会议提出"为把农业搞上去,必须首先在农村实行改革,推行联产计酬责任制"①的决议思想,之后又经过十一届四中全会的适当调整,从而为党和国家在1982年到1986年连续出台五个一号文件奠定了基础。

党和国家出台的有关惠农政策的第一个一号文件是在1982年发出的,名为

---

① 张秀生:《经济转轨期的农村双层经营模式:路径、绩效与体制创新》载《生产力研究》,2006年第6期。

《中共中央一九八二年一月一日全国农村工作会议纪要》。此会议纪要有效地提高了农民对农业的生产积极性,原因在于它肯定了"双包"制的合法地位,使农民可以不再局限于平均分配的公社制的生产模式。继而中央在第二年发布了第二个一号文件,①要求在中国农村全面推行家庭联产承包责任制,认为家庭联产承包责任制是中国人民的伟大创造,这不但充分提高了农民的生产积极性,更是对以后中国农业的发展起到了巨大的影响作用,有效地增加了农民的整体收入水平。1984年的一号文件②指出:"农村工作的重点是在稳定生产责任制的基础上,提高生产力水平、梳理流通渠道、发展商品生产,强调要继续调整农副产品的购销政策,改善农副产品的收购办法。"这一政策是对农村经营管理体制的创新,使农民成了经营主体。1985年的一号文件③把统购粮食改成合同订购的形式,除此之外其他的粮食可以被用来自由交易,这个规定使得农民可以按照实际需要来进行生产,摆脱了盲目生产的困境,从而活跃了农民的生产形式,优化了资源配置。1986年党中央又出台了第五个一号文件,④文件对农村的工作提出新的要求,要求"落实政策,深入改革,改善农业生产条件,组织产前产后服务,推动农村经济持续稳定协调发展"⑤,这个要求进一步巩固了家庭联产承包责任制的地位,中国从此彻底废除了人民公社制度。

党和国家出台的五个一号文件以贯彻推行联产承包责任制的生产形式为其基本精神,这不但符合农业生产的基本发展规律,也符合中国农村的现实情况。家庭联产承包责任制的坚持推行不但有效地解放了中国农民被长期压抑的生产力,而且对中国农民收入和生活水平的提高也起到了很大的推动作用,为中国农业以后的发展打下了坚实的基础。

第二个阶段:2002年至2012年。之所以把2002年作为中国惠农政策发展阶段的分界线,原因在于我党于2002年11月召开了十六大,十六大的顺利召开标志着中国进入了全面建设小康社会的发展阶段⑥。要全面建设小康社会就无法忽视中国的农业问题,随着中国农业的发展,中国的"三农"问题也逐渐成了国家工作的重点,所以自2004年政府开始继续推出惠农政策的一号文件,至2012年共连续发布了九个一号文件。

---

① 1983年1月2日中共中央《当前农村经济政策的若干问题》。
② 1984年1月1日中共中央《关于一九八四年农村工作的通知》。
③ 1985年1月中共中央《关于进一步活跃农村经济的十项政策》。
④ 1986年1月中共中央《关于一九八六年农村工作的部署》。
⑤ 赵盈:《加快农业社会化服务体系建设的思考》载《黑龙江农业科学》,2008年第2期。
⑥ 侯冬梅:《试论中国公共行政公平的发展历程》载《赤峰学院学报》,2009年第7期。

2004年中央发出了《中共中央国务院关于促进农民增加收入若干政策的意见》的一号文件,这也是以胡锦涛同志为首的党中央颁布的第一个一号文件。文件指出一定要增加农民的收入,特别是粮食主产区农民的收入水平。此一号文件还提出"三项补贴",即"对粮食的直接补贴、良种补贴和农机具购置补贴,对水稻实行最低收购价",这些措施受到了广大农民的拥护,调动了大家的积极性,而且本年度惠农政策的执行使得农民的收入有了显著的提高,卓有成效。2005年中央颁布了改革开放以来的第七个一号文件,即《关于进一步加强农村工作提高农业综合生产能力若干政策的意见》,此文件指出要全面落实科学发展观,"努力实现粮食稳定增产、农民持续增收、促进农村经济社会全面发展。"进一步促进了"三农"问题的解决。为了减轻农民的负担,2006年国家又出台了第八个一号文件,[①]此文件提出了"八项举措",这些举措涉及农民生活的方方面面,其中包括取消几千年来的农业税,这项举措相当有力,极大地减轻了农民的负担。中央在2007年颁布的第九个一号文件[②]指出要以科技发展社会主义新农村建设,使农业发展现代化,把现代科技作用于农业,从而提高农业生产的效率。并且继续实行最低收购价的政策,从而保证了农民收入的稳定性,进一步完善了中国的惠农政策。2008年第十个一号文件[③]提出"城乡经济社会发展一体化新格局",在原有的财政支出上又增加了部分财政,利用直接的惠农政策,直接给予农民补贴,从而使农业的基础地位得到了进一步的巩固。2009年的中央一号文件[④]坚持原有政策的实施,继续围绕三农这个核心,保持农村经济的平稳较快发展。中央的第十二个惠农一号文件《中共中央、国务院关于加大统筹城乡发展力度,进一步夯实农业农村发展基础的若干意见》,此文件提出要统筹城乡发展,发展现代农业,加快社会主义新农村建设和城镇化建设,从而使"三农"工作在中国经济社会发展中占有了全局性的重大意义。本文件的正确实施使中国的"三农"问题都得到了一定程度上的解决,稳定了农业的发展,使农民的收入持续增加,也使中国的经济发展方式得到了转变,对经济结构的调整也起到了较明显的作用。2011年,继连续颁布七个一号文件之后,中央颁布了第八个一号文件,也是改革开放以来的第十三个一号文件,[⑤]即《关于加快水利改革发展的决定》,中国要发展现代农业,首先不能缺的

---

① 2006年2月中共中央国务院《关于推进社会主义新农村建设的若干意见》。
② 2007年1月中共中央国务院《关于积极发展现代农业扎实推进社会主义新农村建设的若干意见》。
③ 2008年1月党中央国务院《关于切实加强农业基础建设的若干意见》。
④ 2009年2月中共中央国务院《关于促进农业稳定发展农民持续增收的意见》。
⑤ 2011年1月中共中央国务院《关于加快水利改革发展的决定》。

是水资源灌溉,水利是决定农业发展的先决条件,所以中央首次对水利工作以一号文件的形式开展全面部署。文件明确提出"把水利作为国家基础设施建设的优先领域,把农田水利作为农村基础设施建设的重点任务,把严格水资源管理作为加快转变经济发展方式的战略举措"[1]。2012年2月1日党中央国务院发布了《关于加快推进农业科技创新持续增强农产品供给保障能力的若干意见》,指出农业科技是确保国家粮食安全的基础支撑,是突破资源环境约束的必然选择,是加快现代农业建设的决定力量,紧紧抓住世界科技革命方兴未艾的历史机遇,明确农业科技创新方向、突出农业科技创新重点、完善农业科技创新机制、改善农业科技创新条件、着力抓好种业科技创新为农民增收、农村繁荣、农业增产注入强劲动力。

2004年至2012年的连续九个中央一号文件正是中国惠农政策发展的第二个阶段。本阶段惠农政策的主要核心是以城市支持农村、工业支持农业的形式开展"三农"工作的。这些文件的顺利实施不但有效地提高了农民的收入,而且使农村经济得到了稳步快速的发展和完善,促进了社会主义新农村建设的步伐,为全面实现中国的小康社会做出了巨大贡献,为构建和谐社会起到了一定的促进作用。

第三个阶段:2013年至今。2013年1月31日,2013年中央一号文件,《中共中央、国务院关于加快发展现代农业,进一步增强农村发展活力的若干意见》,一号文件连续第十年聚焦"三农"。2014年1月19日,新华社受权发布《关于全面深化农村改革加快推进农业现代化的若干意见》,包括:完善国家粮食安全保障体系;强化农业支持保护制度;建立农业可持续发展长效机制;深化农村土地制度改革;构建新型农业经营体系;加快农村金融制度创新;健全城乡发展一体化体制机制;改善乡村治理机制。2015年2月1日,2015年中央一号文件《关于加大改革创新力度加快农业现代化建设的若干意见》公布。包括:围绕建设现代农业,加快转变农业发展方式;围绕促进农民增收,加大惠农政策力度;围绕城乡发展一体化,深入推进新农村建设;围绕增添农村发展活力,全面深化农村改革;围绕做好"三农"工作,加强农村法治建设。2016年1月27日,2016年中央一号文件《关于落实发展新理念加快农业现代化实现全面小康目标的若干意见》公布,包括:持续夯实现代农业基础,提高农业质量效益和竞争力;加强资源保护和生态修复,推动农业绿色发展;推进农村产业融合,促进农民收入持续较快增长;推动城乡协调发展,提高新农村建设水平;深入推进农村改革,增强农村发展内生动力;加强和改

---

[1] 《2011年中央一号文件〈中共中央国务院关于加快水利改革发展的决定〉发布》载《中国水利》,2011年第4期。

善党对"三农"工作指导。2017年2月5日,2017年中央一号文件《中共中央、国务院关于深入推进农业供给侧结构性改革加快培育农业农村发展新动能的若干意见》,包括:优化产品产业结构,着力推进农业提质增效;推行绿色生产方式,增强农业可持续发展能力;壮大新产业新业态,拓展农业产业链价值链;强化科技创新驱动,引领现代农业加快发展;补齐农业农村短板,夯实农村共享发展基础;加大农村改革力度,激活农业农村内生发展动力。2018年1月2日,2018年中央一号文件《关于实施乡村振兴战略的意见》,包括:提升农业发展质量,培育乡村发展新动能;推进乡村绿色发展,打造人与自然和谐共生发展新格局;繁荣兴盛农村文化,焕发乡风文明新气象;加强农村基层基础工作,构建乡村治理新体系;提高农村民生保障水平,塑造美丽乡村新风貌;打好精准脱贫攻坚战,增强贫困群众获得感;推进体制机制创新,强化乡村振兴制度性供给;汇聚全社会力量,强化乡村振兴人才支撑;开拓投融资渠道,强化乡村振兴投入保障;坚持和完善党对"三农"工作的领导等内容。2019年2月20日,2019年中央一号文件《关于坚持农业农村优先发展做好"三农"工作的若干意见》包括:聚力精准施策,决战决胜脱贫攻坚;夯实农业基础,保障重要农产品有效供给;扎实推进乡村建设,加快补齐农村人居环境和公共服务短板;发展壮大乡村产业,拓宽农民增收渠道;全面深化农村改革,激发乡村发展活力;完善乡村治理机制,保持农村社会和谐稳定;发挥农村党支部战斗堡垒作用,全面加强农村基层组织建设;加强党对"三农"工作的领导,落实农业农村优先发展总方针。在上述中央一号文件"聚农"持续发力的基础上,2018年9月26日,新华社播发"中共中央 国务院印发《乡村振兴战略规划(2018-2022年)》",提出了乡村振兴的总体要求、指导思想、基本原则、发展目标、远景谋划。使"三农"愿望着实落地。

综上,中央一号文件的鲜明特点:一是强调粮食主产区农民增收和贫困地区农民增收这两个重点和难点。二是从农业内部、农村内部和农村外部这三个层次,提出促进农民扩大就业和增加收入的有关政策。三是从为农民增收创造必要外部条件的角度,提出了开拓农产品市场、增加对农业和农村投入,以及深化农村改革的政策措施。四是强调了各级党委、政府和有关部门要切实加强领导、落实政策。

由此看来,"三农"问题一直是中国关系到国计民生的重要问题,改革开放以来,党和国家颁布的二十一个一号文件为解决中国的"三农"问题起到了至关重要的作用,在中国的农村经济发展方面和社会稳定方面都具有重大的意义和战略地位。在二十一个一号文件实施的过程中,国家不断摸索和改善惠农政策的正确道路,根据中国实际情况的变化逐步调整惠农政策,有效地促进了农村生产力的解放和不断提高,为中国的惠农政策理论体系的完善奠定了坚实的基础①。中国惠农政策的坚持实施,对中国农村建设的发展起到了很大的促进作用,使中国农村的面貌发生了巨大变化,由此,中国农村建设的道路越走越顺,越走越宽,社会也更加和谐和稳定。

2. 中国惠农政策实施的现实状况

(1)惠农政策的制定缺乏针对性和执行力。惠农政策如果要解决"三农"问题,首先在制定之时就应该是合理的,因为惠农政策制定得是否完善和合理是惠农政策能够得到有效实施的基本前提。惠农政策的制定应该是以农民、农村、农业即"三农"为根本核心,应该站在农民的角度上去想一想他们真正需要的是什么,惠农政策就是给予农民想要的,当然必须是合理的、合法的。但是在实际情况中却并非如此,中国惠农政策的制定缺乏一定的针对性和适用性。如农民补贴政策,由于目前中国惠农政策中的农民补贴政策需要经过好几个环节才能到达农民手中,农民补贴在各环节的流转过程中遭到了很大程度上的缩水,有些甚至到达不了农民手中,农民补贴的最终受益者往往不是农民而是其他如生产商等利益群体,这就削弱了惠农政策的实效。

惠农政策的最根本目的是使广大农民群众受益,调动农民的积极性,从而提高农民的收入水平,促进社会的进步。农民应该是惠农政策的最终受益群体,但是农村在惠农政策的制定过程中却没有参与的权利,没有广大农民群众的积极参与,惠农政策的制定部门也就无法全面掌握农民的实际需求,无法了解农民的现实情况,最终制定出来的惠农政策难免就会有失偏颇,达不到农民的根本要求,农民的积极性也就无法被调动起来,提高收入水平也成了镜中花,水中月。农民群众之所以无法广泛参与惠农政策制定过程,主要是由于农民群体比较散乱,属于无组织群体,缺乏可以代言的相应组织,所以其参与惠农政策的渠道也就比较少。又由于农民自身的素质不高,只能了解自己的需要,无法衡量广大农民群体的共同需求,也就没有了积极性,所以往往只能被动地接受有关部门的相关政策,但是政府部门又很难了解农民的需要,再加之有些官员官僚主义严重,对农民的切身需要不管不顾,在制定惠农政策时也就无法估计广大农民的真实需要。

鉴于以上原因,最终制定出来的惠农政策缺乏一定的针对性,虽然看起来力度很大,实际上很难执行。惠农政策制定缺乏针对性必然伴随执行力低下,政策得不到执行,农民就无法获得利益保障,最终只能挫伤广大农民的积极性,形成恶性循环。所以在制定惠农政策时一定要充分考虑到农民的需要,进行可行性调

---

① 参见田苗:《中国农业现代化的发展道路探讨》载《现代商贸工业》,2008年第11期。

查,对广大农民情况进行抽查调研,争取最及时、最准确地把握农民的需求方向和实际需要,并鼓励广大群众积极参与到惠农政策制定的过程中来,完善农民参与惠农政策制定的相关程序,吸收具有高素质的农民代表进入惠农政策制定的群体中来,让农民自己说话,从而提高惠农政策的针对性和执行力。

(2)惠农政策的执行缺乏有效性。第一,宣传机制不畅,农民不能及时掌握惠农政策内容。惠农政策的重要性不但在于其制定的合理性,更在于它的执行效果。① 惠农政策是否适合于广大农民群众,是否能给广大农民群众带来好处,最终需要在实践中进行检验,以便能够反馈到政策制定部门改善下一步的惠农政策。如果得不到好的执行,再好的惠农政策也只能是摆设,对农民的利益起不到任何帮助,甚至还有相反的效果。中国惠农政策执行的主体是当地基层政府,但是基层政府往往不顾及农民的利益,利用自己掌握信息的优势,故意对惠农政策不尽力执行,甚至是不下达给广大群众或者延后下达,还往往利用手中的权力以及惠农政策信息为借口侵占农民权益。当惠农政策正式到达农民手中时,农民利益已经受到了很大程度的侵犯,而到达的惠农政策也已经大打折扣了。

第二,惠农资金投入低和无法按时到位。首先,中国惠农资金投入低。农业本来属于低经济效益的产业,但是农业的基础地位是无法动摇的,所以决定了农业的发展仅仅依靠农业自身提供的资金是远远满足不了需求的,这就需要政府在制定惠农政策时加大对农业资金的投入才能够一定程度上保证农业的顺利发展,但是惠农政策从制定到最终的执行实施都需要大量的资金作为支持,而中国农业税已经被取消,政府的收入来源也被削弱,特别是基层政府常常是担负着巨大的债务,往往把农业经费作为政府运转的资金来源,这就使得在农业资金方面的投入不足的现象产生。惠农资金的投入不足会极大地影响中国农业发展的状况,农业得不到足够资金的支持,导致农业的发展被阻断,基础设施建设也无法按时按量的完成,农田灌溉设施不足使农业在面临自然灾害时的抵抗力大大减弱,农业生产率也会停滞不前得不到充分的提高。另外,又由于惠农政策在制定之时就缺乏一定的针对性,执行力不足,惠农政策在具体的实施过程中得不到充分的发挥,惠农资金也难以按时到位。再加上地方政府的官僚主义严重,对惠农政策拒不执行或刻意缩减惠农资金,不但危害了农民的利益,也会慢慢地失去农民的信任和拥护。惠农资金无法按时到位让惠农政策无法得到很好的实施,自然对农业的发展也起不到帮助作用,甚至容易引起农民的集体反对和不满,这不但是一个普遍存在的问题而且是非常严重的情况,惠农资金无法及时到位使农业情况得不到好

---

① 王艺军:《中国公共政策执行研究》,郑州大学 2004 届硕士学位论文,第 13 页。

转,"三农"问题也会越来越严重,越来越突出。所以要及时纠正这些已经存在的问题,加大对惠农资金的投入,监督惠农政策实施的进展情况,保证惠农资金能够及时到位,为"三农"问题的解决提供有力支持,从而对改善中国农业问题、农村问题和农民问题起到积极有效的作用。

(3)惠农政策的监督体系不够完善。惠农政策从制定到执行需要经过一个过程,而这个过程又比较复杂,一级一级需要层层传递,在惠农政策逐步作用到农民的过程中,常常会减弱惠农政策的力度和效果,这就需要一个强有力的监督机制,只有通过完善的监督体系进行惠农监督才能充分保证惠农政策的正确实施,但是中国目前的惠农政策监督体系并不完善,缺乏相应的监督主体,使得农民的利益常常受到损害。

第一,惠农政策监督程序不规范。惠农政策的落实需要有关部门进行相应的监督,监督是否有效直接影响惠农政策的落实成效问题。[1] 目前中国的惠农政策的相关监督部门由于自身的局限性,监督体系不够完善,没有强有力的监督力度,监督部门往往不按照监督程序办事,又加上监督部门常常与惠农政策的执行部门划不清界限,相互勾结,从而忽视了广大农民群众的利益。正是由于惠农政策监督主体的监督程序不规范导致惠农政策无法正常实施,使对惠农政策落实的监督流于形式和书面,无法保障农民的切身利益,导致最终惠农政策的落实也不能正常完成。

第二,惠农政策监督投诉渠道不畅。惠农政策的全面实施需要有力的监督体系,而监督又需要监督投诉机制来保证监督能够得以有效的发挥。但是目前中国的监督投诉机制并没有被纳入到法制的轨道,所以缺乏相应的法律体系的支持。惠农政策在具体落实的过程中难免会遇到各种各样的问题,会降低惠农政策落实的实效,但由于监督投诉渠道的不畅使这种情况无法得到及时的反映,而加之农民的文化素质又比较低下,对监督投诉机制认识不足,更使得惠农政策实施部门有空子可钻。广大农民对这种情况深恶痛绝,却无处申诉,使惠农政策的具体落实大大降低了实际效果。

(4)惠农政策的信息反馈存在较大问题。惠农政策包括制定和执行两个阶段,但惠农政策的制定和执行不是一个完全的单向过程,而是需要及时对各种信息进行反馈,从而可以从反馈的信息中发现存在的主要问题,并通过进一步的政策调整改善惠农政策的具体内容和落实的执行程序。但是目前中国的现实状况却不容乐观,中国惠农政策在制定和落实的过程中,其信息反馈机制缺乏,使得农

---

[1] 孙艳平:《湖南省惠农政策研究》,湖南大学2009届硕士学位论文,第17页。

民的利益和需求不能有效及时地反馈到惠农政策上来,而且这种情况较为普遍,不容忽视。

第一,信息反馈机制缺乏。信息的及时完全的反馈需要一个畅顺的反馈系统的支持,但是中国目前在惠农政策信息反馈方面并没有一个能够完整反映农民信息的信息反馈网络系统,所以无法使农民的现实信息及时地反馈到有关部门,即使有些信息被反馈到了也可能已经变样。加上有关信息反馈部门的工作人员素质不够高,可能会犯个人主义,只顾自己的个人利益,而对农民的真实需要置之不理或不加重视。

第二,惠农信息反馈不完整。中国惠农政策的信息反馈不完整的状况普遍存在。中国的行政体制是分级管理,所以惠农政策在执行过程中也是经过逐级传递的,在经过这层层的过滤之后,惠农政策早已经不是原来被制定出来时的样子了,而是被惠农政策执行部门经过刻意改变和曲解过的,这样广大农民就无法获得真正意义的优惠政策,所以经过这个系统反馈回去的信息也必定是被经过层层把关、逐级过滤的信息,并不能代表农民的真实情况,农民的利益得不到保障,在以后惠农政策的制定和执行过程中,农民的利益也会继续被损害。

(二)战略构想的惠农法治之现实

随着中国改革开放政策的实施,中国农村发展状况取得了骄人的成绩,中国农业、农村法律制度框架初步形成,农村基层民主法治建设也有了很好的发展。[①]首先,具有中国特色的农业、农村法律制度框架初步形成。解放初期,中国严重缺乏关于农业、农村的相关法律,改革开放的伟大转变后,经过几十年来的发展,中国已经陆续出台了一系列关于农村、农业的重要法律和法规,特别是《农业法》的颁布,更是多年来对中国农业、农村状况的一个总结和完善,对促进中国农村生产力发展和农业生产关系发达起到了很大的作用,具有里程碑的意义。其次,中国基层民主法制建设也得到了较快的发展。中国基层民主法治建设的主要成就体现在几个方面:其一,农村广大干部和群众的法律意识和观点普遍提高;其二,中国依法治村的活动得到了广泛的展开,并取得了喜人成绩;其三,村民自治制度的普遍实施极大地促进了农村基层民主的发展;其四,农村法律服务体系得到了发展,使中国农村的法律服务水平得到了提高;其五,中国农村的各项事业都已开始逐步实现管理的规范化和制度化,为中国农村各种问题解决打下良好的基础。虽然中国已经在农村的法治建设上取得了不俗的成绩,但同时不能忽略其中存在的主要问题,特别是近些年来农业问题、农村问题和农民问题的逐渐凸现出来,使我

---

① 陈娴灵:《新农村建设之法律促进》载《湖北社会科学》,2006年第8期。

们应该更加注意到中国关于惠农法治的建设还有很长的路要走,还存在着很多需要加强和改善的方面。

1. 中国"三农"的法律体系还需完善。尽管改革开放几十年来中国已经取得了农村法治建设的较大成就,但是我们也应该认清楚一个基本的事实,那就是中国关于农业方面的立法依然比较滞后。党的十六大提出要建设中国特色的社会主义的法律体系,而农业法律体系的完善以及农村、农民方面的法律完善都还有很大的不足,并没有形成完整的"三农"法律体系。如中国农村很多法律立法层次比较低,多是停留在行政法规、地方法规和部门规章的层次上,不具备较高的法律效力,所以常常是违规之后也不能得到应有的制约。法律内容也都过于书面化和理论化,其可操作性不佳,在需要法律作为支持的时候得不到应有的发挥。当前中国农村体制正在向市场经济体制转变,由于中国农业在传统上属于小生产经营方式,当它在向新的市场经济形式转变时,不可避免地会遇到各种新问题和新情况,而这都需要相应的法律为其保驾护航,需要中国不断完善"三农"法律体系。首先,要提高"三农"制度的法律效力,不光要有"三农"的行政法规、地方法规、部门规章等还要在法律层面规定"三农"问题;其次,在制定相关制度时要更加具体化,不能泛泛而谈。比如《农业法》第二十条规定国家鼓励和支持农民和农业生产经营组织使用先进、适用的农业机械,加强农业机械安全管理,提高农业机械化水平。国家对农民和农业生产经营组织购买先进农业机械给予扶持。但没有提出农民购买先进农机具的具体扶持办法。

2. 农村基层组织建设需要加强。农村基层组织主要包括农村基层政权组织、党组织、经济组织和村民自治组织。① 农村基层组织在党关于中国惠农政策在农村的正确落实和执行中发挥着重要作用,但是中国农村基层组织建设并不完全,还需要适应新农村建设的形势,利用各种方法进行加强和完善。中国农村基层组织建设需要注意几个方面的问题:其一,乡镇政权建设方面的问题。目前中国关于乡镇政府的规定比较简单,不够细致和规范,乡镇政府的机构编制规定也没有法定化。中国乡镇政府属于上级政府和农民之间的中间组织,常常发生对上隐瞒不报对下隐瞒信息的现象,而且基层政权组织经常代替村民自治组织对各种农村事务做决定,影响了村民自治组织建设的完善;其二,农村基层民主中存在的问题。中国农村基层民主主要是以村民自治的形式体现的,而关于村民自治的法律是《村民委员会组织法》,此法在具体的实施过程中,也存在诸多问题。因此,中国

---

① 艾理生:《农村基层党组织与社会主义新农村建设问题探析》载《衡阳师范学院学报》,2007年第4期。

关于农村基层组织建设需要对已有法律进行完善,对新出现的问题应该加以规定,使农村基层组织建设能够更好地发展。

3. 农民的合法权益得不到保障。中国"三农"问题之一就是农民问题,而农民问题最大的就是农民负担问题,中国惠农政策的一项重要内容就是要尽量解决农民的负担问题,减轻农民负担是中国惠农政策要达到的主要目的之一。目前中国已经取消了农业税,2012年4月19日国务院办公厅发布的《关于进一步做好减轻农民负担工作的意见》等其他比较有力的惠农政策,帮助农民减轻了很大的负担,对全面建设中国小康社会也起到了很大的促进作用。尽管如此,中国农民的负担依然比较严重,很多合法权益得不到应有的保障。农民的合法权益的保障需要农村法律体系的完善,而目前中国农村并没有完全建立起公平、科学和合理的分配与再分配的法律机制,如对国家、集体和农户三者之间如何进行收益分配的规定仍然具有很大的计划性,在逐步实行市场经济的今天,这样的收益分配规定已经不符合时代的发展需要。中国农村法律规定中存在着很多诸如此类的已经比较陈旧的法律条文,对于这种情况应该加以重视,尽早完善农村法律体系,使农民的合法权益能够得到保障。

4. 农业产业化缺乏应有的法律支持。解决中国农业落后的根本方法是实现农业的现代化,而实现中国农业的现代化的途径之一就是农业的产业化。农业产业化就是以家庭经营为基础,以市场为导向,以企业为龙头,实现生产、加工、销售的一体化,使企业和农民形成利益同一体,共同承担经营风险。① 只有实现了农业产业化,中国农业才能得救,才能更好地向现代化方向发展。但是,伴随农业产业化的发展而来的经营主体的多元化,如农业专业经营组织,农业产业化经营合作经济组织,农工商一体化组织等等,它们都属于农业产业化经营中的主体,属于独立的市场经济主体,由于经营主体的多元化使得它们之间的利益往来和利益纠纷数量也随之变多,而中国在关于解决各种经营主体间的利益纠纷和经济关系方面还存在很多的不足之处。同时,农业产业化经营需要一个具体的运行规则,没有规则的市场是不稳定的,经营主体的利益也得不到保障,如何应对农业产业化经营带来的法律要求仍然是中国农村法律体系需要面对的重大问题。另外,政府需要对农业产业化经营进行一定的宏观调控和管理,使用行政手段和经济手段对农村市场进行干预,以防止各种不合理的竞争和垄断的产生,但是政府的干预手段只限于规则规定等方面,尚没有被纳入到法制轨道,所以最终导致中国农业产业经营无法得到强有力的法律支持,农业产业化进程也受到较大影响。所以,政

---

① 冷志明:《实现农业产业化经营的要素分析》载《经济工作导刊》,2002年第21期。

府及有关法律部门应该加强对农业产业化经营的法律立法，做到各种项目有法可依，在法律的具体执行中也要尽量做到有法必依。

5. 农村的社会保障体系需要尽快完善。中国的农村社会保障从新中国成立以来就开始建设，也取得了长足的发展，但是对于农民的社会保险方面还没有引起足够的重视，特别是中国农民的养老保险和医疗保险方面更是比较缺乏。中国农民占有全国大部分的人口数量，如果农民的养老和医疗不能得到应有的保障，则势必会引起农村社会的不稳定，进而影响全社会的稳定发展。中国农村社会保障体系很不完善，社会保障覆盖率低，保障水平低下，旧的医疗保障制度削弱之后，新的医疗保障制度却没有得到建立，这就产生了农民医疗难的问题。随着中国社会主义市场经济体制的建立和发展，中国农村工业化、农村城市化进程都在加快，农村劳动力的流动性也逐年增大，还伴随着农村人口的老龄化等各种问题，传统的保障方式已经不适应当前的发展状况，必须加快建立和完善中国新的农村社会保障体系，从立法上对农村社会保障体系进行完善，赋予农民获得社会保障的基本权利，扩大宣传，让农民充分了解农村社会保障的基本内容，引导农民重视自身的利益，主动参与到社会保障的体系中来。完善农村的社会保障体系，有利于保障农民的基本权利，维护民心和社会团结稳定，从而对促进中国的经济发展提供基本的保障。

(三)战略构想的一体化建设之现实

1. "农民、农村、农业"问题一体化的现实状况

"三农"概念是中国特有的一种概念，由于中国在历史上就是一个以农业为主的国家，目前农业也是中国发展的重中之重。"三农"概念第一次是出现在《90年代中国农业发展纲要》中，"三农"概念之所以重要，主要是由于由"三农"所引起的一系列问题所导致。"三农"问题目前已经成为中国普遍比较重视的重大问题，也得到了政府应有的重视，自改革开放以来，中国政府就一直致力于改善中国的农业、农村和农民状况，并取得了一定的成效。

"农民、农村、农业"的各自问题。农民问题：农民问题是中国"三农"问题的核心问题[①]。中国农业发展比较落后，农村基础设施和社会保障体系不够完善等各种因素，注定了中国农民得不到很好的收入，没有足够的收入就必然造成农民受教育程度的低下。中国虽然早就开始普及九年义务教育，但时至今日仍然没有完全实现，农村目前的教育水平仍然比较低。尽管中国的教育改革制度使农村的

---

① 李玉国：《浅谈"三农"问题的核心——农民问题》，载《山东省青年管理干部学院学报》，2003年第6期。

教育情况得到了很大的改善,但是由于教育是一个长期的事情,所以农民的综合素质的提高还需要时日。农民身上的另外一个问题就是负担比较重。党中央国务院一再强调要减轻农民负担,但是减负问题不可能在短时间内得到改善,而且有些地方的农村,仗着天高皇帝远,拒不执行党中央国务院的政策,这也在很大程度上使农民的利益受到了损害。因此,要解决中国的农民问题,就必须从这两个方面抓起,在为农民减轻负担的同时,要想办法,加大力度提高农民的自身素质,从而使农民自我觉醒,为中国的整体发展铺平道路。

农村问题:中国是个城乡二元化的国家,由于城市和农村长时间的分离,导致城市和农村之间无论是在经济的发展程度上,还是在文化水平上都有较大的差异。特别是中国仍然存在城市户口与农村户口之间的巨大差别,农村户口得不到城市户口一样的对待,权利得不到应有的保障。鉴于户籍制度对中国城乡二元划分的重要影响,有必要逐步取消户籍差别,使农村人口也能够得到公平的待遇。户籍制度改革不但有利于解放农村的生产力,而且有利于维护中国社会的治安稳定。但是户籍制度改革不是一蹴而就的,如果处理不当,没有相应的配套措施予以协调,反而可能造成被解放的农村劳动生产力无处安放,引起社会不稳。

农业问题:中国虽然是农业大国,但是中国自古以来都是自给自足的小农经济,自改革开放以来实行的家庭联产承包责任制则是以家庭为基本单位的,所以无法形成大规模的经济形式,这相对于国外的集约型农业形式,有很大的不足,竞争力也比较低下,特别是在中国加入世贸组织以后,面临着国外农业的外来压力和竞争,在这种情况下,如何应对外来压力和竞争对于中国农业来说是一个空前的挑战。中国开始实行市场经济的时间比较短,而农业市场经济更是很不完善,中国农业市场化程度较低,难以使粮食和农作物进入市场,这对中国农业经济的发展构成了很大的威胁。农业应该实现产供销一体化,而不是将几个环节进行分离,因为只有形成一个顺畅的链条,才能使农业更好地发展。

(2)"三农"问题的一体化现实状况。"三农"问题产生的根源在于中国在解放初期大力发展重工业,导致国家政策倾向于城市化,冷落了农业发展,使得农业发展极大地落后于工业发展。农业的落后使城乡差距逐步加大,城乡之间发展的不平衡,农村和城镇更加分离化,由此可能产生两极分化,随着这种矛盾的增加将可能极大地影响中国社会的发展速度和社会的基本稳定。"三农"问题指的是农业问题、农村问题和农民问题,但是"三农"问题不只是这三种问题的简单反映,而是基于这三种问题而生的综合的社会性问题。由于农业的不被重视,使得农业发展趋于落后境地,农业的落后必将造成农民的低收入状况,农民通过辛勤的劳作却得不到应有的收入回报,会降低农民进行继续生产的积极性,所以中国有很多的农民外出务工,成了"农民工",而农民工在城市里通常从事的是以体力劳动为主的工作,也得不到当地政府的重视,权利得不到应有的保障,而且会受到当地城镇居民的歧视。每年农民潮返乡也会导致各种各样的问题,如交通问题、工资拖欠问题等,农村由于缺少了农民积极的劳作,大片耕地被荒废,土地产出率低下,影响了中国的整体粮食生产目标,最终可能导致社会的不稳定因素的增加。目前,"三农"问题已经逐渐凸显出来,成了威胁中国社会稳定的重要因素。财政支出过少,农民收入低下,农业发展科技含量低,农村基础设施落后等问题已经使农民不堪重负,也使中国的经济发展得不到应有的保证。"三农"问题是一体的,我们必须同时解决好这三个问题,否则农业发展没有后劲,就会影响农民的收入,进而会危及新农村建设,危险到社会的团结安定。

2. 中央惠农与地方惠农一体化的现实状况

(1)中央惠农政策概括性高,各地方根据自己实际情况设定标准。自1982年到现在,党中央国务院连续用多个一号文件来解读中国的惠农政策,但都是概括性的一般性的规定,没有形成具体的标准,各省、市、自治区根据自己的实际标准再制定细则。如:粮食直补的补贴标准实行省长负责制,各省级人民政府根据国务院的补贴政策,制定具体的实施意见,负责将补贴资金兑付到户。农资补贴的补贴范围由各省人民政府根据本省的实际情况自行确定。

(2)中央惠农政策比较全面,各地方执行情况却不容乐观。党中央国务院从中国实际情况出发制定了涉及"三农"问题方方面面的政策,但由于机构层次多,信息不对称,政府人员素质参差不齐等原因导致各地方在领悟、执行中央惠农政策时各有不同。

(3)从附件可以看出中国的涉农制度还是有很多的,但"惠农"制度却很少,涉及农业的多,农村、农民的少,涉及中央的多,地方的少。地方各种惠农制度中,各省市自治区根据自己实际情况制定相应的法律法规。如:针对农村"五保户"陕西省、天津市分别出台了《陕西省实施〈农村五保供养工作条例〉办法》《天津市农村五保供养工作办法》。

3. 惠农政策与惠农法治一体化的现实状况

中国"三农"问题之所以如此突出,其根源之一就是法治的缺失,中国很多惠农政策缺乏法律制度的有力支持。建立和完善农村法治是惠农政策与法治一体化的重要前提,只有农村法治得到了一定的发展,农村法治环境得到了一定的改善,惠农政策与法治一体化才能真正地建立起来。中国坚持以德治国和依法治国双管齐下的治国方略,以德治国就是人治,而人治在当前市场经济急速发展的状况下虽然对治理国家能够起到一定的促进作用,但是仅仅依靠人治已经无法满足当前社会发展的需要了。人治虽然是从根本上来试图解决社会中存在的各种问题的,但是却缺乏应有的操作性,只能通过政府的宣传和教育才能进行慢慢的改善,在这种情况下就需要具有很强操作性的法治来作为支持。依法治国的方略已经被写进宪法,这是对中国治国方略的重大调整,但是依法治国在中国农村却举步维艰,其实行的效果并不明显,尚存在诸多问题。

几千年来,中国农村已经形成了乡土社会的传统,农村依靠土地获得生存,常年依靠土地的宿命已经使中国农民形成了自己的传统形式,礼俗、习惯、宗法族规、道德等长期以来都是农村最主要的社会调控手段。法律不过是对农村进行调控的手段之一而已,常年来农民也对礼俗、习惯的推崇超过了对法的重视。农民之所以没有形成对法律的足够认识受很多方面因素的影响:其一,中国在历史上一直是一个典型的农业社会,大部分人口都是农民,常年居住在农村,农村的特殊环境使农民养成了以家庭为单位的小范围的熟人社会的习惯。农民自身的生存环境比较有限,涉及到的利益主体较少,生活节奏简单,这些因素决定了农民可能接触到的法律问题普遍较少,所以农民的法律意识薄弱也就不足为奇了。其二,农业及农业生产的先天性要求。农业及农业的生产离不开土地,也离不开农民,而农业和农业生产依附于土地这种天然特性使农民的流动性不可能太大,只是近年来农村生产力的解放使得农民成了农民工之后,农民的流动性才有所增大,但尽管如此农民的思想仍然固守在农村及土地上,形成了消极的观念,缺乏主动进取的精神,对自己的利益也没有尽力争取的概念,思想趋于保守,自然也就无法形成平等、契约等法律相关的概念,法律观念淡薄成了必然。其三,农业生产的传统性。传统农业有一个很大的特点,就是生产成本高,生产效率低,特别是在当前的社会发展状况下,更是突显了农业的这种特点。由于农业的这种特点,决定了农业是一种依靠经验为主的产业,农村里的长辈、老人通常会受到人们的重视和尊重,因为他们掌握着农业生产的传统技术,由此在农村形成了以宗法制度和血缘为主的乡土生产行为。

从以上的情况可知,中国农村的法律意识普遍较低,法律概念在农村的渗透还很缺乏,法治在农村的实行还非常的不畅,需要很长的道路要走,法治在农村的缺失,必然导致惠农政策与法治一体化还不可能较好的建立。从中国农村对国家法律反应平淡的现象来看,要解决中国农村的法治问题,特别是惠农政策与法治一体化问题,就需要从农村的环境中跳出来,找到产生这一问题的根源,要了解农村社会不是由于农村的生产方式和生活方式所引起的法治观点淡薄,而主要在于法律自身的弱点所导致的,应该主要从法律自身展开,结合农村发展的具体情况,着手解决惠农政策与法治一体化问题。目前中国正处在全面建设小康社会的阶段,党和国家提出建设社会主义新农村,对农村社会进行改革,对农业结构进行调整等一系列措施都极大地促进了中国农村社会的转型和变迁。虽然中国农村传统上属于血缘性的社会形式,但是随着中国社会经济的快速发展,这种血缘关系式的社会意义已经不再重大,中国农村社会的构成形式已经开始渐变为依据社会关系的形式了。如前所述,中国农村生产力的解放,农民工大量的出现以及农村城市化进程的快速发展,已经逐渐改变了中国农村封闭性的地缘关系,按阶级、血缘划分的社会等级已经被打破,人们的社会等级和地位更多地由经济和法律赋予。近20年连续普法的深入和商品经济的冲击,使法律在农村的地位上升,传统的礼俗和习惯地位下降;外部环境的变化与农民文化素质的提高,这些都不同程度地发生在农村社会,改变着乡土中国的走向,法律正在向农村走来。①

中国惠农政策的实施对中国农村经济的发展起到了很大的促进作用,鉴于目前中国农村法治问题的普遍存在,实现中国惠农政策与法治一体化需要非常谨慎,不可操之过急,否则可能欲速则不达,引起反作用。惠农政策与法治一体化,不仅需要惠农政策的规范化,更需要惠农政策的法治化。惠农政策与法治一体化的实现,首先应该是由上而下的,以中国政府为首制定惠农政策,使部分惠农政策法治化,使之具备一定的法律效力,并加大宣传力度,使农民可以及时了解惠农政策的具体内容,了解自己的权利,增加农民自身对惠农政策实施的监督力度。加之以地方政府对惠农政策的正确执行为辅导,上下结合,促进惠农的实现。

三、中国惠农政策与法治一体化建设战略构想的基本方法

(一)战略构想的指导思想

中国是一个以农业为基础,农村为基石、农民占绝大多数的发展中国家,历朝历代都非常重视"三农"这个问题,从汉文帝的"轻徭薄赋"、"与民休息"政策,到清康熙"盛世滋丁,永不加赋"政策,足以证明统治阶级对"三农"的重视程度,但由于封建社会人们小农思想严重,等级分化明显,在"惠农"这条路上似乎出现了一种偏差,历朝历代都在"惠农"但惠农之路却越走越远。如今我们成立了新中国,人民当家做主成了国家的主人,就要跳出这种怪圈,让"惠农"成为一种社会"时尚"。要想把"惠农"这条路迈得更坚实,农民真正得到实惠,在惠农政策与法治一体化建设过程中,笔者认为最重要的就是在指导思想上要有明显突破。

1. 可持续发展。可持续发展是一种注重长远发展的经济增长模式,最初于1972年提出,指既满足当代人的需求,又不损害后代人满足其需求的能力。在新

---

① 丁国民:《法治"三农"》,中南大学2004届硕士学位论文,第23页。

中国成立初期,为了摆脱"贫穷"这项帽子,国家大力不惜一切支持工业发展、支持城镇化建设,却忽略了农业的基础地位、农村的发展状况、农民的增收水平,最终导致城乡差异越来越大,社会矛盾越来越尖锐。可持续的发展要求我们不能只顾眼前的 GDP 增长,更要站在历史的高度看整个国家的发展,对中国惠农政策与法治一体化建设进行战略构想时一定要站得高,看得远,用可持续发展的眼光看问题,解决好农业与工业、农村与城市、农民与市民的关系。

2. 依法治国。依法治国,就是广大人民群众在党的领导下,依照宪法和法律规定,通过各种途径和形式管理国家事务,管理经济文化事业,管理社会事务,保证国家各项工作都依法进行,逐步实现社会主义民主的制度化、法律化,使这种制度和法律不因个人意志而改变。在这里要求我们在坚持"政策要重视及时性、法制要重视常规性、中央要重视方向性、地方要重视务实性"指导思想基础上,把惠农政策制度化,使每一条惠农政策都有法可依,有据可循,实现惠农政策与惠农法治的互补,达到"农民富裕、农村繁荣、农业发达"的基本目标。

3. 以人为本。以人为本思想是我们党摒弃了封建社会地主阶级和资本主义社会资产阶级的阶级观念,借鉴国内外经验教训,针对目前中国社会发展中存在的突出问题和实际工作中存在的不科学的发展观而提出来的。这种不科学的发展观把经济的快速增长作为发展的第一要务,忽视甚至损害了广大人民群众的需要和利益,尤其是广大农民朋友的利益没有得到重视。以人为本的思想就是要重视人的发展,尤其是在当今社会农民处于弱势群体的情况下,更加重视广大农民朋友的发展。中国通过实施惠农政策去调动他们的生产积极性,通过法治的不断完善,使他们的合法权益能够得到维护,就是对以人为本思想的切实解读。

4. 和谐社会。和谐社会是人类不断追求的一种美好社会,是我党不断追求的一种社会理想。进入新世纪后,中共十六大、十六届三中全会、四中全会,从全面建设小康社会、开创中国特色社会主义事业新局面的全局出发,明确提出构建社会主义和谐社会的目标,并将其作为加强我党执政能力建设的重要内容。笔者在这里之所以要对中国的惠农政策与惠农法治一体化建设进行战略构想,究其原因就是响应国家构建和谐社会的号召,而在中国一个农业基础薄弱,农村相对贫穷、农民人口占绝大多数的国家里,构建和谐社会首先应该从解决这三方面问题开始。我们在积极开发第二、三产业的同时,更要注重农业的发展,农业是国民经济的基础,农业兴则国家兴,同时我们在加快城市建设的今天,更不要遗忘农村,农村强则国家强。解决好这些问题,是构建和谐社会的重中之重。

(二)战略构想的基本原则

原则指看待问题、处理问题的准则。惠农政策与法治一体化建设战略构想不能凭空捏造,应该有根有据,有自己的准则。这样国家无论在制定惠农政策还是惠农制度时就会上下有序,按规则进行,就会使制定主体有章可循,不致引起不必要的混乱。如果没有原则这个框架,政策与法治的制定势必要陷入混乱的状态,还是没有跳出历史的怪圈,农业依旧停滞、农村依旧落后、农民依旧贫困,惠农还是一句空话。我们要紧紧围绕"农民贫穷→农民生存→农民发展→农民富裕"、"农村贫困→农村稳定→农村和谐→农村繁荣"、"农业贫弱→农业安全→农业平稳→农业发达"这个大的要求去构建惠农政策与法治一体化的战略。

1. 目标一致原则。从改革开放到现在党中央国务院共用十四个一号文件来安排部署中国的三农事务,说明党中央国务院对中国三农问题的重视。但在现实生活中由于这样那样的原因导致惠农政策实施上的不通畅,这样就需要我们从依法治国的角度出发,制定相应的惠农制度,运用法治的强制性、执行性、固定性的特点来帮助惠农政策更好的实施,以达到解决中国三农问题的递进式目标:即在农民贫困消减基础上,保证农民生存条件下,追求农民发展,倡导农民富裕;在农村贫穷消除基础上,保证农村稳定条件下,实现农村和谐,促进农村繁荣;在农业落后消灭基础上,保证农业安全条件下,保障农业平稳,推动农业发达共同促进原则。

2. 相互衔接规范原则。从附件可以看出中国的惠农政策和惠农制度衔接不规范。附件中中国的涉农制度很多,尤其是农业方面的,但涉及到农村、农民方面的制度却很少,中国惠农政策和惠农制度出现两张皮的现象。有的惠农政策有制度的支持,而有的政策却没有制度的引导,如粮食直补政策、农资综合补贴政策等。这就是政策和制度不衔接的问题。中国进行惠农政策与法治一体化建设战略构想不仅要解决惠农政策与惠农制度的不衔接问题,更要解决衔接规范问题。中央的惠农政策与惠农制度的制定主体应该一致,地方的惠农政策与惠农制度的制定主体应该一致;惠农制度不光要强调农业的重要性,更要对农村发展、农民富裕提供制度保障。

3. 共同促进原则。中国是社会主义民主专政的国家,中国共产党是"三个代表"重要思想的忠实践行者,其制定出来的政策应该代表广大人民的意愿,将这种政策通过法定程序上升为制度。从这个层面来说政策和制度具有一致性,中国惠农政策与惠农制度也不例外,之所以把惠农政策上升为惠农制度就是为了保证农业的基础地位、促进农村的发展、增加农民的收入、实现社会主义的和谐。从这个高度看来,惠农政策与惠农制度应该是共同促进的,而不是背道而驰的。惠农政策的灵活性可以适应中国国情的变化,实时调整工作方法、工作重点,惠农制度的强制性、固定性、执行性可以使中国在"惠农"这条路上有法可依,有法必依,执法必严,真正把"惠农"落到实处。

4. 相互补充原则。毕竟政策和法治是有区别的,我们不能把所有的"惠农"措施用政策规定下来,也不能把所有的"惠农"手段用制度去固化下来,我们需要按照实事求是、一切从实际出发的原则,分情况区别对待,如果是临时性的、活动性的如"春风行动"、"家电下乡"等就用政策即可,如果是根本性的、长期性的就需要制度的保障,如新型农村合作医疗、新型农村社会养老保险制度。同时,不能出现真空状态,即既没有政策的规定,也没有制度的表达,要形成惠农政策与惠农法治互补的状态,使"惠农"之鱼不漏网,才能真正做到"惠农"事情无大小,天大地大"惠农"事大。

四、中国惠农政策与法治一体化建设的基本构想

(一) 惠农政策法治化模式

中国惠农政策与法治一体化的实现离不开惠农政策的法治化,而惠农政策的法治化以战略方向型的中央与地方政策引导模式和中央法治型的中央与地方政策辅助模式为主。

1. 战略方向型——中央与地方政策引导模式

(1) 战略方向型——中央与地方政策引导模式的含义

战略方向型的中央与地方政策引导模式指用法律制度从宏观上去确定"惠农"的大方向,如指导思想、原则、要求、目标等,因为法律制度是统治阶级意志的体现,具有稳定性,而大量的具体政策往往随着形势的变化而随时调整,具有灵活性,所以就需要中央与地方分别制定政策去引导惠农制度的实施。

在中国实行"惠农"战略的方向是在中国共产党领导下,以马列主义毛泽东思想、邓小平理论为指导,深入贯彻落实科学发展观,按照农民富裕、农村繁荣、农业发达的要求,实现在农民贫困消解基础上,保证农民生存条件下,追求农民发展,倡导农民富裕;在农村贫穷消除基础上,保证农村稳定条件下,实现农村和谐,促进农村繁荣;在农业落后消灭基础上,保证农业安全条件下,保障农业平稳,推动农业发达。为了把握好以上策略,我们有三个引导模式,即中央政策引导模式、地方政策引导模式、中央与地方政策共同引导模式。中央政策引导模式简单地说就是运用党中央国务院站在整个国家的角度,制定的具有全局性、指导性的政策去引导惠农法治的实施,中央政策与中央法治相对应。地方政策引导模式指各地方有权机关在以中央政策为根本的前提下,根据自己的实际情况制定政策去引导惠农法治的实施,地方政策与地方制度相对应。中央与地方政策共同引导模式就是同时运用中央与地方的政策引导惠农制度的实施。

(2)战略方向型——中央与地方政策引导模式的实现

第一,要加快农村经济的发展,为惠农政策法治化打下良好基础。经济基础决定上层建筑,这是马克思的经典论断,而惠农政策的法治化属于上层建筑的组成部分,因此需要一定的经济基础作为支撑,没有良好的农村经济发展就不可能实现惠农政策的法治化。中国农村虽然开始实行了市场经济,但是中国农村的市场经济刚刚启动,还没有形成比较成熟的农村市场经济体制,不具备雄厚的农村物质经济基础,因此中国农村经济的落后造成了法治的落后,所以应该努力加快中国农村经济的快速发展,为中国惠农政策法治化打下良好的基础。要加快中国农村经济的发展需要注意几个方面的问题:其一,加快中国农村市场经济发展速度。要大力培养中国农村市场的发展,争取尽早建立起完善的农村市场体系,让农户能够顺利进入市场,让农民成为市场经济的竞争主体,从而可以较好地提高农民的市场参与积极性,加强农民的市场经济的竞争意识,提高自身生产力和市场竞争力。其二,加快农业的产业化进程。农村经济之所以一直发展比较缓慢,其重要原因之一是由于农村产业化进程过慢,加快农业的产业化进程是改善农村经济发展状况的重要方向之一。争取做到使农业生产、加工和销售一体化,不但可以提高农业的生产效率,而且可以大大提高农业的收益。其三,减轻农民负担,增加农民收入。要妥善解决农村劳动力剩余问题,及时安置进城务工农民的工作,保证他们的基本生活质量,完善工资保障制度,杜绝拖欠农民工工资的现象发生等。其四,进行工业反哺农业。农业经济的发展需要大量基础设施的建设,因此需要大量的资金作为支持,所以政府应该加大对农业的资金投入,不但要加大对农村基础设施建设的投入,还要加大对农村教育及社会保障方面的投入。① 由此促进农村经济的发展,为惠农政策法治化提供保障。

第二,注意加强农村精神文明建设,为惠农政策法治化提供思想保障。中央和地方应该努力加强中国农村精神文明的建设,为惠农政策法治化提供思想上的保障。农民的思想素质水平是决定惠农政策法治化能够顺利实现的重要因素,因此应该对提高农民整体的思想素质加以足够的重视。首先,应该加强对农村文化建设的组织领导和文化队伍建设。建设社会主义新农村,关键在于精神文明的建设,所以需要改变以往的思路,组织强有力的领导队伍,发挥他们积极带头的作用,建设农村自己的文化队伍,加强与村民之间的信息交流和文化活动。其次,大力发展农村的公共文化事业。要坚持以政府为主导,以乡镇为依托,以村为重点,以农户为对象,建设好县、乡镇、村文化设施和文化活动场所,构建农村公共文化

---

① 徐明亮:《农村基础设施建设融资制度创新研究》载《农村经济》,2008年第5期。

服务网络。其三,要加强农村法治文化建设。惠农政策与法治一体化的实现不仅仅包括惠农政策的具体内容与法治一体化,还要包括与"三农"相关的其他内容的法治化,农村文化建设的法治化就是其中一个重要组成部分。农村文化建设必须纳入到法治化的轨道上来,才能确保文化建设能够健康、有序地发展。近年来,中央一号文件都是关于"三农"问题的,为农村文化建设提供了方针、政策上的指引。在农村新文化的建设中,我们应当把中央关于农村发展的一系列方针、政策法制化、规范化,为农村文化的发展、交流提供法律保障。同时,在农村教育中,要加强法治教育,提高农民群众的法律意识,使他们自觉地运用法律武器来保障自身的文化权益。真正做到农村精神文明建设与法治建设相得益彰。①

2. 中央法治型——中央与地方政策辅助模式

(1) 中央法治型——中央与地方政策辅助模式的含义

中央法治型的中央与地方政策辅助模式指中央制定惠农制度,同时中央和地方再制定配套的惠农政策去辅助惠农制度的实施。中央法治型的模式就是中央有权机关制定的宪法、法律、行政法规、部门规章等规定了惠农的基本原则和规则。中央法治型的辅助模式有三种,即中央政策辅助模式、地方政策辅助模式、中央与地方政策共同辅助模式。中央政策辅助模式指运用党中央国务院制定的惠农政策去辅助中央制定的惠农制度的模式。地方政策辅助模式指运用各地方根据实际情况制定的惠农政策去辅助中央制定的惠农制度的模式。中央与地方共同辅助模式指运用中央和地方共同制定的惠农政策去辅助中央惠农制度的模式。

(2) 中央法治型——中央与地方政策辅助模式的实现

第一,加快完善农村的法律体系。中国惠农政策的主要内容是关于农业、农村和农民三个方面的,但是目前中国农村的相关法律大多只是涉及农业方面的,中国关于农村和农民两个方面的专有法律比较缺乏,因此应该从以下几个方面注意完善中国关于农村和农民两个方面的法律内容,从而使中国农村的法律体系得以完善。其一,对中国的关于惠农方面的政策进行法律化。惠农政策涉及范围比较广泛,但惠农政策在执行的过程中往往会被削弱,其影响也会大大的减弱,原因就在于它不是强制性的,属于政策层次,即便惠农政策没有按照规定实行,农民也无法强制执行部门一定要执行,所以农民也就失去了其监督惠农政策实施的能力和作用。鉴于惠农政策包含的内容非常多,不可能对所有的政策内容都进行法律化,可以考虑对惠农内容涉及农民利益最为重要的部分进行法律化,如农民工进

---

① 苏治山:《新农村建设背景下的农村法治发展研究》,中南民族大学 2007 届硕士学位论文,第 23 页。

城务工问题是近年来比较突出的问题,因此可以制定农民工就业方面的法律,使之形成法律条文,让广大农民工有法可依,充分保障自己的权益。其次,要从立法上改变思路。农业是中国国民经济发展的基础,具有举足轻重的地位,农业如果发展不好甚至可能影响国家的生死存亡,所以仅仅依靠《农业法》是不可能完全保障中国农业发展的基本地位的,还要配以相应的其他法律,形成比较完善的农业法律体系,并结合其他法律共同构成中国"三农"法律体系,只有这样中国惠农政策与法治一体化才能成为现实。

第二,地方要严格执行惠农法律。惠农法律的制定不是为了空谈,也不是为了标榜功德,而是为了维护广大农民群众的根本利益,因此作为执行部门的地方政府应该严格执行中央制定的一切惠农法律。在具体的执行过程中,地方政府应该充分发挥其辅助作用,从以下几个方面进行掌握。其一,加大执法的力度,保证法律的公平正义。惠农法律的有力实施需要高素质的地方政府队伍,所以地方政府要注意提高执法人员的思想素质,对于有思想问题、作风问题的执法人员坚决不用。执法人员也要自我约束,不能被利益所诱惑,坚持依法办事,把惠农资金真正落到实处,不能从中牟利,一经发现,必须严惩。其二,要加强对广大农民提供法律服务。随着中国农村经济的发展,农民的法律意识开始觉醒,但是由于农村条件有限,所以广大农民仍然缺乏了解法律知识的途径,对法律知识一知半解,所以地方政府应该组织队伍加大法律宣传,向广大农民免费提供法律知识咨询。还应该在一些具有代表性的地方设置服务中心,随时为农民提供法律方面的帮助,不许借着为农民服务的名义欺骗农民群众,要充分发挥自己的优势,让农民的法律意识和知识尽快地培养起来。其三,依法保障务工人员的合法权益。由于中国农民工的数量巨大,流动性也大,所以地方政府常常规定了很多对务工农民的限制,这是一种对农民工的歧视,他们是城市的建设者,也是农业经济得以发展的根本,应该取消这些不合理的歧视规定,并尽量提供可以指导农民工关于就业方面的信息和工资保障等方面的法律帮助。只有重视农民,站在农民的角度,为广大农民的利益考虑,才能真正地有利于农民问题的解决和中国惠农法律的正确实施。

综上,笔者认为,惠农政策的指导思想、基本原则、制定目的、惠农措施、惠农范围等应该用制度确定下来。如粮食直接补贴、农作物良种补贴、农机购置补贴、农资综合补贴、粮食最低收购价制度、扩大优势农产品出口、新型农村社会养老保险制度、新型农村合作医疗制度、重大动物疫病强制免疫补助、基本农田保护制度、农业大县的奖励政策、鲜活农产品运输优惠政策、社会主义新农村建设、农村义务教育阶段寄宿生生活补助政策、农村义务教育阶段学生免费教科书政策、农村最低生活保障制度。

(二)惠农法治政策化模式

惠农政策与法治一体化的实现还有另外一种模式,就是惠农法治政策化模式。惠农政策法治化模式是以实现惠农政策的法治化为主要内容,把惠农政策纳入到法律的轨道上来,以赋予惠农政策较高的法律效力,有利于惠农政策的执行。而惠农法治政策化则是把惠农法治化的形式以政策加强为内容,使中国法治化的惠农政策更加普遍化,以从整体上完善中国惠农政策与法治一体化形式。惠农法治政策化可以分为两种,一种是战术操作型的中央与地方法治规范模式,一种是中央政策型的中央与地方法治辅助模式。

1. 战术操作型——中央与地方法治规范模式

(1)战术操作型——中央与地方法治规范模式的含义。战术指指导和进行战斗的方法。主要包括:战斗基本原则以及战斗部署、协同动作、战斗指挥、战斗行动、战斗保障、后勤保障和技术保障等。按基本战斗类型分为进攻战术和防御战术;按参加战斗的军种、兵种分为军种战术、兵种战术和合同战术;按战斗规模分为兵团战术、部队战术和分队战术。战术操作型的中央与地方法治规范模式是指惠农政策规定具体的操作方法和流程,中央和地方再制定惠农制度对此政策进行规定。

(2)战术操作型——中央与地方法治规范模式的实现。

第一,全力执行中央精神,完善地方法制环境。中国惠农法治政策化的顺利实现,需要比较完备的法制环境,需要地方对中央精神的权利贯彻和地方法制环境的完善。惠农法治与法制环境之间是一种对立辩证的关系,一个好的法治环境可以较好地促进惠农法治建设的进程,而惠农法治的建设的具体情况又能够反作用于法制环境,可以促进法治环境的进一步完善。地方应该以中央精神为指导,优化农村的法治环境,这需要特别注意几个方面。其一,应该加大对政府权力的约束。政府是代表国家行使自己的权利,应该是为人民服务的,但目前中国农村的法治环境尚不完备,缺乏一定有素质的执法队伍,所以应该提高执法队伍的整体素质,坚持依据相应的法律规定进行执法,不能有法不依,胡乱执法。其二,建立公正的司法体系。司法程序是中国惠农政策到达农民的最后一道程序,农民的利益能否得到保障和司法体系是否公正,与司法程序是否正确有着直接的关系。中国目前的司法状况是司法不独立,所以往往在司法的过程中出现以政代法的现象,对广大农民的利益产生重大损害。其原因正是由于中国司法体系的不完善,所以必须加快完善中国的司法体系,建立一个比较公正的,有利于惠农政策实施的,有利于农民利益的司法体系。其三,要完善中国农村的法律监督体系。惠农政策能够得到彻底的贯彻,需要相应的监督机制进行监督,监督机制的完善,不但包括司法部门对其他相关机构的监督,更要包括其他机构特别是农民对司法的监督,要赋予农民一定的监督权力,广开言路,使农民的意见能够得到及时的反映,以便使司法程序能够得到应有的保障,使惠农政策能够得到完全的执行。

第二,规范地方法治,建立农村法律服务市场。惠农法治政策最终要贯彻到农村,要解决"三农"问题,为中国农村的发展提供帮助,而惠农法治政策的贯彻需要一定的实施条件,所以要加强规范地方法治环境。规范地方法治环境只是惠农法治政策能够得以顺利贯彻的条件之一,另外一方面也不容忽视,就是中国农村法律服务市场的建立。虽然农村法治已经取得了一定的效果,但是农村法律服务市场却严重不足,这很大程度上制约了惠农法治目标的实现,建立健全农村法律服务市场需要注意几个方面。其一,应该加紧完善农村法律援助机制。农民作为弱势群体,文化知识缺乏,思想素质低下,虽然近年来有所提高,但是仍然具有很深的根源性,农村的现状决定了农民对法律的认识是不足的,所以法律援助机制也没有在中国农村建立起来,应该在这方面加强投入,尽快地使农村的法律援助机制建立起来。其二,应该增加农村基础设施建设的资金投入。农村基础设施的不完善,无法吸引法律服务人员进村帮助农民的意愿,所以要在这方面进行改善,如改善相应的住宿环境和生活环境,便利交通,增加对法律服务人员的特别照顾,充分考虑他们可能的需要,为他们提供一定的服务环境,从而吸引他们进村进行法律援助。其三,培养农村自己的法律人才。仅仅依靠上面派来的或自愿进村服务的法律援助人员是非常有限的,所以农村应该注重培养属于自己的法律人才,这样一方面他们能够充分了解农村里面具体的状况,一方面也能够及时为农民提供法律帮助和解答。

2. 中央政策型——中央与地方法治辅助模式

(1)中央政策型——中央与地方法治辅助模式的含义。中央政策型的中央与地方法治辅助模式指中共中央从中国整体情况出发,站在历史的高度,制定符合中国国情的惠农政策,同时中央和地方法治去辅助惠农政策的实施模式。这种模式下又有三种模式即中央法治辅助模式、地方法治辅助模式、中央与地方共同辅助模式。中央法治辅助模式是指中央制定的惠农制度辅助中央制定的惠农政策的模式。地方法治辅助模式指地方制定的惠农制度辅助中央制定的惠农政策的模式,中央与地方法治共同辅助模式指中央与地方分别制定的惠农制度共同去辅助中央制定的惠农政策的模式。

(2)中央政策型——中央与地方法治辅助模式的实现。

第一,坚持以中央为中心,地方辅助加强普法教育。政策的制定是以中央为中心的,而政策的执行则是以地方为主导的,所以中央政策型的中央与地方法治辅助模式对中国惠农政策与法治一体化的实现能够提供较好的实现模式。而地方执行惠农政策是否顺利取决于农民的法律意识程度,所以要注意加强对农民的普法教育。一是大力发展农村教育,以教育的方式来提高农民的法律知识和法治意识。大力发展农村教育需要从多个方面进行着手,如从资金上加大投入,在教育方式上进行多样化发展,扩大受教育的群体范围等。二是普及和加强农村九年义务教育。农村教育的关键不但在于对农民加强教育,更重要的是要对农民子弟进行教育,这样才可能使中国农村的整体素质长期得到加强和提高,所以要把农村九年义务教育持续下去,并使之得到进一步加强。虽然中国目前大部分农村地区已经实现了九年义务教育,但是仍然存在很多辍学的现象,要对农村九年义务教育状况进行跟踪和调查,尽量杜绝早退和辍学的现象发生。三是积极展开对农民的普法教育。政策执行,法制先行,要彻底贯彻惠农政策就必须要提高农民的法治意识,要提高农民的法治意识,不但要提高农村基层组织干部的法治意识也要兼顾普通农民,让他们充分认识到中国惠农法治的具体内涵和基本精神,让他们懂得发挥自己的主观能动性,对国家惠农政策积极参与和监督,学会以法律手段维护自己的合法权利。

第二,推行村民自治,完善农村的民主组织建设。一是应该维护农民的合法权益,解决农民的实际问题。农民的合法权益如果受到损害,必然会影响农民的积极性,进而影响农村社会的稳定,所以为了加强农村社会的稳定发展,就必须要维护农民的合法权益,帮助农民解决实际问题。农民的合法权益可能是经济方面的,也有可能是其他方面的,如民主权利等,都是关系到农民的切身利益的,地方政府应该把重点放在如何保障和维护农民的切身利益上,农民的利益得到了很好地保障和维护就可以很好地促进农村社会的稳定,从而为顺利实施惠农政策和法治的一体化提供良好的基础。二是加强对农村基层组织的监督和约束。农村的基层组织能够得以发挥效力,主要体现在村党支部书记的工作上。村党支部书记是农村基层组织中和农民之间产生直接交流的"信息员",好的党支部书记能够使农民的力量集中起来,号召农民一起努力去办某一件事,相反一个不好的党支部书记则常常会引起农民群众的不满,自然也就不可能增加农民的凝聚力,还会危害农村社会的稳定,增加社会动荡因素。所以要加大对农村党支部书记的思想政治教育工作,使其充分认识到农民的重要性和惠农政策的重要性。为了保证党支部书记的正确管理,要赋予村民相应的监督权,使他们有权利监督党支部书记的工作,如果发现不合法的地方,可以向有关部门反映,以及时调整上级对农村基层干部的政策。三是大力推进农村法制建设,坚持依法治村。中国已经实行市场经济有些年头了,现在也正在提倡发展农村市场经济,市场经济同时也是法制经济,需要法律作为维护市场经济正常运行的保障,在这种环境下,农民会遇到越来越多的涉及农业市场经济的法律问题,所以必须加强农村的法制建设,完善农业、农村和农民方面的法律法规,让农民有法可依,坚持依法治村。目前中国农村虽然法律意识仍然比较低下,但是相比以前已经有了很大的提高,农民群众也开始逐渐关注法律方面的知识,也开始注意学习法律以维护自己的正当权益,但是农村由于常年来的法制落后的局面无法得到改善,反而阻挡了农民依靠法律的途径,所以一定要及时解决这个问题,如关于村民会议,农村选举,计划生育,水电暖费等问题都要有相应的法律法规进行规定,要遍及广大农民生活的每个角落,只有这样,农民群众才能在这种环境中逐渐完善自己的法律意识和提高自己的法律素养。

(三)中国惠农政策与惠农法治互补模式

1. 中国惠农政策与惠农法治互补模式的含义

为了实现农业发达、农村繁荣、农民富裕这一宏伟战略目标。中国实行二轮驱动策略从政策与制度方面进行了规定。但在"惠农"这条路上走得太艰辛,只有惠农政策的情况下,因为政策缺乏制约性,当一些政策没有落实到位时,没有惩罚性的结果使得有的惠农政策在执行上由于信息的不通畅、执行者个人素质、各地方情况不同等方面的原因显得不尽人如意,农民没有真正得到实惠。而有的制度缺乏灵活性,使得地方政府在执行的过程中缺乏"实事求是"的工作根据,弄得有的惠农政策无法执行,"惠农"成了一句空话。这就需要第三种模式——惠农政策与惠农法治互补模式的出现。这样既结合了法治的固定性、强制性、执行性又结合了政策的灵活性,使得地方政府在执行惠农政策时既可以依据制度办事,又可以"一切从实际出发、实事求是"。

2. 中国惠农政策与惠农法治互补模式的实现

(1)不断完善惠农政策。虽然历年来中国非常重视三农问题,制定了许许多多的惠农政策,但惠农政策没有覆盖到人们生活的方方面面,这就需要我们站在各个利益主体的角度、深层次、多视角的去整合惠农政策。第一,细化惠农政策,使惠农政策具有可操作性;第二,注重各个部门之间关系的协调,提高部门参与制定的动力;第三,惠农政策表达上要更加通俗易懂,强化政策制定主体与广大农民的互动。

(2)不断加强惠农立法。虽然中国针对"三农"问题,制定出很多涉农制度,但是仍然存在着真空。如:中国的农业方面的制度较多,但新农村建设方面和农民富裕方面的制度就很少。这就需要通过调查论证,不断加强惠农立法,一方面使得惠农政策有惠农制度作保障,保证其执行力,另一方面明确了惠农政策制定者、执行者的权利、义务关系,保证了惠农政策的有效落实!

(3)建立惠农政策执行的责任追究制度。为了使惠农政策在法律的庇佑下执行,就需要对惠农政策执行不到位的责任进行落实,只有增强执行者的使命感和责任感,对因执行不力造成的损失,依法追究其责任,才能促使其把握惠农政策执行方向、规范惠农政策的执行行为。

哪些政策需要制度保障,哪些制度需要政策辅助呢?笔者认为有些惠农事项如粮食直接补贴、农作物良种补贴、农机购置补贴、农资综合补贴、粮食最低收购价制度等既需要制度把其确定下来,又需要政策加以细化,因为中国幅员辽阔,各个地方自然地理环境、历史渊源、经济发展水平等方面的原因种植作物的种类、收益会有不同,所以这些"惠农"做法既需要政策的辅助又需要制度的保障。

总之,中国惠农政策是关于中国"三农"问题的政策,其最终目标是为了改善中国农民、农村和农业三个方面的基本状况,这是一个值得继续研究下去的课题。妥善解决"三农"问题是维护中国社会基本稳定的最好保障,也是促进中国国民经济发展的基本要求。从法治的角度重新考虑中国惠农政策问题是一个新的思考方式,通过对中国惠农政策与法治一体化进行讨论,可以为解决中国"三农"问题提供帮助,为中国依法治国的方略也有较好的帮助作用。

(1)把惠农政策的完善看做是"三农"问题解决措施的延伸。我们研究惠农政策往往是从中央一号文件的具体内容开始,通常是把惠农政策看成是针对农业的优惠政策,而实际上,中国惠农政策不是仅仅局限于农业方面,还包括农村方面和农民方面,甚至后两个方面在一定程度上更为重要。因此,我们把惠农政策看作是"三农"问题的概括,因为只有很好地解决了三个方面的问题,才能从根本上改变中国农业的基本状况,也才能为中国全面小康社会的提早实现提供物质保障和基本前提。

(2)把中国"三农"问题的解决办法总结为法治问题。中国"三农"问题之所以普遍存在,而且很难得到根本上的解决,其最主要的原因不是在于农业的落后,也不在于农民思想素质的低下,而是在于中国农村的法制不健全,惠农政策的执行力度不够等,试想如果中国惠农政策无法全面实施到最根本的农村,那么无论再好的政策也不过是摆设,起不到根本的作用,所以要加强惠农政策的执行力度。加强惠农政策的执行力度只能依靠法治,只有实现了惠农政策与法治的一体化,才能赋予惠农政策足够的执行力和强制力,广大农民群众也才能依靠惠农政策的强制力去主动维护自己的合法权益,避免惠农政策执行不力的局面。也只有实现惠农政策与法治的一体化,才能够培养广大农民群众的法治意识,强化自身的监督作用,使命运可以掌握在自己手中。

(3)对惠农政策与法治一体化的实现模式进行分析。惠农政策与法治一体化的实现不是一朝一夕的事,是需要逐步地有计划地实现。中国惠农政策与法治一体化的建设,需要通过惠农政策法治化模式、惠农法治政策化模式、惠农政策与惠农法治互补模式等三个模式共同实现,第一种可以被分为战略方向型的中央与地方政策引导模式、中央法治型的中央与地方政策辅助模式两种。第二种又可分为战术操作型的中央与地方法治规范模式、中央政策型的中央与地方法治辅助模式两种。但无论哪一种模式,其最根本的是需要中央和地方共同发挥作用,相辅相成,逐步实现惠农政策与法治一体化,从而为中国的"三农"问题的根本解决提供方法。

概言之,在三农问题上中国是以人为本,重点在农民。国外则是以事为中心,重点在农业。中国的体制是以集权为特征,因此,较为重视农村管理和文化建设。而国外则只关注与农业相关的农场。中国把农民作为一个特殊的群体,虽然关注度很高,但确实是不及于城市居民。把农业作为一个特殊的产业,其关注度显然高于工业或其他产业。把农村作为一个阵地,但在价值取向上总是先"城"后"乡"。重视农业,却不重视农民,关注农业,却不关注农村。这种重"农业"轻"农民"忽视"农村"的做法,应该说,这是中国很有特色的惠农思想。

第十章 附 件

（目 录）

附件1：惠农中央一号文件与主要法律、行政法规
　一、中央一号文件
　二、法律
　三、行政法规

附件2：国务院及各部门出台的主要惠农政策

附件3：主要惠农制度分类表

附件4：惠农监督相关制度及其内容

附件5：惠农政策与法治一体化建设分类表
　表1：农民富裕政策与法治一体化建设基本要求表
　表2：农村繁荣政策与法治一体化建设基本要求表
　表3：农业发达政策与法治一体化建设基本要求表
　表4：积极扶持弱势农民的政策与法治一体化建设基本要求表
　表5：常规帮助残疾农民的政策与法治一体化建设基本要求表
　表6：及时援救受灾农民的政策与法治一体化建设基本要求表
　表7：正确引导富裕农民的政策与法治一体化建设基本要求表
　表8：农民政策与法治一体化建设目标要求表
　表9：农村政策与法治一体化建设目标要求表
　表10：农业政策与法治一体化建设目标要求表

附件6：农民受惠政策与制度主要内容
　表1：中央一号文件中关于农民受惠政策内容
　表2：其它文件中有关农民受惠政策的主要内容
　表3：农民受惠主要制度（内容）一览表
　表4：农民受惠政策与制度一体化对照表

附件7:农村受惠政策与制度主要内容
　　表1:中央一号文件中关于农村受惠政策主要内容
　　表2:农村受惠政策与制度一体化对照表

附件8:农业受惠政策与制度主要内容
　　表1:中央一号文件中有关农业受惠政策主要内容
　　表2:其他文件中农业受惠政策主要内容
　　表3:农业受惠制度主要内容

附件9:国外惠农政策与惠农制度
　　表1:国外惠农政策与惠农制度一览表
　　表2:中国惠农政策与惠农制度一览表

附件10:中国施惠"三农"的主要政策与制度及其内容
　　表1:21个中央一号文件中有关施惠"三农"的主要内容
　　表2:中央一号文件与其他文件中有关"三农"施惠主要政策及其内容
　　表3:中国惠农(农业)的主要制度及其内容
　　表4:中国惠农(农村)的主要制度及其内容
　　表5:中国惠农(农民)的主要制度及其内容
　　表6:中国惠农政策与惠农制度主要内容比照表

附件11:中央一号文件惠农"关键词"

附件12:中央一号文件 惠农"指导思想"

附件13:近年来(2006.1—2012.12)中国惠农的主要政策(259项)
　　　　及其基本目的(以时间为序)

附件14:中国"涉农"法律、行政规定和政策(195项)

附件15:中国"涉农"(农业部)规章和政策(60项)

附件16:中国地方涉农实务规范例举(168项)(以江苏省苏州市为例)
　　一、综合类
　　二、农业行政执法程序类
　　三、农业类
　　四、林业类
　　五、畜牧兽医类
　　六、农机类
　　七、渔业、水产类
　　八、其它类

附件1：惠农中央一号文件与主要法律、行政法规

一、中央一号文件

1. 1982年中央一号文件：1982年1月1日，中共中央批转《全国农村工作会议纪要》

2. 1983年中央一号文件：1983年1月2日，中共中央印发《当前农村经济政策的若干问题》

3. 1984年中央一号文件：1984年1月1日，中共中央发出《关于1984年农村工作的通知》；

4. 1985年中央一号文件：1985年1月1日，中共中央、国务院发出《关于进一步活跃农村经济的十项政策》

5. 1986年中央一号文件：1986年1月1日，中共中央、国务院下发《关于1986年农村工作的部署》

6. 2004年中央一号文件：2004年2月8日，《中共中央 国务院关于促进农民增加收入若干政策的意见》

7. 2005年中央一号文件：2005年1月30日，《中共中央 国务院关于进一步加强农村工作提高农业综合生产能力若干政策的意见》

8. 2006年中央一号文件：2006年2月21日，《中共中央 国务院关于推进社会主义新农村建设的若干意见》

9. 2007年中央一号文件：2007年1月29日，《中共中央 国务院关于积极发展现代农业扎实推进社会主义新农村建设的若干意见》

10. 2008年中央一号文件：2008年1月30日，《中共中央 国务院关于切实加强农业基础建设进一步促进农业发展农民增收的若干意见》

11. 2009年中央一号文件：2009年2月1日，《中共中央 国务院关于2009年促进农业稳定发展农民持续增收的若干意见》

12. 2010年中央一号文件：2010年01月31日，《中共中央 国务院关于加大统筹城乡发展力度进一步夯实农业农村发展基础的若干意见》

13. 2011年中央一号文件：2011年1月29日，《中共中央 国务院关于加快水利改革发展的决定》

14. 2012年中央一号文件：2012年2月1日《中共中央 国务院关于加快推进农业科技创新持续增强农产品供给保障能力的若干意见》

15. 2013年中央一号文件:2013年1月31日《中共中央 国务院关于加快发展现代农业 进一步增强农村发展活力的若干意见》

16. 2014年1月19日,2014年中央一号文件:《关于全面深化农村改革加快推进农业现代化的若干意见》

17. 2015年2月1日,2015年中央一号文件:《关于加大改革创新力度加快农业现代化建设的若干意见》

18. 2016年1月27日,2016年中央一号文件:《关于落实发展新理念加快农业现代化实现全面小康目标的若干意见》

19. 2017年2月5日,2017年中央一号文件:《中共中央、国务院关于深入推进农业供给侧结构性改革加快培育农业农村发展新动能的若干意见》

20. 2018年1月2日,2018年中央一号文件:《关于实施乡村振兴战略的意见》

21. 2019年2月20日,2019年中央一号文件《关于坚持农业农村优先发展做好"三农"工作的若干意见》

二、法律

1.《中华人民共和国农业法》,1993年7月2日第八届全国人民代表大会常务委员会第二次会议通过,2002年12月28日第九届全国人民代表大会常务委员会第三十一次会议修订;根据2009年8月27日第十一届全国人民代表大会常务委员会第十次会议《关于修改部分法律的决定》第一次修正;根据2012年12月28日第十一届全国人民代表大会常务委员会第三十次会议《关于修改〈中华人民共和国农业法〉的决定》第二次修正。

2.《中华人民共和国森林法》,于1984年9月20日第六届全国人民代表大会常务委员会第七次会议通过,1998年4月29日第九届全国人民代表大会常务委员会第二次会议修订。

3.《中华人民共和国草原法》,于1985年6月18日第六届全国人民代表大会常务委员会第十一次会议通过,2002年12月28日第九届全国人民代表大会常务委员会第三十一次会议修订。

4.《中华人民共和国水法》,由中华人民共和国第九届全国人民代表大会常务委员会第二十九次会议于2002年8月29日修订通过,自2002年10月1日起施行。

5.《中华人民共和国水土保持法》,由中华人民共和国第十一届全国人民代表大会常务委员会第十八次会议于2010年12月25日修订通过,自2011年3月1日起施行。

5.《中华人民共和国水污染防治法》,由中华人民共和国第十届全国人民代表大会常务委员会第三十二次会议于2008年2月28日修订通过,自2008年6月1日起施行。

6.《中华人民共和国农业技术推广法》,由中华人民共和国第八届全国人民代表大会常务委员会第二次会议于1993年7月2日通过,自公布之日起施行。

7.《中华人民共和国防洪法》,于1997年8月29日第八届全国人民代表大会常务委员会第二十七次会议通过,自1998年1月1日起施行。

8.《中华人民共和国气象法》,于1999年10月31日第九届全国人民代表大会常务委员会第十二次会议通过,自2000年1月1日起施行。

9.《中华人民共和国动物防疫法》,于1997年7月3日第八届全国人民代表大会常务委员会第二十六次会议通过,2007年8月30日第十届全国人民代表大会常务委员会第二十九次会议修订。

10.《中华人民共和国进出境动植物检疫法》,1991年10月30日第七届全国人民代表大会常务委员会第二十二次会议通过,自1992年4月1日起施行。

11.《中华人民共和国种子法》,2000年7月8日第九届全国人民代表大会常务委员会第十六次会议通过,根据2004年8月28日第十届全国人民代表大会常务委员会第十一次会议修正。

12.《中华人民共和国野生动物保护法》,已由中华人民共和国第十届全国人民代表大会常务委员会第十一次会议于2004年8月28日修订。

13《中华人民共和国畜牧法》已由中华人民共和国第十届全国人民代表大会常务委员会第十九次会议于2005年12月29日通过,自2006年7月1日起施行。

14.《中华人民共和国农业机械化促进法》已由中华人民共和国第十届全国人民代表大会常务委员会第十次会议于2004年6月25日通过,自2004年11月1日起施行。

15.《中华人民共和国土地管理法》1986年6月25日第六届全国人民代表大会常务委员会第十六次会议通过,根据1988年12月29日第七届全国人民代表大会常务委员会第五次会议《关于修改〈中华人民共和国土地管理法〉的决定》修正,1998年8月29日第九届全国人民代表大会常务委员会第四次会议修订,自1999年1月1日起施行。

16.《中华人民共和国农产品质量安全法》已由中华人民共和国第十届全国人民代表大会常务委员会第二十一次会议于2006年4月29日通过,自2006年11月1日起施行。

17.《中华人民共和国农民专业合作社法》已由中华人民共和国第十届全国人民代表大会常务委员会第二十四次会议于2006年10月31日通过,自2007年7

月1日起施行。

18.《中华人民共和国食品安全法》已由中华人民共和国第十一届全国人民代表大会常务委员会第七次会议于2009年2月28日通过,自2009年6月1日起施行。

19.《中华人民共和国农村土地承包法》已由中华人民共和国第九届全国人民代表大会常务委员会第二十九次会议于2002年8月29日通过,自2003年3月1日起施行。

20.《中华人民共和国农村土地承包经营纠纷调解仲裁法》已由中华人民共和国第十一届全国人民代表大会常务委员会第九次会议于2009年6月27日通过,自2010年1月1日起施行。

21.《中华人民共和国渔业法》已由中华人民共和国第六届全国人民代表大会常务委员会第十四次会议于1986年1月20日通过,自1986年7月1日起施行。2000年12月1日,修订后的新《中华人民共和国渔业法》开始施行。《全国人民代表大会常务委员会关于修改〈中华人民共和国渔业法〉的决定》已由中华人民共和国第十届全国人民代表大会常务委员会第十一次会议于2004年8月28日通过,自公布之日起施行。

22.《中华人民共和国海洋环境保护法》已于1999年12月25日经全国人大常委会第十三次会议修订通过,中华人民共和国主席令第二十六号公布,自2000年4月1日起施行。

三、行政法规

1.《森林采伐更新管理办法》,于1987年8月25日由国务院批准,同年9月10日林业部发布施行。

2.《农业转基因生物安全管理条例》经2001年5月9日国务院第38次常务会议通过,自公布之日起施行。

3.《水库大坝安全管理条例》,于1991年3月22日中华人民共和国国务院令第78号公布,自公布之日起施行。

4.《饲料和饲料添加剂管理条例》,于1999年5月29日中华人民共和国国务院令第266号发布,根据2001年11月29日《国务院关于修改〈饲料和饲料添加剂管理条例〉的决定》修订。

5.《中华人民共和国水产资源繁殖保护条例》于1979年2月10日由国务院颁布实行。

6.《兽药管理条例》,经2004年3月24日国务院第45次常务会议通过,自2004年11月1日起施行。

7.《植物检疫条例》,1983年1月3日国务院发布,1992年5月13日根据《国务院关于修改〈植物检疫条例〉的决定》修订发布。

8.《水生野生动物保护实施条例》,于1993年9月17日国务院批准,1993年10月5日农业部令第1号发布。

9.《城市绿化条例》经1992年5月20日国务院第十四次常务会议通过,自1992年8月1日起施行。

10.《中华人民共和国森林法实施条例》,于2000年1月29日发布并施行。

11.《中华人民共和国水土保持法实施条例》,于1993年8月1日发布,自发布之日起施行。

12.《取水许可证制度实施办法》,中华人民共和国国务院令第119号,经1993年6月11日国务院第五次常务会议通过,自1993年9月1日施行。

13.《中华人民共和国水污染防治法实施细则》,中华人民共和国国务院令第284号,自发布之日2000年3月20日起施行。

14.《蓄滞洪区运用补偿暂行办法》,中华人民共和国国务院令第286号,经2000年5月23日国务院第28次常务会议通过,自发布之日起施行。

15.《人工影响天气管理条例》,经2002年3月13日国务院第56次常务会议讨论通过,自2002年5月1日起施行。

16.《基本农田保护条例》,经1998年12月24日国务院第12次常务会议通过,自1999年1月1日起施行。

17.《中华人民共和国水产资源繁殖保护条例》于1979年2月10日由国务院颁布实行。

18.《中华人民共和国农药管理条例》1997年5月8日由国务院(国务院令第216号)发布,根据2001年月11月29日《国务院关于修改〈农药管理条例〉的决定》(国务院令第326号)修正。自1997年5月8日起施行。

19.《中华人民共和国植物新品种保护条例》于1997年3月20日以中华人民共和国国务院令第213号公布,根据2013年1月31日中华人民共和国国务院令第635号《国务院关于修改〈中华人民共和国植物新品种保护条例〉的决定》修订。自1997年10月1日起施行。

20.《农民承担费用和劳务管理条例》1991年12月7日国务院令92号发布,自发布之日起施行。

21.《农业转基因生物安全管理条例》已经2001年5月9日国务院第38次常务会议通过,于2001年5月23日(国务院令第304号)公布,自公布之日起施行。根据国务院令第588号修改。

附件2：国务院及各部门出台的主要惠农政策

序号	颁布主体	文件名称	颁布时间
1	国务院	《国务院关于基础教育改革与发展的决定》	2001年
2		《深化农村信用社改革试点方案》	2003年
3		《国务院关于进一步深化粮食流通体制改革的意见》	2004年
4		《国务院关于进一步加强农村教育工作的决定》	2006年
5		《国务院关于深化改革加强基层农业技术推广体系建设的意见》	2006年
6			
7		《国务院关于解决农民工问题的若干意见》	2006年
8		《关于在全国建立农村最低生活保障制度的通知》（国发2007第19号）	2007年
		《国务院关于开展新型农村社会养老保险试点的指导意见》（国发[2009]32号）	2009年
9		《国务院办公厅关于进一步做好减轻农民负担工作的意见》	2012年
10	中央宣传部、国家科委、农业部、文化部	《关于开展文化科技卫生"三下乡"活动的通知》	1996年
11	国务院办公厅	国务院办公厅转发了《卫生部等部门关于建立新型农村合作医疗制度意见的通知》	2003年
12	农业部	《农业部关于开展三电合一农业信息服务试点工作的通知》（农市发[2005]6号）	2005年
13	交通运输部、国家发改委、财政部	《全国高效率鲜活农产品流通"绿色通道"建设实施方案》	2005年
14	国家发展和改革委员会、财政部、农业部、国家粮食局、中国农业发展银行	《国家发展和改革委员会、财政部、农业部、国家粮食局、中国农业发展银行关于印发2005年早籼稻最低收购价执行预案的通知》发改经贸〔2005〕1301号	2005年

续表

序号	颁布主体	文件名称	颁布时间
15	中共中央办公厅、国务院办公厅	《关于引导和鼓励高校毕业生面向基层就业的意见》	2005年
16	劳动和社会保障部	《关于实施特别职业培训计划的通知》	2006年
17	财政部、教育部	《财政部、教育部关于调整完善农村义务教育经费保障机制改革有关政策的通知》	2007年
18	农业部、商务部	《关于开展农超对接试点工作的通知》	2008年
19	国家发改委、财政部、农业部、国家粮食局、农发行、中储粮总公司	《2009年小麦最低收购价执行预案》	2009年
20	农业部	《关于加快推进乡镇或区域性农业技术推广机构改革与建设的意见》	2009年
21	环境保护部、财政部、发展改革委	《关于实行"以奖促治"加快解决突出的农村环境问题的实施方案》	2009年
22	财政部	《关于落实农业产业化经营贴息贷款项目的实施意见》	2010年
23	交通部	《关于加强农村交通运输安全生产工作的意见》	2010年

附件3：主要惠农制度分类表

惠农领域	制度形式	颁布主体	制度名称	颁布时间
农业方面	宪法	全国人民代表大会	《中华人民共和国宪法》	1982年12月4日
	法律	全国人民代表大会常务委员会	《中华人民共和国畜牧法》	2005年12月29日
			《中华人民共和国农业法》	1993年7月2日
			《中华人民共和国种子法》	2000年7月8日
			《中华人民共和国水法》	2002年8月29日
			《中华人民共和国农业机械化促进法》	2004年6月25日
			《中华人民共和国土地管理法》	2004年8月28日
			《中华人民共和国农产品质量安全法》	2006年4月29日
			《中华人民共和国农民专业合作社法》	2006年10月31日
中央	行政法规	国务院	《棉花质量监督管理条例》	2001年8月3日
			《取水许可和水资源费征收管理条例》	2006年1月24日
			《土地复垦条例》	2011年2月22日
			《国务院出台促进牧区又好又快发展的若干意见》	2011年6月1日
			《国务院关于支持农业产业化龙头企业发展的意见》	2012年3月6日
			《农业机械安全监督管理条例》	2009年11月1日
			《国务院关于当前稳定农业发展促进农民增收的意见》	2009年5月10日
	部门规章	财政部	《国家农业综合开发资金和项目管理办法》	2005年8月22日
		商务部	《鲜茧收购资格认定办法》	2006年12月20日
		财政部、农业部	《中央财政农作物良种补贴资金管理办法》	2009年12月14日
		财政部	《财政部印发农业综合开发资金若干投入比例的规定》	2010年8月26日

续表

惠农领域	制度形式		颁布主体	制度名称	颁布时间
农业方面	地方	地方法规	辽宁省人民政府	《辽宁省农村居民最低生活保障办法》	2008年10月30日
			河南省人民代表大会常务委员会	《河南省农业机械化促进条例》	2009年1月1日
			江苏省人大常委会	《江苏省农业机械管理条例》	2010年11月1日
		自治条例	宁夏回族自治区人大常委会	《宁夏回族自治区农业机械化促进条例》	2009年1月1日
		地方规章	山西省人民政府	《山西省人民政府关于推进基层农业技术推广体系改革的实施意见》	2010年11月1日
农村方面	中央	法律	全国人民代表大会常务委员	《中华人民共和国农业法》	1993年7月2日
		行政法规	国务院	《农村五保供养工作条例》	2006年1月11日
		部门规章	交通部	《关于加强农村交通运输安全生产工作的意见》	2012年5月5日
			财政部	《汽车摩托车下乡操作细则》	2009年6月4日
			民政部、卫生部、财政部	《关于实施农村医疗救助的意见》	2003年11月18日
			交通部	《农村公路建设管理办法》	2006年3月1日
		司法解释	最高人民法院	《关于人民法院为建设社会主义新农村提供司法保障的意见》	2006年8月21日
			最高人民检察院	《检察机关为社会主义新农村建设服务的意见》	2006年9月6日
	地方	地方法规	山东省人大常委会	《山东省农村可再生能源条例》	2008年1月1日
			甘肃省人大常委会	《甘肃省农村能源建设管理条例》	1998年9月28日
			安徽省人大常务委员会	《安徽省农村能源建设与管理条例》	2004年7月1日
		地方规章	北京市人民政府	《北京市农村消防安全管理规定》	2008年1月1日
			四川省人民政府	《四川省农村能源条例》	2011年1月1日

续表

惠农领域	制度形式		颁布主体	制度名称	颁布时间
农民方面	中央	法律	全国人民代表大会常务委员	《中华人民共和国农业法》	1993年7月2日
				《中华人民共和国农村土地承包经营纠纷调解仲裁法》	2009年6月27日
				《中华人民共和国农民专业合作社法》	2006年10月31日
		行政法规	国务院	《农村五保供养工作条例》	2006年1月11日
				《关于进一步做好农民工培训工作的指导意见》	2010年1月21日
				《关于开展新型农村社会养老保险试点的指导意见》	2009年9月1日
		部门规章	商务部、财政部、工业和信息化部、发展改革委、税务总局、工商总局、质检总局	《家电下乡流通网点管理实施细则》	2010年6月21日
			国土资源部	《国土资源部关于促进农业稳定发展农民持续增收推动城乡统筹发展的若干意见》	2009年3月6日
			国务院办公厅（国办发〔2011〕54号）	《国务院办公厅关于实施农村义务教育学生营养改善计划的意见》	2012年2月3日
			教育部、中宣部、国家发改委、监察部、财政部、农业部、卫生部、审计署、国家工商总局、国家质监总局、国家药监局、国务院食品安全委员会办公室、共青团中央、全国妇联、全国供销总社【教财〔2012〕2号】	1. 农村义务教育学生营养改善计划实施细则 2. 农村义务教育学生营养改善计划食品安全保障管理暂行办法 3. 农村义务教育学校食堂管理暂行办法 4. 农村义务教育学生营养改善计划实名制学生信息管理暂行办法 5. 农村义务教育学生营养改善计划信息公开公示暂行办法	2012年5月23日
	地方	地方规章	陕西省政府	《陕西省实施〈农村五保供养工作条例〉办法》	2006年11月1日
			天津市人民政府	《天津市农村五保供养工作办法》	2008年7月18日
			辽宁省人民政府	《辽宁省农村居民最低生活保障办法》	2008年10月30日
			湖南省人民政府	《农村五保供养工作条例办法》	2007年12月1日
			云南省人民政府	《云南省人民政府关于进一步完善农民增收考核办法的通知》	2008年7月2日
				《云南省人民政府关于深化改革加强基层农业技术推广体系建设的实施意见》	2007年6月13日
			青海省教育厅	《进城就业农牧民子女接受义务教育实施办法（试行）》	2006年11月1日

附件4：惠农监督相关制度及其内容

文件名称	颁布主体	颁布时间	主要内容
《中华人民共和国农业法》	全国人大常务委员会	1993年7月2日	规定了行政处分的情形和依法应当追究刑事责任的情形，以及对造成损失承担赔偿责任的情形。
《中华人民共和国行政监察法》		2010年6月25号	规定了监察机关的职责、权限、监察程序以及法律责任。
《中华人民共和国行政监察法实施条例》		2004年10月1号	根据1997年的《中华人民共和国监察法》制定的，是对其内容的具体和细化。
《财政违法行为处分条例》	国务院	2005年2月1日	列举了财政部门、审计机关、监察机关的工作人员在财政收入、预决算、账户管理中各种不同违法违纪情形，并根据情节给予不同的责任承担形式。
《农村五保供养工作条例》		2006年3月1日	本条例规定村民委员会组成人员贪污、挪用、截流农村五保供养款物的，依法给予罢免、构成犯罪的追究刑事责任。
《统计违法违纪行为处分规定》	监察部、人力资源社会保障部、国家统计局	2009年5月1日	规定了统计中违法违纪行为的单位直接责任人应当承担的纪律责任以及违法应追究的刑事责任。
《中央财政农作物良种补贴资金管理办法》	财政部、农业部	2009年12月14日	规定各级农业部和财政部应设立监督电话，对违纪行为及时严肃查处，对违规行为依照《财政违法处罚处分条例》给予处理。
《设立"小金库"和使用"小金库"款项违法违纪行为政纪处分暂行规定》	监察部、人力资源社会保障部、财政部、审计署	2010年2月15日	对"小金库"的各种违法越权使用的情形进行了详细具体的规定，明确了其承担责任的方式。
《农村基层干部廉洁履行职责若干规定(试行)》	中央办公厅、国务院办公厅	2011年7月13日	规定了各种禁止的情形如滥用职权、侵害群众合法权益的行为，并规定了监督程序和处理方式。

续表

文件名称	颁布主体	颁布时间	主要内容
《规范性文件管理规定》	农业部	2012年2月15日	主要对农业部规范性文件范围作出界定,对规范性文件内容提出要求,明确了规范性文件管理分工,规定了规范性文件制定程序。
《武汉市农业机械购置补贴资金使用管理办法》	武汉市财政局	2008年3月10日	对补贴程序、补贴种类以及如何监管进行规定。
《安徽省农村集体资金资产资源管理若干规定(试行)》	中共安徽省委办公厅、安徽省人民政府办公厅	2011年7月26日	对违规行为进行具体规定,根据情节轻重,对直接责任人给予行政处分,构成犯罪追究刑事责任。
《湖北省强农惠农资金使用管理责任追究暂行办法》	中共湖北省委办公厅、湖北人民政府办公厅	2011年8月11日	规定了在使用强农惠农资金中追究责任的情形和追究责任的方式。
《2012年天津市农机安全监理工作目标管理评价考核指标》	天津市农业机械局	2012年2月17号	分类制定各项评价审核标准制定奖励机制。
《浙江省农业厅关于开展农民负担监督管理阳光行动的意见》	浙江省农业厅	2012年4月6日	明确对涉农收费、惠农政策、监督方式应公开,推进监管,使监管走上体系化、网络化、评价指标化。
《省农委开展强农惠农富农政策落实情况监督检查工作方案》	黑龙江省农业委员会	2012年4月6日	规定了工作重点是严格监督农机投资项目的论证、审批、执行、验收全过程,并制定了工作步骤,进行为期半年的监督、评估。

附件5：惠农政策与法治一体化建设分类表

表1：农民富裕政策与法治一体化建设基本要求表

惠农项目	农民富裕政策			农民富裕"制度"			一体化基本要求
	政策名称	颁布主体	颁布时间	"制度"名称	颁布主体	颁布时间	
鲜活农产品运输优惠政策	《全国高效率鲜活农产品流通"绿色通道"建设实施方案》	交通运输部、国家发改委、财政部	2005年1月30日	《中华人民共和国农业法》	全国人民代表大会常务委员	1993年7月2日	政策和法律继续相互配合。
农业信息化建设"三电合一"政策	《关于开展三电合一农业信息服务试点工作的通知》	农业部	2005年4月30日				政策的实施需要法律的支持。
社会主义新农村建设	《关于推进社会主义新农村建设的若干意见》	中共中央国务院	2006年12月31日				政策的实施需要法律的支持。

表2：农村繁荣政策与法治一体化建设基本要求表

惠农项目	农村繁荣政策			农村繁荣"制度"			一体化基本要求
	政策名称	颁布主体	颁布时间	"制度"名称	颁布主体	颁布时间	
繁荣和活跃农村文化生活	《省文化厅关于进一步繁荣和活跃农村文化生活加强农村文化市场管理的通知》	山东省文化厅	2005年12月23日				部分经济富裕的农民把钱用于封建迷信建庙宇、赌博、吸毒等。但是大多数农民只赚钱不消费，没有将储蓄适度用于文化娱乐、健康、旅游，同时没有加大对子女教育的投入。应继续加强对农村繁荣的惠农政策。
"三下乡"活动	《关于深入开展文化科技卫生"三下乡"活动的通知》	国务院	2000年11月24日				
提高农村教育卫生文化事业发展水平	《关于加大统筹城乡发展力度进一步夯实农业农村发展基础的若干意见》	中共中央国务院	2010年1月31日				

表3：农业发达政策与法治一体化建设基本要求表

惠农项目	农业发达政策			农业发达"制度"			一体化基本要求
	政策名称	颁布主体	颁布时间	"制度"名称	颁布主体	颁布时间	
粮食直补政策	国务院召开的农业和粮食工作会议	中共中央国务院	2003年10月28日				补贴力度和标准比较低，发放不及时，不到位。缺乏监管，还出现干部贪污的行为。需要法律的支持和监督。
农作物良种补贴	《关于推进社会主义新农村建设的若干意见》	中共中央国务院	2006年12月	《中央财政农作物良种补贴资金管理办法》	财政部农业部	2009年12月14日	
农机购置补贴	《关于促进农民增加收入若干政策的意见》	中共中央国务院	2004年1月	《中华人民共和国农业法》	全国人民代表大会常务委员	1993年7月2日	在偏远的山区，农民迫切需要小型农场机械如小型耕地机，脱粒机，但这些不属于补贴范围。需改进政策，与法制共同促进农业发展。

表4：积极扶持弱势农民的政策与法治一体化建设基本要求表

惠农项目	积极扶持弱势农民政策			积极扶持弱势农民"制度"			一体化基本要求
	政策名称	颁布主体	颁布时间	"制度"名称	颁布主体	颁布时间	
努力促进农民就业创业	《关于加大统筹城乡发展力度进一步夯实农业农村发展基础的若干意见》	中共中央国务院	2010年1月31日	《中华人民共和国劳动法》	全国人民代表大会常务委员会	1994年7月5日	现实中农民工的工作环境却很差劲，农民工的身体没有得到相应的保护。大多数农民工没有进行劳动安全教育。需要政策与法制相互配合。
促进农村劳动力就业创业	《关于做好2012年农业农村经济工作的意见》	农业部	2012年01月11日				
农民向各级人民政府及其有关部门反映情况和提出合法要求				《中华人民共和国农业法》	全国人民代表大会常务委员	1993年7月2日	基层人民政府和地方公检法相互包庇，一起向农民要粮要钱，农民无处告状。农民集体上访，却被视作非法活动。法制的实施需要政策的配合。

表5：常规帮助残疾农民的政策与法治一体化建设基本要求表

惠农项目	常规帮助残疾农民政策			常规帮助残疾农民"制度"			一体化基本要求
	政策名称	颁布主体	颁布时间	"制度"名称	颁布主体	颁布时间	
制定落实针对残疾人的优惠政策	《农村残疾人扶贫开发计划（2001—2010年)》	国务院	2001年10月16日	《农村五保供养工作条例》	国务院	2006年1月11日	中国的农村地区仍有至少两千万贫困残疾人口。帮助残疾农民的康复救助少。残疾农民的参保率低，慈善机构少。需要政策与法制相互配合。
重视做好残疾人扶贫工作	《中国农村扶贫开发纲要2001—2010年》	国务院	2001年6月13日				
"阳光助残扶贫"	《农村残疾人扶贫开发纲要（2011—2020年)》	国务院	2012年1月3日				

表6：及时援救受灾农民的政策与法治一体化建设基本要求表

惠农项目	受灾农民政策			受灾农民"制度"			一体化基本要求
	政策名称	颁布主体	颁布时间	制度名称	颁布主体	颁布时间	
扩大农业保险险种和覆盖面	《关于加快推进农业科技创新持续增强农产品供给保障能力的若干意见》	中共中央国务院	2012年2月1日	《中华人民共和国保险法》	全国人民代表大会常务委员	2009年2月28日	《中华人民共和国保险法》明确规定，国务院另行制定关于农业保险的法律法规。但国务院至今没有出台有关农业保险的法律法规，政策急需上升为法律。
扩大农业保险保费补贴的品种和区域覆盖范围	《关于加大统筹城乡发展力度进一步夯实农业农村发展基础的若干意见》	中共中央国务院	2010年1月31日				
完善农业保险政策	《2012年国家支持粮食增产农民增收的措施》	农业部	2012年3月28日				

表7：正确引导富裕农民的政策与法治一体化建设基本要求表

惠农项目	富裕农民政策			富裕农民"制度"			一体化基本要求
	政策名称	颁布主体	颁布时间	制度名称	颁布主体	颁布时间	
"一村一大学生"	《关于引导和鼓励高校毕业生面向基层就业的意见》	中共中央办公厅、国务院办公厅	2005年6月25日				目前国家的政策倾向于怎样使农民富裕，而在怎样引导富裕农民的政策上还比较缺乏。需要进一步开展引导富裕农民的工作。
"三下乡"活动	《关于深入开展文化科技卫生"三下乡"活动的通知》	国务院	2000年11月24日				
农村义务教育阶段学生免费教科书政策	《国务院关于基础教育改革与发展的决定》	国务院	2001年5月29日	《中华人民共和国义务教育法》	全国人民代表大会常务委员	2006年6月29日	

表8：农民政策与法治一体化建设目标要求表

惠农项目	农民政策			农民"制度"			一体化基本要求
	政策名称	颁布主体	颁布时间	制度名称	颁布主体	颁布时间	
健全农民工社会保障制度	《关于加大统筹城乡发展力度进一步夯实农业农村发展基础的若干意见》	中共中央国务院	2010年1月31日	《中华人民共和国农业法》	全国人民代表大会常务委员	1993年7月2日	在《中华人民共和国农业法》中放置农民权益保护的内容感觉不是特别合理，而且具体内容不全面，实践可能性差。政策急需上升为法律。
深化户籍制度改革	《关于加大统筹城乡发展力度进一步夯实农业农村发展基础的若干意见》	中共中央国务院	2010年1月31日				
完善新型农村合作医疗制度政策	《2012年国家支持粮食增产农民增收的措施》	农业部	2012年3月28日	《中华人民共和国农业法》	全国人民代表大会常务委员	1993年7月2日	

表9：农村政策与法治一体化建设目标要求表

惠农项目	农村政策			农村"制度"			一体化基本要求
	政策名称	颁布主体	颁布时间	制度名称	颁布主体	颁布时间	
大力开展"法律进乡村"主题活动	《关于进一步加强农村法制宣传教育工作的通知》	司法部	2012年3月14日	《中华人民共和国村民委员会组织法》	全国人民代表大会常务委员	2010年10月28日	中国乡镇政府属于上级政府和农民之间的中间组织，常常发生对上隐瞒不报对下隐瞒信息的现象，而且基层政权组织经常代替村民自治组织对各种农村事务做决定，影响了村民自治组织建设的完善。需要政策和法制相互配合。
深化农村综合改革	《关于积极发展现代农业扎实推进社会主义新农村建设的若干意见》	中共中央国务院	2006年12月31日	《中华人民共和国村民委员会组织法》	全国人民代表大会常务委员	2010年10月28日	
进一步完善符合国情的农村基层治理机制	《关于加大统筹城乡发展力度进一步夯实农业农村发展基础的若干意见》	中共中央国务院	2010年1月31日	《中华人民共和国村民委员会组织法》	全国人民代表大会常务委员	2010年10月28日	

表10：农业政策与法治一体化建设目标要求表

惠农项目	农业政策			农业"制度"			一体化基本要求
	政策名称	颁布主体	颁布时间	制度名称	颁布主体	颁布时间	
依靠科技创新驱动，引领支撑现代农业建设	《关于加快推进农业科技创新持续增强农产品供给保障能力的若干意见》	中共中央国务院	2012年2月1日	《中华人民共和国农业机械化促进法》	全国人民代表大会常务委员	2004年6月25日	政策和法制继续相互配合。
发展农业产业化经营	《关于做好2012年农业农村经济工作的意见》	农业部	2012年1月11日				农业产业化经营需要一个具体的运行规则，没有规则的市场是不稳定的，经营主体的利益也得不到保障。政策急需法制的保驾护航。
强化农业生态环境建设	《关于做好2012年农业农村经济工作的意见》	农业部	2012年1月11日	《土地复垦条例》	国务院	2011年2月22日	政策和法制继续相互配合。

附件6：农民受惠政策与制度主要内容

表1：中央一号文件中关于农民受惠政策内容

时间	名称	内　　容
1982年1月1日	中共中央批转《全国农村工作会议纪要》	1. 经济政策："包产到户、包干到户或大包干都是社会主义集体经济的生产责任制"，同时还说明它"不同于合作化以前的小私有的个体经济，而是社会主义农业经济的组成部分；随着生产力的发展，它将会逐步发展成更为完善的集体经济"。 2. 就业政策："逐步发展专业分工和专业承包，逐步改变按人口平均包地、'全部劳力归田'的做法，把剩余劳力转移到多种经营方面来"。 3. 教育政策："县级以及县以下农村的中学要设置农业课程，有的可以改为农业专科学校。高等农业院校和中等农业学校都要拿出必要的力量承担培训任务。要积极创造条件，加强农民教育，抓紧扫盲工作，提高科学文化水平"。 4. 社会保障政策："应制订各级土地利用规划和严格的土地管理法令，抓紧帮助农民搞好农村房屋建设的规划。"
1983年1月2日	《当前农村经济政策的若干问题》	1. 经济政策：从理论上说明了家庭联产承包责任制"是在党的领导下中国农民的伟大创造，是马克思主义农业合作化理论在中国实践中的新发展"。"建立和健全承包合同制，是完善农业生产责任制的重要环节"。鼓励农民面向市场，发展商品经济。"适应商品生产的需要，发展多种多样的合作经济"。提出"农村个体商业和各种服务业，经营灵活、方便群众，应当适当加以发展，并给予必要扶持"。 2. 就业政策："对自学成才的农民技术员，各地可采取定期考试、考核办法，发给证书，给予技术补贴或择优录用"。 3. 教育政策："要对农民进行各种形式的职业技术教育和培训。""积极普及初等义务教育，扫除青壮年文盲，有步骤地增加农业中学和其它职业中学的比重"。
1984年1月1日	《关于一九八四年农村工作的通知》	经济政策："要继续稳定和完善联产承包责任制，帮助农民在家庭经营的基础上扩大生产规模，提高经济效益。规定土地承包期一般应在15年以上，生产周期长的和开发性的项目，承包期应当更长一些。""允许农民和集体的资金自由地或有组织地流动，不受地区限制。"鼓励支持专业户的发展，认为其是"农村发展中的新生事物，应当珍惜爱护，积极支持"。

续表

时间	名称	内　　容
1985年1月1日	《关于进一步活跃农村经济的十项政策》	经济政策：鼓励农民发展采矿和其它开发性事业。"根据有关矿产法规，鼓励农民采矿。开采的范围包括小矿、大矿的尾矿和在大矿周围划定的地方。国营矿冶企业通过收购产品和协作联营，技术指导等办法给予支持"。此外，"按照自愿互利原则和商品经济的要求，积极发展和完善农村合作制"。
1986年1月1日	《关于一九八六年农村工作的部署》	1、经济政策："家庭承包是党的长期政策，决不可背离群众要求，随意改变"。又指出"个体经济是社会主义经济的必要补充，要鼓励各类专业户勤劳致富"。 2. 教育政策："每年短期培训一批农村知识青年和基层干部，使之掌握一两项本地区适用的先进技术"。 3. 社会保障政策："国家拨给各省、自治区的支持贫困地区资金，由省、自治区政府统一安排使用"。
2003年12月31日	《中共中央国务院关于促进农民增加收入若干政策的意见》	1、政治政策："加强农村基层组织建设和民主法制建设，做好农村其他各项工作"。 2. 经济政策："大力发展农村个体私营等非公有制经济。法律法规未禁入的基础设施、公用事业及其他行业和领域，农村个体工商户和私营企业都可以进入"。 3. 就业政策："保障进城就业农民的合法权益。进一步清理和取消针对农民进城就业的歧视性规定和不合理收费，简化农民跨地区就业和进城务工的各种手续，防止变换手法向进城就业农民及用工单位乱收费。城市政府要切实把对进城农民工的职业培训、子女教育、劳动保障及其他服务和管理经费，纳入正常的财政预算，健全有关法律法规，依法保障进城就业农民的各项权益。"另一方面"加强对农村劳动力的职业技能培训。实行定向培训，提高培训的针对性和适用性。调动社会各方面参与农民职业技能培训的积极性"。 4. 社会保障政策："完善扶贫开发机制。切实做到扶贫到村到户。对丧失劳动能力的特困人口，要实行社会救济，适当提高救济标准。对缺乏基本生存条件地区的贫困人口，要积极稳妥地进行生态移民和易地扶贫。对低收入贫困人口，要着力帮助改善生产生活条件，发展特色产业，开辟增收渠道，减少和防止返贫"。此外，"有条件的地方要探索建立农民最低生活保障制度。落实好农垦企业参加企业职工基本养老保险的政策"。 5. 户籍政策："推进大中城市户籍制度改革，放宽农民进城就业和定居的条件"。

续表

时间	名称	内容
2005年1月30日	《中共中央国务院关于进一步加强农村工作提高农业综合生产能力若干政策的意见》	1. 政治政策:"扩大农村基层民主,完善村务公开、政务公开和民主管理。建立健全村党组织领导的充满活力的村民自治机制,切实维护农民的民主权利。推进农村法制建设,加强农村普法教育,搞好农业综合执法"。 2. 经济政策:"认真落实农村土地承包政策。尊重和保障农户拥有承包地和从事农业生产的权利,尊重和保障外出务工农民的土地承包权和经营自主权。承包经营权流转和发展适度规模经营,必须在农户自愿、有偿的前提下依法进行,防止片面追求土地集中"。此外,"加快农村小型基础设施产权制度改革。农户自建或自用为主的小微型工程,产权归个人所有,由乡镇人民政府核发产权证"。 3. 就业政策:"全面开展农民职业技能培训工作。广泛调动社会各方面力量参与农民职业技能培训的积极性"。 4. 社会保障政策:"有条件的地方可以建立农村社会保障制度"。"积极稳妥推进新型农村合作医疗试点和农村医疗救助工作"。
2006年2月21日	《中共中央国务院关于推进社会主义新农村建设的若干意见》	1. 政治政策:"让农民群众真正享有知情权、参与权、管理权、监督权。完善村民'一事一议'制度,加强农村法制建设,深入开展农村普法教育,增强农民的法制观念,提高农民依法行使权利和履行义务的自觉性"。 2. 经济政策:"必须坚持农村基本经营制度"。 3. 就业政策:"严格执行最低工资制度,建立工资保障金等制度,完善劳动合同制度,加强务工农民的职业安全卫生保护"。"加快建立政府扶助、面向市场、多元办学的培训机制"。 4. 社会保障政策:"建立健全与经济发展水平相适应的多种形式的农村社会保障制度"。"探索建立与农村经济发展水平相适应、与其他保障措施相配套的农村社会养老保险制度。逐步建立务工农民社会保障制度和养老保险办法,积极探索建立农村最低生活保障制度"。"探索适合务工农民特点的大病医疗保障"。 5. 教育政策:"认真解决务工农民的子女上学问题"。"着力普及和巩固农村九年制义务教育。2006年对西部地区农村义务教育阶段学生全部免除学杂费,对其中的贫困家庭学生免费提供课本和补助寄宿生生活费,2007年在全国农村普遍实行这一政策。建立健全农村义务教育经费保障机制加大力度监管和规范农村学校收费,进一步减轻农民的教育负担。整合农村各种教育资源,发展农村职业教育和成人教育"。

续表

时间	名称	内容
2007年1月29日	《中共中央国务院关于积极发展现代农业扎实推进社会主义新农村建设的若干意见》	1. 经济政策:"规范土地承包经营权流转,加快征地制度改革。稳定渔民的水域滩涂养殖使用权。加快推进农村集体林权制度改革,明晰林地使用权和林木所有权,放活经营权,落实处置权,继续搞好国有林区林权制度改革试点。积极搞好水权制度改革,探索建立水权分配、登记、转让等各项管理制度"。 2. 就业政策:"培育现代农业经营主体,普遍开展农业生产技能培训"。"加大'阳光工程'等农村劳动力转移就业培训支持力度"。 3. 社会保障政策:"继续扩大新型农村合作医疗制度试点范围,加强规范管理,扩大农民受益面,并不断完善农村医疗救助制度"。 4. 教育政策:"2007年全国农村义务教育阶段学生全部免除学杂费,对家庭经济困难学生免费提供教科书并补助寄宿生生活费,有条件的地方可扩大免、补实施范围"。
2008年1月30日	《中共中央国务院关于切实加强农业基础建设进一步促进农业发展农民增收的若干意见》	1. 政治政策:"依法保障农民群众的推选权、直接提名权、投票权、罢免权。切实推行村务公开,建立答疑纠错的监督制度"。 2. 经济政策:"进一步明确农民家庭财产的法律地位,保障农民对集体财产的收益权,创造条件让更多农民获得财产性收入"。"坚持和完善以家庭承包经营为基础、统分结合的双层经营体制。加快建立土地承包经营权登记制度。继续推进农村土地承包纠纷仲裁试点。健全土地承包经营权流转市场。完善土地流转合同、登记、备案等制度,稳步推进草原家庭承包经营,稳定渔民的水域滩涂养殖使用权"。"继续推进征地制度改革试点,规范征地程序,提高补偿标准,健全对被征地农民的社会保障制度,建立征地纠纷调处裁决机制"。 3. 就业政策:"组织实施新农村实用人才培训工程"。 4. 社会保障政策:"完善农村最低生活保障制度,在健全政策法规和运行机制基础上,将符合条件的农村贫困家庭全部纳入低保范围。中央和地方各级财政要逐步增加农村低保补助资金,提高保障标准和补助水平。落实农村五保供养政策,保障五保供养对象权益。探索建立农村养老保险制度,鼓励各地开展农村社会养老保险试点"。"继续做好整村推进、培训转移和产业化扶贫工作。加大移民扶贫力度。集中力量解决革命老区、民族地区、边疆地区和特殊类型地区贫困问题。动员社会力量参与扶贫开发事业"。"健全农民工社会保障制度"。

续表

时间	名称	内　　容
		5. 户籍政策:"探索在城镇有稳定职业和固定居所的农民登记为城市居民的办法"。"2008年在全国普遍建立新型农村合作医疗制度,提高国家补助标准,适当增加农民个人缴费,规范基金管理,完善补偿机制,扩大农民受益面"。 6. 教育政策:"对全部农村义务教育阶段学生免费提供教科书,提高农村义务教育阶段家庭经济困难寄宿生生活费补助标准,扩大覆盖面,提高农村中小学公用经费和校舍维修经费补助标准,加大农村薄弱学校改造力度。努力提高农村中小学教师素质,实施中西部农村和边疆地区骨干教师远程培训计划,选派和组织城市教师到农村交流任教,鼓励和组织大学毕业生到农村学校任教"。"加快构建县域农村职业教育和培训网络,发展城乡一体化的中等职业教育。支持高等学校设置和强化农林水类专业"。"农民工输入地要坚持以公办学校为主接收农民工子女就学,收费与当地学生平等对待。农民工输出地要为留守儿童创造良好的学习、寄宿和监护条件。深入开展'共享蓝天'关爱农村留守、流动儿童行动"。
2009年 2月1日	《中共中央国务院关于2009年促进农业稳定发展农民持续增收的若干意见》	1. 政治政策:"完善村委会直选的制度和办法"。 2. 经济政策:"强化对土地承包经营权的物权保护"。"用5年左右时间基本完成明晰产权、承包到户的集体林权制度改革任务"。 3. 就业政策:"引导企业履行社会责任,支持企业多留用农民工;城乡基础设施建设和新增公益性就业岗位,要尽量多使用农民工;落实农民工返乡创业扶持政策"。 4. 社会保障政策:"建立个人缴费、集体补助、政府补贴的新型农村社会养老保险制度。加快研究解决农垦职工社会保障问题"。"抓紧制定适合农民工特点的养老保险办法"。"巩固发展新型农村合作医疗,坚持大病住院保障为主、兼顾门诊医疗保障,开展门诊统筹试点"。 5. 教育政策:"加快发展农村中等职业教育,2009年起对中等职业学校农村家庭经济困难学生和涉农专业学生实行免费"。

续表

时间	名称	内　容
2010年1月31日	《中共中央国务院关于加大统筹城乡发展力度进一步夯实农业农村发展基础的若干意见》	1. 经济政策："加快农村集体土地所有权、宅基地使用权、集体建设用地使用权等确权登记颁证工作"。 2. 就业政策："积极发展休闲农业、乡村旅游、森林旅游和农村服务业，拓展农村非农就业空间"。"逐步实施农村新成长劳动力免费劳动预备制培训"。"着力解决新生代农民工问题"。 3. 社会保障政策："健全农民工社会保障制度，深入开展工伤保险全覆盖行动，加强职业病防治和农民工健康服务"。"落实和完善被征地农民社会保障政策。健全临时救助制度。搞好农村养老院建设；加大对农村残疾人生产扶助和生活救助力度；扩大贫困村互助资金、连片开发以及彩票公益金支持革命老区建设等试点"。 4. 户籍政策："加快落实放宽中小城市、小城镇特别是县城和中心镇落户条件的政策，促进符合条件的农业转移人口在城镇落户并享有与当地城镇居民同等的权益"。 5. 教育政策："农村学校布局要符合实际，方便学生上学，保证学生安全。逐步改善贫困地区农村学生营养状况"。"积极发展农村远程教育"。
2012年2月1日	《关于加快推进农业科技创新持续增强农产品供给保障能力的若干意见》	1. 经济政策："2012年基本完成覆盖农村集体各类土地的所有权确权登记颁证"。 2. 教育政策："推进部部共建、省部共建高等农业院校，实施卓越农林教育培养计划；加快中等职业教育免费进程，落实职业技能培训补贴政策，鼓励涉农行业兴办职业教育"。
2013年1月31日	《中共中央国务院关于加快发展现代农业进一步增强农村发展活力的若干意见》	举全党全国之力持之以恒强化农业、惠及农村、富裕农民。加大农村改革力度、政策扶持力度、科技驱动力度，围绕现代农业建设，充分发挥农村基本经营制度的优越性，着力构建集约化、专业化、组织化、社会化相结合的新型农业经营体系。

表2：其它文件中有关农民受惠政策的主要内容

颁布时间	颁布主体	名称	内容
2002.7.14	中共中央办公厅、国务院办公厅	《进一步做好村民委员会换届选举工作的通知》	基层人民政府对于村民选举工作的职责
2012.1.5	民政部	《关于促进农民工融入城市社区的意见》	农民工在社区住一年可参选居委会
2010.12.27	国务院	《国务院关于严格规范城乡建设用地增减挂钩试点切实做好农村土地整治工作的通知》	坚决纠正违背农民意愿强拆强建等侵害农民权益的行为
2011.5.6	国土资源部、财政部、农业部	《关于加快推进农村集体土地确权登记发证工作的通知》	加快推进农村集体土地确权登记发证工作
2011.12.30	国土资源部等部门	《关于农村集体土地确权登记发证的若干意见》	违法违规登记将被严惩，小产权房不得发证
2008.12.20	人力资源和社会保障部、财政部、国家税务总局	《关于采取积极措施减轻企业负担稳定就业局势有关问题的通知》	"五缓四减三补两协商"措施
2003.9.9	农业部、劳动保障、教育部、科技部、建设部、财政部	《2003-2010年全国农民工培训规划》	推进农民工培训的政策措施
2009.10.16	农业部办公厅	《农村劳动力转移培训阳光工程农民创业培训规范（试行）》	农民创业培训
2012.1.24	人力资源社会保障部、发展改革委、教育部、工业和信息化部、财政部、农业部、商务部	《促进就业规划（2011-2015年）》	十二五时期农业富余劳动力转移就业4000万人
2006.3.27	国务院	《关于解决农民工问题的若干意见》	农民工工资、劳动管理、就业服务和培训、农民工社会保障

续表

颁布时间	颁布主体	名称	内容
2003.1.5	国务院办公厅	《关于做好农民进城务工就业管理和服务工作的通知》	取消对农民进城务工就业的不合理限制、解决拖欠和克扣农民工工资问题、改善农民工的生产生活条件、做好农民工培训工作、多渠道安排农民工子女就学、加强对农民工的管理
2008.12.20	国务院办公厅	《关于切实做好当前农民工工作的通知》	大力支持农民工返乡创业
1994.4.15	国务院	《国家八七扶贫攻坚计划》	7年时间解决农村8000万人口的贫困问题
2001.6.13	国务院	《中国农村扶贫开发纲要（2001－2010年）》	扶贫开发
2011.12.1	中共中央、国务院	《中国农村扶贫开发纲要（2011－2020年）》	扶贫开发
2001.1.3	国务院	《农村残疾人扶贫开发计划（2001－2010年）》	农村残疾人扶贫开发
2012.1.3	国务院办公厅	《农村残疾人扶贫开发纲要（2011－2020年）》	农村残疾人扶贫开发
2011.5.16	国务院残疾人工作委员会	《中国残疾人事业"十二五"发展纲要》	建立贫困残疾人生活补助制度
2006.8.29	卫生部、国家中医药管理局、国家发展改革委、财政部	《农村卫生服务体系建设与发展规划》	农村卫生专项建设规划
2007.5.21	卫生部	《卫生事业发展"十一五"规划纲要》	卫生事业
2002.4.29	卫生部、国家计委、财政部、农业部、国家环保总局、全国爱卫会、国家中医药局	《中国农村初级卫生保健发展纲要（2001－2010）》	农村初保

续表

颁布时间	颁布主体	名称	内容
2011.12.26	国务院办公厅	《国务院办公厅关于积极稳妥推进户籍管理制度改革的通知》	户籍管理制度改革
2005.12.23	国务院	《国务院关于深化农村义务教育经费保障机制改革的通知》	农村义务教育经费保障机制改革
2006.1.19	财政部、教育部	《关于确保农村义务教育经费投入加强财政预算管理的通知》	农村义务教育经费投入加强财政预算管理
2006.2.26	教育部	《关于大力推进城镇教师支援农村教育工作的意见》	城镇教师支援农村教育
2001.6.8	农业部、教育部	《关于在农村普通初中试行"绿色证书"教育的指导意见的通知》	绿色证书教育
2003.9.19	国务院	《关于进一步加强农村教育工作的决定》	改革农村教育纲领性文件

表3：农民受惠主要制度（内容）一览表

颁布时间	颁布主体	制度形式	制度名称（内容）
1982.12.4	第五届全国人大	宪法	第一百一十一条第一款规定"村民委员会是基层群众性自治组织"。
2010.10.28	第十一届全国人民代表大会常务委员会第十七次会议	法律	《中华人民共和国村民委员会组织法》
2010.3.14	第十一届全国人民代表大会第三次会议	法律	《全国人民代表大会关于修改〈中华人民共和国全国人民代表大会和地方各级人民代表大会选举法〉的决定》第十四条规定"城乡实行相同比例选举人大代表"。

续表

颁布时间	颁布主体	制度形式	制度名称(内容)
2002.8.29	第九届全国人民代表大会常务委员会第二十九次会议	法律	《中华人民共和国农村土地承包法》
2007.3.16	第十届全国人民代表大会第五次会议	法律	《中华人民共和国物权法》第十一章第一百二十四条至一百三十四条明确规定了土地承包权的物权属性
2003.11.14	农业部	部门规章	《中华人民共和国农村土地承包经营权证管理办法》
2005.1.19	农业部	部门规章	《中华人民共和国农村土地承包经营权流转管理办法》
2005.7.29	最高人民法院审判委员会第1346次会议	司法解释	《最高人民法院关于审理涉及农村土地承包纠纷案件适用法律问题的解释》
2004.8.28	第十届全国人民代表大会常务委员会第十一次会议	法律	《中华人民共和国土地管理法》
1998.12.24	国务院第12次常务会议	行政法规	《中华人民共和国土地管理法实施条例》
2007.11.28	国土资源部第5次部务会议	部门规章	《土地登记办法》
2002.12.20	国土资源部第7次部务会议	部门规章	《土地权属争议调查处理办法》
2011.5.9	最高人民法院审判委员会第1522次会议	司法解释	《最高人民法院关于审理涉及农村集体土地行政案件若干问题的规定》
2001.10.22	国土资源部	部门规章	《征用土地公告办法》
2005.10.12	最高人民法院行政审判庭	司法解释	《最高人民法院行政审判庭关于农村集体土地征用后地上房屋拆迁补偿有关问题的答复》
2007.6.29	第十届全国人民代表大会常务委员会第二十八次会议	法律	《中华人民共和国劳动合同法》
2007.8.30	第十届全国人民代表大会常务委员会第二十九次会议	法律	《中华人民共和国就业促进法》

续表

颁布时间	颁布主体	制度形式	制度名称(内容)
2008.9.18	国务院第25次常务会议	行政法规	《中华人民共和国劳动合同法实施条例》
2004.9.10	劳动和社会保障部、建设部	部门规章	《建设领域农民工工资支付管理暂行办法》
1994.12.1	劳动部	部门规章	《工资支付暂行规定》
2006.7.10	最高人民法院审判委员会第1393次会议	司法解释	《最高人民法院关于审理劳动争议案件适用法律若干问题的解释(二)》
1999.1.22	国务院第13次常务会议	行政法规	《社会保险费征缴暂行条例》
2006.1.11	国务院第121次常务会议	行政法规	《农村五保供养工作条例》
1991.6.26	国务院	行政法规	《关于企业职工养老保险制度改革的决定》
2007.7.11	国务院	规范性文件	《关于在全国建立农村最低生活保障制度的通知》
1999.1.22	国务院第11次常务会议	行政法规	《失业保险条例》
1999.1.22	国务院第13次常务会议	行政法规	《社会保险征缴暂行条例》
2006.1.11	国务院第121次常务会议	行政法规	《农村五保供养工作条例》
2006.1.19	财政部、教育部	部门规章	《全国农村义务教育阶段学生免收学杂费的实施管理办法》
2006.6.29	第十届全国人民代表大会常务委员会第二十二次会议	法律	《中华人民共和国义务教育法》

续表

颁布时间	颁布主体	制度形式	制度名称（内容）
2002.12.28	第九届全国人民代表大会常务委员会第三十一次会议	法律	《中华人民共和国农业法》
1995.3.18	第八届全国人民代表大会第三次会议	法律	《中华人民共和国教育法》
1993.7.2	第八届全国人民代表大会常务委员会第二次会议	法律	《中华人民共和国农业技术推广法》
1996.5.15	第八届全国人民代表大会常务委员会第十九次会议	法律	《中华人民共和国职业教育法》

表4：农民受惠政策与制度一体化对照表

受惠项目	农民受惠政策			农民受惠制度		
	名称	时间主体	内容	名称	时间主体	内容
村民自治机制	《中共中央国务院关于进一步加强农村工作提高农业综合生产能力若干政策的意见》	2005.1.30 中共中央国务院	扩大农村基层民主，完善村务公开、政务公开和民主管理。建立健全村党组织领导的充满活力的村民自治机制	《村民委员会组织法》	2010.10.28 第十一届全国人民代表大会常务委员会第十七次会议	第二条规定"村民委员会是村民自我管理、自我教育、自我服务的基层群众性自治组织，实行民主选举、民主决策、民主管理、民主监督"。
村民监督	《中共中央国务院关于推进社会主义新农村建设的若干意见》	2006.2.21 中共中央国务院	让农民群众真正享有监督权	《村民委员会组织法》	2010.10.28 第十一届全国人民代表大会常务委员会第十七次会议	第十七条规定"妨害村民行使选举权、被选举权，破坏村民委员会选举的行为，村民有权向举报，由乡级或者县级人民政府负责调查并依法处理"。
一事一议制度	《中共中央国务院关于推进社会主义新农村建设的若干意见》	2006.2.21 中共中央国务院	完善"一事一议"制度	《村民一事一议筹资筹劳管理办法》	2007.1.16 国务院办公厅	筹资筹劳应遵循村民自愿、直接受益、量力而行、民主决策、合理限额的原则

续表

受惠项目	农民受惠政策			农民受惠制度		
	名称	时间主体	内容	名称	时间主体	内容
经营体制	《中共中央关于农业和农村工作若干重大问题的决定》	1998年10月党的十五届三中全会	长期稳定和不断完善以家庭承包经营为基础、统分结合的双层经营体制	《中华人民共和国宪法修正案》	1999.3.15第九届全国人民代表大会第二次会议《中华人民共和国宪法修正案》	第八条第一款农村集体经济组织实行家庭承包经营为基础、统分结合的双层经营体制
土地承包期	《关于一九八四年农村工作的通知》	1984.1.1中共中央国务院	土地承包期一般应在15年以上	《农村土地承包法》	2002.8.29第九届全国人民代表大会常务委员会第二十九次会议	第二十条规定"耕地的承包期为三十年。草地的承包期为三十年至五十年。林地的承包期为三十年至七十年;特殊林木的林地承包期,经国务院林业行政主管部门批准可以延长"
土地承包经营权流转	《中共中央国务院关于进一步加强农村工作提高农业综合生产能力若干政策的意见》	2005.1.30中共中央国务院	承包经营权流转依法进行	《农村土地承包法》	2002.8.29第九届全国人民代表大会常务委员会第二十九次会议	第三十二条规定"通过家庭承包取得的土地承包经营权可以依法采取转包、出租、互换、转让或者其他方式流转"。
土地流转合同、登记、备案	《中共中央国务院关于切实加强农业基础建设进一步促进农业发展农民增收的若干意见》	2008.1.30中共中央国务院	完善土地流转合同、登记、备案等制度	《农村土地承包法》	2002.8.29第九届全国人民代表大会常务委员会第二十九次会议	第三十七条规定"土地承包经营权采取转包、出租、互换、转让或者其他方式流转,当事人双方应当签订书面合同。采取转让方式流转的,应当经发包方同意;采取转包、出租、互换或者其他方式流转的,应当报发包方备案"。
土地承包权的物权属性	《中共中央国务院关于2009年促进农业稳定发展农民持续增收的若干意见》	2009.2.1中共中央国务院	强化对土地承包经营权的物权保护	《中华人民共和国物权法》	2007.3.16第十届全国人民代表大会第五次会议	第十一章第一百二十四条至一百三十四条明确规定了土地承包权的物权属性

续表

受惠项目	农民受惠政策			农民受惠制度		
	名称	时间主体	内容	名称	时间主体	内容
农村土地承包权证	中共中央办公厅、国务院办公厅关于进一步稳定和完善农村土地承包关系的通知	1997.8.27 中共中央办公厅、国务院办公厅	农业承包合同主管部门要及时向农户颁发土地承包经营权证书	《中华人民共和国物权法》	2007.3.16 第十届全国人民代表大会第五次会议	第一百二十七条 第二款规定县级以上地方人民政府应当向农村承包经营权人发放土地承包经营权证、林权证、草原使用权证，并登记造册，确认土地承包经营权
农村土地承包权证	中共中央办公厅、国务院办公厅关于进一步稳定和完善农村土地承包关系的通知	1997.8.27 中共中央办公厅、国务院办公厅	农业承包合同主管部门要及时向农户颁发土地承包经营权证书	《农村土地承包经营权证管理办法》	2003.11.14 农业部	第四条规定县级以上地方人民政府农业行政主管部门负责农村土地承包经营权证的备案、登记、发放等具体工作。
土地确权登记	《关于加快推进农业科技创新持续增强农产品供给保障能力的若干意见》	2012.2.1 中共中央办公厅、国务院办公厅	2012年基本完成覆盖农村集体各类土地的所有权确权登记颁证	《土地登记办法》	2007.11.28 国土资源部第5次部务会议	规范土地登记行为
土地确权登记	《关于加快推进农业科技创新持续增强农产品供给保障能力的若干意见》	2012.2.1 中共中央办公厅、国务院办公厅	基本完成覆盖农村集体各类土地的所有权确权登记颁证	《土地权属争议调查处理办法》	2003.3.1 国土资源部第7次部务会议	第三十一条规定生效的处理决定是土地登记的依据。
征地程序	《中共中央国务院关于切实加强农业基础建设进一步促进农业发展农民增收的若干意见》	2008.1.30 中共中央国务院	规范征地程序	《征用土地公告办法》	2001.10.22 国土资源部第9次部务会议	征用土地公告和征地补偿、安置方案公告
农民工安全保护	《中共中央国务院关于推进社会主义新农村建设的若干意见》	2006.2.21 中共中央国务院	加强务工农民的职业安全卫生保护	《中华人民共和国宪法》	2004.3.14 第十届全国人民代表大会第二次会议	第四十二条规定加强劳动保护，改善劳动条件

续表

受惠项目	农民受惠政策			农民受惠制度		
	名称	时间主体	内容	名称	时间主体	内容
职业技能培训	《2003－2010年全国农民工培训规划》	2003.9.9 农业部、劳动保障部、教育部、科技部、建设部、财政部	开展职业技能培训	《就业促进法》	2007.8.30 第十届全国人民代表大会常务委员会第二十九次会议	第五十条规定地方各级人民政府采取有效措施，组织和引导进城就业的农村劳动者参加技能培训，鼓励各类培训机构为进城就业的农村劳动者提供技能培训，增强其就业能力和创业能力。
最低工资制度	《中共中央国务院关于推进社会主义新农村建设的若干意见》	2006.2.21 中共中央国务院	严格执行最低工资制度	《工资支付暂行规定》	1994.12.6 劳动部	第十八条规定低于当地最低工资标准支付劳动者工资的可责令用人单位支付赔偿金
农民工工资支付保障	《关于切实做好当前农民工工作的通知》	2008.12.20 国务院办公厅	确保农民工工资按时足额发放	《建设领域农民工工资支付管理暂行办法》	2004.9.6 劳动保障部、建设部	预防和解决建筑业企业拖欠或克扣农民工工资问题
最低社会保障制度	《农村社会保障体系建设指导方案》	1996年民政部	首次提出"农村最低生活保障制度"的概念	《国务院关于在全国建立农村最低生活保障制度的通知》	2007.7.11 国务院	决定在全国建立农村最低生活保障制度
新农保	《中共中央国务院关于2009年促进农业稳定发展农民持续增收的若干意见》	2009.2.1 中共中央国务院	建立个人缴费、集体补助、政府补贴的新型农村社会养老保险制度	《关于开展新型农村社会养老保险试点的指导意见》	2009.9.1 国务院	对新型农村社会养老保险制度的发展作出了具体的规定
新农合试点	《中共中央国务院关于进一步加强农村工作提高农业综合生产能力若干政策的意见》	2005.1.30 中共中央国务院	积极稳妥推进新型农村合作医疗试点	《关于做好新型农村合作医疗试点工作的通知》	2003年卫生部	新型农村合作医疗制度开始试点

续表

受惠项目	农民受惠政策			农民受惠制度		
	名称	时间主体	内容	名称	时间主体	内容
农村医疗救助	《中共中央国务院关于积极发展现代农业扎实推进社会主义新农村建设的若干意见》	2007.1.29 中共中央国务院	不断完善农村医疗救助制度	《关于实施农村医疗救助的意见》	2003年民政部、卫生部、财政部	规定了农村医疗救助的目标和原则、救助对象、救助办法、申请、审批程序、医疗救助服务、基金的筹集和管理、组织实施。
基本养老保险关系转移持续办法	《中共中央国务院关于加大统筹城乡发展力度进一步夯实农业农村发展基础的若干意见》	2010.1.31 中共中央国务院	落实农民工基本养老保险关系转移持续办法	《城镇企业职工基本养老保险关系转移接续暂行办法》	2009.12.28 人力资源社会保障部、财政部	农民工在内的参加城镇企业职工基本养老保险的所有人员，其基本养老保险关系可以在跨省就业时随同转移
户籍制度改革	《中共中央国务院关于加大统筹城乡发展力度进一步夯实农业农村发展基础的若干意见》	2010.1.31 中共中央国务院	加快落实放宽中小城市、小城镇特别是县城和中心镇落户条件的政策	《重庆市统筹城乡户籍制度改革社会保障实施办法（试行)》	2010.8.1 重庆市人力资源和社会保障局、民政局	促进农村居民转为城镇居民
农村职业教育	《中共中央国务院关于切实加强农业基础建设进一步促进农业发展农民增收的若干意见》	2008.1.30 中共中央国务院	加快构建县域农村职业教育	《中华人民共和国职业教育法》	1996.5.15 第八届全国人民代表大会常务委员会第十九次会议	调整范围包括农民职业教育的内容

附件7：农村受惠政策与制度主要内容

表1：中央一号文件中关于农村受惠政策主要内容

时间	名称	内容
1982年1月1日	中共中央批转《全国农村工作会议纪要》	（一）截至目前，全国农村已有90%以上的生产队建立了不同形式的农业生产责任制；大规模的变动已经过去，现在，已经转入了总结、完善、稳定阶段。 中国农村的主体经济形式，是组织规模不等、经营方式不同的集体经济。与它并存的，还有国营农场和作为辅助的家庭经济。 （七）必须采取切实措施，改善农村商业，疏通流通渠道，加强市场管理，以保证农业生产迅速发展，为国家提供更多的产品，为农民增加更多的收入。 （九）要恢复和加强供销社组织上的群众性、管理上的民主性和经营上的灵活性，使它在组织农村经济生活中发挥更大的作用。供销合作社要逐步进行体制改革。 （二十三）近年来，党在农村进行了大量的工作，取得了显著的成效。同时也要看到，农村的思想政治工作还存在着涣散软弱的状况。必须采取措施切实加以改进。 （二十四）落实党在农村的一切方针、政策和完成各项工作任务，都必须依靠农村基层组织，包括党的组织、政权组织、经济组织和群众团体。否则，一切工作都会落空。 （二十五）党的农村基层组织是团结广大群众前进的核心和战斗堡垒。欲正民风，必先正党风。
1983年1月1日	当前农村经济政策的若干问题	（二）中国农村只有走农林牧副渔全面发展、农工商综合经营的道路，才能保持农业生态的良性循环和提高经济效益；才能满足工业发展和城乡人民的需要；才能使农村的剩余劳动力离土不离乡，建立多部门的经济结构；也才能使农民生活富裕起来，改变农村面貌，建设星罗棋布的小型经济文化中心，逐步缩小工农差别和城乡差别。 （三）稳定和完善农业生产责任制，仍然是当前农村工作的主要任务。 （四）适应商品生产的需要，发展多种多样的合作经济。 （五）人民公社的体制，要从两方面进行改革。这就是，实行生产责任制，特别是联产承包制；实行政社分设。 （六）中国是社会主义国家，不能允许剥削制度存在。但是我们又是一个发展中的国家，尤其在农村，生产力水平还比较低，商品生产不发达，允许资金、技术、劳力一定程度的流动和多种方式的结合，对发展社会主义经济是有利的。因此，对农村中新出现的某些经济现象，应当区别对待。 （九）加快农村建设，必须广辟资金来源。随着国家财政状况的好转，要逐步增加对农业的投资。

续表

时间	名称	内容
		(十二)森林过伐、耕地减少、人口膨胀,是中国农村的三大隐患。在大好形势下,我们对此必须头脑清醒,采取多方面的有力措施,认真对待。 (十三)党在农村的工作,必须始终坚持两手抓的方针,一手抓物质文明,一手抓精神文明,使整个农村的物质生活不断改善,思想政治不断进步,文化知识不断提高。
1984年1月1日	关于一九八四年农村工作的通知	二 今年农村工作的重点是:在稳定和完善生产责任制的基础上,提高生产力水平,疏理流通渠道,发展商品生产。 (三)关于农村雇工问题,中央在《当前农村经济政策的若干问题》中已有原则规定,应继续依照执行。 (四)农村在实行联产承包责任制基础上出现的专业户,带头勤劳致富,带头发展商品生产,带头改进生产技术,是农村发展中的新生事物,应当珍惜爱护,积极支持。 (五)政社分设以后,农村经济组织应根据生产发展的需要,在群众自愿的基础上设置,形式与规模可以多种多样,不要自上而下强制推行某一种模式。 四 加强社会服务,促进农村商品生产的发展。
1985年1月1日	关于进一步活跃农村经济的十项政策	(二)大力帮助农村调整产业结构 (四)积极兴办交通事业 (五)对乡镇企业实行信贷、税收优惠 (七)放活农村金融政策,提高资金的融通效益 (八)按照自愿互利原则和商品经济要求,积极发展和完善农村合作制联产承包责任制和农户家庭经营长期不变。要继续完善土地承包办法和林业、牧业、水产业、乡镇企业的责任制。 (九)进一步扩大城乡经济交往,加强对小城镇建设的指导
1986年1月1日	关于一九八六年农村工作的部署	(一)中国农村在实行了联产承包责任制之后,去年又在改革农产品统派购制度、调整产业结构方面迈出了重大的一步。 (五)村建设资金,除国家增加农业投资外,主要靠农村自身的积累。 (六)科学技术必须为农村经济服务,发展农村经济必须依靠科学技术,这应当作为一条重要方针而突出起来。 (七)农村经济改革还远未达到既定的目标。改革既要有破又要有立,完善流通体制和合作体制,调整产业结构,都还有大量的工作要做。 (十)农村商品生产的发展,要求生产服务社会化。 (十一)社会主义的公有制为全体劳动者提供了劳动条件和发展机会,国家又掌握着调节社会收的手段,这是实现共同富裕,避免两极分化的根本保证。 (十二)中国农村在自然条件和社会历史条件上存在着较大的不平衡性。改变一部分地区的贫困面貌,必须做艰苦的工作和长期的努力。

续表

时间	名称	内　　容
2004年1月1日	中共中央国务院关于促进农民增加收入若干政策的意见	三、发展农村二、三产业，拓宽农民增收渠道 (七)推进乡镇企业改革和调整。 (八)大力发展农村个体私营等非公有制经济。 (九)繁荣小城镇经济。 六、加强农村基础设施建设，为农民增收创造条件 (十四)继续增加财政对农业和农村发展的投入。 (十五)进一步加强农业和农村基础设施建设。 七、深化农村改革，为农民增收减负提供体制保障 (十六)加快土地征用制度改革。(十七)深化粮食流通体制改革。(十八)继续推进农村税费改革。(十九)改革和创新农村金融体制。 八、继续做好扶贫开发工作，解决农村贫困人口和受灾群众的生产生活困难 (二十)完善扶贫开发机制。(二十一)认真安排好灾区和困难农户的生产生活。
2005年1月30日	中共中央国务院关于进一步加强农村工作提高农业综合生产能力若干政策的意见	二(五)认真落实农村土地承包政策。 五、加强农村基础设施建设，改善农业发展环境 (十三)加大农村小型基础设施建设力度。 七、改革和完善农村投融资体制，健全农业投入机制 (二十二)加快农村小型基础设施产权制度改革。(二十三)推进农村金融改革和创新。(二十五)进一步发展农村教育、卫生、文化等社会事业。 九、加强和改善党对农村工作的领导 (二十六)坚持把解决好"三农"问题作为全党工作的重中之重。 (二十七)进一步加强农村党建工作。
2006年2月21日	中共中央国务院关于推进社会主义新农村建设的若干意见	一、统筹城乡经济社会发展，扎实推进社会主义新农村建设 (1)建设社会主义新农村是中国现代化进程中的重大历史任务。 (2)围绕社会主义新农村建设做好农业和农村工作。(3)扎实稳步推进社会主义新农村建设。(4)加快建立以工促农、以城带乡的长效机制。 四、加强农村基础设施建设，改善社会主义新农村建设的物质条件 (16)加快乡村基础设施建设。(17)加强村庄规划和人居环境治理。 五、加快发展农村社会事业，培养推进社会主义新农村建设的新型农民 (18)加快发展农村义务教育。(19)大规模开展农村劳动力技能培训。(20)积极发展农村卫生事业。(21)繁荣农村文化事业。(22)逐步建立农村社会保障制度。(23)倡导健康文明新风尚。 六、全面深化农村改革，健全社会主义新农村建设的体制保障

续表

时间	名称	内容
		(24)进一步深化以农村税费改革为主要内容的农村综合改革。 (25)加快推进农村金融改革。(26)统筹推进农村其他改革。 七、加强农民民主政治建设,完善建设社会主义新农村的乡村治理机制 (27)不断增强农村基层党组织的战斗力、凝聚力和创造力。 (29)培育农村新型社会化服务组织。
2007年1月29日	中共中央国务院关于积极发展现代农业扎实推进社会主义新农村建设的若干意见	一 (一)大幅度增加对"三农"的投入。各级政府要切实把基础设施建设和社会事业发展的重点转向农村,国家财政新增教育、卫生、文化等事业经费和固定资产投资增量主要用于农村,逐步加大政府土地出让收入用于农村的比重。 二 (三)加快发展农村清洁能源。(四)加大乡村基础设施建设力度。 五、健全农村市场体系,发展适应现代农业要求的物流产业 六 (三)加快发展农村社会事业。(四)提高农村公共服务人员能力。 七、深化农村综合改革,创新推动现代农业发展的体制机制 (一)深化农村综合改革。(二)统筹推进农村其他改革。(三)清理化解乡村债务。 八、加强党对农村工作的领导,确保现代农业建设取得实效 (二)加强和改进农村社会管理。(三)促进农村和谐发展。
2008年1月30日	中共中央国务院关于切实加强农业基础建设进一步促进农业发展农民增收的若干意见	一 (一)按照统筹城乡发展要求切实加大"三农"投入力度。(四)探索建立促进城乡一体化发展的体制机制。 四 (三)大力培养农村实用人才。(四)积极发展农民专业合作社和农村服务组织。(五)加强农村市场体系建设。(六)积极推进农村信息化。 五、逐步提高农村基本公共服务水平 (一)提高农村义务教育水平。(二)增强农村基本医疗服务能力。(三)稳定农村低生育水平。(四)繁荣农村公共文化。(五)建立健全农村社会保障体系。(六)不断提高扶贫开发水平。(七)大力发展农村公共交通。(八)继续改善农村人居环境。 六、稳定完善农村基本经营制度和深化农村改革 (一)坚持和完善以家庭承包经营为基础、统分结合的双层经营体制。这是宪法规定的农村基本经营制度,必须毫不动摇地长期坚持,在实践中加以完善。(三)积极推进乡镇机构和县乡财政管理体制改革。(五)加快农村金融体制改革和创新。(六)妥善处置乡村债务。 七、扎实推进农村基层组织建设 (一)加强村级党组织建设。(三)加强农村基层干部队伍建设。(四)探索乡村有效治理机制。

续表

时间	名称	内　容
2009年2月1日	中共中央国务院关于2009年促进农业稳定发展农民持续增收的若干意见	一 1. 进一步增加农业农村投入。4. 增强农村金融服务能力。 四、稳定完善农村基本经营制度 17. 稳定农村土地承包关系。18. 建立健全土地承包经营权流转市场。20. 全面推进集体林权制度改革。 五、推进城乡经济社会发展一体化 22. 加快农村社会事业发展。23. 加快农村基础设施建设。24. 积极扩大农村劳动力就业。25. 推进农村综合改革。27. 积极开拓农村市场。28. 完善国家扶贫战略和政策体系。
2010年1月31日	中共中央国务院关于加大统筹城乡发展力度进一步夯实农业农村发展基础的若干意见	一、健全强农惠农政策体系，推动资源要素向农村配置 1. 继续加大国家对农业农村的投入力度。3. 提高农村金融服务质量和水平。4. 积极引导社会资源投向农业农村。5. 大力开拓农村市场。 三、加快改善农村民生，缩小城乡公共事业发展差距 14. 提高农村教育卫生文化事业发展水平。15. 提高农村社会保障水平。16. 加强农村水电路气房建设。17. 继续抓好扶贫开发工作。 四、协调推进城乡改革，增强农业农村发展活力 18. 稳定和完善农村基本经营制度。19. 有序推进农村土地管理制度改革。22. 继续深化农村综合改革。23. 推进城镇化发展的制度创新。 五、加强农村基层组织建设，巩固党在农村的执政基础 25. 加强和改进农村基层党的建设。26. 进一步完善符合国情的农村基层治理机制。27. 切实维护农村社会稳定
2011年1月29日	中共中央国务院关于加快水利改革发展的决定	一（二）新形势下水利的地位和作用。水利是现代农业建设不可或缺的首要条件，是经济社会发展不可替代的基础支撑，是生态环境改善不可分割的保障系统，具有很强的公益性、基础性、战略性。 三（十）继续推进农村饮水安全建设。 五、建立水利投入稳定增长机制 （十六）加大公共财政对水利的投入。（十七）加强对水利建设的金融支持。 七、不断创新水利发展体制机制 （二十三）完善水资源管理体制。（二十四）加快水利工程建设和管理体制改革。（二十五）健全基层水利服务体系。

续表

时间	名称	内容
2012年2月1日	关于加快推进农业科技创新持续增强农产品供给保障能力的若干意见	一 4.提升农村金融服务水平。5.稳定和完善农村土地政策。 四、加强教育科技培训，全面造就新型农业农村人才队伍 16.大力培训农村实用人才。 五 20.搞好生态建设。
2013年1月31日	《中共中央国务院关于加快发展现代农业 进一步增强农村发展活力的若干意见》	举全党全国之力持之以恒强化农业、惠及农村、富裕农民。 按照保供增收惠民生、改革创新添活力的工作目标，加大农村改革力度、政策扶持力度、科技驱动力度，围绕现代农业建设，充分发挥农村基本经营制度的优越性，着力构建集约化、专业化、组织化、社会化相结合的新型农业经营体系。 一、建立重要农产品供给保障机制，努力夯实现代农业物质基础 二、健全农业支持保护制度，不断加大强农惠农富农政策力度 三、创新农业生产经营体制，稳步提高农民组织化程度 四、构建农业社会化服务新机制，大力培育发展多元服务主体 五、改革农村集体产权制度，有效保障农民财产权利 六、改进农村公共服务机制，积极推进城乡公共资源均衡配置 七、完善乡村治理机制，切实加强以党组织为核心的农村基层组织建设

表2：农村受惠政策与制度一体化对照表

受惠项目	农村受惠政策			农村受惠制度		
	名称	时间主体	内容	名称	时间主体	内容
基本经济制度	高举邓小平理论伟大旗帜，把建设有中国特色社会主义事业全面推向二十一世纪	1997年9月党的十五大	公有制为主体，多种所有制经济共同发展，是中国社会主义初级阶段的一项基本经济制度	宪法	1982年12月4日第五届全国人民代表大会第五次会议	第六条第二款国家在社会主义初级阶段，坚持公有制为主体、多种所有制经济共同发展的基本经济制度，坚持按劳分配为主体、多种分配方式并存的分配制度
分配制度	中共中央关于农业和农村工作若干重大问题的决定	1998年10月党的十五届三中全会	以劳动所得为主和按生产要素分配相结合的分配制度	宪法		
经营制度	中共中央关于农业和农村工作若干重大问题的决定	1998年10月党的十五届三中全会	长期稳定和不断完善以家庭承包经营为基础、统分结合的双层经营体制	宪法		第八条 农村集体经济组织实行家庭承包经营为基础、统分结合的双层经营体制

续表

受惠项目	农村受惠政策			农村受惠制度		
	名称	时间主体	内容	名称	时间主体	内容
农村土地承包期限	中共中央办公厅、国务院办公厅关于进一步稳定和完善农村土地承包关系的通知	1997年8月27日中共中央办公厅国务院办公厅发布	土地承包期再延长30年不变,营造林地和"四荒"地治理等开发性生产的承包期可以更长	物权法	第十届全国人民代表大会第五次会议2007年3月16日通过	第一百二十六条 耕地的承包期为三十年。草地的承包期为三十年至五十年。林地的承包期为三十年至七十年;特殊林木的林地承包期,经国务院林业行政主管部门批准可以延长
				土地承包法	第九届全国人民代表大会常务委员会2002年8月29日通过	第二十条 耕地的承包期为三十年。草地的承包期为三十年至五十年。林地的承包期为三十年至七十年;特殊林木的林地承包期,经国务院林业行政主管部门批准可以延长
农村土地承包权证	中共中央办公厅、国务院办公厅关于进一步稳定和完善农村土地承包关系的通知	1997年08月27日中共中央办公厅、国务院办公厅发布	延长土地承包期后,乡(镇)人民政府农业承包合同主管部门要及时向农户颁发由县或县级以上人民政府统一印制的土地承包经营权证书	物权法	第十届全国人民代表大会2007年3月16日	第一百二十七条 第二款 县级以上地方人民政府应当向土地承包经营权人发放土地承包经营权证、林权证、草原使用权证,并登记造册,确认土地承包经营权
				土地承包经营权证管理办法	农业部产业政策与法规司2003年11月14日	第四条 实行家庭承包经营的承包方,由县级以上地方人民政府颁发农村土地承包经营权证。实行其它方式承包经营的承包方,经依法登记,由县级以上地方人民政府颁发农村土地承包经营权证。县级以上地方人民政府农业行政主管部门负责农村土地承包经营权证的备案、登记、发放等具体工作。

续表

受惠项目	农村受惠政策			农村受惠制度		
	名称	时间 主体	内容	名称	时间 主体	内容
农村土地流转原则	中共中央关于做好农户承包地使用权流转工作的通知	2001年12月30日中共中央办公厅	农户承包地使用权流转必须坚持依法、自愿、有偿的原则	土地承包法	第九届全国人民代表大会常务委员会2002年8月29日	第三十三条 土地承包经营权流转应当遵循以下原则:(一)平等协商、自愿、有偿,任何组织和个人不得强迫或者阻碍承包方进行土地承包经营权流转
农村义务教育	中共中央国务院关于推进社会主义新农村建设的若干意见	2005年12月31日党的十六届五中全会通过	加快发展农村义务教育	农业法	第九届全国人民代表大会常务委员会2002年12月28日	第五十四条 国家在农村依法实施义务教育,并保障义务教育经费。
农村基本医疗服务	中共中央国务院关于切实加强农业基础建设进一步促进农业发展农民增收的若干意见	2008年1月30日中共中央	增强农村基本医疗服务能力。完善农村医疗救助制度。	农业法	第九届全国人民代表大会常务委员会2002年12月28日	第八十四条 国家鼓励、支持农民巩固和发展农村合作医疗和其他医疗保障形式,提高农民健康水平。
对农村开发式扶贫	中共中央国务院关于加大统筹城乡发展力度进一步夯实农业农村发展基础的若干意见	2010年1月30日中共中央	坚持农村开发式扶贫方针,加大投入力度,逐步扩大扶贫开发和农村低保制度有效衔接试点,对农村低收入人口全面实施扶贫政策。	第九届全国人民代表大会常务委员会2002年12月28日修订		第八十五条 国家扶持贫困地区改善经济发展条件,帮助进行经济开发。省级人民政府根据国家关于扶持贫困地区的总体目标和要求,制定扶贫开发规划,并组织实施。
宅基地规划	关于加强农村宅基地管理的意见	2004年11月2日国土资源部发布	严格实施规划,从严控制村镇建设用地规模	土地管理法	1986年6月25日第六届全国人民代表大会常务委员会	第六十二条第二款 农村村民建住宅,应当符合乡(镇)土地利用总体规划,并尽量使用原有的宅基地和村内空闲地。
宅基地审批	关于加强农村宅基地管理的意见	2004年11月2日国土资源部发布	二、改革和完善宅基地审批制度,规范审批程序			第六十二条第三款 农村村民住宅用地,经乡(镇)人民政府审核,由县级人民政府批准;其中,涉及占用农用地的,依照本法第四十四条的规定办理审批手续。

续表

受惠项目	农村受惠政策			农村受惠制度		
	名称	时间主体	内容	名称	时间主体	内容
宅基地登记	关于加强农村宅基地管理的意见	2004年11月2日国土资源部发布	加强农村宅基地登记发证工作	物权法	第十届全国人民代表大会 2007年3月16日	第一百五十五条 已经登记的宅基地使用权转让或者消灭的，应当及时办理变更登记或者注销登记。
公开征地事项	关于完善征地补偿安置制度的指导意见	2004年11月3日国土资源部发布	经依法批准征收的土地，除涉及国家保密规定等特殊情况外，国土资源部和省级国土资源部门通过媒体向社会公示征地批准事项。	征用土地公告办法	2001年10月18日国土资源部	第七条 有关市、县人民政府土地行政主管部门会同有关部门根据批准的征用土地方案，在征用土地公告之日起45日内以被征用土地的所有权人为单位拟订征地补偿、安置方案并予以公告。
组织征地听证	关于完善征地补偿安置制度的指导意见	2004年11月3日国土资源部发布	在征地依法报批前，当地国土资源部门应告知被征地农村集体经济组织和农户，对拟征土地的补偿标准、安置途径有申请听证的权利。当事人申请听证的，应按照《国土资源听证规定》规定的程序和有关要求组织听证。	征用土地公告办法	2001年10月18日国土资源部	第九条 被征地农村集体经济组织、农村村民或者其他权利人对征地补偿、安置方案有不同意见的或者要求举行听证会的，应当在征地补偿、安置方案公告之日起10个工作日内向有关市、县人民政府土地行政主管部门提出。 第十条第一款 对当事人要求听证的，应当举行听证会。
农村合作医疗	关于建立新型农村合作医疗制度的意见	2003年1月10日卫生部、财政部、农业部发布	建立新型农村合作医疗制度是新时期农村卫生工作的重要内容	农业法	第九届全国人民代表大会常务委员会 2002年12月28日	第八十四条 国家鼓励、支持农民巩固和发展农村合作医疗和其他医疗保障形式，提高农民健康水平。
城镇化建设	关于加大统筹城乡发展力度进一步夯实农业农村发展基础的若干意见	2010年1月31日中共中央国务院	积极稳妥推进城镇化，提高城镇规划水平和发展质量，当前要把加强中小城市和小城镇发展作为重点	农业法	第九届全国人民代表大会常务委员会 2002年12月28日	第八十一条 县级以上地方人民政府应当根据当地的经济发展水平、区位优势和资源条件，按照合理布局、科学规划、节约用地的原则，有重点地推进农村小城镇建设。

续表

受惠项目	农村受惠政策			农村受惠制度		
	名称	时间主体	内容	名称	时间主体	内容
支持乡镇企业	关于推动乡镇企业持续快速健康发展的报告	1992年3月18日农业部公布	继续对发展乡镇企业实行扶持政策	乡镇企业法	第八届全国人民代表大会常务委员会1996年10月29日	第六条 国家鼓励和重点扶持经济欠发达地区、少数民族地区发展乡镇企业,鼓励经济发达地区的乡镇企业或者其他经济组织采取多种形式支持经济欠发达地区和少数民族地区举办乡镇企业。
乡镇企业技术改造	关于促进乡镇企业持续健康发展报告	1992年3月18日农业部公布	加快乡镇企业的技术改造。要把乡村集体骨干企业的技术改造项目、新产品开发项目、科技开发项目,列入各级有关部门的技改、科技和新产品开发计划。	乡镇企业法	第八届全国人民代表大会常务委员会1996年10月29日	第二十七条 乡镇企业应当按照市场需要和国家产业政策,合理调整产业结构和产品结构,加强技术改造,不断采用先进的技术、生产工艺和设备,提高企业经营管理水平。
完善基层自治组织	关于加大统筹城乡发展力度进一步夯实农业农村发展基础的若干意见	2010年1月31日中共中央国务院	进一步完善符合国情的农村基层治理机制。发展和完善党领导的村级民主自治机制,规范村民民主选举、民主决策、民主管理、民主监督程序。	村民委员会组织法	1987年11月24日第六届全国人大常委会	第二条 村民委员会是村民自我管理、自我教育、自我服务的基层群众性自治组织,实行民主选举、民主决策、民主管理、民主监督。
村务公开	关于加大统筹城乡发展力度进一步夯实农业农村发展基础的若干意见	2010年1月31日中共中央国务院	加强农村集体资金、资产、资源管理,推进村务公开和民主管理"难点村"治理	村民委员会组织法	1987年11月24日第六届全国人大常委会1988年6月1日	第二十二条第一款 村民委员会实行村务公开制度。 第三款 村民委员会应当保证公布内容的真实性,并接受村民的查询。

附件8：农业受惠政策与制度主要内容

表1：中央一号文件中有关农业受惠政策主要内容

颁布时间	颁行主体	文件名称	主要内容	所涉领域
1982.1.1	中共中央 国务院	《全国农村工作会议纪要》	包产到户、包干到户或大包干都是社会主义集体经济的生产责任制，"是社会主义农业经济的重要组成部分"。	农业
1983.1	中共中央 国务院	《当前农村经济政策的若干问题》	家庭联产承包责任制是在党的领导下中国农民的伟大创造。	农业
1984.1.1	中共中央 国务院	《关于一九八四年农村工作的通知》	1. 要继续稳定和完善家庭联产承包责任制，规定土地承包期一般应在15年以上，生产周期长的和开发性的项目，承包期应当更长一些。 2. 农业生产进入了商品发展的新阶段。	农业
1986.1.1	中共中央 国务院	《关于一九八六年农村工作的部署》	1. 继续贯彻执行农村改革的正确方针政策。 2. 强调进一步摆正农业在国民经济中的地位。	农业
2005.1.30	中共中央 国务院	《关于进一步加强农村工作提高农业综合生产能力若干政策的意见》	1. 加强农业综合生产能力； 2. 调整农业结构； 3. 打造农业的核心竞争力； 4. 努力实现粮食稳定增产、农民持续增收、促进农村社会全面发展。	农业
2006.2	中共中央 国务院	《关于推进社会主义新农村建设的若干意见》	1. 从统筹城乡经济社会发展、推进现代农业建设、加强农村基础设施建设、深化农村改革等8个方面，提出32条支农惠农的具体措施。 2. 主要内容涉及到经济建设、政治建设和文化建设等方面。	农业
2007.1.29	中共中央 国务院	《关于积极发展现代农业，扎实推进社会主义新农村建设的若干意见》	1. 以发展现代农业为主题； 2. 表明了政府引领农民把注意力集中发展生产上来，把农民积极性引导到新农村建设的产业基础上来，使新农村建设的方向更加明确，重点更加突出。	农业
2008.1.30	中共中央 国务院	《关于切实加强农业基础建设进一步促进农业发展农民增收的若干意见》	以切实加强农业基础建设，进一步促进农业发展农民增收为主题 1. 通过基础性投入，促进农业生产发展； 2. 通过基础建设，改善农村生态环境； 3. 通过支农惠农政策增加收入，提高农民生活质量。	农业

续表

颁布时间	颁行主体	文件名称	主要内容	所涉领域
2009.2.1	中共中央 国务院	《关于2009年促进农业稳定发展农民持续增收的若干意见》	必须切实增强危机意识,紧紧抓住机遇 1. 坚决防止粮食生产滑坡; 2. 确保农业稳定发展,确保农村社会安定。	农业
2011.1.29	中共中央 国务院	《关于加快水利改革发展的决定》	1. 首次系统部署水利改革发展全面工作; 2. 把水利作为国家基础设施建设的优先领域,把农田水利作为农村基础设施建设的重点任务; 3. 大力发展民生水利,严格水资源管理,努力走出一条中国特色的水利现代化道路。	农业
2012.2.1	中共中央 国务院	《关于加快推进农业科技创新持续增强农产品供给保障能力的若干意见》	1. 首次对农业科技进行全面部署; 2. 重点强调抓好种业科技创新,要持续加大农业科技投入,确保增量和比例均有提高; 3. 实现农业持续稳定发展、长期确保农产品有效供给,根本出路在科技; 4. "把农业科技摆上更加突出的位置,下决心突破体制机制障碍,大幅度增加农业科技投入,推动农业科技跨越发展,为农业增产、农民增收、农村繁荣注入强劲动力。"	农业
1985.1	中共中央 国务院	《关于进一步活跃农村经济的十项政策》	1. 取消了30年来农副产品统购派购的制度,对粮、棉等少数重要产品采取国家计划合同收购的新政策,帮助农业调整产业结构。 2. 标志着以家庭承包经营责任制为主的农村第一步改革,开始转向农村第二步改革,即商品经济发展的新阶段。 3. 农村商品经济的发展为农产品走向商品化、农民实现增收与农村经济走向繁荣拓展了新的渠道。	农业 农村
2004.2.8	中共中央 国务院	《关于促进农民增加收入若干政策的意见》	1. 新世纪、新阶段第一个解决农民问题的一号文件。 2. 分析了农民增收的严峻形势和促进农民尤其是粮食主产区种粮农民增收的紧迫性与重要性,提出了增加农民收入的基本思路和总体要求。	农业 农民
2010.1.31	中共中央 国务院	《关于加大统筹城乡发展力度进一步夯实农业农村发展基础的若干意见》	1. 当前,中国农业的开放度不断提高,气候变化对农业生产的影响日益加大,农业发展的有利条件和积极因素在积累增多; 2. 各种传统和非传统的挑战也在叠加凸显,促进农业生产上新台阶的制约越来越多,转变农业发展方式的要求越来越高。	农业 农村

表 2：其他文件中农业受惠政策主要内容

受惠项目	政策名称	颁布主体	颁布时间	主要内容
"金农"工程政策	《关于积极发展现代农业扎实推进社会主义新农村建设的若干意见》	中共中央、国务院	2007.1.29	1. 健全农业信息收集和发布制度,整合涉农信息资源,推动农业信息数据收集整理规范化、标准化。 2. 加强信息服务平台建设,深入实施"金农"工程,建立国家、省、市、县四级农业信息网络互联中心。 3. 加强农村一体化的信息基础设施建设,创新服务模式,启动农村信息化示范工程。
农村基本设施建设政策	《2006年国务院政府工作报告》	国务院	2006.3	1. 加强以小型水利设施为重点的农田基本建设; 2. 加强防汛抗旱和减灾体系建设; 3. 加强农村道路、饮水、沼气、电网、通信等基础设施和人居环境建设,主要措施是:一是逐年加大国家财政投资和信贷资金对农业、农村的投入;二是积极引导农民对直接受益的公益设施建设投资投劳;三是鼓励和引导社会各类资金投向农村建设,逐步建立合理、稳定和有效的资金投入机制。
农作物良种补贴、农资综合补贴政策	《关于推进社会主义新农村建设的若干意见》	中共中央、国务院	2006.2	1. 对农民实行了"三减免、三补贴"和退耕还林补贴等政策; 2. 粮食主产区要将种粮直接补贴的资金规模提高到粮食风险基金的50%以上; 3. 增加良种补贴和农机具购置补贴。
"春风行动"	《关于实施特别职业培训计划的通知》	劳动和社会保障部	2006.2	1. 突出培训重点。以企业吸纳农民工培训、劳动预备制培训和创业培训为工作重点,努力实现"培训一人、就业一人"和"就业一人、培训一人"的目标。 2. 切实加强劳动预备制培训。对未能继续升学的农村初高中毕业生(即"两后生"),鼓励其参加6-12个月(1-2学期)的劳动预备制培训,提升技能水平和就业能力。对参加劳动预备制培训后取得初级以上职业资格证书的农村"两后生",给予培训费补贴,逐步实施农村新成长劳动力免费劳动预备制培训。 3. 积极开展中短期实用技能培训。对登记失业人员、进城求职农村劳动者、登记求职的高校毕业生,要结合企业的实际需要和劳动者就业要求,积极开展中短期(1-6个月)实用技能培训。 4. 做好基础服务工作。要充分发挥街道(乡镇)劳动保障工作平台的作用,动员技工院校和各类职业培训机构承担培训任务。要逐步建立全省(自治区、直辖市)统一的信息管理系统,对定点培训机构实行动态管理,对参训人员实行实名制管理,并与当地公共就业服务信息系统间共享相关信息。

续表

受惠项目	政策名称	颁布主体	颁布时间	主要内容
粮食最低收购价政策	《关于印发2005年早籼稻最低收购价执行预案的通知》（发改经贸〔2005〕1301号）	国家发改委、财政部、农业部、国家粮食局、中国农业发展银行	2005.7	最低收购价是指直接承担向农民收购早籼稻的库点到库收购价。 1. 中央和地方储备轮入的早籼稻应不低于国家规定的最低收购价水平。 2. 执行最低收购价的企业及其指定库点，要按时结算农民交售早籼稻的价款，不得给农民打白条，不得压级压价和代扣各种收费。按最低收购价收购的早籼稻销售后及时归还农业发展银行贷款。
稻谷最低收购价政策	《关于印发2010年早籼稻最低收购价执行预案通知》	国家发展改革委、财政部、农业部、国家粮食局、农业发展银行、中储粮总公司	2010.7.5	1. 明确最低收购价格水平、执行区域和时间。2010年早籼稻最低收购价每市斤0.93元。执行区域为安徽、江西、湖北、湖南、广西等5省（区）。执行期限为2010年7月16日至9月30日。 2. 规范执行企业行为。委托收储库点在收购场所要张榜公布早籼稻最低收购价格、质量标准、水杂增扣量扣价方式、结算方式和执行时间等政策信息，让农民交"放心粮"。
鲜活农产品运输优惠政策	《全国高效率鲜活农产品流通"绿色通道"建设实施方案》	交通运输部、国家发改委、财政部	2005.1.30	构建全国鲜活农产品主要产销区之间"绿色通道"网络，统一界定鲜活农产品的范围。 1. 加强源头管理，确保鲜活农产品运输业户守法经营。 2. 加快农村公路网建设，为鲜活农产品运销提供基础性支持。 3. 继续加大"绿色通道"网络内公路收费站点的清理整顿力度。 4. 引导和培育规模化的鲜活农产品流通中介组织。
农业信息化建设"三电合一"政策	《关于开展三电合一农业信息服务试点工作的通知》（农市发〔2005〕6号）	农业部	2005	"三电合一"农业信息服务模式，主要是通过电话、电视、电脑三种信息载体有机结合，实现优势互补，互联互动。项目主要实施内容包括电话语音、电脑网络、电视节目制作三个系统和全国公用数据库。 1. 建立项目资金管理制度。规范项目实施、确保资金专款专用。 2. 建立项目进度报告制度。项目单位要及时向主管部门报告项目实施进度，项目完成后要向主管部门提交总结报告并做好项目检查验收的前期准备工作。 3. 在资金投入方面，主要依靠当地政府，中央给予适当的扶持引导。

续表

受惠项目	政策名称	颁布主体	颁布时间	主要内容
扩大优势农产品出口、农业产业化政策	《关于促进农民增加收入若干政策的意见》（中发[2004]1号）	中共中央、国务院	2004.2.8	1. 全面提高农产品质量安全水平。要按照高产、优质、高效、生态、安全的要求，走精细化、集约化、产业化的道路。 2. 加快发展农业产业化经营。各级财政要安排支持农业产业化发展的专项资金，较大幅度地增加对龙头企业的投入。 3. 扩大优势农产品出口。完善农产品出口政策性信用保险制度。 4. 创新和完善农村基础设施建设的管理体制和运营机制。增加农村中小型基础设施建设的投入。节水灌溉、人畜饮水、乡村道路、农村沼气、农村水电、草场围栏等"六小工程"，要进一步增加投资规模，充实建设内容，扩大建设范围。
基本农田保护政策	《关于坚决制止占用基本农田进行植树等行为的紧急通知》	国务院	2004	1. 正确引导和规范农业结构调整和绿色通道建设。交通、水利工程建设用地范围内的绿化用地，要严格按照有关规定办理建设用地审批手续，其中涉及占用耕地的必须做到占补平衡。 2. 严格控制各类建设占用基本农田。严格执行国家重点建设项目占用基本农田审批制度。 3. 对已经违法违规占用和破坏的基本农田要尽快采取恢复耕种的措施。 4. 抓紧开展基本农田保护检查工作。
粮食直接补贴政策	《农业和粮食工作会议》	国务院	2003.10.28	要继续推进粮食流通体制改革，重点放在保护粮食主产区和农民种粮积极性上，把通过流通环节的间接补贴改为对农民的直接补贴。
农村贷款	《深化农村信用社改革试点方案》	国务院	2003	1. 在民间借贷比较活跃的地方，实行灵活的利率政策。允许信用社贷款利率灵活浮动，贷款利率可在基准贷款利率的1.0至2.0倍范围内浮动。 2. 对农户小额信用贷款利率不上浮，个别风险较大的可小幅（不超过1.2倍）上浮，对受灾地区的农户贷款还可适当下浮。
"三下乡"活动	《关于开展文化科技卫生"三下乡"活动的通知》	中央宣传部、国家科委、农业部、文化部	1996.12	1. 要切实抓好"三下乡"经常化工作机制建设。 2. 围绕完善农村公共服务体系，着力完善活动长效机制，深入实施文化惠民工程和科技、卫生等领域惠农工程。 3. 帮助农村地区建设各类公共服务网络，把优秀精神文化产品、法律法规和法律服务、科学知识和实用技术、卫生知识和医疗服务送下乡。 4. 要完善投入保障机制，强化公共财政对"三下乡"的支持力度，加大农村乡土人才培养力度，促进文化科技卫生常下乡、常在乡。 5. 要把革命老区、民族地区、边疆地区、贫困地区和中西部地区作为工作重点。

表3：农业受惠制度主要内容

制度形式	制度全称	颁布主体	颁布时间	制度的主要内容
宪法	《中华人民共和国宪法》	第五届全国人大第五次会议	1982.12.4	1999年宪法修正案第15条 农村集体所有制经济制度 1988年宪法修正案第2条 土地使用权转让制度 2004年宪法修正案第20条 土地征收征用的补偿制度 第56条 依法纳税义务
法律	《中华人民共和国农业法》	第八届全国人大常委会第二次会议通过，第九届全国人大常委会第三十一次会议修订	1993.7.2通过 2002.12.28修订	第六条 科教兴农及农业可持续发展制度 第八条 农业对个人及单位的奖励制度 农村土地承包经营制度 第十一条 农村专业合作经济组织制度 第十三条 农业产业化经营制度 第十七条 农业基础设施建设 第二十条 购买农机扶持制度 第二十三条 优质农产品认证和标志制度 第二十四条 动植物防疫检疫制度 第二十五条 农业生产资料生产经营实行登记或许可制度；农业生产资料的安全使用制度 第二十七条 农产品市场体系；农产品批发、集贸市场国家扶持制度 第三十一条 耕地（尤其是基本农田）保护制度 第三十三条 粮食保护价制度 第三十四条 粮食安全预警制度；中央地方分级储备粮食调节制度 第三十五条 粮食风险基金制度 第三十七条 农业支持保护体系 第三十八条 国家提高农业投入总体水平制度——中央和县级以上地方财政每年对农业总投入的增长幅度应当高于其财政经常性收入的增长幅度。 第四十条 增加农业生产性投入和基本建设投入 第四十四条 农业生产社会化服务事业制度 第四十五条 农村金融体系；农村信用制度建设；国家贴息扶持金融机构给予农业提供贷款 第四十六条 农业保险制度（尤其是政策性农业保险制度）；互助合作保险组织制度 第四十七条 社会互助互济制度（防灾减灾救灾） 第四十九条 农业科研制度 第五十条 农业技术推广体系制度 第五十三条 农业专业技术人员继续教育制度 第五十五条 农业职业教育制度 第五十六条 农业培训制度 第五十八条 耕地保养、合理使用农资制度 第五十九条 预防治理水土流失制度 第六十三条 捕捞限额、禁渔休渔制度 第六十四条 生物物种资源保护制度（境内境外生物物种资源；农业转基因生物） 第六十六条 农业生态环境污染事故，农业及环境保护主管部门调查处理，造成损失的相关责任人应予赔偿 第六十九条 纳税义务——农民和农业生产经营组织依照法律、行政法规的规定承担纳税义务。 第七十一条 征用土地给予征地补偿 第七十六条 出售存有质量问题的农资，经营者应予赔偿 第八十六条 增加扶贫开发投入；审计监督制度

续表

制度形式	制度全称	颁布主体	颁布时间	制度的主要内容
《中华人民共和国种子法》		第九届全国人大常委会第十六次会议通过；第十届全国人大常委会第十一次会议修正	2000.7.8通过 2004.8.28修正	第三条　分别全国及地方种子工作的国务院、地方行政主管部门。 第六条　中央地方设专项资金,用以扶持良种的选育和推广。 国家设立种子贮备制度 第九条　定期公开可供利用的种质资源目录,建立国家种质资源库及地方种质资源库、种质资源保护区或种质资源保护地。 第十二条　国家实行植物新品种保护制度 第十四条　安全评价转基因植物品种,采取严格的安全控制措施。 第十五条　农作物品种和林木品种审定委员会的设立 第二十条　主要农作物及主要林木的商品种子生产实行许可制 第二十三条　商品种子生产应当执行种子生产技术规程和种子检验、检疫规程。 第二十五条　商品种子生产者应该建立种子生产档案 第二十六条　种子经营实行许可制,种子经营许可证实行分级审批发放制度。 第二十八条　将科研注入到农作物新品种和林木良种当中。 第三十五条　销售的种子应附有标签,标签标注的内容应与销售的种子相符。销售进口种子的,应附有中文标签。 第三十六条　种子经营者应建立种子经营档案。 第四十条　林木良种的使用,国家对防护林及特种用途林给予扶持。 第四十一条　种子质量出现问题,使用者可直接找经营者进行赔偿,赔偿的款项主要包括购种的价款、有关费用和可得利益损失。 第四十二条　发生种子纠纷时,可以和解,也可调解,或根据当事人之间的协议申请仲裁,或是直接向法院起诉。 第四十六条　禁止生产、经营假、劣种子 第五十五条　种子行政执法机关是农业、林业行政主管部门。 第五十九至七十一条　责任的承担——民事、行政及刑事责任 第七十二条　当事人维权的基本途径——行政复议、直接向法院起诉
《中华人民共和国农产品质量安全法》		第十届全国人大常委会第二十一次会议	2006.4.29	第五条　建立健全农产品质量安全服务体系 农产品的标准化生产,鼓励并支持优质农产品的生产。 国家支持农产品质量安全的科技研究,推行科学的管理方法。 第十一、十四条　建立健全农产品质量安全标准体系,由农业主管部门组织实施。 第十六条　加强农产品基地建设 第十八、十九条　禁止向农产品产地倾倒工业三废及其他有毒有害物质;合理使用农资(农药、兽药、肥料、农膜) 第二十一、二十二条　对农资实行许可制;建立健全农用投入品的安全使用制度。 第二十七条　建立农产品质量安全管理制度,健全农产品质量安全控制体系。 第三十一、三十二条　动植物检疫合格标志及证明;无公害农产品标志及其他农产品质量标志。 第三十四、三十五条　建立农产品质量安全监测制度,监督抽查生产中或市场上的农产品;建立相应的农产品质量安全检测机构。 第三十六条　对抽检结果存有异议,可申请复检;在发生错误的情形下,应予以赔偿。 第三十七条　农产品销售企业应建立健全进货农产品检查验收制度。 第四十一条　按农产品质量安全责任追究制度,查明责任人并作出处理。 第四十五条　对于倾倒工业三废等有毒有害物质的企业,依有关环保法解决,造成损害的,应依法承担赔偿责任。

续表

制度形式	制度全称	颁布主体	颁布时间	制度的主要内容
	《中华人民共和国农村土地承包经营纠纷调解仲裁法》	第十一届全国人大常委会第九次会议	2009.6.27	第二条　农村土地承包经营纠纷的种类 第三、四条　农村土地承包经营纠纷的和解调解仲裁解决机制——发生农村土地承包经营纠纷的,当事人可以自行和解,也可以请求村民委员会、乡(镇)人民政府等调解,或是仲裁、直接向法院起诉。 第六条　县级以上人民政府的指导 村委会、乡镇政府的调解 调解协议书的制作及生效 第十一条　调解书的生效及送达;仲裁庭调解不成,及时作出裁决。 第十二、十三条　农村土地承包仲裁委员会是在政府指导下设立的;仲委会的组成。 第十六条　仲裁员的培训计划 第十七条　仲裁员违法违纪行为,由仲委会出名;构成犯罪的,依法追究刑事责任。 第十八、二十、二十四条　仲裁的时效期间、申请仲裁的条件及送达 第二十六、四十一条　当事人申请财产保全及证据保全 第三十、三十二条　仲裁开庭地;申请仲裁后,可自行和解。 第四十七、四十八条　仲裁的最长期限;不服仲裁裁决,可以直接向法院起诉。
	《中华人民共和国农民专业合作社法》	第十届全国人大常委会第二十四次会议	2006.10.31	第四条　农民专业合作社需依法进行登记,才可取得法人资格。 第八条　国家采取多种措施(财政支持、税收优惠、金融科技人才的扶持、产业政策引导等),促进农民专业合作社的发展。 第十、十二条　设立农民专业合作社应具备的条件及章程 第十六、十八条　农民专业合作社成员的权利及义务 第二十二条　农民专业合作社的权力机构——农民专业合作社成员大会的职权 第三十二条　国务院财政部门应制定农民专业合作社财务会计制度。 第四十一条　农民专业合作社解散的事由 第五十条　中央地方财政对农民专业合作社给予资金扶持 第五十一条　国家政策性金融机构对农民专业合作社给予资金支持及提供各种金融服务 第五十二条　国家对农民专业合作社给予的涉农经济活动的税收优惠 第五十三至五十五条　从不同情形(侵犯合法财产权、虚假欺诈登记、提供虚假财务报告、隐瞒重大事实)对农民专业合作社设定了相应的法律责任
	《中华人民共和国农业技术推广法》	第八届全国人大常委会第二次会议	1993.7.2	第八条　国家奖励在农业技术推广工作中做出贡献的单位和个人。 第十五条　开展农业技术推广的职业技术教育和农业技术培训,提高农业技术推广人员和农业劳动者的技术素质。 第二十条　县乡农业技术推广机构应组织农业劳动者学习农业科学技术知识,提高他们应用农业技术的能力。有关部门和单位应当在技术培训、资金、物资和销售等方面给予扶持。 第二十三条　国家逐步提高对农业技术推广的投入。 第二十七条　农业技术推广行政部门和县以上农业技术推广机构,应有计划地对农业技术推广人员进行技术培训,组织专业进修,使其不断更新知识,提高业务水平。

续表

制度形式	制度全称	颁布主体	颁布时间	制度的主要内容
	《关于废止〈中华人民共和国农业税条例〉的决定》	全国人大常委会第十九届六次会议	2005.12.29	1958年6月3日通过的《中华人民共和国农业税条例》自2006年1月1日起废止。 1. 2000年开始，中国实施了农村税费改革试点； 2. 从2004年至2006年，在全国范围内已经逐步取消了农业税、农业特产税、屠宰税等。
	《中华人民共和国农村土地承包法》	九届全国人大常委会第二十九次会议	2002.8.29	1. 承包期限和承包合同 耕地30年；草地30-50年；林地30-70年； 土地承包经营权证书、林权证书的颁发。 2. 土地承包经营权的保护和流转 流转方式包括转包、出租、互换、转让、招标、拍卖、公开协商等其他方式；土地承包经营权可以入股。 3. 土地承包经营争议的解决及法律责任的承担 争议的解决方式：当事人协商、村委会或乡镇政府的调解、申请仲裁、向人民法院起诉； 法律责任的承担：民事（违约、损害赔偿）、刑事责任。
	《中华人民共和国农业机械化促进法》	第十届全国人大常委会第十次会议	2004.6.25	第四条　国家引导、支持农民和农业生产经营组织自主选择先进适用的农业机械。 培养农机人才、宣传农机知识、推进农机信息化服务 第八条　支持有关科研机构和院校加强农机科技研究，将教学与生产推广相结合 第十条　国家支持并鼓励引进外资从事农机的研究、开发、生产和经营。 第十一条　国家加强农业机械化标准体系建设 第十二条　产品质量监督部门的质量监督抽查；工商行政管理部门的监督管理 第十四条　农机产品不符合质量要求，农机生产者及经营者负责"三包"；造成损失的，应依法赔偿损失。 第十六条　推广先进适用的农机产品 第十七条　农业机械化示范基地，建立农业机械示范点 第十八条　确立、公布并定期调整农业机械产品目录 第二十一条　国家鼓励跨行政区域开展农业机械作业服务。 第二十二条　国家鼓励和扶持发展多种形式的农机服务组织，推进农业机械化信息网络建设，完善农业机械化服务体系。 第二十三条　基层农机技术推广机构，以试验示范基地为依托 第二十五条　行业协会的设立 第二十六条　鼓励农机的科研开发、制造实施的税收优惠政策 第二十七条　农机财政补贴——可直接发放到农民和农业生产经营组织，也可以采用贴息方式由金融机构代为提供贷款。 第二十八、二十九条　燃油补贴；加强农业机械化基础设施的建设和维护，建立农业机械化信息搜集、整理、发布制度。 第三十至三十四条　农业机械化的法律责任

续表

制度形式	制度全称	颁布主体	颁布时间	制度的主要内容
《中华人民共和国土地管理法》		第六届全国人大常委会第十六次会议通过；第七届全国人大常委会第五次会议修正；第九届全国人大常委会第四次会议修订；第十届全国人大常委会第十一次会议修正	1986.6.25通过 1988.12.29修正 1998.8.29修订 2004.8.28修正	第二条第三、四款 土地使用权可依法转让；土地征收、征用并给予补偿制度 第三条 耕地保护政策，合理开发并保护土地资源。 第四条 土地用途管制制度，并将土地分为农用地、建设用地和未利用地。 第五条 统一负责国家土地管理和监督工作的国务院土地行政主管部门及县级以上政府的土地行政主管部门 第六条 政府奖励做出显著成就的单位和个人。 第八、十一、十二条 农民集体所有的土地范围；核发证书，确认所有权及使用权；改变土地权属及用途的，应办理土地变更登记手续。 第十四条 土地承包的最长期限三十年；农村土地承包合同的订立。 第十六条 土地权属争议的解决——当事人协商、政府（县级、乡级）处理、向人民法院起诉。 第十九、二十一、二十四条 土地利用总体规划应遵行的原则、分级审批体制、加强土地利用计划管理，合理控制建设用地总量。 第二十七、二十九、三十条 建立土地调查制度；建立土地统计制度；建立全国土地管理信息系统。 第三十一条 国家实行占用耕地补偿制度，以"占多少、垦多少"为原则。 第三十四条 国家实行基本农田保护制度，并划定了基本农田保护区的范围。 第三十七条 禁止闲置、荒芜土地。 第四十四条 建设占用土地，涉及农用地转为建设地的，应办理农用地转用审批手续。 第四十七条 征收土地的补偿制度。 第五十一条 大中型水利、水电工程建设征收土地的补偿标准和移民安置办法由国务院另行规定。 第五十九条 村镇级公益事业、公共设施的乡镇建设等，应按村庄和集镇规划，合理格局，综合开发，配套建设。 第六十五条 农村集体经济组织可以收回土地使有权，但须经过政府批准。 第七十、七十一条 在监督检查工作中发现有国家工作人员的违法行为，可以直接给予行政处分，无权处理的话，可以做出行政处分建议书，交由相应的监察机关进行处理；若发现土地违法行为构成犯罪，需追究相应的刑事责任，不构成犯罪的，直接给予相应的行政处罚 第七十九、八十四条 侵占、挪用被征收土地单位的征地补偿费用和其他有关费用，土地行政主管部门的工作人员玩忽职守、滥用职权、徇私舞弊，构成犯罪的，依法追究刑事责任；尚不构成犯罪的，依法给予相应的行政处分。

续表

制度形式	制度全称	颁布主体	颁布时间	制度的主要内容
行政法规	《土地管理法实施条例》			第三、四、六条 土地登记发证制度；集体土地所有权证书及集体土地使用权证书的发放；土地所有权、使用权的变更登记。 第九条 土地利用总体规划的期限一般为15年。 第十三、十四条 土地利用年度计划、土地调查的内容 第十五条 土地等级评定标准，土地等级每6年调整1次。 第二十六条 土地补偿费归农村集体经济组织所有，地上附着物和青苗补偿费归地上附着物和青苗的所有者所有。征地的安置补助费须专款专用。 第二十九条 国有土地的有偿使用方式 第三十七条 阻碍土地行政主管部门工作人员依法执行职务，依法给予治安管理处罚或追究刑事责任。 第三十八至四十四条 针对不同情形，明确了罚款的标准。
	《基本农田保护条例》	国务院第12次常务会议	1998.12.24	第二条 国家实行基本农田保护制度 第六条 基本农田管理工作的主体——上至国务院及农业主管部门，下至乡级政府 国家奖励取得显著成绩的单位和个人 第十条 应划入基本农田保护区的耕地 第十六条 经国务院批准占用基本农田，应以"占多少，垦多少"为原则。 第十八条 禁止闲置、荒芜基本农田 第二十条 县政府制定基本农田地力分等定级办法，并建立档案。 第二十二条 逐步建立基本农田地力与施肥效益长期定位监测网点 第二十七、二十八条 基本农田保护责任书；建立基本农田保护监督检查制度 第三十四条 侵占、挪用基本农田的耕地开垦费，构成犯罪的追究刑事责任；尚不构成犯罪的给予行政处分或纪律处分。
	《土地复垦条例》	国务院	2011.2.22	第四条 节约集约利用土地，复垦的土地应优先用于农业。 主管农业复垦监督管理工作的国家及地方机构。 建立土地复垦检测制度，健全土地复垦信息管理系统。 第九条 表彰对土地复垦工作作出突出贡献的单位和个人，鼓励支持土地复垦的科研及技术创新、推广先进土地复垦技术。 第十六条 建立土地复垦质量控制制度，遵守土地复垦标准和环保标准。 第十八、十九条 土地复垦费的缴纳、损失补偿费的支付。 第二十二、二十五、二十七条 土地复垦专项规划、土地复垦项目设计书的编制；健全项目管理制度。 第三十三条 土地复垦协议的签订 第三十六至四十三条 土地复垦法律责任的承担 1. 建立土地复垦方案的编制与审查制度 2. 加强对土地复垦实施环节的监督管理 3. 建立土地复垦资金保障机制 4. 完善土地复垦验收的程序和要求 5. 强化对土地复垦义务人不依法履行土地复垦义务的制约手段

续表

制度形式	制度全称	颁布主体	颁布时间	制度的主要内容
行政法规	《农民专业合作社登记管理条例》	国务院	2007.5.8	第三条　农民专业合作社法人营业执照 第四条　农民专业合作社的登记机关——工商行政管理部门,登记机关办理登记不得收费 第七条　农民专业合作社的住所——主要办事机构所在地 第八条　农民专业合作社成员的出资形式 第九条　农民专业合作社的主要服务对象和业务范围 第十六条　农民专业合作社成立日期——营业执照签发日期 第二十条　农民专业合作社的变更登记 第二十六至二十九条　农民专业合作社法律责任的承担
	《农业转基因生物安全管理条例》	国务院第38次常务会议	2001.5.23	第四条　负责农业转基因生物安全的监督管理工作的部门(从中央到地方) 第五条　国务院建立农业转基因生物安全管理部际联席会议制度。 第六至八条　分级管理评价制;农业转基因生物安全评价制度;对农业转基因生物实行标识制度。 第九、十一、十六条　农业转基因生物安全委员会的设立与组成;农业转基因生物安全小组的成立;农业转基因生物安全证书。 第十三条　农业转基因生物试验的三个阶段 第七章　第四十三至五十五条　规定了罚则
部门规章	《农作物种子生产经营许可管理办法》	农业部	2011.8.22	第五条　农业行政主管部门依法发放农作物种子生产、经营许可证 生产许可 第十一条　种子生产许可证的有效期是3年。 经营许可 第二十一条　种子经营许可证的有效期是5年。 监督管理 第二十四、二十五、三十一条　建立种子生产档案、种子生产档案、种子生产和经营许可管理网上查询系统
	《无公害农产品管理办法》	农业部	2002.4.29通过 2007.4.28修正	第三条　工作模式——产品认证、产地认定 全国无公害农产品的管理和质量监督工作,由农业部门、国家质量监督检验检疫部门和国家认证认可监督管理委员会分工负责,共同做好工作。 在政策资金技术等方面扶持,组织新技术的研究开发和推广。 国家鼓励申请无公害农产品的产地认定和产品认证。 国家适时推行强制无公害农产品认证制度。 第十一条　严格按规定使用农业投入品。 第十九、二十条　无公害农产品产地认定证书的颁发及有效期。 第二十一条　无公害农产品的认证机构 第二十六、二十八条　无公害农产品认证证书的颁发及有效期。 第三十六至三十九条　无公害农产品的罚则,诸如警告、暂停和撤销证书、罚款、追究责任人的行政责任和刑事责任。

续表

制度形式	制度全称	颁布主体	颁布时间	制度的主要内容
	《国家农业综合开发资金和项目管理办法》	财政部2010年第二次部务会议审议通过	2005.8.22通过，2010.9.4修订	第三条 农业综合开发的任务:加强农业基础设施和生态建设;推进农业和农村经济结构的战略性调整,提高农业综合效益。 第十七条 农业综合开发可以采取补贴、贴息等多种形式,吸引社会资金,增加农业综合开发投入。 第二十一条 用于农业综合开发的中央财政资金实行补贴、贴息等方式全部无偿投入。 第二十七条 财政资金的使用实行县级报账制。报账资金的拨付实行转账结算,严格控制现金支出,严禁白条入账。
	《农业综合开发资金若干投入比例的规定》	财政部	2010.8.26	中央财政无偿资金投入比例:土地治理项目100%无偿投入。其中用于农业机械、配套农机具以及苗圃建设等经营性措施的补贴限额,原则上不得超过土地治理项目财政资金的5%;确需超过5%的,须报经国家农业综合开发办公室同意。
	《农村公路建设管理办法》	交通部	2006.1.26	第六条 保证农村公路建设质量,降低建设成本,节能降耗,节约用地,保护生态环境。 第十一条 重视排水和防护工程的设置,提高公路抗灾能力。 第十六条 逐步实行政府投资为主、农村社区为辅、社会各界共同参与的多渠道筹资机制。 第二十条 建立健全农村公路建设资金管理制度,加强对资金使用情况的监管。第二十四条 项目符合法定招标条件的,应当依法进行招标。含群众集资、农民投劳或利用扶贫资金的农村公路建设项目,以及未达到法定招标条件的项目,可以不进行招标。 第三十一条 农村公路建设单位对工程质量负总责任。施工单位对施工质量负责。第三十二条 建立工程质量责任追究制和安全生产责任制。第三十三条 质量缺陷责任期一般为1年,质量保证金一般为施工合同额的5%。第四十二条 农村公路建设项目验收合格后,应当落实养护责任和养护资金,加强养护管理,确保安全畅通。
	《中央财政农作物良种补贴资金管理办法》	财政部、农业部	2009.12.14	第一章总则第二条第二款明确了中央财政补贴农作物的品种主要包括六种及其他农作物品种 第二章良种的推介与管理第七条关于各相关部门相互配合,打假治假,监管农作物种子市场,坚决打击坑害农民的违法行为。第三章良种补贴资金补贴的范围和方式 第八条规定良种补贴资金的补贴对象:在农业生产中使用农作物良种的农民。 第九条规定了良种的补贴标准,并根据农作物的不同情形,一切本着简单便民的原则,对水稻、玉米、油菜采取现金直补的方式,小麦、大豆、棉花采取现金直补或差价购种补贴方式。 第十三条规定的良种补贴资金的发放实行村级公示制,明确了公示内容及公示时间,听取农民意见,接受群众监督,及时发现并纠正问题。 第四章良种补贴资金的监督和管理 第十四条建立农作物良种补贴信息管理档案,设立并公布良种补贴政策监督电话。 第十六条不得虚报良种补贴面积,不得套取、挤占、挪用补贴资金。

附件9：国外惠农政策与惠农制度

表1：国外惠农政策与惠农制度一览表

惠农项目	主体	惠农政策	惠农制度名称	惠农制度内容
鼓励成立各种专业合作社；规范农产品价格；增加农业收入补贴及其他补贴；建立农业教育和科研体系	法国	支持合作社发展；实施农产品价格保护；实施农业投入和农业补贴；发展农业教育和科研	《农业共同经营组合法》（1962）	政府给予农业经营者优惠的贷款和一定数量的无偿补贴
			《合作社调整法》（1967）	将农业合作社与农村的工商活动联系起来
			《职业组合法》（1884）	农民联合共同从事各种农业活动
			《农业指导法》（1999）	增加农民收入，加强农民社会保障；发展农业出口；保护自然资源和生物多样性；促进农业就业
免殖民地粮食进口税；粮食收购采用"生产成本+收入补偿"；山区农户签订"村落协议"和"个别协议"；提供农业改良贷款、农业现代化贷款；取消国内农产品价格限制；向农业基础设施建设提供资金和贷款；对主要农作物提供保险	日本	解决粮食供应；提供价格支持和保护；提供农业贷款；促进农业市场化；实行农业救济	《农业灾害补偿法》（1947）	实施农业灾害补偿，尤其是主要农作物
			《农业改良补助法》（1948）	国家及都道府县对农业改良的各方面提供补助
			《农业现代化资金资助法》（1961）	农林中央金融公库及政府制定的其他金融机构向农业经营者、农协提供长期低息贷款
			《关于奶牛及肉用牛生产振兴法》（1971）；《蔬菜生产销售稳定法》（1993）；《在特定农村山区简活农林业基础设施建设法》（1998）	规定对奶牛、肉用牛、蔬菜和特定山区林业生产经营和基础设施建设进行扶持

续表

惠农项目	主体	惠农政策	惠农制度名称	惠农制度内容
引导农场主退耕部分土地；鼓励农民存储农产品；不再限制播种面积和品种；通过反周期补贴、销售差额贷款补贴、直接补贴来补贴农产品	美国	支持农业发展；稳定农产品价格；推动农业市场化；加强农业补贴	《农业调整法》（1933）	减少农产品的播种面积，调节农产品的市场供应量；调节国内剩余产品，促进出口
			《农业法案》（1949）	对农产品实施较高的价格支持，维持在平价 90% 和 80%—90% 水平
			《农产品贸易发展和援助法》（1954）	调和美国和其他国家的关系，促进农产品销往国际市场
			《食物和农业法》（1962）	调整农业土地资源的使用，对饲料作物和小麦实施生产管理计划
			《农业安全法案》（1985）	冻结差价，冻结补贴面积，取消补贴面积限制
			《联邦农业完善和改革法案》（1996）	在2002年前固定补贴取代目标价格补贴，2002年后实现无补贴；取消农业种植面积限制
			《农业安全与农村投资法案》（2002）	全面增加对农业的投资和补贴
			《农业法案》（2008）	进一步扩展农业补贴范围，涉及到专业农作物
预先制定参考利润作为补贴标准；中及省政府联合提供农业保险；政府派专门的工作人员对合作社进行引导和帮助，进行培训	加拿大	实施农业收入支持；推广农业保险；促进农业合作社的发展	《草原农场回复法案》（1935）	改良农地，修建基础水利设施；草原农场恢复管理局提技术支持
			《农产品价格支持法》（1944）	政府直接投资支持农产品价格
			《农业稳定法》（1955）	对牛、羊、猪、奶酪、蛋类等20多种农产品实施价格保险
			《农作物保险法》（1959）	建立农作物保险机构，在全国推行农作物保险
			《农产品市场法案》（1985）	建立国家级农产品市场管理委员会改善农产品市场环境
			《农业收入保护法案》（1991）	加拿大联邦政府和省政府同签订合同，保护农产品生产者的收入
农产品预售项目和农产品价格联合项目			《农业市场项目法案》（1997）	提出农产品预售项目和农产品价格联合项目，帮助农产品生产者和销售者出售农产品

续表

惠农项目	主体	惠农政策	惠农制度名称	惠农制度内容
取消对所有农产品补贴;各群体农机构参与到农业科技推广中	澳大利亚	很少对农产品实施价格补贴;加强农业科技推广	《农户援助法案》(1992)	为长期亏损的农户提供财政支持和生产经营方面的建议;通过财政支持鼓励缺乏前景的农户推出农业领域;对受灾农户和小型农业企业实施数助实施详细规定
			《1988年所得税(农场管理存款)条例》	调整盈利年份和亏损年份之间的税前利润,从而给与生产经营者税收上的优惠
建立统一农产品市场;建立对外统一的农产品关税壁垒和对内统一的农产品价格体系;支持55岁以上的农业生产者提前退休;减少有害肥料和农药的使用,同时为植树造林提供补贴	欧盟	共同体市场统一;共同体优先;价格和预算一致;完善农业补贴	《欧盟共同农业政策》(1962)	促进欧盟整体农业发展;稳定农产品市场;增加农民收入
			《欧盟共同农业政策》(1992)	降低农产品价格支持水平;控制农产品生产和财政预算的过度增长;加强环境保护,促进农村发展
			《卢森堡协定》(2003)	进一步完善农业补贴,采取开放的单一支付方式;农业经营符合欧盟农业环境保护、公共卫生等时,才能获得补贴
			《欧盟共同农业政策》(2003)	引入脱钩的农业补贴;转向农村发展;实行交叉遵守的补贴

表2：中国惠农政策与惠农制度一览表

惠农项目	惠农政策名称	惠农政策内容	惠农制度名称	惠农制度内容
家庭承包经营制度	《全国农村工作会议纪要》（1982）	实行的各种责任制包括包产都是社会主义集体经济的生产责任制，是社会主义农业经济的组成部分。	《中华人民共和国农村土地承包法》（2002）	第三条，国家实行农村土地承包经营制度。
废除农村人民公社	《当前农村经济政策的若干问题》（1983）	文件指出联产承包责任制是在党的领导下中国农民的伟大创造，是马克思主义农业合作化理论在中国实践中的新发展。		
土地承包期限	《关于一九八四年农村工作的通知》（1984）	要继续稳定和完善联产承包责任制，土地承包期一般应当在15年以上，生产周期长和开发性的项目，承包期应当更长一些。	《中华人民共和国农村土地承包法》（2002）	第二十条，耕地的承包期为三十年。草地的承包期为三十年至五十年。林地的承包期为三十年至七十年；特殊林木的林地承包期，经国务院林业行政主管部门批准可以延长。
农产品市场化	《关于进一步活跃农村进一步活跃农村经济的十项政策》（1985）	国家对农产品实行合同订购和市场收购相结合的产品统派制度；开放山林；积极修建公路；对乡镇企业实施贷款优惠；扩大城乡交往	《中华人民共和国渔业法》（1986）	加强渔业资源的保护、增殖、开发和合理利用，发展人工养殖，保障渔业生产者的合法权益，促进渔业生产的发展
投入科技	《关于一九八六年农村工作的部署》（1986）	依靠科学技术、增加农业投入，深入进行农村改革	《中华人民共和国水法》（1988）	合理开发、利用、节约和保护水资源，防治水害，实现水资源的可持续利用，适应国民经济和社会发展的需要
税费改革	《关于全面推进农村税费改革试点工作的意见》（2003）	落实政策、深入改革、改善农业生产条件、组织产前产后服务、推动农村经济持续稳定协调发展。	《森林病虫害防治条例》（1989）	防治森林病虫害，保护森林资源，促进林业发展，维护自然生态平衡
农民增收	《中共中央国务院关于促进农民增加收入若干政策的意见》（2004）	调整农业结构，扩大农民就业，加快科技进步，深化农村改革，增加农业收入，强化对农业支持保护，力争实现农民收入较快增长	《中华人民共和国乡镇企业法》（1996）	扶持和引导乡镇企业持续健康发展，保护乡镇企业的合法权益，规范乡镇企业的行为，繁荣农村经济，促进社会主义现代化建设

续表

惠农项目	惠农政策名称	惠农政策内容	惠农制度名称	惠农制度内容
农业综合生产能力	《中共中央国务院关于进一步加强农村工作提高农业综合生产能力》(2005)	进一步深化农村改革,努力实现粮食稳定增收,促进农村经济社会全面发展	《中华人民共和国农村土地承包法》(2002)	稳定和完善以家庭承包经营为基础、统分结合的双层经营体制,赋予农民长期而有保障的土地使用权,维护农村土地承包当事人的合法权益,促进农业、农村经济发展和农村社会稳定
新农村建设	《中共中央国务院关于推进社会主义新农村建设的若干意见》(2006)	加强农村基础设施建设;加快发展农村社会事业,培养推进社会主义新农村建设的新型农民;加强农村民主建设,完善社会主义型农村的乡村治理机制	《中华人民共和国种子法》(2004)	保护和合理利用种质资源,规范品种选育和种子生产、经营、使用行为,维护品种选育者和种子生产者、经营者、使用者的合法权益,推动种子产业化,促进种植业和林业的发展
农业现代化	《中共中央国务院关于积极发展现代农业扎实推进社会主义新农村建设的若干意见》(2007)	用现代物质装备农业,现代科学技术改造农业,现代产业体系提升农业用现代发展理念引领农业,全面实现农业现代化		
城乡经济一体化	《中共中央国务院关于切实加强农业基础建设进一步促进农业发展农民增收的若干意见》(2008)	建立以工促农、以城带乡长效机制,形成城乡经济社会发展一体化新格局	《草原防火条例》(2008)	加强草原防火工作,积极预防和扑救草原火灾,保护草原,保障人民生命和财产安全
保障农业稳定	《中共中央国务院关于2009年促进农业稳定发展农民持续增收的若干意见》(2009)	扩大内需,实现经济平稳较快发展,进一步增加农业农村投入,较大幅度增加农业补贴,加大对农业的保护力度		
统筹城乡	《中共中央国务院关于加大统筹城乡发展力度及进步夯实农业发展基础的若干意见》(2010)	发展现代农业,把建设社会主义新农村和推进城镇化作为保持经济平稳较快发展的动力		

续表

惠农项目	惠农政策名称	惠农政策内容	惠农制度名称	惠农制度内容
水利改革	《中共中央国务院关于加强水利改革发展的决定》(2011)	着重提出加快水利改革、加强水利建设,切实增强水利支持保障能力,实现水资源可持续利用		
科技兴农	《加快推进农业科技创新持续增强农产品供给保障能力的若干意见》(2012)	强调要改善农业科技创新条件,搞好农业科技创新,加快农业机械化		

附件10:中国施惠"三农"的主要政策与制度及其内容

表1:15个中央一号文件中有关施惠"三农"的主要内容

序号	时间	文件名称	主要内容
1	1982年1月1日	《中共中央批转〈全国农村工作会议纪要〉》	指出包产到户、包干到户或大包干"都是社会主义生产责任制",它"不同于合作化以前的小私有的个体经济,而是社会主义农业经济的组成部分"。
2	1983年1月2日	中共中央发出《当前农村经济政策的若干问题》	从理论上说明了家庭联产承包责任制"是在党的领导下中国农民的伟大创造,是马克思主义农业合作化理论在中国实践中的新发展"。
3	1984年1月1日	中共中央发出《关于一九八四年农村工作的通知》	强调要继续稳定和完善联产承包责任制,规定土地承包期一般应在15年以上,生产周期长的和开发性的项目,承包期应当更长一些。
4	1985年1月	中共中央、国务院关于进一步活跃农村经济的十项政策	取消了30年来农副产品统购派购制度,对粮、棉等少数重要产品采取国家计划合同收购的新政策。

续表

序号	时间	文件名称	主要内容
5	1986年1月1日	中共中央、国务院《关于一九八六年农村工作的部署》	文件肯定了农村改革的方针政策是正确的,必须继续贯彻执行。
6	2004年2月8日	中共中央国务院关于促进农民增加收入若干政策的意见	针对近年来全国农民人均纯收入连续增长缓慢的情况,对促进农民增收制定和实行了相应的政策
7	2005年1月30日	中共中央国务院关于进一步加强农村工作提高农业综合生产能力若干政策的意见	坚持"多予少取放活"的方针,稳定、完善和强化各项支农政策。要切实抓紧抓好加强农业基础设施建设,加快农业科技进步,提高农业综合生产能力。
8	2006年2月21日	中共中央国务院关于推进社会主义新农村建设的若干意见	中共十六届五中全会提出的建设社会主义新农村的重大历史任务,本年将迈出有力的一步。
9	2007年1月29日	中共中央国务院关于积极发展现代农业扎实推进社会主义新农村建设的若干意见	要有现代物质条件装备农业,用现代科学技术改造农业,用现代产业体系提升农业,用现代经营形式推进农业,用现代发展理念引领农业,用培养新型农民发展农业。
10	2008年1月30日	中共中央国务院关于切实加强农业基础建设进一步促进农业发展农民增收的若干意见	按照形成城乡经济社会发展一体化新格局的要求,突出加强农业基础建设,积极促进农业稳定发展、农民持续增收,努力保障主要农产品基本供给,切实解决农村民生问题,扎实推进社会主义新农村建设。
11	2009年2月1日	中共中央国务院关于促进农业稳定发展农民持续增收的意见	保持农业农村经济平稳较快发展,围绕稳粮、增收、强基础、重民生,进一步强化惠农政策,增强科技支撑,加大投入力度,优化产业结构,推进改革创新,保证国家粮食安全和主要农产品有效供给,促进农民收入持续增长。
12	2010年1月31日	中共中央国务院关于加大统筹城乡发展力度进一步夯实农业农村发展基础的若干意见	统筹城乡发展,改善农村民生,扩大农村需求,发展现代农业。建设社会主义新农村和推进城镇化,稳粮保供给、增收惠民生、改革促统筹、强基增后劲。

续表

序号	时间	文件名称	主要内容
13	2011年1月29日	中共中央 国务院关于加快水利改革发展的决定	把水利作为国家基础设施建设的优先领域,把农田水利作为农村基础设施建设的重点任务,把严格水资源管理作为加快转变经济发展方式的战略举措,大力发展民生水利,加快建设节水型社会,促进水利可持续发展。
14	2012年2月1日	中共中央 国务院关于加快推进农业科技创新持续增强农产品供给保障能力的若干意见	农业科技是确保国家粮食安全的基础支撑,是突破资源环境约束的必然选择,是加快现代农业建设的决定力量,紧紧抓住世界科技革命方兴未艾的历史机遇,明确农业科技创新方向、突出农业科技创新重点、完善农业科技创新机制、改善农业科技创新条件、着力抓好种业科技创新为农业增产、农民增收、农村繁荣注入强劲动力。
15	2013年1月31日	中共中央 国务院关于加快发展现代农业 进一步增强农村发展活力的若干意见	举全党全国之力持之以恒强化农业、惠及农村、富裕农民。 按照保供增收惠民生、改革创新添活力的工作目标,加大农村改革力度、政策扶持力度、科技驱动力度,围绕现代农业建设,充分发挥农村基本经营制度的优越性,着力构建集约化、专业化、组织化、社会化相结合的新型农业经营体系。 一、建立重要农产品供给保障机制,努力夯实现代农业物质基础;二、健全农业支持保护制度,不断加大强农惠农富农政策力度;三、创新农业生产经营体制,稳步提高农民组织化程度;四、构建农业社会化服务新机制,大力培育发展多元服务主体;五、改革农村集体产权制度,有效保障农民财产权利;六、改进农村公共服务机制,积极推进城乡公共资源均衡配置;七、完善乡村治理机制,切实加强以党组织为核心的农村基层组织建设。

表2：中央一号文件与其他文件中有关"三农"施惠主要政策及其内容

政策涉及领域	政策主要内容	政策颁布名称	政策颁布主体	政策颁布时间
农业方面	粮食直补政策	国务院召开的农业和粮食工作会议	国务院	2003年10月28日
	农作物良种补贴	《中共中央国务院关于推进社会主义新农村建设的若干意见》	中共中央国务院	2006年2月
	农机购置补贴	《关于促进农民增加收入若干政策的意见》	中共中央国务院	2004年1月
	农资综合补贴	《中共中央国务院关于推进社会主义新农村建设的若干意见》	中共中央国务院	2006年2月
	粮食最低收购价制度	《国家发展和改革委员会、财政部、农业部、国家粮食局、中国农业发展银行关于印发2005年早籼稻最低收购价执行预案的通知》发改经贸〔2005〕1301号	国家发展和改革委员会、财政部、农业部、国家粮食局、中国农业发展银行	2005年7月
	农业大县的奖励政策	《中共中央国务院关于积极发展现代农业扎实推进社会主义新农村建设的若干意见》	中共中央国务院	2007年1月
	基本农田保护制度	《国务院关于坚决制止占用基本农田进行植树等行为的紧急通知》	国务院	2004年
	扩大优势农产品出口	《关于促进农民增加收入若干政策的意见》	中共中央国务院	2004年1月
	鲜活农产品运输优惠政策	《全国高效率鲜活农产品流通"绿色通道"建设实施方案》	交通运输部、国家发改委、财政部	2005年1月30日

续表

政策涉及领域	政策主要内容	政策颁布名称	政策颁布主体	政策颁布时间
农村方面	"农超对接"	《关于开展农超对接试点工作的通知》	农业部、商务部	2008年12月11日
	农村基本设施建设	2006年国务院政府工作报告	国务院	2006年3月
	农村贷款	《深化农村信用社改革试点方案》	国务院	2003年
	农业信息化建设"三电合一"政策	《农业部关于开展三电合一农业信息服务试点工作的通知》(农市发[2005]6号)	农业部	2005年
	社会主义新农村建设	《中共中央国务院关于积极发展现代农业,扎实推进社会主义新农村建设的若干意见》	中共中央国务院	2007年
	农业产业化	《中共中央国务院关于促进农民增加收入若干政策的意见》(中发[2004]1号)	中共中央国务院	2004年1月
农民方面	"阳光工程"	《中共中央国务院关于促进农民增加收入若干政策的意见》(中发[2004]1号)	中共中央国务院	2004年1月
	"一村一大学生"	《关于引导和鼓励高校毕业生面向基层就业的意见》	中共中央办公厅、国务院办公厅	2005年7月
	"春风行动"	《关于实施特别职业培训计划的通知》	劳动和社会保障部	2006年2月
	"三下乡"活动	《关于开展文化科技卫生"三下乡"活动的通知》	中央宣传部、国家科委、农业部、文化部	1996年12月
	"家电下乡"	2008年11月19日国务院第36次常务会议	国务院	2008年11月19日

续表

政策涉及领域	政策主要内容	政策颁布名称	政策颁布主体	政策颁布时间
农村方面	"建材下乡"	《中共中央国务院关于加大统筹城乡发展力度进一步夯实农业农村发展基础的若干意见》	国务院	2010年10月
	新型农村社会养老保险制度	《国务院关于开展新型农村社会养老保险试点的指导意见》(国发[2003]32号)	国务院	2009年9月
	新型农村合作医疗制度	国务院办公厅转发了《卫生部等部门关于建立新型农村合作医疗制度意见的通知》(国办发[2003]3号)	国务院办公厅	2003年1月
	农村义务教育阶段寄宿生生活补助政策	《财政部、教育部关于调整完善农村义务教育经费保障机制改革有关政策的通知》(财教[2007]337号)	财政部、教育部	2007年
	农村义务教育阶段学生免费教科书政策	《国务院关于基础教育改革与发展的决定》	国务院	2001年
	农村最低生活保障制度	《关于在全国建立农村最低生活保障制度的通知》(国发2007第19号)	国务院	2007年

表3：中国惠农(农业)的主要制度及其内容

制度形式	涉农制度			涉农领域
	制度名称	颁布主体	颁布时间	农业
宪法	《中华人民共和国宪法》	全国人民代表大会	1982年12月4日	第八条 农村集体经济组织实行家庭承包经营为基础、统分结合的双层经营体制。农村中的生产、供销、信用、消费等各种形式的合作经济，是社会主义劳动群众集体所有制经济。参加农村集体经济组织的劳动者，有权在法律规定的范围内经营自留地、自留山、家庭副业和饲养自留畜。
法律	《中华人民共和国畜牧法》	全国人民代表大会常务委员会	2005年12月29日	第三十八条 国家设立的畜牧兽医技术推广机构，应当向农民提供畜禽养殖技术培训、良种推广、疫病防治等服务。县级以上人民政府应当保障国家设立的畜牧兽医技术推广机构从事公益性技术服务的工作经费。国家鼓励畜禽产品加工企业和其他相关生产经营者为畜禽养殖者提供所需的服务。
	《中华人民共和国农民专业合作社法》	全国人民代表大会常务委员会	2006年10月31日	第二条 农民专业合作社是在农村家庭承包经营基础上，同类农产品的生产经营者或者同类农业生产经营服务的提供者、利用者，自愿联合、民主管理的互助性经济组织。农民专业合作社以其成员为主要服务对象，提供农业生产资料的购买，农产品的销售、加工、运输、贮藏以及与农业生产经营有关的技术、信息等服务。常务委员
	《中华人民共和国农产品质量安全法》	全国人民代表大会常务委员会	2006年4月29日	第一条 为保障农产品质量安全，维护公众健康，促进农业和农村经济发展，制定本法。
	《全国人民代表大会常务委员会关于废止〈中华人民共和国农业税条例〉的决定》会常务委员会第九十六次会议于	全国人民代表大会常务委员	2005年12月29日	1958年6月3日通过的《中华人民共和国农业税条例》自2006年1月1日起废止。
	《中华人民共和国农业法》	全国人民代表大会常务委员	1993年7月2日	第三条 国家把农业放在发展国民经济的首位。
	《中华人民共和国水法》	全国人民代表大会常务委员	2002年8月29日	第五条 县级以上人民政府应当加强水利基础设施建设，并将其纳入本级国民经济和社会发展计划

续表

涉农制度				涉农领域
制度形式	制度名称	颁布主体	颁布时间	农业
法律	《中华人民共和国农业机械化促进法》	全国人民代表大会常务委员	2004年6月25日	第二十七条 中央财政、省级财政应当分别安排专项资金,对农民和农业生产经营组织购买国家支持推广的先进适用的农业机械给予补贴。补贴资金的使用应当遵循公开、公正、及时、有效的原则,可以向农民和农业生产经营组织发放,也可以采用贴息方式支持金融机构向农民和农业生产经营组织购买先进适用的农业机械提供贷款。具体办法由国务院规定。
法律	《中华人民共和国种子法》	全国人民代表大会常务委员	2000年7月8日	第四十条 国家投资或者国家投资为主的造林项目和国有林业单位造林,应当根据林业行政主管部门制定的计划使用林木良种。国家对推广使用林木良种营造防护林、特种用途林给予扶持。
法律	《中华人民共和国土地管理法》	全国人民代表大会常务委员	2004年8月28日	第三条 十分珍惜、合理利用土地和切实保护耕地是中国的基本国策。各级人民政府应当采取措施,全面规划,严格管理,保护、开发土地资源,制止非法占用土地的行为。
行政法规	《土地复垦条例》	国务院	2011年2月22日	第一条 为了落实十分珍惜、合理利用土地和切实保护耕地的基本国策,规范土地复垦活动,加强土地复垦管理,提高土地利用的社会效益、经济效益和生态效益,根据《中华人民共和国土地管理法》,制定本条例。
行政法规	《棉花质量监督管理条例》	国务院	2001年8月3日	第二条 棉花经营者(含棉花收购者、加工者、销售者、承储者,下同)从事棉花经营活动,棉花质量监督机构对棉花质量实施监督管理,必须遵守本条例。
行政法规	《取水许可和水资源费征收管理条例》	国务院	2006年1月24日	第三十条 各级地方人民政府应当采取措施,提高农业用水效率,发展节水型农业。

续表

制度形式	涉农制度			涉农领域
	制度名称	颁布主体	颁布时间	农业
部门规章	《农作物种子生产经营许可管理办法》	农业部	2011年8月22日	第五条 农业行政主管部门应当按照有利于保障农业生产安全、提升农作物品种选育和生产水平、促进公平竞争的原则,依法发放农作物种子生产、经营许可证。
	《国家农业综合开发资金和项目管理办法》	财政部	2005年8月22日	第三条 农业综合开发的任务是加强农业基础设施和生态建设,提高农业综合生产能力,保证国家粮食安全;推进农业和农村经济结构的战略性调整,推进农业产业化经营,提高农业综合效益,促进农民增收。
	《财政部印发农业综合开发资金若干投入比例的规定》	财政部	2010年8月26日	三、中央财政无偿资金投入比例 (一)土地治理项目100%无偿投入。其中用于农业机械、配套农机具以及苗圃建设等经营性措施的补贴限额,原则上不得超过土地治理项目财政资金的5%;确需超过5%的,须报经国家农业综合开发办公室同意。
	《鲜茧收购资格认定办法》	商务部	2006年12月20日	第三条 国家对鲜茧收购实行资格认定制度。凡在中华人民共和国境内从事鲜茧收购的经营者,必须通过鲜茧收购资格认定、取得鲜茧收购资格,并在工商行政管理机关办理注册登记。
	《中央财政农作物良种补贴资金管理办法》	财政部、农业部	2009年12月14日	第八条 良种补贴资金的补贴对象是在农业生产中使用农作物良种的农民。
地方政府规章	《辽宁省农村居民最低生活保障办法》	辽宁省第十一届人民政府第12次常务会议	2008年10月30日	第七条 家庭年人均纯收入低于户籍所在地农村低保标准的困难家庭,可以申请享受农村低保待遇。

表4：中国惠农（农村）的主要制度及其内容

制度形式	涉农制度			涉农领域
	制度名称	颁布主体	颁布时间	农村
法律	《中华人民共和国农业法》	全国人民代表大会常务委员	1993年7月2日	第八条 国家对发展农业和农村经济有显著成绩的单位和个人，给予奖励。
行政法规	《农村五保供养工作条例》	国务院	2006年1月11日	第六条老年、残疾或者未满16周岁的村民，无劳动能力、无生活来源又无法定赡养、抚养、扶养义务人，或者其法定赡养、抚养、扶养义务人无赡养、抚养、扶养能力的，享受农村五保供养待遇。
部门规章	《农村公路建设管理办法》	交通部	2006年3月1日	第六条农村公路建设应当保证质量，降低建设成本，节能降耗，节约用地，保护生态环境。

表5：中国惠农（农民）的主要制度及其内容

制度形式	涉农制度			涉农领域
	制度名称	颁布主体	颁布时间	农民
法律	《中华人民共和国农村土地承包经营纠纷调解仲裁法》	全国人民代表大会常务委员会	2009年6月27日	发生农村土地承包经营纠纷的，当事人可以自行和解，也可以请求村民委员会、乡（镇）人民政府等调解。
	《中华人民共和国农业法》	全国人民代表大会常务委员	1993年7月2日	第五十四条 国家在农村依法实施义务教育，并保障义务教育经费。国家在农村举办的普通中小学校教职工工资由县级人民政府按照国家规定统一发放，校舍等教学设施的建设和维护经费由县级人民政府按照国家规定统一安排。
	《中华人民共和国农业机械化促进法》	全国人民代表大会常务委员	2004年6月25日	第五条 国家采取措施，开展农业机械化科技知识的宣传和教育，培养农业机械化专业人才，推进农业机械化信息服务，提高农业机械化水平。

续表

制度形式	涉农制度			涉农领域
	制度名称	颁布主体	颁布时间	农民
行政法规	《农村五保供养工作条例》	国务院	2006年1月11日	第六条 老年、残疾或者未满16周岁的村民,无劳动能力、无生活来源又无法定赡养、抚养、扶养义务人,或者其法定赡养、抚养、扶养义务人无赡养、抚养、扶养能力的,享受农村五保供养待遇。
地方政府规章	《辽宁省农村居民最低生活保障办法》	辽宁省第十一届人民政府第12次常务会议	2008年10月30日	第七条 家庭年人均收入低于户籍所在地农村低保标准的困难家庭,可以申请享受农村低保待遇。
	《天津市农村五保供养工作办法》	天津市人民政府第11次常务会议	2008年7月18日	第四条 各级人民政府应当加强对农村五保供养工作的领导,要把农村五保供养事业列入国民经济和社会发展规划。 市和区县人民政府制定农村五保供养标准。市农村五保供养标准为:集中供养的,每人每年4000元;分散供养的,每人每年2500元。各区县人民政府可根据经济发展水平、财力状况和当地村民平均生活水平制定上浮标准。农村五保供养标准应当随着经济社会的发展不断提高。
	《陕西省实施〈农村五保供养工作条例〉办法》	陕西省政府2006年第29次常务会议	2006年11月1日	第九条 农村五保供养对象死亡后,按其1年供养标准一次性计发丧葬补助费。丧葬补助费从农村五保供养经费中核销。

表6：中国惠农政策与惠农制度主要内容比照表

惠农项目	惠农政策				惠农制度			
	政策名称	主要内容	颁布主体	颁布时间	制度名称	主要内容	颁行主体	颁布时间
粮食直补政策	国务院召开的农业和粮食工作会议	温家宝发表讲话提出,要继续推进粮食流通体制改革,重点放在保护粮食主产区和农民种粮积极性上,把通过流通环节的间接补贴改为对农民的直接补贴。	国务院	2003年10月28日				
农作物良种补贴	《中共中央国务院关于促进农民增加收入若干政策的意见》	2004年要增加资金规模,在小麦、大豆等粮食优势产区扩大良种补贴范围。	中共中央 国务院	2004年1月	《中央财政农作物良种补贴资金管理办法》	第一条 为了加强中央财政农作物良种补贴资金(以下简称良种补贴资金)管理,支持农民(含农场职工,下同)使用良种和调动农民生产积极性,加快农作物良种和推广,提高农作物品品质和产量,提高资金使用效益,制定本办法。	财政部 农业部	2009年12月14日
农机购置补贴	中共中央《关于促进农民增加收入若干政策的意见》	提高农业机械化水平,对农民个人、农场职工、农机专业户和从事农业生产的农机服务组织购置和更新大型农业机具给予一定补贴。	中共中央 国务院	2004年1月	《中华人民共和国农业法》	第二十条 国家鼓励和支持农民和农业生产经营组织使用先进、适用的农业机械,加强农业机械安全管理,提高农业机械化水平。国家组织购买农民和农业机械生产经营组织购买农民和农业机械给予扶持。国家组织购买先进农业和农业机械给予扶持。	全国人民代表大会常务委员会	1993年7月2日

续表

惠农项目	惠农政策				惠农制度			
	政策名称	主要内容	颁布主体	颁布时间	制度名称	主要内容	颁行主体	颁布时间
农资综合补贴	《关于对种粮农民柴油、化肥等农资增支实行综合直补的通知》（财建密电〔2006〕3号）	对种粮农民柴油、化肥等农业生产资料增支补贴，是国家为了保护种粮农民利益和粮食生产能力，综合考虑2006年成品油价格调整和化肥、农药、农膜等农业生产资料预计增支因素，对种粮农民2006年柴油、化肥等农业生产资料预计增支实行综合补贴。	财政部	2006年2月				
粮食最低收购价制度	中共中央国务院《关于进一步加强农村工作提高农业综合生产能力若干政策的意见》	继续对短缺的重点粮食品种在主产区实行最低收购价政策，逐步建立和完善稳定粮食市场价格、保护种粮农民利益和机制。	中共中央国务院	2005年1月30日	《中华人民共和国农业法》	第四十三条第三款 国家采取宏观调控措施，使化肥、农药、农用薄膜、农田灌溉机械和农用柴油等主要农业生产资料和农产品之间保持合理的比价。	全国人民代表大会常务委员会	1993年7月2日
农业大县的奖励政策	《中共中央国务院关于推进社会主义新农村建设的若干意见》	继续执行对粮食主产县的奖励政策，增加中央财政对粮食主产县的奖励资金。	中共中央国务院	2006年2月	《中华人民共和国农业法》	第十五条 县级以上人民政府根据国民经济和社会发展的中长期规划、农业和农村经济发展的基本目标和农业资源区划，制定农业发展规划。省级以上人民政府农业行政主管部门根据农业发展规划，采取措施发挥区域优势，促进形成合理的农业生产区域布局，指导和协调农业和农村经济结构调整。	全国人民代表大会常务委员会	1993年7月2日

续表

惠农项目	惠农政策				惠农制度			
	政策名称	颁布主体	颁布时间	主要内容	制度名称	主要内容	颁行主体	颁布时间
基本农田保护制度	《国务院关于坚决制止占用基本农田进行植树等行为的紧急通知》	国务院	2004年	坚决制止占用基本农田进行植树等行为	《中华人民共和国土地管理法》	第三条 十分珍惜、合理利用土地和切实保护耕地是中国的基本国策。各级人民政府应当采取措施，全面规划，严格管理，保护、开发土地资源，制止非法占用土地的行为。	全国人民代表大会常务委员会	1986年6月25日
扩大优势农产品出口	《关于促进农民增加收入若干政策的意见》	中共中央 国务院	2004年1月	要进一步扩大优势农产品出口完善促进中国优势农产品出口的政策措施。	《中华人民共和国农业法》	第十八条 国家扶持动植物品种的选育、生产，更新和良种的推广使用，鼓励选育和生产、经营相结合，实施种子工程和畜禽良种工程。国务院设立专项资金，用于扶持动植物良种的选育和推广工作。	全国人民代表大会常务委员会	1993年7月2日
鲜活农产品运输优惠政策	《全国高效鲜活农产品流通"绿色通道"建设实施方案》	交通运输部、国家发改委、财政部	2005年1月30日	为整车并合法装载运输鲜活农产品的车辆提供便利。在各省级人民政府的"绿色通道"上，各省级人民政府根据《收费公路管理条例》的规定，可对整车并合法装载鲜活农产品的车辆通行费予以降低或免收通行费，并将通行费的收费标准向社会公示，不得实行省内外差别政策，具体办法由省级人民政府制定。	《中华人民共和国农业法》	第二十八条第二款 县级以上人民政府督促有关部门保障农产品运输畅通，降低农产品流通成本，有关行政管理部门应当简化手续，行政事业性收费除法律、行政法规另有规定外，不得扣押鲜活农产品的运输工具。	全国人民代表大会常务委员会	1993年7月2日

续表

惠农项目	惠农政策				惠农制度			
	政策名称	主要内容	颁布主体	颁布时间	制度名称	主要内容	颁行主体	颁布时间
"农超对接"	《关于开展农超对接试点工作的通知》	到2012年试点产品企业鲜活农产品直接采购比例达到50%以上，减少流通环节，降低流通费用，并建立从产地到零售终端的鲜活农产品冷链体系。	农业部、商务部	2008年12月11日				
农村基础设施建设	2006年国务院政府工作报告	建设社会主义新农村，必须加强农村基础设施建设。要下决心调整投资方向，把国家基础设施建设投入的重点转向农村，这是一个重大转变。	国务院	2006年3月	《中华人民共和国农业法》	十七条各级人民政府应当采取措施，加强农业综合开发和农田水利、农业生态环境保护、乡村道路、农村能源和电网、农产品仓储和流通、渔港、草原围栏、动植物原种良种基地等农业和农村基础设施建设，改善农业生产条件，保护和提高农业综合生产能力。	全国人民代表大会常务委员	1993年7月2日
农村贷款	《深化农村信用社改革试点方案》	深化信用社改革，改进农村金融服务，不仅关系到信用社的稳定健康发展，而且事关农业发展，农民增收，农村稳定的大局。	国务院	2003年	《中华人民共和国农业法》	第三十九条第二款任何单位和个人不得截留、挪用用于农业的财政资金和信贷资金。审计机关应当依法加强对用于农业的财政资金和农业的审计监督。第四十条国家运用财政和税收、价格、信贷等手段，鼓励和引导农业生产经营组织增加农业生产性投入和小型农田水利等基本建设投入。	全国人民代表大会常务委员	1993年7月2日

395

续表

惠农项目	惠农政策				惠农制度		
	政策名称	主要内容	颁布主体	颁布时间	制度名称	主要内容	颁布主体	颁布时间
农业信息化建设"三电合一"政策	《农业部关于开展三电合一农业信息服务试点工作的通知》(农市发〔2005〕6号)	为了全面贯彻中央一号文件精神,加强农业信息化建设,提高农业信息服务水平,我部在认真总结各地开展农业信息服务经验的基础上,决定2005年在全国选择具有一定基础的6个地级和50个县级农业部门,开展"三电合一"农业信息服务试点建设工作,重点推广电话、电视、电脑"三电合一"的农业信息服务模式。	农业部	2005年			
社会主义新农村建设	中共中央国务院关于推进社会主义新农村建设的若干意见	建设社会主义新农村是中国现代化进程中的重大历史任务,全面建设小康社会,最艰巨繁重的任务在农村。	中共中央 国务院	2006年2月			
农业产业化	《中共中央国务院关于促进农民增加收入若干政策的意见》(中发〔2004〕1号)	加快发展农业产业化经营。各级财政要安排支持农业产业化发展的专项资金,较大幅度地增加对龙头企业的投入。	中共中央 国务院	2004年1月			

续表

惠农项目	惠农政策				惠农制度			
	政策名称	主要内容	颁布主体	颁布时间	制度名称	主要内容	颁行主体	颁布时间
"阳光工程"	《中共中央国务院关于促进农民增加收入若干政策的意见》（中发[2004]1号）	保障进城就业农民的合法权益。进一步清理和取消针对农民进城就业的歧视性规定和不合理收费，简化农民跨地区就业和进城务工的各种手续，防止乱收费，向进城就业农民及用工单位乱收费。十一）加强对农村劳动力的职业技能培训。这是提高农民就业能力、增强中国产业竞争力的一项重要的基础性工作，各地区和有关部门要作为一件大事抓紧抓好。	中共中央国务院	2004年1月	《中华人民共和国农业法》	《中华人民共和国农业法》第五十三条 国家建立农业技术人员继续教育制度。县级以上人民政府农业行政主管部门会同教育、人事等有关部门制定农业技术人员继续教育计划，并组织实施。第五十六条 国家采取措施鼓励农民采用先进的农业技术，支持农业实用各种科技组织，开展农民实用技术培训，农民绿色证书培训和其他就业培训，提高农民的文化技术素质。	全国人民代表大会常务委员会	1993年7月2日
"一村一大学生"	《关于引导和鼓励高校毕业生面向基层就业的意见》	实施高校毕业生到农村服务计划。目前，农业技术推广、医疗卫生、现代农业发展等方面的人才极其短缺，引导和鼓励高校毕业生到农村工作是促进农村发展的客观要求。	中共中央办公厅、国务院办公厅	2005年7月				

续表

惠农项目	惠农政策				惠农制度		
	政策名称	主要内容	颁布主体	颁布时间	制度名称	主要内容	颁行主体	颁布时间
"春风行动"	《关于实施特别职业培训计划的通知》	(三)对城镇失业人员开展技能就业培训。对城镇在城镇中就业转找失业人员(包括农民工),各地在城镇继续找工作的部门要结合本地实际和失业人员特点,组织其参加3至6个月的再就业培训。	劳动和社会保障部	2006年2月			
"三下乡"活动	《关于开展文化科技卫生"三下乡"活动的通知》	文化下乡包括图书、报刊下乡、送戏下乡、电影、电视下乡、开展群众性文化活动;科技下乡包括科技人员下乡,科技信息下乡,开展科普活动;卫生下乡包括医务人员下乡,扶持乡村卫生组织,培训农村卫生人员,参与和推动当地合作医疗事业发展。	中央宣传部、国家科委、农业部、文化部	1996年12月			
"家电下乡"	《关于全国推广家电下乡工作的通知》(财建[2008]862号)。	家电下乡产品为彩电、冰箱、洗衣机、手机四类产品,按产品销售价格13%予以补贴。具体产品型号及承担家电下乡任务的流通企业通过招标方式产生。	财政部、商务部、工业和信息化部	2008年11月28日			

续表

惠农项目	惠农政策					惠农制度			
	政策名称	主要内容	颁布主体	颁布时间		制度名称	主要内容	颁行主体	颁布时间
"建材下乡"	《国务院办公厅关于落实中共中央国务院关于加大统筹城乡发展力度进一步夯实农业农村发展基础的若干意见有关政策措施分工的通知》（国办函〔2010〕31号）	采取有效措施推动建材下乡，鼓励有条件的地方通过多种形式支持农民依法规建设自用住房	国务院办公厅	2010年2月					
新型农村社会养老保险制度	《国务院关于开展新型农村社会养老保险试点的指导意见》（国发〔2003〕32号）	探索建立个人缴费、集体补助、政府补贴相结合的新农保筹资方式，社会统筹与个人账户相结合，行社会统筹养老、土地保障、家庭养老与其他社会保障政策措施相配套，保障农村居民基本生活。	国务院	2009年9月		《中华人民共和国农业法》	第八十三条 国家逐步完善农村社会救济制度，保障农村五保户、贫困残疾农民、贫困老年农民和其他丧失劳动能力的农民的基本生活。	全国人民代表大会常务委员会	1993年7月2日

续表

惠农项目	惠农政策				惠农制度			
	政策名称	颁布主体	主要内容	颁布时间	制度名称	主要内容	颁行主体	颁布时间
新型农村合作医疗制度	国务院办公厅转发了《卫生部等部门关于建立新型农村合作医疗制度意见的通知》	国务院办公厅	从2003年起,各省、自治区、直辖市至少要选择2~3个县(市)先行试点,取得经验后逐步推开。到2010年,实现在全国建立基本覆盖农村居民的新型农村合作医疗制度目标,减轻农民因疾病疗来的经济负担,提高农民健康水平。	2003年1月	《中华人民共和国农业法》	第八十四条 国家鼓励和发展农村合作医疗和其他医疗保障形式,提高农民健康水平。	全国人民代表大会常务委员	1993年7月2日
农村义务教育阶段寄宿生生活补助政策	《财政部、教育部关于调整完善农村义务教育经费保障机制改革有关政策的通知》(财教2<007>337号)	财政部、教育部	从2007年秋季起执行,小学生每人每生天补助2元,初中生每人每生补助3元,学生每年在校天数均按250天计算。	2007年				
农村义务教育阶段学生免费教科书政策	《国务院关于基础教育改革与发展的决定》	国务院	从2001年开始,对贫困地区家庭经济困难的中小学生进行免费提供教科书制度的试点,在农村地区推广使用经济适用型教材。采取减免杂费、书本费、寄宿费等办法减轻家庭经济困难学生的负担。	2001年				

续表

惠农项目	惠农政策				惠农制度		
	政策名称	主要内容	颁布主体	颁布时间	制度名称	主要内容	颁行主体	颁布时间
农村最低生活保障制度	《关于在全国建立农村最低生活保障制度的通知》（国发 2007 第 19 号）	建立农村最低生活保障制度的目标是：通过在全国范围建立农村最低生活保障制度，将符合条件的农村贫困人口全部纳入保障范围，稳定、持久、有效地解决全国农村贫困人口的温饱问题。	国务院	2007 年			

附件11：中央一号文件惠农"关键词"

序号	中央一号文件	惠农"关键词"
1	1982年 中共中央批转《全国农村工作会议纪要》	包产到户
2	1983年 中共中央印发《当前农村经济政策的若干问题》	家庭联产承包责任制
3	1984年 中共中央国务院发出《关于一九八四年农村工作的通知》	土地承包期一般应在15年以上
4	1985年 中共中央、国务院发出《关于进一步活跃农村经济的十项政策》	活跃农村经济
5	1986年 中共中央、国务院下发《关于一九八六年农村工作的部署》	继续坚持农村改革
6	2004年《中共中央国务院关于促进农民增加收入若干政策的意见》	增加农民收入
7	2005年《中共中央国务院关于进一步加强农村工作提高农业综合生产能力若干政策的意见》	农业税免征
8	2006年《中共中央国务院关于推进社会主义新农村建设的若干意见》	工业反哺农业
9	2007年《中共中央国务院关于积极发展现代农业扎实推进社会主义新农村建设的若干意见》	现代发展理念引领农业
10	2008年《中共中央国务院关于切实加强农业基础设施建设进一步促进农业发展农民增收的若干意见》	以工促农、以城带乡
11	2009年《中共中央国务院关于2009年促进农业稳定发展农民持续增收的若干意见》	土地流转承包
12	2010年《中共中央国务院关于加大统筹城乡发展力度进一步夯实农业农村发展基础的若干意见》	社会主义新农村
13	2011年《中共中央国务院关于加快水利改革发展的决定》	农田水利建设
14	2012年《关于加快推进农业科技创新持续增强农产品供给保障能力的若干意见》	农业科技投入
15	2013年《中共中央、国务院关于加快发展现代农业,进一步增强农村发展活力的若干意见》	家庭农场、农民合作社

附件12：中央一号文件 惠农"指导思想"

序号	中央一号文件	惠农"指导思想"
1	1982年：中共中央批转《全国农村工作会议纪要》	在对迅速推开的农村改革进行总结基础上,明确指出包产到户、包干到户或大包干"都是社会主义生产责任制"。同时还说明它"不同于合作化以前的小私有的个体经济,而是社会主义农业经济的组成部分"。
2	1983年：中共中央印发《当前农村经济政策的若干问题》	从理论上说明了家庭联产承包责任制"是在党的领导下中国农民的伟大创造,是马克思主义农业合作化理论在中国实践中的新发展"。肯定了联产承包责任制。从中国农村具体情况出发,对合作经济的生产资料公有化程度,按劳分配方式以及合作的内容和形式,可以有所不同,保持各自的特点。
3	1984年：中共中央国务院发出《关于一九八四年农村工作的通知》	强调要继续稳定和完善联产承包责任制,规定土地承包期一般应在15年以上,生产周期长的和开发性的项目,承包期应当更长一些。
4	1985年：中共中央、国务院发出《关于进一步活跃农村经济的十项政策》	取消了30年来农副产品统购派购的制度,对粮、棉等少数重要产品采取国家计划合同收购的新政策。打破集体经济中的"大锅饭",把进一步改革农业管理体制作为今后改革的重点。
5	1986年：中共中央、国务院下发《关于一九八六年农村工作的部署》	肯定了农村改革的方针政策是正确的,必须继续贯彻执行。
6	2004年：《中共中央国务院关于促进农民增加收入若干政策的意见》	集中力量支持粮食主产区发展粮食产业,促进种粮农民增加收入;发展农村二、三产业,拓宽农民增收渠道;改善农民进城就业环境,增加外出务工收入;发挥市场机制作用,搞活农产品流通;加强农村基础设施建设,为农民增收创造条件等。

续表

序号	中央一号文件	惠农"指导思想"
7	2005年：《中共中央国务院关于进一步加强农村工作提高农业综合生产能力若干政策的意见》	继续加大"两减免、三补贴"等政策实施力度；切实加强对粮食主产区的支持；建立稳定增长的支农资金渠道；坚决实行最严格的耕地保护制度，切实提高耕地质量；加强农田水利和生态建设，提高农业抗御自然灾害的能力；加快农业科技创新，提高农业科技含量等。
8	2006年：《中共中央国务院关于推进社会主义新农村建设的若干意见》	推进现代农业建设，强化社会主义新农村建设的产业支撑；加强农村现代流通体系建设；稳定、完善、强化对农业和农民的直接补贴政策；加强农村基础设施建设等。
9	2007年：《中共中央国务院关于积极发展现代农业扎实推进社会主义新农村建设的若干意见》	健全农业支持补贴制度；鼓励农民和社会力量投资现代农业；加快发展农村清洁能源；推进农业科技进村入户；积极发展农业机械化；加快农业信息化建设；发展健康养殖业；大力发展特色农业等。
10	2008年：《中共中央国务院关于切实加强农业基础设施建设进一步促进农业发展农民增收的若干意见》	巩固、完善、强化强农惠农政策；切实抓好"菜篮子"产品生产；着力强化农业科技和服务体系基本支撑；逐步提高农村基本公共服务水平；建立健全农村社会保障体系等。
11	2009年：《中共中央国务院关于2009年促进农业稳定发展农民持续增收的若干意见》	较大幅度增加农业补贴；保持农产品价格合理水平；增强农村金融服务能力；支持优势产区集中发展油料等经济作物生产；加强农产品市场体系建设；加强农产品进出口调控等。
12	2010年：《中共中央国务院关于加大统筹城乡发展力度进一步夯实农业农村发展基础的若干意见》	完善农业补贴制度和市场调控机制；积极引导社会资源投向农业农村；推进菜篮子产品标准化生产；加强农村水电路气房建设；积极推进林业改革；提高农业对外开放水平等。
13	2011年：《中共中央国务院关于加快水利改革发展的决定》	大兴农田水利建设；合理开发水能资源；搞好水土保持和水生态保护；加大公共财政对水利的投入；加强对水利建设的金融支持；广泛吸引社会资金投资水利等。

续表

序号	中央一号文件	惠农"指导思想"
14	2012年:《关于加快推进农业科技创新持续增强,农产品供给保障能力的若干意见》	把农业科技摆上更加突出的位置,持续加大财政用于"三农"的支出以及国家固定资产投资对农业农村的投入,持续加大农业科技投入,确保增量和比例均有提高。发挥政府在农业科技投入中的主导作用,保证财政农业科技投入增幅明显高于财政经常性收入增幅,逐步提高农业研发投入占农业增加值的比重,建立投入稳定增长的长效机制。
15	2013年:《中共中央 国务院关于加快发展现代农业 进一步增强农村发展活力的若干意见》	举全党全国之力持之以恒强化农业、惠及农村、富裕农民。按照保供增收惠民生、改革创新添活力的工作目标,加大农村改革力度、政策扶持力度、科技驱动力度,围绕现代农业建设,充分发挥农村基本经营制度的优越性,着力构建集约化、专业化、组织化、社会化相结合的新型农业经营体系。一、建立重要农产品供给保障机制,努力夯实现代农业物质基础;二、健全农业支持保护制度,不断加大强农惠农富农政策力度;三、创新农业生产经营体制,稳步提高农民组织化程度;四、构建农业社会化服务新机制,大力培育发展多元服务主体;五、改革农村集体产权制度,有效保障农民财产权利;六、改进农村公共服务机制,积极推进城乡公共资源均衡配置;七、完善乡村治理机制,切实加强以党组织为核心的农村基层组织建设。

附件13：近年来(2006.1—2012.12)中国惠农的主要政策(259项)及其基本目的(以时间为序)

二〇〇六年 (48项)

序号	政策性规定之主体及名称	政策性规定之基本目的
1	《中共中央办公厅 国务院办公厅印发〈关于引导和鼓励高校毕业生面向基层就业的意见〉的通知》(中办发〔2005〕18号)	为实施高校毕业生到农村服务计划。
2	《国务院关于解决农民工问题的若干意见》(国发〔2006〕5号)	为认真解决涉及农民工利益的问题。
3	二〇〇六年四月七日【保监发〔2006〕40号】关于实施农村保险营销员资格授予制度有关问题的通知	完善农村保险营销体系。
4	二〇〇六年四月十四日国家发展改革委 国家粮食局、财政部 中国农业发展银行 关于做好小麦购销工作稳定市场价格的通知	努力保持小麦等主要粮食品种市场价格的基本稳定。
5	二〇〇六年四月二十一日农业部【农明字〔2006〕第34号】关于加强冻后田间管理的紧急通知	减轻灾害损失,确保春季农业生产顺利进行。
6	二〇〇六年四月二十一日农业部办公厅【农办农〔2006〕26号】关于举办2006年测土配方施肥管理与技术培训班的通知	切实推进该年的测土配方施肥工作。
7	二〇〇六年四月二十八日【卫办科教发〔2006〕101号】卫生部办公厅关于印发《农村卫生人员在职培训工作评估指标体系》的通知	为促进农村卫生人员在职培训工作的落实。
8	二〇〇六年四月三十日国家食品药品监督管理局【国食药监市〔2006〕176号】关于印发农村偏远地区药柜设置规定(试行)的通知	为方便偏远地区农民用药。
9	二〇〇六年四月三十日国家发展改革委、商务部、国家工商总局【急发改价格〔2006〕772号】关于做好2006年蚕茧收购价格与收购管理工作的通知	为维护蚕茧收购市场秩序。
10	二〇〇六年五月十二日农业部【农明字〔2006〕第42号】关于切实加强小麦后期田间管理的紧急通知	为确保小麦后期田间管理各项措施落实到位。
11	二〇〇六年五月十二日【农市发〔2006〕7号】农业部关于进一步推进农业品牌化工作的意见	为保护农产品知名品牌。

续表

序号	政策性规定之主体及名称	政策性规定之基本目的
12	二〇〇六年五月十五日教育部 财政部 人事部 中央编办【教师〔2006〕2号】教育部 财政部 人事部 中央编办关于实施农村义务教育阶段学校教师特设岗位计划的通知	为提高农村教师队伍的整体素质。
13	二〇〇六年五月十六日国家发展改革委、财政部、农业部、国家粮食局、中国农业发展银行、中国储备粮管理总公司【特急 发改经贸〔2006〕872号】关于印发2006年小麦最低收购价执行预案的通知	为保护种粮农民利益。
14	二〇〇六年五月十六日国家安全生产监督管理总局【安监总培训〔2006〕92号】关于贯彻落实《国务院关于解决农民工问题的若干意见》的实施意见	为保障农民工职业安全健康权益。
15	二〇〇六年五月十六日劳动和社会保障部办公厅【劳社厅发〔2006〕11号】关于开展农民工参加医疗保险专项扩面行动的通知	为切实解决农民工医疗保障问题。
16	二〇〇六年五月十七日国家发展和改革委员会【发改价格〔2006〕873号】国家发展改革委关于印发加强涉农价格和收费管理为建设社会主义新农村服务的意见的通知	为加强和改进涉农价格和收费管理。
17	二〇〇六年五月十七日【劳社部发〔2006〕19号】关于实施农民工"平安计划"加快推进农民工参加工伤保险工作的通知	为切实加快推进农民工参加工伤保险。
18	二〇〇六年五月二十二日教育部关于普及农村中小学现代远程教育工程教学光盘应用工作的通知	为全面推进农村中小学现代远程教育深入开展。
19	二〇〇六年五月二十四日农业部、国家发展和改革委员会:农业部 国家发展和改革委员会关于确保"三夏"期间农用柴油供应的通知	为确保"三夏"期间农用柴油供应。
20	二〇〇六年五月二十八日国家发展和改革委员会、农业部【发改电〔2006〕146号】关于保障"三夏"期间农业机械用油的紧急通知	为保障"三夏"期间农业机械用油。
21	二〇〇六年六月十五日【农牧发〔2006〕8号】农业部关于做好畜牧法贯彻实施工作的通知	为认真贯彻实施畜牧法,促进、引导、保护和规范畜牧业的发展。
22	二〇〇六年六月二十三日国家食品药品监督管理局【国食药监市〔2006〕343号】关于公布第一批定点生产的城市社区农村基本用药目录的通知	为确保人民用药安全、方便、价格合理。
23	二〇〇六年七月三日人事部办公厅、国家林业局【国人厅发〔2006〕87号】关于印发《林业专业技术人才知识更新工程("653工程")实施办法》的通知	为提高林业专业技术人才的整体素质和创新能力。

续表

序号	政策性规定之主体及名称	政策性规定之基本目的
24	二〇〇六年七月三日卫生部、全国爱卫会、中共中央宣传部、教育部、农业部、国家广电总局、共青团中央、全国妇联、国务院扶贫办【卫妇社发〔2006〕267号】关于印发全国亿万农民健康促进行动规划(2006－2010年)的通知	为不断提高农村居民健康水平。
25	二〇〇六年七月六日水利部【水电〔2006〕274号】印发《农村水电建设项目环境保护管理办法》	为促进农村水电建设与环境的协调发展。
26	二〇〇六年七月十日【农市发〔2006〕10号】农业部关于开通"12316"全国农业系统公益服务统一专用号码的通知	为方便"三农"提供信息服务。
27	二〇〇六年七月十日商务部、国家食品药品监督管理局【商建发〔2006〕350号】商务部 国家食品药品监督管理局关于完善农村商品流通网络有关问题的通知	为完善农村日用消费品流通网络。
28	二〇〇六年七月十二日国家税务总局【国税函〔2006〕685号】国家税务总局关于加强以农产品为主要原料生产的出口货物退税管理的通知	为加强出口货物退税管理。
29	二〇〇六年七月十三日国家发展改革委、财政部、农业部、国家粮食局、中国农业发展银行、中国储备粮管理总公司、发改【经贸〔2006〕1383号】关于印发2006年早籼稻最低收购价执行预案和做好早籼稻收购工作的通知	为做好该年早籼稻收购工作,保护种粮农民利益。
30	二〇〇六年七月十五日交通部 公安部 农业部商务部 国家发展和改革委员会财政部 国务院纠风办【交公路发〔2006〕373号】关于进一步完善"五纵二横"鲜活农产品流通绿色通道网络实现省际互通的通知	为提高农产品流通效率、促进农民增收和发展现代农业。
31	二〇〇六年七月十九日【国粮政〔2006〕99号】国家粮食局关于粮食部门积极参与和服务社会主义新农村建设的意见	为切实履行好粮食部门的职责。
32	二〇〇六年八月二十九日卫生部、国家中医药管理局、国家发展和改革委员会、财政部【卫规财发〔2006〕340号】关于印发《农村卫生服务体系建设与发展规划》的通知	为提高农村卫生机构的服务能力和效率,满足农民群众的初级卫生保健服务需求。
33	二〇〇六年九月二日国家发展改革委 财政部 农业部、国家粮食局 中国农业发展银行 中国储备粮管理总公司【发改经贸〔2006〕1814号】关于印发2006年中晚稻最低收购价执行预案的通知	为做好该年中晚稻收购工作,保护种粮农民利益。
34	二〇〇六年九月二十二日农业部办公厅【农办市〔2006〕25号】关于加强监管确保国庆期间农产品质量安全的通知	为确保广大城乡居民吃上安全放心农产品。

续表

序号	政策性规定之主体及名称	政策性规定之基本目的
35	二〇〇六年十月十二日【保监发〔2006〕105号】关于促进农村人身保险健康规范发展的通知	为有效促进农村人身保险健康规范发展。
36	二〇〇六年十月十八日农业部【农市发〔2006〕16号】农业部关于进一步加强农业信息化建设的意见	为搞好面向"三农"的信息服务。
37	二〇〇六年十月二十日商务部【商建发〔2006〕535号】商务部关于印发《农村市场体系建设"十一五"规划》的通知	为构建现代化农村市场体系。
38	二〇〇六年十月二十七日国家安全生产监督管理总局、国家煤矿安全监察局、教育部、劳动和社会保障部、建设部、农业部、中华全国总工会【安监总培训〔2006〕228号】关于加强农民工安全生产培训工作的意见	为保护农民工根本利益和促进安全生产形势稳定好转。
39	二〇〇六年十月三十日国家发展和改革委员会【发改农经〔2006〕2325号】:国家发展改革委关于印发加强农村基础设施建设扎实推进社会主义新农村建设的意见的通知	为大力支持农村基础设施建设。
40	二〇〇六年十一月六日国家人口计生委关于明确少生快富工程实施范围及目标人群基本条件的通知	为实施西部地区计划生育"少生快富"工程。
41	二〇〇六年十一月十五日【农办农〔2006〕82号】农业部办公厅关于做好2006年测土配方施肥总结工作的通知	为进一步推进测土配方施肥工作。
42	二〇〇六年十一月十五日【农办农〔2006〕80号】农业部办公厅关于召开全国良种推广补贴总结交流会暨"2006中国小麦产业发展年会"的通知	为推动中国小麦产业升级。
43	二〇〇六年十一月二十日国土资源部【国土资发〔2006〕270号】关于正式确定国家基本农田保护示范区的通知	为全面启动示范区建设,加强对示范区工作的指导。
44	二〇〇六年十一月二十八日中共中央组织部 国土资源部 建设部 教育部关于联合开展"全国农村地质灾害防治知识万村培训行动"的通知	为加强农村地质灾害防治。
45	二〇〇六年十二月五日劳动和社会保障部、建设部【劳社部发〔2006〕44号】关于做好建筑施工企业农民工参加工伤保险有关工作的通知	为加快推进建筑施工企业农民工参加工伤保险。
46	二〇〇六年十二月十四日中华人民共和国建设部【建村〔2006〕303号】关于加强农民住房建设技术服务和管理的通知	为提高农民住房质量,保护农民生命财产安全,改善农民居住条件。

续表

序号	政策性规定之主体及名称	政策性规定之基本目的
47	二〇〇六年十二月十五日解决建设领域拖欠工程款部际工作联席会议办公室（代）【建办市〔2006〕90号】关于黑龙江省逊克县通乡公路指挥部等6家单位拖欠工程款和农民工工资有关情况的通报	为解决农民工工资拖欠问题。
48	二〇〇六年十二月二十五日民政部【民政部公告77号】民政部关于公布农村五保供养标准的公告	为切实保障农村五保供养对象的合法权益。

二〇〇七年 (49项)

序号	政策性规定之主体及名称	政策性规定之基本目的
1	二〇〇七年一月四日国家扶贫办【国开办发〔2007〕1号】关于中石油免费为扶贫工作重点县播广告的通知	为扶贫工作重点县免费播出全国农产品深加工招商项目广告。
2	二〇〇七年一月十八日财政部、国家税务总局【财税〔2007〕17号】财政部 国家税务总局关于广播电视村村通税收政策的通知	为广播电视村村通优惠税收政策。
3	二〇〇七年一月二十二日农业部、国家发展和改革委员会、公安部、国家工商行政管理总局、国家质量监督检验检疫总局、中华全国供销合作总社【农市发〔2007〕1号】关于印发2007年全国农资打假和监管工作要点的通知	为严厉打击假劣农资坑农害农行为。
4	二〇〇七年一月二十五日 中华人民共和国交通部（章）【交公路发〔2007〕24号】关于规范鲜活农产品流通绿色通道标识设置工作的通知	为方便鲜活农产品运输车辆出行。
5	二〇〇七年二月八日国家工商行政管理总局【工商市字〔2007〕29号】关于深入开展"2007红盾护农行动"的通知	为深入开展"2007红盾护农行动"。
6	二〇〇七年二月十三日【农牧发〔2007〕2号】农业部关于切实加强草原防火工作的通知	为全面落实防火责任。
7	二〇〇七年二月二十六日中华人民共和国国家发展和改革委员会【发改能源〔2007〕421号】国家发展改革委关于做好"十一五"农村电网完善和无电地区电力建设工作的通知	为解决好农村地区和无电人口用电问题。

续表

序号	政策性规定之主体及名称	政策性规定之基本目的
8	二〇〇七年三月五日【农农发〔2007〕4号】农业部关于印发《2007年全国测土配方施肥工作方案》的通知	为全面推进科学施肥工作。
9	二〇〇七年三月六日新闻出版总署、中央文明办、国家发展和改革委员会 科技部、民政部、财政部、农业部 国家人口和计划生育委员会关于印发《"农家书屋"工程实施意见》的通知	为"农家书屋"2015年基本覆盖全国的行政村。
10	二〇〇七年三月十六日国家旅游局 农业部【旅发〔2007〕14号】国家旅游局 农业部关于大力推进全国乡村旅游发展的通知	为进一步推动乡村旅游发展。
11	二〇〇七年三月二十二日【国开办发(2007)15号】关于印发《关于在贫困地区实施"雨露计划"的意见》和《贫困青壮年劳动力转移培训工作实施指导意见》的通知	为全面实施"雨露计划"。
12	二〇〇七年三月二十三日国家发展和改革委员会【发改运行〔2007〕647号】国家发展改革委关于做好当前化肥、农用柴油生产供应有关工作的通知	为确保化肥、农用柴油市场供应。
13	二〇〇七年三月二十八日【农医发〔2007〕10号】农业部关于做好2007年猪病防控工作的通知	为做好2007年猪病防控工作。
14	二〇〇七年三月二十九日【农渔发〔2007〕8号】农业部关于贯彻实施《中华人民共和国物权法》稳定和完善渔业基本经营制度的通知	为维护渔业生产者合法权益。
15	2007年03月29日国家工商总局【工商市字〔2007〕63号】关于加快培育和规范发展农村经纪人扎实推进社会主义新农村建设的意见	为加快培育和规范发展农村经纪人。
16	二〇〇七年四月十二日国家发展改革委 财政部 铁道部农业部 商务部 海关总署国家税务总局 国家工商总局国家质检总局 供销合作总社【发改电〔2007〕108号】关于做好2007年化肥生产供应和价格稳定工作的通知	为做好化肥供应,保持化肥价格的基本稳定。
17	二〇〇七年四月十八日商务部 财政部【商财发〔2007〕145号】商务部 财政部关于2007年继续实施"双百市场工程"的通知	为加快构建农产品现代流通体系。
18	二〇〇七年四月二十日【国开办发〔2007〕19号】关于配合开展财政支农资金管理年活动进一步加强和规范扶贫资金管理的通知	为加强和规范扶贫资金管理。

续表

序号	政策性规定之主体及名称	政策性规定之基本目的
19	二〇〇七年四月二十八日劳动和社会保障部、国土资源部【劳社部发〔2007〕14号】关于切实做好被征地农民社会保障工作有关问题的通知	为切实做好被征地农民的社会保障。
20	二〇〇七年五月十七日财政部：财政部关于做好2007年对种粮农民农资综合直补工作的通知	为加大农资综合直补力度。
21	二〇〇七年五月十七日【信部电〔2007〕245号】关于"十一五"期间自然村通电话工程的实施意见	为落实"十一五"自然村通电话工程。
22	二〇〇七年五月二十五日国家发展改革委、财政部、农业部、国家粮食局、中国农业发展银行、中国储备粮管理总公司关于印发《2007年小麦最低收购价执行预案》的通知	为做好今年小麦收购工作。
23	二〇〇七年六月一日【农牧发〔2007〕9号】农业部关于促进生猪生产稳定发展的通知	促进生猪生产稳定发展。
24	二〇〇七年六月七日国家发展改革委、商务部、国家工商总局【发改价格〔2007〕1227号】关于做好2007年蚕茧收购价格与收购管理工作的通知	为增强中国茧丝绸业的国际竞争优势。
25	二〇〇七年六月十四日【农办机〔2007〕20号】农业部办公厅关于进一步加强秸秆综合利用禁止秸秆焚烧的紧急通知	为积极推进秸秆综合利用。
26	二〇〇七年六月二十六日【国粮检〔2007〕133号】国家发展和改革委员会 国家粮食局关于开展粮食收购政策落实情况专项检查的通知	为确保国家粮食最低收购价政策的贯彻落实。
27	二〇〇七年六月二十八日国家粮食局 中储粮总公司：国家粮食局 中储粮总公司关于在夏粮托市收购中严格执行国家粮食价格政策和质量标准的通知	为切实保护种粮农民利益，
28	二〇〇七年七月十二日教育部【教财〔2007〕10号】教育部关于进一步做好农村义务教育经费保障机制改革有关工作的通知	为进一步规范农村义务教育阶段学校收费行为。
29	二〇〇七年七月十五日国家发展改革委 财政部 农业部 国家粮食局 中国农业发展银行 中国储备粮管理总公司【发改经贸〔2007〕1690号】关于印发2007年早籼稻最低收购价执行预案的通知	为稳定稻谷市场价格，保护种粮农民利益。
30	二〇〇七年七月三十一日国务院扶贫办 财政部【国开办发〔2007〕39号】关于开展"县为单位、整合资金、整村推进、连片开发"试点的通知	为促进贫困地区经济发展和贫困农户稳定增收。
31	二〇〇七年八月一日【保监发〔2007〕68号】中国保监会 农业部关于做好生猪保险和防疫工作的通知	为加快建立健全生猪产业健康发展的长效机制。

续表

序号	政策性规定之主体及名称	政策性规定之基本目的
32	二〇〇七年八月九日农业部:农业部关于进一步做好农业抗旱救灾工作的紧急通知	为形成抗旱救灾工作的强大合力。
33	二〇〇七年八月九日国家发展改革委、财政部【发改价格〔2007〕1968号】国家发展改革委、财政部关于调整植物新品种保护权收费标准有关问题的通知	为调动植物新品种育种人的积极性。
34	二〇〇七年八月十三日【农农发〔2007〕9号】农业部关于印发重大植物疫情阻截带建设方案的通知	为保护中国农业生产和农产品贸易安全。
35	二〇〇七年八月二十一日【农办农〔2007〕66号】农业部办公厅关于做好耕地地力评价工作的通知	为提高耕地利用效率。
36	二〇〇七年八月二十二日农业部【明传电报】农业部关于抓紧做好秋季复种确保秋粮生产稳定发展的紧急通知	为确保秋粮获得好收成。
37	二〇〇七年八月二十四日教育部、公安部、国家安全监管总局【教基〔2007〕12号】教育部 公安部 国家安全监管总局关于加强农村中小学生幼儿上下学乘车安全工作的通知	为切实保障学生上下学交通安全。
38	二〇〇七年八月二十八日【国粮政〔2007〕202号】国家粮食局关于印发《全国粮食市场体系建设"十一五"规划》的通知	为确保粮食安全,加快建设粮食市场体系。
39	二〇〇七年八月三十日新闻出版总署办公厅【新出厅字〔257〕号】关于统一农家书屋标识和标牌样式的通知	为进一步规范农家书屋工程建设。
40	二〇〇七年九月五日【国土资发〔2007〕207号】关于印发《实际耕地与新增建设用地面积确定办法》的通知	为客观评价土地管理和耕地保护责任落实。
41	二〇〇七年九月六日【保监发〔2007〕83号】关于进一步贯彻落实国务院促进能繁母猪保险和生猪保险发展有关要求的通知	为尽快扩大生猪保险覆盖面。
42	二〇〇七年九月十日卫生部(章)财政部(章)国家中医药管理局(章)【卫农卫发〔2007〕253号】关于完善新型农村合作医疗统筹补偿方案的指导意见	为推进新型农村合作医疗制度建设。
43	二〇〇七年九月十二日国土资源部【国土资发〔2007〕210号】关于印发《全国土地执法百日行动方案》的通知	为保证国家土地法律法规和土地调控政策的有效实施。
44	二〇〇七年九月二十四日农业部 国家发展和改革委员会 公安部 交通部中国石油化工股份有限公司 中国石油天然气集团公司【农机发〔2007〕13号】农业部 国家发展和改革委员会 公安部 交通部中国石油化工股份有限公司 中国石油天然气集团公司关于做好农机跨区作业工作的意见	为做好农机跨区作业工作。

续表

序号	政策性规定之主体及名称	政策性规定之基本目的
45	二〇〇七年九月三十日【农牧发〔2007〕14号】农业部关于贯彻《国务院关于促进奶业持续健康发展的意见》的通知	为建立奶业持续健康发展的长效机制。
46	二〇〇七年十月十一日劳动和社会保障部：关于开展农民工工资支付情况专项检查活动的通知	为切实保护农民工合法权益。
47	二〇〇七年十一月二十六日【财教〔2007〕337号】财政部 教育部关于调整完善农村义务教育经费保障机制改革有关政策的通知	为保证农村义务教育经费。
48	二〇〇七年十二月五日农业部【农市发〔2007〕37号】农业部关于公布农村信息化示范单位名单的通知	为推动中国农业和农村信息化建设。
49	二〇〇七年十二月十二日中华人民共和国农业部国家发展和改革委员会【第946号】公告	为进一步规范农药市场秩序。

二〇〇八年(44项)

序号	政策性规定之主体及名称	政策性规定之基本目的
1	二〇〇八年一月九日国家发展改革委、农业部、国家工商总局、国家检验检疫总局、国家环保总局、国家安全监督总局【2008年第1号】公告	为保障农产品质量安全，决定停止甲胺磷等五种高毒农药。
2	二〇〇八年一月十日【保监发〔2008〕1号】关于进一步加强能繁母猪保险工作有关要求的紧急通知	为促进能繁母猪保险快速推进、规范发展。
3	2008年1月17日【农明字〔2008〕第6号】农业部关于做好低温冻害防范工作的紧急通知	为做好低温冻害防范工作。
4	二〇〇八年二月一日【国农改〔2008〕2号】国务院农村综合改革工作小组 财政部 农业部关于开展村级公益事业建设一事一议财政奖补试点工作的通知	为开展一事一议财政奖补。
5	二〇〇八年二月八日国家发展改革委、财政部、农业部、国家粮食局、中国农业发展银行【发改电〔2008〕51号】关于公布2008年稻谷和小麦最低收购价格的通知	为保护农民种粮积极性。
6	二〇〇八年二月十五日【农市发〔2008〕1号】农业部 发改委 公安部 工商总局 质检总局 供销社关于印发《2008年全国农资打假和监管工作要点》的通知	严厉打击假劣农资坑农害农行为。

续表

序号	政策性规定之主体及名称	政策性规定之基本目的
7	2008年2月15日【农办渔〔2008〕6号】农业部办公厅关于深入做好渔业科技救灾工作的通知	为深入做好渔业科技救灾工作。
8	二〇〇八年二月二十日国家工商行政管理总局【工商市字〔2008〕27号】关于进一步开展"2008红盾护农"行动的通知	为确保农民用上放心农资。
9	二〇〇八年二月二十二日商务部 全国供销合作总社【商建发〔2008〕50号】商务部 全国供销合作总社关于做好春耕农资商品供应工作的通知	为保春耕农资市场稳定供应。
10	二〇〇八年三月三日国家发展改革委办公厅、农业部办公厅【发改办农经〔2008〕524号】国家发展改革委办公厅、农业部办公厅关于申报生猪标准化规模养殖场(小区)、生猪扩繁场和种鸡场建设项目投资计划的通知	为支持生猪扩繁场、种鸡场建设。
11	二〇〇八年三月十一日农业部办公厅【农办农〔2008〕37号】农业部办公厅关于大力推进早稻生产稳定发展的紧急通知	为大力推进早稻生产稳定发展。
12	二〇〇八年三月十三日卫生部、财政部【卫农卫发〔2008〕17号】关于做好2008年新型农村合作医疗工作的通知	为切实做好2008年新型农村合作医疗工作。
13	二〇〇八年三月十七日农业部办公厅【农办科〔2008〕14号】关于推介发布2008年农业主导品种和主推技术的通知	为充分发挥科技对农业稳定发展、农民持续增收的支撑作用。
14	二〇〇八年三月十八日【农经发〔2008〕1号】农业部关于积极做好一事一议财政奖补试点工作的通知	为开展一事一议财政奖补工作奠定基础。
15	二〇〇八年三月二十一日国家发展改革委办公厅、农业部办公厅【发改办农经〔2008〕687号】国家发展改革委、农业部办公厅关于请组织申报奶牛标准化规模养殖小区(场)建设项目投资计划的通知	为促进奶业持续健康发展。
16	二〇〇八年四月七日【保监发〔2008〕22号】关于印发《关于做好2008年农业保险工作保障农业和粮食生产稳定发展的指导意见》的通知	为促进农业保险发展。
17	二〇〇八年四月二十一日国家工商行政管理总局【工商明电〔2008〕27号】关于深入开展"红盾护农"行动切实加强农资市场监管的紧急通知	为严格落实红盾护农各项工作措施。

续表

序号	政策性规定之主体及名称	政策性规定之基本目的
18	二〇〇八年四月二十一日【农医发〔2008〕16号】农业部关于加强村级动物防疫员队伍建设的意见	为切实提高重大动物疫病防控能力。
19	二〇〇八年五月十三日【国开办发〔2008〕27号】关于共同促进整村推进扶贫开发工作的意见	为加大贫困村的整村推进工作力度。
20	二〇〇八年五月十四日国务院农民工工作联席会议办公室(人力资源和社会保障部代章)【人社部明电〔2008〕4号】关于做好抗震救灾期间农民工工作的紧急通知	为做好抗震救灾期间农民工工作。
21	二〇〇八年五月十九日国家发展改革委、财政部、农业部、国家粮食局、中国农业发展银行、中国储备粮管理总公司【发改经贸〔2008〕1185号】关于印发2008年小麦最低收购价执行预案的通知	为做好今年小麦收购工作,保护种粮农民利益。
22	二〇〇八年五月二十二日【国开办发〔2008〕36号】关于做好2008年"县为单位、整合资金、整村推进、连片开发"试点工作的通知	为促进贫困地区经济发展和贫困农户稳定增收。
23	二〇〇八年五月二十六日【国开办发〔2008〕37号】关于做好2008年贫困村互助资金试点工作的通知	为进一步深化贫困村互助资金试点工作。
24	二〇〇八年五月二十六日【财建〔2008〕325号】财政部 商务部关于继续实施家电下乡政策的通知	为扩大农村消费,提高农民生活质量。
25	二〇〇八年五月二十九日国务院扶贫办 国务院纠风办、财政部、国家发展改革委、国家民委【国开办发〔2008〕33号】关于对扶贫资金监管中存在的突出问题开展专项治理的通知	为管好用好扶贫资金,使其真正发挥效益。
26	二〇〇八年六月十二日【农办农〔2008〕94号】农业部办公厅关于进一步规范测土配方施肥数据管理工作的通知	为进一步规范测土配方施肥数据。
27	二〇〇八年六月十二日农业部、国务院纠风办、财政部、国家发展改革委、国务院法制办、教育部、新闻出版总署【农经发〔2008〕5号】农业部 国务院纠风办 财政部发展改革委 国务院法制办 教育部 新闻出版总署关于印发《关于2007年农民负担检查情况和2008年减轻农民负担工作的意见》的通知	为切实防止农民负担反弹。
28	二〇〇八年六月十六日国家发展改革委、财政部【发改价格〔2008〕1511号】国家发展改革委 财政部关于清理整顿涉农价格和收费的通知	为有效遏制涉农乱涨价和乱收费行为。
29	二〇〇八年六月十七日中国保险监督管理委员会【保监发〔2008〕47号】关于印发《农村小额人身保险试点方案》的通知	为使保险真正惠及广大低收入群体。

续表

序号	政策性规定之主体及名称	政策性规定之基本目的
30	二〇〇八年七月九日【农机发〔2008〕3号】农业部关于促进设施农业发展的意见	为有效保障中国蔬菜、肉蛋奶等农产品季节性均衡供应。
31	二〇〇八年八月二十二日国家发展改革委【发改工业〔2008〕2245号】国家发展改革委关于印发促进大豆加工业健康发展的指导意见的通知	为从宏观上统一规划和科学引导大豆加工业的健康发展,确保国家食物安全。
32	二〇〇八年八月二十六日国家发展改革委 农业部 国家工商总局【发改价格〔2008〕2302号】国家发展和改革委员会、农业部、国家工商行政管理总局关于做好原料奶价格协调工作的通知	为规范原料奶收购价格秩序。
33	二〇〇八年八月二十八日【财金〔2008〕100号】财政部 中国人民银行 人力资源社会保障部关于印发《小额担保贷款财政贴息资金管理办法》的通知	为做好促进就业工作。
34	二〇〇八年八月二十九日【国土资发〔2008〕176号】关于进一步加强土地整理复垦开发工作的通知	保障粮食和生态安全,坚守18亿亩耕地红线。
35	二〇〇八年九月四日中共中央组织部 财政部【财行〔2008〕253号】关于下达2008年度到村任职高校毕业生中央财政补助资金预算的通知	高校毕业生到村任职
36	二〇〇八年九月二十一日农业部办公厅农业部办公厅关于加强稻飞虱等重大病虫防控工作的紧急通知	为切实做好防控工作,努力实现"虫口夺粮"的目标。
37	二〇〇八年十月十七日国家税务总局【国税函〔2008〕850号】国家税务总局关于贯彻落实从事农、林、牧、渔业项目企业所得税优惠政策有关事项的通知	为确保税优惠政策落实到位。
38	二〇〇八年十月二十三日商务部 财政部【商综发〔2008〕426号】关于做好家电下乡推广工作有关问题的通知	为确保补贴资金及时、足额发放到农民手中。
39	二〇〇八年十月二十七日国家林业局【林策发〔2008〕216号】国家林业局关于在责任山、自留山上毁林种植甘蔗行为定性问题的复函	为惩戒毁林开垦行为。
40	二〇〇八年十一月二十一日农业部办公厅:农业部办公厅关于加强小麦苗期病虫害防治工作的紧急通知	为有效控制小麦苗期的病虫危害。
41	二〇〇八年十一月二十七日【农办农〔2008〕173号】农业部办公厅关于开展果园病虫冬季防控行动的通知	为有效控制疫情的扩散蔓延。
42	二〇〇八年十二月二日农业部【农机发〔2008〕7号】农业部关于进一步加强农业机械化质量工作的意见	为促进农业机械化又好又快发展。

序号	政策性规定之主体及名称	政策性规定之基本目的
43	二〇〇八年十二月二十二日农业部【农质发〔2008〕3号】农业部关于开展全国打击食用农产品中违法添加非食用物质和滥用食品添加剂专项整治的紧急通知	为严厉打击在食用农产品中违法添加非食用物质和滥用食品添加剂的违法犯罪行为。
44	二〇〇八年十二月二十六日农业部、财政部、国家发展和改革委员会【第1134号】公告	为深入贯彻实施《中华人民共和国农业机械化促进法》

二〇〇九年 (31项)

序号	政策性规定之主体及名称	政策性规定之基本目的
1	二〇〇九年一月四日中华人民共和国住房和城乡建设部中华人民共和国国家旅游局【建村〔2009〕3号】关于开展全国特色景观旅游名镇（村）示范工作的通知	为积极发展旅游村镇，保护和利用村镇特色景观资源。
2	二〇〇九年二月六日国家发展改革委【发改价格〔2009〕368号】国家发展改革委关于完善钾肥价格管理政策的通知	为保障钾肥供应。
3	二〇〇九年二月六日卫生部办公厅关于印发2009年农村卫生工作要点的通知	加快实施《中国农村初级卫生保健发展纲要(2001-2010年)》，从整体上推动农村卫生事业发展。
4	二〇〇九年二月九日 国家发展改革委、农业部【发改环资〔2009〕378号】国家发展改革委、农业部关于印发编制秸秆综合利用规划的指导意见的通知	为贯彻落实《国务院办公厅关于加快推进农作物秸秆综合利用的意见》(国办发〔2008〕105号)文件精神。
5	二〇〇九年二月十二日农业部 工业和信息化部 公安部、国家工商总局 国家质检总局 全国供销总社【农质发〔2009〕1号】农业部 工业和信息化部 公安部国家工商总局 国家质检总局 全国供销总社关于印发《2009年全国农资打假和监管工作要点》的通知	为严厉打击制售假劣农资坑农害农行为。
6	二〇〇九年二月二十日中华人民共和国教育部【教职成〔2009〕5号】教育部关于切实做好返乡农民工职业教育和培训等工作的通知	为促进农民工就业。
7	二〇〇九年三月七日工业和信息化部文件【工信部产业〔2009〕第90号】关于加强农药生产准入管理规范农药市场秩序的紧急通知	为维护农药市场环境。

续表

序号	政策性规定之主体及名称	政策性规定之基本目的
8	二〇〇九年三月九日 商务部 国家发展改革委 工业和信息化部、财政部 农业部 国家工商行政管理总局、国家质量监督检验检疫总局 中华全国供销合作总社【商建发〔2009〕98号】关于完善农业生产资料流通体系的意见	为完善农资流通体系。
9	二〇〇九年三月十日农业部办公厅农业部办公厅关于开展"2009年放心农资下乡进村宣传周"活动的通知	为深入开展农资打假专项治理行动。
10	二〇〇九年三月十八日国家发展改革委、工业和信息化部、财政部、铁道部、农业部、商务部、人民银行、工商总局、质检总局、供销总社【发改经贸〔2009〕728号】关于做好当前春耕化肥供应工作的通知	为切实做好春耕化肥生产供应各项工作。
11	二〇〇九年三月二十四日国家发展改革委、财政部、国家烟草专卖局【发改价格〔2009〕793号】关于2009年烟叶收购价格及补贴政策的通知	为保持烟叶生产的稳定发展。
12	二〇〇九年三月二十七日国土资源部 国土资源部关于印发《保增长保红线行动工作方案》的通知	为落实最严格的耕地保护制度和节约用地制度,坚守18亿亩耕地红线。
13	二〇〇九年四月十八日中华人民共和国工业和信息化部【工信部电管〔2009〕173号】关于2009年度实施"村村通电话"工程推进"信息下乡"活动的意见	为完善农村通信设施。
14	二〇〇九年四月二十一日中国保险监督管理委员会【保监发〔2009〕59号】关于进一步扩大农村小额人身保险试点的通知	为进一步扩大农村小额人身保险试点。
15	二〇〇九年四月二十二日 财政部【财金〔2009〕30号】关于印发《财政县域金融机构涉农贷款增量奖励资金管理暂行办法》的通知	为建立和完善财政促进金融支农长效机制。
16	二〇〇九年四月二十二日财政部【财金〔2009〕31号】关于印发《中央财政新型农村金融机构定向费用补贴资金管理暂行办法》的通知	为促进农村金融服务体系建设。
17	二〇〇九年四月二十四日财政部 国家发展改革委 国家质检总局【财综〔2009〕25号】关于减免出口农产品和纺织服装产品出入境检验检疫费的通知	为减免出口农产品和纺织服装产品的检验检疫费。
18	二〇〇九年四月二十七日农业部办公厅【农办农〔2009〕46号】关于印发蔬菜茶叶梨重点区域发展规划(2009–2015年)的通知	为促进蔬菜茶叶梨重点区域发展。

续表

序号	政策性规定之主体及名称	政策性规定之基本目的
19	二〇〇九年五月五日人力资源和社会保障部、财政部【人社部发〔2009〕48号】关于进一步规范农村劳动者转移就业技能培训工作的通知	为切实提高培训的针对性和有效性。
20	二〇〇九年六月九日关于印发县医院、县中医院、中心乡镇卫生院、村卫生室和社区卫生服务中心等5个基层医疗卫生机构建设指导意见的通知	为指导各地做好健全基层医疗卫生服务体系建设工作。
21	二〇〇九年六月二十四日卫生部、全国妇联【卫妇社发〔2009〕61号】关于印发《农村妇女"两癌"检查项目管理方案》的通知	为加强农村妇女宫颈癌、乳腺癌检查工作。
22	二〇〇九年六月二十四日卫生部【卫农卫发〔2009〕62号】关于在省级和设区市级新型农村合作医疗定点医疗机构开展即时结报工作的指导意见	为方便参合农民报销医药费用,防范不法分子弄虚作假骗取新农合基金。
23	二〇〇九年七月六日 财政部 住房和城乡建设部【财建〔2009〕306号】关于印发加快推进农村地区可再生能源建筑应用的实施方案的通知	为深入推进建筑节能工作。
24	二〇〇九年七月七日国家发展改革委、财政部、农业部、国家粮食局、农业发展银行、中储粮总公司【发改经贸〔2009〕1796号】关于印发2009年早籼稻最低收购价执行预案的通知	为做好今年早籼稻收购工作。
25	二〇〇九年八月十日财政部 海关总署 国家税务总局【财关税〔2009〕50号】关于印发《种子(苗)种畜(禽)鱼种(苗)和种用野生动植物种源进口税收优惠政策暂行管理办法》的通知	为落实进口税收优惠政策。
26	二〇〇九年八月十九日财政部 发展改革委 农业部【财建〔2009〕492号】《关于进一步完善农资综合补贴动态调整机制的实施意见》的通知	为完善农资综合补贴动态调整机制。
27	二〇〇九年八月二十一日 财政部 国家税务总局【财税〔2009〕110号】关于保险公司提取农业巨灾风险准备金企业所得税税前扣除问题的通知	为促进保险公司拓展农业保险业务。
28	二〇〇九年九月十八日国家发展改革委、财政部、农业部、国家粮食局、农业发展银行、中储粮总公司【发改经贸〔2009〕2363号】关于印发2009年中晚稻最低收购价执行预案的通知	为做好今年中晚稻收购工作。
29	二〇〇九年十一月二十一日教育部办公厅【教职成厅〔2009〕3号】教育部办公厅关于公布新型农民培训工作联系点名单的通知	为促进新型农民培训。
30	二〇〇九年十二月二十二日中华人民共和国交通运输部(章)中华人民共和国国家发展和改革委员会(章)【交公路发〔2009〕784号】关于进一步完善和落实鲜活农产品运输绿色通道政策的通知	为进一步优化和完善鲜活农产品运输"绿色通道"网络。

续表

序号	政策性规定之主体及名称	政策性规定之基本目的
31	二〇〇九年十二月二十九日发展改革委办公厅 国家粮食局办公室、财政部办公厅 中国农业发展银行办公室【国粮办调〔2009〕301号】关于延长春播油菜籽收购执行期限的通知	为切实保护农民利益,促进国内油料生产发展。

二〇一〇年 (28项)

序号	政策性规定之主体及名称	政策性规定之基本目的
1	二〇一〇年一月一广电总局关于推动农村电影放映工程持续健康发展的通知	为使农村电影放映工程持续健康发展。
2	二〇一〇年一月二十日中华人民共和国教育部、全国妇联【教职成〔2010〕2号】教育部 全国妇联关于做好农村妇女职业教育和技能培训工作的意见	为增强农村妇女发展现代农业及创业就业能力。
3	二〇一〇年一月二十六日人力资源与社会保障部【人社厅函〔2010〕54号】关于开展2010年农民工劳动合同签订"春暖行动"的通知	为进一步提高农民工劳动合同签订率,切实维护农民工合法权益。
4	二〇一〇年二月八日中纪委 财政部 农业部 民政部【财会〔2010〕4号】印发关于进一步加强村级会计委托代理服务工作指导意见的通知	为进一步规范乡村财务管理。
5	二〇一〇年二月二十日国家发展改革委、财政部、农业部、国家粮食局、中国农业发展银行【发改电〔2010〕115号】关于提高2010年稻谷最低收购价格的通知	为进一步加大保护农民种粮积极性。
6	二〇一〇年三月一日国务院农村综合改革工作小组 财政部 农业部【国农改〔2010〕1号】关于做好2010年扩大村级公益事业建设一事一议财政奖补试点工作的通知	为继续扩大一事一议财政奖补试点范围。
7	二〇一〇年三月二日民政部【民函〔2010〕45号】关于实施惠民殡葬政策先行地区的通报	实施惠民殡葬政策。
8	二〇一〇年三月五日中华人民共和国住房和城乡建设部村镇建设司【建村综函〔2010〕13号】关于印发《村镇建设司2010年工作要点》的通知	进一步夯实村镇建设工作基础。
9	二〇一〇年三月二十九日中国人民银行【银发〔2010〕100号】中国人民银行关于做好春季农业生产和西南地区抗旱救灾金融服务工作的紧急通知	为极主动做好当前春季农业生产和西南地区抗旱救灾金融服务工作。
10	二〇一〇年四月二十七日财政部 国家发展改革委【财综〔2010〕29号】关于同意收取草原植被恢复费有关问题的通知	为保护和恢复草原植被,改善生态环境。

续表

序号	政策性规定之主体及名称	政策性规定之基本目的
11	二〇一〇年五月十三日财政部 国家税务总局【财税〔2010〕4号】关于农村金融有关税收政策的通知	为支持农村金融发展,解决农民贷款难问题。
12	二〇一〇年五月十三日国家发展改革委、财政部、国家粮食局、农业发展银行、中储粮总公司【发改经贸〔2010〕992号】关于做好2010年油菜籽收购有关工作的通知	为保证农民种植油菜籽能够获得基本收益。
13	二〇一〇年五月十四日国家发展改革委、财政部、农业部、国家粮食局、农业发展银行、中储粮总公司【发改经贸〔2010〕994号】关于印发2010年小麦最低收购价执行预案的通知	为做好当年小麦收购工作,保护农民利益。
14	二〇一〇年五月二十一日住房城乡建设部 科技部【建科研函〔2010〕74号】关于印发《村镇宜居型住宅技术推广目录》和《既有建筑节能改造技术推广目录》的通知	为发挥科技在新农村建设和既有建筑节能改造中的支撑作用。
15	二〇一〇年五月二十六日国家发展改革委、商务部、工商总局【发改价检〔2010〕1137号】关于加强农产品市场监管维护正常市场秩序的紧急通知	为加强农产品市场监管,维护正常市场秩序
16	二〇一〇年五月三十一日财政部 国家林业局【财农〔2010〕114号】关于2010年湿地保护补助工作的实施意见	为湿地保护补助工作顺利开展。
17	二〇一〇年六月七日卫生部、民政部【卫农卫发〔2010〕53号】关于开展提高农村儿童重大疾病医疗保障水平试点工作的意见	为提高对重大疾病的医疗保障水平。
18	二〇一〇年六月二十二日卫生部办公厅【卫办妇社发〔2010〕101号】关于印发《2010年农村孕产妇住院分娩补助项目管理方案》的通知	为保障母婴安全。
19	二〇一〇年六月二十三日国家发展改革委办公厅【发改办价检〔2010〕1511号】国家发展改革委办公厅关于开展粮食最低收购价格检查的通知	为确保小麦和稻谷最低收购价格政策执行到位。
20	二〇一〇年七月二日卫生部、全国妇联关于印发《2010年农村妇女"两癌"检查项目管理方案》的通知	为加强农村妇女宫颈癌、乳腺癌检查工作。
21	二〇一〇年七月十九日卫生部办公厅【卫办农卫发〔2010〕120号】关于落实2010年医改任务做好农村卫生服务有关工作的通知	为推进乡村卫生服务一体化管理。
22	二〇一〇年八月十日教育部办公厅【教职成厅〔2010〕7号】教育部办公厅关于印发《社区教育示范区评估标准(试行)》的通知	为深入发展社区教育。

续表

序号	政策性规定之主体及名称	政策性规定之基本目的
23	二〇一〇年九月十一日国家发展改革委、财政部、农业部、国家粮食局、农业发展银行、中储粮总公司【发改经贸〔2010〕2083号】关于印发2010年中晚稻最低收购价执行预案的通知	为做好当年中晚稻收购工作。
24	二〇一〇年九月十四日农业部【农科教发〔2010〕3号】关于印发《全国农牧渔业丰收奖奖励办法》的通知	为加快农业科技成果转化和应用,促进科教兴农和现代农业发展。
25	二〇一〇年九月二十五日财政部【财金〔2010〕117号】关于进一步扩大县域金融机构涉农贷款增量奖励范围的通知	为进一步夯实农业农村发展基础。
26	二〇一〇年九月三十日国土资源部 农业部【国土资发〔2010〕155号】关于完善设施农用地管理有关问题的通知	为完善设施农用地管理。
27	二〇一〇年十月二十七日教育部办公厅【教基一厅〔2010〕8号】教育部办公厅关于做好农村寄宿制学校冬季采暖安全工作的通知	为切实保障农村寄宿制学校师生人身安全。
28	二〇一〇年十二月三十日国家发展改革委、水利部、农业部、国家林业局【发改农经〔2010〕3152号】关于印发《黄土高原地区综合治理规划大纲(2010–2030年)》的通知	为实施黄土高原地区综合治理。

二〇一一年 (27项)

序号	政策性规定之主体及名称	政策性规定之基本目的
1	二〇一一年一月七日新闻出版总署【新出字〔2011〕6号】关于印发《2010–2011年农家书屋重点出版物推荐目录》的通知	为指导2010年和2011年全国农家书屋出版物选配采购工作。
2	二〇一一年一月十一日财政部 水利部【财农〔2011〕1号】《关于进一步加强小型农田水利重点县建设管理工作确保如期实现重点县建设目标的意见》	为整体提高农田水利基础支撑能力。
3	二〇一一年二月十一日财政部【财农〔2011〕11号】关于做好2011年财政支持抗旱保春耕和促进粮食生产有关工作的通知	为增强粮食生产能力,保障国家粮食安全。
4	二〇一一年二月二十五日财政部办公厅【财办农〔2011〕19号】关于做好2011年财政支持现代农业生产发展工作的通知	为做好2011年财政支持现代农业生产发展工作。
5	二〇一一年三月三日财政部 人力资源社会保障部【财社〔2011〕16号】关于印发《新型农村社会养老保险基金财务管理暂行办法》的通知	为加强新型农村社会养老保险基金的财务管理。

续表

序号	政策性规定之主体及名称	政策性规定之基本目的
6	二〇一一年三月七日农业部 工业和信息化部 公安部 国家工商总局 国家质检总局中华全国供销合作总社【农质发〔2011〕1号】关于印发《2011年全国农资打假和监管工作要点》的通知	为确保农资质量合格。
7	二〇一一年三月九日财政部【财会〔2011〕3号】关于印发《新型农村社会养老保险基金会计核算暂行办法》的通知	为规范新型农村社会养老保险基金的会计核算。
8	二〇一一年三月二十八日国家发展改革委、财政部、农业部、工业和信息化部、铁道部、国家质检总局、供销合作社、中国农业发展银行【2011年第5号】公告:《2011年度棉花临时收储预案》	为保护棉农利益。
9	二〇一一年五月十一日财政部 国家税务总局【财税〔2011〕26号】关于享受企业所得税优惠的农产品初加工有关范围的补充通知	为进一步规范农产品初加工企业所得税优惠政策。
10	二〇一一年五月二十日国家发展改革委、财政部、农业部、国家粮食局、农业发展银行、中储粮总公司【发改经贸〔2011〕1066号】关于印发2011年小麦最低收购价执行预案的通知	为做好当年小麦收购工作,保护种粮农民利益。
11	二〇一一年六月八日财政部 国家林业局【财农〔2011〕96号】关于开展2011年林木良种补贴试点工作的意见	为促进林业发展方式转变和林农增收。
12	二〇一一年六月八日财政部 国家林业局【财农〔2011〕97号】关于开展2011年造林补贴试点工作的意见	为提高全社会植树造林积极性,加快中国造林绿化步伐。
13	二〇一一年六月十五日农业部 工业和信息化部 环境保护部 国家工商行政管理总局 国家质量监督检验检疫总局【第1586号】公告	为保障农产品质量安全、人畜安全和环境安全。
14	二〇一一年六月二十四日财政部 海关总署 国家税务总局【财关税〔2011〕36号】关于种子(苗)种畜(禽)鱼种(苗)和用野生动植物种源免征进口环节增值税政策及2011年进口计划的通知	为支持引进和推广良种,加强物种资源保护,丰富中国动植物资源,发展优质、高产、高效农林业。
15	二〇一一年七月十一日财政部 国务扶院贫办【财农〔2011〕152号】关于印发《中央专项彩票公益金支持贫困革命老区整村推进项目资金管理办法》的通知	为规范和加强中央专项彩票公益金支持扶贫事业项目管理,提高项目资金使用效益。
16	二〇一一年七月二十五日中华人民共和国住房和城乡建设部【建村〔2011〕115号】关于印发《农村危房改造抗震安全基本要求(试行)》的通知	为加强农村危房改造工程质量监管,提高改造后农房的抗震能力。

续表

序号	政策性规定之主体及名称	政策性规定之基本目的
17	二〇一一年七月二十九日【财建〔2011〕599号】关于调整生猪屠宰环节病害猪无害化处理补贴标准的通知	为促进生猪生产持续健康发展。
18	二〇一一年八月十七日【2011年第26号】工业和信息化部公告	为促进农机工业发展,发布《农机工业发展政策》。
19	2011-09-02农业部【农牧发〔2011〕8号】关于印发《全国畜牧业发展第十二个五年规划(2011－2015年)》的通知	为进一步促进畜牧业持续健康发展,加快现代畜牧业建设进程。
20	二〇一一年十一月二十九日国家发展改革委、农业部、财政部【发改环资〔2011〕2615号】国家发展改革委、农业部、财政部关于印发"十二五"农作物秸秆综合利用实施方案的通知	为加快推进农作物秸秆综合利用。
21	二〇一一年十二月三十一日财政部 国家税务总局【财税〔2011〕137号】关于免征蔬菜流通环节增值税有关问题的通知	为免征蔬菜流通环节增值税
22	二〇一一年十二月十四日财政部 人口计生委【财教〔2011〕622号】关于建立全国农村部分计划生育家庭奖励扶助和计划生育家庭特别扶助标准动态调整机制的通知	为切实稳定低生育水平,统筹解决人口问题。
23	二〇一一年十二月十四日财政部 人口计生委【财教〔2011〕623号】关于调整全国农村部分计划生育家庭奖励扶助和计划生育家庭特别扶助标准的通知	为保证及时、足额按照调整后的标准发放奖励扶助资金。
24	二〇一一年十二月十二日财政部 全国妇联【财行〔2011〕711号】关于印发《2011年至2015年中央专项彩票公益金支持农村贫困母亲两癌救助项目管理办法》的通知	为支持农村贫困母亲两癌救助,为规范管理项目资金。
25	二〇一一年十二月三十日财政部 水利部 农业部【财农〔2011〕502号】发布《关于支持黑龙江省 吉林省 内蒙古自治区 辽宁省实施"节水增粮行动"的意见》	为提高粮食综合生产能力。
26	二〇一一年十二月三十一日财政部【财社〔2011〕323号】发布《关于中央财政新型农村和城镇居民社会养老保险试点专项补助资金管理有关问题的通知》	为做好中央财政对新型农村社会养老保险(以下简称新农保)和城镇居民社会养老保险(以下简称城居保)试点专项补助资金拨付工作。
27	二〇一一年十二月三十一日中华人民共和国农业部令2011年第4号《农业部关于修订部分规章和规范性文件的决定》	为农民增收、农业发展、农村繁荣。

二〇一二年 (32项)

序号	政策性规定之主体及名称	政策性规定之基本目的
1	二〇一二年一月四民政部【民发〔2011〕210号】关于促进农民工融入城市社区的意见	为促进农民工融入城市社区。
2	二〇一二年一月十二日中华人民共和国农业部令2012年第1号《农业部规范性文件管理规定》已于2012年1月5日经农业部第1次常务会议审议通过，现予公布，自2012年2月15日起施行。	为加强农业部规范性文件管理，保证规范性文件质量。
3	二〇一二年一月十七日国家发展改革委、工业和信息化部、财政部、铁道部、农业部、商务部、工商总局、供销总社、农业发展银行【发改经贸〔2012〕67号】关于做好2012年春耕化肥供应工作的通知	为做好2012年春耕化肥供应工作。
4	二〇一二年一月二十日农业部关于印发《全国农业科技促进年活动方案》的通知	为加快农业科技推广，尤其是基层农技推广体系建设。
5	二〇一二年一月二十日财政部【财金〔2012〕2号】关于进一步加大支持力度做好农业保险保费补贴工作的通知	为进一步发挥农业保险强农惠农作用。
6	二〇一二年一月二十九日【农办牧〔2012〕6号】农业部办公厅关于印发《2012年畜牧业工作要点》的通知	为切实做好2012年畜牧业各项工作。
7	二〇一二年一月三十一日财政部【财建〔2012〕24号】关于印发《生猪调出大县奖励资金管理办法》的通知，	为充分调动地方发展生猪生产的积极性。
8	二〇一二年一月三十一日【农农发〔2012〕1号】《农业部关于推进节水农业发展的意见》	大力发展节水农业。
9	二〇一二年二月二日国家发展改革委、财政部、农业部、国家粮食局、中国农业发展银行【发改电〔2012〕17号】关于提高2012年稻谷最低收购价格的通知	为保护农民种粮积极性。
10	二〇一二年二月三日中华人民共和国教育部、中华人民共和国科学技术部【教技〔2012〕1号】发布《教育部科技部关于开展高等学校新农村发展研究院建设工作的通知》	为切实提高高等学校服务区域新农村建设的能力和水平。
11	二〇一二年二月六日财政部办公厅、商务部办公厅【财办建〔2012〕15号】发布《关于2012年开展肉菜流通可追溯体系建设试点有关问题的通知》	为提高中国肉类蔬菜流通质量安全保障能力，提升农产品流通现代化水平。
12	二〇一二年二月七日农业部办公厅【农办质〔2012〕7号】关于印发《2012年农产品质量安全监管工作要点》的通知	为切实做好2012年农产品质量安全监管工作。

续表

序号	政策性规定之主体及名称	政策性规定之基本目的
13	二〇一二年二月二十八日农业部办公厅 国家旅游局办公室【农办企〔2012〕4号】发布《关于继续开展全国休闲农业与乡村旅游示范县和示范点创建工作的通知》	为持续发挥示范创建的带动作用。
14	二〇一二年三月十三日国务院农村综合改革工作小组【国农改〔2012〕3号】发布《关于进一步做好清理化解乡村垫交税费债务工作的通知》	为进一步做好清理化解乡村垫交税费债务工作。
15	二〇一二年三月十四日中华人民共和国农业部令2012年第2号《农业植物品种命名规定》已经2012年农业部第4次常务会议审议通过，现予公布，自2012年4月15日起施行。	为规范农业植物品种命名,加强品种名称管理,保护育种者和种子生产者、经营者、使用者的合法权益。
16	二〇一二年三月十四日中华人民共和国农业部令2012年第2号《农业植物品种命名规定》已经2012年农业部第4次常务会议审议通过，现予公布，自2012年4月15日起施行。	为规范农业植物品种命名,加强品种名称管理,保护育种者和种子生产者、经营者、使用者的合法权益。
17	二〇一二年三月十五日 国务院农村综合改革工作小组发布《关于开展国有农场办社会职能改革试点工作的意见》国农改〔2012〕4号	为做好国有农场办社会职能改革试点工作。
18	二〇一二年三月十九日，中华人民共和国教育部、中华人民共和国国家发展和改革委员会、中华人民共和国财政部、中华人民共和国人力资源和社会保障部、国务院扶贫开发领导小组办公室【教学〔2012〕2号】发布《教育部 国家发展改革委 财政部 人力资源社会保障部 国务院扶贫办关于实施面向贫困地区定向招生专项计划的通知》	为引导和鼓励学生毕业后回到贫困地区就业创业和服务。
19	二〇一二年三月三十日，国土资源部【国土资发〔2012〕58号】关于印发《保发展保红线工程2012年行动方案》的通知	为落实最严格的耕地保护制度和最严格的节约用地制度。
20	二〇一二年四月二十四日财政部 国家税务总局【财税〔2012〕30号】发布《关于支持农村饮水安全工程建设运营税收政策的通知》	为支持农村饮水安全工程建设、运营。
21	二〇一二年五月二日中华人民共和国农业部令2012年 第3号《饲料和饲料添加剂生产许可管理办法》已经2012年农业部第6次常务会议审议通过，现予公布，自2012年7月1日起施行。	为保障饲料、饲料添加剂质量安全。
22	二〇一二年五月二日中华人民共和国农业部令2012年第4号.CEB《新饲料和新饲料添加剂管理办法》已经2012年农业部第6次常务会议审议通过，现予公布，自2012年7月1日起施行。	为加强新饲料、新饲料添加剂管理,保障养殖动物产品质量安全。

续表

序号	政策性规定之主体及名称	政策性规定之基本目的
23	二〇一二年五月二十一日,国家发展改革委、财政部、农业部、国家粮食局、农业发展银行、中储粮总公司发布《2012年小麦最低收购价执行预案》	为认真贯彻落实小麦最低收购价政策,切实保护种粮农民利益。
24	二〇一二年五月二十三日,中华人民共和国教育部、中国共产党中央委员会宣传部、中华人民共和国国家发展和改革委员会、中华人民共和国监察部、中华人民共和国财政部、中华人民共和国农业部、中华人民共和国卫生部、中华人民共和国审计署、中华人民共和国国家工商行政管理总局、中华人民共和国国家质量监督检验检疫总局、国家食品药品监督管理局、国务院食品安全委员会办公室、中国共产主义青年团中央委员会、中华全国妇女联合会、中华全国供销合作总社【教财〔2012〕2号】,根据《国务院办公厅关于实施农村义务教育学生营养改善计划的意见》(国办发〔2011〕54号),印发了《农村义务教育学生营养改善计划实施细则》、《农村义务教育学生营养改善计划食品安全保障管理暂行办法》、《农村义务教育学校食堂管理暂行办法》、《农村义务教育学生营养改善计划实名制学生信息管理暂行办法》、《农村义务教育学生营养改善计划信息公开公示暂行办法》五个配套文件。	为进一步规范对农村义务教育学生营养改善计划实施工作的管理,切实有效地改善农村学生营养健康状况。
25	二〇一二年六月二十七日国家农业综合开发办公室【国农办〔2012〕117号】关于印发《2013年国家农业综合开发产业化经营项目申报指南》的通知	为扶持农业产业化经营,鼓励符合条件的农业产业化龙头企业和农民专业合作社申报。
26	二〇一二年六月二十八,财政部【财金〔2012〕56号】《关于开展小额贷款公司涉农贷款增量奖励试点的通知》	为加大对"三农"发展的支持力度。
27	二〇一二年七月三十日,中华人民共和国农业部令2012年第6号《绿色食品标志管理办法》已经2012年6月13日农业部第7次常务会议审议通过,现予公布,自2012年10月1日起施行。	为加强绿色食品标志使用管理。
28	二〇一二年八月十四日,中华人民共和国农业部令2012年第7号《农产品质量安全监测管理办法》业经2012年6月13日农业部第7次常务会议审议通过,现予公布,自2012年10月1日起施行。	为加强农产品质量安全管理,规范农产品质量安全监测工作。
29	二〇一二年八月二十三日,农业部【农技植保〔2012〕56号】《关于切实加强秋季农作物重大病虫害防控技术指导工作的通知》	为保障秋季农作物获得好收成。
30	二〇一二年九月十日财政部【财税〔2012〕68号】《关于农产品批发市场 农贸市场房产税城镇土地使用税政策的通知》	为减轻农产品批发市场、农贸市场经营负担。

续表

序号	政策性规定之主体及名称	政策性规定之基本目的
31	2012年10月22日中华人民共和国农业部令2012年第8号《中华人民共和国渔业船舶登记办法》已经2012年农业部第10次常务会议审议通过,现予公布,自2013年1月1日起施行。农业部1996年1月22日发布,1997年12月25日、2004年7月1日、2010年11月26日修订的《中华人民共和国渔业船舶登记办法》(农渔发[1996]2号)同时废止。	为维护渔业生产秩序,保障渔业生产者合法权益。
32	2012年12月25日中华人民共和国农业部令2012年第9号《渔业船舶水上安全事故报告和调查处理规定》已经2012年10月9日农业部第10次常务会议审议通过,现予公布,自2013年2月1日起施行。农业部1991年3月5日发布、1997年12月25日修订的《中华人民共和国渔业海上交通事故调查处理规则》同时废止。	为落实渔业船舶水上安全事故责任追究制度。

附件14:中国"涉农"法律、行政规定和政策(195项)

1. 全国现代农作物种业发展规划(2012-2020年)(2013-01-11)

2. 农业部关于贯彻实施《中华人民共和国农业技术推广法》的意见(2013-01-04)

3. 新修订的《中华人民共和国农业法》(全文)(2013-01-04)

4. 国务院办公厅关于促进外贸稳定增长的若干意见(2012-09-20)

5. 国务院办公厅关于规范农村义务教育 学校布局调整的意见(2012-09-08)

6. 中华人民共和国农业技术推广法(2012-09-03)

7. 国务院发布关于深化流通体制改革加快流通产业发展的意见(2012-08-08)

8. 国务院出台关于大力推进信息化发展和切实保障信息安全的若干意见(2012-07-18)

9. 国务院关于加强食品安全工作的决定(2012-07-13)

10. 国务院办公厅关于印发国家中长期动物疫病防治规划(2012-05-20)

11. 国务院办公厅关于进一步做好减轻农民负担工作的意见（2012 – 04 – 25）

12. 国务院关于支持农业产业化龙头企业发展的意见（2012 – 03 – 08）

13. 国务院发布实行最严格水资源管理制度的意见（2012 – 02 – 17）

14. 国务院关于印发全国现代农业发展规划(2011—2015 年)的通知(2012 – 02 – 13)

15. 中共中央国务院关于加快推进农业科技创新持续增强农产品供给保障能力的若干意见(2012 – 02 – 02)

16. 国务院关于进一步促进贵州经济社会又好又快发展的若干意见(2012 – 01 – 17)

17. 中华人民共和国招标投标法实施条例(2012 – 01 – 05)

18. 中国农村扶贫开发纲要(2011 – 2020 年)(2011 – 12 – 08)

19. 饲料和饲料添加剂管理条例(2011 – 11 – 16)

20. 国务院关于加强环境保护重点工作的意见(2011 – 11 – 15)

21. 国务院办公厅关于印发安全生产"十二五"规划的通知(2011 – 10 – 21)

22. 国务院关于支持河南省加快建设中原经济区的指导意见(2011 – 10 – 08)

23. 国务院办公厅关于促进物流业健康发展政策措施的意见(2011 – 08 – 23)

24. 农村基层干部廉洁履行职责若干规定(试行)(2011 – 08 – 09)

25. 国务院办公厅关于促进生猪生产平稳健康持续发展 防止市场供应和价格大幅波动的通知(2011 – 08 – 09)

26. 国务院关于促进牧区又好又快发展的若干意见(2011 – 08 – 09)

27. 国务院办公厅关于加强气象灾害监测预警及信息发布工作的意见(2011 – 07 – 15)

28. 国务院办公厅关于进一步加强乡村医生队伍建设的指导意见(2011 – 07 – 15)

29. 国务院关于加快推进现代农作物种业发展的意见(2011 – 04 – 18)

30. 国务院办公厅关于切实解决企业拖欠农民工工资问题的紧急通知(2010 – 02 – 09)

31. 关于加大统筹城乡发展力度进一步夯实农业农村发展基础的若干意见(2010 – 02 – 01)

32. 农业机械安全监督管理条例（2009 – 09 – 25）

33. 中华人民共和国食品安全法实施条例（2009 – 09 – 08）

34. 全民健身条例（2009 – 09 – 08）

35. 中华人民共和国食品安全法实施条例（2009-07-24）

36. 中华人民共和国农村土地承包经营纠纷调解仲裁法（2009-06-29）

37. 中华人民共和国统计法（2009-06-28）

38. 关于加强和改进村民委员会选举工作的通知（2009-05-31）

39. 关于推动农村邮政物流发展的意见（2009-05-27）

40. 关于2009年深化经济体制改革工作的意见（2009-05-25）

41. 国务院关于当前稳定农业发展促进农民增收的意见（2009-05-12）

42. 中华人民共和国邮政法（2009-05-04）

43. 国务院办公厅关于进一步加强政府采购管理工作的意见（2009-04-13）

44. 医药卫生体制改革近期重点实施方案(2009—2011年)（2009-04-07）

45. 农业部所属事业单位重大设施系统运行费管理暂行办法（2009-04-07）

46. 中华人民共和国抗旱条例（2009-03-09）

47. 国务院办公厅关于认真贯彻实施食品安全法的通知（2009-03-09）

48. 关于实行"以奖促治"加快解决突出的农村环境问题的实施方案（2009-03-04）

49. 中华人民共和国保险法（2009-03-02）

50. 中华人民共和国食品安全法（2009-03-02）

51. 中共中央国务院关于促农业发展农民增收若干意见（2009-02-03）

52. 关于促进自主创新成果产业化若干政策（2009-02-01）

53. 中华人民共和国专利法（2008-12-29）

54. 国务院办公厅关于切实做好当前农民工工作的通知（2008-12-22）

55. 国务院办公厅关于当前金融促进经济发展的若干意见（2008-12-15）

56. 草原防火条例（2008-12-09）

57. 森林防火条例（2008-12-09）

58. 中华人民共和国消费税暂行条例（2008-11-28）

59. 奶业整顿和振兴规划纲要（2008-11-20）

60. 国家粮食安全中长期规划纲要（2008-11-14）

61. 中共中央关于推进农村改革发展若干重大问题决定（2008-10-20）

62. 乳品质量安全监督管理条例（2008-10-10）

63. 中华人民共和国劳动合同法实施条例（2008-09-19）

64. 中华人民共和国畜禽遗传资源进出境和对外合作研究利用审批办法

(2008－09－05)

65. 中华人民共和国循环经济促进法（2008－09－02）
66. 公共机构节能条例（2008－08－11）
67. 生猪屠宰管理条例（2008－06－03）
68. 国务院办公厅关于施行《中华人民共和国政府信息公开条例》若干问题的意见（2008－05－08）
69. 组织申报奶牛标准化规模养殖小区(场)建设项目投资计划的通知（2008－04－08）
70. 关于申报生猪标准化规模养殖场(小区)、生猪扩繁场和种鸡场建设项目投资计划的通知（2008－04－08）
71. 2008年加工贸易禁止类商品目录（2008－04－07）
72. 国务院2008年工作要点（2008－04－07）
73. 国家发展改革委办公厅关于组织开展信息化试点工作的通知（2008－03－28）
74. 国务院工作规则（2008－03－27）
75. 国际航班载运人员信息预报实施办法（2008－03－26）
76. 房屋登记办法（2008－03－24）
77. 关于请组织申报2008年第一批国家工程研究中心及国家工程实验室项目的通知（2008－03－21）
78. 乳制品加工行业准入条件（2008－03－21）
79. 国务院办公厅关于加快发展服务业若干政策措施的实施意见（2008－03－20）
80. 可再生能源发展"十一五"规划（2008－03－19）
81. 中华人民共和国耕地占用税暂行条例实施细则（2008－03－14）
82. 颁(换)发农药产品生产批准证书名单(2008年第三批)（2008－03－14）
83. 2008年化肥进口关税配额分配量（2008－03－13）
84. 关于进一步加强农药行业管理工作的通知（2008－03－13）
85. 中华人民共和国水污染防治法（2008－02－29）
86. 低温雨雪冰冻灾后恢复重建规划指导方案（2008－02－28）
87. 国务院关于修改《中华人民共和国个人所得税法实施条例》的决定（2008－02－22）
88. 土地调查条例（2008－02－18）
89. 中共中央国务院关于切实加强农业基础建设进一步促进农业发展农民增

收的若干意见（2008-01-31）

90. 国务院办公厅关于进一步加强鲜活农产品运输和销售工作的通知（2008-01-29）

91. 国务院关于废止部分行政法规的决定（2008-01-24）

92. 价格违法行为行政处罚规定（2008-01-18）

93. 国务院办公厅关于严格执行有关农村集体建设用地法律和政策的通知（2008-01-14）

94. 国务院办公厅关于限制生产销售使用塑料购物袋的通知（2008-01-08）

95. 国务院关于促进节约集约用地的通知（2008-01-08）

96. 中华人民共和国个人所得税法（2008-01-07）

97. 中华人民共和国科学技术进步法（2008-01-04）

98. 职工带薪年休假条例（2007-12-17）

99. 国家环境保护"十一五"规划（2007-11-27）

100. 国务院办公厅关于加强和规范新开工项目管理的通知（2007-11-26）

101. 中华人民共和国节约能源法（2007-10-30）

102. 中华人民共和国城乡规划法（2007-10-30）

103. 全国污染源普查条例（2007-10-17）

104. 国务院办公厅关于促进油料生产发展的意见（2007-10-08）

105. 国务院关于促进奶业持续健康发展的意见（2007-09-30）

106. 中华人民共和国动物防疫法（2007-09-04）

107. 国务院关于切实落实政策保证市场供应维护副食品价格稳定的紧急通知（2007-08-15）

108. 国务院关于在全国建立农村最低生活保障制度的通知（2007-08-14）

109. 国务院关于促进生猪生产发展稳定市场供应的意见（2007-08-02）

110. 国务院关于加强食品等产品安全监督管理的特别规定（2007-07-30）

111. 铁路交通事故应急救援和调查处理条例（2007-07-20）

112. 国务院办公厅关于进一步加强气象灾害防御工作的意见（2007-07-17）

113. 中华人民共和国个人所得税法（2007-07-02）

114. 中华人民共和国劳动合同法（2007-07-02）

115. 中华人民共和国行政复议法实施条例（2007-06-11）

116. 农民专业合作社登记管理条例（2007-06-06）

117. 国务院办公厅关于加快推进行业协会商会改革和发展的若干意见(2007 - 06 - 05)

118. 2007年全国整顿和规范市场经济秩序工作要点（2007 - 05 - 08）

119. 中华人民共和国水文条例（2007 - 05 - 08）

120. 国家食品药品安全"十一五"规划（2007 - 05 - 06）

121. 行政机关公务员处分条例（2007 - 04 - 29）

122. 中华人民共和国政府信息公开条例（2007 - 04 - 24）

123. 生产安全事故报告和调查处理条例（2007 - 04 - 20）

124. 国务院关于加快发展服务业的若干意见（2007 - 03 - 29）

125. 国务院办公厅关于加强政府网站建设和管理工作的意见（2007 - 03 - 23）

126. 国家自然科学基金条例（2007 - 03 - 06）

127. 国务院关于促进畜牧业持续健康发展的意见（2007 - 02 - 07）

128. 中共中央 国务院关于积极发展现代农业扎实推进社会主义新农村建设的若干意见（2007 - 01 - 30）

129. 中华人民共和国城镇土地使用税暂行条例（2007 - 01 - 04）

130. 国务院办公厅关于整顿和规范活禽经营市场秩序加强高致病性禽流感防控工作的意见（2006 - 11 - 28）

131. 中共中央办公厅 国务院办公厅关于加强农村基层党风廉政建设的意见（2006 - 11 - 15）

132. 国务院关于落实《中华人民共和国国民经济和社会发展第十一个五年规划纲要》主要目标和任务工作分工的通知（2006 - 11 - 07）

133. 国务院办公厅关于做好清理化解乡村债务工作的意见（2006 - 11 - 01）

134. 中华人民共和国农民专业合作社法（2006 - 11 - 01）

135. 国务院关于做好农村综合改革工作有关问题的通知（2006 - 10 - 30）

136. 国务院关于深化改革加强基层农业技术推广体系建设的意见（2006 - 09 - 06）

137.《国务院关于加强土地调控有关问题的通知》（2006 - 09 - 06）

138. 全国农业普查条例（2006 - 09 - 01）

139. 国务院关于加强节能工作的决定（2006 - 08 - 25）

140. 大中型水利水电工程建设征地补偿和移民安置条例（2006 - 08 - 14）

141. 国务院关于完善大中型水库移民后期扶持政策的意见（2006 - 08 - 13）

142. 国务院关于修改《棉花质量监督管理条例》（2006 - 07 - 17）

143. 国务院办公厅关于做好当前减轻农民负担工作的意见（2006-06-28）

144. 国务院办公厅关于推进种子管理体制改革加强市场监管的意见（2006-06-01）

145. 信息网络传播权保护条例（2006-05-30）

146. 民用爆炸物品安全管理条例（2006-05-22）

147. 中华人民共和国濒危野生动植物进出口管理条例（2006-05-18）

148. 中国水生生物资源养护行动纲要（2006-05-16）

149. 中华人民共和国烟叶税暂行条例（2006-05-11）

150. 中共中央办公厅、国务院办公厅印发《2006—2020年国家信息化发展战略》（2006-05-09）

151. 中华人民共和国农产品质量安全法（2006-04-30）

152. 血吸虫病防治条例（2006-04-12）

153. 国务院关于印发实施《国家中长期科学和技术发展规划纲要（2006—2020年）》若干配套政策的通知（2006-04-11）

154. 全民科学素质行动计划纲要(2006-2010-2020年)（2006-04-11）

155. 国务院关于解决农民工问题的若干意见（2006-03-28）

156. 国务院关于印发2006年工作要点的通知（2006-03-23）

157. 国务院关于加快推进产能过剩行业结构调整的通知（2006-03-20）

158. 中华人民共和国国民经济和社会发展第十一个五年规划纲要（2006-03-17）

159. 国务院关于解决农民工问题的若干意见（2006-03-16）

160. 取水许可和水资源费征收管理条例（2006-03-14）

161. 国家突发重大动物疫情应急预案（2006-02-27）

162. 国务院发布命令废止《屠宰税暂行条例》（2006-02-24）

163. 中共中央 国务院关于推进社会主义新农村建设的若干意见（2006-02-21）

164. 国家中长期科学和技术发展规划纲要（2006—2020年）（2006-02-10）

165. 中共中央 国务院关于实施科技规划纲要增强自主创新能力的决定（2006-02-10）

166. 农村五保供养工作条例（2006-01-27）

167. 中华人民共和国统计法实施细则（2006-01-05）

168. 关于废止《中华人民共和国农业税条例》的决定（2005-12-30）

169. 中华人民共和国畜牧法（2005-12-30）
170. 中华人民共和国个人所得税法实施条例（2005-12-28）
171. 促进产业结构调整暂行规定（2005-12-23）
172. 国务院办公厅关于扶持家禽业发展的若干意见（2005-11-30）
173. 重大动物疫情应急条例（2005-11-21）
174. 国务院关于进一步加强就业再就业工作的通知（2005-11-09）
175. 国务院关于加强国民经济和社会发展规划编制工作的若干意见（2005-11-03）
176. 国务院关于加快发展循环经济的若干意见（2005-10-31）
177. 国务院办公厅关于推行行政执法责任制的若干意见（2005-10-28）
178. 中共中央关于制定国民经济和社会发展第十一个五年规划的建议（2005-10-20）
179. 国务院关于2005年深化农村税费改革试点工作的通知（2005-10-17）
180. 中华人民共和国进出口商品检验法实施条例（2005-09-23）
181. 农业部关于贯彻实施《中华人民共和国农业技术推广法》的意见（2013-01-14）
182. 全国农村经营管理信息化发展规划(2013—2020年)（2013-01-09）
183. 农业部关于促进企业开展农业科技创新的意见（2013-01-08）
184. 农业部关于《执业兽医管理办法》第三十九条有关问题的批复（2012-12-26）
185. 农业部办公厅关于2012年农业行政处罚案卷评查情况的通报（2012-12-25）
186. 中华人民共和国农业部公告第1874号（2012-12-14）
187. 中华人民共和国农业部公告第1868号（2012-12-12）
188. 农业部办公厅关于涉嫌违规生产销售肥料产品法律适用问题的函（2012-11-30）
189. 农业部关于印发《执业兽医资格考试巡视工作管理规定》的通知（2012-10-17）
190. 农业部关于命名全国农业综合执法示范窗口的通知（2012-10-15）
191. 中华人民共和国农业部公告第1844号（2012-10-09）
192. 农业部关于印发《农业行政执法文书制作规范》和农业行政执法基本文书格式的通知（2012-09-28）

193. 全国农业综合执法示范窗口评选公示（2012－09－20）

194. 农业部关于统一农业综合执法标识的通知（2012－09－07）

195. 农产品质量安全监测管理办法（2012－09－03）

附件15：中国"涉农"（农业部）规章和政策（60项）

1. 农业部办公厅关于印发《国际合作司农业国际交流与合作项目管理工作规范》的通知（2012－07－30）

2. 农业部办公厅关于《农作物种子生产经营许可管理办法》有关法条适用问题的函（2012－06－19）

3. 中华人民共和国农业部公告 第1773号（2012－06－01）

4. 农业部办公厅关于认定违法所得问题的函（2012－05－16）

5. 农业部办公厅关于做好2012年"三夏"农机跨区作业工作的通知（2012－05－10）

6. 中华人民共和国农业部公告 第1759号（2012－05－08）

7. 中华人民共和国农业部令2012年第4号（2012－05－02）

8. 中华人民共和国农业部令2012年第5号（2012－05－02）

9. 中华人民共和国农业部令2012年第3号（2012－05－02）

10. 农业部办公厅关于进一步加强农业机械质量投诉监督管理工作的通知（2012－04－11）

11. 农业部办公厅关于兽药执法有关问题的复函（2012－03－27）

12. 农业部 国家质检总局公告第1712号（2012－02－27）

13. 农业部规范性文件管理规定（2012－01－17）

14. 中华人民共和国农业部令2012年第1号（2012－01－13）

15. 农业部办公厅关于印发《"十二五"期间进口种子种源免税政策实施细则》的通知（2012－01－13）

16. 中华人民共和国农业部公告 第1708号（2012－01－12）

17. 农业国际合作发展"十二五"规划（2011－2015年）（2012－01－11）

18. 农业部办公厅关于印发《农业贸易促进规划（2011－2020年）》的通知（2012－01－11）

19. 中华人民共和国农业部令2011年第4号（2012－01－07）

20. 农业科技发展"十二五"规划（2011－12－30）

21. 农业部关于印发《农业部农产品质量安全风险评估实验室管理规范》的通知(2011-12-30)

22. 农业机械实地安全检验办法(2011-12-27)

23. 农业部关于进一步加强农业和农村节能减排工作的意见(2011-12-14)

24. 农业部关于进一步加强动物卫生监督工作的意见(2011-12-08)

25. 全国执业兽医资格考试委员会公告(2011-12-08)

26. 全国农业农村信息化发展"十二五"规划(2011-12-06)

27. 农业部 监察部关于印发《农村集体经济组织财务公开规定》的通知(2011-11-30)

28. 国土资源部、中央农村工作领导小组办公室、财政部、农业部关于农村集体土地确权登记发证的若干意见(2011-11-22)

29. 农业部关于加强农村土地承包经营纠纷调解仲裁培训工作的意见(2011-11-21)

30. 农业部 国家能源局 财政部关于印发《绿色能源示范县建设技术管理暂行办法》的通知(2011-11-21)

31. 中华人民共和国农业部公告 第1663号(2011-10-31)

32. 农业部办公厅关于各地贯彻落实《国务院关于促进农业机械化和农机工业又好又快发展的意见》情况的通报(2011-10-31)

33. 农村实用人才和农业科技人才队伍建设中长期规划(2010-2020年)(2011-03-21)

34. 全国渔业发展第十二个五年规划(2011-2015年)(2011-10-17)

35. 全国种植业发展第十二个五年规划(2011-2015年)(2011-09-20)

36. 饲料工业发展第十二个五年规划(2011-09-20)

37. 2011年秋冬季主要作物科学施肥指导意见(2011-09-19)

38. 全国农垦经济和社会发展第十二个五年规划(2011-2015年)(2011-09-10)

39. 全国热作产业发展第十二个五年规划(2011-2015年)(2011-09-10)

40. 全国农业机械化发展第十二个五年规划(2011—2015年)(2011-09-09)

41. 农业部办公厅关于转发《财政部科技部关于印发〈国家科技成果转化引导基金管理暂行办法〉的通知》的通知(2011-09-09)

42. 全国农业和农村经济发展第十二个五年规划(2011-09-01)

43. 农作物种子生产经营许可管理办法（2011-08-25）

44. 农业部关于印发《农业部关于进一步做好政务公开和政务服务工作的意见》的通知（2011-08-04）

45. 农业部关于印发《农业系统法制宣传教育第六个五年规划（2011—2015年）》的通知（2011-07-21）

46. 张桃林副部长在全国农业机械化工作会议上的讲话（2011-07-19）

47. 中华人民共和国农业部公告第1586号（2011-07-15）

48. 农业部关于水生动物防疫条件合格证审查有关问题的函（2011-07-12）

49. 中华人民共和国农业部公告第1592号（2011-06-29）

50. 全国执业兽医资格考试公告第6号（2011-06-27）

51. 中华人民共和国农业部公告第1603号（2011-06-20）

52. 关于防止荷兰低致病性禽流感传入我国的公告（2011-05-24）

53. 关于防止南非高致病性禽流感传入我国的公告（2011-04-22）

54. 农业部关于划定全国草原火险区的通知（2011-03-17）

55. 农业部办公厅关于饲料生产企业设立审查工作管理权限的复函（2011-03-16）

56. 农业部办公厅关于销售擅自修改标签内容肥料产品行为法律适用问题的函（2011-03-15）

57. 农业部关于加强农业行政执法与刑事司法衔接工作的实施意见（2011-03-15）

58. 农业部办公厅关于转发《关于解决未参保集体企业退休人员基本养老保障等遗留问题的意见》的通知（2011-03-10）

59. 农业部办公厅关于印发《农业部畜禽标准化示范场管理办法（试行）》的通知（2011-03-10）

附件16：中国地方涉农实务规范

——以江苏省苏州市《农业实用法律法规规章（目录汇编）》为例

一、综合类

1.《中华人民共和国行政许可法》

2.《江苏省行政许可监督暂行规定》

3.《江苏省行政许可过错责任追究暂行规定》
4.《江苏省行政许可听证程序暂行规定》
5.《农业部实施行政许可责任追究规定》
6.《农业行政许可听证程序规定》
7.《林业行政许可听证办法》
8.《中华人民共和国行政处罚法》
9.《江苏省行政处罚监督办法》
10.《江苏省行政处罚听证程序规则》
11.《江苏省行政执法监督办法》
12.《中华人民共和国行政诉讼法》
13.《中华人民共和国行政诉讼法》司法解释
14.《中华人民共和国行政复议法》
15.《中华人民共和国行政复议法实施条例》
16.《中华人民共和国行政强制法》
17.《中华人民共和国食品安全法》
18.《国务院关于加强食品等产品安全监督管理特别规定》

二、农业行政执法程序类
19.《农业行政处罚程序规定》
20.《农业行政执法文书制作规范》
21.《农业生产资料监督管理工作暂行规定》
22.《林业行政处罚程序规定》
23.《林业行政处罚听证规则》
24.《林业行政执法监督办法》
25.《林业行政处罚案件文书制作管理规定》

三、农业类
26.《中华人民共和国农业法》
27.《中华人民共和国农村土地承包法》
28.《中华人民共和国农产品质量安全法》
29.《江苏省农产品质量安全条例》
30.《农产品包装盒标识管理办法》
31.《农产品产地安全管理办法》

32.《苏州市食用农产品安全监督管理条例》

33.《中华人民共和国农业技术推广法》

34.《江苏省实施〈农业推广法〉办法》

35.《农民承担费用和劳务管理条例》

36.《中华人民共和国种子法》

37.《农作物种子质量监督抽查管理办法》

38.《农作物种质资源管理办法》

39.《农作物种子生产经营许可证管理办法》

40.《农作物种子质量纠纷田间现场鉴定办法》

41.《江苏省种子条例》

42.《中华人民共和国植物新品种保护条例》

43.《植物检疫条例》

44.《植物检疫条例实施细则(农业部分)》

45.《江苏省植物检疫管理办法》

46.《农药管理条例》

47.《农药管理条例实施办法》

48.《基本农田保护条例》

49.《江苏省基本农田保护条例》

50.《江苏省基本农田保护条例实施办法》

51.《江苏省农村土地承包经营权保护条例》

52.《江苏省农业生态环境保护条例》

53.《农业转基因生物安全管理条例》

54.《农业转基因生物安全评价管理办法》

55.《农业转基因生物标识管理办法》

56.《无公害农产品管理办法》

57.《肥料登记管理办法》

58.《江苏省无公害农产品管理试行办法》

59.《农产品质量安全监测管理办法》

60.《农药产品标签通则(规章)》

61.《农业植物品种命名规定》

62.《农业植物疫情报告与发布管理办法》

63.《农产品地理标志管理办法》

四、林业类

64.《中华人民共和国森林法》
65.《中华人民共和国森林法实施条例》
66.《江苏省实施〈中华人民共和国森林法〉办法》
67.《森林防火条例》
68.《江苏省森林防火条例》实施办法
69.《中华人民共和国野生动物保护法》
70.《中华人民共和国陆生野生动物保护实施条例》
71.《森林和野生动物类型自然保护区管理办法》
72.《苏州市禁止猎捕陆生野生动物条例》
73.《中华人民共和国植物新品种保护条例》
74.《植物检疫条例实施细则(林业)》
75.《中华人民共和国野生植物保护条例》
76.《突发林业有害生物事件处置办法》
77.《森林病虫防治条例》
78.《国家级森林公园管理办法》
79.《江苏省城市绿化管理条例》
80.《苏州市古树名木保护管理条例》
81.《林木种子生产经营许可证管理办法》
82.《林木种子生产经营许可证年检制度规定》
83.《林木种子包装和标签管理办法》
84.《林木良种推广使用管理办法》
85.《林木林地权属争议处理办法》
86.《占用征用林地审核审批管理办法》
87.《林业标准化管理办法》
88.《林木和林地权属登记管理办法》
89.《江苏省全民义务植树条例》
90.《林木种子质量管理办法》
91.《林木种质资源管理办法》
92.《林业统计管理办法》
93.《中华人民共和国植物新品种保护条例实施细则(林业部分)》

五、畜牧兽医类

94.《中华人民共和国动物防疫法》

95.《重大动物疫情应急条例》

96.《江苏省动物防疫条例》

97.《动物检疫管理办法》

98.《动物防疫条件审核管理办法》

99.《中华人民共和国畜牧法》

100.《种畜禽管理条例》

101.《江苏省种畜禽管理实施办法》

102.《畜禽标识和养殖档案管理办法》

103.《兽药管理条例》

104.《新兽药研制管理办法》

105.《兽药注册办法》

106.《兽药质量监督抽样规定》

107.《兽药产品批准文号管理办法》

108.《兽药标签和说明书管理办法》

109.《兽用生物制品管理办法》

110.《饲料和饲料添加剂管理条例》

111.《饲料添加剂和添加剂预混合饲料产品批准文号管理办法》

112.《饲料和饲料添加剂生产许可管理办法》

113.《动物源性饲料产品安全卫生管理办法》

114.《饲料采样办法》

115.《生猪屠宰管理条例》

116.《动物免疫标识管理办法》

117.《动物病原微生物菌(毒)种保藏管理办法》

118.《动物防疫条件审核管理办法(规章)》

119.《动物诊疗机构管理办法》

120.《核发〈兽药生产许可证〉等管理办法》

121.《江苏省动物防疫监督抽样管理暂行办法》

122.《江苏省动物防疫证、章及标志管理暂行办法》

123.《江苏省动物检疫管理办法》

124.《江苏省动物诊疗管理办法》

125.《江苏省动物执法人员管理办法》
126.《江苏省检疫合格动物产品分割包装加封验讫标志暂行办法》
127.《江苏省生猪屠宰管理办法》
128.《江苏省生猪屠宰管理办法实施细则》
129.《进口兽药管理办法》
130.《农业部办公厅关于启用动物卫生监督执法标志图案的通知》
131.《生猪屠宰管理条例实施办法》
132.《兽药经营质量管理规范》
133.《兽药药政药检工作管理办法》
134.《兽用生物制品经营管理办法》
135.《苏州市生猪屠宰销售管理办法》
136.《苏州市养犬管理条例》
137.《乡村兽医管理办法》
138.《执业兽医管理办法》

六、农机类

139.《中华人民共和国农业机械促进法》
140.《江苏省农业机械管理条例》
141.《江苏省农业机械推广办法》
142.《江苏省农业机械安全监督管理规定》
143.《联合收割机跨区作业管理办法》
144.《联合收割机及驾驶员安全监理规定》
145.《拖拉机登记规定》
146.《农业机械维修管理规定》
147.《拖拉机驾驶培训管理办法》
148.《拖拉机驾驶证申领和使用规定》
149.《中华人民共和国道路交通安全法》
150.《江苏省道路交通安全条例》
151.《农业机械安全监督管理条例》

七、渔业、水产类

152.《水产苗种管理办法》
153.《水产养殖质量安全管理规定》

154.《水域滩涂养殖发证登记办法》
155.《苏州市水产种苗管理暂行办法》
156.《中华人民共和国渔业法》
157.《江苏省渔业管理条例》
158.《苏州市渔业管理条例》
159.《中华人民共和国渔业港航监督行政处罚规定》
160.《中华人民共和国渔港水域交通安全管理条例》
161.《中华人民共和国内河交通安全管理条例》
162.《江苏省内河渔业船舶水上安全监督管理暂行办法》
163.《中华人民共和国渔业船舶检验条例》
164.《中华人民共和国船舶进出渔港签证办法》

八、其它类

165.《蚕种管理办法》
166.《食用菌菌种管理办法》
167.《草种管理办法》
168.《茧丝质量监督管理办法》

后 记

本著有赖笔者曾主持的 2010 年度国家社科基金项目《我国惠农政策与法治一体化建设研究》(项目编号 10BFX023)。该成果可以说是集我诸届弟子研究生学术探索之大成。研究生武霄波关于我国惠农制度建设的概述、王俪燕关于我国惠农政策与法治一体化建设基本状况的调研报告,马志勇、范娜娜关于我国惠农政策与法治一体化建设的基本要求和战略构想,段晶晶、张娟、郑芳关于我国农民、农村、农业受惠政策与法治一体化建设的学理阐释,王婷婷、王华如关于我国惠农政策与法治衔接、冲突的实证分析,宋志敏、曹曦关于我国惠农低保政策、户籍政策与法治一体化建设的辩证思考等等,上述研究生及其广泛的资料收集、科学的理论归纳、认真的学术总结和严谨的观点论证,使我有足够的勇气以理论绳索将上述理论硕果捵结成型为"本著",也使我有复燃的激情以研究锤头将上述学术观点锻造成为优质的"本著"。可以说,"本著"出版,正是缘于此。当然,作为课题的阶段性成果,其成因也是深植于诸如孙淑云、李永宠、任风莲、完珉、程广安、王亚美等诸位课题组成员能够适时地给予路向指引和探索指津,在此特致专谢,以表厚谊。

花甲之年,本该退休。难料恰逢学校推行职称晋级,有幸竞争评聘为二级教授,得以延退,才又燃烧起学术激情,整理研究成果,梳理成书,得以出版。